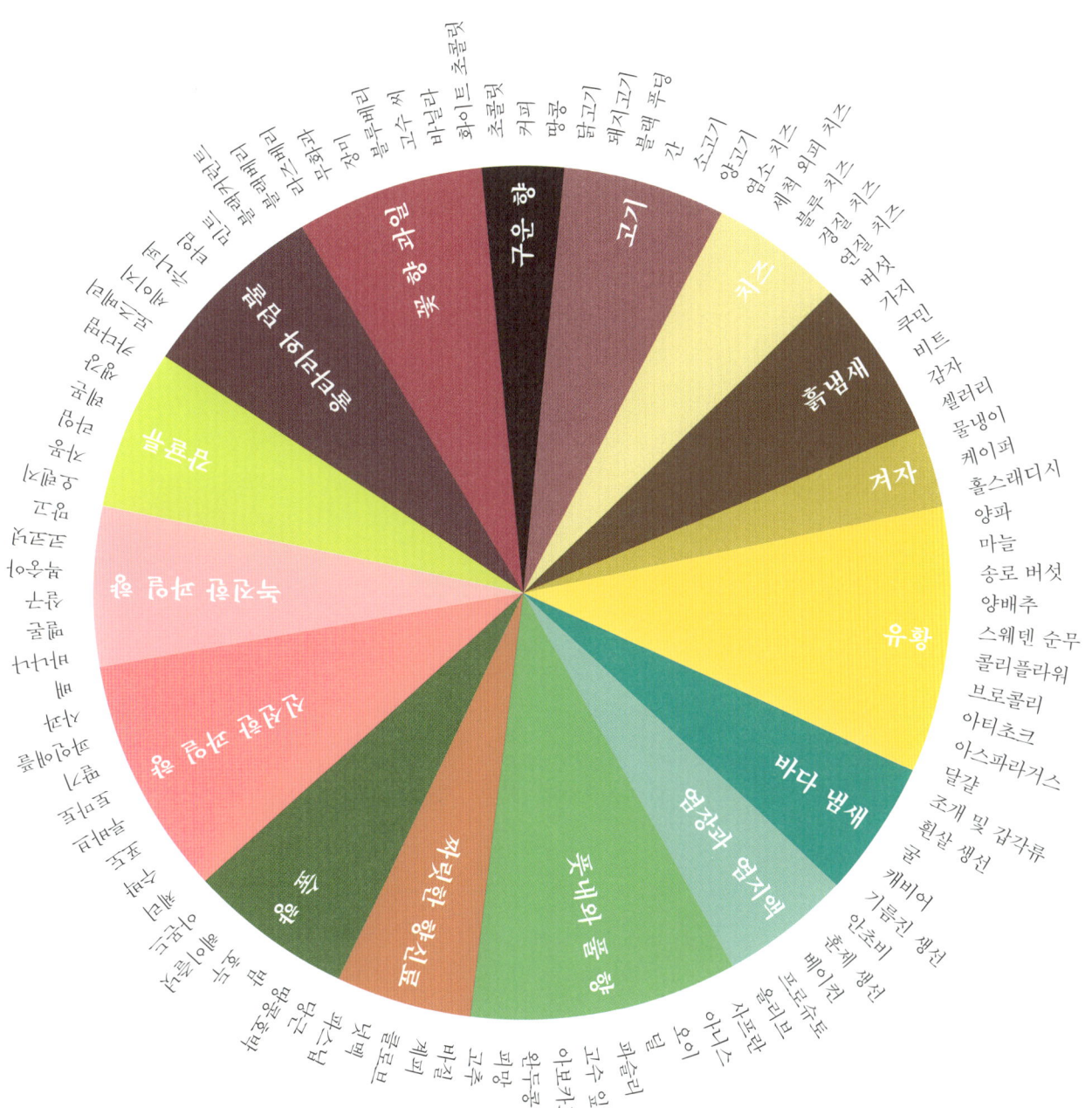

THE *flavour* THESAURUS

창의적인 요리사를 위한 맛의 조합과 조리법

풍미사전

NIKI SEGNIT

니키 세그니트 지음

정연주 옮김

,In

THE FLAVOUR THESAURUS

ⓒ 2010 by Niki Segnit together with the following acknowledgement: This translation THE FLAVOUR THESAURUS: A COMPENDIUM OF PAIRINGS, RECIPES AND IDEAS FOR THE CREATIVE COOK, first edition is published by HANS MEDIA by arrangement with Bloomsbury Publishing Plc.
through EYA(Eric Yang Agency).
All rights reserved.

Korean translation copyright ⓒ 2018 by HANS MEDIA

이 책의 한국어판 저작권은 EYA(Eric Yang Agency)를 통해 Bloomsbury Publishing Plc 사와 독점계약한 한스미디어에 있습니다. 저작권법에 의하여 한국 내에서 보호를 받는 저작물이므로 무단전재 및 복제를 금합니다.

이 책을 다음 두 사람에게 바칩니다:
나의 요리 조언자인 어머니, 매리언 스티븐스
집필 조언자이자 남편, 냇 세그니트

Contents
차례

	서문	7
구운 향 ROASTED 13	초콜릿 Chocolate	14
	커피 Coffee	22
	땅콩 Peanut	27
고기 MEATY 33	닭고기 Chicken	34
	돼지고기 Pork	42
	블랙 푸딩 Black Pudding	51
	간 Liver	56
	소고기 Beef	59
	양고기 Lamb	67
치즈 CHEESY 75	염소 치즈 Goat's cheese	76
	세척 외피 치즈 Washed-rind cheese	82
	블루 치즈 Blue cheese	85
	경질 치즈 Hard cheese	90
	연질 치즈 Soft cheese	98
흙냄새 EARTHY 105	버섯 Mushroom	106
	가지 Aubergine	114
	쿠민 Cumin	117
	비트 Beetroot	122
	감자 Potato	126
	셀러리 Celery	135
겨자 MUSTARD 139	물냉이 Watercress	140
	케이퍼 Caper	144
	홀스래디시 Horseradish	148
유황 SULPHUROUS 151	양파 Onion	152
	마늘 Garlic	158
	송로 버섯 Truffle	164
	양배추 Cabbage	168
	스웨덴 순무 Swede	173
	콜리플라워 Cauliflower	175
	브로콜리 Broccoli	180

	아티초크 Glove Artichoke	183
	아스파라거스 Asparagus	187
	달걀 Egg	190
바다 냄새 MARINE 199	조개 및 갑각류 Shellfish	200
	흰살 생선 White Fish	208
	굴 Oyster	215
	캐비어 Caviar	219
	기름진 생선 Oily Fish	222
염장과 염지액 BRINE & SALT 229	안초비 Anchovy	230
	훈제 생선 Smoked Fish	236
	베이컨 Bacon	240
	프로슈토 Prosciutto	246
	올리브 Olive	251
풋내와 풀 향 GREEN & GRASSY 257	사프란 Saffron	258
	아니스 Anise	261
	오이 Cucumber	268
	딜 Dill	273
	파슬리 Parsley	277
	고수 잎 Coriander Leaf	280
	아보카도 Avocado	286
	완두콩 Pea	291
	피망 Bell Pepper	297
	고추 Chilli	300
짜릿한 향신료 SPICY 307	바질 Basil	308
	계피 Cinnamon	313
	클로브 Clove	319
	넛멕 Nutmeg	321
	파스닙 Parsnip	325
숲 향 WOODLAND 329	당근 Carrot	330
	땅콩호박 Butternut Squash	335
	밤 Chestnut	339
	호두 Walnut	342
	헤이즐넛 Hazelnut	348
	아몬드 Almond	353
신선한 과일 향 FRESH FRUITY 359	체리 Cherry	360
	수박 Watermelon	363
	포도 Grape	366

	루바브 Rhubarb	370
	토마토 Tomato	374
	딸기 Strawberry	381
	파인애플 Pineapple	386
	사과 Apple	391
	배 Pear	398
녹진한 과일 향 **CREAMYFRUITY** 403	바나나 Banana	404
	멜론 Melon	408
	살구 Apricot	411
	복숭아 Peach	414
	코코넛 Coconut	417
	망고 Mango	423
감귤류 **CITRUSSY** 427	오렌지 Orange	428
	자몽 Grapefruit	436
	라임 Lime	438
	레몬 Lemon	443
	생강 Ginger	451
	카다멈 Cardamom	459
울타리와 덤불 **BRAMBLE&HEDGE** 463	로즈메리 Rosemary	464
	세이지 Sage	470
	주니퍼 Juniper	474
	타임 Thyme	477
	민트 Mint	482
	블랙커런트 Blackcurrant	488
	블랙베리 Blackberry	491
꽃 향 과일 **FLORAL FRUITY** 493	라즈베리 Raspberry	494
	무화과 Fig	498
	장미 Rose	502
	블루베리 Blueberry	505
	고수 씨 Coriander Seed	507
	바닐라 Vanilla	510
	화이트 초콜릿 White Chocolate	515
	참고문헌	518
	레시피 인덱스	524
	일반 인덱스	527
	조합 인덱스	543
	감사의 말	560
	역자 후기	561

Introduction
서문

내가 가지고 있는 엘리자베스 데이비드의 『프랑스 프로방스 요리French Provincial Cooking』 책 속 레시피 텍스트를 따라서 밑줄처럼 손톱자국이 나 있다는 사실을 의식하기 전까지, 나는 내가 그토록 요리책에 깊이 의존하고 있었는지 몰랐다. 어둠 속에 있는 난간처럼 길게 나 있는 손톱자국은 일련의 설명에 고집스럽게 매달리는 소심한 마음을 적나라하게 보여준다. 사실 요리를 시작한 지 20년이 흘렀다면 기초는 이미 통달하고 초보에서 벗어나서 본능을 믿어야 할 때가 되고도 남았어야 한다. 내가 정말 요리를 배우기는 한 걸까? 아니면 그냥 줄줄이 이어지는 지시를 논리적으로 받아들이기만 했던 걸까? 외할머니만큼 솜씨 좋은 요리사인 우리 어머니에게는 달랑 조리서 두 권과 종이 스크랩북 한 권이 있었고 그나마도 거의 참조하지 않았다. 나는 내게 있는 수십 권의 책이 부엌에서 자신감이 부족한 원인이자 그 증상이 아닐까 의심하기 시작했다.

그러던 즈음 어느 저녁 식사 자리에서 한 친구가, 나라면 짝지을 생각조차 못했을 두 가지 재료를 활용한 요리를 내놓았다. 정말로 궁금했다. 어떻게 '이것이' 어울릴 거라는 생각을 했지? 그리고 세간에서는 헤스턴 블루멘탈이나 페란 아드리아, 그랜드 애커츠 같은 셰프들이 대담한 궁합이나 놀라운 풍미 조합을 선보이고 있다. 내가 보기에 그들이 음식에 접근하는 태도에는 풍미들의 연결고리에 관한 훨씬 깊은 이해가 저변에 깔려 있다. 살짝 강박적인 가정 요리사인 나에게는 그런 지식을 연구할 기구나 자원이 없었다. 나에게는 한 가지 맛이 어떻게, 왜 다른 맛과 어울리는지 이해할 수 있도록 도와주고 공통점과 차이점을 지적해주는 설명서와 입문서가 필요했다. 그러니까, 풍미 사전 같은 것 말이다. 하지만 그런 책은 존재하지 않았으므로, 나중에야 매우 순진한 생각이었다는 걸 깨달았지만 일단은 내가 직접 한 권을 엮어보기로 마음먹었다.

첫 번째 과제는 풍미 목록을 작성하는 것이었다. 목록의 개수는 임의로 99개에서 끊었다. 풍미 사전에서 모든 맛을 하나하나 설명한다면 실용적이지 않고 무릎 위에 두기에도 불편할 터였다. 그래서 감자를 제외한 주요 탄수화물 종류는 제외했다. 흔한 조미료도 마찬가지다. 물론 쌀이나 파스타, 검은 후추, 식초, 소금 풍미에 대해서도 풀어내고 싶은 흥미로운 내용이 많지만, 순수한 호환성 측면에서 설명하기에는 이들 재료의 풍미 친화력이 너무 높다. 호박 등 기타 제외 품목은 의아하게 느껴질지도 모른다. 호박을 좋아하는 사람에게는 첫째, 미안하고, 둘째, 이 책으로 풍미에 관한 최종 판결을 내릴 생각은 절대 없다는 말을 전하고 싶다. 어떤 책이든 풍미를 논할 때는 최소한 어느 정도 주관적인 자세를 취하게 되며, 제일 흥미롭다고 생각하거나 먹어보고 싶은 조합에 관한 글을 쓸 때는 어쩔 수 없이 입맛(취향)의 문제로 떨어지고 마는 빈

틈이 생긴다.

주요 풍미는 표제에 따라 나누어 정리했다. 풍미가 유사한 여러 재료를 하나의 표제로 묶는 것이 더 합리적이다 싶은 몇몇 경우에는, 하나의 표제 아래 넣었다. 가령 '아니스' 표제에는 아니스 씨, 회향, 타라곤, 감초, 파스티스 등이 들어간다. 비슷한 예로 베이컨과 햄, 방울양배추와 양배추도 쉽게 떼어놓을 수 없어서 합성 항목 안에 조금 불편하게 끼워 넣었다. 반복 언급으로 독자를 지루하게 만들 것인지 아니면 책을 너저분하게 만들 것인지 선택해야 할 때면 나는 매번 너저분함을 선택했다.

그리고 풍미를 항목별로 분류했다. 인지 여부와 상관없이 우리는 대부분 같은 종류를 묶은 풍미 군이라는 개념에 익숙하다. 와인 병 뒤쪽 상표에 적힌 '꽃 향', '감귤류', '허브 향' 같은 서술을 보면 우리는 해당 와인 맛에 대한 개념을 잡을 수 있다. 따라서 이와 유사한 서술 또는 형용사 항목 아래 풍미를 분류했다. 각 군은 인접한 군과 어떠한 방식으로든 관련이 있으며, 따라서 보색처럼 대응하는 360도 스펙트럼 곧 '풍미 바퀴'를 이룬다.

감귤류를 예로 들어보자. 이 항목에는 감귤류 맛과 껍질 풍미를 지닌 재료인 오렌지, 레몬, 카다멈 등이 들어간다. 그다음, 카다멈을 보면 다음 항목인 '울타리와 덤불'에 처음 등장하는 로즈메리와 공통되는 풍미 화합물을 지니고 있다. '울타리와 덤불' 항목의 반대편 끝에 들어가는 블랙베리는 '꽃 향 과일' 항목의 첫 번째 풍미인 라즈베리로 이어진다. 이런 식으로 바퀴가 구르면서 맛에서 맛, 군에서 군으로 넘어가며 레몬으로 들어가서 블루 치즈로 끝나기도 하는 관계가 꼬리에 꼬리를 문다.

이러한 방법론에 한계가 있다는 점은 인정한다. 어떤 풍미는 쉽사리 어느 항목에 넣기 어렵다. 예를 들어 고수 씨는 '꽃 향 과일' 항목에 안착했지만, '감귤류'나 '짜릿한 향신료'로도 분류할 수 있다. 한 가지 재료를 어떻게 다루는가에 따라 특성에 많은 차이가 생기기도 한다. 예를 들어 양배추는 날것일 때는 겨자 풍미가 나지만, 익히면 유황 향이 난다. 요컨대 풍미 바퀴는 '맛을 이해하는 명백하고 객관적인 체계'가 될 의도는 전혀 없으나, 주제를 탐색하는 자의 길을 안내하는 고무적이고 흥미로운 수단이 된다.

이어서 조합에 대해 알아보자. 보통 요리라면 두 가지 이상의 주재료가 들어가지만, 나는 두 가지 원칙에 따라 여기 풍미 사전에 실을 조합을 결정했다. 첫 번째, 공정할 것. 풍미를 99개로 제한했지만, 세 가지 조합을 허용하기 시작하면 156,849가지 경우의 수를 설명해야 한다. 경우의 수가 4,851가지인 편이 쓰기도 쉽고 독자가 읽기에도 즐거운 정도가 될 것이다. 두 번째, 명료할 것. 마음속 미각으로는 세 가지 이상의 상호 작용을 상상하는 것보다 두 가지 풍미의 호환성을 평가하는 쪽이 기하급수적으로 쉽다. 맥락상 어쩔 수 없이 다른 재료를 추가한 요리(예를 들어 타불레에 들어간 파슬리와 민트)를 설명하면서 풍미 조합을 논할 때도 있지만, 그렇다 해도 언제나 지금 토론 중인 주요 맛 조합에 초점을 맞춘다.

모든 목록은 왜 특정한 맛이 서로 어울리고, 서로에게서 무엇을 이끌어내며, 동일한 풍미 조합을 다른 어떤 문화권 요리에서 찾아볼 수 있는지 등을 밝혀줄 만한 모든 것(풍미 과학, 역사, 문화, 셰프의 지혜, 개인적 편견 등)을 방대하게 끌어모아 각 풍미 조합을 자세하게 설명한다. 여러분에게 어느 정도의 주방 경험이 있을 거라 믿고, 레시피는 빅토리아식 요리책과 같은 방식으로 가능한 한 간결하게 서술했다. 다음 장부터 등장하는 음식들 중 뭔가를 만들어보고 싶어지면, 요리를 시작하기 전에 레시피를 처음부터 끝까지 읽어보는 것이 가장 좋다(이유를 확인하고 싶다면 비트와 돼지고기(87쪽) 항목을 보라). 나는 여러분이 기본적으로 짭짤한 요리에는 소금이 들어가고, 음식을 내기 전에 간을 보고 맛을 조정해야 하며, 요리가 끝나면 불에서 내리고, 사랑하는 사람을 질식시킬 수 있는 재료는 전부 제거해야 한다는 점은 이미 알고 있으리라 생각하며 썼다. 레시피의 설명이 애매하게 느껴진다면 잠시 멈추고 고민해본 다음, 그래도 해결책이 전혀 떠오르지 않을 경우 비슷한 레시피를 찾아서 참조하도록 하자.

대체로 해답이 눈앞에 드러날 것이라고 보장한다. 풍미 궁합을 더 많이 발견할수록 자신감이 만족스럽게 고양되며, 홀로 일어설 기반이 되어준다. 레시피 지침을 따르는 방식은 외국어 회화 참고서에 적힌 문장을 앵무새처럼 그대로 따라 하는 것과 같다. 반대로 풍미가 서로 어떻게 작용하는지 이해하는 과정은 언어를 배우는 과정에 비유할 수 있다. 스스로를 자유로이 표현하면서, 좋아하는 방식대로 요리를 할 수 있게 도와준다. 음식을 심각하게 망치는 일이 얼마나 드문지 알게 되면 깜짝 놀랄 것이다. 다만 저자는 쓰레기통에 처박히게 된 그 어떤 음식에 대해서도 전혀 책임 지지 않는다.

물론 맛은 주관적인 것으로 악명이 높으며, 표현하기도 어렵다. 그래도 미리 알아두면 좋을 만한 내용이 몇 가지 있다. 와인을 배운 사람이라면 누구나 말하듯이, 풍미는 맛과 다르다. 맛은 혀와 입 안의 기타 부위에서 탐지하는 단맛과 짠맛, 신맛, 쓴맛, '감칠맛(또는 '맛있는 맛')'의 다섯 가지 특성으로 제한된다. 반면 풍미는 후각으로 감지되며, 후신경구와 더불어 약간은 입을 통해 느낄 수 있다. 코를 막아도 식재료에서 단맛이 나는지 짠맛이 나는지는 구분할 수 있지만, 풍미가 어떤지는 알 수 없다. 맛을 느끼는 여러분의 감각이 특정 음식에서 어떤 맛이 나는지 대략적인 형태를 보여주고, 풍미가 세부적인 면을 채운다. 그럼에도 '풍미'라는 단어에는 보통 맛이 포함되며, 고추나 후추 및 겨자에서 느껴지는 매운 감각이나 멘톨의 냉각 특성, 레드 와인과 차 타닌의 입술이 오그라드는 느낌 등 식재료의 '삼차 신경trigeminal'적 특성을 포함하기도 한다.

기본적인 맛 요소를 넘어서 하나의 풍미를 규정하는 일은 특정 감정을 묘사하는 것처럼 까다로운 과업이다. 식재료 안에 내재된 화학적 화합물에서 그 풍미가 결정된다는 점을 감안하면, 비슷한 맛이 나는 화합물을 공유하는 재료 두 가지를 어느 정도 객관적으로 관찰하는 것이 가능할지도 모른다. 예를 들어 홀리 바질과 클로브는 둘 다 유제놀 혼합물을 함유하고 있으며, 홀리 바질에서는 클로브 같은 풍미가 난다. 하지만 클로브 같은 풍미란 무슨 뜻인가? 나에게는 달콤한 녹슨 못을 빠는 것과 비슷한 감각이다. 하지만 사람의 미뢰나 후각 기관은 동일하지 않으며, 입력된 감각을 말로 변환하는 기능 또한 마찬가지다.

출신지 및 익숙한 음식 스타일은 맛을 느끼고 묘사하는 방법과 어떤 풍미를 조합하는 경향에 중요한 영향을 미친다. 나는 직접 판단을 내리면서도 가급적 날카로운 객관성을 유지하기 위해서 전문가의 견해를 빌렸다. 그러나 모든 사람의 풍미 사전은 어느 정도 제각각일 것이라는 점은 피할 수 없다. 무엇보다도 풍미는 감정과 기억의 저장소다. 가장 기억을 상기시키는 감각은 향기라는 말이 있듯이, 특정 요리의 풍미 또한 우리를 처음 맛본 순간이나 가장 인상적으로 맛본 시간과 장소로 순식간에 데려갈 수 있다. 풍미 사전은 보기에도, 때로는 읽기에도 참고서처럼 느껴질지도 모르지만 모든 정보가 사실에 기반하고 있으면서도 불가피하게 주관적인 참고서다.

나는 『풍미 사전』을 집필하면서 많은 것을 배웠는데, 다른 문화에서 다른 요리사가 당연하게 여기는 조합을 더욱 열린 마음으로 받아들이는 자세도 그렇게 배운 것 중 하나다. 하지만 타고나길 어수선한 사람으로 태어난 나는, 제멋대로인 현실에 질서를 부여해줄 수 있는 수단인 '패턴'을 늘 찾아다녔다. 그러면서 방대한 분량의 이 책을 통해 어느 정도는 시poetry와 잼jam에 대한 우리 어머니의 생각을 과학과 조화롭게 아우를 수 있는 '맛의 대통일장 이론'을 성립할 수 있기를 기대했다.

하지만 그러지 못했다. 전혀 신통치 않았다. 한 가지 맛을 이용해서 다른 맛을 숨기거나 강화하고 살리려면 어떻게 해야 하는지 등 폭넓게 적용할 수 있는 원리를 몇 개 배우기는 했다. 또한 짠맛, 단맛, 쓴맛, 신맛, 감칠맛이라는 미각의 균형을 잡는 중요한 작업에 더욱 기민하게 주의를 기울이기 시작했고, 질감과 온도의 대조를 십분 활용하게 되었다.

그러나 결론적으로 『풍미 사전』은 독자에게 정확히 무엇을 해야 하는지 일러주기보다 사실과 연관성, 느낌 및 회상을 짜깁기해서 나만의 레시피를 만들거나 각색할 수 있도록 번뜩이는 발상을 제공한다. 감각을 살려주는 책인 것이다.

니키 세그니트
2010년 3월, 런던

"(…) 양고기와 살구의 조합은 서로를 보완하는 것을 넘어, 한층 높은 불가항력의 영역 즉 신의 마음을 사로잡는 맛의 영역에 다다른 궁합이다. 베이컨과 달걀, 쌀과 간장, 소테른 와인과 푸아그라, 흰 송로 버섯과 파스타, 스테이크와 감자튀김, 딸기와 생크림, 양고기와 마늘, 아르마냑과 말린 자두, 포트와인과 스틸턴 치즈, 생선 수프와 루이, 닭고기와 버섯 같은 조합은 감각을 연구하는 열정적 탐험가라면 마땅히 발견할 만한 것이며, 어느 것이든 처음 맛보는 순간에 받는 충격이란 천문학자가 새로운 행성을 발견했을 때 받는 충격에 필적할 것이다."

존 란체스터 John Lanchester,
『**쾌락의 부채** The Debt to pleasure』

일러두기
본문에 실린 각주는 모두 역주입니다.

THE *flavour* THESAURUS

ROASTED
구운 향

Chocolate
초콜릿

Coffee
커피

Peanut
땅콩

Chocolate
초콜릿

초콜릿이 다양한 풍미를 띠는 것은 대다수가 복잡한 제조 공정을 거치기 때문이다. 날것 상태의 카카오 콩은 떫고 씁쓸한 맛이 나지만 발효시키면 과일 향과 와인 또는 셰리 풍미가 생기고, 로스팅을 거치면 견과류, 흙, 나무, 꽃, 향신료 등 거의 무한대에 가까운 향이 더해진다. 고급 초콜릿의 풍미를 제대로 음미하려면 한 조각을 혀뿌리 가까이 밀어 넣고 녹여서 먹어보자. 달콤할수록 풍미가 빠르게 느껴진다. 코코아 함량을 높일수록 풍미가 발달하기까지 더 오랜 시간이 걸리며, 씁쓸함과 맛이 입 안에 머무는 시간이 길어진다는 점을 알 수 있다. 코코아 함량이 99~100%에 달하면 런던에서 에딘버러로 향하는 주 철로를 혀로 핥는 듯한 기분이 들지도 모른다. 이 장에서 일컫는 '초콜릿'에는 다크 초콜릿과 밀크 초콜릿, 코코아가 포함된다. 화이트 초콜릿은 따로 다룬다(515쪽 참조).

초콜릿과 계피: 계피와 초콜릿(317쪽) 참조.

초콜릿과 고추

전 세계로 퍼져나간 '우와' 하고 놀랄 만한 원조 조합 중 하나다. 고추가 붉게 익을수록 씁쓸한 초콜릿과 조화롭게 어우러지는 달콤한 과일 향이 발달하며, 말려서 훨씬 달콤해지고 건포도 같고 가죽 같은 향이 가미될수록 더욱 초콜릿과 잘 어울리게 된다. 말린 물라토와 안초 고추에서는 원래 초콜릿 맛이 난다고 한다. 고추를 듬뿍 넣는 멕시코 요리 몰mole을 보면 알 수 있듯이, 풍미의 호환성 외에도 초콜릿의 기름기가 고추의 매운 맛을 상쇄한다는 특징이 있다. 몰은 단순히 '소스'라는 뜻이며, 수많은 종류가 있다. 말린 고추는 대체로 항상 들어가지만, 초콜릿은 오직 '레드' 또는 '블랙' 몰에만 넣는다는 규칙이 있다. 여기에는 고추와 초콜릿 외에도 다양한 말린 과일, 빵, 견과류, 토마토, 양파, 마늘, 씨앗류, 말린 허브와 생허브, 향신료, 기름, 라드와 육수 등이 들어간다. 짐작이 가겠지만 온갖 재료를 빻고 갈고 굽는 기나긴 준비 과정을 거쳐야 여러 풍미가 복합적으로 뒤섞인 매콤 달콤한 몰이 완성된다. 참고로 고기는 노릇노릇하게 구워서 마무리 단계에 집어넣거나 따로 조리하여(주로 굽는다) 몰을 뿌려서 낸다. 갓 만든 몰은 주로 특별한 때에만 먹는다. 요리 작가 릭 베일리스Rick Bayless는 정통 레시피를 따르고 싶지만 멕시코산 초콜릿(굵은 다크 초콜릿으로 주로 계피와 바닐라를 섞는다)이 없다면 무가당 코코아 파우더를 정량의 3분의 1만큼 넣으라고 조언한다. 미국 향신료 가게에서는 몰 외에도 칠리 콘 카르네, 스튜 혹은 심지어 케이크나 브라우니에도 넣을 수 있는 코코아와 치포틀레chipotle, 파프리카를 섞은 혼합 향신료를 판매한다. 원한다면 초콜릿 콘플레이크 덩어리에 홍고춧가루를 몇 꼬집 넣어서 내가 미니 크라카타우[1] 케이크라고 부르는 과자를 만들어볼 수도 있다. 옥수수의 풍미가 고추와 초콜릿과 매우 조화롭게 어우러지며, 바삭바삭한 질감이 재미를 더한다. 기본 레시피는 다섯 살짜리 아이에게 물어보자. 하지만 완성품은 건네주지 않는 편이 좋다.

초콜릿과 넛멕

밀크 초콜릿을 사용하는 레시피는 많지 않다. 대체로 코코아 풍미가 약하고 쉽게 질려서, 다크 초콜릿보다 쓰기 어렵다. 만일 다크 초콜릿을 좋아하지 않는다면, 밀크 초콜릿과 넛멕 타르트를 만들어보자. 넛멕이 초콜릿 풍미를 강화하면서 동시에 느끼한 단맛을 산뜻하게 살린다(넛멕은 부드러운 커스터드 타르트와 에그노그에서도 같은 효과를 발휘한다. 달걀과 넛멕 참조, 190쪽). 밀크 초콜릿은 코코아 파우더를 최소한 30% 이상 함유한 것을 사용한다.

> *recipe*
>
> 〔밀크 초콜릿과 넛멕 타르트〕
>
> 1. 23cm 크기의 페이스트리 반죽을 준비해서 초벌구이한다.
> 2. 넛멕 1/4개를 간다.
> 3. 팬에 더블 크림[2] 300ml와 간 넛멕을 넣고 데운다.
> 4. 불에서 내린 다음 잘게 다진 밀크 초콜릿 200g과 무염 버터 25g을 넣는다. 저어서 녹이며 잘 섞는다.
> 5. 맛을 보고 간을 맞춘 다음 페이스트리 틀에 부어서 냉장고에 넣어 차갑게 굳힌다.
> 6. 위에 넛멕 가루를 조금 뿌려서 낸다.

초콜릿과 딸기

호평받는 만큼 좋은 조합은 아니다. 모양도 색도 하트를 닮은 딸기는 굳이 떠올릴 필요도 없이 사랑의 정표 그 자체인 초콜릿의 천생연분처럼 보인다. 하지만 초콜릿을 입힌 딸기는 그저 벙벙한 바지를 입은 과일처럼 보이지 않나? 나라면 언제든 초콜릿과 딸기 대신 초콜릿과 헤이즐넛을 택할 것이다.

초콜릿과 땅콩

알렉상드르 뒤마의 기록에 따르면 스페인인은 맛이 코코아와 비슷하다는 이유로 땅콩을 카카오트 cacahuette라고 불렀다. 또한 두 가지 맛의 조화를 이용해 땅콩 혼합물에 비싼 코코아를 소량 섞어서 일종의 저렴한 초콜릿을 만들었다고 한다. 50년 후인 1912년, 초콜릿과 땅콩, 캐러멜, 마시멜로를 섞어 만든 구구

---

1 인도네시아의 화산섬.
2 영국 기준으로 유지방 함유량이 48%인 진한 크림.

클러스터Goo Goo Cluster가 미국의 첫 콤비네이션 초콜릿 바로 등장했다. 1920년대에는 리세스 사가 땅콩버터와 컵, 마스 사가 스니커즈Snickers를 출시했으며, 스니커즈는 오늘날까지 미국에서 가장 사랑받는 초콜릿 바라는 위상을 유지하고 있다. 땅콩은 본래 풋내가 나는 식물(콩류)이므로 사실 볶기 전에는 초콜릿과 그다지 잘 어울리지 않는다. 땅콩과 초콜릿의 조합이 성공할 수 있는 것은 땅콩을 볶는 동안 형성되는 피라진이 초콜릿의 구수한 풍미와 조화를 이루기 때문이다. 구워서 다진 땅콩과 초콜릿 소스를 뿌린 바닐라 아이스크림 선디, 녹인 땅콩버터와 초콜릿 아이스크림 밀크셰이크 등 땅콩과 초콜릿 조합을 이용하여 집에서도 레스토랑 수준의 요리를 즐길 수 있다. 폴 히스코트Paul Heathcote 셰프는 일반적으로 사용하는 밀크 초콜릿 대신 다크 초콜릿을 이용하여 솔티 초콜릿 캐러멜과 땅콩 타르트를 만든다.

초콜릿과 라임

초콜릿 라임은 영국의 달콤한 전통 간식이다. 입에 넣으면 라임 캔디가 조각조각 떨어져 나오면서 속에 숨어 있던 포슬포슬한 초콜릿이 드러난다. 안타깝게도 다른 형태로는 거의 만날 일이 없지만, 딱 한 번 테렌스 콘랜Terence Conran의 레스토랑에서 짜릿한 라임 소르베를 곁들인 굉장한 다크 초콜릿 타르트를 먹어본 적이 있다.

초콜릿과 라즈베리

라즈베리는 초콜릿 타르트와 푸딩에 자동으로 따라붙는 짝꿍이다. 내 소박한 의견을 말하자면, 베리류는 그저 초콜릿 디저트를 예쁘게 장식하겠다는 이유만으로 심히 남용되는 경향이 있다. 크림을 충분히 더해 둘을 잘 어우러지게 한다면 아무래도 상관없지만, 그렇지 않거나 라즈베리가 덜 익은 상태라면 팔뚝 안쪽 살점을 세게 꼬집으려는 꿍꿍이로 다정한 포옹을 제안하는 듯한 조합이 될 뿐이다. 발로나 사의 매혹적인 만자리, 혹은 아마노Amano 사의 마다가스카르 등 라즈베리 향이 강한 초콜릿을 보면 훨씬 균형 잡힌 초콜릿과 라즈베리의 궁합을 경험할 수 있다.

초콜릿과 레몬: 레몬과 초콜릿(449쪽) 참조.
초콜릿과 로즈메리: 로즈메리와 초콜릿(468쪽) 참조.
초콜릿과 무화과: 무화과와 초콜릿(501쪽) 참조.
초콜릿과 민트: 민트와 초콜릿(486쪽) 참조.
초콜릿과 바나나: 바나나와 초콜릿(406쪽) 참조.
초콜릿과 바닐라: 바닐라와 초콜릿(513쪽) 참조.

초콜릿과 밤

19세기 뉴욕 델모니카 레스토랑의 셰프 찰스 랜호퍼Charles Ranhofer는 밤 아이스크림에 세로로 쪼갠 아몬드를 붙여 싹을 만들고, 간 초콜릿을 묻혀 흙투성이 감자처럼 만들어내곤 했다. 몇 개 만들어서 곱게 간 초콜릿 땅에 깊이 묻은 다음 손님들이 감자를 캐듯이 숟가락을 푹 집어넣게 한다면 매우 재미있을 것 같다. 집주인이 정신이 나간 게 아닐까 겁에 질릴 친구들이 걱정된다면, 초콜릿 소스를 뿌린 밤 아이스크림도 재미는 덜할지언정 맛은 좋을 것이다. 밤을 만끽하고 싶다면 아이스크림을 만들고 남은 달걀흰자를 이용해서 달콤한 밤 퓌레를 수북하게 얹고 휘핑크림을 살짝 올린 다음 슈거 파우더를 가볍게 뿌린 전통 머랭 디저트 몽블랑을 만들어보자.

초콜릿과 배

초콜릿을 약간 넣으면 배의 단맛이 부각되지만, 너무 많이 사용하면 과일의 맛이 묻힌다. 졸인 배에 초콜릿 소스를 뿌려 먹는 푸아르 벨 엘렌poires belle hélène이 적절한 예시다. 담요처럼 두껍게 뿌린 초콜릿 소스가 요리 전체를 압도해버리는 일이 왕왕 발생하니 조금만 둘러야 하며, 두 가지 맛이 잘 어우러질 수 있도록 배는 반드시 바닐라 시럽에 졸여야 한다. 견과류 또한 바닐라처럼 가교 역할을 한다. 배와 초콜릿은 모두 헤이즐넛을 사랑하며, 셋이 모이면 멋진 케이크가 완성된다. 또는 나이젤 슬레이터Nigel Slater의 퇴폐적인 조언을 따라서 배를 졸여 심을 파낸 다음 잘게 부순 플로랑틴[3]을 휘핑크림에 섞어서 배 안에 담아보자. 플로랑틴은 시판 제품을 사용하거나 생강과 초콜릿(456쪽)에 실린 레시피를 참조하여 만들 수 있다.

초콜릿과 베이컨

보주 오트 쇼콜라Vosges Haut-Chocolat의 설립자인 쇼콜라티에 카트리나 마르코프Katrina Markoff는 사과나무 훈제 베이컨과 훈제 소금, 다크 밀크 초콜릿을 섞어서 모스 베이컨 바를 만들었다. 여섯 살 때 먹은 초콜릿 칩 팬케이크와 메이플 시럽, 베이컨에서 영감을 받았다고 한다. 단맛과 짠맛이라는 전통적인 조합과 베이컨에 함유된 훈연 향의 독특한 매력을 확인할 수 있는 제품이다. 콜로라도 볼더 카운티의 티 앤 케이크Tee and Cakes에서는 한층 더 나아가 소금을 살짝 가미한 다크 초콜릿 가나슈를 두르고 얇게 저민 베이컨을 다져서 뿌린 메이플 향 컵케이크를 판매한다.

초콜릿과 블랙 푸딩: 블랙 푸딩과 초콜릿(55쪽) 참조.

---

[3] 견과류에 말린 과일과 버터, 설탕, 꿀 등을 더하여 만드는 비스킷. 한 면에 초콜릿을 입히기도 한다.

초콜릿과 블랙커런트

핀란드의 고딕 시문학만큼 어둡고 묵직하다. 하지만 그다지 인기가 좋은 조합은 아니다. 몇몇 유명한 브랜드(매치메이커스Matchmakers, 자파 케이크스Jaffa Cakes)에서 화려한 선전과 함께 시도했지만, 조용히 뒷전으로 밀렸다. 초콜릿과 블랙커런트는 초콜릿 소스를 곁들인 블랙커런트 무스 또는 풀fool4, 혹은 블랙커런트 필링을 채우고 신선한 크림을 곁들인 초콜릿 케이크처럼 완충 역할을 하는 유제품을 넣으면 맛이 비교적 좋아진다.

초콜릿과 비트: 비트와 초콜릿(125쪽) 참조.
초콜릿과 살구: 살구와 초콜릿(413쪽) 참조.
초콜릿과 생강: 생강과 초콜릿(456쪽) 참조.
초콜릿과 수박: 수박과 초콜릿(365쪽) 참조.
초콜릿과 아니스: 아니스와 초콜릿(266쪽) 참조.

초콜릿과 아몬드

부모의 죄책감을 자극하는 풍미란 어떤 맛일까? 아마도 아버지가 공항에서 마라카스 한 쌍이나 곰발바닥 모양 기념품 대신 집어 드는 토블론 초콜릿 바에 들어간 초콜릿과 아몬드 맛이리라. 성공의 비결에는 초콜릿과 아몬드의 너그러운 호환성이 분명 한몫한다. 카카오 콩은 초콜릿 제조 공정 중 로스팅을 거치면서 풍부한 견과류 풍미를 형성한다. 아몬드 또한 구울수록 초콜릿의 강렬한 향과 어깨를 견줄 수 있을 정도로 풍미가 강화된다. 크리스토퍼 탠Christopher Tan의 짭짤한 아몬드를 넣은 초콜릿 수프 레시피로 확인해보자.

recipe

〔**짭짤한 아몬드를 넣은 초콜릿 수프**〕

1. 프라이팬을 중약 불에 올리고 무염버터 1큰술을 녹인다.
2. 아몬드 플레이크 45g을 넣고 조심스럽게 4~5분간 노릇노릇하게 볶는다.
3. 불에서 내려 따로 둔다.
4. 냄비에 물 250ml와 휘핑크림 100ml, 정백당 25g, 체에 내린 코코아 파우더 40g을 담고 중약 불에 올려서 설탕을 녹인다.
5. 혼합물을 2~3분간 가볍게 보글보글 끓인 다음 카카오를 최소 60% 이상 함유한 초콜릿 100g을 잘게 다져서 넣는다.
6. 거품기로 부드럽게 섞은 다음 작은 그릇 4~6개에 나누어 담아서 볶은 아몬드를 얹고 플뢰르 드

---

4 과일을 익혀서 으깬 다음 크림 등을 섞은 디저트.

셸fleur de sel을 조금 뿌린다. 바로 낸다.

초콜릿과 아보카도: 아보카도와 초콜릿(289쪽) 참조.
초콜릿과 염소 치즈: 염소 치즈와 초콜릿(80쪽) 참조.
초콜릿과 오렌지: 오렌지와 초콜릿(434쪽) 참조.
초콜릿과 장미: 장미와 초콜릿(503쪽) 참조.
초콜릿과 체리: 체리와 초콜릿(362쪽) 참조.

초콜릿과 카다멈

인형술사가 사용하는 검은 벨벳 커튼 같은 다크 초콜릿은 부드러운 배경이 되어 카다멈 본연의 색을 잘 살린다. 카다멈은 적당한 분량을 사용할 경우 묘한 감귤류와 유칼립투스, 그리고 따뜻한 나무와 꽃 풍미를 살려낼 수 있다. 더없이 평범한 다크 초콜릿에도 간 카다멈을 한 꼬집만 넣으면 고급스러운 맛이 난다. 다음 레시피의 타르트는 맛이 탁월하고 아주 빠르게 만들 수 있지만, 냉장고에서 몇 시간 정도 굳혀야 한다.

recipe
〔다크 초콜릿과 카다멈 타르트〕

1. 23cm 크기의 페이스트리 반죽을 준비해서 초벌구이한다.
2. 카다멈 깍지 10개에 칼집을 넣어서 씨를 꺼낸 다음 절구에 넣고 절굿공이로 빻는다.
3. 팬에 더블 크림 300ml와 빻은 카다멈을 넣고 데운다.
4. 불에서 내린 다음 잘게 다진 다크 초콜릿 200g과 무염 버터 25g을 넣는다. 저어서 녹이며 잘 섞는다.
5. 가볍게 식힌 다음(아직 굳히지 않는다) 페이스트리 반죽에 부어서 냉장고에 2~3시간 정도 넣고 굳힌다.
6. 코코아 파우더를 체에 내려 살짝 뿌리고 크렘 프레시[5]를 적당량 곁들여 낸다.

초콜릿과 커피: 커피와 초콜릿(24쪽) 참조.

초콜릿과 코코넛

마리화나를 복용하면 더욱 강력한 마약을 찾게 될 수 있다고 보건국이 경고했듯이, 스위트 토바코 과자가

---

[5] 젖산을 넣고 살짝 발효하여 가벼운 신맛이 도는 산뜻한 유제품.

나를 담배 중독으로 이끌었다. 이 코코아 맛의 코코넛 가닥을 라이스페이퍼로 싸면 손담배 같은 롤 모양 과자가 완성된다. '달을 바라지 말아요,'[6] 나는 베티 데이비스처럼 강아지를 향해 담배 연기를 훅 불었다. 순간 마른기침이 몇 차례 터져 나오며 진정한 싸구려 담배 맛이 퍼졌다. 으엑, 첫 모금을 들이마신 감상은 끔찍했다. 담배 회사가 그렇게 비열한 놈들이라면, 대체 왜 제과 회사를 본받아 담배를 유혹적으로 만들지 않는 걸까? 의문스러웠다. 얼마 지나지 않아 나는 단지 맛과 아무런 상관이 없을 뿐, 담배 회사는 담배를 충분히 유혹적으로 만들어냈다는 사실을 몸으로 절감했다. 몇 년 후, 이번에는 담배와 훈연 향을 가미한 멋진 초콜릿을 찾아 다시 제과로 돌아섰다. 만일 이거다 싶은 제품을 찾고 있다면 프랄뤼Pralus 사의 탄자니Tanzanie(담배, 당밀, 건포도) 또는 바누아투Vanuatu(훈연, 향신료, 감초)를 먹어보자. 담배와 코코넛 향을 가미한 초콜릿으로는 이름처럼 코코아를 무려 50% 함유한 밀크 초콜릿인 미셸 클뤼젤Michel Cluizel의 망가로 레Mangaro Lait 50%를 추천한다.

초콜릿과 콜리플라워: 콜리플라워와 초콜릿(177쪽) 참조.
초콜릿과 타임: 타임과 초콜릿(480쪽) 참조.

초콜릿과 토마토

미국의 음식 역사학자 앨리스 안트Alice Arndt는 칠리 콘 카르네, 카포나타, 케첩, 미트볼 등 향신료를 듬뿍 넣는 토마토 레시피에 초콜릿 풍미를 은근하게 가미하기를 권한다. 멕시코인은 코코아와 다크 초콜릿을 달콤한 과자뿐만 아니라 음식에도 향신료로 사용한다. 그들에게 초콜릿이란 짭짤한 요리에 깊이와 풍부한 맛을 더하고 토마토 등 새콤한 재료의 튀는 맛을 다독이는 재료다.

초콜릿과 파인애플: 파인애플과 초콜릿(390쪽) 참조.

초콜릿과 헤이즐넛

이 천국 같은 조합의 인기는 19세기 후반 피에몬테 지방의 코코아 품귀 현상 덕분이다. 헤이즐넛 가루로 초콜릿의 부피를 늘리려고 시도한 결과 (마침내) 누텔라가 탄생했지만, 처음에는 파스타 잔두야gianduja라는 이름의 딱딱한 덩어리 형태였다. 전형적인 피에몬테 사람을 대표하는 축제용 등장인물 '한가한 존'의 대사에 등장하는 잔두야는 여전히 초콜릿과 헤이즐넛으로 만든 달콤한 페이스트를 일컫는 일반 용어로 쓰인다. 1940년대 당시 어머니들은 잔두야 덩어리를 한 조각 잘라내어 빵 사이에 끼운 다음 아이들에게 간식 삼아 주었지만, 아이들은 빵은 버리고 초콜릿만 먹을 정도로 똑똑했다. 당시 피에몬테 지방의 오리들은 분명 엄청나게 통통했을 것이다. 1951년 혼합물을 부드럽게 만드는 기술이 발전했고, 잔두야는 슈

---

[6] 영화 〈가자, 항해자여〉(1942)에 나오는 베티 데이비스의 명대사.

퍼크레마 잔두야라는 새로운 이름으로 병에 담겨 팔렸다. 1964년 잔두야는 마침내 훨씬 흥미로운 이름인 누텔라가 되었고, 오늘날에는 전 세계에 걸쳐 땅콩버터를 뛰어넘는 판매고를 올리고 있다. 만일 누텔라가 너무 달다면 페레로 로셰 또는 바치Baci 사에서 생산하는 잔두야를 추천한다. 독특한 제품이 좋다면 발로나 사의 카라이브 누아제트 또는 아메데이Amedei 사의 피에몬테 헤이즐넛을 가미한 밀크 초콜릿을 먹어보자. 넛멕과 호두(324쪽) 또한 참조.

초콜릿과 호두

브라우니에 사용하는 고전적인 조합이다. 호두는 초콜릿 브레드 앤 버터 푸딩[7]에도 한 줌 정도 던져 넣을 만하다. 초콜릿과 호두에 캐러멜을 더해서 '터틀turtle'이라는 사탕과자를 만들기도 한다. 터틀은 캐나다에서 인기를 누리는 달콤한 과자류다. 견과류(주로 피칸 또는 호두)를 작게 한 더미 준비해서 캐러멜에 버무려 뭉친 다음 초콜릿을 매끈하게 입히면 초콜릿 아래로 마치 거북이의 머리와 다리처럼 견과류 일부가 톡톡 튀어나온다. 초콜릿과 아몬드(18쪽)에 소개한 레시피에 캐러멜을 한 바퀴 두르면 터틀 수프라고 부를 수 있을지도 모른다.

초콜릿과 화이트 초콜릿: 화이트 초콜릿과 초콜릿(516쪽) 참조.

---

[7] 그릇에 빵을 담고 설탕을 넣은 우유와 달걀 혼합물을 부어서 익힌 요리.

Coffee
커피

초콜릿처럼 커피도 컵에 담기기 전까지 여러 단계를 거치는 만큼 매우 복합적인 맛이 들어 있다. 볶은 커피콩에서는 800종이 넘는 아로마 화합물이 검출된다. 녹색을 띠는 생커피콩은 비교적 향이 미미하다. 로스팅 과정을 거치면 커피콩은 50~100%까지 팽창하고 갈색으로 변하면서 풍미를 발산한다. 대체로 옅은 갈색으로 볶은(9~11분간 로스팅) 커피콩은 타고난 근원에 가까운 맛을 내며, 따라서 콩의 품종 및 재배 조건이 더욱 드러난다. 다크 로스팅(12~13분 로스팅)에 가까워질수록, 그리고 표면에 유지가 배어날수록 구수한 풍미가 맛을 지배하기 시작하며 향신료와 초콜릿 향이 강해진다. 커피에서 탐지할 수 있는 블랙커런트, 고수 씨, 클로브, 바닐라, 초콜릿과 견과류 같은 향은 서로 조화롭게 어우러지며, 모두 커피 전용 바에서 사용하는 시럽 종류의 맛내기에 쓰인다. 티아 마리아Tia Maria와 칼루아Kahlua는 둘 다 커피 향 리큐어지만 성격은 확연히 다르다.

커피와 계피

계피의 강렬하고 달콤한 맛은 제과제빵에서 커피 맛을 완만하게 다듬어준다. 멕시코 카페에서는 커피를 젓는 용도로 계피 스틱을 하나 주기도 하는데, 맛이 좋고 설거지거리도 줄여준다. 토마스 켈러의 유명한 요리로는 계피 설탕을 뿌린 도넛과 카푸치노 풍미 세미프레도를 담은 커피 잔을 짝지은 메뉴가 있다.

커피와 고수 씨: 고수 씨와 커피(509쪽) 참조.
커피와 바나나: 바나나와 커피(407쪽) 참조.
커피와 바닐라: 바닐라와 커피(513쪽) 참조.

커피와 블랙커런트

와인 테이스팅 노트에 불쑥 나타나곤 하면서 기이하게 잘 어울리는 조합이다. 이탈리아 알프스 산맥에 서식하는 희귀한 라그레인Lagrein 적포도는 일단 와인이 되는 순간 커피와 블랙커런트 풍미를 모두 드러낸다. 나는 오트사부아의 국경 부근에서 이 조합을 맛본 적이 있다. 머랭에 블랙커런트 소르베와 휘핑크림, 커피 아이스크림을 켜켜이 쌓고 구운 아몬드를 조금 뿌린 천국 같은 바슈랭 글라세vacherin glace는 아직까지도 평생 입에 넣은 달콤한 디저트 중 제일 맛있는 음식이었다. 커피에서는 막 갈아낸 콩의 신선한 향기가 났고, 블랙커런트는 과일이 조리 과정에서 과하게 달콤해지며 속절없이 잃고 마는 사향 내음을 은은하게 유지하고 있었다. 파블로바를 변주하거나(커피 맛 머랭에 크림과 적당히 달콤한 블랙커런트 콤포트를 더해) 심지어 커피 케이크에 블랙커런트 잼을 더하는 등으로 시험해볼 만하다.

커피와 생강

17세기 후반 영국의 커피 하우스에서는 블랙커피에 생강, 클로브, 계피, 스피어민트 등의 선택지를 겸비하여 판매했다. 예멘에서는 지금도 커피 겉껍질로 내린 차에 향료 삼아 생강을 더한 음료가 인기를 누린다. 키샤르qishr라고 부르는 조합으로, 황금빛 액체를 작은 잔에 따라 마시면 톡 쏘는 풍미가 느껴져서 곧장 일종의 꿀 케이크인 빈트 알 산bint al sahn을 한 입 베어 물게 된다. 크리스마스 철이면 카페에서 내놓는 우유 맛 가득한 진저브레드 음료의 에스프레소 애호가식 변주라고 생각하자. 생강과 계피(451쪽) 또한 참조.

커피와 소고기

카페인을 주입한 붉은 고기는 건강에 제일 전투적으로 신경을 쓰는 지인에게 접대해야 할 요리다. 이왕이면 불을 붙인 담배를 장식으로 얹어보는 건 어떨까? 커피는 미국 남부에서 고기용 마리네이드 또는 럽 재료로 사용한다. 로스팅한 커피와 구운 소고기 사이에 겹치는 풍미가 있다는 점이 잘 알려져서인지 훨씬 고급스러운 레스토랑에도 등장한다. 하지만 경험상 커피와 소고기의 조합은 속도위반 결혼이나 마찬가지다. 커피로 스테이크를 마리네이드해본 결과, 야생 사냥감 같은 풍미가 강렬해졌다. 커피와 소고기는 저녁식사에서 최소한 한 코스 정도 떨어뜨려 놓는 것이 최선이다.

커피와 아몬드

일단 로스팅 과정을 거치면 커피는 모든 풍미 중에서도 가장 복잡한 맛이 되며, 그중 가장 매력적인 특징은 '견과류 풍미'이니 커피가 왜 그리 견과류와 자주 짝지어지는지 충분히 설명이 될 것이다. 커피에서 식별되는 가장 흔한 견과류 향은 호두(커피와 호두 참조, 26쪽)지만, 아몬드(또한 마지판)도 전형적으로 자주 느껴진다. 눈앞에 놓인 커피 한 잔에서 아몬드 향을 느낄 수 없더라도, 슈거 파우더를 넉넉히 뿌린 통통한 아몬드 크로와상과 커피가 기가 막히게 잘 어울린다는 점은 부정할 수 없다. 프랑스 여성들은 아몬드 크로와상을 눈보라에 갇히기라도 한 양 숨도 쉬지 않고 먹어치울 수 있다. 나한테는 불가능한 일이다.

커피와 아보카도: 아보카도와 커피(289쪽) 참조.
커피와 염소 치즈: 염소 치즈와 커피(80쪽) 참조.

커피와 오렌지

아침식사의 동반자다. 시칠리아에 자리한 산 마테오San Matteo에서는 천국 같은 맛이 나는 오렌지와 커피 마멀레이드를 만든다. 한 번 맛본 적이 있는 태운 오렌지와 커피 아이스크림에서는 양육권 분쟁처럼 씁쓸한 맛이 났지만, 달콤한 크림이 씁쓰레함을 다독여주었다. 오렌지와 커피 티라미수도 생각보다 맛있다. 심지어 오렌지와 커피콩으로 리큐어도 만들 수 있다. 본래 오드비[8]를 사용하는 패트리셔 웰스$^{Patricia\ Wells}$의 원본을 응용한 레시피이다. 나는 전적으로 내 취향에 따라, 커피콩을 더도 덜도 아닌 44알만 사용한다.

> *recipe*
> 〔커피와 오렌지 리큐어〕
> 1. 큼직한 오렌지를 골라서 총 44군데에 칼집을 낸다.
> 2. 틈새마다 커피콩을 꽂는다. 오렌지는 중세 시절 무기 혹은 부족 애호가용 도구처럼 보일 것이다.
> 3. 항아리에 각설탕 44개를 넣는다. 그 위에 오렌지를 얹고 브랜디나 럼 또는 보드카 500ml를 붓는다.
> 4. 44일간 그대로 숙성한 다음 오렌지에서 즙을 짜내어 다시 알코올과 섞고 거른 후 살균한 병에 담는다.

또는 어딘가 어둡고 서늘한 곳에 놔두고 완전히 잊어버렸다가 대략 444일 정도 후에 완전히 먼지에 뒤덮인 항아리를 발견해서 살짝 맛을 본 다음 오렌지 주스를 더 넣지 않아도 끝내주게 맛있다는 사실을 깨닫고 다시금 벌컥 들이키는 방법도 있다. 너무 달지 않고 완벽한 균형을 이루는 복합적인 커피와 오렌지 풍미가 오래도록 이어지며, 길고 긴 하루의 시작과 마무리를 장식하기에 좋은 리큐어다.

커피와 장미

씁쓸한 풍미는 장미 등 꽃향기의 압도적인 단맛에 대항하는 해독제로 사용할 수 있다. 나는 원래 뻑뻑하고 시커먼 터키식 커피를 즐기지 않지만, 장미 맛 터키시 딜라이트[9] 한 조각이면 균형이 잡힌다.

커피와 체리

전 세계가 데이비드 린치의 드라마 〈트윈 픽스〉에서 누가 로라 팔머를 죽였는지 초조하게 지켜보는 동안, 나는 그저 더블 알 식당에서 쿠퍼 요원과 합류하여 끝내주는 커피와 체리 파이 한 조각을 먹고 싶을 뿐이었다.

커피와 초콜릿

예멘의 모카 시티에서는 마타리^{Matari} 혹은 모카라고 불리는 커피콩을 생산한다. 뒷맛에서 초콜릿 풍미가

---

[8] 생명의 물이라는 뜻으로, 브랜디의 일종.
[9] 달콤하고 젤리처럼 끈적한 터키의 사탕과자.

진하고 그윽하게 느껴지는 커피로, 덜 이국적인 커피에 초콜릿을 더해서 이러한 풍미를 재현하는 다양한 혼합물에 이름을 빌려주고 있다. 대체로 데운 우유 한 컵과 코코아에 에스프레소 샷을 한 잔 더해서 만든다. 개인적으로는 음료로 즐겨 마시는 조합은 아니다. 커피는 영화 〈워킹 걸〉의 도입부에서 맨해튼 거리를 성큼성큼 나아가는 멜러니 그리피스처럼 밝은 시작을 알리는 단호한 기분을 느끼게 한다. 하지만 멕 라이언을 연상시키는 핫 초콜릿은 풍성한 스웨터를 입고 거대한 머그잔을 애원하듯이 양손으로 움켜잡는 느낌을 준다. 단호하면서 동시에 연약할 수는 없는 법이다. 따뜻한 음료는 잊자. 커피와 초콜릿은 무스와 트러플, 케이크에서 훨씬 잘 어울린다. 또는 은밀한 풍미 촉진제로 사용하자. 초콜릿 요리에 커피 풍미를 약간 더하면 훨씬 초콜릿다운 맛이 나며, 그 반대도 마찬가지다.

커피와 카다멈

베두인족이 아랍식 커피를 내리는 방식이다. 모로코의 알제리아나 소호의 알제리아 카페에서는 커피콩에 카다멈을 동량으로 섞어서 분쇄한다(물론 고객의 선호에 따라 비율을 조절한다). 설탕은 넣기도 하고 넣지 않기도 하며, 그윽한 향신료가 커피의 산미를 다독이도록 오렌지 꽃물을 한두 방울 넣기도 해서 작은 컵에 담아 마신다. 이 두 가지 풍미를 섞어서 커피 아이싱을 입힌 카다멈 케이크를 만들어보자. 카다멈을 넣어서 부드럽고 향기로운 스펀지케이크에 커피 아이싱을 입히면 생생한 풍미가 더해진다.

recipe

〔커피 아이싱을 입힌 카다멈 케이크〕

1. 대형 볼에 설탕과 셀프 라이징 밀가루[10] 각 175g, 부드러운 버터 100g, 빻은 카다멈 씨(깍지 12개 분량), 베이킹파우더 1작은술, 우유 4큰술과 달걀 2개를 담고 2~3분 정도 골고루 섞는다.
2. 바닥이 분리되는 20cm 크기 원형 케이크 틀에 기름칠을 하고 유산지를 깐 다음 반죽을 부어서 180℃로 예열한 오븐에 50~60분간 굽는다. 꺼내서 식힌다.
3. 뜨거운 물 2큰술에 인스턴트 커피 2작은술과 바닐라 익스트랙트 몇 방울을 넣고 녹인다.
4. 슈거 파우더 125g에 넣어서 섞는다.
5. 액상 재료를 한 방울씩 더하며 섞어, 반투명하고 묽은 아이싱을 만든다. 케이크에 쉽게 펴 바를 수 있는 상태로 만든다.
6. 식힌 케이크에 아이싱을 펴 바른다.

다음 날이 되면 카다멈의 풍미가 더욱 진해진다.

---

[10] 베이킹파우더와 소금 등을 미리 넣어 계량의 번거로움을 던 제품.

커피와 클로브: 클로브와 커피(320쪽) 참조.

커피와 헤이즐넛

만약에 프랑스나 이탈리아에서 맛있는 아이스크림 가게에 들어갔다가 도저히 고를 수가 없어서 괴로워 진다면, 하나만 기억하자. 커피와 헤이즐넛, 커피와 헤이즐넛, 커피와 헤이즐넛.

커피와 호두

나는 언제나 호두에서 니코틴 풍미가 가볍게 느껴진다고 생각했으며, 커피와 호두가 그렇게 자연스럽게 어울리는 이유는 아마도 그 때문일 것이다. 공공장소에서 호두 먹기를 금지하자. 어차피 견과류 알레르기를 가진 사람이 옆에 있을지도 모르니까. 커피와 큼직한 호두 케이크 한 조각이면 커피와 담배를 어느 정도 대체할 수 있지만 맛있는 케이크는 찾기 힘들다. 커피 스펀지케이크는 촉촉해야 하고 아이싱은 너무 달지 않으며 호두를 듬뿍 넣어야 한다.

커피와 화이트 초콜릿: 화이트 초콜릿과 커피(517쪽) 참조.

Peanut
땅콩

생땅콩에서는 콩 내음이 난다. 굽거나 볶으면 달콤한 맛과 은은한 초콜릿 및 고기 향, 그리고 식물성 풍미가 깔린다. 기름진 고기나 달콤한 조개 및 갑각류, 사과나 라임 등 새콤한 과일과 잘 어울리는 매우 복합적이고 만족스러운 풍미를 선보인다. 갈아서 땅콩버터를 만들면 기분 좋은 쌉쌀함과 함께 더욱 달콤하고 짭짤한 맛이 난다. 흔히 베이컨은 무엇과도 잘 어울린다고 하지만, 땅콩이야말로 다른 재료들과 궁합을 맞추기 훨씬 좋은 데다 베이컨과 달리 전 세계적으로 널리 사용되며 여러 문화권에서 사랑받는다.

땅콩과 감자: 감자와 땅콩(128쪽) 참조.

땅콩과 계피
제조사의 설명에 따르면 카트리스 크렘Castries Creme은 땅콩버터의 강렬한 첫 맛이 향긋한 계피와 은은한 황설탕 풍미로 이어지는 땅콩 리큐어다. 땅콩과 사과(29쪽) 또한 참조.

땅콩과 고수 잎: 고수 잎과 땅콩(281쪽) 참조.
땅콩과 고추: 고추와 땅콩(301쪽) 참조.

땅콩과 닭고기
강박적인 정리 벽이 있는 사람이라면 닭고기, 고추, 잔파를 죄다 땅콩 크기로 잘라 땅콩과 함께 넣고 만드는 쓰촨 요리 쿵 파오 치킨에서 안정감을 느낄 수도 있다. 달달 볶으면 고추를 제외한 모든 재료가 똑같이 노릇노릇하게 물들고, 매콤한 소스와 함께 입 안에서 담백하고 부드러운 닭고기가 바삭하고 진한 견과류와 대조를 이룬다.

recipe
〔쿵 파오 치킨〕
1. 닭 가슴살 2쪽을 1cm 크기로 깍둑 썰어 진간장 1큰술, 소흥주 2작은술, 옥수수 전분 2작은술, 소금 1/2작은술에 잘 버무린다.

2. 닭고기를 재우는 동안 잔파의 하얀 부분 6대 분량과 말린 고추 6개를 1cm 크기로 썬다(매운 정도를 조절하려면 고추씨를 제거한다).
3. 설탕 1큰술, 흑미 식초 1큰술, 물 2큰술, 옥수수 전분 1작은술, 진간장 1작은술, 굴 소스 1작은술, 참기름 1작은술을 잘 섞어서 따로 둔다.
4. 궁중팬에 땅콩기름을 약간 두르고 달군 다음 고추를 넣는다. 타지 않도록 주의하며 볶는다.
5. 닭고기를 넣고 노릇노릇하게 구운 다음 저민 마늘 2쪽 분량, 곱게 다진 날생강 2cm 분량, 잔파를 넣는다. 닭고기가 익을 때까지 볶는다.
6. 따로 둔 3의 소스를 붓고 걸쭉하고 반짝이는 상태가 될 때까지 볶는다.
7. 구운 무염 땅콩을 넉넉히 한 줌 넣고 재빨리 버무린 다음 낸다.

캐슈너트로 대체할 수 있지만, 정통 재료는 땅콩이다. 난생처음 맛본 중국음식이었던 만큼 닭고기와 캐슈너트는 내 마음속에서 특별한 자리를 차지하고 있다. 어머니에게 무슨 음식을 먹었는지 설명하려던 순간, 아홉 살짜리의 머릿속은 쿵 파오의 완전히 낯선 정체를 재현해보려고 팽팽 돌아가기 시작했다. 숙주는 뭐라고 설명하지? 날감자처럼 아삭해서 신기한 물밤은? 뒤섞인 보드랍고 짭짤한 소스는? 그때까지 한 번도 이런 음식을 본 적이 없었다. 사실 어둑한 주차장에 차를 세워두고 부친 달걀에서 올라오는 열기로 유리창에 김이 서리는 모습을 보며 포장 음식을 먹는 지금도 그런 음식은 달리 만난 적이 없다. "밥에 완두콩이 들어 있었어." 나는 간신히 이렇게 설명했다. 땅콩과 양고기 또한 참조, 30쪽.

땅콩과 당근

나이젤라 로슨이 소개한 '레인보 룸의 당근 땅콩 샐러드'는 본인의 어머니가 비슷한 메뉴를 먹었던 레스토랑을 기리며 명명한 레시피이다. 나이젤라도 인정하듯이 묘한 음식처럼 보일지도 모르지만 분명히 맛있으며, 식초를 대담하게 넣을수록 좋다. 식초가 견과류의 기름진 맛을 끊어주며 달콤한 당근과 어우러져 입에 침이 고이고 라임즙을 넣은 동양식 샐러드를 떠올리게 하는 요리를 완성한다.

recipe

〔당근 땅콩 샐러드〕

1. 당근 4개를 적당히 썬다.
2. 당근에 가염 땅콩 75g, 레드 와인 식초 2큰술, 땅콩기름 2큰술, 참기름 몇 방울을 더해 섞는다. 바로 먹는다.

땅콩과 돼지고기: 돼지고기와 땅콩(44쪽) 참조.

땅콩과 라임

멕시코에서는 라임 또는 라임과 고추로 맛을 낸 봉지 땅콩이 인기를 누리며, 껍질째 돼지기름에 튀기고 뜨거울 때 건져 컵에 담은 다음 라임즙을 뿌린 땅콩을 노점에서 사 먹을 수 있다. 땅콩과 라임은 태국과 베트남에서도 매우 흔한 조합으로 국수 요리나 수프 혹은 샐러드에 고명으로 사용한다. 나이젤라 로슨의 레인보 룸 샐러드에 넣는 식초처럼(땅콩과 당근 참조, 28쪽) 새콤한 즙은 견과류의 기름진 맛에 멋진 대조군이 되어준다.

땅콩과 민트: 민트와 땅콩(483쪽) 참조.
땅콩과 바나나: 바나나와 땅콩(405쪽) 참조.

땅콩과 바닐라

나는 행복한 유년시절을 보냈지만, 만일 햄프셔에서 눈처럼 하얀 바닐라 맛 마시멜로 플러프Marshmallow fluff[11]를 구할 수 있었다면 훨씬 행복했을 것이다. 플러퍼너터 샌드위치[12]를 만들어 달라고 조르거나, 아예 직접 만들어 먹을 수도 있었을 것이다. 빵 한 장에 플러프를 바르고 다른 한 장에는 땅콩버터를 바른 다음 겹쳐서 썬다. 드라마 〈소프라노스〉 4시즌에서 크리스토퍼 몰티산티는 어머니에게 플러퍼너터 샌드위치를 하나 만들어달라고 부탁하지만 거부당했다. 그가 어떤 말로를 맞이했는지 보라.

땅콩과 브로콜리

으깬 덩어리 땅콩을 넣은 땅콩버터는 브로콜리를 위해 태어난 소스로, 브로콜리 송이가 땅콩 조각을 잡아채 건져낸다. 땅콩과 코코넛(31쪽)에서 소개한 드레싱을 두른 샐러드에 이를 넣어보자. 또는 브로콜리 송이를 깔끔하게 썰 수 있다면 땅콩과 닭고기에서처럼 쿵 파오식으로 조리해도 좋다.

땅콩과 블랙커런트: 블랙커런트와 땅콩(488쪽) 참조.

땅콩과 사과

갈거나 얇게 썬 사과는 부유한 집에서 아이들에게 땅콩버터 샌드위치를 만들어줄 때 잼이나 젤리 대신

---

11 바를 수 있는 질감으로 만든 마시멜로 잼.
12 땅콩버터와 마시멜로 플러프를 바른 샌드위치.

넣는 재료다. 정통 방식인지는 둘째 치고, 새콤한 그래니 스미스 사과[13]는 설탕 그득한 잼보다 훨씬 산뜻하게 대조를 이루는 맛을 낸다. 사과는 피넛버터앤코peanut butter and co 사의 계피 건포도 땅콩버터와 특히 잘 어울리며, 메이플 시럽을 가미한 제품과도 궁합이 나쁘지 않다. 병 제품을 구입하거나 뉴욕 그리니치빌리지에 자리한 땅콩버터 카페에서 시식할 수 있다.

땅콩과 셀러리: 셀러리와 땅콩(136쪽) 참조.

땅콩과 소고기

인도네시아 요리 사테이에서 흔히 쓰는 조합으로, 페루에는 꼬챙이에 꿴 고기를 그릴에 굽는 조리 과정을 뜻하는 안티쿠초anticucho라는 단어가 있다. 황소 심장을 사용했지만 갈수록 소고기를 더욱 흔하게 쓴다. 어느 쪽이든 볼리비아의 안티쿠초처럼 고기는 식초와 마늘, 고추, 쿠민, 오레가노에 재우는데, 여기에 걸쭉한 땅콩과 고추 소스를 바른다. 꼬챙이에 끼운 어린 감자를 조금 곁들이기도 한다. 소고기와 땅콩, 감자라는 조합은 태국의 마사만 커리massaman curry를 연상시킨다. 데이비드 톰슨은 감자와 고기(반드시 소고기만 쓰지는 않으며, 종종 양고기와 오리고기로 대체한다)에 곁들이는 이 땅콩 듬뿍 넣은 걸쭉한 소스가 모든 태국 커리 중에서 제일 만들기 힘든 음식이자 제일 맛있는 요리라고 한다.

땅콩과 아스파라거스: 아스파라거스와 땅콩(187쪽) 참조.

땅콩과 양고기

볼리비아에서는 수프 또는 스튜에 양고기와 땅콩을 함께 넣는다. 서아프리카에서는 땅콩과 양고기로 마페mafe(땅콩과 토마토 참조, 32쪽)를 만들기도 하고, 태국에서는 마사만 커리(땅콩과 소고기 참조)를 만든다. 작게 썬 양고기를 꼬챙이에 꿰어서 그릴에 구운 사테이를 땅콩 소스와 함께 내기도 한다. 사테이는 음식을 꼬챙이에 꿰어서 숯불에 익히는 기법을 뜻하는 단어로, 특별한 풍미 조합을 의미하지는 않는다. 서양에서는 보통 사테이에 땅콩 소스를 곁들인다고 생각하지만, 인도네시아에서는 케캅 마니스[14] 또는 토마토 고추 혼합물을 곁들이기도 한다. 사테이 자체는 무엇으로든 만들 수 있다. 양고기, 염소 고기, 닭고기, 소고기, 해산물, 다진 오리고기, 소 내장, 물소, 거북 고기, 두부, 기타 꼬챙이에 꿸 수 있는 거라면 거의 대부분 사용 가능하다.

---

13   과육이 탄탄한 청사과 품종.
14   간장을 기본으로 향신료와 당류를 첨가하여 만든 소스.

땅콩과 오이

인도에서는 껍질을 벗기고 깍둑 썬 오이, 구워서 잘게 으깬 땅콩, 곱게 다진 풋고추와 간 코코넛을 섞어서 카망 카카디khamang kakadi를 만든다. 여기에 레몬즙과 소금, 설탕, 쿠민, 그리고 가끔 겨자 씨를 넣고 터져서 풍미가 퍼질 때까지 데운 식물성 기름을 더해서 버무린다. 처트니를 곁들여 낸다.

땅콩과 조개 및 갑각류

사테이 소스는 담백한 홍합 또는 새우 꼬치를 기름진 특별식으로 만들어준다. 맛이 강하고 푸짐한 브라질 요리인 바타파vatapa는 조개 및 갑각류를 땅콩과 코코넛 소스에 뭉근하게 익힌 다음 빵으로 걸쭉하게 농도를 조절하여 만든다. 새우와 땅콩은 일단 섞으면 물리지 않고 딱 만족스러운 수준으로 고소한 단맛을 낸다.

땅콩과 초콜릿: 초콜릿과 땅콩(15쪽) 참조.

땅콩과 코코넛

인도네시아 요리에서 자주 짝을 이룬다. 간 코코넛을 구워서 양파, 마늘, 향신료와 함께 익힌 다음 땅콩과 섞은 세런뎅seroendeng은 쌀 요리에 생기를 불어넣는다. 향신료를 가미한 코코넛 밀크와 쌀가루 반죽에 땅콩을 다져 넣은 다음 기름에 튀긴 간식인 렘페약 카캉Rempeyek kacang도 있다. 땅콩과 코코넛 조합 중에서 제일 유명한 것은 사테이 전용 소스와 전통 인도네시아 샐러드인 가도 가도gado gado 드레싱이다. 가도 가도를 저평가하는 것은 아니지만, 채소가 살짝 시들어서 처리해야 할 때 아주 좋은 방법이다.

> *recipe*
> **[가도 가도 드레싱]**
> 1. 땅콩 200g을 껍질째 190℃로 예열한 오븐에서 6~8분간 굽는다. 식혀서 푸드 프로세서로 곱게 간다.
> 2. 간장 50ml, 종려당(또는 황설탕) 2큰술, 라임즙 1/2개 분량, 으깬 마늘 1~2쪽 분량(다진 셜롯 2~3개 분량과 함께 볶은 것) 그리고 취향에 맞춰서 고추를 더한다. 곱게 간다.
> 3. 코코넛 밀크 400ml를 붓고 마저 갈아서 잘 섞는다.

이렇게 만든 드레싱을 데친 채소와 생채소를 섞은 것에 붓고 버무린다. 익혀서 식힌 감자와 데친 깍지콩, 생숙주를 흔히 사용하며 당근, 잔파, 양배추, 오이나 양상추 등 다양한 채소를 추가한다. 삶은 달걀, 바삭한 새우, 튀긴 양파 또는 두부를 주로 얹는다.

땅콩과 토마토

서아프리카에서 인기인 스튜 마페mafe에서 짝을 이룬다. 마페는 닭고기, 염소 고기 또는 소고기와 여러 채소를 이용해서 다양하게 만들지만, 땅콩과 토마토소스는 반드시 들어간다. 다음은 레시피보다 간략한 안내서에 가깝지만 어떻게 만드는 요리인지 감은 잡을 수 있을 것이다.

recipe
〔마페〕

1. 잘게 썬 양파(대) 1개 분량을 기름에 부드럽게 볶은 다음 곱게 다진 마늘 1~2쪽 분량과 잘게 썬 홍고추 약간을 더한다.
2. 덩어리째 또는 큼직하게 썬 고기 약 1kg을 넣고 겉만 노릇노릇하게 지진다.
3. 토마토 한 캔과 토마토퓌레 2큰술, 월계수 잎 1장, 뜨거운 물 또는 육수 500ml에 푼 땅콩버터 125g을 더한다. 1시간가량 뭉근하게 익힌다.
4. 한 입 크기로 썬 녹색 피망과 뿌리채소 적당량(대략 당근(대) 4개 분량의 당근, 고구마, 호박 등)을 넣는다.
5. 약불에서 뭉근하게 익힌 다음, 채소가 부드러워지면 불에서 내린다.
6. 잘 섞은 다음 쌀과 쿠스쿠스 또는 기장과 함께 낸다.

땅콩과 포도: 포도와 땅콩(367쪽) 참조.

THE *flavour* THESAURUS

MEATY
고기

Chicken
닭고기

Liver
간

Pork
돼지고기

Beef
소고기

Black Pudding
블랙 푸딩

Lamb
양고기

Chicken
닭고기

음식계의 목련인 닭고기는 담백하기로 정평이 나 있지만 마늘 40쪽을 넣어도 거뜬하고(마늘과 닭고기 참조, 158쪽) 로즈메리, 타임, 레몬 등 풍미가 강한 재료와 함께 진지한 고기 맛을 낸다. 움직임이 많은 다리와 허벅지 부위가 훨씬 맛이 좋고, 뼈와 껍질과 함께 익히면 더 맛있다. 닭이 밋밋하다는 평판은 특히 집약적으로 사육하고 도계하여 껍질과 뼈를 제거한 닭 가슴살 때문이다. 육식주의자에게는 건두부나 마찬가지다. 여기에 부여할 수 있는 가장 좋은 찬사는 요리에 씹는 맛을 더한다거나 짭짤하고 달콤하며 고소하고 과일, 향신료, 심지어 생선 풍미를 내는 다양한 소스의 흥미로운 맛을 방해하지 않는다는 것 정도다. 여기에서는 칠면조, 거위, 메추라기, 기타 특이한 야생 조류 또한 다룬다. 백조도 포함된다.

닭고기와 감자

나는 코트다쥐르 지방의 앙티브에서 줄무늬 수영복을 입은 구조대원이 아니라 소박한 독립 로티세리에 마음을 빼앗겼다. 오베느롱 거리를 따라 산책하다가 장 팅겔리의 삐걱대는 키네틱 아트 작품처럼 생겼지만 로스트 치킨의 향기가 나는 기괴하게 아름다운 검은색 철 놋쇠 기계 앞에서 가던 길을 멈췄다. 닭살이 돋아 있을 정도로 날것부터 노릇노릇한 것까지 익은 정도가 제각각인 닭들이 줄지어 공중 부양하다가 타원형 기계의 꼭대기에 도달하면 중력이 꼬챙이를 돌리며 크게 요동쳐 녹은 지방을 자유롭게 털어내고 다시 바닥까지 내려가는 여정을 시작한다. 생닭을 슬롯 위에 밀어 넣으면 마치 놀이공원 오락실의 코인 푸셔 게임처럼 바닥에 깔린 쟁반에 다 익은 닭이 떨어질 것 같았다. 바닥의 쟁반에는 바삭바삭한 감자 칩이 가득했다. 세상에 이보다 더 맛있는 음식이 있을까? 치킨과 구운 감자, 혹은 포르투갈식 닭고기 요리와 감자튀김이라면 더 맛있을지도 모르지만, 어쨌든 로티세리 바닥에 깔려 닭에서 떨어진 지방에 덮인 쫄깃하고 반짝이는 감자 칩에는 헤어 나올 수 없는 특별한 매력이 있다.

닭고기와 경질 치즈

1980년대 당시, 껍질과 뼈를 제거한 닭 가슴살에 그뤼에르 치즈와 햄을 끼운 어딘가 균형이 어긋난 요리인 치킨 코르동 블루Cordon Bleu가 유행을 탔다. 콩테 치즈를 더한 닭고기 요리 풀레 오 콩테poulet au comté는 가슴살 대신 과일과 견과류, 캐러멜 향이 나는 묵직한 치즈를 감당할 수 있을 정도로 존재감이 뚜렷한 껍질과 뼈째 구운 닭을 사용하도록 개선한 레시피이다.

> *recipe*
>
> 〔풀레 오 콩테〕
> 1. 닭은 4등분하여 간을 한 밀가루를 가볍게 뿌린다.
> 2. 버터에 닭고기를 노릇노릇하게 구운 다음 팬에서 덜어내 따뜻하게 보관한다.
> 3. 드라이 화이트 와인 300ml, 매운 겨자 2큰술을 부어서 바닥에 붙은 찌꺼기를 긁어낸다.
> 4. 오븐용 그릇에 닭고기를 담고 3의 소스를 부은 다음 200℃로 예열한 오븐에 넣고 중간중간 뒤집으면서 40분간 굽는다.
> 5. 곱게 간 콩테 치즈 100g을 뿌리고 다시 오븐에 넣어서 5분간 굽는다.
> 6. 치즈가 노릇노릇해지면 꺼낸 다음 삶은 감자나 밥을 곁들여 낸다.

닭고기와 고수 잎

고수 잎은 그린 커리 등 태국식 닭 요리에서 널리 쓰이며, 베트남에서는 닭고기 샐러드와 서머롤[15]에 라우 람rau ram, 즉 '매운 민트'를 넣는다. 라우 람은 고수와 식물학적으로 연관이 없지만 풍미가 비슷하며, 후추와 감귤류 향이 조금 강한 편이다. 말레이시아에서는 종종 고명으로 사용하는 면 국물 요리 락사 레막laksa lemak의 이름을 따서 '락사 허브'라고 부른다.

닭고기와 고추

모잠비크에 간 포르투갈인은 닭고기를 간단하게 기름과 고추, 소금, 감귤류 즙에 재웠다가 그릴에 구운 요리인 치킨 페리 페리peri peri(또는 피리 피리)와 함께 돌아왔다. 페리 페리는 아프리카어로 고추를 일컫는데, 주로 매콤하고 맛이 단순한 새눈고추 품종을 가리킨다. 치킨 페리 페리가 마음에 들었던 포르투갈인은 고아를 포함한 식민지로 이를 수입했고, 곧 고아에서 큰 인기를 끌었다. 양 볼에 눈물이 흐르게 만드는 닭고기가 대중적으로 매력을 발휘한다는 점을 깨달은 남아프리카 레스토랑 체인 난도스nando's는 1987년 문을 연 이후 5대륙으로 진출하기에 이르렀으며, 최근 몇 년간 페리 페리의 세계화는 더욱 가속화되고 있다. 생강과 고추(451쪽) 및 땅콩과 닭고기(27쪽) 또한 참조.

닭고기와 굴: 굴과 닭고기(216쪽) 참조.
닭고기와 달걀: 달걀과 닭고기(191쪽) 참조.
닭고기와 땅콩: 땅콩과 닭고기(27쪽) 참조.

---

15 라이스페이퍼에 각종 재료를 싸서 롤 모양으로 돌돌 말아 먹는 베트남 요리.

닭고기와 라임

감귤류는 전 세계 요리에서 닭고기와 짝을 이룬다. 나는 유명한 유카탄 반도 요리 소파 드 리마sopa de lima처럼 매콤한 닭고기 수프에 넣은 라임즙의 톡 쏘는 맛을 사랑한다. 계피, 마늘, 올스파이스, 검은 통후추로 양념한 닭고기와 토마토 국물에 잘게 뜯은 닭고기, 고추와 길게 자른 토르티야를 곁들인 다음 라임을 짜서 넉넉히 뿌리고 고수 잎을 약간 얹어 마무리한다.

닭고기와 레몬: 레몬과 닭고기(444쪽) 참조.
닭고기와 마늘: 마늘과 닭고기(158쪽) 참조.
닭고기와 물냉이: 물냉이와 닭고기(141쪽) 참조.
닭고기와 바나나: 바나나와 닭고기(404쪽) 참조.
닭고기와 바질: 바질과 닭고기(309쪽) 참조.
닭고기와 밤: 밤과 닭고기(339쪽) 참조.

닭고기와 배

닭고기와 배는 찬미할 만한 조합 같지 않을지도 모르지만, 자고새와 배는 좋은 육수에 베이컨과 셜롯을 더하여 조리면 찬양할 만하다. 배는 농후한 국물을 흡수한 후에도 은은한 과일 풍미의 단맛을 유지한다. 성탄절 저녁식사로 내기에 제격이다.

recipe

〔자고새와 배 조림〕

1. 묵직한 캐서롤 냄비에 기름 1큰술을 두르고 자고새(소) 4마리를 노릇노릇하게 굽는다.
2. 자고새를 꺼내 따로 두고, 같은 팬에 잘게 썬 훈제 베이컨 150g과 버터 25g, 껍질 벗긴 통셜롯 20개, 껍질을 벗기고 심을 제거하여 4등분한 배 4개 분량과 잘게 썬 마늘 1쪽 분량을 더하여 익힌다.
3. 셜롯이 노릇노릇하고 부드러워지면 다시 자고새를 팬에 넣고 뜨거운 닭 육수 150ml를 붓는다.
4. 간을 하고 뚜껑을 덮어서 160°C로 예열한 오븐에 넣고 20~25분간 익힌다.
5. 이대로 바로 낼 수도 있지만 일단 자고새를 꺼내서 알루미늄 포일을 씌워두고, 그동안 익혀서 껍질을 벗긴 밤 200g을 팬에 넣고 불에 올려 데운 다음 같이 곁들여 내면 더 맛이 좋다.

여기에, 동그랗게 잘라서 노릇노릇하게 익힌 뜨거운 사과 튀김 다섯 개를 더하면 완벽한 푸딩이 된다[16](바

---

[16] 캐롤 '열두 날의 크리스마스The Twelve Days of Christmas' 가사 중 다섯 번째 날에 등장하는 금반지 다섯 개를 빗댄 표현. 첫 번째 날에 '배나무에 앉은 자고새'를 받는다.

닐라와 사과 참조, 512쪽).

닭고기와 버섯

잎새버섯Grifola frondosa은 깃털 달린 닭과 비슷한 모양으로 주름진 외관 덕분에 숲속의 암탉hen for the woods이라고도 불린다. 숲속의 닭이라고 불리는 덕다리버섯Laetiporus sulphureus은 납작하게 만든 치킨 너겟과 비슷하게 생겼으며 질감이 진짜 닭고기와 제일 비슷한 버섯이지만, 맛도 비교할 수 있는지에 대해서는 의견이 갈린다. 닭고기를 요리하는 냄비에 버섯을 한두 줌 넣으면 정말로 숲에서 잡아온 고기인 것처럼 야생의 풍미를 내는 데 일조한다. 비둘기나 자고새를 조릴 때 넣으면 거의 발 아래에서 톡 부러지는 나뭇가지 소리가 들리는 듯하다. 크림소스에 모렐 버섯과 닭고기를 더한 조합은 덜 투박한 맛이 난다. 모렐 버섯은 복합적이고 섬세한 풍미 면에서 종종 송로 버섯과 가깝다는 평을 듣는다. 송로 버섯처럼 모렐 버섯도 흰색과 검은색 종류가 있으며, 미국의 요리 작가 리처드 올니richard olney는 두 가지 다 '정교하다'고 표현한다. 또한 소스와 테린에 말린 모렐 버섯을 쓰기도 하지만 절대 신선한 버섯의 맛에 부합할 수는 없다고 한다. 일반적으로 모렐 버섯은 말리는 과정에서 꿀처럼 달콤한 맛을 잃어버린다고 본다. 날것이건 말린 것이건 검은 것이건 하얀 것이건, 모렐 버섯은 반드시 익혀 먹어야 한다.

닭고기와 베이컨: 베이컨과 닭고기(241쪽) 참조.
닭고기와 블루 치즈: 블루 치즈와 닭고기(85쪽) 참조.
닭고기와 사프란: 사프란과 닭고기(259쪽) 참조.

닭고기와 세이지

주로 스터핑이나 소스에서 양파와 짝을 이루는 세이지는 닭고기의 짭짤함을 강화하지만, 자극적인 허브의 강렬한 풍미는 야생 고기 맛이 강한 칠면조와 더 잘 어우러진다. 세이지는 또한 지방질이 더 많은 거위 고기와도 잘 어울린다. 영국에서는 엘리자베스 1세가 통치하던 무렵부터 제2차 세계대전이 시작되기 전까지 고전 크리스마스 요리로 거위에 세이지와 양파, 사과 소스를 함께 냈지만 빅토리아 시대 말엽으로 접어들면서 특히 영국 남부에서는 칠면조로 전향하기 시작했다. 빅토리아 여왕은 거위와 칠면조를 둘 다 별로 좋아하지 않았으며, 소고기 내지는 구운 백조를 선호했다. 맛이 궁금하다면 한때 엘리자베스 2세의 요리사였던 피터 글래드원이 농후하고 질긴 백조 고기를 영양결핍인 거위와 비교한 적이 있으므로 참고하자.

닭고기와 셀러리: 셀러리와 닭고기(135쪽) 참조.
닭고기와 송로 버섯: 송로 버섯과 닭고기(165쪽) 참조.

닭고기와 아니스: 아니스와 닭고기(261쪽) 참조.
닭고기와 아몬드: 아몬드와 닭고기(354쪽) 참조.

닭고기와 아보카도

공원에서 보란 듯이 함께 조깅을 하는 커플 한 쌍처럼 심심하고 건강하게 잘 어울린다. 닭고기에 훈연 풍미를 가미하면 훨씬 낫다. 또는 잎채소 적당량에 구운 잣 약간, 건포도 한 줌을 더하고 새콤한 드레싱에 버무려 내자.

닭고기와 양배추: 양배추와 닭고기(168쪽) 참조.

닭고기와 양파

브리야 사바랭은 '부엌에서 가금류란 예술가에게 빈 캔버스와 같다'고 말했다. 『가정 경제 백과사전』(1855)에 따르면 웨일스가 아니라 스위스가 원산지인 리크와 닭고기 사이에는 맛이 담백하다는 공통점이 있다. 리크와 말린 자두, 닭 육수로 만든 전통 스코틀랜드식 코카리키cock-a-leekie 수프에 불쾌감을 느낄 사람은 아무도 없다(채식주의자를 제외하면).

닭고기와 완두콩: 완두콩과 닭고기(291쪽) 참조.

닭고기와 장미

무굴, 무어와 중세 영국 주방에서는 닭고기를 장미 꽃잎이나 로즈워터와 함께 내는 요리가 인기를 누렸다. 라우라 에스키벨의 소설 『달콤 쌉싸름한 초콜릿』에서 주인공 티타는 장미 꽃잎과 메추라기 요리로 여동생 거트루디스를 오르가슴의 절정까지 끌어올렸다. 브리야 사바랭은 이런 행위를 허용하지 않았을 것이다. 그는 메추라기가 모든 사냥용 고기 중에서 가장 섬세하지만 그만큼 쉬이 날아가는 맛이므로 평범하게 굽거나 종이에 싸서 익히는 것 외에는 어떤 방법이든 야만적인 행위에 불과하다고 생각했다. 여기에 동의하는 사람이라면 다른 많은 요리사들처럼 소스가 필요한 메추라기 요리에 닭고기를 대신 사용할 수 있다. 심리학자 홀링워스와 포펜버거는 '촉감'을 제거하면 사람들은 대부분 닭과 칠면조, 메추라기 고기의 맛을 구별하지 못한다고 주장한다. 하지만 촉감은 무시할 수 없는 특징이다. 과연 거트루디스가 껍질 벗긴 닭 가슴살을 쩝쩝거리면서도 끈적이는 작은 메추라기 다리를 뜯어 먹을 때처럼 좋은 시간을 보낼 수 있을까?

닭고기와 조개 및 갑각류: 조개 및 갑각류와 닭고기(201쪽) 참조.

닭고기와 캐비어

실비아 플라스의 『벨 자』에서 에스더 그린우드는 상류층의 오찬에 참석하여 캐비어 한 그릇을 온전히 독점할 계획을 세운다. 에스더는 관찰 결과 식탁에서 뭔가 잘못된 행동을 하더라도 일종의 오만한 태도로 있으면, 주변 사람들은 예의범절이 엉망이라고 생각하는 대신 원래 저렇게 해야 한다고 여긴다는 점을 알아낸다. '나는 땡그랑거리는 물 잔과 은 식기, 본 차이나 접시 뒤에서 내 접시에 저민 닭고기를 뒤덮다시피 담았다. 그리고 빵조각에 땅콩버터를 바르는 것처럼 닭고기에 캐비어를 두껍게 펴 발랐다. 그런 다음 저민 닭고기를 손가락으로 하나씩 집어 들어 캐비어를 흘리지 않도록 돌돌 만 다음, 입에 넣었다.'

닭고기와 코코넛: 코코넛과 닭고기(418쪽) 참조.

닭고기와 타임

타임은 주로 닭 껍질 아래 혹은 뱃속에 밀어 넣어서 로스트 치킨에 풍미를 내는 용도로 사용한다. 하지만 닭을 굽기 전에 절임액에 재워서 소금이 고기에 배어들도록 만들 때 절임액에 허브와 향신료, 채소류를 더하면 고기를 촉촉하게 만들면서 풍미를 한층 강하게 입힐 수 있다.

recipe

〔닭고기 타임 구이〕

1. 팬에 천일염 70g, 설탕 4큰술, 물 500ml, 타임 줄기 12개(또는 말린 타임 1큰술)를 넣고 설탕이 녹을 때까지 천천히 데운 다음 식힌다.
2. 찬물 1.5L를 부어서 냉장한다.
3. 절임액이 완전히 식었으면, 닭고기를 씻어서 로스팅용 봉투에 담는다. 이때 봉투는 닭고기가 충분히 들어가는 것은 물론, 절임액을 부었을 때 닭이 완전히 잠길 정도로 큼직한 것이어야 한다.
3. 절임액을 붓고 공기를 최대한 빼내서 밀봉한다. 한 번씩 이리저리 뒤집으면서 냉장고에 4~8시간 보관한다.
4. 찬물에 닭고기를 골고루 씻은 다음 키친타월로 두드려서 물기를 제거한다.
5. 그다음은 일반 닭고기를 조리하는 것과 동일하게 하면 된다. 바로 굽거나 하루 이틀 정도 덮개를 씌워서 냉장고에 보관했다가 사용할 수 있다.

닭고기와 토마토

공룡 모양 닭고기 토막을 토마토케첩에 흠뻑 적셔서 먹지 않을 정도로 나이를 먹고 나면 신이 나기 어려운 조합이다. 토마토와 닭고기는 치킨 티카 마살라tikka masala와 사냥꾼의 스튜라고 불리는 치킨 카차토레

cacciatore에서 서로 경쟁하며 보완하는 조합을 보여준다. 그런데 안타깝게도 사냥꾼의 스튜는 조끼 위에 야생 닭을 걸쳐 메고 집으로 돌아오는 얼굴이 얽은 시칠리아 소작농이 만들어낸 음식이 아니라, 1950년대 영국에서 어머니들이 딸들에게 허브를 살짝 가미한 토마토소스로 질척이는 닭고기에 이의를 제기할 정도로 너무 도시적이거나 너무 모험성이 없는 남자들을 골을 수 있길 바라며 전수한 레시피이다.

닭고기와 파스닙

구운 파스닙은 로스트 치킨 옆자리로 환영받으며, 크리스마스에 차리는 칠면조 구이에는 반드시 곁들여야 한다. 파스닙을 넣으면 정말 맛있는 닭 육수를 만들 수 있다고 맹세하는 요리사도 있는데, 로버트 레이드Robert Rid는 파스닙을 구할 수 없을 때 커리 파우더를 한 꼬집 더하면 육수를 무의식 수준에서 개선할 수 있다고 하며, 버섯 껍질을 조금 더하면 고기와 유사한 풍미가 난다. 닭발 또한 육수를 젤라틴 특유의 질감으로 완성시킨다. 가까이에 중국 슈퍼마켓이 있다면 쉽고 저렴하게 시험해볼 수 있다.

닭고기와 포도: 포도와 닭고기(366쪽) 참조.

닭고기와 피망

이 책에서 제일 간단하고 실패할 수 없는 조합이다.

recipe

〔닭고기와 피망〕
1. 피망(녹색을 제외한 붉은색, 노란색 또는 주황색) 6~8개의 씨를 제거하고 큼직하게 썬다.
2. 대형 코팅 냄비에 1의 피망을 넣고, 껍질과 가능하면 뼈까지 붙은 닭 허벅지살 8조각을 넣는다. 중불에 올린다.
3. 달라붙지 않도록 한번씩 저으면서 처음 10분간 유심히 살핀다. 그러다 어느 순간 피망에서 즙이 배어나오기 시작하면 그대로 둔다.
4. 뚜껑을 덮고 중약 불에서 달콤하고 기름지며 가을다운 색을 띠는 국물이 팬에 가득 배어나올 때까지 30분 정도 익힌다.

고작 두 가지 재료로 만들어냈다는 사실을 도저히 믿을 수 없을 정도로 진하고 복합적인 맛이 나는 소스로, 약간 기적에 가깝다. 간을 맞추고 밥, 쿠스쿠스 또는 프랑스 빵 등 무엇이든 국물까지 닦아 먹고 싶은 것을 곁들여 낸다.

닭고기와 헤이즐넛: 헤이즐넛과 닭고기(348쪽) 참조.

닭고기와 호두

스튜에 견과류 가루를 넣으면 가볍고 버터 풍미가 도는 풍미를 바탕에 깔면서 고기와 향신료의 농후한 맛을 흡수하여 걸쭉하고 호화로운 소스를 만들어내는 데 일조한다. 인도 북부(그리고 전 세계의 모든 커리 가게)에서 유명한 코르마kormas는 아몬드나 캐슈 또는 코코넛 가루를 바탕 삼아 만들며, 이 조리법의 기원은 모굴 시대까지 거슬러 올라간다. 터키의 체르케스식 닭고기 요리에도 같은 원칙이 적용된다. 삶은 닭고기를 잘게 찢은 다음 양파, 마늘, 간 호두, 불린 빵과 간 고수 또는 계피를 더해 만든 소스에 적셔서 실온으로 낸다. 조지아에서는 닭고기와 생선 또는 채소를 호두와 계피, 클로브, 고수, 파프리카, 케이엔 페퍼를 포함한 긴 향신료 목록을 혼합한 국물에 익혀서 사비치satsivi를 만든다. 체르케스식 닭고기 요리와 달리 빵으로 견과류를 보충하지 않으며, 가끔 닭으로 만들지만 대체로 오리로 만들 때가 더 많은 이란의 피센줜fesenjan처럼 새콤한 맛으로 균형을 잡기 위해 식초나 석류즙 등을 더한다. 타닌이 느껴지는 호두와 섞은 석류가 오리의 기름진 맛과 맛있는 대조를 이룬다. 아몬드와 닭고기(354쪽) 또한 참조.

Pork
돼지고기

주요 종교 두 곳에서 금기시하고 있음에도 돼지고기는 전 세계에서 제일 많이 소비하는 고기다. 소고기보다 짠맛이 덜하고 살짝 더 달다. 좋은 돼지고기를 구우면 입맛을 자극하는 숲과 농장의 풍미가 섞여 나오며 이는 마늘과 버섯, 양배추, 감자 및 거친 허브로 강화하거나 사과의 날카로운 풍미로 대조를 이룰 수 있다. 달콤한 아니스와 흰 후추, 익힌 양파는 돼지고기에서 짭짤한 육향을 끌어낸다. 고기의 색은 동물이 얼마나 많은 운동을 하면서 성장했는가를 보여주는 지표라는 점을 기억하자. 맛이 꽉 찬 돼지고기는 날것일 때 건강한 장미색이어야 한다. 허여멀건 색이라면 의심할 여지없이 거의 움직이지 못한 고기일 것이다.

돼지고기와 감자

우리에게 소시지와 으깬 감자, 프랑크푸르트 소시지와 감자 샐러드, 그리고 푸짐한 토스카나식 로스트 요리(로즈메리와 돼지고기 참조, 464쪽)를 선물하는 짭짤하고 흙냄새가 감도는 조합이다. 페루에서는 말린 감자와 고추, 땅콩으로 만든 카라풀크라 carapulcra 스튜에 넣는다. 그리고 한국에서는 돼지 등뼈와 감자, 여러 향신료를 섞어서 늦은 밤 해장용으로 먹는 감자탕이라는 수프를 만든다.

돼지고기와 계피: 계피와 돼지고기(313쪽) 참조.
돼지고기와 고수 씨: 고수 씨와 돼지고기(507쪽) 참조.

돼지고기와 고수 잎

고수는 포르투갈에서 제일 널리 쓰이는 허브로, 음식 메뉴에 코엔트라다 coentrada라는 단어가 적혀 있다면 여기에 고수가 많이 들어간다는 뜻이다. 돼지 귀를 고수, 마늘과 함께 익힌 다음 기름과 식초에 버무려서 차갑게 내는 요리가 인기가 많다. 돼지 귀가 너무 쫀득할 것 같다면 주로 길거리 음식으로 판매하는 중국식 매운 고기 샌드위치 러우쟈모 roujiamo 등 고수로 기름진 맛을 끊어주는 동양 음식을 만들어보자. 원래 산시성에서 유래한 음식으로, 다양한 재료를 넣을 수 있지만 밀로 만든 플랫브레드에 조린 돼지고기와 함께 수북한 고수 잎과 피망 약간을 채운 조합이 제일 흔하다.

돼지고기와 고추: 고추와 돼지고기(301쪽) 참조.
돼지고기와 굴: 굴과 돼지고기(216쪽) 참조.

돼지고기와 기름진 생선

'장어는 돼지고기와 아주 잘 어울린다. 네발짐승 중 돼지가 최고이듯이 생선 중에서는 장어가 제일이기 때문이다.' 노먼 더글라스Norman Douglas는 『주방의 비너스: 사랑의 요리책Venus in the Kitchen: love's cookery book』에서 장어를 채운 어린 돼지고기 요리를 소개하며 이렇게 말했다. 로맨틱한 저녁식사를 준비하면서 장어를 돼지 속에 집어넣으려고 씨름하는 모습은 영화 〈애니 홀〉에서 애니 홀과 앨비가 바닷가재와 치열한 접전을 벌이는 장면을 떠올리게 한다. 더글라스는 내장을 제거한 생후 10~15일 된 돼지의 뼈를 제거하고 식초로 씻은 굵은 장어 토막과 통후추, 클로브, 세이지를 속에 채운다.

돼지고기와 달걀

달걀프라이와 베이컨이라는 아침식사 또는 소시지 맥머핀에서 의기투합하지만 시각적으로 갈라 파이gala pie[17] 한 조각에 비할 바는 못 된다. 뜨거운 물 페이스트리[18]로 호리호리한 직사각형 모양을 잡은 가운데 뭉근하게 끓인 아스픽과 다진 돼지고기 및 베이컨이 얼룩덜룩한 분홍색 단면을 이루고, 그 안으로 타원형의 삶은 달걀이 흰자와 노른자로 동그라미를 그린다. 스코치 에그처럼 팝아트적인 깔끔한 모양이다. 갈라 파이와 스코치 에그 모두 잘 만든 것은 찾아보기 힘들다. 직접 만드는 게 제일 좋다.

recipe

〔스코치 에그〕

1. 스코치 에그 4개를 만들려면 돼지고기 어깨살 200g과 훈제하지 않은 줄무늬 베이컨 75g을 같이 갈아서 간을 한다.
2. 4등분해서 젖은 손으로 둥글게 굴린 다음 컵 모양으로 만든다.
3. 껍질을 벗긴 삶은 달걀 4개에 밀가루를 뿌리고 두툼한 끝 부분이 아래로 오도록 '컵'에 하나씩 얹는다. 빈 곳이 없도록 고기로 달걀을 감싼다.
4. 달걀물에 담갔다가 빵가루를 묻혀서 색이 골고루 나도록 여러 번 뒤집으며 7~8분간 튀긴다.

메추리알로 만든 작은 스코치 에그도 훌륭하지만, 누가 대신 껍질을 벗겨주었을 때에 한정된다. 블랙 푸딩과 달걀(51쪽) 또한 참조.

돼지고기와 딜: 딜과 돼지고기(273쪽) 참조.

---

17 다진 고기로 만든 소를 채우고 가운데에 삶은 달걀을 배치해서 자르면 단면이 보이도록 만든 파이.
18 뜨거운 물에 지방을 녹인 다음 밀가루 기타 재료를 넣어서 만들어 짭짤한 파이에 주로 사용하는 반죽.

돼지고기와 땅콩

미국인이 탄탄면을 만들 때 주로 등장하는 조합이지만, 땅콩은 정통 쓰촨 요리 재료에 해당하지 않는다. 다음 레시피는 비정통 음식을 비정통으로 각색했으니, 아마 매콤한 돼지고기와 땅콩 국수라고 불러야 할 것이다.

> *recipe*
> 〔탄탄면, 매콤한 돼지고기와 땅콩 국수〕
> 1. 구운 가염 땅콩 100g을 굵게 다진다.
> 2. 프라이팬에 땅콩기름 1큰술을 달구고 말린 홍고추 저민 것을 취향에 따라 넣어서 볶는다. 태우지 않도록 주의한다.
> 3. 다진 돼지고기 300g과 으깬 마늘 1쪽 분량을 넣어서 노릇해질 때까지 천천히 볶으면서 완전히 익힌다.
> 4. 기름기를 따라내고 다시 불에 올려서 황설탕 2큰술과 간장 1큰술을 뿌린다.
> 5. 다진 땅콩을 조금만 따로 덜어두고 나머지를 넣어서 섞는다.
> 6. 다른 팬에 세면 또는 중면에 해당하는 에그 누들 4개를 닭 육수 700ml, 간장 2큰술, 참기름 1작은 술과 함께 익힌다.
> 7. 국그릇 4개를 준비해, 바닥에 고추기름을 약간 뿌린다. 그물국자로 면을 건져서 나누어 담고 국물을 몇 국자 퍼서 두른 다음 돼지고기 혼합물을 얹는다.
> 8. 남겨둔 다진 땅콩과 둥글게 썬 생 홍고추 몇 개로 장식한다.

돼지고기와 땅콩호박: 땅콩호박과 돼지고기(335쪽) 참조.
돼지고기와 로즈메리: 로즈메리와 돼지고기(464쪽) 참조.

돼지고기와 루바브

루바브 처트니는 돼지갈비에 익숙하게 곁들이는 양념이지만, 최근 들어서는 바비큐와 동양식 레시피에도 등장한다. 루바브의 새콤한 과일 풍미는 향신료 혼합물의 복합적인 향을 다듬고 달콤 짭짤한 소스의 맛을 산뜻하게 정리해준다.

돼지고기와 마늘

돼지고기에 뻔뻔스러울 정도로 많은 마늘을 짝지어주자. 이들은 서로를 위해 만들어진 존재다. 국민 요리로 대접받는 필리핀 스튜 아도보^{adobo}는 주로 기름진 돼지고기인 고기 종류와 대량의 마늘, 식초, 간장, 월계수 잎, 통후추로 만든다. 모든 재료를 냄비에 가득 담고 한소끔 끓인 다음 뚜껑을 덮고 고기가 부드러워질 때까지 1시간 30분 정도 뭉근하게 익히면 빠르고 간단하게 아도보를 만들 수 있다. 다음 레시피는 손이 더 많이 가지만 결과물의 맛이 상당히 깊다.

---

recipe

〔필리핀 스튜 아도보〕

1. 마늘 한 통에서 4쪽만 따로 빼놓고 나머지를 으깬다.
2. 돼지고기 어깨 또는 삼겹살 500g을 큼직하게 썰어서 간장 4큰술, 쌀 식초 125ml, 월계수 잎 1장, 즉석에서 간 검은 후추 1작은술에 최소 수 시간에서 최대 24시간까지 재운다(쌀 식초를 저렴한 발사믹 또는 중국 흑식초로 대체하면 풍미는 조금 달라지지만 여전히 맛 좋은 스튜가 된다).
3. 팬에 옮기고, 잠길 정도로 물을 부은 다음 한소끔 끓인다.
4. 뚜껑을 덮은 후 고기가 부드러워질 때까지 뭉근하게 익힌다.
5. 체에 거른 다음 국물만 다시 팬에 부어서 걸쭉한 그레이비가 될 때까지 졸인다.
6. 그 사이 프라이팬에 땅콩기름을 약간 달궈서 돼지고기를 볶은 다음 겉이 바삭해지면 국물만 있는 팬에 다시 넣는다.
7. 마지막으로 남겨둔 마늘 4쪽을 으깨서 노릇하게 볶은 다음 냄비에 넣는다.
8. 몇 분간 뭉근하게 익혀서 밥 또는 더 맛있게 먹으려면 마늘 볶음밥인 시나공sinagong을 곁들여 낸다.

시나공은 찬밥을 으깬 마늘과 곱게 다진 셜롯, 간장과 함께 볶은 간단한 음식이다.

돼지고기와 물냉이: 물냉이와 돼지고기(141쪽) 참조.
돼지고기와 밤: 밤과 돼지고기(339쪽) 참조.
돼지고기와 배: 배와 돼지고기(399쪽) 참조.
돼지고기와 버섯: 버섯과 돼지고기(107쪽) 참조.

돼지고기와 베이컨

베이컨은 돼지고기보다 나이와 경험이 많은 형 같다. 풀 잉글리시 브렉퍼스트[19](베이컨, 소시지)와 프랑스의 슈크루트 가르니choucroute garnie(등 베이컨, 돼지 정강이 살, 돼지 어깨살, 염장 돼지고기, 프랑크푸르트 소시지, 스트라스부르그Strsbourg와 몽벨리야르Montbéliard 소시지), 그리고 깜짝 놀랄 만큼 맛있는 오스트리아식 콩 스튜 파바다fabada(블랙 푸딩과 돼지고기 참조, 52쪽)에서 짝을 이룬다. 불그스름한 베이컨은 창백한 돼지

---

[19] 주로 베이컨, 달걀, 소시지 등으로 차리는 영국식 아침 식사.

고기에 색깔과 더불어 짭짤한 육수 풍미를 더한다. 돼지고기 파이를 만들 때 장미빛으로 볼을 붉힌 베이컨을 섞지 않으면 돼지고기에서 생기 없는 도시 거주자 같은 안색이 느껴지기도 한다. 베이컨과 돼지 어깨살을 1:3 비율로 섞으면 좋다. 돼지고기와 달걀(43쪽) 또한 참조.

돼지고기와 브로콜리

브로콜리 애호가의 브로콜리인 브로콜리 라베는 이탈리아 남부에서 매우 인기가 좋다. 일반 브로콜리보다 겨자 향이 강하고 짜릿한 맛이 난다는 사람도 있다. 나는 톡 쏘는 쇠 맛과 짭짤한 감초 풍미를 더하기 위해서 사용한다. 그리고 향신료 풍미와 아니스와 유사한 향이 나서 (주로 고추와 회향 씨로 맛을 내는) 이탈리안 돼지고기 소시지와 완벽하게 어우러진다. 여러 가지 방식으로 요리할 수 있다. 브로콜리를 파스타와 함께 익히거나, 모든 재료를 한 팬에 같이 넣기도 한다. 소시지를 반드시 통째로 넣어야 한다고 명시하는 레시피가 있는가 하면 케이싱을 제거하라는 말도 있고, 소시지를 한 입 크기로 썰라는 사람도 있다. 나는 마지막 방법을 선호한다.

recipe
[소시지와 브로콜리 파스타 소스]
1. 잘게 자른 소시지를 올리브 오일에 천천히 익힌다.
2. 지방이 살짝 녹아 나오면 잘게 썬 브로콜리를 넣고 소시지와 함께 15~20분 정도 익힌다. 이때 뜨거운 파스타 삶은 물 1큰술을 더하면 브로콜리 꽃송이가 머금은 육수 같은 소스가 완성된다.
3. 오레키에테 파스타와 함께 낸다.

소스와 파스타를 잘 섞어주면, 마치 소형 샐러드 그릇처럼 '작은 귀' 모양에 녹색 브로콜리 꽃봉오리가 가득 담긴다.

돼지고기와 블랙 푸딩: 블랙 푸딩과 돼지고기(52쪽) 참조.
돼지고기와 비트: 비트와 돼지고기(122쪽) 참조.
돼지고기와 사과: 사과와 돼지고기(392쪽) 참조.
돼지고기와 살구: 살구와 돼지고기(411쪽) 참조.
돼지고기와 생강: 생강과 돼지고기(453쪽) 참조.
돼지고기와 세이지: 세이지와 돼지고기(471쪽) 참조.

돼지고기와 셀러리

셀러리에서는 돼지고기와 잘 어울리는 아니스 또는 회향 풍미가 감지된다. 셀러리 씨는 육가공품과 간 소시지, 미트로프에 광범위하게 사용하며 셀러리 줄기는 깍둑 썬 돼지고기, 양파, 화이트 와인, 육수와 함께 조린 다음 아브골레 모노avgolemono(달걀과 레몬 참조, 191쪽)를 넣어서 걸쭉하게 만들면 간단하고 짭짤한 그리스식 스튜 호리노 메 셀리노hoirino me selino가 된다. 프로슈토와 셀러리(248쪽) 또한 참조.

돼지고기와 소고기

영화 〈좋은 친구들Goodfellas〉에서 비니는 정통 미트볼을 만들려면 서로 다른 종류의 다진 고기 세 가지가 필요하다고 말한다. '돼지고기는 반드시 넣어야 해. 그게 풍미를 낸다고.' 하지만 돼지고기의 가볍고 달콤한 바탕에 비해서 묵직하고 쇠 맛이 돌기는 해도, 소고기 또한 풍미를 더한다. 송아지 고기는 질감을 위해 넣는다. 미국에서는 위 세 가지 고기를 주로 같은 비율로 미리 섞어서 판매하는 미트로프 또는 미트볼 혼합물을 구입할 수 있다. 소고기 스튜에 돼지 껍질을 넣으면 맛과 질감을 강화할 수 있으니, 바삭한 껍질을 조금 희생하는 한이 있더라도 돼지고기를 덩어리째 구울 때 껍질을 여분으로 조금 남겨두자. 또한 고기 찜 포트 로스트pot roast를 만들면서 고기를 노릇노릇하게 지질 때는 돼지 라드만 한 기름이 없다.

돼지고기와 송로 버섯: 송로 버섯과 돼지고기(165쪽) 참조.
돼지고기와 수박: 수박과 돼지고기(364쪽) 참조.

돼지고기와 스웨덴 순무

스웨덴 순무는 으깨서 그레이비에 적셔 조리거나 구운 고깃덩어리 아래 깔았을 때 제대로 맛이 난다. 여기서 더 개선하려고 노력할 필요는 전혀 없다. 긴 내복을 입고 욕설을 내뱉는 농부만큼이나 거친 음식이다. 다리보다 달콤하고 기름진 돼지 어깨살이나 볼살로 만들어보자. 주로 소시지를 만들 때 쓰는 부위지만 오래 조려도 맛이 좋다.

돼지고기와 아니스

시간이 얼마나 있는가? 세 시간? 2kg들이 통삼겹살을 아니스와 흰살 생선(267쪽)에서 소개한 향긋한 육수 재료와 함께 조리자.

> *recipe*
> ### 〔돼지고기와 아니스 조림〕
> 1. 딱 맞는 뚜껑이 달린 오븐 조리용 냄비에 돼지고기를 덩어리째 넣고 물 2L를 부은 다음 약불에 올려 천천히 한소끔 끓인다.
> 2. 거품을 걷어내며 잔잔하게 끓인다.
> 3. 다른 모든 재료를 더하고 잘 저어서 뚜껑을 닫은 다음 오븐에 넣는다. 130℃에서 2~3시간 조리한다. 꼬챙이로 고기를 쉽게 찌를 수 있게 되면 완성이다.
> 4. 고기를 덜어내서 따로 두고, 냄비를 가스레인지에 얹어 뭉근하게 졸여서 소스를 만든다.
> 5. 고기를 잘게 썰어서 소스와 가늘게 썬 잔파 혹은 고수 잎 등 신선한 고명을 조금 얹어 흰쌀과 함께 낸다.

한 시간만 있다면? 돼지고기 안심에 마늘을 찔러 넣고 올리브 오일을 바른 다음 으깬 회향 씨 1작은술을 뿌리고 원한다면 저민 회향 구근을 고기 아래 깔아서 220℃로 예열한 오븐에 넣고 약 30분간 굽는다. 가능한 시간이 30분이라고? 돼지고기와 토마토(49쪽)를 참조하여 달콤한 이탈리아 소시지로 파스타 소스를 만들자. 5분? 장밋빛 레이스처럼 저며서 판매하는 회향이 콕콕 박힌 피노키오나finocchiona 소시지의 포장을 벗기고 수제 피자에 얹은 다음 마음대로 접어 하나씩 차례차례 먹어치우자.

돼지고기와 아티초크: 아티초크와 돼지고기(184쪽) 참조.
돼지고기와 양배추: 양배추와 돼지고기(168쪽) 참조.
돼지고기와 양파: 양파와 돼지고기(152쪽) 참조.
돼지고기와 오이: 오이와 돼지고기(269쪽) 참조.
돼지고기와 완두콩: 완두콩과 돼지고기(292쪽) 참조.

돼지고기와 자몽

몇 년 전 나는 야자수에서 서늘한 산들바람이 불어오고 모래는 백설탕처럼 새하얀 안티구아의 해변에 누워 있었다. 멀찍이 6개월 전 폭발한 몬트세라트 섬 화산에서 이곳이 바로 낙원이라는 기대를 불러일으키는 상징처럼 연기가 피어올랐다. 그리고 저쪽 돼지고기 요리 냄새가 흘러왔다. 나는 꼬르륵 소리도 멈출 겸 뱃가죽을 부여잡았다. 한 여인이 해변의 긴 나무길 아래 그늘에 기름통 바비큐를 설치하고 있었다. 20분 후 나는 한 손에는 올스파이스와 스코치 보닛 고추를 넣어 불처럼 매운 돼지고기를 채워서 방금 완성한 로티를, 다른 한 손에는 얼음처럼 차가운 자몽 팅Ting 한 캔을 들고 있었다.

돼지고기와 조개 및 갑각류: 조개 및 갑각류와 돼지고기(201쪽) 참조.

돼지고기와 주니퍼: 주니퍼와 돼지고기(474쪽) 참조.

돼지고기와 코코넛

베트남의 팃 허 코 티우thit heo kho tieu는 코코넛 워터(밀크가 아니다)와 피시 소스에 천천히 익혀서 캐러멜화한 돼지고기 요리다. 마무리 즈음 삶은 달걀을 넣는다. 멜버른의 요리사 레이먼드 카팔디Raymond Capaldi는 젤라틴화한 매콤한 돼지고기 삼겹살을 깔끔한 사각형으로 잘라서 차가운 코코넛 면과 함께 내는 덜 투박한 방식을 선보인다. 면은 사람들의 예상대로 코코넛 밀크에 익힌 쌀국수가 아니라 코코넛 밀크, 고추 기름, 종려당을 넣고 한천으로 굳혀서 만든 것이다. 신발 끈 모양의 감초 사탕처럼 굵고, 방금 섞은 페인트만큼 하얗다. 전형적인 베트남 허브인 민트나 고수 등으로 장식하여 락사 비네그레트와 함께 낸다.

돼지고기와 쿠민

양고기가 주로 잔디, 허브, 관목 등 서식지가 떠오르는 풍미와 잘 맞는 것처럼 구수한 쿠민의 풍미도 돼지고기를 제대로 보완한다. 기름을 바른 돼지고기 안심 또는 갈빗살을 굽기 전에 간 쿠민을 뿌리거나, 다음 레시피로 만든 훌륭한 절임액에 푹 담근다.

recipe

〔**돼지고기 쿠민 소스 구이**〕

1. 중간 크기 지퍼백에 꿀 1큰술, 간 쿠민 2작은술, 레드 와인 5큰술, 올리브 오일 2큰술, 레드 와인 식초 1큰술을 넣고 잘 섞는다.
2. 돼지고기를 넣고 잘 버무린 다음 공기를 빼고 봉한다.
3. 냉장고에 몇 시간 동안 넣어 재운 다음, 꺼내어 굽는다.

돼지고기와 클로브: 클로브와 돼지고기(319쪽) 참조.

돼지고기와 타임: 타임과 돼지고기(477쪽) 참조.

돼지고기와 토마토

토마토의 신맛은 돼지고기의 기름지고 달콤한 풍미와 맛있는 대조를 이룬다. 양질의 이탈리아 소시지(가능하면 회향을 넣은 것)를 잘게 잘라 토마토와 함께 익히면 국물 속으로 조각조각 해체되며 보통 두 시간은 손가락을 두드리며 기다려야 얻을 수 있는 농후하고 깊이 있는 라구가 완성된다.

> *recipe*
> ### [소시지와 토마토 라구]
> 1. 올리브 오일에 마늘 약간을 넣고 부드러워지도록 익힌 다음, 저민 소시지 4개 분량을 넣고 살짝 노릇해질 때까지 볶는다.
> 2. 껍질 없는 플럼토마토 통조림 1캔을 붓는다. 숟가락으로 토마토를 으깨면서 토마토즙을 이용해서 팬 바닥에 달라붙은 맛있는 돼지고기 찌꺼기를 긁어낸다.
> 3. 간을 하고, 20분간 뭉근하게 익힌다.
> 4. 파스타, 폴렌타, 빵 또는 밥을 곁들여 낸다.

태국에서는 볶은 고추와 레몬그라스, 셜롯, 마늘, 새우 페이스트, 굵게 다진 토마토와 다진 돼지고기를 익혀서 피시 소스와 종려당으로 양념한 딥인 남 프릭 엉nam prik ong에 토마토로 달콤한 맛을 낸다. 생채소 또는 삶은 채소와 찐 쌀, 튀긴 돼지 껍데기 등과 함께 먹는다.

돼지고기와 파스닙: 파스닙과 돼지고기(325쪽) 참조.
돼지고기와 파인애플: 파인애플과 돼지고기(387쪽) 참조.
돼지고기와 포도: 포도와 돼지고기(366쪽) 참조.

Black Pudding
블랙 푸딩

좋은 블랙 푸딩에서는 푸아그라 애호가를 기쁘게 만드는 벨벳 같은 질감과 농후하고 그윽한 단맛이 난다. 영국의 블랙 푸딩, 프랑스의 부댕 누아르boudin noir, 스페인 또는 아르헨티나의 모르시야, 이탈리아의 산귀나치오sanguinaccio, 독일의 로트부어스트Rotwurst, 동유럽의 키시카kishka는 모두 신선한 피로 만들지만 나라와 지역 및 소시지 제조업자에 따라서 부가 재료가 달라진다. 특히 우아한 맛이 나는 돼지 피를 주로 사용하지만 양 피를 쓰기도 하며, 『오디세이』를 보면 동물 창자에 암염소 피를 넣어서 익히며 축제를 준비한다. 블랙 푸딩의 농후제로는 귀리, 보리, 깍둑 썬 지방, 쌀, 잣, 밤, 아몬드, 크림을 따로 또 같이 사용하며 블러드 소시지에는 고기나 내장을 섞기도 한다. 소시지 속을 만들고 나면 소시지 제조업자가 선택한 혼합 향신료로 양념해서 긴 내장이나 합성 케이싱에 채워 넣어 삶는다. 블랙 푸딩은 특히 사과나 달콤한 뿌리채소 등 가을다운 풍미와 잘 어울리고, 고기 요리의 맛을 강화하는 양념 재료로 쓰기도 한다.

블랙 푸딩과 간

그릴에 구운 블랙 푸딩과 푸아그라는 요크셔 지방에 자리한 앤드루 펀의 더 스타 인The Star Inn에서 10년 넘게 메뉴에 올린 음식이다. 블랙 푸딩 두 조각 사이에 푸아그라를 끼우고 캐러멜화한 저민 사과를 얹은 다음 물냉이 샐러드와 사과 바닐라 처트니, 졸인 사과주를 곁들여 낸다. 앤드루 펀은 2008년 레스토랑 최고 인기 메뉴에서 이름을 따온 저서 『블랙 푸딩과 푸아그라』를 발간했다.

블랙 푸딩과 감자

아일랜드에서는 블랙 푸딩에 감자 팬케이크 또는 잔파를 넣은 버터 풍미의 으깬 감자인 챔프champ 한 그릇을 곁들여 먹기도 한다. 비슷한 맥락으로 독일에서는 주로 으깨거나 잘게 자른 사과와 감자인 힘멜 운트 에르드Himmel und Erde('하늘과 땅')를 만들어서 주로 블랙 푸딩에 곁들여 낸다. 블랙 푸딩과 양파(54쪽) 또한 참조.

블랙 푸딩과 달걀

영국의 국민 배우 테런스 스탬프와 줄리 크리스티처럼 아주 영국답고 관록 있는 조합이다. 게다가 블랙 푸딩은 이제 허세 넘치는 미쉐린 레스토랑에서 관자나 비싼 샐러드 채소와 함께 기름진 숟가락을 장식하던 수준에서 벗어나, 현재의 테런스 스탬프처럼 지금까지 살아온 중 최고의 순간을 누리고 있기도 하다. 만약에 성가시게 손이 가는 요리를 만들고 싶다면 라비올리에 블랙 푸딩과 부드러운 달걀노른자를 채워서 잘랐을 때 터져서 흘러나오도록 하는 것도 재미있다. 세이지 버터와 함께 낸다. 블랙 푸딩과 달걀로 직접 만들어볼 만한 요리를 만들고 싶다면 블랙 푸딩과 소시지 고기를 1:2로 섞어서 맛있는 다크 스코치 에그를 만든다. 스코치 에그 레시피는 돼지고기와 달걀(43쪽)을 참조한다.

블랙 푸딩과 돼지고기

다음에 친구가 스페인에 가게 되면, 파베스fabes 콩 한 봉지를 사다달라고 부탁하자. 파베스는 버터콩이나 리마콩보다 큰 흰콩 품종이다. 사실 나무꾼의 엄지손가락보다 더 크다. 삶아서 조리한 육수의 진한 풍미가 배어든 부드러운 콩맛 가득한 완벽한 퓌레를 입 안 가득 넣으면 천국 같은 맛이 난다. 다음은 오스트리아 요리 파바다fabada로, 친구가 콩 사오기를 깜박 잊어버렸다면 대신 버터콩이나 리마콩으로 만들어도 좋다.

recipe

[파바다]

1. 마른 하얀 콩(대) 500g을 찬물에 밤새 불린다.
2. 다음 날 넉넉한 크기의 팬에 저민 스페인 양파 1개 분량과 다진 마늘 3쪽 분량, 불린 콩을 넣은 다음 잠길 정도로 물을 붓고 거품을 걷어내며 한소끔 끓인다.
3. 모르시야 통소시지[20] 200g과 요리용 초리소 소시지 200g(터지지 않도록 군데군데 구멍을 낸다), 잘게 자른 삼겹살 250g, 얇게 저민 훈제 베이컨 3쪽 분량을 넣는다. 끓인 물을 부어 전부 푹 잠기게 하고 끓인다.
4. 보글보글 끓기 시작하면 약불로 낮춰서 3시간 정도 뭉근하게 익힌다. 재료가 표면에 드러날 정도로 수면이 낮아지면 물을 추가한다(수분이 금방 없어지는 스튜라 반드시 필요한 과정이다). 휘저으면 소중한 재료들이 뭉개지므로 젓지 말고, 팬을 한 번씩 흔들어 재료가 바닥에 들러붙지 않게 한다. 어차피 어느 정도 으깨지지만, 심하게 곤죽이 되지 않아야 한다.
5. 완성될 즈음이 되면 수시로 맛을 보면서 소금 간을 맞춘다.
6. 고기를 한 입 크기로 잘라서 낸다.

블랙 푸딩과 루바브

사과와 루바브의 산뜻한 풍미는 블랙 푸딩의 농후한 맛을 끊을 수 있다. 새콤하고 빠르게 만들 수 있는 루바브 처트니가 여기 딱 들어맞는 사례로, 루바브와 기름진 생선(370쪽)에 실린 레시피를 참조하자. 이를 활용하여 아르헨티나의 노점에서 판매하는 것처럼 그릴에 구운 모르시야 소시지를 롤 모양으로 만든 모

---

[20] 선지를 넣어 만든 피 소시지.

르시판morcipan을 만들 수 있다.

블랙 푸딩과 민트

몇 년 전, 나는 매 달마다 한 나라의 요리에 집중하면 더 많은 내용을 배울 수 있을 것이라 생각했다. 한 달 내내 아침, 점심, 저녁에 걸쳐서 오직 인도 요리나 프랑스 요리, 일본 요리만 만들 요량이었다. 스페인을 출발 삼아 시작한 6월 한 달 동안 샘과 샘 클라크가 저술한 『모로 조리서The Moro Cookbook』가 나와 함께했고, 덥지만 흐린 날씨는 누에콩 블러드 푸딩인 아바스 콘 모르시야habas con morcilla에 완벽하게 어울렸다. 블랙 푸딩은 추운 날씨와 포근한 음식에, 생기 넘치는 누에콩은 밝고 달콤한 여름에 어울린다. 생민트는 양쪽에 전부 발을 담근다. 민트는 추위를 동경하는 여름다운 허브로 서늘한 맛이 난다.

> *recipe*
> ### [아바스 콘 모르시야]
> 1. 올리브 오일 3큰술에 두껍고 둥글게 썬 모르시야 200g을 넣고 중간 불에 올린다.
> 2. 티셔츠를 입은 보디빌더의 이두박근처럼, 내용물이 케이싱 밖으로 터져 나올 때까지 익힌다. 따로 덜어둔다.
> 3. 같은 팬에 얇게 저민 마늘 1~2쪽 분량, 회향 씨 1/2작은술을 더하여 볶는다.
> 4. 마늘이 노릇해지기 시작하면 누에콩 500g, 물 100ml를 더한다. 콩이 부드러워질 때까지 3~5분간 익힌다.
> 5. 다시 모르시야를 팬에 넣고 데운 다음 굵게 다진 민트를 넉넉히 한 줌 넣는다.
> 6. 간을 하고 토스트에 얹어 낸다.

블랙 푸딩과 베이컨

베이컨과 블랙 푸딩 조합은 이것저것 구워서 먹는 아침 식사보다 더 폭넓게 활용할 수 있다. 샐러드나 필라프에 넣거나 돼지고기를 더해 파이나 스튜를 만들기도 한다. 블랙 푸딩과 돼지고기(52쪽) 또한 참조.

블랙 푸딩과 사과: 사과와 블랙 푸딩(393쪽) 참조.

블랙 푸딩과 양고기

잘생기고 가식 없는 디너파티 음식이다.

recipe
〔블랙 푸딩과 양고기 로스트〕
1. 뼈를 제거한 양고기 허릿살을 넓게 펼친다.
2. 클레오파트라가 카펫 위에 눕듯이, 껍질을 벗긴 블랙 푸딩을 양고기 위에 조심스럽게 드리운다.
3. 돌돌 말아서 끈으로 단단히 묶은 다음 시저에게 내자. 또는 간을 해서 180℃로 예열한 오븐에 넣고 약 1시간 굽는다. 돼지고기로도 만들어볼 만하다.

블랙 푸딩과 양파

감자와 블랙 푸딩, 리크를 섞으면 맛있는 패티가 된다.

recipe
〔블랙 푸딩과 양파 패티〕
1. 감자(대) 4개를 부드럽게 삶은 다음 물기를 제거한다. 버터와 크림은 넣지 말고 간을 한 다음 으깬다.
2. 감자를 삶는 동안 버터에 얇게 저민 리크 3~4대 분량을 부드럽게 익혀둔다.
3. 감자에 리크를 넣고 겨자가루를 넉넉히 한 꼬집 더한 다음 흰 후추를 약간 뿌려서 섞는다.
4. 마지막으로 잘게 부순 블랙 푸딩 약 150g을 더하여 섞는다.
5. 젖은 손으로 혼합물을 6~8등분하여 패티 모양으로 빚는다. 여유가 있다면 냉장고에서 최소한 한 시간 정도 재우는 것이 좋다. 그러면 팬에서 부서지지 않는다.
6. 패티에 가볍게 밀가루를 뿌리고, 기름을 살짝 두른 팬에 넣어 전체적으로 따뜻해지고(블랙 푸딩은 이미 익은 상태다) 양면이 살짝 노릇해질 정도로 튀긴다.
7. 겨자를 가미한 드레싱을 뿌린 시금치 샐러드를 곁들여 낸다.

여기에 에일 맥주 한 잔도 빠질 수 없다.

블랙 푸딩과 조개 및 갑각류

현대식 고전이다. 고급 레스토랑에서는 종종 엉큼한 블랙 푸딩의 무릎 위에 순진한 소녀처럼 바들바들 떨리는 파리한 가리비를 아슬아슬하게 얹어 낸다.

블랙 푸딩과 초콜릿

이탈리아식 블랙 푸딩인 산귀나치오sanguinaccio는 초콜릿과 크림 혼합물을 피에 섞어서 만든다. 별로 먹고 싶은 생각이 들지 않는다면 종종 설탕과 당절임한 과일, 계피나 바닐라로 풍미를 더한다는 점을 알아두자. 산귀나치오는 다른 블랙 푸딩처럼 소시지 모양으로 만들기도 하지만, 크림 같은 액상 형태로 먹거나 마시기도 한다. 고기와 그 피를 다크 초콜릿과 함께 요리하는 토끼 스튜 레시피를 떠올리게 만드는 음식이다.

Liver
간

간은 일단 먹어보면 어떤 동물의 것인지 구별할 수 있을 정도로 특유의 풍미가 있다. 풍미의 강도나 부드럽고 질긴 정도는 동물의 개월 수에 따라 달라지며, 따라서 일반적으로 황소 간보다 송아지나 양 간을 선호한다. 그리고 풀을 먹고 건강하게 자란 소는 항생제를 잔뜩 놓은 송아지보다 간의 질이 우수하다. 간은 신체의 독소를 제거하는 기관이므로 동물은 스트레스를 많이 경험할수록 더 많은 화합물을 대사해야 하며, 궁극적으로 고기의 맛이 떨어지게 된다.

간과 고추
간의 뚜렷한 쇠 맛을 상쇄하려면 강력한 단짝이 필요하다. 매운 파프리카 가루와 겨자 오일, 요구르트로 만든 인도식 소스에 닭 간을 재웠다가 숯불에 구워보자. 요리사 겸 작가 므리둘라 발제카Mridula Baljekar는 인도 식당 메뉴판에서는 간을 찾기 힘들지만 인도 가정에서는 수시로 요리한다고 말한다. 그녀는 닭 간에 밀가루와 고추, 쿠민, 가람 마살라 혼합물을 입히고 마늘과 함께 기름에 튀긴 다음 노릇하게 튀긴 양파와 토마토, 고수 소스를 곁들여 낸다.

간과 기름진 생선
종종 '바다의 누른도요새woodcock'라고 부르는 노랑촉수의 간은 누른도요새의 간만큼 가치가 있다. 따로 분리해서 파테를 만들거나 빻아서 생선에 곁들일 소스를 만든다. 프로방스에서는 때때로 부이야베스에 곁들이는 사프란과 마늘 루이rouille에 넣기도 한다. 앙키모ankimo, 즉 아귀 간은 일본이 제일 숭배하는 희귀한 진미다. 벨벳처럼 부드럽고 크림 같은 질감은 노랑촉수 간보다 더 큰 소리로 내가 바다의 푸아그라라고 주장한다.

간과 마늘
모든 부모님이 알고 있듯이 아이들은 선천적으로 보수적이다. 어린 시절 나는 엄마에게 제발 점심 도시락에 달걀 샌드위치를 싸주지 말아달라고 간청했다. 아침부터 우울하게 플라스틱 도시락에 넣고 나면 더욱 강력해지는 유황 냄새 때문에 다들 코를 잡고 헛구역질을 하는 무자비한 상황을 피하고 싶어서였다. 좋아, 달걀 샌드위치와는 안녕이다. 그러던 어느 날(내 기억으로는 부모님이 디너파티를 열었던 다음 날) 도시락 뚜껑을 열자 미식가 거인이 쿵쾅쿵쾅 들어와서 트림을 한 것처럼 자극적인 닭 간과 마늘, 브랜디, 타임 냄새가 교실에 널리 퍼졌다. 나는 절망적으로 소리지르는 동급생들에 둘러싸인 채로 샌드위치를 우물우물 삼켰다.

간과 무화과: 무화과와 간(498쪽) 참조.

간과 베이컨

나는 이 고전 조합의 성공 비결은 간은 지방 함량이 낮은 반면 베이컨은 지방을 나눠줄 수 있을 만큼 풍부하기 때문일 거라고 생각한다. 베이컨 조각을 바삭하게 구운 다음 따뜻하게 보관해두고, 베이컨 기름을 이용해 저민 간을 빠르게 굽는다. 레스토랑에서는 종종 송아지 간을 베이컨과 함께 내지만, 양 간도 뛰어난 맛이 날 수 있다. 간 풍미가 너무 강할까 봐 걱정이 된다면 요리하기 전에 한 시간 정도 (안초비처럼) 우유에 담가둘 수 있으며, 그런 다음에는 반드시 종이 타월로 두드려서 말린 후 조리해야 한다. 또한 양배추와 달걀처럼 간은 오래 익힐수록 맛이 강해진다는 점을 명심하자.

간과 블랙 푸딩: 블랙 푸딩과 간(51쪽) 참조.

간과 비트

영양학자들은 비트가 간에 좋다고 말한다. 나는 접시에 담은 간과는 더욱 잘 어울린다고 덧붙인다. 퍼거스 헨더슨Fergus Henderson은 처음 사슴 간을 먹을 때 약간 쓸쓸하고 쇠 맛이 강할 거라고 예상했다. 그러다 의외로 달콤하고 섬세한 맛이 난다는 것을 알고 나서는 매우 잘 어울리는 재료로 구운 비트를 꼽았다.

간과 사과

피는 간에 특유의 맛을 불어넣는다. 간은 체내 혈액이 대량으로 몰려 있는 드문 장기 중 하나다. 그러니 농후하고 섬세한 피 소시지와 잘 어울리는 사과가 간과 궁합이 잘 맞는다 해도 놀라운 일이 아니다. 유럽 대륙에서는 가금류의 간과 사과를 넣어서 무스, 파테, 테린을 만든다.

간과 세이지: 세이지와 간(470쪽) 참조.
간과 소고기: 소고기와 간(59쪽) 참조.
간과 송로 버섯: 송로 버섯과 간(164쪽) 참조.

간과 양파

양파의 단맛은 간의 쓸쓸하고 짭짤한 풍미와 대조된다. 전 세계에 걸쳐서 고전적으로 등장하는 조합이다. 폴란드에서는 돼지 간을 잘라서 빵가루를 묻힌 다음 튀겨서, 마찬가지로 튀긴 양파 침대에 얹어 낸다. 필리핀에서는 돼지 간을 주로 마늘과 양파, 돼지고기 약간과 함께 볶는다. 영국에서는 양 간을 양파와 함께 볶거나, 소간을 익혀서 진한 마호가니 색 스튜를 만든다. 꼬챙이에 끼워서 익힌 다음 지글거리는 양파 한 접시와 함께 내는 인도의 탄두리 닭 간 요리는 최고라 할 만한 조합이지만, 내가 보기에 제일 맛있는 간과 양파 요리는 가늘게 썰어 살짝 볶은 송아지 간을 살살 녹을 정도로 부드럽게 천천히 익힌 양파와 폴렌타 또는 밥과 함께 내는 베네치아식 페가토 알라 베네치아나$^{\text{fegato alla veneziana}}$다.

Beef
소고기

대체로 소고기에서는 짭짤한 감칠맛이 돌고 가벼운 단맛과 신맛이 난다(레어 상태라면 쓴맛이 추가된다). 깨끗하고 발효된 풍미에 살짝 쇠 맛이 가미된 육향이 돌고, 돼지고기와 양고기에서 특히 도드라지는 동물성 냄새는 미미하다. 다른 모든 고기처럼 품종이나 사육 방법, 부위, 레시피 등에 따라 어느 정도 다양한 맛이 난다. 풀을 먹인 소고기는 곡물을 먹여 키운 것보다 맛이 풍부하다. 걸어서 말리면 대체로 맛이 더 깊어지며 야생 고기 풍미가 더해져서 질이 상향된다. 소고기는 다른 고기처럼 채소와 조개 및 갑각류와 잘 어울리지만, 특히 홀스래디시나 겨자처럼 짜릿한 풍미와 찰떡궁합이다.

소고기와 간

일반적인 비프 웰링턴보다 소박한 조합이지만, 필레 스테이크에 푸아그라 파테를 바르고 생송로 버섯을 저며 올린 다음 퍼프 페이스트리에 싸서 구우면 그야말로 사치스러운 요리가 된다. 밑준비는 간단하지만 굽기는 쉽지 않은 레시피다. 오븐에 너무 오래 넣어두면 소고기에서 수분이 날아가며 쪼그라들기 시작한다. 긴장해서 너무 빨리 꺼내면 솔 벨로Saul Bellow의 소설 『험볼트의 선물』에서 도리스 셀트가 남자친구 찰리 시트린에게 비프 웰링턴을 만들어주었을 때처럼 소고기는 덜 익고 페이스트리는 축축해진다. 찰리의 다음 여자 친구 레나타는 안전한 길을 택하여, 샴페인 칵테일을 준비했다. 주방 일을 하루 쉬기로 마음먹은 날을 위해 기억해둘 만하다.

소고기와 감자: 감자와 소고기(130쪽) 참조.
소고기와 경질 치즈: 경질 치즈와 소고기(93쪽) 참조.

소고기와 계피

그리스에서 고기 요리에 많이 사용하는 계피는 무사카와 라자냐 알 포르노lasagne al forno 사이 어딘가에 존재하는 파스타 요리인 파스티치오pastitsio의 핵심 재료다. 향신료를 가미한 고기 및 토마토소스와 마카로니를 번갈아 켜켜이 깐 다음 베샤멜소스를 위에 두껍게 덮는다. 이탈리아의 파스티슈pasticcio라는 단어는 (파스티치오처럼) '엉망진창'이나 '뒤죽박죽'으로 번역할 수 있으며, 달콤하거나 짭짤한 재료를 섞어서 넣은 파이를 묘사할 때 사용한다. 엘리자베스 데이비드는 오렌지 제스트와 계피로 풍미를 낸 소고기 라구와 익힌 스파게티를 켜켜이 쌓은 다음 달콤한 페이스트리 반죽(이탈리아 남부에서는 짭짤한 파이에 달콤한 반죽을 사용하는 일이 드물지 않다)를 위아래로 덮어서 구운 파스티슈 레시피를 선보인다. 소고기에 계피로 향을 내는 이탈리아의 관례는 로마 시대까지 거슬러 올라가며, 현재는 조린 소꼬리인 브라사타 디 코다 디 뷔brasata di coda di bue로 모습을 드러낸다. 여기에는 초콜릿을 조금 넣기도 한다.

소고기와 고추

칠리 콘 카르네의 '카르네'는 주로 소고기를 가리키지만, 돼지고기와 소고기를 섞어 쓰는 경우도 많다. 칠리 콘 카르네는 19세기 후반 텍사스의 산 안토니오 지역에서 유명한 '칠리 여왕'이라 불리는 사람들이 냄비에 담아 램프 불빛 아래에서 판매한 것에서 유래한 요리라고 한다. 1940년대 보건안전국의 위협으로 노점상들은 사라졌지만, 칠리(또는 '붉은 요리 한 그릇')는 여전히 텍사스인의 마음속에 특별하게 남아 있다. 정통 칠리 콘 카르네의 '칠리'가 무엇인가에 대해서는 고도의 논쟁이 벌어지지만, 말린 고춧가루와 쿠민, 오레가노를 섞은 혼합 향신료를 넣는다는 점에는 대체로 다들 동의한다. 고추는 말린 안초 고추를 사용하고, 악독한 케이엔 고추로 폭풍 같은 매운맛을 더한다. 같은 조합의 완전히 색다른 방식으로는 재빨리 구운 소고기 스테이크에 고추와 라임, 피시 소스 드레싱을 두른 아삭한 샐러드를 곁들인 태국의 호랑이의 눈물 샐러드가 있다.

소고기와 굴: 굴과 소고기(217쪽) 참조.

소고기와 기름진 생선

이탈리아의 유명한 여름 요리 비텔로 톤나토vitello tonnato는 익혀서 차갑게 식힌 다음 얇게 저민 송아지와 참치 마요네즈 소스로 만든다. 작가 마셀라 헤이즌Mercella Hazan은 생참치로는 만들 수 없는 요리이니 반드시 통조림 참치를 써야 한다고 경고한다. 엘리자베스 데이비드가 닭고기로 만든 폴로 톤나토pollo tonnato 레시피를 소개하고 있으니 송아지 고기를 닭고기로 대체해도 괜찮다. 보기에는 타협안 같을지도 모르지만, 닭고기는 익힌 소고기와 마찬가지로 통조림 참치와 풍미 조건상 탄탄한 조화를 이룬다. 레이 마실리의 감각 유도 풍미 분석에 따르면 모든 풍미 화합물 중 제일 고기 성격이 강한 것은 2-메틸-3-프란티올로인데, 이는 익힌 소고기와 닭 육수 및 통조림 참치에서 가장 뚜렷하게 감지된다.

소고기와 달걀

어쩌면 곧 유럽 건강과 안전 지침 등으로 날소고기를 먹는 것이 금지될지도 모르니, 우리는 반드시 지금 바로 이 순간 너무 늦기 전에 극심한 멸종 위기종인 비프 타르타르를 주문해야 한다. 날소고기에서는 마치 소가 평생 바다를 간절히 동경하기라도 한 것처럼 약한 후추와 매우 잔잔한 생선 풍미가 가미된 부드러운 암모니아 맛이 난다. 날달걀노른자는 고기 맛을 아름답게 강조한다. 다진 안초비와 케이퍼, 셜롯, 파슬리 및 겨자를 어떤 비율로 어떻게 조합해 넣을 것인가에 따라 미각에서 느껴지는 풍미가 달라진다. 그리 매력적으로 들리지 않더라도, 언젠가 안전벨트를 하지 않고 운전하거나 술집에서 담배를 피우던 시절처럼 손주들에게 들려줄 일화가 되어줄 것이다.

소고기와 당근

19세기 당시 영국 상류층은 당근을 구운 소갈비와 함께 먹었다. 노동자 계층은 양지머리처럼 비교적 저렴한 소고기 부위를 염장하고 삶아서 먹었다. 당근은 길고 긴 요리 과정이 마무리되어갈 때 냄비에 던져 넣었다. 비슷한 유대식 음식으로는 꿀과 시럽 또는 말린 과일로 달콤하게 만드는 치메스tsimmes가 있다. 1850년대에 윌리엄 메이크피스 새커리는 에세이 「위대하고 작은 만찬Great and little dinners」에서 소고기와 당근 조합의 맛과 인기를 인정했다. 60년 후에도 작곡가 해리 챔피언이 '삶은 소고기와 당근'이라는 극장용 노래를 지을 만큼 인기는 여전했다.

소고기와 돼지고기: 돼지고기와 소고기(47쪽) 참조.
소고기와 딜: 딜과 소고기(274쪽) 참조.
소고기와 땅콩: 땅콩과 소고기(30쪽) 참조.
소고기와 라임: 라임과 소고기(440쪽) 참조.
소고기와 레몬: 레몬과 소고기(447쪽) 참조.

소고기와 마늘

마늘은 소고기에서 거친 성격을 이끌어낸다. 끈적한 갈비나 로스트비프에 마늘을 가미한 으깬 감자를 곁들이거나, 껍질을 벗긴 마늘쪽 한 주먹을 소고기 육수에 부드럽게 익힌 다음 갈아서 얇게 저민 소고기용 데리야키 소스를 만들자. 또는 간단하게 소고기 덩어리에 칼집을 넣고 귀찮은 고무줄을 없앤 오퍼레이션 게임을 반대로 하듯이 마늘을 저며서 밀어 넣을 수도 있다.

소고기와 물냉이: 물냉이와 소고기(142쪽) 참조.
소고기와 민트: 민트와 소고기(485쪽) 참조.

소고기와 배

배와 소고기는 각각 날소고기와 익힌 소고기로 만드는 한국의 인기 요리 두 가지에서 짝을 이룬다. 특별한 날에 먹는 음식인 육회는 소고기 안심 부위를 날것인 채로 잘게 다진 다음 간장, 참깨, 마늘, 잔파, 고추에 재워서 채 썬 동양 배와 가끔 잣을 약간 곁들여서 낸다. 비프 타르타르처럼 소고기에 날달걀노른자를 섞기도 한다. 불고기는 얇고 길게 썬 소고기를 간 배와 레몬즙, 청주, 참기름, 참깨, 마늘, 간장, 설탕에 몇 시간 재운 다음 빠르게 볶아서 만든다. 아삭한 상추에 당근, 오이, 무 등 생채소와 함께 싸서 먹는다.

소고기와 버섯

버섯은 스테이크하우스의 표준 고명이다. 소고기와 버섯은 스트로가노프 또는 술을 듬뿍 넣은 걸쭉한 그레이비를 채운 파이에서 짝을 이룬다. 몇 년 전 랭커셔 번리에 자리한 펜스 인에서 요리사 스펜서 버지가 한 조각에 거의 150만 원짜리 소고기 버섯 파이를 만들어 일대 소란이 일어났다. 와규 소고기 2.5kg에 희귀한 계피 향 일본 송이버섯 1.5kg(너무 귀해서 무장한 경비원이 보호하는 가운데 채집한다), 검은 송로 버섯, 그리고 소박한 영국 파이가 참 좋아하는 재료인 금박을 사용했다. 미식 평론가들은 대부분 와규의 품질을 제대로 감상하려면 날것 내지는 레어 상태로 먹으라고 권한다. 와규를 파이에 넣어도 평론가가 눈물을 흘리지 않는다면, 82년 빈티지 샤토 무통 로칠드 두 병을 붓고 반으로 줄어들 때까지 조려서 내보자. 제대로 울려버릴 수 있다.

소고기와 베이컨

맛을 개선하는 베이컨의 풍미는 완고한 소고기마저 도움을 받게 만든다. 염장한 고기는 요리에 전반적으로 고기 풍미를 불어넣는다. 많은 소고기 부위는 기름기 없이 담백해서 보통 라딩 기법[21]을 쓰며, 프랑스 정육점에서는 언제나 지방을 깔끔하게 꿰어 넣은 고기를 찾아볼 수 있다. 볼로네제 스파게티에 판체타를 넣거나 비프 부르기뇽에 잘게 썬 베이컨을 넣을 때도 비슷한 원리가 적용된다. 독일에서는 얇게 저민 소고기 사이에 베이컨을 넣고 겨자, 피클과 함께 돌돌 말아서 롤라덴rouladen을 만든다. 이와 유사한 이탈리아의 살팀보카saltimbocca에서는 아주 담백한 송아지 고기에 프로슈토와 세이지 잎을 깔아서 익힌다.

소고기와 브로콜리: 브로콜리와 소고기(182쪽) 참조.
소고기와 블랙베리: 블랙베리와 소고기(492쪽) 참조.
소고기와 블루 치즈: 블루 치즈와 소고기(88쪽) 참조.

소고기와 비트

뉴잉글랜드에서는 비트와 콘비프, 양파, 익혀서 깍둑 썰거나 으깬 감자를 섞어서 레드 플란넬 해시red flannel hash를 만든다. 주로 볶거나 수란을 얹어서 아침으로 먹는다. 여기에 오이 피클을 곁들이면 함부르크나 리버풀 등 북유럽 항구 도시에서 다양한 형태로 흔하게 먹는 랍스커스labskaus라고 부를 수도 있다. 함부르크에서는 염장한 청어를 넣고 같이 으깨거나 롤모브[22]를 넣어서 달걀, 피클을 곁들여 낸다. 비슷한 영국

---

21 담백한 살코기에 지방을 꿰거나 주입해서 촉촉하게 풍미를 가미하는 기법.
22 청어의 살을 발라서 둥글게 말아 식초에 재운 것.

요리 랍스카우스lobscouse는 해시보다 단순한 고기 감자 스튜에 가까우며, 비트 피클이나 적양배추, 양파 등 톡 쏘는 음식을 곁들여 먹는다. 케이퍼와 비트(145쪽) 또한 참조.

소고기와 생강: 생강과 소고기(455쪽) 참조.
소고기와 셀러리: 셀러리와 소고기(137쪽) 참조.

소고기와 송로 버섯

송로 버섯을 소고기와 함께 내는 방식만 보아도 존경스러운 프랑스와 이탈리아의 요리에 대해 많은 것을 알 수 있다. 투르느도 로시니Tournedos Rossini는 완벽하게 익힌 스테이크와 푸아그라 한 조각을 마데이라 소스와 함께 크루통에 얹어서 낸다. 검은 송로 버섯은 주로 소스에 넣은 다음 깎아서 위에도 얹는다. 이탈리아에서는 카르파치오 한 접시 위에 가열을 견디지 못하는 하얀 송로 버섯을 조금 깎아서 올리기도 한다. 주름 장식도 레이스도 필요없다. 그저 재료 본연의 모습을 보여주는 것이다.

소고기와 스웨덴 순무

겨울다웠던 어느 날 오후, 우리는 자동차를 헤링본 무늬 화물차에 넣고 낮은 가로대 창틀 아래를 통과하여 조명이 줄지어 설치된 건물로 다가갔다. 포마이카를 씌운 높은 식탁에 앉은 운전수들은 음식 위로 몸을 잔뜩 웅크리고 나른하게 뼈를 지키는 개처럼 우리를 응시했다. 메뉴가 없는 가게인 데다 직원은 영어를 조금도 모르는 것처럼 보여서 우리는 원하는 음식을 가리킬수밖에 별 도리가 없었다. 얼마 지나지 않아 우리도 음식 위로 몸을 잔뜩 숙였다. 얇게 저민 스웨덴 순무와 순무, 감자를 켜켜이 깐 케이싱 바닥 위로 당연하다는 듯이 흰 후추로 간을 한 부드러운 소고기가 넉넉히 쌓여 있었다. 페이스트리 뚜껑 바로 밑에는 부드러운 양파를 한 켜 깔아서 향기로운 즙이 고기 층에 스며들어 육질을 연하게 하면서 바닥의 채소 더미까지 내려가, 파이 전체적으로 고기의 거친 짠맛을 상쇄하는 구수하고 톡 쏘는 달콤한 풍미가 가득 차게 만들었다. 단순하지만 모든 재료를 섬세하게 다룬 요리였다. 우리가 지금 덜 알려졌을지언정(감사하게도!) 경이롭기 그지없는 노르망디와 부르고뉴 사이의 작은 레스토랑에 도착한 것일까? 아니, 이곳은 콘월 A390 도로 바깥쪽 주유소였다. 우리는 패스티에 이어서 더없이 경탄스러운 몰티저스marvellous 한 봉지를 뜯었다.

소고기와 아니스: 아니스와 소고기(264쪽) 참조.
소고기와 안초비: 안초비와 소고기(233쪽) 참조.
소고기와 양배추: 양배추와 소고기(171쪽) 참조.

소고기와 양파

필라델피아의 팻과 해리 올리비에리가 핫도그 노점에서 차별화를 두기 위해 처음 개발한 원조 필리 치즈 스테이크 샌드위치는 부드러운 하얀 롤빵에 곱게 저민 스테이크와 양파만 넣어서 만들었다. 프로볼로네 치즈는 몇 년이 지나서야 넣기 시작했다. 일본식 규동에서는 스테이크와 양파를 비슷한 두께로 얇게 저며 볶은 다음 간장 약간, 맛술, 물을 붓고 팬 바닥에 붙은 찌꺼기까지 잘 긁어내어 섞어서 소스를 완성한다. 밥 위에 얹어서 낸다. 리옹 요리 그릴라드 데 마리니에르grillade des mariniers는 얇게 저민 소 우둔 스테이크를 올리브 오일과 레드 와인 식초, 월계수 잎, 오렌지 껍질과 클로브에 재워서 만든다. 향이 배고 나면 묵직한 냄비에 고기와 수북한 저민 양파, 마늘을 켜켜이 담고 절임액을 뿌린 다음 몇 시간 동안 뭉근하게 익힌다. 때때로 톡 쏘는 맛을 내기 위해 안초비 약간과 마늘을 조리 국물에 섞어서 페이스트를 만든 다음 요리가 완성되기 15분 전에 넣어서 섞기도 한다. 그리고 송아지 육수로 만든 프랑스식 양파 수프를 한 번이라도 먹어보고 나면 다른 방식으로 만들어보겠다는 생각이 싹 사라질 것이다.

소고기와 오렌지: 오렌지와 소고기(432쪽) 참조.
소고기와 올리브: 올리브와 소고기(253쪽) 참조.
소고기와 완두콩: 완두콩과 소고기(293쪽) 참조.
소고기와 조개 및 갑각류: 조개 및 갑각류와 소고기(203쪽) 참조.

소고기와 주니퍼

코르시카 요리인 프리모나타premonata(또는 프리보나타)는 소고기 혹은 어린 염소 고기를 와인, 토마토, 파프리카, 주니퍼 베리와 함께 조려서 만든 진한 소스와 함께 내는 요리다. 프랑스 칼비의 한밤중 뒷골목처럼 사악한 맛이 난다.

소고기와 커피: 커피와 소고기(23쪽) 참조.

소고기와 케이퍼

케이퍼는 겨자과의 열대 계열 친척이자 겨자기름, 즉 이소티오시아네이트isothiocyanate를 함유하고 있으므로 소고기가 케이퍼와 잘 어울리는 것도 놀랄 일이 아니다. 케이퍼는 쿠바에서는 모스타실라mostacilla(작은 겨자), 아루바와 쿠라사우 섬에서는 지바jeerba(허브) 겨자라고 불린다. 올리브 오일과 레몬즙, 다진 파슬리, 씻어서 물기를 제거한 케이퍼를 섞어서 차가운 로스트비프에 곁들이는 드레싱을 만들어보자. 소고기와 달걀(60쪽) 또한 참조.

소고기와 코코넛

블루 엘리펀트의 소고기 페냥penang은 잊을 수 없는 요리지만, 패티 크랩의 소고기 렌당rendang은 그야말로 충격적이었다. 소고기 페냥과 렌당은 둘 다 천천히 익혀서 짭짤하고 달콤한 맛이 나는 코코넛 베이스의 동남아시아 스튜다. 인도네시아의 렌당은 훨씬 농축된 요리로, 남은 코코넛 오일에 고기가 튀겨질 때까지 코코넛 밀크의 모든 수분을 날려서 매우 강렬한 맛이 난다. 아직 국물이 남아 있을 때 조리를 중단하면 칼리오kalio라고 부른다. 이쪽은 소스가 넉넉한 커리인 페냥과 조금 더 비슷하다. 둘 다 셜롯, 마늘, 생강 또는 갈랑갈galangal, 고추, 레몬그라스를 함유하고 있으며 페냥에는 라임 잎과 고수 뿌리, 피시 소스, 그리고 땅콩을 수북하게 넣는다.

소고기와 클로브: 클로브와 소고기(320쪽) 참조.
소고기와 타임: 타임과 소고기(478쪽) 참조.

소고기와 토마토

열정적인 어부인 아버지, 훌륭한 요리사인 어머니, 작은 과일 과수원을 가꾸며 페이스트리를 만들기 안성맞춤인 차가운 손을 지닌 타고난 할머니 아래 태어난 우리 자매는 불가피하게 가공 식품을 열망하며 자랐다. 우리는 벽난로 위에 올리는 장식처럼 오렌지색을 띤 생선 튀김, 요란한 아이싱을 입힌 톱밥 같은 케이크를 달라고 졸라댔다. 1970년대에 (미국의 컵라면과 비슷한) 팟 누들이 처음 출시되었을 때 나는 엄마가 결국 포기할 때까지 떼를 썼다. 모퉁이 가게에서 소고기 토마토 팟 누들을 하나 입수해오자, 온 가족이 모여들어 낚시용 밑밥이 뜨거운 식사로 변하는 연금술을 목격하기 위해서 컵을 들여다보았다. 면과 간장 양념을 한 가짜 소고기, 동결 건조한 채소, 수프 가루, 토마토케첩 한 봉지를 섞는 과정은 엄마의 볼로네제 스파게티 만들기보다 훨씬 재미있었지만, 완성된 라면에서는 도무지 이해하기 힘든 이상하고 평면적이며 인공적인 맛이 났다. 바비큐 그릴에 구운 소고기 맛이 나는 바삭한 고명을 넣은 미끌미끌한 수프였다.

소고기와 파스닙: 파스닙과 소고기(326쪽) 참조.

소고기와 파슬리

런던에 자리한 세인트 존 레스토랑은 파슬리 샐러드를 곁들인 소 골수 요리로 유명하다. 송아지 뼈를 골수가 말랑하되 녹아버리지는 않을 정도로 구운 다음 파슬리를 수북하게 넣고 저민 셜롯과 작은 케이퍼를 더하여 올리브 오일과 레몬즙을 조금씩 뿌려서 버무린 샐러드를 곁들여 낸다. 토스트와 작은 언덕처럼 쌓은 바닷소금이 함께 나온다. 한번은 첫 데이트에서 상대방 남자가 이 요리를 주문했다. 처음에는 그에게 상당히 반해 있었지만, 뼈를 보고 인상을 찌푸리더니 두어 번 뒤적거리며 쿡쿡 찌르다가 나이 지긋한 약사처럼 토스트에 살살 바르고 소금을 뿌리는 모습을 보자마자 저녁 식사 데이트는 돌이킬 수 없는 파국을 맞이하고 말았다. 센 불에 구운 스테이크에 맛도 좋고 나이프와 포크로 먹을 수 있으며 집에서 손쉽게 만드는 치미추리 소스를 곁들여서 아르헨티나식 식사를 하는 편이 나았을지도 모른다.

> *recipe*
> 〔치미추리 소스〕
> 1. 넉넉한 1단 분량의 평엽 파슬리를 곱게 다지고 올리브 오일 5큰술, 레드 와인 식초 2큰술, 으깬 마늘 1쪽(또는 2쪽) 분량과 섞은 다음 간을 한다.
> 2. 원하는 상태로 구운 스테이크에 곁들여 낸다.

소고기와 피망: 피망과 소고기(298쪽) 참조.

소고기와 호두

호두 피클은 18세기 영국에서 세련된 식재료였다. 아직 껍질이 생기기 전이라 초록색인 호두를 식초에 절여 만든다. 직접 만든다면 호두를 여름에 수확해야 한다는 뜻이다. 원유처럼 까맣고 이로 씹으면 살짝 비트 같은 저항감이 느껴지며, 부드러운 신맛과 더불어 생호두 향이 아주 은은하게 감돈다. 사랑스러운 음식이다. 차가운 로스트비프, 스틸턴 치즈 또는 남은 칠면조 등 크리스마스 음식과 수시로 짝을 이룬다. 요리사 퍼거스 헨더슨은 적양파, 마늘, 허브, 진한 육수를 듬뿍 넣고 레드 와인을 부어 익힌 소고기 스튜에 호두 피클을 넣는다.

소고기와 홀스래디시

독일에서 유래되었을 확률이 높은 매우 영국적인 조합이다. 16세기 당시 영국에서는 홀스래디시를 요리가 아닌 약으로 사용하였지만, 현대 식물학자 존 제라드는 독일에서 홀스래디시 뿌리를 영국에서 겨자를 쓰듯이 생선과 고기 요리에 사용했다고 지적한다. 뉴욕 버팔로의 명물인 비프 온 웩beef-on-weck 샌드위치 또한 '롤'을 뜻하는 독일 방언인 웩이나 코셔 소금과 캐러웨이 씨 혼합물을 뿌린 컴멀웩Kummelweck을 특정하여 사용하는 것으로 미루어보아 독일에 뿌리를 두고 있다는 점을 알 수 있다. 롤빵에 얇게 저민 레어 로스트비프와 홀스래디시를 채워 만든다. 홀스래디시와 소고기는 스튜에 넣을 수도 있다. 홀스래디시는 익히면 톡 쏘는 느낌을 잃으므로 마지막에 넣으며, 크림을 더해서 소스처럼 사용하면 스트로가노프 같이 맛이 농후한 소고기 소스에 날카롭고 살짝 새콤한 풍미와 흙 내음을 더한다.

Lamb
양고기

미국에서 양고기는 소고기, 닭고기, 생선, 돼지고기, 칠면조, 송아지 고기에 이어 맛 선호도 표 아래쪽에 머문다. 1인당 소비량은 소고기 또는 닭고기의 1%에 불과하다. 심지어 많은 사람들이 어린 양고기에서도 너무 양 냄새가 강하고 야생 고기 풍미가 세다는 느낌을 받으며, '시큼한 땀 냄새가 난다'는 식의 맛 표현은 누구라도 포크를 양 정강이 살에 가져가기 직전에 멈추게 한다. 독특한 맛은 지방에서 나오므로 블라인드 테이스팅에서는 많은 사람들이 아주 담백한 양고기와 소고기의 풍미를 쉽게 구별하지 못하였으며, 걸어서 숙성시키면 아주 어린 양도 풍미가 좋아진다. 이 점에서 머튼[23]은 2~3주만 걸어두어도 깊은 맛이 발달할 뿐만 아니라 오븐에서 굽기 충분할 정도로 부드러워진다. 맛이 풍성한 양고기가 선사하는 더없는 기쁨 중 하나는 로즈메리처럼 강한 허브나 커리, 스튜의 대담한 향신료 등 기타 강렬한 풍미와도 어깨를 견줄 수 있는 저력이다.

양고기와 가지

가지는 양고기를 염두에 두고 만들어진 채소라는 생각밖에 들지 않는다. 지방과 즙을 흡수하는 종이 타월다운 성향이 모든 설명을 대신한다. 무사카를 먹으면 이러한 특징을 제일 확실하게 알 수 있지만, 이외에도 깍둑 썬 양고기를 가지 퓌레와 함께 내는 터키 요리 휜캬르 베엔디hukar begendi 및 양고기와 가지를 간단하게 깍둑 썰어서 꼬챙이에 꿰어 숯불에 굽는 파틀르찬 케밥patlican kebab이 있으며, 운이 좋으면 통가지에 다진 양고기를 채워서 껍질에 주름이 생기고 속살은 유연하면서 부드러워지도록 익힌 다음 썰어서 걸쭉한 흰 요구르트를 곁들여 내는 진미를 먹어볼 기회를 얻을 수도 있다.

양고기와 감자: 감자와 양고기(131쪽) 참조.
양고기와 계피: 계피와 양고기(315쪽) 참조.
양고기와 고수 잎: 고수 잎과 양고기(282쪽) 참조.
양고기와 넛멕: 넛멕과 양고기(323쪽) 참조.
양고기와 딜: 딜과 양고기(275쪽) 참조.
양고기와 땅콩: 땅콩과 양고기(30쪽) 참조.
양고기와 레몬: 레몬과 양고기(448쪽) 참조.

23 생후 24개월 이상의 성숙한 양고기로, 이보다 어린 양고기는 램lamb이라고 부른다. 편의상 이 책에서 양고기는 램을 지칭한다.

양고기와 로즈메리: 로즈메리와 양고기(467쪽) 참조.
양고기와 루바브: 루바브와 양고기(372쪽) 참조.
양고기와 마늘: 마늘과 양고기(161쪽) 참조.

양고기와 민트

프랑스인은 양고기에 민트를 곁들이는 조합에 바치는 영국인의 애정에 흥, 하고 경멸의 콧소리를 내지만, 야만스럽도록 식초를 과하게 더한 민트 소스에 대해서만큼은 일리가 있는 반응이다. 1747년 한나 글래스는 껍질을 벗겨서 구운 돼지 뒷다리와 궁둥이 살에 민트 소스를 곁들이면 양고기처럼 먹을 수 있다고 지적하며, 이는 고기에 서로 유사한 점이 있어서라기보다 기본적으로 다른 모든 풍미를 압도하는 소스 때문이라고 말했다. 하지만 양고기의 동반자 민트는 도매금으로 넘길 대상이 아니다. 양고기는 허브 풍미에 특히 잘 어울리며, 감귤류 같은 민트의 정화력은 쿰쿰한 느낌이 나는 양고기에 은은한 탈취제 기능을 한다. 예를 들어 마리오 바탈리가 운영하는 뉴욕의 밥보 레스토랑에서 선보이는 양고기와 민트 라비올리를 생각해보자. 또는 베어네이즈와 비슷하지만 타라곤을 민트로 대체하고 오븐 또는 그릴에 구운 양고기와 함께 내는 팔루와즈 소스 sauce paloise를 살펴보자. 아제르바이젠에서는 민트를 넣은 수프 두쉬바라 dusbara에 양고기를 채운 아주 작은 토르텔리니를 동동 띄워 낸다. 어떤 사람들은 식초와 마늘을 선호하지만 보통은 사워크림과 마늘로 장식해서 낼 때가 많다.

양고기와 밤: 밤과 양고기(341쪽) 참조.
양고기와 블랙 푸딩: 블랙 푸딩과 양고기(53쪽) 참조.

양고기와 사프란

이란산 사프란은 스페인산보다 달콤한 성격을 띤다. 이란은 어떻게 보면 전 세계에서 제일 큰 사프란 생산지이며, 그러니 양고기 또는 닭고기 케밥과 사프란 라이스로 이루어진 첼로 케밥 chelow kebab이 이란의 대표 요리인 것도 별로 이상한 일이 아니다. 주로 그을은 토마토와 날달걀노른자에 감귤류 풍미가 나는 수막 sumac을 뿌려서 곁들이기도 한다. 사프란 라이스를 만들 때는 주로 김이 오르는 향기로운 밥에 햇살처럼 녹아드는 사프란 버터를 가볍게 더하여 맛을 낸다. 사프란 버터를 만드는 방법은 다음과 같다.

recipe
〔사프란 버터〕
1. 사프란 30가닥을 절구와 절굿공이를 이용해 간 다음 뜨거운 물 1작은술을 더해서 따로 둔다.

2. 그동안 레몬 1개의 껍질을 강판에 갈아 제스트를 만든다.
3. 레몬 제스트와 사프란 불린 물, 부드러운 버터 100g을 섞은 다음 취향에 따라 레몬즙을 약간 추가한다.
4. 원통형으로 빚어서 랩에 싼 다음 냉장고에 넣어두었다가 필요할 때 썰어서 사용한다.

양고기와 살구

역사를 한참 되짚어 올라가는 조합이다. 13세기에 시작된 바그다드 요리책에서는 '살구 맛이 나는'이라는 뜻으로 미쉬미시야mishmishiya라고 불리는 천천히 익힌 양고기와 살구 타진을 선보인다. 양고기와 살구는 둘 다 달콤한 향신료에 잘 어울리며, 양고기가 기름기로 말린 살구의 톡 쏘는 신맛을 끊어주고 살구의 강렬한 단맛이 이미 매우 달콤한 양고기와 향신료, 아몬드에서 훨씬 짭짤하고 가벼우며 고기다운 맛이 나도록 만든다. 한편 사향 풍미가 농후한 살구는 양고기 육수와 계피, 고수, 쿠민을 머금고 통통하게 부풀어서 완성될 즈음에는 너무 느끼하거나 과일 향이 진하지 않게 된다. 비슷한 느낌으로 향신료를 가미한 필라프 또는 다진 말린 살구와 양파, 아몬드, 쌀 또는 쿠스쿠스를 버무려서 양고기를 채우는 식으로 살구와 양고기를 짝지을 수도 있다.

양고기와 셀러리: 셀러리와 양고기(137쪽) 참조.

양고기와 스웨덴 순무

스코틀랜드 전통 음식인 해기스haggis를 요리하는 장소에 들어서면 제일 먼저 양고기 향기가 우리를 반긴다. 양고기에는 닭고기나 소고기 또는 돼지고기에서 찾아볼 수 없는 지방산 사슬이 함유되어 있기 때문에, 모든 고기 중에서도 익히는 향기만으로 쉽게 구분할 수 있다. 그리고 해기스에서는 양 냄새가 강렬하게 난다. 모든 '내장류', 즉 동물의 간과 심장, 폐에 귀리와 수에트suet[24], 후추, 올스파이스, 클로브와 넛멕을 섞어서 만들기 때문이다. 반드시 곁들이는 음식으로는 닙스 앤 태티스neeps and tatties(스웨덴 순무와 감자)가 있다. 후추 향이 나는 달콤한 스웨덴 순무가 해기스 특유의 향신료 풍미와 조화를 이룬다. 백파이프 악기가 번성하는 스코틀랜드에 찾아온 가치가 있는 맛이다. 감자와 스웨덴 순무(131쪽) 또한 참조.

양고기와 아니스

타라곤의 날카로운 맛이 살아 있는 베어네이즈 소스는 소고기와 가장 강렬하게 짝을 이루지만, 오븐이나

---

24 소, 양 등의 콩팥 주변의 하얀 지방질. 버터 대신 쓰기도 한다.

그릴에 구운 양고기와도 완벽하게 어우러진다. 그리고 아니스 향미의 리큐어 페르노pernod는 여름철 양고기 요리에 따뜻한 산들바람을 불어넣는다.

recipe

〔프로방스식 양고기와 페르노〕

1. 깍둑 썬 양파와 마늘 약간을 올리브 오일에 부드러워지도록 볶는다.
2. 잘게 썬 양고기 안심 8개 분량에 간을 한 밀가루를 골고루 묻힌 다음 양파 위에 넣고 노릇노릇하게 굽는다.
3. 페르노 45ml를 붓고 강불에서 1분간 익힌다.
4. 애호박(소) 3개를 둥글게 썰어서 넣고 껍질 벗긴 플럼토마토 1캔을 부어서 순가락으로 잘게 으깬다.
5. 간을 한 다음, 에르브 드 프로방스herbes de Provence 1작은술과 토마토 퓌레 1큰술을 넣고 섞는다.
6. 한소끔 끓인 다음 약불로 줄이고, 뚜껑을 덮은 후 한 번씩 저으면서 45분간 뭉근하게 익힌다.
7. 사프란 라이스나 쿠스쿠스와 함께 낸다.

양고기와 아몬드

축제 또는 두 사람을 위한 맛있는 식사에 어울리는 호화로운 조합이다. 양 한 마리에 쌀과 향신료, 아몬드를 채우는 모로코식 전통을 따르되 상황에 맞춰 겸허하게 규모를 축소해서 뼈를 제거한 양 어깨살 부위로 만들어보자. 또는 천천히 익히는 타진 요리에 양고기와 아몬드를 넣는다. 아니면 향신료를 가미한 쌀과 함께 요리해서 구운 아몬드를 장식하여 타진처럼 뛰어난 풍미를 자랑하지만 몇 분만에 만들 수 있는 내 모로칸식 양고기 미트볼을 만들어보자.

recipe

〔양고기와 아몬드와 쌀 수프〕

1. 기름과 버터 약간을 두르고 양파와 막대 계피를 넣어서 부드러워지도록 천천히 익힌다.
2. 그 사이 다진 양고기 500g에 올스파이스 2작은술을 섞는다. 간을 하고 호두만 한 크기로 둥글게 빚는다.
3. 사프란 가닥 한 꼬집을 뜨거운 물에 불린다.
4. 양파가 부드러워지면 뜨거운 물 750ml와 꿀 2작은술, 석류 당밀 2작은술, 올스파이스 2작은술, 소금 1작은술, 사프란 물을 더하여 한소끔 끓인다. 미트볼을 넣는다.
5. 물이 다시 끓기 시작하면 바스마티 쌀 200g을 넣고 잘 저은 다음 뚜껑을 닫고 뭉근하게 10분간 익힌다.

> 6. 간을 보고 쌀이 익은 정도를 확인하되, 너무 무르면 안 된다. 쌀이 적당히 익으면 다진 파슬리 6큰술, 다진 민트 3큰술, 물기를 제거한 병아리콩 1캔 분량을 더하여 섞는다.
> 7. 골고루 데워지면 구운 아몬드 플레이크를 듬뿍 넣고 여분의 다진 파슬리나 민트를 추가해 낸다.

기본적으로 걸쭉한 수프이니 뭔가를 따로 곁들일 필요는 없다.

양고기와 아티초크: 아티초크와 양고기(186쪽) 참조.

양고기와 안초비

내가 제일 좋아하는 조합이다. 안초비는 고기의 풍미를 강화하는 역할을 한다. 우리가 할 일은 양 어깨 또는 다리 부위에 칼집을 골고루 낸 다음 물기를 제거한 염장 안초비를 밀어 넣는 것뿐이다. 나는 고기 2kg당 안초비를 8~12개 정도 사용하곤 한다. 언제든지 추가로 칼집을 내서 마늘 적당량 그리고/또는 로즈메리를 넣을 수도 있으며, 모두 문질러 재워 만들어도 아주 잘 어울리는 혈기 왕성한 풍미들이다. 안초비가 고기에 녹아들면서 입에 침이 고이게 만드는 감칠맛 농후한 짭짤함을 선사하여 풍미를 강화하며, 그레이비에서 환상적인 맛이 난다.

양고기와 양배추

포리콜Farikal은 노르웨이에서 전통적으로 9월 즈음에 여름의 끝을 기리며 먹는 인기 요리다. 쉽게 말하자면 양배추와 함께 뼈째 뭉근하게 익힌 머튼(또는 양고기)으로, 삶은 감자를 곁들여서 맥주 또는 아쿠아비트로 씻어 내린다. 너무 삭막한 요리처럼 보인다면, 양고기와 머튼은 풍미가 강렬한 기름진 육수를 만들어낸다는 점을 기억하자. 베네치아에는 (조금) 더 흥겨운 조합으로 염장한 훈제 머튼과 사보이 양배추를 짝지어서 만드는 카스트라디나castradina라는 요리가 있다. 11월 21일에 현지 주민이 건강에 감사하는 기도를 드리는 흑사병 퇴치 기념 성모 축일Festa Madonna della Salute을 기리기 위해 먹는 음식이다. 양고기와 양배추는 흑사병의 위협으로 굶주리던 시절에 고립되어 있던 달마티아의 이웃에게 아드리아해를 건너서 보냈던 음식을 상징한다.

양고기와 양파: 양파와 양고기(155쪽) 참조.

양고기와 염소 치즈

놀랄 것도 없이 염소 치즈와 양고기는 풍미 연관성이 꽤 높으며, 이 투박해 보이는 진한 맛 조합의 인기는 갈수록 늘어나고 있다. 양고기와 염소 치즈는 따뜻한 플랫브레드 랩이나 두 입짜리 필로filo 페이스트리 꾸러미에서 짝을 이룬다. 염소 치즈와 페타를 잘게 부숴서 양고기 파스타 소스 위에 뿌리고 양고기 버거 안에 밀어 넣는다. 염소 치즈 베샤멜로 만든 무사카는 맛이 꽤 진하다 보니, 레몬 풍미 드레싱에 버무린 어린 시금치 잎을 곁들이면 살짝 안도감이 느껴진다.

양고기와 완두콩
양고기는 부활절 즈음에는 아직 최고의 상태가 아니지만 완두콩이 작은 셔츠에서 미어져 나오는 뱃살처럼 깍지에 꽉 차게 부푸는 초여름이 되면 실로 양고기다운 맛이 나기 시작하니, 완두콩은 양고기의 제철을 알려주는 기능을 한다고 말할 수 있다. 양고기와 신선한 완두콩은 양들이 우물우물 잔디를 뜯어 먹는 들판처럼 풀 향이 감도는 화려한 조합으로, 고기는 굽고 완두콩은 햇감자와 삶거나 에밀리아 로마냐Emilia Romagna식으로 양고기를 잘게 썰어 판체타와 토마토, 완두콩과 함께 버터에 뭉근하게 익힌 아뇰로 알라 로마뇰라agnello alla romagnola를 만들기도 한다. 다진 양고기로 매콤하고 향긋한 인도의 키마 커리를 만들어서 완두콩을 얹어 물방울무늬를 낸 다음 밥 또는 차파티와 함께 내보자.

양고기와 조개 및 갑각류: 조개 및 갑각류와 양고기(205쪽) 참조.

양고기와 체리
체리의 풍미는 크게 단맛과 신맛 두 무리로 나눌 수 있다. 사워체리는 나무에서 바로 따 먹기에는 너무 새콤하지만 달콤한 품종보다 풍미가 좋아서 요리하기에 적절하다. 모렐로morello(프랑스어로는 그리오트griottes)와 몽모랑시montmorency는 중동과 러시아, 동유럽 요리에 자주 등장하는 유명한 사워체리 품종이다. 클라우디아 로덴은 쌀을 채우고 사워체리 소스를 곁들인 양 어깨살 레시피를 소개하면서 서양에서는 아직 체리가 살구만큼 양고기의 인기 있는 단짝이 되지 못했다는 사실을 언급한다. 아제르바이젠에서는 사워체리를 넣어서 진한 머튼과 감자 스튜를 만들며, 터키에서는 필라프에 사워체리와 양고기에 더불어 양파, 사프란, 아몬드, 석류, 페타 치즈, 민트, 파슬리, 피스타치오 등 다양한 조합을 가미한다.

양고기와 카다멈: 카다멈과 양고기(462쪽) 참조.
양고기와 케이퍼: 케이퍼와 양고기(145쪽) 참조.

양고기와 쿠민
푸크시아 던롭은『상어 지느러미와 쓰촨 후추Shark's Fin and Sichuan Pepper』에서 중국 남서부 청두 지역에 찾아와 길거리에 이동식 그릴을 차리고 고추와 쿠민으로 맛을 낸 짭짤한 양고기 케밥을 구워 파는 위구르

이민자를 언급한다. 이들은 마리화나도 같이 팔았으며, 지글거리며 익어가는 양고기와 쿠민 향기가 길거리에서 삽시간에 사라지면 대번에 변화가 느껴지므로 경찰이 엄중 단속을 나왔다는 사실을 바로 알 수 있었다고 회고한다.

양고기와 타임: 타임과 양고기(478쪽) 참조.
양고기와 토마토: 토마토과 양고기(377쪽) 참조.

THE *flavour* THESAURUS

CHEESY
치즈

Goat's cheese
염소 치즈

Washed-rind cheese
세척 외피 치즈

Blue cheese
블루 치즈

Hard cheese
경질 치즈

Soft cheese
연질 치즈

Goat's cheese
염소 치즈

염소 치즈 풍미는 제일 가벼운 것부터 더없이 풍성한 감귤류 향이 나는 빌리 고트 그루프Billy Goat Gruff까지 범위가 넓고 다양하다. 날카로운 맛 덕분에 비트나 땅콩호박, 양질의 빵과 꿀 등 달콤하고 조직이 치밀한 재료와 잘 어울린다. 전통적으로 양젖 또는 양젖과 염소젖을 섞어서 만드는 페타와 할루미 치즈도 염소 치즈와 어느 정도 공통된 풍미를 가지고 있으므로 여기에서 함께 설명한다. 모든 치즈처럼 염소 치즈의 풍미는 동물이 어떤 먹이를 먹고 자라는가에 현저히 영향을 받는다. 2001년 실시한 감각 평가 연구에서 시식 평가단 중 3분의 2 이상이 하루 동안 숙성한 염소 치즈 중 목초를 먹인 염소젖으로 만든 것과 건초 및 농축 사료를 먹인 염소젖으로 만든 것을 정확히 감별해냈다. 20일간 숙성한 치즈에서는 감별 수치가 100%까지 올라간다.

염소 치즈와 고수 씨: 고수 씨와 염소 치즈(509쪽) 참조.

염소 치즈와 고수 잎
멕시코에서 널리 먹는 엔칠라다와 퀘사디야에서는 고수 잎이 신선한 감귤류 풍미로 치즈의 기름진 맛을 씻어낸다. 미국 너머에서는 멕시코 치즈를 쉽게 구할 수 없지만, 릭 베이리스의 말에 따르면 퀘소 프레스코queso fresco는 신선한 염소 치즈보다 조금 더 건조하고 짭짤하며 부슬부슬하지만 크게 다르지 않다고 한다. 아녜호 치즈queso anejo는 파르메산 또는 (더 낫게는) 페코리노 로마노 치즈로 대체할 수 있다. 또한 퀘사디야에 치와와chihuahua(강아지가 아니라 치즈다) 대신 마일드 체다 또는 몬터레이 잭 치즈를 넣어보자. 베이리스가 권하는 대로 크림치즈와 염소 치즈, 잔파, 살사 약간에 다진 고수를 섞어서 빵에 바른 다음 저민 토마토를 조금 얹어도 좋다.

염소 치즈와 고추
모든 것에 매운 맛을 가미하는 스페인의 습관은 현지 마호레로 치즈Majorero cheese 3종 중 하나를 피멘톤으로 문질러 만드는 카나리아 제도까지 확장된다. 만체고(스페인 라 만차의 인기 암양 젖 치즈)와 질감이 유사한 마호레로는 푸에르테벤투라의 기름진 염소젖으로 만든 흰색 경질 치즈다. 이웃한 테네리페 섬의 아리고 치즈는 피멘톤과 구운 곡물 가루 고피오gofio의 혼합물을 문질러 만들며, 2008년 세계 치즈 어워드에서 최고 챔피언으로 등극했다.

염소 치즈와 땅콩호박: 땅콩호박과 염소 치즈(338쪽) 참조.

염소 치즈와 라즈베리

라즈베리는 톡 쏘는 젖산의 우유 맛과 감귤류 느낌을 갖춘 어린 치즈와 잘 어울린다. 염소 치즈와 라즈베리를 풀fools에 함께 넣어보자.

> *recipe*
> 〔염소 치즈와 라즈베리 풀〕
> 1. 라즈베리 300g을 으깬다. 더블 크림 200ml은 가볍게 뿔이 설 때까지 거품을 낸다.
> 2. 부드러운 생염소 치즈 150g에 슈거 파우더 1큰술과 레몬즙을 살짝 짜 넣고 부드러워지도록 섞는다.
> 3. 크림에 염소 치즈와 라즈베리를 넣고 접듯이 섞는다.
> 4. 당도를 확인하고 그릇 4개에 나누어 담는다.

염소 치즈와 레몬: 레몬과 염소 치즈(448쪽) 참조.

염소 치즈와 로즈메리

염소 치즈와 양고기는 로즈메리와 풍미 친밀성을 공유한다. 헤리퍼드셔 지방의 페로쉐Perroche는 부드럽고 레몬 향이 나는 비살균 염소 치즈로, 로즈메리나 타라곤 또는 딜을 묻혀서 낸다. 세 가지 다 먹어볼 만하지만, 약한 감귤류 풍미의 치즈와 로즈메리는 특히 매력적인 조합이다. 또는 다음 염소 치즈 로즈메리 타르트를 만들어보자.

> *recipe*
> 〔염소 치즈 로즈메리 타르트〕
> 1. 20cm 크기의 플랑 틀에 쇼트크러스트 페이스트리 반죽을 깔아서 초벌구이한다.
> 2. 잘게 썬 리크 3~4대 분량을 올리브 오일에 부드러워지도록 익힌 다음 간을 하고 살짝 식힌다. 구운 페이스트리 반죽에 리크를 펴 바른다.
> 3. 싱글 크림 75ml와 껍질을 제거한 부드러운 염소 치즈 100g을 섞는다. 거품기로 골고루 섞는다.
> 4. 달걀 2개, 달걀노른자 1개, 아주 곱게 다진 로즈메리 1작은술을 더한 후 간을 하고 잘 섞는다.
> 5. 리크 위에 붓고 우유(약 100~150ml)를 부어서 190℃로 예열한 오븐에 넣고 25~30분간 굽는다.

염소 치즈와 마늘

염소 치즈와 마늘 피자는 런던의 오르조 레스토랑 메뉴판에 20년 이상 올라 있는 음식이다. 마늘의 달콤한 풍미가 치즈의 톡 쏘는 맛을 다듬는다. 상당히 맛있는 한 입거리 간식으로, 피자 반죽은 가볍고 바삭하며 메인 요리를 전혀 먹지 못하게 만들지는 않을 만큼 작다. 피자 반죽에 마늘과 바질(159쪽)에 실린 토마토소스를 발라 그와 비슷하게 만들어보자.

recipe
〔염소 치즈와 마늘 피자〕
1. 피자 반죽에 토마토소스를 소량 바르고 얇게 저민 염소 치즈를 얹는다.
2. 오븐을 230℃로 예열하는 동안 마늘쪽을 껍질째 구이용 팬에 담아서 넣어둔다. 오븐이 뜨거워질 즈음이면 살짝 익는다.
3. 피자 반죽에 마늘을 뿌리고 오븐에 넣어 10분간 굽는다.

색다른 자극적인 풍미를 꽤 잘 참는 편이라면 프랑스의 푸주Foudjou를 즐길 수 있을지도 모른다. 신선한 염소 치즈와 오래 숙성한 염소 치즈를 갈아서 마늘과 허브, 브랜디, 올리브 오일과 조합하여 도기 단지에 담는다. 그대로 보관하며 몇 달간 숙성한 다음 프랑스 빵 또는 구운 감자에 발라 먹는다.

염소 치즈와 무화과: 무화과와 염소 치즈(499쪽) 참조.
염소 치즈와 물냉이: 물냉이와 염소 치즈(142쪽) 참조.

염소 치즈와 민트

정통 할루미 치즈는 염소젖과 양젖을 섞어서 만든다. 민트는 주로 건식 염장 단계에 넣는다. 최종 결과물에서는 감귤류 풍미와 함께 아주 은은한 민트 향을 느낄 수 있다. 할루미처럼 소금물에 절이는 치즈인 페타의 짠맛에 민트를 더하면 차가운 대비 효과가 난다. 페타 치즈에 다진 민트와 잘게 썬 차이브를 더하고 검은 후추를 한 번 갈아서 으깬 다음 작은 필로 페이스트리 주머니에 넣어 굽는다. 달콤한 맛으로는 이비자에서 플라오flao라고 부르는 치즈케이크 같은 푸딩이 있는데, 생염소 치즈와 민트, 아니스, 꿀을 이용해 전통적인 방식으로 단맛을 내어 만든다.

염소 치즈와 바질: 바질과 염소 치즈(310쪽) 참조.

염소 치즈와 배

그라잘레마Grazalema는 햇볕에 그을린 카디즈 지방의 염소 치즈다. 『머레이 치즈 안내서The Murray's cheese Handbook』에 따르면 '양가죽을 쓴 늑대'로, '초콜릿을 입힌 과일을 연상시키는 달콤한 완숙 배와 천도복숭아 풍미가 있다'고 한다. 이 정도면 치즈와 책을 동시에 홍보하기에 충분할 것이다. 곁들이는 와인으로는 버터 향이 감도는 샤르도네를 추천한다. 또는 만자니야 셰리를 시도해도 좋다.

염소 치즈와 버섯: 버섯과 염소 치즈(111쪽) 참조.

염소 치즈와 블랙베리

바농 또는 바농 아 라 푀이유Banon á la feuille는 오드비에 담갔다가 밤 잎에 감싼 프랑스 염소 치즈다. 잎으로 싸고 나면 3주 후에 먹을 수 있지만 조금 더 내버려두면 농후한 과일 및 나무 향이 발달하면서 블랙베리의 소핵과 사이에 난 털까지 파고들어 맛을 제대로 보완해준다.

염소 치즈와 비트: 비트와 염소 치즈(124쪽) 참조.

염소 치즈와 살구

주방에 선 채로 입에 넣기 좋은 멋진 간식이다. 통통한 말린 살구에 적당히 자극적인 염소 치즈를 채운 다음 얼마나 고기 맛이 물씬 풍기는 조합인지 주목하며 음미해보자. 살구의 달콤하고 향기로운 과일 풍미가 치즈의 짭짜름한 맛을 강조하며, 전체적으로 어딘가 양고기를 떠올리게 한다. 염소 치즈에는 익힌 양고기와 머튼처럼 카프릴산이 함유되어 있기 때문이다.

염소 치즈와 수박

샐러드에서 아름답게 조화를 이룬다. 소금물 맛이 나는 페타 치즈에는 비트가 더 익숙한 짝꿍일지도 모르지만 흙냄새와 더 은근한 단맛이 나는 비트에 비해 수박은 상큼하며, 사실 태곳적부터 그리스식 샐러드에서 흔히 쓰던 붙박이 조합이다. 사용할 때는 짭짤한 치즈와 올리브가 수박에서 즙을 이끌어낸다는 점을 명심하여, 내기 직전에 수박을 넣어야 국물이 흥건해지지 않는다. 또한 구운 수박(로즈메리와 수박 참조, 466쪽)에 양질의 염소 치즈를 곁들이면(또는 속에 넣으면) 얼마나 잘 어울릴지 상상해보자.

염소 치즈와 아니스: 아니스와 염소 치즈(265쪽) 참조.
염소 치즈와 양고기: 양고기와 염소 치즈(71쪽) 참조.
염소 치즈와 오이: 오이와 염소 치즈(271쪽) 참조.

염소 치즈와 올리브: 올리브와 염소 치즈(253쪽) 참조.

염소 치즈와 체리: 체리와 염소 치즈(361쪽) 참조.

염소 치즈와 초콜릿

쇼콜라티에 폴 A. 영이 개최한 치즈와 초콜릿 조합 테스트에 참가한 우리는 열흘 묵은 글로스터셔의 염소 치즈 커니와 아메데이 사의 코코아 63%짜리 다크 초콜릿 조합으로 시작해서 더 숙성시킨 같은 치즈와 발로나 마다가스카르 만자리 64% 조합으로 옮겨갔다. 초콜릿과 치즈는 듣기에도 이상하고 별로 정이 가지 않는 조합처럼 느껴질지도 모르지만, 초콜릿과 우유(또는 크림)의 유사성이나 더 나아가 양질의 초콜릿에서 느껴지는 향신료와 베리류, 말린 과일, 캐러멜 등의 풍미가 치즈와 얼마나 잘 어울리는지를 깨달으면 납득할 수 있다. 우리는 콜스턴 바셋 스틸턴Colston Bassett Stilton 치즈와 발로나 70% 조합도 맛보았다. 이어서 원래 제철 특선 메뉴로 구성했지만 인기가 좋은 나머지 일 년 내내 메뉴에 오르게 된 폴 영의 스틸턴 치즈와 포트와인 트러플이 등장했다. 하지만 그날 밤 제일 뜻밖의 맛은 맛있게 톡 쏘고 꽃 향이 나는 아일랜드의 세척 외피 소젖 치즈 밀렌을 처음에는 껍질째 85%짜리 발로나 아프리칸과, 이어서 껍질을 제거하고 40%짜리 발로나 자바 밀크 초콜릿과 함께 먹은 것이었다. 식사 제일 마지막 코스에 내는 치즈보드에 시험 삼아 초콜릿 몇 종류를 추가해보자. 그러면 초콜릿과 치즈가 어울린다는 사실을 도저히 받아들일 수 없는 손님은 알아서 따로 골라 먹을 수 있다. 그리고 둘 다 포트와인과 잘 어울린다.

염소 치즈와 커피

치즈와 커피는 심지어 치즈와 초콜릿보다 영 아닌 조합처럼 보일지도 모르지만, 유일하게 커피와 어울리는 치즈로 노르웨이의 엣테 예토스트ekte Gjetost가 있다. 예토스트는 치즈 제조 공정에서 남은 유장을 젖당이 캐러멜화될 때까지 익혀서 직사각형 틀에 부어 만든 치즈다. 식으면 부드럽고 달콤하고 퍼지 같은 색을 띠는 캐러멜 풍미의 예토스트를 얇게 저며서 토스트나 얇은 비스킷에 얹은 다음 아침 커피와 함께 먹는다. 과일 케이크와 함께 내거나 야생 고기용 소스에 사용하기도 한다. 소젖으로 만든 예토스트도 인기가 좋지만, 염소젖이 더 전통적인 재료다.

염소 치즈와 케이퍼

호주의 농업 작가 E.A.웨이스는 케이퍼의 주된 풍미가 꽃봉오리를 절이고 난 후에 발달하는 카르프산에 기인한다는 사실을 밝혀냈다. 카르프산은 순수한 형태일 때는 강렬한 염소 풍미를 띠지만, 케이퍼에는 소량만 함유되어 있으며 절임 과정을 거치면서 완화된다. 카르프산은 염소 치즈의 풍미에도 중요한 역할을 하며, 케이퍼와 연질 치즈(146쪽)에 실은 레시피는 연질 염소 치즈로 만들어도 효과적이다.

염소 치즈와 타임: 타임과 염소 치즈(479쪽) 참조.

염소 치즈와 호두

런던 에지웨어로드의 페르시아 레스토랑 패토그Patogh는 내가 손에 꼽는 식당이다. 여기서는 첼로 케밥(양고기와 사프란 참조, 68쪽)과 달 표면처럼 분화구가 생긴 거대한 빵을 방금 오븐에서 꺼내어 따끈할 때 구운 참깨를 뿌려서 낸다. 문에 다가가면 그을은 고기 내음과 빵 굽는 향기가 전채의 유혹을 거부할 수 없게 만든다. 파니르는 작게 자른 하얀 페타 치즈로, 아이보리 비누 조각처럼 부드러우며 주로 바삭한 호두와 같이 음식에 뿌려 먹는다. 주로 신선한 허브를 수북하게 쌓는 사브지sabzi를 곁들여서 진한 치즈 풍미를 상쇄한다. 사브지에는 무성한 민트에 타라곤과 딜, 잔파 구근을 더하기도 하며, 가지와 잎들 사이 어딘가에 둥지에 앉은 아기 울새처럼 작은 래디시를 얹는다. 신선함과 짭짤함의 천국 같은 대조는 물론 손으로 뒤적이며 먹을 수 있어 집에서 내기에도 재미있고 아주 간단한 전채 또는 점심 메뉴가 된다.

Washed-rind cheese
세척 외피 치즈

유럽의 수도승이 발견한 치즈를 소금물이나 기타 용액으로 씻는 기법은 중세 시대로 거슬러 올라가며, 미생물의 성장을 자극하여 치즈에서 새콤한 맛은 덜하고 톡 쏘는 풍미는 더하도록 만들어서 육류를 절제하는 식단을 훨씬 견디기 쉽게 한다. 크랜필드 대학에서 실시한 연구에 따르면 세상에서 제일 냄새가 심한 치즈는 맥주를 이용한 세척 외피 치즈인 뷰 블르뉴Vieux Boulogne로, 심지어 마르Marc[25]로 세척하여 프랑스에서 대중교통에 들고 타는 것을 금지한 에푸와스Epoisses 치즈보다 지독하다. 대체로 세척 외피 치즈는 빵 또는 크래커처럼 얌전한 친구와 함께하는 편이 제일 좋지만, 톡 쏘는 짜릿함(쿠민, 날카로운 사과 또는 생양파 등) 또는 부드러운 흙냄새(감자 등)를 공유하는 재료와도 잘 어울린다. 여기에서는 스팅킹 비숍Stinking Bishop, 묑스테르Munster, 퐁레베크Pont L'Évêque, 랑그르Langres, 리바로Livarot, 바슈랭Vacherin, 켈틱 프로미스Celtic Promise 또한 다룬다.

세척 외피 치즈와 감자: 감자와 세척 외피 치즈(130쪽) 참조.

세척 외피 치즈와 마늘

바슈랭 두 오두Vacherin du Haut–Doubs 혹은 바슈랭 몽도르Vacherin Mont d'Or는 프랑슈 콩테 또는 스위스 프리부르 주에서 생산하는 (아주) 부드러운 치즈로, 세계 최고의 치즈 목록에 수시로 오르내린다. 울퉁불퉁한 방수포 같은 껍질을 벗기면 짭짤하고 우유와 가벼운 과일 맛이 나는 퐁뒤처럼 생긴 아이보리색 유동체가 드러나며, 국경 건너편의 프랑스 지역에서 만든 (언제나 저온살균 처리를 하지 않는) 오두 치즈라면 상자에서 가문비나무 향이 난다. 어떤 사람들은 상자째 숟가락으로 퍼서 먹지만, 내 생각에는 손가락이면 충분하다. 뜨겁게 데워도 맛있다.

> *recipe*
> **〔오두 치즈〕**
> 1. 상자 뚜껑을 열고 상자를 알루미늄 포일로 싼 다음 치즈 표면에 구멍을 뚫어서 저민 마늘을 조금 집어넣는다.
> 2. 드라이 화이트 와인 100ml를 부은 다음 오븐 180℃로 예열한 오븐에서 20분간 굽는다.

[25] 와인을 만들고 남은 찌꺼기로 제조한 도수 높은 술.

3. 맛있는 빵으로 상자 속의 치즈를 떠먹는다.

세척 외피 치즈와 배

노르망디 소의 기름진 젖으로 만든 리바로는 야생 고기 풍미를 지닌 녹진한 치즈다. 살짝 짜릿한 풍미가 배와 잘 어우러지며, 우연찮게도 노르망디에는 배 과수원이 풍성하기도 하다. 타르트에 같이 넣거나 간단하게 저며서 접시에 담은 다음 페리perry 혹은 프랑스에서는 푸아르poire라고 불리는 크림 같은 배 시드르와 함께 내자. 전통적으로 칼바도스는 사과로 만들지만 리바로 치즈에 추천하는 짝꿍인 돔프롱테 Domfrontais 종류에는 배가 최소한 30% 함유되어 있다. 참고로 스팅킹 비숍 치즈는 스팅킹 비숍 배로 만든 페리로 세척한다.

세척 외피 치즈와 베이컨

프랑스 샴페인 지역의 랑그르는 종종 베이컨과 비교되는 풍미를 지닌 작고 짭짤한 치즈로, 번지르르한 노란색의 포르투갈 커스터드 타르트처럼 생겼으며 진한 맛 그 자체라 할 수 있다. 윗부분에 얕은 홈이 있어서 샴페인이나 마르를 조금 부을 수 있다. 꽤나 깊이 있는 풍미로, 소풍에 술잔을 챙기는 걸 깜박했을 때 매우 편리하다. 고기 풍미가 나는 치즈는 랑그르 외에도 여럿 있다. 이탈리아의 강렬한 탈레조taleggio 치즈에서 육향을 감지하는 사람도 있다. 에밀 졸라는 카망베르에서 사슴 고기 같은 냄새가 난다고 생각했다. 프랑스인은 노르망디의 리바로를 '가난한 이의 고기'라고 부른다. 내가 발견한 바에 따르면 몇몇 신선한 염소 치즈에서는 정육점 같은 냄새가 난다. 또한 블루 치즈와 소고기(88쪽)에서는 스테이크 같은 맛이 나는 블루 치즈를 소개한다. 감자와 세척 외피 치즈(130쪽) 또한 참조.

세척 외피 치즈와 사과

아삭한 사과는 맛이 순한 세척 외피 치즈와 잘 어울린다. 새콤한 청사과에서 심을 도려낸 다음 저며서 과일 맛과 풀 향이 감도는 퐁레베크 치즈와 함께 먹자. 요리사 피에르 가니에르는 퐁레베크로 샹티이 크림을 만들어서 사과 소르베와 함께 낸다. 풍미가 농후한 세척 외피 치즈는 사과를 사과주 혹은 칼바도스 등 브랜디 형태로 곁들이는 편이 좋으며, 예를 들어 사과주로 외피를 세척해 풍미를 향상시킨 치즈 종류 중 하나인 켈틱 프로미스에는 빵 한 덩이와 사과주 한 잔만 곁들이면 더 바랄 것이 없다. 나는 켈틱 프로미스에 완전히 매료된 나머지 결혼식에 와준 손님들과 나누어 먹고 싶었지만, 하나를 가지고 웨일스에서 런던까지 운전해본 결과 열기가 가득한 방 안에서 이걸 두 다스씩 내놨다가는 분명 평생 기억에 남을 기념일이 잊고 싶은 순간이 되어버릴 거라는 깨달음을 얻었다.

세척 외피 치즈와 아니스

세척 외피 치즈인 묑스테르나 스팅킹 비숍은 여러 풍미와 짝을 이루기에는 너무 독선적이지만, (이 책에서 달콤하고 황홀하게 애호하는 풍미인) 아니스는 기꺼이 모험에 응한다. 치즈를 저미거나 퍼서 다음 얇은 회향 씨 크래커에 얹어보자.

recipe

〔회향 씨 크래커〕

1. 볼에 밀가루 125g, 베이킹파우더 1/2작은술, 소금 1/2작은술, 회향 씨 2작은술을 체에 내려 담는다.
2. 올리브 오일 25ml과 물 125ml를 조금씩 넣으며 촉촉한 반죽이 될 때까지 섞는다.
3. 5분간 반죽한 다음 대략 5mm 두께로 민다.
4. 쿠키 커터를 이용해 지름 5cm의 크래커 약 24개로 자른다.
5. 기름칠을 한 제과용 판에 얹고 솔로 물을 바른 다음 160℃로 예열한 오븐에 넣고 25분간 굽는다.

원한다면 통밀가루로 대체하여 사용한다. 셀러리, 쿠민, 캐러웨이 씨로도 만들어보자.

세척 외피 치즈와 쿠민: 쿠민과 세척 외피 치즈(120쪽) 참조.

세척 외피 치즈와 호두

호두는 모든 치즈의 적절한 반려자로, 자극적인 세척 외피 치즈에 대처할 수 있는 몇 안 되는 풍미 중 하나다. 씁쓸한 타닌 맛이 치즈의 강렬한 기름기를 쉽게 끊어내며, 단맛 또한 살짝 더해준다. 호두 빵, 호두 크래커, 생호두는 모두 호두가 제철일 때 리바로 치즈에 간단하게 곁들이기 매우 좋다.

Blue cheese
블루 치즈

블루 치즈에 푸른색을 내는 범인은 가루 낸 청녹색 곰팡이균 페니실리움 로크포르티Penicillium roqueforti다. 지배적인 과일과 향신료 풍미는 케톤 2-헤파논 화합물에 기인하며, 2-노나논 덕분에 풋내와 지방질 금속 향이 난다. 이외에는 동물의 식단이나 젖의 저온살균 여부 및 적용한 발효체와 2차 배양체, 숙성 시간, 보관 상태에 따라 기원만큼이나 다양한 풍미가 난다. 유명한 로크포르Roquefort 치즈는 동굴에서 숙성하며, AOC 인증을 위하여 아베롱의 로크포르쉬르술종 가까이에 있는 캉발루 천연 동굴에 보관하였는지 여부를 검토한다. 스틸턴 치즈는 서늘한 공기가 치즈에 생긴 작은 구멍을 따라 통과하면서 곰팡이 포자의 작업을 도울 수 있도록 선반에 올려 숙성한다. 페니실리움 로크포르티 없이 푸른색을 띠는 독특한 경우로는 희귀한 블루 치즈 블뢰 드 타미뇽Bleu de Tamignon이 있으며, 프랑스 알프스 산맥에서 방목한 소에서 얻은 젖으로 소량 제조하는 이 치즈는 천연 상태에서 푸른색을 띤다. 여기에서는 고르곤졸라, 카브랄레스Cabrales, 로그 리버 블루, 셰퍼즈 펄스, 빈리 블루Beenleigh Blue, 푸름 당베르Fourme d'Ambert 등의 블루 치즈를 다룬다.

블루 치즈와 닭고기

셀러리와 블루 치즈(136쪽)처럼 버팔로 치킨 윙과 짝지을 수도 있지만, 나는 풍미가 농후하므로 샐러드로 희석해야 맛이 더 좋다고 생각한다.

recipe

〔버팔로 치킨 샐러드〕

1. 마요네즈 100ml와 사워크림 150ml, 잘게 다진 블루 치즈 60g, 레몬즙 1큰술, 파슬리 2큰술, 으깬 마늘 1쪽 분량에 간을 살짝 한 다음 골고루 섞어서 블루 치즈 드레싱을 만든다.
2. 냉장고에 넣어 차갑게 식힌다. 그동안 셀러리 2대를 길게 채 썬다.
3. 로메인 상추 잎을 시저 샐러드에 넣듯이 찢는다.
4. 껍질과 뼈를 제거한 닭 가슴살 4개를 저며서 간을 한 밀가루를 묻힌 다음 땅콩기름과 버터에 굽는다.
5. 닭고기가 익으면 뜨거운 동안에 버터 2큰술과 핫소스 4큰술을 섞어서 버무린다. 이때 구할 수 있다면 프랭크스 레드핫Frank's RedHot 제품을 쓰는 것이 좋지만, 맛있고 매콤하다면 뭐든지 괜찮다.
6. 큰 볼에 잎와 셀러리를 담고 차가운 드레싱에 버무린 다음 접시에 닭고기를 수북하게 담는다.

IPA 또는 독일 밀맥주 한 잔을 곁들여 낸다.

블루 치즈와 땅콩호박

호박 라비올리는 종종 고르곤졸라 소스와 함께 낸다(블루 치즈와 세이지 참조, 87쪽). 풍미가 복합적인 짭짤한 치즈가 묵묵한 단맛을 지닌 호박과 두드러지는 대조를 이루며, 돌체라고 부르기도 하는 부드러운 제품보다 오만한 피칸테 고르곤졸라를 사용할 때 더욱 효과적이다. 또는 2cm 크기로 깍둑 썬 땅콩호박을 구워서 두툼한 토스트에 쌓아보자. 고르곤졸라 치즈를 얹은 다음 그릴에 올려서 그슬린다. 캐러멜화한 호박과 잘 어울리고 치즈의 짭짤하고 날카로운 풍미와 멋진 대조를 이루는 잔당이 상당히 남은 독일 와인 슈페트레제 한 잔을 함께 낸다.

블루 치즈와 무화과

말린 갈색 무화과는 달콤한 페드로 히메네스Pedro Ximénez 셰리를 연상시키고 검보라색 미션 품종 무화과는 포트와인을 떠올리게 하므로, 스틸턴 치즈와 실로 천국처럼 어울린다. 스틸턴 치즈와 무화과 스트로 쿠키를 만들어서 차가운 토니 포트tawny port와 함께 내보자. 치즈와 무화과 조합을 음미하며 저녁 식사를 시작할 수 있다.

recipe

〔블루 치즈와 무화과 스트로〕

1. 푸드 프로세서에 밀가루 125g, 잘게 부순 스틸턴 치즈 225g, 버터 50g, 소금 한 꼬집, 차가운 우유 1~2큰술을 넣어서 반죽을 만든다.
2. 반죽이 다 되었으면, 대략 30x20cm 크기의 직사각형 모양으로 민다.
3. 가위를 이용해 말린 무화과 약 8개를 가느다란 긴 모양으로 자른 다음 반죽에 가볍게 눌러 붙인다.
4. 절반 분량의 반죽을 가로로 접어서 무화과를 안쪽으로 감싸며 덮는다. 그러면 약 15x20cm 크기의 직사각형이 완성된다.
5. 약 5mm 두께로 밀어서 빨대 모양으로 자른 다음, 팔레트나이프로 기름칠을 한 오븐용 틀에 옮긴다.
6. 180°C로 예열한 오븐에서 약 15분간 굽는다.

탄탄한 잎채소와 포트와인 드레싱을 곁들여서 블루 치즈와 무화과 샐러드를 만들 수도 있다. 드레싱은 포트와인 200ml를 반으로 줄어들 때까지 졸이고 꿀 1작은술을 더해서 식힌다. 엑스트라 버진 올리브 오일 3큰술, 발사믹 식초 2큰술을 더하고 간을 해서 섞는다.

블루 치즈와 물냉이: 물냉이와 블루 치즈(142쪽) 참조.

블루 치즈와 배

배는 맛이 순해서 어떤 블루 치즈에 곁들이면 풍미가 완전히 가려져버릴 수 있지만, 푸름 당베르 치즈는 개중 맛이 제일 부드러운 편에 속한다. 달콤하고 우유 맛이 나며 동굴 속에서 숙성되면서 얻은 은은한 곰팡이 향이 맴도는 치즈로, 달콤한 와인을 입 안에서 살짝 감지될 정도로만 주입해 만든다. 또한 샐러드(배와 호두 참조, 401쪽)에도 블루 치즈와 배를 함께 넣을 수 있고 저민 배와 무화과, 호두 빵을 블루 치즈 퐁뒤에 곁들이기도 한다.

블루 치즈와 버섯: 버섯과 블루 치즈(110쪽) 참조.
블루 치즈와 베이컨: 베이컨과 블루 치즈(241쪽) 참조.

블루 치즈와 복숭아

복숭아는 고르곤졸라 치즈와 대단히 잘 어울린다. 둘 다 과일과 크림 풍미가 난다. 샐러드와 브루스케타에 자주 등장하지만 이들이 정말로 원하는 것은 오직 접시와 칼 뿐이다. 19세기의 탐험가 프레데릭 윌리엄 버비지는 동양의 과일 두리안의 풍미를 '옥수숫가루와 썩은 치즈, 천도복숭아, 으깬 헤이즐넛, 파인애플 약간, 오래 묵은 드라이 셰리 한 숟갈, 걸쭉한 크림, 살구 과육에 마늘 약간을 섞은 혼합물을 진한 커스터드 농도로 졸인 것'이라고 표현했다. 오늘날까지 싱가포르의 많은 호텔에서는 마약, 화기류, 두리안을 금지하고 있다.

블루 치즈와 브로콜리

자극적인 풍미를 얼마나 견딜 수 있는가에 따라서 반드시 맛있을 수도, 끔찍할 수도 있는 조합이다. 수프나 마카로니 치즈에 함께 넣거나, 더 소심한 미각을 지닌 사람을 위하여 잘게 썬 생브로콜리 샐러드에 연한 블루 치즈 드레싱을 뿌려보자.

블루 치즈와 블루베리: 블루베리와 블루 치즈(506쪽) 참조.

블루 치즈와 세이지

달콤하고 짭짤한 블루 치즈는 쓴맛을 갈망하며, 세이지는 쓴맛을 제공해준다.

> *recipe*
> ## [블루 치즈와 세이지 소스]
> 1. 버터 25g을 녹이고 세이지 잎(대) 3장을 넣어서 30초간 볶는다.
> 2. 잘게 부순 고르곤졸라 치즈 75g과 더블 크림 150ml를 더하여 중약 불에서 저어가며 녹여 섞는다.
> 3. 세이지를 덜어내고 간을 맞춰서 파스타 또는 뇨키 위에 뿌려 먹는다.

블루 치즈와 셀러리: 셀러리와 블루 치즈(136쪽) 참조.

블루 치즈와 소고기

작가 피터 그레이엄의 말에 따르면 블루 치즈와 소고기 조합이 성공적인 이유는 소고기를 제대로 숙성했을 때 발달하는 짜릿하고 풍성한 풍미 덕분이다. 스페인에서는 아스투리아스의 활기 넘치는 블루 치즈인 퀘소 데 카브랄레스queso de Cabrales를 이용해서 고전 요리 스테이크 오 로크포르와 비슷한 요리를 만든다. 스틸턴 치즈로는 과음한 다음 날 브런치에서 느릿한 미뢰를 흔드는 버거를 만들 수 있다. 카보나드 드 뵈프carbonnade de beouf를 만들 때는 가끔 완성 단계에서 잘게 부순 블루 치즈를 한 줌 더해서 육수에 녹아들어 맥주를 가미한 고기 맛이 나도록 한다. 블루 치즈와 소고기 조합의 애호가라면 노스 요크셔에서 소젖보다 포화지방 함량이 높은 현지 물소젖으로 생산하는 셰퍼드의 펄스 버팔로 블루 치즈를 먹어봐야 한다. 실로 맛이 뛰어난 숙성한 우둔 스테이크의 기름기가 떠오르는 고급스러운 풍미와 비슷하게 살살 녹는 질감을 갖추고 있다. 두 마리 풍미 토끼를 동시에 잡는 데다 채식주의자도 먹을 수 있는 요리다.

블루 치즈와 송로 버섯

블루 치즈와 송로 버섯은 필레 미뇽 스테이크에 곁들이는 크림 같은 소스에서 주로 짝을 이룬다. 요리 작가 제니퍼 하비 랭Jenifer Harvey Lang은 슈 페이스트리에 블루 치즈, 크림치즈와 크림을 섞은 속을 채우고 검은 송로 버섯을 깎아 올리는 레시피를 선보인다. 나는 한때 송로 버섯을 가미한 꿀과 스틸턴 치즈의 조합에 푹 빠져 있었는데, 사실 크림까지 더하지 않아도 이 조합은 깊이 파인 상의에 짧은 치마를 입은 듯 어딘가 외설적인 기분이 들게 만든다.

블루 치즈와 아보카도

아보카도와 베이컨을 놓치는 것은 채식주의가 지닌 단점 중 하나지만, 풍미 깊은 짭짤한 블루 치즈가 작은 보상이 되어준다. 씨를 뺀 자리에 블루 치즈 드레싱을 가득 붓거나 구운 브리오슈에 레몬즙을 조금 뿌리고 으깬 아보카도를 발라서 잘게 부순 블루 치즈를 얹은 70년대 방식으로 짝지어보자.

블루 치즈와 양배추

블루 치즈와 닭고기(85쪽)에 실린 블루 치즈 드레싱 레시피를 코울슬로에 적용하면 별미가 된다. 하지만 사람을 아침에 침대 밖으로 끌어낼 수 있는 음식은 아니다. 우리에게 필요한 아침 식사는 뉴욕 시 모모푸쿠Momofuku 베이커리에서 판매하는 김치 버터와 달콤한 고르곤졸라 크로와상이다. 커피는 같이 먹지 않는 것이 좋다.

블루 치즈와 자몽

스카일론 우주선이나 날아다니는 자동차처럼 옛날 방식으로 현대적인 조합이다. 아삭하고 쌉쌀한 상추 약간에 적양파와 비트를 더한 샐러드에 넣어보자. 자몽 마멀레이드를 구할 수만 있다면 블루 치즈와 함께 탁월한 샌드위치를 만들 수도 있다.

블루 치즈와 파인애플

마틴 레쉬Martin Lersch는 정기적으로 TGRWTThey Go Really Well Together(진짜 잘 어울리는 음식 궁합) 요리법 과제를 올리는 블로그 키모스Khymos를 운영하고 있다. 블루 치즈와 파인애플은 10번째 TGRWT였다. 흥미롭게도 레쉬는 블루 치즈와 파인애플 사이에 겹치는 향기 물질이 없었다고 기록하고 있지만, 이는 다른 흔한 음식 궁합에서도 자주 있는 일이다. 다른 TGRWT로는 사과와 장미, 살구버섯과 살구, 파르메산 치즈와 코코아, 바나나와 파슬리 등이 있다.

블루 치즈와 포도: 포도와 블루 치즈(368쪽) 참조.

블루 치즈와 호두

호두를 구우면 일종의 블루 치즈 풍미가 발달한다. 이 점을 힌트로 삼자. 껍질이 쌉쌀하고 우유 맛이 나는 달콤한 호두는 모든 블루 치즈 종류와 경이롭게 어우러진다. 고전적인 단짝으로, 특히 잘게 부순 로크포르 치즈와 호두를 치커리 샐러드에 주로 뿌린다. 엑스트라 버진 올리브 오일과 사과주 식초, 크림을 5:3:2 비율로 섞어서 간을 맞춘 드레싱을 두르면 맛있다. 암양 젖으로 만든 데본산 치즈로, 숙성하면 거의 퍼지에 가까운 질감이 되며 후추 맛이 나는 줄무늬가 선명해지는 빈리 블루 치즈와 함께 치즈보드에 내보자. 또는 전설적인 힘을 지닌 스페인 아스투리아스의 케소 데 카브렐라스도 좋다. 황소와도 맞설 수 있는 치즈다.

Hard cheese
경질 치즈

여기서는 체다, 파르미지아노 레지아노, 만체고, 콩테, 그뤼에르, 페코리노, 벅스웰Berkswell, 마혼Mahón, 링컨셔 포셔Lincolnshire Poacher를 포함하여 넓은 범위의 치즈를 다룬다. 경질 치즈는 원유의 종류, 질, 치즈 제조업자의 제조법, 미생물총과 숙성도에 따라 다양한 맛이 난다. 뛰어난 치즈 장수라면 손님에게 서로 다른 숙성 과정을 거치는 같은 종류의 치즈를 단계별로 맛보게 해 숙성이 풍미에 미치는 영향을 직접 경험할 수 있게 할 것이다. 경질 치즈는 대부분 달콤하고 새콤하고 짭짤하며, 숙성되면서 감칠맛 결정체가 생긴다. 이러한 맛의 배열이 높은 지방 함량과 어우러져서 경질 치즈를 그 자체로도 만족스럽게 먹을 수 있도록 하며, 동시에 짙고 원만한 풍미로 다른 재료를 부각시키고 보완해준다. 쓴맛으로 균형을 잡는 레드 와인, 생양파, 물냉이, 호두는 경질 치즈와 자주 좋은 궁합을 보이는 재료다. 또한 말린 과일, 익힌 토마토, 익힌 양파 등 달콤한 재료도 치즈에서 짭짤한 면을 이끌어낼 수 있다. 경질 치즈를 시식할 때는 크림, 버터, 코코넛, 캐러멜, 과일(특히 파인애플), 유황(다진 삶은 달걀), 견과류 풍미와 익힌 맛, 구운 맛을 느껴보자.

경질 치즈와 감자

옛날 옛적에, 사랑스러운 맥아 향이 나지만 체다 치즈를 지저분한 지붕처럼 얹어서 부엌 뒷방에서나 먹을 만한 껍질이 거친 구운 감자가 있었다. 모두가 맛있고 아름답다고 생각했지만, 절대 파티에 초대받지는 못했다. 감자가 혼자 있던 어느 날 저녁, 요정 대모가 나타나서 불쌍하고 무시당하는 진흙투성이 감자에게 소원이 있느냐고 물어보았다. 감자는 거친 옷을 벗고 부드럽고 매끄러워져서 프랑스 최고의 레스토랑에서 식사를 하는 사람에게도 어울리게 된다면 소원이 없겠다고 말했다. 요정 대모가 지팡이를 휘둘렀다. 기절했다가 많은 눈 중 하나를 깜박이며 깨어난 감자는 파리 한가운데의 암바사드 도베르뉴L'Ambassade d'Auvergne 레스토랑에서 모든 손님이 지금껏 본 것 중 제일 농후하고 매끄러운 으깬 감자가 되어 있었다. 알리고aligot라는 요리로, 감자 외에도 진한 라귀올Laguiole 치즈와 마늘, 크림, 버터를 넣고 탄력이 넘쳐서 끊어지지 않고 팬에서 90cm, 심지어 120cm 높이까지 들어 올릴 수 있을 때까지 잘 휘저어서 만든다. 다음 날 밤, 요정 대모가 다시 나타나서 감자에게 다음 소원은 무엇이냐고 물어보았다. 전날 밤의 일로 아직 속이 약간 메스꺼웠던 감자는 뭔가 편안하지만 섬세한 것이 되고 싶었다. 요정 대모가 지팡이를 휘두르자, 감자는 그뤼에르 치즈와 오랜 친구 크림, 마늘과 함께 켜켜이 층을 이루어 쌓아서 따뜻하고 촉촉한 감자 도피누아potato dauphinoise가 되어 있었다. 누더기 재킷을 자유롭게 벗어던진 것은 좋았지만, 감자는 장난기 넘치는 마늘과 크림 때문에 기분이 애매했다. 다음 날 저녁, 요정 대모가 나타나서 세 번째 소원을 물어보았을 때, 감자는 조금 지친 것 같다고 털어놓았다. "끈적하고 과일 향이 나는 라클레트에 몸을 담가보는 건

어때?" 요정 대모가 제안했다. "재잘거리는 코르니숑과 함께? 아니면 자갈 같은 모양의 부드러운 뇨키가 되어서 폰티나 소스에 푹 젖어보는 건?" "사실 내가 제일 좋아하는 건 맥주 한 병과 함께 집에 머무르는 거예요. 체다도 조금 있으면 좋겠죠. 킨즈나 웨스트콤브 제품이기만 하다면요, 왜냐면 평소에 떠맡던 기름지고 평면적인 애들용 치즈에게는 내가 너무 아깝다는 걸 깨달았거든요." 감자가 말했다. "알겠다." 요정 대모는 펑 소리와 함께 연기를 남기고 사라졌다.

경질 치즈와 고추

이탈리아의 페코리노 치즈를 처음 먹으면 상당히 매콤하게 느껴질 수도 있지만, 적당히 매콤한 맛을 원한다면 중간 정도 맵기의 말린 홍고추를 잘게 다져서 콕콕 박은 페코리노 콘 페페론치노를 구입해야 한다. 미국에서는 같은 원리로 할라페뇨 잭 치즈를 구입하여 토르티야 칩을 찍어 먹는 퐁뒤식 딥을 만들 수 있다. 옥수수 풍미는 특히 경질 치즈 및 고추와 조화롭게 어우러진다. 막 튀긴 팝콘을 고춧가루, 파프리카 가루, 녹인 버터, 간 파르메산 치즈, 소금에 버무려보자. 땅콩호박과 고추(335쪽) 또한 참조.

경질 치즈와 넛멕: 넛멕과 경질 치즈(321쪽) 참조.
경질 치즈와 닭고기: 닭고기와 경질 치즈(34쪽) 참조.

경질 치즈와 무화과

파르미지아노 레지아노를 담당하는 콘소르치오^{consorzio} 내지는 산업보도 은행차단관이 24~28개월간 숙성한 파르메산 치즈의 짝으로 말린 무화과와 헤이즐넛, 호두, 말린 자두를 권하는 데는 이유가 있다. 숙성할수록 어린 시절의 우유 맛을 일부 잃어버리고 녹인 버터 풍미과 함께 과일과 견과류 향이 발달하기 시작하기 때문이다. 치즈가 숙성될수록 견과류 풍미가 더욱 뚜렷해지며, 향신료(특히 넛멕) 느낌을 감지할 수 있게 된다.

경질 치즈와 바나나

알프스에서 생소젖으로 만드는 콩테는 프랑스에서 제일 인기가 좋은 치즈다. 어릴 때는 신선한 헤이즐넛과 말린 살구, 부드러운 캐러멜과 끓인 우유 풍미가 난다. 콩테 치즈 협회의 설명에 따르면 완전히 숙성한 콩테 치즈에서는 '진하고 오랜 여운을 남기는 호두, 헤이즐넛, 밤, 구운 아몬드, 녹인 버터와 더불어 은은한 숙성한 크림 또는 감귤류 향으로 부드러워진 짜릿한 풍미'가 난다. 가죽 및 화이트 초콜릿과 말린 자두 껍질 풍미 또한 뚜렷하게 드러난다. 다음의 콩테 협회 추천 메뉴를 만들어보자.

> *recipe*
> **〔콩테 치즈와 바나나〕**
> 1. 흰 빵에 얇게 썬 바나나와 콩테 치즈를 올리고 에스플레트 고춧가루(기름진 생선과 고추 참조, 222쪽) 한 꼬집을 뿌린다.
> 2. 그릴에서 치즈가 녹을 때까지 몇 분간 굽는다.

바나나가 치즈의 다양한 풍미를 이끌어내고 고추가 '매콤하고 지속적인 풍미로 마무리를 장식'한다.

경질 치즈와 바질

세상에 컬트 레스토랑이라는 것이 존재한다면, 라 메렌다$^{La\ Merenda}$가 거기 해당할 것이다. 요리사 도미니크 르 스탕은 니스 지방의 프로메나드에 자리한 호텔 네그레스코에서 요리하며 미쉐린 별을 거머쥐었다. 그러고는 환상이 깨져버린 보안관처럼 별을 돌려주고 구시가지로 들어와 덜 세련된 구역에서 비즈 커튼을 달고 케밥 가게보다 겨우 조금 큰 공간에 식탁 10개를 둔 자그마한 가게를 열었다. 줄기가 긴 멋진 유리잔, 꽃 장식, 돋보이는 조명은 물론 와인 리스트나 의자 등받이도 없으며, 사전 계획을 철저히 세우는 사람이 반드시 알아두어야 할 점이 있으니 전화도 없다. 식탁이나 무릎으로 고정시키는 칠판에 분필로 적힌 메뉴는 언제나 예외 없이 니스식 요리며, 피스투 탈리아텔레 파스타$^{tagliatelle\ au\ pistou}$를 주로 포함한다. 근본적으로 페스토의 변형인 피스투는 고향 리구리아에서 해안을 따라 흘러오다가 기념품 삼아 새로운 특징을 갖춘 채 이곳에 도착했다. 주로 잣을 넣지 않는다는 점에서 페스토와 다르며, 때때로 파르메산 대신 에멘탈 치즈를 넣어서 만들기도 한다. 르 스탕은 피스투를 생시금치 파스타와 함께 낸다.

경질 치즈와 배: 배와 경질 치즈(398쪽) 참조.
경질 치즈와 버섯: 버섯과 경질 치즈(106쪽) 참조.
경질 치즈와 베이컨: 베이컨과 경질 치즈(240쪽) 참조.

경질 치즈와 브로콜리

브로콜리는 암시장에서 몰래 거래해야 할 정도로 냄새가 강한 치즈를 간절하게 원한다. 파르메산 치즈는 비교적 긴 기간인 18개월간 숙성해야 먹을 준비가 된다. 델리에서 막 잘라낸 신선한 치즈를 구입할 때는 덩어리에 찍혀 있는 날짜를 확인하자. 3~4년 가까이 오래 숙성시킨 파르메산 치즈는 때때로 스타베키오^{stavecchio}(제일 오래 숙성한 것은 스트라베키오^{stravecchio})라고 불리며, 어린 것보다 짭짤하고 짜릿하며 일반적으로 더욱 강렬한 맛이 난다. 실로 훨씬 씁쓸한 브로콜리 라베에 곁들이고 싶은 치즈다. 파스타 또는 리소토에 같이 넣어보자.

경질 치즈와 사과: 사과와 경질 치즈(391쪽) 참조.
경질 치즈와 살구: 살구와 경질 치즈(411쪽) 참조.

경질 치즈와 세이지

압착한 소젖 치즈인 더비Derby는 체다보다 부드럽고 풍미가 섬세하다. 세이지 더비는 같은 치즈에 풍미를 가미한 것이다. 일부 델리에 진열된 화려한 녹색 덩어리 대신, 파울러즈 포레스트 데어리Fowlers Forest Dairy에서 더비 치즈 가운데에 다진 세이지를 뿌려서 만든 질 좋은 제품을 찾아보자. 얇게 저며서 프로슈토와 함께 샌드위치를 만들거나, 토스트에 얹고 달걀 프라이를 올린다. 만일 좋은 세이지 치즈를 구할 수 없다면 언제든지 강렬한 경질 치즈와 세이지를 넣고 스콘을 구워서 따뜻할 때 버터와 함께 먹을 수 있다.

경질 치즈와 소고기

훈련된 미식 평가단이라면 경질 치즈의 풍미를 표현할 때 시판 소고기 육수 가루와 비슷한 성질을 띤다는 뜻으로 '육수 향'이라는 단어를 사용할 수도 있다. 치즈버거 애호가라면 누구든지 증언하듯이 많은 경질 치즈는 소고기와 조화롭게 어우러진다. 나는 훌륭한 유기농 생산물 시장에 대한 글이나, 진흙투성이 장화를 언급하며 지속 가능한 농장의 그리운 옛 시절을 한탄하는 글을 쳐다보기 지겨워질 때면 존 F. 퍼너John F.Purner의 『백 달러짜리 햄버거』를 즐겨 읽는다. 이는 비행장 근처의 카페와 레스토랑을 소개하는 안내서로, 립 또는 치즈버거의 품질과 그곳까지 닿는 활주로라는 두 가지 조건을 기준으로 평점을 매긴다. 〈하늘에서 본 지구〉의 미식 버전과 유사하며, 예를 들어 가까운 휴스턴 트레일 엔드 카페에서 멋진 버거를 먹을 수 있는 유타 주의 캐넙 무니 활주로라든가 오두막집에 머무르면서 호수에서 낚은 신선한 송어를 먹을 수 있는 아칸소 주 개스턴의 잔디 활주로에 대한 내용이 적혀 있다.

경질 치즈와 아니스

살균한 소젖으로 만든 메노르카 섬의 경질 치즈 마혼에서는 짭짤한 레몬 풍미가 난다. 전통적으로 얇게 저민 다음 생타라곤 잎, 올리브 오일, 검은 후추와 함께 먹는다. 레오니 글래스Leonie Galss가 언급한 세미 경질 치즈 살레Salers는 산이 많은 프랑스 남중부 캉탈 도에서 제조하며, 이곳에서 생산한 우유에는 소가 먹고 자란 감초, 아니카, 용담, 아네모네 등 더없이 향긋한 식단의 풍미가 모조리 담겨 있다. 세척 외피 치즈와 아니스(84쪽)에서 설명한 회향 크래커와 함께 낸다.

경질 치즈와 아몬드

킨과 몽고메리 체다 치즈에서는 모두 아몬드 향이 나며 흔히 호두와 함께 먹지만, 만체고 치즈와 잘 어울리는 아몬드가 양질의 고소한 체다 치즈와 어울리지 않을 리가 없다. 정통 만체고 치즈는 스페인 중부 라만차의 양젖으로 만든다. 향긋한 풍미가 퍼져나가는 속도만큼 빠르게 인기를 얻었다. 덜 숙성된 만체고에서는 북부 갈리시아의 시원한 목초지를 떠올리게 하는 신선한 풀 향이 난다. 오래 숙성한 만체고를 시식해보면 안달루시아 해안의 뜨겁고 건조한 짠맛이 드러난다. 둘 다 얇게 저민 다음 구워서 소금을 뿌린 아몬드 한 그릇과 함께 내면 좋다. 운이 좋다면 감미로운 우유 풍미로 유명한 하트 모양의 스페인산 마르코나 아몬드를 구해서 같이 먹어보자.

경질 치즈와 아스파라거스

아스파라거스에 대해서는 다들 미신을 믿는다. 그렇지 않다면 멀쩡한 요리사가 아스파라거스는 특별한 팬에서 익혀야 한다고 주장하거나, 시계 반대 방향으로 줄기를 세 번 돌려야 하지만 보름날 달빛 아래서는 절대 그러면 안 된다고 우길 리가 없다. 신비로운 방법은 집어치우고 간단하게 오븐에서 구운 다음 조화로운 유황 풍미를 지닌 파르메산 치즈를 갈아 함께 내자. 끝 부분에 치즈를 넉넉히 뿌리면 포엽 사이에 끼어서 맛이 좋다.

경질 치즈와 아티초크

이탈리아에서는 어린 아티초크를 날것인 채로 종잇장처럼 얇게 저민 다음 올리브 오일과 레몬즙, 저민 파르메산 치즈와 버무려서 씁쓸하고 날카로우며 짭짤하고 탁월한 전채 샐러드를 만든다.

recipe

〔아티초크 파르메산 치즈〕

1. 아티초크에서 색이 어두운 바깥쪽 잎을 전부 벗긴다. 윗부분을 2~3cm 정도 잘라내고 줄기를 대부분 제거한 다음 남은 줄기는 껍질 벗기는 칼로 깎아낸다.
2. 레몬즙을 골고루 문지른 다음 세로로 반을 갈라서 속에 솜털이 없는지 확인하여 찻숟가락으로 긁어낸다.
3. 반으로 자른 아티초크를 잎 윗부분부터 줄기 쪽을 향하여 아주 얇고 가늘게 저민다. 깎아낸 아티초크는 레몬즙을 가미한 물에 넣어서 갈변을 막는다.
4. 전부 썰고 나면 레몬수에서 꺼내어 종이 타월로 두드려 말리고 올리브 오일에 버무린다.
5. 간을 한 다음 얇게 저민 파르메산 치즈를 얹는다.

경질 치즈와 안초비: 안초비와 경질 치즈(231쪽) 참조.

경질 치즈와 양파

영국와 아일랜드에 처음으로 등장한 양념 감자 칩은 치즈와 양파 맛이었다. 하지만 치즈와 양파를 활용한 요리는 셀 수 없이 많다. 스팅키 저먼 림버거 치즈는 생양파, 호밀빵, 머스터드와 짝지어서 강렬한 흑맥주와 함께 낸다. 웨일스에서는 짭짤하고 희끗하며 산미가 있는 케어필리Caerphilly 치즈에 리크를 섞어서 채식 글라모건 소시지Glamorgan sausage 모양을 낸 다음 빵가루와 허브를 묻혀 낸다. 농후한 양파 풍미에 사랑스러운 과일 향이 자극적이라 무한정 손을 뻗어서 먹게 만드는 전형적인 프렌치 양파 수프는 그뤼에르 치즈를 얹어서 구워 낸다. 적양파 타르트에는 종종 염소 치즈를 산호섬처럼 얹어서 내며, 웨스트 미들랜드 주에서 생산하는 양젖 경질 벅스웰 치즈에는 원래 캐러멜화한 양파 풍미가 선명하니 두 마리 토끼를 한 번에 잡는 셈이다.

경질 치즈와 오렌지: 오렌지와 경질 치즈(428쪽) 참조.
경질 치즈와 완두콩: 완두콩과 경질 치즈(291쪽) 참조.
경질 치즈와 조개 및 갑각류: 조개 및 갑각류와 경질 치즈(200쪽) 참조.
경질 치즈와 주니퍼: 주니퍼와 경질 치즈(474쪽) 참조.
경질 치즈와 콜리플라워: 콜리플라워와 경질 치즈(176쪽) 참조.

경질 치즈와 클로브

프리제 나이젤카스Friese Nagelkaas는 네덜란드 프리슬란트에서 제조한 고다식 치즈다. 나이젤은 '못'이라는 뜻으로, 갈아서 쿠민을 살짝 더해 치즈에 넣은 클로브의 못 모양을 본따 붙인 이름이다. 그린 앤 블랙스의 마야 골드 초콜릿을 한 번이라도 먹어본 적이 있다면 이것의 치즈판이라는 느낌이 들 것이다. 클로브와 쿠민은 활기찬 향신료 풍미를 가미하면서 오렌지와 레몬 껍질 향으로 치즈에 크리스마스다운 분위기를 선사한다.

경질 치즈와 토마토

토마토와 치즈는 감칠맛이 풍부한 웅장한 조합으로 얇은 빵 반죽 또는 파스타 한 접시를 탁월한 요리로 변신시킬 수 있지만, 모든 이탈리아인이 입을 모아 말하듯 마법이 이루어지려면 반드시 좋은 재료를 사용해야 한다. 반면 양질의 영국 치즈는 요리에 쓰기에 아깝고, 치즈보드에 올려야 하는 존재라고 주장하는 사람도 많다. 링컨셔 포셔(강렬한 견과류 풍미가 나는 체다와 비슷한 치즈)의 제조업자는 이러한 의견에 찬성하지 않으며, 요리용 와인에도 마실 때와 같은 기준을 적용해야 한다는 원칙을 동일하게 내세운다.

'요리용' 치즈처럼 '요리용' 와인은 와인 잔이나 치즈보드처럼 요리에서도 맛을 열등하게 만든다. 나는 이 속이 든든한 요리 링컨셔 포셔 포트에 꽤 괜찮은 코트 뒤 론 와인을 사용한다. 라타투이가 치즈와 와인 파티에 참석했다가 얼근하게 취해서 가지와 호박을 잃어버렸다고 생각해보자.

recipe

[링컨셔 포셔 포트]

1. 기름을 두르고 다진 양파(대) 1개 분량을 부드러워지도록 5분 정도 볶는다.
2. 곱게 다진 마늘 1쪽 분량과 굵게 썬 녹색 또는 홍피망(녹색은 기분 좋은 산뜻한 맛을 낸다)을 더한다. 천천히 5분간 더 볶는다.
3. 양질의 플럼 토마토 1캔을 붓고 숟가락으로 으깬다.
4. 말린 혼합 허브 약 1작은술, 양질의 레드 와인 100ml, 물 2큰술, 설탕 한 꼬집을 넣고 가볍게 간을 한다.
5. 한소끔 끓인 다음 20~30분간 뭉근하게 익힌다.
6. 맛을 보고 필요하면 간을 맞춘다.
7. 내기 전에, 링컨셔 포셔 치즈 150~200g을 1cm 크기로 깍둑 썰어서 팬이 아직 불 위에 있을 때 넣은 다음 1~2분간 저으며 따뜻하게 데운다.
8. 도기 그릇 2개에 나누어 담는다. 치즈가 완전히 녹기 전에 먹는다. 바삭한 빵은 필수다.

경질 치즈와 파스닙

파스닙은 짭짤한 음식의 단맛을 강화하는 진지한 전채용 재료다. 유명한 조합으로는 파르메산 치즈가 있으며, 주로 살짝 익힌 파스닙에 밀가루와 파르메산 치즈 간 것을 버무려서 구워 먹는다. 또는 간 파르메산 치즈 1큰술에 잘게 다진 차이브 2큰술, 거품낸 더블 크림 4큰술을 섞어서 파스닙 수프에 장식하는 파르메산 크림을 만든다. 마크 비트먼은 파스닙 뇨키 레시피를 선보이며 파르메산 치즈와 버터, 세이지와 내라고 권한다.

경질 치즈와 파인애플

치즈와 파인애플 꼬치를 비웃는 속물들에게 콧방귀를 되돌려주자. 이 둘의 풍미는 자연스럽게 조화를 이룬다. 파인애플 향이 나는 카프론산 에틸은 콩테, 링컨셔 포셔, 파르메산 등 세계 제일의 치즈 일부에 함유되어 있다. 또한 카프론산 에틸은 클로브, 무화과, 와인에서도 자연적으로 발생한다.

경질 치즈와 포도

포도의 포괄적인 과일 향은 치즈보드에 올리기에 안전한 패다. 가벼운 레몬 향이 돌며 톡 쏘는 웬슬리데일Wensleydale 치즈에 과일 케이크 한 조각을 곁들일 생각을 처음 한 사람 덕분에 생포도까지 곁들이게 된 것인지는 알 수 없지만, 어쨌든 이들은 아주 편안한 조합을 선보인다. 물론 셀 수 없이 많은 치즈와 와인 조합만 봐도 치즈와 포도가 얼마나 잘 어울리는지 분명히 알 수 있다. '크래커와 같이 사서 치즈와 같이 판다.' 와인 교역에서 쓰는 말이다. 크래커는 약삭빠른 구매자의 미각을 씻어내리며, 치즈는 지방과 단백질로 미뢰를 덮어서 와인의 자극적인 타닌 풍미를 약화시킬 수 있다.

경질 치즈와 호두: 호두와 경질 치즈(342쪽) 참조.
경질 치즈와 흰살 생선: 흰살 생선과 경질 치즈(209쪽) 참조.

Soft cheese
연질 치즈

깔끔한 우유 맛이 나는 모차렐라 치즈와 코티지 치즈, 조금 더 농후하고 크림 같은 브리야 사바랭과 코르시카 지방의 브로시우 등 여기에서 다루는 연질 치즈는 대부분 신선한 유제품 풍미를 간직하는 사이에 먹는다. 브리나 카망베르처럼 흰 가루가 앉은 치즈는 어릴 때는 버터 풍미가 감돌지만, 숙성할수록 낙농장보다 목장 앞마당을 연상시키는 톡 쏘고 구수한 채소 맛이 나기 시작한다. 어리고 신선한 연질 치즈는 짭짤한 과일(특히 베리류) 풍미와 잘 어울리며, 숙성한 치즈는 특히 버섯이나 송로 버섯 등 흙냄새가 나는 재료와 조화롭게 어우러진다.

연질 치즈와 가지: 가지와 연질 치즈(116쪽) 참조.
연질 치즈와 계피: 계피와 연질 치즈(315쪽) 참조.
연질 치즈와 딸기: 딸기와 연질 치즈(383쪽) 참조.

연질 치즈와 마늘

별달리 먹을 게 없을 때, '빵, 와인, 부르생Boursin'이라는 광고처럼 마늘 허브 부르생 치즈와 바게트, 보졸레 와인 한 병에 손을 뻗는다고 해서 그리 나쁠 것은 없다. 부르생 치즈는 프랑수아 부르생이 1950년대 후반에 선보인 제품으로, 연질 치즈에 생허브를 다양하게 곁들여서 각자 섞어 먹을 수 있도록 차리는 오랜 관습에서 착안한 것이다. 이 글을 쓰는 시점까지는 기존 생산 과정 그대로 노르망디 젖소의 우유와 크림으로 만들고 있다. 바게트 한 조각에 발라서 건네자 남편은 프랑스식으로 어깨를 깊이 으쓱했다. '마늘빵 같은 맛이 나네.' 정말 그랬다. 전혀 나쁘지 않았다.

연질 치즈와 무화과

무화과가 풍부한 시리아에서는 아침으로 눈부시게 하얀 연질 치즈와 신선한 무화과를 함께 먹는다. 다음 레시피처럼 씨가 자글자글 씹히는 잼을 만들어 먹기도 한다.

recipe
〔무화과 쿠르 아 라 크렘〕
1. 뜨거운 물 750ml에 설탕 200g을 녹인 다음, 신선한 무화과 500g을 대충 다져서 넣는다.

> 2. 한소끔 끓으면 바닥에 늘어붙지 않도록 주의하면서 적절한 상태로 걸쭉해질 때까지 뭉근하게 익힌다.
> 3. 식혀서 뚜껑 있는 단지에 담아 냉장고에서 일주일간 보관할 수 있다. 혹은 바닐라나 오렌지 제스트, 쿠엥트로를 더하면 쿠르 아 라 크렘coeurs a la creme에 곁들일 콤포트가 된다.
> 4. 코티치 치즈 300g과 크림치즈 225g, 더블 크림 250ml를 곱게 섞어서 하트 모양 틀 4개에 나누어 담고 밤새 물기를 거른다. 만일 하트 모양 틀이 없다면 화분(바닥에 배수구가 있는 것)에 면보를 깔아서 사용한다.

달콤한 쿠르를 좋아한다면 슈거 파우더를 몇 큰술 더할 수 있지만, 약간의 신맛은 엄청나게 달콤한 무화과에 반가운 대조적인 맛이 되어준다. 무화과와 아니스(499쪽) 또한 참조.

연질 치즈와 바질: 바질과 연질 치즈(310쪽) 참조.

연질 치즈와 버섯

잘 숙성한 실온의 카망베르 치즈를 맛보면 방금 딴 버섯 바구니를 옆에 둔 채로 신선한 밀짚 더미에 앉아 송로 버섯을 넣은 달걀 프라이를 먹는 기분이 든다. 새하얀 어린 염소 가죽 같은 껍질을 만드는 페니실리움 카망베르티penicillium camembertii는 카망베르 치즈 특유의 버섯 향을 내는 데에도 기여한다. 카망베르나 브리 치즈의 껍질 '뚜껑'을 제거하고 막 볶아낸 야생 버섯을 위에 뿌린 다음 내기 직전에 오븐에 넣어서 치즈를 살짝 녹이면 모든 풍미가 만들어내는 조화를 즐길 수 있다.

연질 치즈와 블랙커런트

날카롭고 쌉싸름한 블랙커런트는 치즈케이크의 끈적이는 크림 같은 풍미를 상쇄한다. 직접 만들 시간이 없거나 큼직한 치즈케이크가 며칠이고 냉장고에서 썩어가는 사태를 바라지 않는다면 다이제스티브 비스킷에 크림치즈를 바르고 블랙커런트 잼을 얹어서 반칙 케이크를 만들 수 있다. 이가 치즈를 파고드는 질감을 느껴야 하니 크림치즈를 너무 아끼지 말자.

연질 치즈와 사과

어린 브리 치즈나 카망베르 치즈를 얇게 저며서 사과 조각과 함께 먹어보면 사과를 크림 내지는 버터 조각과 같이 먹는 기분이 든다. 또는 이렇게 먹어보면 어떨까.

> *recipe*
> 〔연질 치즈와 사과〕
> 1. 상자에 든 치즈를 한 통 사서 유산지를 제거하고 다시 치즈를 통에 넣는다.
> 2. 윗부분에 구멍을 송송 뚫고 사과 브랜디를 붓는다.
> 3. 200℃로 예열한 오븐에서 20분간 굽는다.
> 4. 반달 모양으로 썬 사과를 함께 낸다.

단맛을 즐기는 사람이라면 구운 통브리 치즈에 캐러멜과 호두를 뿌린 다음 상큼한 사과 조각을 함께 내는 쪽을 선호할 것이다. 나는 숙성한 카망베르 치즈와 사과의 조합도 즐겨 먹는다. 숙성한 치즈에서 나는 익힌 양배추와 비슷한 풍미가 과일과 아주 잘 어우러진다.

연질 치즈와 셀러리

셀러리는 더 이상 특별한 잔이나 은색 꽃병에 꽂혀서 식탁에 등장하던 19세기처럼 소중하게 다루어지지는 않을지도 모르지만, 치즈보드의 한 자리를 차지하기에는 충분할 정도로 가벼운 아니스 향과 더불어 신선하고 씁쓸한 풍미를 지니고 있다. 셀러리에서는 치즈의 고전적인 단짝인 호두에서 흔히 느껴지는 풍미가 감지된다(호두와 셀러리 참조, 345쪽). 요리사 미셸 루는 저서 『달걀Eggs』에서 카망베르 치즈 아이스크림에 부드러운 셀러리 잎과 작은 래디시, 치즈를 위한 비스킷을 곁들이는 레시피를 선보인다.

연질 치즈와 송로 버섯

송로 버섯의 향기는 종종 마늘 및 치즈와 비교되며, 반대로 브리 드 모와 생 마르서랭Saint Marcellin 등의 치즈는 종종 송로 버섯 느낌이 난다는 평을 듣는다. 좋은 브리 치즈를 골라서 세로로 반 잘라 둥근 조각 두 개를 만든다. 바닥 쪽 절반에 얇게 저민 송로 버섯을 덮은 다음 윗면을 덮고 랩으로 싸서 냉장고에 24시간 재운 후 실온으로 낸다. 브리 치즈는 부드러운 트리플 크림 브리야 사바랭 치즈처럼 이미 송로 버섯을 가미한 상태로 구입할 수 있다.

연질 치즈와 아보카도: 아보카도와 연질 치즈(288쪽) 참조.

연질 치즈와 안초비

나이젤라 로슨은 샌드위치 바에서 먹는 점심에 대해서, 흰 빵에 코티지 치즈를 넣고 버터는 바르지 않았지만 '물에 담그지 않아서 짭짤하고 저돌적이며 무례하기까지 한 통조림에 좀먹은 저렴한 안초비는 넣었으며, 덕분에 식사가 끝난 후 뭔가를 제대로 먹기는 했다는 기분이 들었다'고 말했다. 모차렐라 인 카로차mozzarella in carrozza는 흰 빵 두 장 사이에 모차렐라와 안초비를 끼워서 밀가루와 달걀물에 담가 튀긴 나폴리 요리다. 양질의 분홍빛 안초비 필레는 공 모양 모차렐라 치즈와 함께 간소한 점심 식사로 낼 수 있다. 일인용 식사라면 모차렐라 한 개를 통째로 사용하는 것이 좋다. 많이 먹고 싶어서가 아니라, 한 손에 치즈를 가득 쥐고 즙이 넘치는 사과처럼 깨물어 먹는 즐거움을 맛보기 위해서다. 나는 처음 씹을 때의 반항적인 느낌, 그 뒤 전체적으로 퍼지며 입에 들어오는 느낌을 사랑한다. 이어서 작은 안초비 한 조각을 바로 입에 집어넣자.

연질 치즈와 캐비어: 캐비어와 연질 치즈(220쪽) 참조.
연질 치즈와 케이퍼: 케이퍼와 연질 치즈(146쪽) 참조.

연질 치즈와 토마토

모차렐라 치즈는 토마토와 전통적으로 샐러드 또는 피자에서 짝을 이룬다. 제일 잘 익은 토마토는 진품 버팔로 모차렐라 치즈 혹은 더 낫게는 부라타 치즈와 함께 내는 일이 많다. 걸쭉한 크림과 작은 모차렐라를 가득 채우고 끈으로 졸라맨 돈 자루처럼 생긴 모차렐라 치즈를 떠올려보자. 그것이 부라타 치즈다. 부라타 치즈를 잘라보면 속에 찬 크림이 기쁨에 찬 탄성처럼 녹진한 모양을 볼 수 있다. 신선한 유젓이 새콤달콤한 토마토즙과 섞여서 잊을 수 없는 드레싱을 만들어낸다. 엑스트라 버진 올리브 오일과 생바질을 더하고 간을 해서 풍미를 돋우자. 부라타는 이탈리아 지도의 스틸레토 힐 부분인 아풀리아에서 유래된 치즈이지만, 진가를 알아본 미국 치즈 제조업자도 앞다투어 생산하기 시작했다.

연질 치즈와 포도

어리고 버터 같은 브리 치즈와 포도는 영국 요리에서 가장 높은 미식적 찬사를 받는 조합으로, 샌드위치에서 짝을 이룬다. 브리 치즈보다 강렬한 아롬 오 젠느 드 마르Aromes au Gene de Marc는 압착 과정에서 껍질과 줄기를 제거한 포도 브랜디에 씨와 함께 한 달 동안 담가둔다. 잔해가 아직 콕콕 박힌 채로 판매하기 때문에, 시장으로 오는 내내 가을 보도를 따라 구른 것처럼 보인다.

연질 치즈와 피망

코르시카에서는 리코타와 비슷한 현지의 양젖 치즈로 가끔 염소젖을 조금 섞기도 하는 브로시우brocciu가 없는 식사를 보기 힘들다. 아침에는 과일과 잼을 곁들여서, 점심에는 육가공품과 함께, 저녁에는 카넬로니에 넣어서 브로시우를 먹는다. 심장이 덜컹 내려앉게 만드는 코르시카섬 해안도로 체계의 급커브길 주변을 돌아다니는 양과 염소도 볼 수 있다(아마 생애 마지막으로 눈에 들어오는 풍경이 될 공산이 크다). 우리는 해안길을 따라 걸으며 소풍을 나서기 위해 장을 보러 칼비에 멈춰 섰다. 육가공품과 빵, 토마토를 사고 있는데, 가게 주인이 브로시우를 채운 조그마한 홍피망을 꼭 먹어봐야 한다고 고집을 피웠다. 몇 시간 뒤, 우리는 점심을 먹을 만한 장소를 찾아서 바위 위를 기어오르고 있었다. 소풍용 짐을 푸는 동안 말벌이 한두 마리씩 등장하더니 대략 아홉 마리가 더 날아와서 급기야 야외 천국이 마치 B급 영화 세트처럼 보이기 시작했다. 치즈로 속을 채운 피망을 입 가까이 들어 올리자 말벌 한 마리가 헬리콥터 스키를 타듯이 치즈로 날아들었고, 나는 말벌을 쫓으려고 허둥대며 팔을 휘두르다 프로슈토 한 덩어리를 바위 쪽으로 날려버렸다. 말벌 한 마리가 그 뒤를 쫓았고, 이윽고 한두 마리씩 남은 말벌이 따라가며 우연히 독창적인 해결책으로 소풍을 평화롭게 즐길 수 있게 되었다. 나는 궁금해졌다. 말벌이 특별히 프로슈토를 좋아하는 걸까, 아니면 브로시우에 질린 걸까? 나는 달콤한 우유 맛이 한순간에 급상승했다가 피망의 달콤한 훈연 풍미로 깔끔하게 사라져버렸기 때문이라는 결론을 내렸다.

연질 치즈와 호두

햇호두가 최상의 상태를 맞이하는 가을은 생생한 유젖의 톡 쏘는 맛이 호두를 아주 달콤하게 보이도록 만드는 부드러운 요구르트 치즈인 라브나abna를 준비하기에 최적인 때이기도 하다.

recipe

〔호두와 꿀을 곁들인 라브나〕

1. 소쿠리 또는 대형 체에 물을 적신 깨끗한 면보를 깔고, 소쿠리 아래에 떨어지는 액체를 받을 수 있을 정도로 깊은 팬 또는 볼을 준비한다.
2. 플레인 요구르트 1L에 소금 1작은술을 섞어서 면보를 깐 소쿠리에 붓는다. 실온에서 8시간 동안 거른다.
3. 호두 오일과 다진 호두, 괜찮다면 액상 꿀도 약간 곁들여서 따뜻한 호밀빵과 함께 낸다.

시리아와 레바논에서는 라브나에 호두, 말린 무화과를 약간 곁들여서 아침으로 먹는다.

연질 치즈와 훈제 생선

북미에서 '훈제 연어'와 '락스lox'라는 단어는 서로 대체 가능하지만, 엄격하게 말해서 락스는 훈연하는 대신 시장까지 건너오는 먼 여행을 견딜 수 있도록 절임액에 절인 것이다. 러시아와 동유럽 이민자들은 19세기 말엽 미국에 도착하면서 고향으로 돌아온 사치품이자 풍성하고 가격이 적절한 연어를 발견하고 열심히 먹기 시작했다. 비슷한 시기에 대량으로 판매하기 시작한 크림치즈는 고향의 유제품과 맛이 비슷한 데다 락스의 극단적인 짠맛을 부드럽게 만들었으므로, 이 조합은 곧 유대계 미국인 요리의 주요 품목이 되었다. 어떤 델리에서는 반으로 자른 베이글의 바닥면에 홈을 파서 치즈를 만족스러울 만큼 넣을 수 있게 만든다. 양파와 훈제 생선(157쪽) 또한 참조.

치즈
Cheesy

연질 치즈
Soft cheese

THE *flavour* THESAURUS

EARTHY
흙냄새

Mushroom
버섯

Aubergine
가지

Cumin
쿠민

Beetroot
비트

Potato
감자

Celery
셀러리

Mushroom
버섯

여러 버섯 중에서 양송이버섯, 모렐 버섯, 포르치니 버섯, 살구 버섯을 다루며 송로 버섯(164쪽 참조)은 별도의 항목으로 설명한다. 모든 버섯에는 풍미에 기인하는(또는 '특징에 영향을 미치는') 1-옥텐-3-원이라는 화합물이 함유되어 있다. 매우 다양한 버섯의 질감은 독특한 개별 풍미보다 조리 과정에서 더 잘 살아남는다. 세상에는 아몬드, 조개 및 갑각류, 고기, 아니스, 마늘, 당근, 썩어가는 살코기 맛이 나는 버섯이 있지만 일반적으로 모두 동일하게 고유의 풍미를 강화하는 마늘, 베이컨, 파르메산 치즈 등의 맛 조합을 선호한다.

버섯과 감자: 감자와 버섯(129쪽) 참조.

버섯과 경질 치즈

우리가 흔히 먹는 버섯 품종에는 염분이 함유되어 있지 않으므로, 풍미를 완전히 느끼려면 짭짤한 재료를 짝지어주어야 한다. 버섯 리소토나 파스타, 브루스케타에 파르메산 치즈를 뿌리면 짭짤한 맛을 가볍게 더할 수 있고, 토스트에 버섯과 함께 그뤼에르 치즈를 얹으면 맛이 좋다. 그리고 간 페코리노 로마노 치즈와 곱게 다진 버섯을 섞으면 페스토와 비슷한 소스 같은 상태가 된다. 익힌 버섯을 푸드 프로세서에 조금 넣고 버섯과 특히 잘 어울리는 재료들인 간 페코리노 치즈, 구운 호두, 마늘, 파슬리(또는 바질, 혹은 둘 다 섞어서), 올리브 오일을 더하여 원하는 질감이 될 때까지 간다. 간을 맞춰서 균형 잡힌 풍미를 완성한다. 누가 봐도 파스타에 잘 어울리지만, 스테이크에 곁들이거나 혹은 소시지 샌드위치용 바게트에 발라도 좋다.

버섯과 굴: 굴과 버섯(217쪽) 참조.

버섯과 기름진 생선

버섯이 지닌 숲속 바닥의 곰팡내는 특히 기름진 민물생선의 흙 내음과 잘 어우러진다. 곱게 다진 표고버섯 크림은 연어 필레를 최고로 맛있게 만들어준다. 연어는 또한 이스트 반죽으로 만든 러시아 파이(다만 항상 생선 또는 버섯을 넣지는 않는) 쿨리바카kulebjaka에서 유래한 프랑스식 퍼프 페이스트리 요리 쿨리비악에서도 다진 버섯(과 쌀)과 짝을 이룬다. 안토니오 칼루치오Antonio Carluccio는 살구 버섯이 노랑촉수와 특히 잘 어울린다고 생각한다. 그는 생선 토막에 간을 하고 올리브 오일과 라임즙에 재운 다음 껍질 쪽부터 굽는다. 집에서 버섯과 함께 만들어보고 싶다면 버섯과 아니스(110쪽)에 실린 레시피에 따르되 마늘과 타라곤을 셜롯과 파슬리로 대체하여 조리하자. 나는 고등어 토막을 요리할 때 크림을 빼고 생선과 버섯에 모두 레몬즙을 잽싸게 뿌려서 같은 방식으로 익힌다.

버섯과 달걀

거대한 먼지버섯인 댕구알버섯은 특히 버섯 풍미가 진하다. 버섯 튀김을 좋아한다면 대형 먼지버섯을 굵고 길게 잘라서 달걀물과 빵가루를 차례로 묻혀서 튀기자. 또는 프렌치토스트처럼 달걀에 담갔다가 버터에 구워 아침 식사로 먹는다. 중국 음식 무시러우는 조금 더 정교하게 만든다. 숲속 땅바닥에서 영감을 얻은 요리로, 팬케이크를 바닥에 깔고 볶은 원추리와 섬세하게 맛을 낸 목이버섯을 얹어서 덮은 다음 스크램블드에그로 작은 '꽃'을 표현한다. (가끔) 길게 썬 돼지고기를 더하기도 한다. 아스파라거스와 버섯(188쪽) 또한 참조.

버섯과 닭고기: 닭고기와 버섯(37쪽) 참조.

버섯과 돼지고기

그물버섯Boletus edulis은 '작은 돼지'라는 뜻의 이탈리아 이름인 포르치니 버섯으로 더 잘 알려져 있으며, 아마 빳빳한 돼지가죽처럼 보이는(그러나 질감은 다른) 줄기의 거친 모습 때문에 붙은 명칭일 것이다. 포르치니는 돼지고기처럼 완전히 익혀서 먹어야 하며, 날것을 먹으면 배탈이 날 수 있다. 특유의 장엄한 풍미는 건조 과정을 거친 후에도 살아남을뿐더러, 오히려 더욱 좋아진다는 평을 듣기도 한다. 또한 아침을 늦게 시작하는 도시 사람을 위한 버섯이라 할 수 있다. 일어나서 슬슬 냉장고로 다가가 유산지 봉투에 싼 돼지고기 포르치니 소시지를 꺼내기만 하면 되니까. 또한 포르치니 버섯은 돼지고기 포르치니 파스타 소스 또는 향기로운 국수 국물을 간편하게 만들 수 있는 가루와 육수 큐브 형태로도 구입할 수 있다.

버섯과 딜

러시아에서는 포르치니 버섯을 버섯의 황제라고 부른다. 포르치니 버섯과 솔 향 감도는 딜을 함께 사용하면 시베리아의 숲을 동경하게 만드는 요리가 완성된다. 잘게 썬 버섯을 딜, 소금, 후추와 함께 촉촉하게 익힌 다음 버터와 사워크림을 넣고 섞어서 피로시키pirozhki 또는 피에로기pierogi라고 부르는 동유럽식 만두에 채운다. 또는 버섯과 아니스(110쪽)에서 설명한 방식에 따라서 익힌 다음 쌀 또는 삶은 감자를 곁들이고 차가운 보드카 한 잔과 함께 낼 수도 있다. 데이비드 톰슨의 말에 따르면 딜을 사랑하는 라오스인과 국경을 가까이 맞대고 있는 태국 북동부 근처에서는 커리에 딜과 버섯을 함께 넣는다고 한다.

흙냄새 Earthy

버섯 Mushroom

버섯과 땅콩호박

독버섯과 호박. 동화 속의 조합이다. 달콤하면서 흙냄새가 나는 호박의 풍미가 숲을 연상시키는 버섯의 풍미와 매우 잘 어울린다. 가벼운 과일 향에 호박과 비슷한 풍미가 느껴지는 살구 버섯은 이상적인 짝꿍이다. 런던 더 스퀘어의 요리사 필립 하워드는 호박 퓌레, 살구 버섯, 리크, 검은 송로 버섯을 가리비와 함께 낸다(또한 철갑새우에 호박 퓌레, 고리 모양 뿔나팔버섯, 들사리버섯 퓌레, 파르메산 뇨키, 감자, 송로 버섯 에멀전을 함께 낸다). 하워드가 일부 지분을 가지고 있는 키친 W8에서는 더 단순하게 레드 와인 리소토에 땅콩호박, 살구 버섯, 부드러운 수란을 더해 낸다.

버섯과 로즈메리: 로즈메리와 버섯(465쪽) 참조.

버섯과 마늘

더없이 밋밋한 버섯도 마늘의 영향력 아래서는 야생에서 자라난 사촌들처럼 강렬한 맛을 내게 되지만, 그중에서도 표고버섯은 마늘과 더욱 각별한 사이다. 표고버섯에는 마늘이나 양파 등 파속 식물에 함유된 황화물과 화학적으로 유사하며 풍미를 살려주어 귀한 취급을 받는 렌티오닌lenthionine이 함유되어 있다. 렌티오닌 화합물은 말리고 불리는 과정에서 최대화된다. 생표고버섯으로 똑같은 요리를 만들 수는 없지만, 대신 고깔 밑 주름에 마늘 조각을 끼운 다음 올리브 오일을 두르고 소금을 약간 뿌려서 굽거나 볶아 먹는다.

버섯과 민트

토스카나에서는 포르치니 버섯에 종종 네피텔라 또는 칼라민타 네페타Calamintha nepetha라고 부르는 허브를 곁들여 낸다. 네피텔라에는 민트에 비견하는 목질 풍미가 있어서 민트 대신 사용할 수 있다. 인기 있는 장식용 관목이기도 하니 어딘가에서 자라고 있지 않는지 정원을 살펴보자. 네피텔라를 잘게 썰어서 얇게 저민 생포르치니에 뿌린 다음 얇게 저민 페코리노 치즈와 집에 있는 제일 질 좋은 올리브 오일을 더하여 먹는다.

버섯과 밤

밤버섯은 슈퍼마켓에서 플라스틱 광주리에 담아 파는 일반 양송이버섯의 갈색 종에 불과하다. 표고버섯의 일본 이름인 '시이타케'는 일종의 밤나무인 '시이'와 버섯을 뜻하는 '타케'의 조합이다. 밤나무 연합은 야생에서 공생 관계인만큼 버섯에 강한 일면을 보인다. 버섯이 밤나무 아래에서 자라기 때문이다. 이탈리아 북부 지방에서는 밤가루로 만든 탈리아텔레 파스타에 달콤하며 흙냄새가 도는 말린 포르치니 버섯을 함께 낸다. 셜롯과 베이컨, 레드 와인과 함께 버섯과 밤을 부르기뇽 스타일로 익힌 다음 페이스트리 또는 수에트 크러스트에 담아 내기도 한다. 요리 작가 리처드 마비는 수프에 포르치니와 밤을 같이 넣는다. 날것으로도 만들 수 있지만 익혀서 진공 포장 상태로 판매하는 밤을 넣어야 맛이 좋다고 한다.

recipe
〔버섯과 밤 수프〕
1. 진공 포장 밤 250g에 물을 잠길 정도로 부은 다음 40분간 뭉근하게 익힌다.
2. 그 사이 말린 포르치니 버섯 30g에 뜨거운 물을 잠길 정도로 부은 다음 30분간 불린다.
3. 다진 양파 1개 분량과 얇게 저며서 다진 베이컨 4장 분량을 넉넉히 넣은 버터에 볶은 다음 익힌 밤과 버섯, 버섯 불린 물을 붓는다.
4. 15분간 익힌 다음 적당한 분량으로 나누어 곱게 간다.
5. 다시 불에 올려 데우면서 간을 맞추고 레몬즙과 피노 셰리 한 잔을 더한다.

볼에 연지를 바르고 손톱 밑에 코코아를 조금 뿌리면 식재료를 찾느라 찬장 뒤쪽을 뒤지는 중이었다고 주장할 수 있다.

버섯과 베이컨

말린 모렐 버섯에서는 미묘하게 베이컨을 떠올리게 하는 훈연 및 고기 풍미가 난다. 복합적인 풍미(그리고 가격대) 덕분에 모렐 버섯은 마땅히 식사의 유일한 주인공이 되어야 한다는 주장에 비중이 실린다. 그렇지만 모든 균사류와 마찬가지로 모렐 버섯도 수많은 주름과 틈새에 침투해서 짭짤하고 기름진 맛으로 풍미를 강화하는 베이컨의 능력을 쉽게 받아들인다. 모렐의 고깔 부분은 파스닙주를 과음한 후에 엄청 굵은 대바늘로 짠 비니 모자처럼 생겼다. 19세기 당시 아 라 포레스티에르 a la forestiere('볶은 버섯을 곁들이는' 이라는 뜻) 요리에는 모렐과 깍둑 썬 베이컨을 곁들여 냈지만, 현재는 양송이버섯을 뜻할 때가 많다. 양송이버섯과 베이컨은 오믈렛이나 크레페에 넣어도 맛있지만 더블 크러스트 파이에 넣으면 버섯 루 roux가 감칠맛 넘치는 젤리 형태로 변하며 탁월한 맛을 자아낸다. 다음은 현대에 부활시킬 가치가 충분한 짭짤한 크루트 바롱 croute baron 레시피다.

recipe
〔크루트 바롱〕
1. 그릴에 구운 버섯과 베이컨을 토스트에 얹고, 그 위에 소 뼈 골수와 빵가루를 덮는다.
2. 다시 그릴에 넣어서 굽고 파슬리로 장식한다.

골수가 없다면 올리브 오일 또는 정제 버터를 조금 뿌려도 좋다.

버섯과 블루 치즈

블루 치즈는 곰팡이 때문에 푸른색을 띠므로 버섯 내음이 느껴지는 블루 치즈가 많은 것도 놀랄 일이 아니며, 중요한 풍미 화합물을 공유한 고르곤졸라에서는 특히 뚜렷하게 감지된다. 고르곤졸라와 포르치니 폴렌타는 이탈리아 트렌티노 지역에서 인기 있는 요리로 야생 버섯 리소토를 내기 직전에 블루 치즈를 섞어서 완성하며, 버섯과 블루 치즈에 리크를 더하면 맛있는 수프가 된다.

버섯과 블루베리: 블루베리와 버섯(506쪽) 참조.

버섯과 살구

버섯과 살구는 사슴, 토끼, 메추라기에 사용하는 스터핑에서 짝을 이루며, 소고기 또는 양고기에 더해서 연회장 상다리가 휘어질 정도로 푸짐한 일종의 파이를 만들기도 한다. 버섯과 살구 조합은 버섯을 잘 아는 사람이라면 공기 중에서 확실하게 맡을 수 있는 살구 버섯(지롤 버섯이라고도 한다)의 전설적인 살구 향을 떠올리게 만든다. 아주 신선한 살구 버섯에서는 후추와 과일 풍미가 나므로 요리사들에게 매우 인기가 좋다. 다만 살구 버섯은 건조 과정에서 살아남지 못하고 풍미를 잃는다.

버섯과 소고기: 소고기와 버섯(62쪽) 참조.

버섯과 송로 버섯

만나면 키스를 나누는 사촌 사이다. 송로 버섯은 버섯이 아니나 균류에 속한다. 송로 버섯 오일이나 페이스트, 버터는 종종 버섯 요리에 풍미를 강화하기 위해서 사용한다. 비교적 평범한 균류에 송로 버섯의 도발적인 매력을 가미하는 것이 목표다. 효과적이지만 심하게 티가 나기도 한다. 카푸치노를 만들듯이 버섯 수프 위에 송로 버섯 거품을 올리고 포르치니 가루를 뿌려서 내는 일리노이 주의 카를로스 레스토랑처럼, 같이 사용하되 서로 약간 거리를 두는 것이 더욱 세련된 방법이다.

버섯과 아니스

타라곤은 모든 버섯 품종에게 환영받는 신선한 풀 향을 띠는 아니스 풍미를 더하며, 버섯과 마찬가지로 크림을 더없이 사랑한다. 사워크림은 특히 스트로가노프식 요리에서 타라곤 및 버섯과 잘 어울린다.

> *recipe*
> **[사워크림과 버섯과 타라곤 소스]**
> 1. 대형 프라이팬에 버터와 기름을 섞어서 두르고 마늘을 넣은 다음 중약 불에 볶는다.
> 2. 마늘에 색이 나기 시작하면 버섯(필요하면 적당히 썬다)을 넣는다.
> 3. 간을 하고, 버섯에서 나온 물이 모두 증발하기 전에 브랜디를 조금 붓는다.
> 4. 브랜디가 전부 날아가면 팬을 불에서 내린다. 다진 타라곤, 사워크림을 적당히 더하여 섞는다.
> 5. 살짝 데운 다음 흰밥에 얹어 낸다.

타라곤 느타리버섯이라고 불리는 플루로투스 유스무스Pleurotus euosmus는 일반 느타리버섯과 가까운 친척 관계이지만, 강렬한 타라곤 향으로 구분할 수 있다. 아직 피지 않아 어린 상태인 두터운 흰주름버섯Agaricus arvensis에서도 아니스 향이 난다.

버섯과 아스파라거스: 아스파라거스와 버섯(188쪽) 참조.

버섯과 양파

양가죽 슬리퍼 한 쌍처럼 따뜻하고 부드러우며 유혹적이다. 뒥셀은 곱게 다진 버섯과 셜롯(또는 양파)을 버터에 천천히 볶은 것이다. 약 7:1(무게 기준)의 비율로 만들어보자. 손에 잡을 수 있는 제일 큰 프라이팬에 셜롯을 넣어서 갈색을 띠지 않도록 약한 불에 부드러워지도록 익힌 다음 버섯을 넣어서 수분이 전부 날아가고 어두운 색을 띠며 부드러워질 때까지 계속 익힌다. 뒥셀은 생선 또는 닭고기에 곁들이는 소스나 스터핑(비프 웰링턴에 넣는 이도 있다)으로 활용하거나 스크램블드에그 혹은 오믈렛에 넣거나 간단하게 토스트에 올려 먹기도 한다. 또는 버섯 즙이 거의 사라질 때까지만 짧게 익힌 다음 레드 와인 식초를 조금 부어서 바닥에 붙은 것을 긁어내고 접시에 담아서 식힌 후에 올리브 오일을 더하여 섞어서 버섯 셜롯 드레싱을 만든다. 아티초크와 함께 먹으면 환상적이다.

버섯과 연질 치즈: 연질 치즈와 버섯(99쪽) 참조.

버섯과 염소 치즈

어린 아가리쿠스 비스포루스agaricus bisporus는 뽀독뽀독한 하얀 양송이버섯이다. 조금 더 키운 갈색 표본은 체스트넛 버섯, 크리미니 버섯, 베이비 벨라 버섯 등의 이름으로 판매하며, 흰색 사촌에 비해서 풍미가 진하다. 6~7일 후 완전히 개화하여 새까만 주름을 내보이면 포르타벨라portabella 버섯이 된다. 1980년대까지 버섯 농장 일꾼들은 시중에 내다 팔 수 없는 상품으로 여긴 포르타벨라 버섯을 (급료 이외의) 특전처럼 집으로 가져갔다. 그러다 누군가가 여기에 화려한 이탈리아식 이름만 붙이면 뚜렷한 풍미로 틀림없이 시장에서 통하리라는 점을 깨달았다. 덕분에 탄생한 버섯이다. 포르타벨라가 거둔 성공은 어느 정도 크기와 형태 덕분이다. 순식간에 즉석 채식 버거를 만들 수 있고, 보관 기간이 너무 짧지 않다. 소박한 매력이 반갑게도 톡 쏘는 맛을 더하는 염소 치즈와 특히 잘 어우러진다.

recipe

〔염소 치즈를 채운 포르타벨라〕

1. 포르타벨라 버섯 6개를 기름을 바른 오븐용 판에 뒤집어서 얹는다. 검은색 주름을 전부 긁어내고 기둥은 그대로 남긴다.
2. 염소 치즈 250g에 올리브 오일 1큰술, 다진 파슬리 한 줌, 소금과 후추를 넉넉히 넣고 으깨어 섞는다.
3. 버섯 고깔에 염소 치즈 혼합물을 채운다. 오븐에서 구우면 버섯이 조금 줄어든다는 점을 고려해, 너무 많이 담지는 않는다.
4. 200℃로 예열한 오븐에서 15분간 구운 다음 여분의 다진 파슬리를 뿌려서 낸다.

버섯과 조개 및 갑각류

관자의 부드러운 단맛은 우아한 포르치니나 구운 크리미니처럼 익힌 버섯 특유의 깊고 흙냄새가 나며 강렬한 풍미와 뛰어난 대조를 이룬다. 태국에서는 비슷한 견과류 향이 나는 풀 버섯straw mushrooms과 새우를 짝지어서 코코넛 밀크와 레몬그라스 수프인 톰얌쿵을 만든다. 일본의 표고버섯 새우만두는 맛있는 감칠맛 두 가지가 만나서 탄생한 성공작이다. 프랑스에서는 홍합과 버섯에 가끔 굴을 더해서 생선, 특히 가자미와 함께 내는 노르망드 소스를 만든다. 가을이 되면 버섯 채집가들은 마늘과 와인, 파슬리를 사랑한다는 공통점을 지닌 대합과 살구 버섯을 함께 요리해 실컷 먹어치운다. 조개 및 갑각류는 버섯에서 느낄 수 있는 풍미 중 하나다. 북유럽과 미국의 침엽수림에서 발견되며 영어로는 새우 버섯, 러시아에서는 게 버섯이라고 부르는 포도무당 버섯은 음식에 조개 및 갑각류 내지 게와 유사한 풍미를 더한다고 한다.

버섯과 타임

버섯과 타라곤과 파슬리 등 풀 향 나는 허브의 조합은 집처럼 편안하지만, 나무줄기 같은 허브와는 참으로 친밀한 영혼을 나누는 사이다. 타고난 솔 향과 훈연 풍미를 지닌 타임은 특히 말렸을 때 버섯의 진한 흙 향기와 조화롭게 어우러진다. 리소토 또는 진한 흰콩 스튜에 섞어 넣거나 간소하게 토스트에 올려 먹는다.

버섯과 토마토

토마토와 버섯은 스테이크 하우스에서 곁들이는 부가 재료이자 소시지와 베이컨, 달걀과 함께 풀 잉글리시 브렉퍼스트를 이루는 조합이다. 같은 접시에 올라도 서로 떨어진 위치에 머무르는 모양새가 꼭 첫 댄스파티에 참석한 소년소녀 같다. 능청스럽게 합이 잘 맞지는 않지만, 파스타나 생선용 소스 등에서는 기꺼이 협력한다. 런던의 인도 레스토랑 모티 마할에서는 버섯 쇼르바shorba(수프)를 탄두리 빵, 토마토 처트니와 함께 낸다.

버섯과 파슬리

파슬리는 올리브 오일이나 버터에 가끔 마늘을 더해서 볶은 농후하고 흙냄새 나는 가을 버섯에 사랑스러운 풀 향을 가미한다. 그 축축한 잔디 향을 들이마시면 마치 동틀녘에 팔에 바구니를 건 채로 이슬 맺힌 잔디를 거니는 듯한 기분이 된다.

버섯과 호두

둘 다 나무 풍미를 띤다. 버섯은 숲속을 거니는 가을 산책 중에 탐욕스럽게 들이마시곤 하는 묵직하게 습기 찬 나무 느낌을 주곤 한다. 호두에서는 수제품 전문 가게에서 풍기는 따뜻하고 달콤하며 마른 목재 향이 난다. 유럽 및 많은 북미 지역에서는 주로 소스와 수프, 샐러드에 버섯과 호두를 함께 넣으며, 프랑스 남서부에서는 버섯을 호두 기름에 익히는 것이 특징이다. 풍미가 은은한 생양송이나 크리미니 버섯은 바삭하게 구운 견과류와 질감이 멋지게 어울린다. 호두 기름와 셰리 식초 드레싱에 버무리고 염소 치즈 또는 블루 치즈를 조금 넣어보자. 요정 고리 버섯이라는 이름으로 더 유명한 선녀낙엽 버섯Mousseron Mushroom은 잔디밭 주인에게는 잔디 종양 같을지도 모른다. 근본적으로 근절하기는 불가능한 버섯이다. 하지만 좋은 면을 보자면, 익히면 은은한 아니스와 아몬드 풍미가 나서 맛있다. 말리면 풍미가 더욱 달콤하고 고소해지므로 호두에 비견하면서 쿠키에 넣어보라고 권하는 이들도 있다.

버섯과 흰살 생선

이탈리아 요리사 조르지오 로카텔리는 가자미(또는 넙치)와 포르치니 버섯을 조합해서 내지만, 할아버지가 보았다면 '무덤 속에서도 통곡할' 것이라고 덧붙였다. 그의 경험상 파슬리는 버섯과 생선을 잇는 가교 역할을 한다. 버섯 전문가 존 라이트는 생선, 특히 흰살 생선의 '행복한 단짝'으로 농후한 버터 향이 나는 뿔 모양의 뿔나팔버섯을 꼽는다. 마찬가지로 생선과 종종 짝을 이루는 느티만가닥 버섯에서는 조개 및 갑각류와 비슷한 견과류 느낌이 감도는 풍미가 나며, 익혀도 바삭한 질감을 유지하는 특징이 있다. 서대기에 화이트 와인과 버터, 버섯 소스를 두르는 오래된 솔 본 팜므sole bonne femme 레시피를 다시 만들어보는 건 어떨까.

Aubergine
가지

좋은 가지라면 날것일 때는 특징 없는 달콤한 사과 맛이 나며, 익히면 매우 짭짤한 재료로 변신한다. 튀기면 크림 같은 탁월한 질감이 되어서 달콤하고 따뜻한 향신료를 뿌리면 특히 사랑스러워진다. 국물에 뭉근하게 익히거나 구우면 짭짤한 재료와 잘 어우러지는 사향과 버섯 풍미가 난다. 은밀하게 한 입 베어 먹지 않는 이상 가지가 풍미와 질감을 제대로 갖추고 있는지 확인하려면 탄탄한지 만져보는 것이 최선이다. 이상적인 가지는 돌고래 가죽만큼 탄탄하고 광택이 흘러야 한다. 또한 마찬가지로 돌고래처럼 꼬집었을 때 끽끽 소리가 나야 한다.

가지와 고추

중국 쓰촨에는 이름보다 훨씬 맛이 좋은 어향 가지라는 진미가 있다. '어향'은 생선이 아니라 쓰촨 요리에서 생선에 많이 사용하는 양념을 일컫는 말이다. 여기서는 돼지고기를 사용하지만, 원래 흔히 넣는 재료는 아니다.

recipe

〔어향 가지〕

1. 작고 날씬한 가지 700g을 길게 4등분한다.
2. 궁중팬에 기름 450ml를 달구고 가지 조각을 한 번에 여러 개씩 넣어서 노릇노릇하고 부드러워지도록 튀긴 다음 종이 타월로 기름기를 제거한다.
3. 기름을 몇 큰술만 남기고 버린 다음 궁중팬을 다시 뜨겁게 달궈서 쓰촨식 두반장 1~2큰술을 넣고 기름과 함께 잘 섞는다.
4. 곱게 다진 날생강과 마늘 각 2큰술, 다진 돼지고기 450g, 저민 잔파 3큰술을 넣는다. 30초간 볶은 다음 청주(또는 셰리) 3큰술, 흑미 식초(또는 저렴한 발사믹 식초) 3큰술, 설탕 2큰술, 구워서 잘게 빻은 쓰촨 통후추 1큰술, 홍고춧가루 2작은술을 더한다.
5. 강한 불에서 2분간 익힌 다음 닭 육수 125ml를 붓고 3분 더 끓인다.
6. 마지막으로 가지를 넣고 3분간 익힌다.

가지를 기름에 푹 담가서 튀기기 거북하다면 기름을 얕게 둘러서 구워도 된다. 질감은 달라지지만 소스가 워낙 맛있으니 별로 상관없다고 말하고 싶다.

가지와 넛멕

즉석에서 갈아낸 넛멕은 가지에 감탄스러운 풍미를 불어넣는다. 세상에는 넛멕 향 저민 가지 튀김을 종이 깔대기에 담아서 파는 글로벌 기업이 있어야 마땅하다(이름은 '까아지'가 어떨까. 나는 이제 부자다!) 에블린 로즈의 설명에 따르면 가지를 기름에 담가서 튀기면 겉부분이 '봉쇄'되므로 기름을 얕게 둘러 구울 때보다 기름을 덜 흡수한다. 또는 저민 가지를 얕은 기름에 굽기 전에 먼저 소금을 쳐서 수분을 이끌어내면 기름을 덜 빨아들이게 된다. 어떻게 요리하든 미리 갈아둔 넛멕을 뿌리려고 하지 말자. 반드시 필요할 때 즉석에서 바로 간 넛멕이어야 한다.

가지와 마늘

우리는 모두 외향적이거나 내향적이다. 외향적인 사람은 열기를 발산하며 사교적이고 호들갑스러우며 어디든 잘 끼어들고, 내향적인 사람은 방 안 가득한 활기를 차분히 흡수한다. 커플은 주로 이 둘의 조합으로 구성된다. 그 모습은 마치 발산하는 열기를 갈구하는 마음과 포용력 있는 사람 곁에 머무르고 싶은 불안한 마음이 교차하는 그래프 같다. 가지와 마늘 커플 중에서는 마늘이 매력적인 외향성 넘치는 재료다. 가지는 포용력 좋은 내향적인 재료다. 예측 불가능하고 종종 쓴맛이 나며 사람을 살살 꾀어 관심을 보이라고 재촉한다(또는 기름기를 건강에 해로울 정도로 머금는다). 마늘과 가지가 만나면 오븐이나 그릴에 구운 가지 속살에 생마늘, 타히니, 올리브 오일, 레몬즙, 파슬리를 섞은 바바 가노시baba ghanoush를 만들 수 있다.

가지와 생강

일본 가지는 일반 가지보다도 껍질이 얇고 부드럽기 때문에 일부러 발품을 팔아서 찾아낼 만한 가치가 있다. 구하지 못했다 하더라도 일반 가지를 일본식으로 조리하지 못할 이유가 없다. 가지는 된장 혹은 다음 레시피 국물의 풍미를 신나게 흡수한다.

recipe

〔생강 풍미를 더한 일본식 가지 조림〕
1. 가지 한두 개를 한 입 크기로 자르고 소금을 뿌려서 20~30분간 재운다.
2. 씻어서 가볍게 짠 다음 종이 타월로 두드려서 물기를 제거한다.
3. 땅콩기름에 노릇노릇하게 볶는다. 날생강 간 것 1큰술, 간장 2큰술, 설탕 1큰술을 더하고 잠길 정도로 물을 붓는다.
4. 알루미늄 포일 또는 유산지를 내용물 위에 덮어서 20~30분간 익힌다.

5. 잔파의 푸른 부분을 송송 썰어서 장식하고 원한다면 참깨를 뿌린다. 밥과 함께 낸다.

가지와 양고기: 양고기와 가지(67쪽) 참조.

가지와 연질 치즈
엘리자베스 데이비드는 가지와 치즈가 덜 이상적인 조합이라고 생각한다. 만일 모차렐라 치즈의 떨리는 하얀 어깨에 숯불에 구운 부드러운 가지 숄을 둘러준 적이 있다면 그에 동의하지 않을 것이다. 토마토와 가지(374쪽) 또한 참조.

가지와 토마토: 토마토와 가지(374쪽) 참조.
가지와 프로슈토: 프로슈토와 가지(246쪽) 참조.

가지와 피망
터키의 수많은 가지 레시피 중에서도 파틀리칸 비버patlican biber는 제일 인기가 높은 요리로, 이른 저녁이면 가지와 녹색 피망을 올리브 오일에 볶는 향기가 전국의 공기를 가득 메울 정도다. 일단 식힌 다음 익힌 토마토와 마늘로 만든 소스, 걸쭉한 요구르트에 소금과 마늘을 섞어 만든 소스와 함께 낸다. 마늘과 타임(163쪽) 또한 참조.

가지와 호두: 호두와 가지(342쪽) 참조.

Cumin
쿠민

쿠민 씨는 아니스나 고수 씨처럼 통에서 꺼내자마자 씹기에는 너무 거칠고 불친절하다. 바짝 마르고 나무 같은 질감에 쿰쿰한 향이 나기 때문에, 쿠민 씨를 담아놓은 병의 냄새를 맡아보면 중고 옷장 내부와 비슷한 냄새가 나는 시판 커리 파우더 향이 연상될지도 모른다. 다행히 조리하면 성격이 바뀐다. 구워서 으깨면 견과류와 레몬 같은 향이 나며, 기름에 볶으면 달 등의 요리에 생생하고 톡 쏘는 맛을 불어넣는다.

쿠민과 감자

어딘가 퀴퀴한 풍미가 나는 쿠민은 감자와 똑같이 흙냄새를 머금고 있다. 축축한 일요일 오후에 폐허가 되어버린 성 주변을 어슬렁거리는 느낌의 조합처럼 보이지만, 인도 감자 요리인 지라 알루jeera aloo에서는 절대 우울하지 않은 맛이 난다. 감자와 쿠민을 익히면 달콤한 맛이 생겨나고, 쿠민은 훨씬 향긋해진다.

> *recipe*
> **〔감자 쿠민 조림〕**
> 1. 껍질을 벗기지 않은 햇감자를 부드럽게 삶아서 건져 물기를 제거한 다음 반 또는 4등분한다.
> 2. 쿠민, 소금을 넣고 기름에 노릇노릇하게 볶는다.
> 3. 다진 생고수 잎으로 장식한다.

쿠민과 고수 씨

인도와 중동, 북아프리카 요리에서 따로 쓸 때보다 함께 넣는 일이 더 많은 조합이다. 심지어 인도에서는 통씨나 가루 형태로 미리 섞어서 판매한다. 모로코에서는 매운 하리사에 넣어서 향긋한 느낌을 더하거나 노점에서 콘에 담아 파는, 기름에 튀긴 병아리콩에 뿌려 먹는다. 이집트에서는 쿠민과 고수 씨에 참깨, 다진 헤이즐넛, 소금, 후추를 섞어서 저 유명한 듀카dukkah를 만든 다음 올리브 오일, 빵과 함께 먹는다. 요리 작가 글린 크리스천Glynn Christian은 고수 씨 저변에 깔린 오렌지 풍미와 쿠민에서 나는 은은한 레몬 풍미 덕에 둘이 잘 어울리는 것이라고 믿는다. 나는 어떤 의미로는 쿠민과 고수 씨가 서로 (유익한 방식으로) 대립한다고 생각한다. 고수는 밝고 향긋한 반면 쿠민은 탁하고 거칠기 때문이다.

쿠민과 고수 잎: 고수 잎과 쿠민(284쪽) 참조.

쿠민과 기름진 생선

풍미가 진하고 기름진 생선을 만나도 늪에 빠지지 않고 돋보일 정도로 잠재력이 뛰어난 쿠민은 참치와 좋은 궁합을 이룬다.

recipe

〔참치 쿠민 구이〕

1. 참치 필레에 올리브 오일을 문지르고 쿠민을 갈아서 뿌린 다음, 간을 넉넉하게 해서 센 불에 빠르게 굽는다(1cm 두께일 경우 한 면당 약 1분씩 구우면 된다).
2. 불에서 내려 몇 분간 휴지한 다음 길게 썬다.
3. 라임에 버무린 양상추 또는 양배추와 톡 쏘는 망고 내지 토마토 살사를 약간 더해서 따뜻한 옥수수 토르티야 또는 타코에 채운다.
4. 고수를 조금 얹어서 낸다.

쿠민과 달걀: 달걀과 쿠민(197쪽) 참조.
쿠민과 당근: 당근과 쿠민(333쪽) 참조.
쿠민과 돼지고기: 돼지고기와 쿠민(49쪽) 참조.
쿠민과 라임: 라임과 쿠민(441쪽) 참조.

쿠민과 레몬

레몬 풍미를 내는 핵심 화합물 시트랄은 종종 세척액이나 가구 광택제에 사용된다. 쿠민의 풍미는 주로 더러운 양말에 비교된다. 하지만 포기하지는 말자. 생선 토막이나 양갈비에 쓰기 좋은 사랑스러운 마리네이드를 만들려면 레몬 제스트 1개 분량에 간 쿠민 1/2작은술, 올리브 오일 2큰술을 섞는다. 다음에 소개하는 장엄한 달 요리를 만들 수도 있다.

recipe

〔쿠민과 레몬 달〕

1. 샤나 달chana dhal 콩 250g에 물을 부어 2시간 불린 다음 물을 따라내고 팬에 옮겨서 찬물 500ml를

붓는다.
2. 한소끔 끓으면 거품을 걷어내고 다진 날생강 1큰술, 터메릭 1/4작은술을 더한 다음 취향에 따라 고추를 넣는다.
3. 뚜껑을 반쯤 닫고 가끔 저으면서 약 45분간 뭉근하게 끓인다. 너무 건조해 보이면 끓는 물을 약간 더한다.
4. 콩이 거의 익으면 팬에 땅콩기름을 조금 두르고 저민 양파(대) 1개 분량을 넣어 노릇노릇하게 볶는다.
5. 다 볶아지면 쿠민 씨 2작은술과 가람 마살라 1작은술을 더한다.
6. 볶은 양파와 레몬 제스트 1/2개 분량, 레몬즙 1~2큰술을 달에 넣어 섞는다.

쿠민과 망고: 망고와 쿠민(426쪽) 참조.

쿠민과 민트

쿠민과 말린 민트의 향기를 동시에 맡으면 카이로에 있는 기분을 만끽할 수 있다. 양고기 케밥이나 버거에 간을 하는 용도로 사용하자. 누에콩과도 맛있게 어우러지며, 톡 쏘는 연질 치즈와 먹어도 맛있다. 인도에서는 라씨에 쿠민과 민트를 몇 꼬집씩 넣고 소금을 뿌려서 양념을 하기도 한다.

쿠민과 비트

흙냄새를 공유하기는 하지만, 비트와 쿠민은 이보다 더 다를 수 없는 사이다. 비트의 달콤한 맛은 쿠민의 훈연 향 감도는 감귤류의 날카로운 풍미를 입으며 살아난다. 이 조합으로는 새콤한 크렘 프레시나 사워크림을 휘저어서 넣어 먹는 복합적인 수프를 만들 수 있다. 병아리콩과 섞어서 딥을 만들기도 한다.

쿠민과 살구

타진 속에서는 너무 많은 일이 벌어지고 있어서, 쿠민과 통통한 살구를 듬뿍 넣었다 하더라도 살구가 흙과 먼지 냄새 풍기는 짜릿한 쿠민을 이기고 햇볕 아래 익은 꽃과 나무 향을 드러내는 과정을 도무지 확인하기 힘들다. 쿠민과 살구가 서로에게 미치는 좋은 영향은 데이비드 앙셀David Ansel의 아르메니아식 살구 수프 레시피에서 더욱 뚜렷하게 드러난다. 과일(특히 체리) 수프가 유명한 아르메니아는 살구의 원산지다.

> *recipe*
> **〔아르메니아 쿠민 살구 수프〕**
> 1. 양파 1개와 당근 적당량을 깍둑 썰어서 올리브 오일에 10분간 볶은 다음 쿠민 2작은술을 넣는다.
> 2. 약불로 줄이고, 뚜껑을 덮고 10분간 조리듯이 가열한다.
> 3. 붉은 렌틸콩 250g을 넣고 잠길 정도로 물을 붓는다(전체적으로 총 1.2L를 붓게 된다).
> 4. 한소끔 끓인 다음 콩이 불어나면서 국물이 부족해지면 보충하면서 20분간 익힌다.
> 5. 불에서 내리고 다진 말린 살구, 소금 약간, 남은 물을 더한다. 필요하면 조금씩 나눠서 곱게 간다.

또한 설탕에 조린 살구에 쿠민을 넣어서 카망베르 치즈와 함께 먹어도 환상적이다.

쿠민과 세척 외피 치즈

쿠민 씨는 묑스테르 치즈의 고전적인 단짝이다. 사실 너무 전통적이라 이미 쿠민을 껍질처럼 겉에 묻히거나 송송 박아놓은 묑스테르 치즈도 구입할 수 있고, 프랑스 빵집에서는 묑스테르 치즈에 특별히 어울리게 만든 쿠민 빵을 판매한다. 고향인 알자스에서는 구운 쿠민 씨를 산처럼 쌓아서 삶은 감자와 함께 묑스테르 치즈에 곁들여 매우 야성적인 삼총사를 결집한 다음, 섬세하고 여성스러운 게뷔르츠트라미너 화이트 와인을 따라서 빈틈을 보완한다. 다른 세척 외피 치즈도 쿠민과 함께 먹어보자. 런던의 갤빈 앳 윈도Galvin at Windows에서는 스팅킹 비숍 치즈를 저지 로열 감자 샐러드와 쿠민 튀일과 함께 낸다. 또는 세척 외피 치즈와 아니스(84쪽)에 실린 크래커 레시피를 따르되 회향 대신 동량의 쿠민 씨를 넣어서 만들어보자.

쿠민과 양고기: 양고기와 쿠민(72쪽) 참조.

쿠민과 오이

시빌 카푸르Sybil Kapoor는 『테이스트Taste』에서 쿠민은 오이나 가지, 콜리플라워 등 쌉쌀한 재료와 아주 잘 어우러지며, 깊은 쓴맛을 더해서 역설적이게도 부차적인 재료의 타고난 단맛을 부각시킨다고 말했다. 보통 요구르트 바탕의 오이 수프인 라이타raita에 쿠민으로 양념을 하여 즐겨 먹는다. 하지만 뭔가 독특한 요리를 원한다면 땅콩과 오이(31쪽)를 참조하자.

쿠민과 조개 및 갑각류: 조개 및 갑각류와 쿠민(206쪽) 참조.

쿠민과 콜리플라워

쿠민과 콜리플라워를 함께 구우면 근본적인 성격을 그대로 유지한 채로 고소한 단맛을 끌어낼 수 있다.

> *recipe*
> **〔쿠민 콜리플라워 구이〕**
> 1. 콜리플라워를 작은 송이로 나눠서 기름에 버무린 다음 간 쿠민을 1큰술 뿌린다.
> 2. 180℃로 예열한 오븐에 넣고 한두 번 뒤적이면서 부드러워질 때까지 30분간 굽는다.
> 3. 소금을 뿌려서 따뜻할 때 낸다.

콜리플라워 송이를 먼저 데치거나 쪄서 사용하는 사람도 있지만, 반드시 필요한 과정은 아니다. 가장자리를 살짝 그슬리면 훨씬 유혹적인 맛이 난다. 내가 암스테르담에서 팔라펠을 먹었을 때 처음 만난 조합으로, 풍미가 과히 흥미로운 나머지 베일에 싸인 재료의 정체를 알아보기 위해서 팔라펠을 갈기갈기 헤쳐보아야 했다.

Beetroot
비트

도무지 가망이 없어 보이는 채소다. 과육은 치밀하고 들큼한 데다 두 시간 동안 삶아야 하며, 정원 헛간 같은 풍미가 적지 않게 나는 와중에 어디에나 피를 줄줄 흘리는 버릇이 있다. 그럼에도 황금색 비트는 물론 예쁜 분홍색과 흰색의 키오자 품종마저도 러시아 인형의 뺨처럼 진홍색인 전통 비트의 상대가 되지 못하고 있다. 비트가 성공한 비결은 단맛과 흙냄새가 묘하게 섞인 풍미로, 염소 치즈처럼 대체로 재료의 새콤함과 짭짤함을 상쇄하는 역할을 한다. 같은 풍미가 느껴지는 비트 잎은 샐러드에 넣거나 익혀서 시금치처럼 먹을 수 있다.

비트와 간: 간과 비트(57쪽) 참조.
비트와 감자: 감자와 비트(129쪽) 참조.

비트와 기름진 생선

스칸디나비아 및 발트해 국가에서는 비트를 짭짤한 생선, 특히 청어에 흔히 곁들여 먹는다. 생선과 비트에 양파, 감자, 사과를 섞은 다음 식초에 간혹 겨자를 더해 만든 드레싱을 섞는다. 스웨덴에서는 실살라드 sillsallad, 에스토니아에서는 로졸레 rosolje라고 부른다. 덴마크 보른홀름 섬에서는 청어 소금구이와 비트, 매콤한 겨자를 검은 호밀빵에 얹어 먹는다. 런던의 훈제 전문 업체 H 포먼 앤 선 H.Forman & Son은 비트 염장 연어를 판매한다.

비트와 달걀: 달걀과 비트(193쪽) 참조.

비트와 돼지고기

다음은 1846년 출간된 루이 에스타슈 외도의 『프랑스 가정 요리』에 실린 바르세즈 barszez(보르시치) 레시피이다.

recipe
〔**바르세즈(보르시치)**〕

1. 냄비에 소고기 3.6kg, 훈제 돼지갈비 900g, 햄 225g, 모렐 버섯 30개, 양파, 리크, 비트즙 약간을 넣는다.
2. 전부 익혀서 부이용을 만들고, 체에 거른다.
3. 토끼와 구운 닭 및 오리고기를 넣는다. 그리고 비트 리큐어를 적당량 더한다.
4. 15분간 끓인 다음 부이용을 다시 거르고 달걀흰자 몇 개에 물을 살짝 섞어서 푼 다음 붓는다.
5. 다시 끓이고 다시 거른다.
6. 익힌 재료를 잘게 썬 다음 모렐 버섯과 양파는 얇게 저미고, 얇게 썬 소고기에 다진 셀러리와 파슬리를 버무린 다음 바르세즈를 장식하여 낸다. 회향과 구운 소시지, 고디보(송아지 스터핑) 경단과 함께 먹는다.

외도는 뒤이어 종종 보르시치를 만들 때 화사한 진홍빛을 유지할 수 있도록 고기와 따로 요리하곤 하는 비트즙 레시피를 선보인다. 부적절하게도 그는 마지막에야 '이 수프는 앞선 레시피에서 지시한 것보다 적은 양의 고기로 만들 수 있으며, 비트즙을 약간 넣으면 바르세즈가 된다'고 덧붙이며, 이로써 요리를 시작하기 전에 언제나 레시피를 끝까지 읽어봐야 한다는 교훈을 얻을 수 있다. 양파와 비트(153쪽) 또한 참조.

비트와 딜

19세기 이탈리아의 미식가 펠레그리노 아르투시는 피렌체 사람들이 요리에 허브를 많이 넣기는 하나 딜의 마법은 잃어버리고 말았으며, 특히 비트와 섞은 딜의 매력을 모른다고 지적했다. 아르투시는 시장에서 비트와 딜을 함께 다발로 묶어서 판매하는 로마냐에서 비트와 딜의 조합을 접했다. 전통적으로 북유럽과 동유럽에서 등장하는 재료다. 딜은 보르시치에 풍미를 더하는 용도로 주로 쓰이며, 리투아니아에서 샬티바르시체이saltibarsciai라 불리는 차가운 비트 수프의 필수 재료다.

recipe
〔샬티바르시체이〕
1. 새콤한 유제품(케피어 치즈, 버터밀크 또는 사워크림) 베이스에 물을 조금 더하고 거품기로 저어 희석한다.
2. 간 오이, 익혀서 간 비트, 다진 삶은 달걀, 딜과 차이브를 듬뿍 넣는다. 차갑게 식힌다.
3. 차갑게 식힌 삶은 감자와 여분의 딜을 곁들여 낸다.

비트와 물냉이

땅과 철의 조합으로, 마치 행복한 결말로 끝나는 에밀 졸라의 소설 같다. 장밋빛 뺨을 지닌 투박한 비트의 물냉이에 대한 노골적인 사랑은 결국 보답을 받는다. 곱게 다진 물냉이를 사워크림에 듬뿍 섞어서 익힌 비트를 넣고 버무린다. 기름진 생선이나 간, 레어로 구운 스테이크에 곁들여 낸다.

비트와 사과: 사과와 비트(395쪽) 참조.
비트와 소고기: 소고기와 비트(62쪽) 참조.

비트와 안초비

달콤한 비트는 염소 치즈, 케이퍼, 짜릿한 안초비 같은 짭짤한 재료를 더없이 기쁘게 받아들인다. 프랑스 남부에서는 비트를 깍둑 썰어서 안초비와 마늘, 올리브 오일을 듬뿍 섞어 먹는다. 『얼러만의 셰프의 동반자Uhlemann's Chef's Companion』에서는 비트와 안초비, 철갑새우, 양상추 샐러드는 식도락가 사이에서 유명한 메뉴로 알렉상드르 뒤마 작가에게서 이름을 따 알렉상드르 뒤마 샐러드라고 부른다고 설명한다.

비트와 양파: 양파와 비트(153쪽) 참조.

비트와 염소 치즈

활기찬 톡 쏘는 맛이 나는 염소 치즈는 달콤한 비트를 감싸는 완벽한 포장지가 된다. 1990년대부터 구운 고추와 토마토가 떼려야 뗄 수 없는 사이가 된 것처럼, 비트와 염소 치즈는 지난 10년간 서로 고유한 단짝 관계를 구축해왔다. 염소 치즈 수플레와 비트 아이스크림. 염소 치즈 머랭을 곁들인 홀스래디시 비트 타르트. 염소 치즈 판나코타와 비트 캐비어. 원한다면 이런 메뉴를 만들어도 좋지만, 나는 여기에 따뜻한 깍지콩과 잘게 부순 호두 약간을 더해서 골고루 섞었을 때 제일 맛있다고 생각한다. 그리고 조금 분홍색이 되기는 하지만 다음 리소토도 맛있다.

recipe

〔비트와 염소 치즈 리소토〕

1. 올리브 오일에 곱게 다진 양파(소) 1개 분량을 볶아 부드럽게 한 다음 리소토용 쌀 150g을 넣고 골고루 버무린다.
2. 셰리 잔 하나 분량의 화이트 와인을 붓고 증발할 때까지 볶는다.
3. 익혀서 곱게 다지거나 간 비트 250g을 넣고 뜨거운 채소 국물 750ml를 한 번에 한 국자씩 넣으면

서 원하는 만큼 쌀이 익을 때까지 계속 젓는다.
4. 곱게 간 파르메산 치즈 몇 큰술을 넣고 간을 약간 한다.
5. 접시 두 개에 나누어 담고 1cm 크기로 깍둑썬 염소 치즈를 뿌려서 낸다. 파슬리 잎이 있다면 뿌려서 장식한다.

비트와 오렌지: 오렌지와 비트(431쪽) 참조.

비트와 초콜릿

널리 알려진(인기 있는) 초콜릿과 비트 케이크 레시피가 있다. 케이크 달인들은 여기서 이렇게 감미롭고 초콜릿다운 맛이 난다는 사실을 도저히 믿지 못한다. 나도 믿을 수 없어서 시도해보았는데, 여전히 믿을 수 없다. 당근을 케이크에 넣으면 달콤한 꽃과 향신료 풍미를 더하고 당근 조각들이 사랑스러운 거친 질감을 만들어내므로 효과적이다. 하지만 초콜릿 비트 케이크에서는 코코아가 비트의 맛을 완전히 압도하며 미미하게 흙냄새만 남겨서, 마치 화단에 잠깐 떨어뜨린 저렴한 초콜릿 케이크 같은 맛이 난다. 그리고 굽지 않은 날반죽은 너무 불쾌한 맛이라 누구도 볼에 남은 반죽을 닦아 먹고 싶어 하지 않았다. 사건은 종결되었다. 적어도 내 부엌에서는.

비트와 케이퍼: 케이퍼와 비트(145쪽) 참조.
비트와 코코넛: 코코넛과 비트(420쪽) 참조.
비트와 쿠민: 쿠민과 비트(119쪽) 참조.
비트와 호두: 호두와 비트(345쪽) 참조.
비트와 홀스래디시: 홀스래디시와 비트(149쪽) 참조.

Potato
감자

감자는 달콤하고 살짝 쌉쌀하다(쓴맛이 뚜렷하고 껍질이 녹색인 감자가 갈 곳은 오직 비료용 통뿐이다). 좋은 감자에서는 버터와 크림, 견과류 풍미에 흙냄새가 어우러진다. 오래된 감자를 구우면 껍질에서 맥아와 먼지 낀 코코아 풍미가 나기도 한다. 요리사는 감자를 일단 풍미보다 질감으로 구분하는 경향이 있으며, 레시피에 맞는 이상적인 형태에 따라 점질, 분질 또는 단단한 식감으로 나눈다. 점질 감자에서는 주로 더욱 농축된 풍미를 느낄 수 있으며 분질 감자는 종종 담백하고 맛이 옅다는 평을 듣는다. 스코틀랜드 농작물 연구소에서는 최근 감자 품종 내부의 감칠맛을 형성하는 화합물의 수준과 풍미 강도 사이에 직접적인 상관관계가 있다는 사실을 밝혀냈다. 가장 능력치가 좋은 품종은 '퓌레자^{phureja}' 계열에서 유래한 것으로, 버터처럼 노란 속살에 풍미가 농후해서 토마토케첩을 찍어 먹고 싶지 않을 정도로 맛있는 감자튀김을 만들 수 있는 마얀 골드 감자를 찾아보자. 감자는 생선이나 경질 치즈, 캐비어 등 짭짤한 음식과 대조를 이룰 때 특별히 천국 같은 단맛이 살아난다.

감자와 경질 치즈: 경질 치즈와 감자(90쪽) 참조.
감자와 고수 잎: 고수 잎과 감자(280쪽) 참조.

감자와 고추

파프리카에는 훈연 향과 더불어 감자와 성공적으로 어우러지는 날카로운 맛이 있다. 파프리카 가루를 더한 감자튀김은 독일에서 제일 인기 있는 풍미 조합이다. 또한 감자와 파프리카로 멋지게 매콤한 튀김을 만들 수 있다.

> *recipe*
> **〔파프리카 풍미를 입힌 감자튀김〕**
> 1. 냉동용 지퍼백에 올리브 오일 4큰술, 파프리카 가루 4큰술을 넣고 섞는다.
> 2. 채칼이나 푸드 프로세서의 칼날을 이용해서 감자(대) 4개를 대략 1cm 굵기로 채 썬다.
> 3. 종이 타월로 두드려 물기를 제거한 다음 지퍼백에 넣고 매콤한 오일에 잘 버무린다.
> 4. 제과용 팬에 부어서 220℃로 예열한 오븐에 넣고 한두 번 뒤적이면서 20~25분간 굽는다.

카이엔 페퍼 한두 꼬집을 양념에 더하면 매콤한 맛을 더 돋울 수 있다. 고추와 토마토(305쪽) 또한 참조.

감자와 기름진 생선: 기름진 생선과 감자(222쪽) 참조.

감자와 넛멕

넛멕을 넣으면 감자의 살짝 거친 풍미와 흙냄새를 가릴 수 있다. 종종 호박 또는 시금치에도 같은 목적으로 넣는다. 조금만 갈아서 넣으면 충분하다. 하지만 이 모든 재료와 이토록 사랑스럽게 어울리는 넛멕을 왜 자제해야 하는 걸까?

감자와 달걀

이 조합은 소수 권력층이 되지 않아도 왕처럼 멋진 식사를 할 수 있다는 가장 간단하고 저렴한 증거물이다. 녹아내리는 노른자를 푹 찍은 포슬포슬하고 가벼운 감자튀김. 또는 감자 퓌레를 베개 삼아 얹은 달걀프라이. 양파만 조금 더하면 스페인식 토르티야를 만들기 위해 필요한 모든 재료를 갖춘 셈이다. 부드럽고 흙냄새가 나는 감자, 캐러멜화해서 달콤 쌉쌀한 양파, 달콤하고 두툼한 오믈렛. 노릇노릇한 토르티야 한 조각을 팬에서 바로 꺼내 입에 넣어도 좋으며, 풍미와 감칠맛이 더 깊어진 다음 날이면 회색빛이 돌기 시작하지만 고전적인 칩 버티chip butty[26]의 달걀 버전처럼 바삭한 흰 빵에 끼워 먹을 거라면 전혀 상관없다. 하지만 우리가 어느 늦은 저녁 스페인에서 먹었던 우에보스 콘 파타테huevos con patates에 비하면 아무것도 아니다. 우리는 그것이 토르티야 내지는 영국인이 환장하는 달걀과 감자튀김을 함께 내는 음식일 거라고 생각하고 주문했다. 식탁에 도착한 우아한 접시에는 정확히 스크램블드에그도 프라이도 아닌 달걀 두어 개와 함께 팬에서 익힌 평범한 감자튀김이 산처럼 쌓여 있었다. 자존심 강한 두 살짜리 아이라면 쓰레기통에 내버리고 다시 주문을 했을 것이다. 하지만 시간은 이미 자정을 넘겼고 문을 연 가게는 달리 없었다. 버터 풍미의 부드러운 달걀로 군데군데 무리지어 나뉜 쫀득한 감자 조각이 포크로는 도무지 잘리지 않자, 우리는 소매를 걷어붙이고 손가락으로 먹기 시작했다. 과히 맛있었다. 우리는 바닥까지 박박 긁어서 먹어치우며 와인 잔에 기름기 흥건한 지문을 잔뜩 남겼다. 생강과 달걀(452쪽) 또한 참조.

감자와 닭고기: 닭고기와 감자(34쪽) 참조.
감자와 돼지고기: 돼지고기와 감자(42쪽) 참조.
감자와 딜: 딜과 감자(273쪽) 참조.

---

26 감자튀김을 넣어 만든 샌드위치.

감자와 땅콩

땅콩에서는 감자와 필연적으로 잘 어울리는 고기 향이 난다. 콜롬비아의 포파얀 시에서는 작은 패스티에 튀긴 감자와 땅콩을 채운 엠파나다 데 피피안empanada de pipian에 땅콩 소스를 곁들여 낸다. 삶은 감자는 주로 인도네시아의 가도 가도 샐러드에 넣는다(땅콩과 코코넛 참조, 31쪽). 태국에서는 땅콩을 듬뿍 넣은 마사만 커리에 감자를 넣는다. 마지막으로 내 남편의 특기 요리 중 하나인 달스턴 디너Dalston Dinner는 피시 앤 칩스와 비슷하지만 술집을 가지 않아도 먹을 수 있다는 장점이 있다. 간단하게 솔트 앤 비니거 감자 칩 봉지에 가염 땅콩 한 봉을 털어 넣은 다음 꽉 잡아서 여미고 탈탈 흔들어 섞는다. 불가사의하게도 마땅히 그래야 하는 수준보다 맛있다. 라거 맥주와 잘 어울린다.

감자와 레몬: 레몬과 감자(443쪽) 참조.

감자와 로즈메리

로즈메리와 감자의 찰떡궁합은 오싹할 정도로 핏기가 없는 로마식 피자 비앙카를 도저히 거부할 수 없게 만든다. 감자와 마늘, 매우 소량의 토마토를 얹는 피자 비앙카는 주로 유콘 골드 등 풍미가 견고한 점질 햇감자를 써서 만드는 레시피가 많으며, 듀크 또는 라 라테la ratte 감자로도 만들 수 있다.

recipe

〔감자와 로즈메리 피자 비앙카〕
1. (익히지 않은) 피자 반죽에 기름을 바르고 클로브 한 개 또는 곱게 다진 마늘 2쪽 분량을 뿌리고 살짝 데친 다음 아주 얇게 저민 감자를 서로 겹치면서 얹는다.
2. 기름을 더 두른 다음 넉넉히 간을 하고 곱게 다진 로즈메리를 뿌린다.
3. 색깔에 구애받지 않는다면 치즈(파르메산, 모차렐라, 아시아고) 또는 양파를 더해서 풍미를 더 살릴 수 있다.

감자와 마늘

그리스 요리 스코르달리아Skordalia는 빵은 생마늘과 으깬 감자를 더한 다음 올리브 오일, 화이트 와인 식초, 레몬즙 약간을 섞어서 원하는 질감으로 만드는 음식이다. 가끔 달걀노른자를 하나 넣기도 한다. 감자 대신 아몬드 가루, 빵, 으깬 콩을 사용할 때도 있다. 눈앞에 요리가 그려진다. 온통 하얗고 마늘 풍미가 진하여 생선과 잘 어울리는 음식이다. 간단하게 따뜻한 피타 빵으로 떠먹기도 한다.

감자와 물냉이: 물냉이와 감자(140쪽) 참조.

감자와 민트: 민트와 감자(482쪽) 참조.

감자와 버섯

좋은 생선 수프에서는 마땅히 살짝 거슬리는 깊은 바다 향이 나야 하듯이, 적절한 야생 버섯 수프는 '수프 옷을 입은 늑대'라는 이름값을 해야 한다. 비결은 부이야베스에 다양한 생선을 사용하듯이 서로 다른 버섯 품종을 섞어서 풍미를 쌓는 것이다. 나는 날것과 말린 버섯을 섞고 수프를 걸쭉하게 만들면서 특유의 흙냄새를 가미하는 감자를 더한 이탈리아 셰프 제나로 콘탈도의 레시피를 애호한다.

recipe

〔야생 버섯 수프〕

1. 올리브 오일 4큰술에 다진 양파 1개 분량을 부드러워지도록 볶은 다음 잘게 썬 야생 버섯 500g을 더해서 5분 더 볶는다.
2. 채소 국물 1L를 붓고 불린 건조 포르치니 버섯 25g(과 불린 국물), 껍질을 벗기고 잘게 다진 감자를 넣는다.
3. 한소끔 끓으면 불세기를 낮추고 20분간 뭉근하게 익힌다.
4. 살짝 식혀서 곱게 간다.
5. 다시 데워서 간을 하고 문에 단단히 빗장을 지른 다음 바삭한 빵과 함께 낸다.

감자와 베이컨

나는 서포크 A12에 자리한 파머스 마켓 카페를 차로 지나치다가 커다란 글씨로 '햄, 호크[27], 해시Ham, Hock, Hash'라고 적은 간판이 걸려 있는 것을 발견했다. 그것뿐이었다. 다른 메뉴도 영업시간도 적혀 있지 않았다. 고작 세 가지 단어로 얼마나 많은 차가 유턴을 하게 만들었을까.

감자와 블랙 푸딩: 블랙 푸딩과 감자(51쪽) 참조.

감자와 비트

강렬한 분홍빛으로 섞이는 으깬 감자와 비트에서는 둘 다 달콤한 맛과 흙 내음이 난다. 비트에서 나는 원예도구 창고 같은 풍미는 화합물 지오스민에서 기인한 것으로, 잉어처럼 먹이를 찾아 바닥을 뒤지는 민물

---

[27] 돼지 다리의 정강이 부위로 주로 오랫동안 익혀서 부드럽게 만들어 먹는다.

생선을 갓 잡았을 때 및 건기가 끝나고 대지에 비가 내릴 때에도 이러한 냄새를 맡을 수 있다. 호주의 두 연구원은 건기 후 비에서 방출되는 이 독특한 풍미에 '페트리코어petrichor'라는 이름을 붙였다. 감자의 흙냄새는 다른 화합물 때문이다. 흙냄새와 풍미를 좋아한다면 버섯, 송로 버섯, 익힌 양파와 마늘, 치즈 약간, 그리고 숙성한 보르도와 부르고뉴 와인에서도 감지된다는 점을 알아두자. 소고기와 비트(62쪽) 또한 참조.

감자와 사프란: 사프란과 감자(258쪽) 참조.

감자와 세척 외피 치즈

따뜻하고 과일 향이 나는 바슈랭 몽도르(세척 외피 치즈와 마늘 참조, 82쪽)를 구운 통감자에 넣어서 감자 속살과 천천히 흐르듯이 섞이도록 하자. 프랑스 사보이 지역의 타르티플레트tartiflette는 고소한 풍미의 유장으로 세척한 르블로숑Reblochon 치즈를 녹여서 감자, 베이컨, 양파에 뿌린 요리다. 경질 치즈와 감자(90쪽), 쿠민과 세척 외피 치즈(120쪽) 또한 참조.

감자와 셀러리: 셀러리와 감자(135쪽) 참조.

감자와 소고기

해롤드 맥기는 제철 감자의 풍미는 7~10℃ 사이 온도의 어둠 속에 보관할수록 강화되며, 느린 효소 작용이 꽃과 과일, 기름기 풍미를 형성한다고 말했다. 온도가 너무 낮으면 녹말이 당화해서 감자를 요리할 때 캐러멜화되며 불쾌하게 달콤 씁쓸한 맛을 내는 짙은 갈색 칩이 되고 만다. 그래서는 안 된다. 스테이크와 감자튀김이든, 햄버거와 감자튀김이든, 제일 고급으로는 소갈비와 구운 감자, 그리고 매일 먹는 코티지 파이이든 상관없이 감자와 소고기의 조합은 너무나 소중한 존재이기 때문이다.

감자와 송로 버섯

대지의 친구다. 콜롬비아에 처음으로 감자가 들어오게 된 것은 16세기 당시 스페인 탐험가들이 감자에 송로 버섯과 비슷한 특성이 있다고 여긴 덕분이며, 그들은 감자에 '대지의 송로 버섯'이라는 이름을 붙이기까지 했다. 으깬 감자나 감자 그라탕에 송로 버섯을 더하거나 송로 버섯 오일로 만든 마요네즈로 감자 샐러드를 만드는 등, 평범한 감자 요리에 송로 버섯을 넣으면 조화롭게 어우러지는 모습을 명확하게 확인할 수 있다. 감자와 송로 버섯의 궁합이 매우 좋다고 믿고 있는 조르지오 로카텔리는 감자 뇨키에 검은 송로 버섯을 가미해 내는데, 파스타 요리와 리소토에는 흰색 송로 버섯을 선호한다.

감자와 스웨덴 순무

으깬 감자와 스웨덴 순무를 섞으면 클랩샷clapshot이라는 요리가 된다. 감자와 스웨덴 순무를 1:1로 섞어서 버터를 듬뿍 넣고 차이브나 바삭하게 튀긴 양파를 조금 더한다. 골고루 버무리되 완전히 섞이지 않도록 만드는 닙스 앤 태티스neeps and tatties는 해기스에 반드시 곁들이는 음식이다. 버터와 함께 으깬 감자가 해기스의 부드러운 양 냄새를 따뜻하게 품어주고, 넛멕을 가미하여 향신료 풍미가 살아난 순무가 고기 풍미와 잘 어우러진다.

감자와 아스파라거스: 아스파라거스와 감자(187쪽) 참조.
감자와 아티초크: 아티초크와 감자(183쪽) 참조.
감자와 안초비: 안초비와 감자(230쪽) 참조.

감자와 양고기

서로에게 완전히 홀딱 반한 사이다. 금욕적인 소고기는 코티지 파이로 감자와 가까이 밀착시켜도 서로 간의 거리를 유지한다. 반면 양고기의 기름진 맛은 셰퍼드 파이나 걸쭉하고 향긋한 인도의 고쉬트 알루gosht aloo, 랭커셔의 유명한 냄비 요리 등에서 감자에 서서히 침투한다. 엘리자베스 개스켈의 『남과 북』에 등장하는 제분소 소유주 존 손튼은 확실히 소작농 음식을 열렬히 지지하는 초기 부르주아라는 지위를 차지할 법하다. 그는 인부들과 함께 냄비 요리를 먹으면서 이렇게 말한다. '내 인생에서 이보다 더 나은 저녁식사를 먹어본 적이 없다네.' 몇 년 후 드라마 〈코로네이션 스테이트〉에서 공장주 볼드윈은 짐작컨대 개스켈 부인에게 경의를 표하려는 마음으로 베티의 냄비 요리를 찬양했다. 뛰어난 냄비 요리를 만드는 진정한 비결은 양(또는 머튼)의 맛있는 목 끝 부위를 사용하는 것도, 떨어진 기름에 고기를 갈색으로 익히는 것도, 대량의 고기와 양파 및 감자를 켜켜이 쌓거나 마지막에 신장 몇 개를 저민 감자 아래 넣는 것도 아니다. 번잡한 경영주에게 부족한 유일한 요소인, 시간이다.

감자와 양배추

아일랜드에서는 '으깬 감자'+'케일 또는 양배추'='콜캐논colcannon'이 된다. 포르투갈에서는 이와 비슷한 칼도 베르데caldo verde라는 꾸밈없이 소박한 수프를 먹는다. 감자와 양파에 양배추를 섞은 투박한 혼합물로, 종종 거친 초리소 소시지 한 토막을 더해서 더더욱 볼품없어진다. 원래 북부의 미뇨 지역에서 유래한 칼도 베르데는 이제 전국적으로 먹는 요리이자 브라질에서도 비슷한 인기를 누리는 음식이 되었다. 시험 삼아 만들어보면 이유를 알 수 있을 것이다. 양질의 감자를 넣어야 하며, 옆으로 뻗은 갯배추처럼 생긴 잎이 달린 갈리시아 양배추Galician cabbage는 수프에 훌륭하고 진한 깊이를 선사한다. 다른 나라에서는 점질 감자보다 분질 감자를 사용해서 분해된 전분으로 국물을 걸쭉하게 만들어야 한다고 조언할 것이다. 갈리시아 양배추는 포르투갈 이외에서는 쉽게 찾기 힘들며, 케일, 잔파, 가이란 등으로 대체할 수 있다.

> *recipe*
> 〔칼도 베르데〕
> 1. 분질 감자 1kg의 껍질을 벗기고 굵게 썰어서 소금물 1.5L에 넣어 한소끔 끓인다.
> 2. 약불에 부드럽게 삶은 다음 물에 담근 채로 굵게 으깨어 다시 한소끔 끓인다.
> 3. 곱게 다진 녹색 채소 200g을 넣어서 10분 정도 익힌다.

소시지를 넣고 싶다면 감자와 함께 넣어서 익힌 다음 으깨기 전에 꺼내서 굵게 썬 다음 녹색 채소와 함께 다시 넣는다. 브로콜리 개요(180쪽) 및 양배추와 양파(171쪽) 또한 참조.

감자와 양파

사람들은 이미 이들이 어떤 마법을 일으킬 수 있는지 잊어버렸을지도 모르지만, 더없이 신뢰할 수 있는 재료다. 어린 시절에는 언제나 차고에 감자와 양파가 한 자루씩 있었다. 마치 통나무 같은 상태였다. 지금 나처럼 도시 한가운데의 비좁은 아파트에 살면서 자동차를 길거리에 주차하다 보면, 차 자체가 수납공간을 내재한 차고가 된다. 나는 감자와 양파를 어둡고 식품 저장실만큼 서늘한 자동차 트렁크에 보관한다. 그래도 실외 기어와 브레이크 오일이 담긴 플라스틱 병 사이에 자리 잡은 이 실용적인 채소들은 채 30분도 지나기 전에 우유를 부어서 굽거나, 함께 볶거나, 섞어서 으깬 감자가 되거나, 갈아서 튀겨 로스티가 되거나, 함께 잘게 썰어서 편안하고 향긋한 감자 샐러드가 되거나, 치즈와 켜켜이 쌓아서 노릇노릇한 팬 해거티pan haggerty[28]가 되거나, 무엇보다도 달걀 몇 개와 함께 탁월한 토르티야가 되는 등 일부의 합보다 더 큰 존재가 된다.

감자와 올리브: 올리브와 감자(251쪽) 참조.

감자와 완두콩

여드름과 험악한 이혼, 대량 실업의 틈바구니에서 도무지 통제할 수 없는 아이들의 영혼을 이끄는 조합이다. 물론 감자튀김과 완두콩 자체는 아무런 잘못도 하지 않았지만, 너무나 많은 술집과 구내식당 및 카페에서 딱딱하고 각진 완두콩 일당이 엄호하는 덜 익고 덩어리진 냉동 감자 실패작이 접시에 담겨 사람을

---

[28] 감자와 양파, 치즈 등으로 만드는 노섬벌랜드의 전통 요리.

낙담시킨다. 차라리 눈을 감고 파릇파릇한 완두콩 감자 수프나 완두콩과 감자를 날생강, 마늘, 향신료 가루로 만든 소스에 푹 담근 인도의 알루 마타르aloo matar를 떠올리는 것이 좋겠다.

감자와 조개 및 갑각류

뉴잉글랜드의 차우더, 벨기에의 뮬 프리트, 베네치아의 키다리게와 감자 뇨키 등 모든 문화권이 발견한 조합이다. 헤레스와 카디스 사이의 엘 푸에르토 데 산타 마리아에 자리한 로메리호에서는 그물로 막 잡은 신선한 조개 또는 해산물 튀김에 바삭하고 노란 감자튀김을 곁들여 먹을 수 있다. 로메리호는 이 생동감 넘치는 해변 마을에서 공평하게 분배받은 몫보다 더 많은 자리를 차지한다. 하나는 해산물 튀김을 전문적으로 요리하고 다른 하나는 삶은 해산물을 내놓는 분점 두 곳이 끊임없이 붐비는 좁은 거리를 사이에 두고 서로 마주본다. 광대한 유리 진열대에는 메뉴판에 적힌 쉼표만 해 보이는 초소형 암고란부터 어마어마하게 두툼한 바닷가재까지, 지금껏 들어본 모든 종류와 한 번도 들어보지 못한 온갖 조개 및 갑각류가 있다. 천일염을 뿌린 튀긴 감자를 팔고 하얀 레스토랑 로고가 인쇄된 종이 깔대기에 담아서 내준다. 손님들은 야외 포마이카 식탁에 앉아서 소음 너머로 소리를 지르면서 새우붙이의 목을 떼거나 섬세한 오렌지색 갑옷을 벗겨내 플라스틱 양동이에 던져 넣는다. 반짝이는 어두운 양동이에는 이미 게 집게발과 고둥 껍데기가 넘쳐난다. 화가 브뤼겔이 긍정적인 성격으로 바뀐 후에 그린 듯한 장면이다. 칼레 미세리코디아에서 모퉁이를 돌면 식전주를 파는 가게를 많이 찾아볼 수 있으며, 얼음 위에서 온 몸을 뒤트는 쌍각류와 흉물스러운 촉수류를 두려움 없이 주문할 수 있을 정도로 오크 향 짙은 화이트 리오하 와인을 충분히 마시는 것이 요령이지만, 남은 것이라고는 갑옷 모양의 소형 수상 돼지 족발처럼 생긴 갑각류인 거북손 한 더미뿐일 때 로메리호에 도착했다면 그렇지도 않다. 영어권 국가에서는 거북손을 '거위 따개비goose barnacle'라고 불렀으며, 자라면 '흑기러기barnacle goose'가 된다고 믿던 시절도 있었다. 적어도 이 책에서는 누군가의 입에 들어가는 것보다 나은 미래를 맞이하는 셈이다. 그냥 감자튀김이나 먹자.

감자와 캐비어

사이먼 홉킨슨과 린지 베어햄은 캐비어와 송로 버섯은 무엇보다도 감자와 짝을 짓는 것이 제일 좋다고 주장한다. 감자와 송로 버섯은 서로 잘 어우러지는 따뜻한 흙냄새를 공유하는 데 비해 캐비어와 감자는 대조적인 조합이다. 달콤하고 특징 없는 감자의 부드러운 풍미는 탱탱한 생선 알의 짭짤하고 복합적인 맛과 맞서 싸운다. 어린 감자를 따뜻하게 구운 다음 차가운 사워크림과 캐비어를 얹어서 온도까지 기분 좋은 대조를 이루는 카나페도 인기 높은 메뉴다. 감자와 송로 버섯(130쪽) 또한 참조.

감자와 케이퍼: 케이퍼와 감자(144쪽) 참조.
감자와 콜리플라워: 콜리플라워와 감자(175쪽) 참조.

감자와 쿠민: 쿠민과 감자(117쪽) 참조.

감자와 토마토

말을 빙빙 돌릴 필요가 있을까. 감자튀김과 케첩을 생각해보자. 거의 틀림없이 서양에서 제일 인기 있는 조합이다. 감자튀김의 정확한 기원은 모호하지만 '프랑스식으로 튀긴 감자(프렌치프라이 포테이토)'라는 단어는 1876년 하인즈 토마토케첩이 나타나기 직전인 19세기 중반부터 등장했다. 케첩은 다섯 가지 기본 맛 범주에서 전부 강한 일면을 보인다는 점이 특이하다. 달콤하고 새콤하며 쌉쌀하고 짭짤한 데다 감칠맛이 풍부하다. 토마토에는 천연 감칠맛이 함유되어 있으며, 감자도 마찬가지다. 그러니 감칠맛이 제곱으로 늘어나는 조합이다. 엘리자베스 데이비드는 으깬 감자에 껍질을 벗기고 곱게 다진 토마토, 다진 잔파, 파슬리, 녹인 버터, 밀가루를 섞어서 패티 모양으로 빚은 다음 튀기거나 구운 그리스식 레시피를 소개한다. 또한 프랑스식인 토마토 감자 크림수프 레시피도 언급한다.

recipe

〔토마토 감자 크림수프〕

1. 리크 2대의 하얀 부분만 곱게 다진 다음 버터에 부드럽게 볶는다.
2. 굵게 다진 토마토 225g을 더하여 즙이 완전히 배어나올 때까지 익힌다.
3. 껍질을 벗기고 잘게 썬 감자 350g, 소금 조금, 설탕 약간, 물 700ml를 더한다.
4. 한소끔 끓인 다음 25분간 뭉근하게 익힌다.
5. 갈아서 체에 거른 다음 다시 깨끗한 팬에 부어서 크림 150ml를 더한다.
6. 따끈하게 데워서 파슬리나 처빌과 함께 낸다.

시칠리아 외곽의 판텔렐리아 섬에서는 익힌 햇감자와 적당히 썬 생토마토, 올리브, 적양파, 케이퍼, 올리브 오일, 식초에 버무린 인살라타 판테스카Insalata pantesca를 만들어 먹는다. 물론 뉴욕식 클램 차우더에서도 감자와 토마토가 바탕이 된다. 고추와 토마토(305쪽) 또한 참조.

감자와 파스닙: 파스닙과 감자(325쪽) 참조.
감자와 파슬리: 파슬리와 감자(277쪽) 참조.
감자와 홀스래디시: 홀스래디시와 감자(148쪽) 참조.
감자와 훈제 생선: 훈제 생선과 감자(236쪽) 참조.
감자와 흰살 생선: 흰살 생선과 감자(208쪽) 참조.

Celery
셀러리

여기에서는 셀러리 줄기와 셀러리악(셀러리와 친척 관계인 통통한 뿌리채소), 스몰라지smallage 혹은 야생 셀러리에서 수확한 다음 으깨서 셀러리 소금을 만드는 셀러리 씨를 다룬다. 이 모든 재료에 특유의 셀러리 풍미를 가미하는 화합물 조합은 러비지lovage 허브에도 함유되어 있다. 풍미가 제일 뚜렷하게 드러나는 셀러리 씨에서는 따뜻하고 쌉쌀하며 복합적인 허브 및 감귤류 향이 나며, 종류에 따라 레몬 향이 두드러질 때도 있다. 셀러리 씨는 셀러리 줄기가 없거나 거추장스러울 때 아주 유용하게 쓸 수 있다. 줄기에서는 더 짭짤한 아니스 풍미가 나며, 셀러리악에서는 셀러리 풍미에 더하여 부드러운 뿌리채소의 달콤함과 흙냄새가 느껴진다. 러비지는 씨와 줄기, 잎 모두 먹을 수 있으며, 알코올성 코디얼을 만들어서 브랜디와 함께 마신다. 셀러리 풍미에서는 특히 육수와 국물 요리를 연상시키는 감칠맛이 느껴진다. 그런 이유로 수프와 스튜에서 고기 및 해산물의 단맛을 강화하는 용도로 쓰인다.

셀러리와 감자

감자 샐러드에 즉석에서 볶아 으깬 셀러리 씨를 섞으면 톡톡 터지는 짭짤한 맛을 더할 수 있다. 감자와 셀러리악을 함께 으깨도 맛있다. 너무 질어지지 않게 만들려면 두 채소를 따로따로 익히는 것이 제일 낫다. 버터를 넣기 전에 둘 다 제대로 물기를 제거한 다음 약한 불에서 볶아 말리자. 송로 버섯과 셀러리(166쪽) 또한 참조.

셀러리와 굴: 굴과 셀러리(217쪽) 참조.
셀러리와 넛멕: 넛멕과 셀러리(322쪽) 참조.
셀러리와 달걀: 달걀과 셀러리(193쪽) 참조.

셀러리와 닭고기

한창때만큼의 인기는 아니어도, 셀러리는 닭고기와 환상적인 궁합을 선보인다. 19세기 내내 영국과 미국의 요리 작가들은 삶은 가금류의 타고난 짝꿍은 셀러리 소스라고 결론 내렸으며, 확실히 영국에서는 전통 크리스마스 저녁 식사로 굴을 채운 칠면조에 셀러리 소스를 함께 냈다. 한나 글래스는 다양한 셀러리 소스 레시피를 선보인다. 그중에는 셀러리 줄기를 잘게 다져서 물을 약간 더하여 뭉근하게 익히는 방법도 있다. 셀러리가 부드러워지면 메이스mace와 넛멕을 더하고 간을 한 다음 버터와 밀가루를 풀어서 국물을 걸쭉하게 만든다. 다른 레시피에서는 송아지 육수나 크림, 또는 두 가지를 다 넣어서 만들기도 한다. 최근 몇 년의 연구 결과 셀러리에 휘발성 화합물이 함유되어 있다는 점이 밝혀졌으며, 이는 비록 사람의 미각으로는 분간해낼 수 없지만 닭 육수의 단맛과 감칠맛을 눈에 띄게 강화한다고 한다.

셀러리와 당근: 당근과 셀러리(330쪽) 참조.
셀러리와 돼지고기: 돼지고기와 셀러리(47쪽) 참조.

셀러리와 땅콩

'통나무 위의 개미'는 셀러리 줄기의 오목한 홈에 땅콩버터를 채우고 건포도를 행진하듯이 줄 세워 얹어서 만드는 미국식 간식이다. 저렴해 보이는 외관과 달리 꽤 맛있는 궁합으로, 아삭하고 약간 씁쓸한 셀러리에 건포도로 달콤한 포도 맛을 더해서 짭짤하고 기름진 땅콩과 균형을 맞춘다. 같은 재료를 재구성하여 훨씬 어른스러운 태국식 샐러드를 만들어도 좋다.

recipe
〔**태국식 셀러리 샐러드**〕
1. 부드러운 셀러리 줄기를 길게 성냥개비처럼 4등분한 다음 건포도 반 줌과 함께 라임과 안초비(440쪽)에서 소개한 드레싱에 버무린다.
2. 볶은 땅콩 반 줌을 굵게 부수어 절반 분량은 셀러리에 섞고, 나머지 절반은 위에 뿌린다.

셀러리와 밤: 밤과 셀러리(341쪽) 참조.

셀러리와 블루 치즈

크리스마스 식탁의 단골 메뉴다. 또는 크리스마스 다음 날에 먹는 창백하고 기름진 수프가 되기도 한다. 닭 날개를 기름에 튀겨서 마가린과 핫소스에 버무린 매콤한 버팔로 윙에도 블루 치즈 딥과 셀러리 토막을 짝지어 곁들인다. 강렬한 풍미와 질감, 온도가 모두 대조를 이루게 만드는 발상 자체는 매력적이지만, 닭 날개라는 점에서 내 마음은 차갑게 식고 만다. 닭 날개를 먹다 보면 연필을 우물거리는 햄스터가 된 기분이 든다. 또는 게를 뜯으면서 고기를 먹으려고 애쓰다가 소모한 칼로리가 얻어낸 칼로리를 넘어서서 굶어 죽어버리는 바다수달이 되었든가. 위 풍미 삼총사에 대한 추가 정보는 블루 치즈와 닭고기(85쪽) 참조.

셀러리와 사과

『아메리칸 사이코』에서 패트릭 베이트먼의 여자친구 에블린은 월도프 샐러드를 망치자 정신적으로 무너

져버리고 만다. 우리는 같은 실수를 저지르지 말자.

> *recipe*
> 〔월도프 샐러드〕
> 1. 껍질은 그대로 두고 심을 제거한 사과 3개, 셀러리 줄기 1~2개를 잘게 썬다.
> 2. 호두 반 컵, 마요네즈 한 큰술 정도를 넣고 버무리되 마요네즈를 많이 넣어 소스가 흥건해지지 않도록 한다.

크리스마스에 두껍게 저민 개먼gammon[29] 한 조각, 토니 포트 한 잔을 곁들여 내자.

셀러리와 소고기

셀러리를 천천히 익히면 달콤한 육수 풍미가 나므로, 조림과 스튜에 줄기를(가끔은 셀러리 씨도) 넣어서 깊은 맛을 더한다. 독일에서는 매기 사의 육수 제품과 비슷한 고기 및 발효 풍미가 난다는 이유로 가끔 매기크라우트Maggikraut라고 부르기도 하는 셀러리 풍미의 허브 로바지도 같은 용도로 쓴다. 냄비에 넣는 대신 소고기 덩어리를 구울 때 셀러리 줄기를 식용 받침대 삼아 격자무늬로 깔아서 그레이비 소스에 깊은 감칠맛이 도는 베이스를 제공할 수도 있다. 또한 뉴욕에 간다면 염장 소고기 또는 파스트라미 샌드위치와 함께 전 세계에서 유일한 셀러리 풍미 탄산음료일 닥터 브라운스 셀 래이Dr brown's Cel-Ray 소다를 마셔보아야 한다.

셀러리와 송로 버섯: 송로 버섯과 셀러리(166쪽) 참조.

셀러리와 양고기

페르시아 요리에서는 셀러리와 양고기를 활용하여 루바브와 양고기(372쪽)에서 소개한 레시피와 유사하되 고기를 넣기 전에 셀러리를 허브와 함께 볶는 과정을 더해서 코레쉬khoresh를 만든다. 터키와 그리스에서는 셀러리와 양고기를 레몬 소스에 넣어서 뭉근하게 익힌다. 후안 아마도르Juan Amador 셰프는 독일 랑엔 레스토랑에서 셀러리악과 커피, 호두를 넣어서 익힌 아라곤식 양고기 요리를 선보인다.

셀러리와 양파: 양파와 셀러리(154쪽) 참조.

---

[29] 돼지 뒷다리나 옆구리 부위 살코기를 염장하거나 훈제하여 만든 햄 종류.

셀러리와 연질 치즈: 연질 치즈와 셀러리(100쪽) 참조.

셀러리와 조개 및 갑각류

뉴잉글랜드 바닷가재 롤은 전설적인 샌드위치 중 하나로, 간단해 보이지만 오히려 그 때문에 정확한 레시피에 대한 논쟁이 분분하다. 부드럽고 하얀 핫도그 빵에 바닷가재 살을 넉넉히 쌓아올려야 한다는 기본 사항에는 모두가 동의하지만, 양상추의 존재나 셀러리 추가 여부, 혹은 고기를 버무릴 때 녹인 버터나 마요네즈 중 어느 것을 사용해야 하는지에 대해서는 서로 다른 파벌이 존재한다. 미국 드라마 〈소프라노스〉 6시즌에서 혼수상태에서 깨어난 토니는 제일 먼저 웨스트 빌리지에 자리한 펄 오이스터 바의 바닷가재 롤을 요청했다. 마피아는 왜 그렇게 뚱뚱한지 궁금했다면, 펄 오이스터 바에서는 녹인 버터와 마요네즈를 둘 다 넣는다는 점에서 해답을 찾을 수 있다.

---

recipe

〔바닷가재 롤〕

1. 바닷가재 살에 곱게 다진 셀러리 약간과 헐먼 마요네즈, 레몬즙 약간을 섞고 간을 한 다음 냉장고에 넣어둔다.
2. 그동안 핫도그 빵을 책처럼 갈라서 버터를 녹인 팬에 안쪽만 노릇하게 굽는다.
3. 버무린 바닷가재를 빵에 채운다. 일광욕 전용 의자에 누워서 뉴잉글랜드를 그리며 먹는다.

셀러리와 프로슈토: 프로슈토와 셀러리(248쪽) 참조.
셀러리와 호두: 호두와 셀러리(345쪽) 참조.

셀러리와 홀스래디시

블러디 메리 칵테일의 초기 레시피에는 셀러리와 홀스래디시가 들어가지 않는다. 자칭 칵테일 발명가인 자크 프티오Jacques Petiot가 《뉴요커》에 게재한 1964년 레시피에는 보드카, 카이엔 페퍼, 레몬, 검은 후추, 소금, 우스터소스가 들어간다. 하지만 시간이 흐르면서 셀러리와 홀스래디시는 필수 재료가 되었다. 파티에 늦게 나타나서 분위기를 고조시키는 커플처럼, 홀스래디시는 톡 쏘는 맛으로 부비강을 자극하고 셀러리 잎은 볼을 간지럽히며, 토마토 주스는 셀러리 줄기의 고랑을 따라 흐르며 취중 대화의 흥을 돋운다. 그리고 이것만으로 마시는 식사가 되기도 하니, 여러 욕구를 상당 부분 해결해주는 셈이다.

셀러리와 흰살 생선: 흰살 생선과 셀러리(212쪽) 참조.

THE *flavour* THESAURUS

MUSTARD
겨자

Watercress
물냉이

Caper
케이퍼

Horseradish
홀스래디시

Watercress
물냉이

달콤 쌉쌀하고 신선하며 후추와 광물성 풍미를 지닌 물냉이는 구운 고기에 곁들이는 재료로 높은 인기를 누린다. 그것도 좋지만, 물냉이는 단역을 떠나 주역을 꿰찰 자격이 충분히 있다. 달콤한 우유나 크림과 함께 짭짤한 육수에 넣어서 절묘한 수프를 만들거나, 짭쪼름한 버터와 함께 달콤한 빵 사이에 끼워서 샌드위치를 만드는 식으로 달고 짠 재료와 좋은 짝을 이룬다. 물냉이에 사워크림과 소금 한 꼬집을 더해서 갈면 뜨거운 오후에 발을 차가운 강물에 담그고 동당거리는 것처럼 상쾌한 소스가 된다.

물냉이와 감자

중국인은 물냉이 수프를 (종종 돼지고기를 베이스로 한) 죽 형태로 즐겨 먹는다. 프랑스와 영국에서는 이 풍미에 크림이나 감자, 혹은 두 가지를 다 넣어서 걸쭉한 포타주를 만든다. 나는 모든 물냉이를 좋아하지만, 다발로 파는 물냉이에서 더 깨끗한 광물 풍미가 나는 듯하다. 반대로 봉지에 담아 파는 물냉이는 바로 사용하지 않으면 금방 물러버린다. 만일 물냉이를 많이 쓰는 편이라면 풍미가 비슷하고 종 모양 덮개를 씌우면 겨울을 잘 나서 기르기 쉬운 봄나도냉이를 기르는 것도 고려해볼 만하다. 봄나도냉이에서 더 강한 풍미가 난다고 말하는 사람들도 있으므로, 수프에 넣을 때는 물냉이보다 적은 양을 사용해야 한다. 나라면 국물과 감자를 추가해서 수프 양을 늘릴 것이다.

물냉이와 기름진 생선

송어는 부드러운 물냉이 잎을 먹지만, 사실 그러면서 물냉이 덤불 아래 사는 작은 갑각류인 쥐며느리를 사냥한다. 다른 천연 조합처럼 최소한의 밑준비만 거쳐도 맛있게 먹을 수 있다.

> *recipe*
> **〔송어 물냉이 소스〕**
> 1. 2인분을 만들 경우, 송어를 한 마리씩 정제 버터에 한 면당 5분씩 튀긴다.
> 2. 물냉이 한 단을 사워크림 150ml, 레몬즙 약간, 소금 한 꼬집, 설탕과 함께 갈아서 물냉이 소스를 만든다. 송어에 끼얹어 낸다.

19세기 후반 들어 물냉이를 먹기 시작한 일본인은 익힌 샐러드인 오히타시로 만들었다. 물냉이 한 단 분량을 데치고 얼음물에 담갔다 뺀 다음 물기를 제거하고 먹기 좋은 길이로 잘라서 다시(말린 가다랑어 국물), 맛술 약간, 간장에 버무려서 한동안 재운 다음 차갑게 먹는다.

물냉이와 달걀

큰다닥냉이(다닥냉이)는 가까운 친척인 물냉이보다 겨자 오일 특유의 톡 쏘는 맛은 은은하게 느껴지지만, 둘 다 달걀의 아늑하고 편안한 느낌과 기분 좋게 까끌거리는 대조를 이룬다. 새끼손가락을 공중에 쳐들고 먹는 샌드위치에 넣기에는 이보다 훌륭한 대비를 이루는 조합이 없다. 런던 리츠 호텔의 애프터눈 티 메뉴 중에는 (소형 핫도그 빵처럼 생긴) 브리지 롤에 달걀 마요네즈와 무순을 넣은 샌드위치가 있다. 또한 물냉이를 넣어서 맛있는 오믈렛이나 부드러운 수란과 잘게 썬 초리소를 더한 샐러드를 만들 수 있다.

물냉이와 닭고기

나는 로스트 치킨과 물냉이라는 조합은 따뜻한 날씨에 먹는 로스트비프와 홀스래디시 같은 것이라고 생각한다. 매콤한 후추 향이 자극적인 물냉이가 고기의 단맛을 강조하며 동시에 이파리의 산뜻한 풀 향으로 상쾌한 맛이 나는 조합이다. 프랑스에서는 로스트 치킨에 고전적으로 물냉이를 곁들이며, 특히 달콤한 닭고기와 씁쓸한 이파리가 바삭하고 짭짤한 껍질과 함께 균형을 맞출 때 실로 맛있게 어우러진다. 담백한 흰살 부위만 준비할 때는 올리브 약간이나 피시 소스와 라임즙으로 만든 태국식 드레싱으로도 같은 효과를 낼 수 있다. 닭고기에 곁들일 따뜻한 물냉이 소스는 아주 빠르게 만들 수 있다.

recipe

〔닭고기에 곁들이는 물냉이 소스〕

1. 셜롯 여러 개를 버터에 부드럽게 볶은 다음 화이트 와인 75ml를 붓고 1큰술 정도만 남을 때까지 졸인다.
2. 뜨거운 닭육수나 채소 국물 400ml를 붓고 5분간 졸인 다음 생크림 150ml를 붓는다.
3. 골고루 데워지면 다진 물냉이 150~200g을 넣고 1~2분간 익힌다.
4. 간을 하고 곱게 간다.

물냉이와 돼지고기

중국 남부에서는 물냉이와 돼지갈비를 함께 천천히 익혀서 간단한 수프를 만든다. 날생강 또는 대추야자와 모양과 맛이 비슷한 과일인 대추로 풍미를 더하기도 한다.

물냉이와 블루 치즈

달콤하고 짭짤한 스틸턴 치즈는 쌉쌀한 후추 풍미가 감도는 물냉이와 기분 좋은 대조를 이룬다. 포크 끝부분을 입에 오래 물고 있을 때처럼 은은한 쇠 맛을 감지할 수 있는 재료들이다. 배와 호두를 넣은 샐러드 또는 수프, 수플레, 타르트에 같이 넣어보자. 하지만 매끄러운 스틸턴 치즈를 베어 물면 치아가 기분 좋게 파고들 정도로 빵에 듬뿍 바른 다음 물냉이를 뿌린 것보다 맛있을 수는 없다. 파스닙과 물냉이(325쪽) 또한 참조.

물냉이와 비트: 비트와 물냉이(124쪽) 참조.

물냉이와 소고기

타글리아타Tagliata는 소고기 스테이크를 센 불에 재빨리 구운 다음 얇게 저며서 생루콜라 위에 얹어 고기에서 흘러나온 육즙에 버무리는 토스카나 요리다. 양질의 스테이크를 선보이는 사랑스러운 레시피로, 입에 침이 고이는 맵싸한 허브만 곁들여서 소고기의 맛을 제대로 느낄 수 있다. 루콜라를 물냉이로 대체해서 영국식으로 만들어보면 어떨까? 로스트비프와 물냉이 이파리를 가득 눌러 담고 두꺼운 샌드위치를 만들어서 비교적 익숙한 맛을 낼 수도 있다. 타글리아타가 선사하는 기쁨은 풍미를 넘어서 사실상 그 가벼운 매력에 있으니, 전분으로 묵직함을 더하는 감자를 곁들일 생각은 하지 말자. 디종 머스터드 한 덩어리면 충분하다.

물냉이와 안초비: 안초비와 물냉이(232쪽) 참조.

물냉이와 염소 치즈

쨍한 파란 하늘이 물체를 선명하게 보이도록 하듯이, 물냉이도 쌉쌀한 맛으로 강렬한 염소 치즈를 더 깨끗하고 분명하며 날카롭게 느껴지게 만든다. 그리고 둘 다 비슷하게 강렬한 수준의 광물성 풍미가 난다. 물냉이를 익히면 자극적인 풍미는 사라지지만 여전히 치즈와 잘 어울리며, 특히 염소 치즈를 얹은 물냉이 수프를 만들면 좋다. 또는 둘 다 날것인 채로 샐러드에 넣어서 호두 오일과 셰리 식초를 두른 다음 염소처럼 잎을 오래도록 반추하며 우물우물 씹는다.

물냉이와 오렌지: 오렌지와 물냉이(431쪽) 참조.
물냉이와 자몽: 자몽과 물냉이(436쪽) 참조.

물냉이와 조개 및 갑각류

물냉이의 후추 풍미는 조개 및 갑각류의 과한 맛을 다독인다. 노부 레스토랑에서는 바닷가재와 검은 깨를 뿌린 물냉이 샐러드를, 알랭 뒤카스는 신사 클럽에 놓인 체스터필드 소파처럼 끝 모를 녹색을 띠는 물냉이와 가리비 수프를 선보인다.

물냉이와 파스닙: 파스닙과 물냉이(325쪽) 참조.

물냉이와 호두

아무리 가장자리를 깔끔하게 잘라내도 집에서 만든 물냉이 샌드위치는 그다지 인기가 없다. 하지만 수제 호두빵을 썰어서 물냉이를 잔뜩 끼운다면 이야기가 달라진다. 훈제 연어나 얇게 저민 브리 치즈를 조금 넣고 싶어질지도 모르지만, 빵의 풍미를 이끌어내는 물냉이의 실력을 저평가하지 말자. 사실 물냉이 자체로도 좋은 빵을 만들 수 있다. 마크 밀러Mark Miller와 앤드루 맥로레인Andrew Mclauchlan의 저서『향기로운 빵 Flavored Breads』에서는 루콜라와 물냉이 플랫브레드 레시피와 물냉이, 고수 잎, 민트를 넣은 변형 레시피를 소개한다. 따뜻한 호두 오일을 찍어 먹는다.

물냉이와 훈제 생선

훈제 생선의 진하고 짭짤한 맛과 물냉이의 짜릿한 후추 풍미는 좋은 궁합을 이루지만 달콤하고 편안한 맛을 조금 가미해야 할 필요가 있다. 물냉이와 훈제 송어 타르트의 달걀과 크림, 온훈제 연어와 물냉이 샐러드의 비트, 물냉이 소스를 뿌린 피시 케이크에 들어간 감자 같은 것들 말이다. 물냉이와 닭고기(141쪽) 참조.

Caper
케이퍼

케이퍼 덤불의 꽃봉오리인 케이퍼는 마치 오래된 드레스를 생동감 넘치게 만드는 신상 액세서리처럼 단조로운 고기 요리 또는 구식 해산물 칵테일에 새로운 활력을 불어넣을 수 있다. 짜릿하고 별난 풍미와 짭쪼름한 절임액이 특히 생선과 잘 어우러진다. 하지만 케이퍼는 절임액보다 소금에 절여야 흥미로운 풍미를 더 많이 유지할 수 있다. 사용하기 전에 15분간 물에 불리면 허브 및 겨자 풍미가 더욱 뚜렷해진다. 어떤 셰프들은 케이퍼를 물에 헹군 후 화이트 와인과 허브에 재워서 샐러드나 소스에 넣기도 한다. 봉오리 대신 같은 덤불에 열리는 열매인 케이퍼 베리 또한 함께 다룬다.

케이퍼와 감자

케이퍼는 부드러운 풍미를 놀리면서 기름기를 탁월하게 잡아낸다. 이 조합은 지중해식 감자 샐러드(감자와 토마토 참조, 134쪽)에서 잘 어우러지며 스코달리아(감자와 마늘 참조, 128쪽)에 넣거나 뜨거운(특히 볶은) 감자 요리를 만들 수도 있다. 케이퍼 봉오리는 기름이 차가울 때 넣어서 데우기 시작해야 한다는 점을 반드시 기억해두자. 뜨거운 기름에 바로 넣으면 아주 작고 짭짤한 탄환이 될 위험성이 있다. 또한 조리 시간이 길어질수록 케이퍼 풍미가 강해지기도 한다. 그리스에서는 케이퍼 덤불 잎을 감자 및 생선과 함께 먹는다. 봉오리보다 겨자와 타임 풍미가 강하다. 사프란과 감자(258쪽) 또한 참조.

케이퍼와 기름진 생선

케이퍼의 주요 풍미 화합물인 메틸이소티오시아네이트는 강렬한 겨자 풍미를 내며, 기름진 생선의 익히 잘 알려진 짝꿍인 홀스래디시에서도 검출된다. 케이퍼 또한 홀스래디시처럼 생선의 기름진 맛을 잡아준다. 기름진 생선과 케이퍼는 피자에 같이 올렸을 때 특히 서로 잘 어우러진다. 피자 반죽에 토마토 소스를 바르고(마늘과 바질(159쪽)에 좋은 레시피가 실려 있다) 얇게 저민 적양파, 잘게 부순 통조림 참치, 안초비, 올리브, 케이퍼를 뿌린다. 230℃로 예열한 오븐에서 10분간 굽는다.

케이퍼와 레몬

죽은 사람도 깨울 수 있는 조합이다. 마요네즈에 섞거나 훈제 연어 또는 튀긴 생선에 뿌리는 드레싱에 사용하자. 또는 부산을 떨어서 짭짤한 신맛이 나는 레몬과 케이퍼 스파게티를 만든다. 레몬과 바질(445쪽)에 실린 레시피를 따르되 바질을 씻은 케이퍼 1큰술로 대체한다. 케이퍼와 안초비(145쪽) 또한 참조.

케이퍼와 비트

달콤한 비트와 겨자 맛 케이퍼는 허니 머스터드와 비슷한 맛이 나는 조합이다. 소고기, 익힌 감자, 양파에 섞어서 패티 모양으로 빚어 튀기면 인기 좋은 스웨덴 요리인 비프 아 라 린드스트롬biff a la lindstrom이 된다(소고기와 비트(62쪽)에서 다룬 랍스커스나 레드 플란넬 해시와 크게 다르지 않다). 또한 물에 헹군 케이퍼를 올리브 오일, 레드 와인 식초 드레싱에 더하면 비트와 염소 치즈 샐러드를 위한 소스가 된다.

케이퍼와 소고기: 소고기와 케이퍼(64쪽) 참조.

케이퍼와 안초비

케이퍼와 안초비는 조금만 넣어도 단조롭거나 기름진 요리를 완전히 바꿔버릴 수 있다. 우리는 미식적 비상사태를 대비해서 케이퍼와 안초비를 작은 봉지에 담아서 가지고 다녀야 한다. 레몬을 더하면 맛이 조금 부드러워진다. 그릴에 구운 연어, 참치 스테이크, 양갈비에 더하는 가향 버터를 만들기 좋은 삼총사다.

recipe
〔케이퍼 안초비 레몬 버터〕

1. 안초비 필레 4개를 레몬즙 1작은술, 레몬 제스트 1/2작은술과 함께 다진다.
2. 실온에 두어 부드럽게 만든 버터에 넣고, 작은 케이퍼 3~4작은술을 더하여 간을 한다.
3. 사각형으로 자른 랩에 얹어서 원통형으로 빚는다.
4. 냉장고에 넣어 차갑게 식힌 다음, 둥글게 썰어 사용한다.

케이퍼와 양고기

짭짤하고 쌉싸름한 케이퍼는 양고기의 단맛을 현명하게 보살핀다. 최상의 케이퍼에서는 역시 양고기와 잘 어울리는 타임과 양파 향이 난다. 다음 고전 레시피는 키스 플로이드Keith Floyd가 고안한 것이다. 6인분이므로 그 이상의 인원이 먹는다면 소스를 더 만드는 편이 좋다.

recipe
〔케이퍼 소스를 부은 양고기〕

1. 머튼 또는 양 다리 하나를 타원형 냄비에 넣고 물을 가득 담아서 서서히 한소끔 끓인다. 표면에 올라온 기름기를 걷어낸다.

2. 리크 6개, 스웨덴 순무 2개, 당근 6개, 순무 4개를 큼직큼직하게 썰어서 넣는다. 2시간 동안 뭉근하게 익힌다.
3. 거의 완성되기 직전, 다른 냄비에 버터 25g을 녹인 다음 밀가루 25g을 넣고 휘저어서 크림 같은 페이스트를 만든다.
4. 따뜻한 우유 150ml를 붓고 저어서 부드럽게 섞는다.
5. 양고기 팬에서 국물 150ml를 떠내 버터 팬에 부은 다음 20분 정도 뭉근하게 익힌다.
6. 벨벳처럼 부드럽고 호화로운 소스가 완성되면 불에서 내린다.
7. 씻어서 물기를 제거한 케이퍼 3~4큰술을 넣어서 섞은 다음 간을 맞추고 그릇에 담는다.
8. 양고기를 육수에서 건져 접시에 담고 주변에 채소를 얹은 다음 소스를 뿌린다. 염소 치즈와 케이퍼(80쪽) 또한 참조.

케이퍼와 연질 치즈

훈제 연어와 단짝이기로 유명하지만, 생선 없이 둘만 있어도 상당히 맛있다. 통케이퍼를 걸쭉하고 농후한 아이보리 색 크림치즈에 섞어보자. 구할 수 있다면 프랑스산 작은 케이퍼를 사용한다. 아주 작아서 녹색 통후추처럼 보이며, 섬세한 래디시 및 양파 풍미로 평판이 좋다. 크래커 또는 호밀빵에 바른 다음 한 입마다 퍼지는 케이퍼의 작은 충격에 대비해서 마음의 준비를 단단히 한다. 울퉁불퉁한 해변 자갈길을 맨발로 걷는 수준의 미식 경험이다. 케이퍼와 오이(146쪽) 또한 참조.

케이퍼와 염소 치즈: 염소 치즈와 케이퍼(80쪽) 참조.

케이퍼와 오이

오이과의 소형 품종인 코르니숑은 주로 3~4cm 크기일 때 수확한다. 껍질이 얇고 울퉁불퉁하며 속살이 아삭해서 피클에 적합하다. 케이퍼와 코르니숑 피클은 타르타르 소스에 함께 넣으며, 허브 및 완숙으로 삶은 달걀과 함께 소스 그리비슈sauce gribiche를 만들고, 파프리카와 겨자 및 차이브로 맛을 낸 중유럽의 부드럽고 매콤한 립타우어 치즈와 함께 먹는다.

케이퍼와 올리브: 올리브와 케이퍼(254쪽) 참조.

케이퍼와 조개 및 갑각류

케이퍼는 모든 해산물과 잘 어울린다. 소금에 절인 것보다 풍미가 약한, 식초에 절인 케이퍼는 미국 남부의 인기 메뉴인 새우 피클에 주로 사용한다. 차갑고 새콤하며 감귤류 즙을 듬뿍 넣어서 세비체와 비슷하지만, 익힌 갑각류를 넣는다는 점이 다르다. 케이퍼와 흰살 생선(147쪽) 또한 참조.

케이퍼와 콜리플라워: 콜리플라워와 케이퍼(178쪽) 참조.
케이퍼와 토마토: 토마토와 케이퍼(379쪽) 참조.
케이퍼와 파슬리: 파슬리와 케이퍼(279쪽) 참조.

케이퍼와 훈제 생선

케이퍼는 훈제 연어의 고전적인 고명으로, 생선의 기름진 맛을 끊으며 강렬한 짠맛을 선사해서 연어가 훨씬 달콤하게 느껴지도록 만든다. 같은 용도로 쓰는 케이퍼 베리는 염장 고기와도 훌륭하게 어우러진다. 크기는 작은 올리브만 하고 붙어 있는 줄기를 당기면 기분 좋게 톡 소리를 내며 떨어져 나온다. 헐렁한 케이퍼와 달리 질감이 탄탄한 케이퍼 베리를 깨물면 속에 가득 찬 짭짤하고 굵은 머스터드 같은 씨가 터져 나와 입 안에 넘쳐흐른다. 풍미는 케이퍼와 유사하지만 조금 더 부드럽다. 훈제 연어 파테와 함께 통밀 토스트에 얹어 낸다.

케이퍼와 흰살 생선

검은 버터beurre noir[30]를 더한 케이퍼와 홍어는 말이 필요 없는 고전 요리이지만 홍어는 위태로운 멸종 위기에 처한 생선이니 메뉴에서 제외하고, 대신 같은 소스를 가리비에 뿌려보자. 홍어가 풍성하고 저렴하던 시절, 교활한 생선 장수들은 홍어 날개를 잘라내 가짜 '관자'를 만들었다. 어떤 이들은 달콤하고 섬세한 풍미가 비슷하다고 생각하기도 한다.

---

recipe

〔케이퍼를 넣은 버터 소스〕

1. 팬에 버터 75g을 넣고 타지 않도록 주의하면서 진한 노란색이 될 때까지 데운다.
2. 화이트 와인 식초 1작은술, 씻어서 물기를 제거한 케이퍼 1~2큰술을 더해 잘 섞는다.
3. 익힌 가리비나 기타 흰살 생선, 혹은 또 다른 전통적인 단짝인 소 뇌 요리 위에 붓는다.

또한 케이퍼는 타르타르 소스의 필수 재료이기도 하다.

---

[30] 거무스름할 정도로 아주 짙은 갈색을 띨 때까지 약한 불에 가열하여 만든 버터. 케이퍼와 파슬리, 식초 등을 더해서 전통적으로 홍어에 소스로 곁들여 낸다.

Horseradish
홀스래디시

홀스래디시는 부드러운 면이 있는 거친 남자다. 썰거나 갈면 홀스래디시의 천연 방어 체계가 눈물이 쏙 빠지고 코를 불타게 만드는 맵고 쓴 화합물을 방출한다. 그런 이유로 홀스래디시는 주로 훈제한 음식, 로스트비프, 톡 쏘는 치즈와 짜릿한 토마토 주스 등 지지 않을 정도로 호전적인 풍미와 짝을 이룬다. 하지만 소량을 조심스럽게 다루면 해산물의 섬세한 풍미를 가지런하게 다듬을 수 있다. 고추나 겨자 등 매운 재료가 흔히 그렇듯이 홀스래디시는 입 안에 어떤 재료가 들어갔는지 주의를 환기시켜주는 매개체가 된다. 살짝 신선한 성격도 있어서 익히지 않은 해산물의 가벼운 비린내나 감자 및 비트의 흙냄새를 없애준다. 고추냉이 또한 여기에서 다룬다.

홀스래디시와 감자
코티지 파이의 으깬 감자에 신선한 밀짚 삼아 기운차고 섬유질이 풍부한 홀스래디시를 취향에 맞춰서 더해보자. 또는 훈제 연어나 고등어, 송어에 곁들이는 감자 샐러드에 홀스래디시 마요네즈(홀스래디시와 베이컨 참조, 148쪽)를 넣어도 좋다.

홀스래디시와 굴
뉴올리언스에서는 굴에 간소하게 홀스래디시 또는 토마토케첩과 홀스래디시를 섞은 소스를 뿌려 낸다. 차가운 굴과 코를 찡하게 만드는 홀스래디시의 황홀한 맛은 데킬라 샷에 이어 먹는 라임 조각처럼 일련의 충격을 선사한다. 뉴욕의 셰프 데이비드 버크는 익힌 굴과 홀스래디시를 짝지어서 리소토를 만든다.

홀스래디시와 기름진 생선
홀스래디시는 간소하게 요리한 기름진 생선에 소스로 쓴다. 리처드 코리건 셰프는 청어를 홀스래디시 혼합물에 염장한다. 그리고 고추냉이처럼 모양을 내서 생참치 또는 연어 초밥 및 사시미에 매콤한 대조를 선사하는 양념으로 곁들인다.

홀스래디시와 베이컨
베이컨과 토마토는 서로에게 너무나 유혹적으로 끌린다. 짭짤하고 달콤하고 새콤하니 어찌 그러지 않을 수 있을까? 베이컨 샌드위치에는 반드시 토마토소스를 넣어야 한다고 믿는 사람이 많은 이유이기도 하다. 습관을 쉽게 바꿀 수 없다는 점은 이해하지만, 특히 최상급 훈제 베이컨을 사용할 때는 누구라도 꼭 한 번 홀스래디시 소스를 넣어서 먹어보아야 한다. 질 좋은 훈제 베이컨이라면 싸움을 거는 토마토케첩보다 베이컨의 짭짤한 훈연 향을 보완하는 홀스래디시가 말할 것도 없이 더 낫다.

> *recipe*
> 〔홀스래디시 소스와 베이컨 오픈 샌드위치〕
> 1. 손질한 홀스래디시 1큰술을 마요네즈 4큰술에 섞는다.
> 2. 갈색 빵을 구운 다음, 그 위에 듬뿍 바른다.
> 3. 베이컨을 얹고 반달 모양으로 썬 아보카도, 아삭한 로메인 상추를 조금 더한다.

한 입 베어 물고 눈이 돌아가는 맛을 느껴본다. 홀스래디시가 어떻게 베이컨을 보완하며 자극적인 맛을 더하는지에 주목해보자.

홀스래디시와 비트

부드러운 비트는 억센 홀스래디시를 어르고 달랜다. 익힌 비트와 생홀스래디시를 갈아서 6:1의 비율로 섞고 소금, 후추, 설탕으로 간을 한 다음 취향에 맞춰서 식초를 뿌려 완성하는 우크라이나식 츠비킬리Ukrainian 등의 렐리시에 사용하거나 샐러드에 같이 넣는다. 달콤하게 만든 유대교 소스인 레드 크레인도 비슷한 원리로 작용하며, 게필트 생선 요리와 함께 낸다. 또는 사워크림에 섞은 홀스래디시를 둘러서 맛을 더욱 끌어올린 진홍색 보르시치 수프로 비트와 홀스래디시의 근본인 러시아에 경의를 표하자.

홀스래디시와 사과: 사과와 홀스래디시(397쪽) 참조.
홀스래디시와 셀러리: 셀러리와 홀스래디시(138쪽) 참조.
홀스래디시와 소고기: 소고기와 홀스래디시(66쪽) 참조.
홀스래디시와 완두콩: 완두콩과 홀스래디시(296쪽) 참조.
홀스래디시와 토마토: 토마토와 홀스래디시(380쪽) 참조.
홀스래디시와 훈제 생선: 훈제 생선과 홀스래디시(239쪽) 참조.

홀스래디시와 흰살 생선

순수주의자는 허용하지 않을지도 모르지만 나는 초밥에 들어간 고추냉이를 심히 사랑하여, 밥에서 녹색 덩어리가 터져 나올 듯이 집어넣는다. 고추냉이와 홀스래디시는 가까운 친척 관계다. 둘 다 줄기에 피해를 입었을 때, 즉 갈았을 때 방어기제로 풀려나는 휘발성 황 화합물로 발생하는 톡 쏘는 쇠 맛 풍미를 지니고 있다. 서양 레스토랑에서 제공하는 고추냉이는 대부분 진짜 고추냉이가 아니라 녹색으로 물들인 홀스래디시이며, 시판 제품도 대부분 마찬가지다. 렌틸콩보다 조금만 더 크게 짜도 코를 통해 뜨거운 눈물을 쥐어짜게 될 테니 풍미에서 차이를 인지할 수 있을 정도로만 분량을 적당히 조절하는 것이 좋다. 많이 넣고 말았다면 해롤드 맥기의 설명에 따라 입 안에 남은 고추냉이의 휘발성 물질이 코를 타고 올라가 비강을 괴롭히지 않도록 입으로 숨을 쉬도록 하자. 그렇지 않으면 우리처럼 울면서 눈물이 멈추기만을 기다려야 한다.

THE *flavour* THESAURUS

SULPHUROUS
유황

Onion
양파

Cauliflower
콜리플라워

Garlic
마늘

Broccoli
브로콜리

Truffle
송로 버섯

Glove Artichoke
아티초크

Cabbage
양배추

Asparagus
아스파라거스

Swede
스웨덴 순무

Egg
달걀

Onion
양파

음식 업계에서 가장 근면한 노동자다. 신선하고 가벼운 허브 향 차이브부터 섬세하고 향긋한 셜롯, 눈물을 쏙 빼도록 난폭한 양파 구근, 비교적 채소답고 풋내와 흙 향이 감도는 리크와 잔파에 이르기까지 파속 식물은 일련의 독특한 풍미를 구가한다. 양파는 날것일 때는 딥과 샐러드에 날카롭고 아삭하여 특징적인 풍미를 더하고, 굽거나 조리면 달콤하고 촉촉해지며, 거뭇거뭇해질 때까지 튀기면 핫도그에 씁쓸하면서 달콤한 깊이를 더한다.

양파와 간: 간과 양파(57쪽) 참조.
양파와 감자: 감자와 양파(132쪽) 참조.
양파와 경질 치즈: 경질 치즈와 양파(95쪽) 참조.
양파와 굴: 굴과 양파(218쪽) 참조.
양파와 기름진 생선: 기름진 생선과 양파(226쪽) 참조.

양파와 넛멕

주로 달콤한 향신료라 여기는 넛멕은 양파의 단맛에 대조되는 씁쓸한 구석도 갖추고 있다. 익혀서 간 양파를 우유로 만든 베샤멜에 넣고, 여기에 넛멕을 더하면 좋다. 또는 버터에 양파를 부드러워지도록 아주 천천히 익힌 다음 넛멕을 갈아서 후하게 뿌린다. 필요하면 닭 육수나 크림으로 가볍게 희석한다. 모두 구운 돼지고기나 양고기, 오리고기와 함께 낼 수 있다.

양파와 달걀: 달걀과 양파(195쪽) 참조.
양파와 닭고기: 닭고기와 양파(38쪽) 참조.
양파와 당근: 당근과 양파(331쪽) 참조.

양파와 돼지고기

맛이 얌전한 돼지고기는 모든 양파 가족과 잘 어울리며, 마늘과 구운 돼지고기, 차이브와 중국식 돼지고기 만두, 양파 그레이비를 버무린 소시지 등을 들 수 있지만 그중에서 돼지고기와 리크 소시지가 최고로 맛있는 조합이다. 리크는 양파와 양배추가 부드럽게 어우러진 풍미를 선보이며, 양배추는 돼지고기와 실로 잘 어울리는 단짝이다.

양파와 로즈메리: 로즈메리와 양파(467쪽) 참조.

양파와 마늘: 마늘과 양파(161쪽) 참조.

양파와 민트

마늘 입 냄새에 파슬리를 처방하듯이, 양파에는 민트를 쓴다. 1980년대 방송된 리글리 컴퍼니의 더블 민트 광고를 되새겨보자. 레스토랑에 앉은 소녀 A와 소녀 B가 오늘 밤 남자애들과 어디로 가게 될지 궁금해 한다. 소녀 A가 소녀 B에게 내 머리 모양이 어떻게 보이냐고 물어보자, 소녀 B는 내가 너라면 머리보다 양파 입 냄새를 걱정할 거라고 말한다. 대체 소녀 A는 왜 침착하게 포크를 내려놓고 주먹으로 소녀 B의 콧잔등을 후려치지 않는 걸까? 그리고 소녀 B는 왜 양파를 조금 넣은 사이드 메뉴 샐러드를 주요리 삼아 먹고 있는 소녀 A의 입 냄새를 그렇게 걱정하는 걸까? 남자를 만나기 전에 먼저 밥을 먹고 있는 이유는 뭘까? 전혀 껌을 사고 싶게 만들지 않는 이 광고는 나로 하여금 마주 앉아서도 입 냄새가 오래가는 자극적인 음식을 먹을 수 있는 남자와 데이트를 하겠다는 결심을 하게 만들었다. 민트를 가미한 라이타의 향기가 뒤따르는 양파와 바지(야채 튀김 비슷한 남아시아 음식) 냄새가 나는 키스를 한 이후에도 여전히 나에게 반한 상태라면, 그 사람이 바로 내 짝일 것이다. 고추와 민트(302쪽) 또한 참조.

양파와 버섯: 버섯과 양파(111쪽) 참조.

양파와 베이컨: 베이컨과 양파(242쪽) 참조.

양파와 블랙 푸딩: 블랙 푸딩과 양파(54쪽) 참조.

양파와 비트

생양파가 비트의 단맛을 상쇄하며 엄청난 효과를 가져온다. 일단 익으면 드러나는 양파의 타고난 단맛에 식초로 균형을 맞춘 비트 양파 처트니를 만들어서 수제 소시지 롤 또는 치즈 샌드위치에 곁들여 내자.

recipe

〔비트 양파 처트니〕

1. 양파 700g은 깍둑 썰고, 생식용 사과 450g은 껍질과 심을 제거하고 잘게 썬다.
2. 레드 와인 식초 300ml를 붓고 약불에 올려 부드러워지도록 뭉근하게 약 20분 정도 익힌다.
3. 깍둑 썬 익힌 비트 700g, 여분의 식초 250ml, 설탕 400g, 소금 1작은술, 간 생강 2작은술을 더한다. 30분 더 끓인다.
4. 아직 뜨거울 때 살균한 잼 병에 담아서 봉한다. 병 5개(450g들이) 분량이다.

양파와 생강

생강은 잔파의 가장 완벽한 단짝이다. 중국 요리의 주된 조합으로, 워낙 다용도로 사용하며 맛이 좋아서 두부마저도 감칠맛 넘치는 축제 음식으로 바꿔버린다. 푸크시아 던롭(쓰촨 조리사 학교에서 잔파를 아홉 가지 방식으로 써는 법을 배운 사람)은 양념으로 쓰거나 채를 썰어서 생선찜에 얹고 뜨거운 기름을 뿌려서 풍미를 깨운 다음 진한 간장을 조금 붓는 등 중국에서 이들 조합을 활용하여 감칠맛이 없는 고기와 해산물 풍미를 매혹적으로 만드는 요령을 알려준다. 내 생각에 생강과 잔파는 신선한 게와 함께 볶았을 때 최고로 맛이 좋으며, 손가락으로 해체하는 데는 한 시간이 족히 걸리기도 하지만 다행히 식어도 맛있다.

양파와 세이지

세이지와 양파가 제일 고전적인 충전물인 데에는 이유가 있다. 파삭한 껍질 속에 숨은 달콤하고 깊은 허브 풍미와 식감을 떠올려보자. 평소에 자주 접하는 만큼 고기를 연상시키게 하며, 토스카나식 콩 토스트인 다음 브루스케타에서 카넬리니 콩과 완벽하게 어우러진다.

> *recipe*
> 〔양파 세이지 콩 브루스케타〕
> 1. 곱게 다진 양파 1개 분량을 올리브 오일에 부드러워지도록 볶은 다음 물기를 제거한 카넬리니 콩 1캔(400g), 곱게 다진 세이지 잎 여러 장 분량을 더한다.
> 2. 약한 불에 5~10분간 익힌 다음 반쯤 으깨서 간을 한다.
> 3. 둥글게 썰어서 구운 프랑스빵에 얹어 낸다. 닭고기와 세이지(37쪽) 또한 참조.

양파와 셀러리

당근과 셀러리, 양파를 깍둑 썰면 셰프들이 미르푸아mirepoix라고 부르며 수많은 육수와 수프, 스튜에 사용하는 기초 향미 양념을 얻게 된다. 여기에 짭짤한 베이컨 또는 염장한 지방을 조금 더하면 미르푸아 오 그라mirepoix au gras가 되며, 이는 포커 플레이어의 손에 같은 숫자의 카드 세 장을 분배한 상태라 할 수 있다. 마지막까지 조금도 이기지 못한다면 운이 지지리도 없는 것이다. 단맛이 덜하고 신선하며 풀 향이 진한 바탕 풍미를 다져야 하는 요리를 할 때는 당근을 뺀다. 만일 색이 옅은 국물 요리를 만들 때 당근 색이 배어나오지 않도록 하고 싶다면 파스닙으로 대체한다. 케이준 요리에서는 미르푸아와 비슷한 조합인 양파와 셀러리, 녹색 피망을 삼위일체라고 부른다. 일반 미르푸아의 양파, 당근, 셀러리 비율은 부피 대비 2:2:1이며, 삼위일체는 1:1:1이다.

양파와 소고기: 소고기와 양파(64쪽) 참조.

양파와 안초비

어느 비 오던 날 베네치아에서 나는 친구들과 함께 도르소두로의 뒷길을 누비며 점심을 먹을 곳을 물색했다. 우리는 영어가 통하지 않고 메뉴가 짧은 카페를 선택했다. 대운하의 반대편인 도르소두로는 산 마르코보다 관광객의 인기가 덜하며, 레스토랑 주인 내외는 마치 베네치아에 외국인 방문객이 찾아왔다는 것 자체가 신기한 일이라는 듯이 영국인 손님이 식당을 즐기는 모습을 기쁘게 여기는 듯했다. 우리는 현지 요리인 안초비와 양파를 넣은 비골리bigoli 파스타를 먹어보고 싶었다. 접시가 너무나 거대한 나머지 곤돌라 사공이 소아베 와인 주전자 여러 개와 함께 삿대로 식탁까지 밀어내서 건네줄 것 같았다. 비골리는 통밀 스파게티처럼 생겼지만 더 굵고 고소하며 거칠거칠한 점이 특징이다. 양파와 안초비의 달콤 짭짤한 혼합물을 전달하는 이상적인 운송 수단이 된다. 진품을 구할 수 없다면 일반 통밀 스파게티로 만들 수 있다. 다음은 2인분을 기준으로 한 레시피이다.

> *recipe*
> 〔양파와 안초비 비골리〕
> 1. 양파(대) 3개를 얇게 썰어 중불에 올리고, 올리브 오일 2~3큰술을 더하여 부드러워질 때까지 20분간 볶는다. 양파에 색이 나지 않도록 주의한다.
> 2. 볶기 시작해 10분 정도가 지난 시점에, 다진 안초비 4~5개 분량을 더한다.
> 3. 잘 섞으면서 조금 으깬 다음 안초비의 염도를 고려하면서 소금 간을 한다.
> 4. 파스타를 알 덴테로 삶는다. 면은 건지고 삶은 물을 한 큰술 정도 남겨둔다.
> 5. 면과 삶은 물 한 큰술을 팬에 넣는다. 다시 불에 올려서 소스에 버무린다. 단맛을 더하려면 양파 혼합물에 말린 건포도를 한 큰술 더한다.

로즈메리 약간이나 데쳐서 잘게 썬 브로콜리, 케이퍼 등 안초비와 어울리는 다른 조합 재료를 시험 삼아 더해보아도 좋다.

양파와 양고기

양파 소스는 구운 양고기 또는 머튼에 곁들이는 고전적인 단짝이다. 요리 작가 찰스 캠피온Charles Campion은 어머니가 항상 의지하곤 했던 '물주' 레시피를 떠올리며 이들 조합을 회고한다. 간단하게 설명해서 대량의 양파를 버터에 부드러워지도록 볶은 다음 우유와 넛멕, 검은 후추를 붓고 뭉근하게 익혀서 감자 전분과 크림으로 걸쭉하게 만든 맛이 뛰어난 소스다. 영화는 책보다 지저분한 식습관에 불친절한 편이라,

〈007 위기일발〉의 영화 버전에는 제임스 본드의 양고기 양파 케밥에 대한 애정이 확연히 빠져 있다. 본드의 터키 연락책인 다르코가 키베kibbeh(다진 생양고기와 차이브, 후추를 곱게 간 요리)처럼 보이는 뭔가를 허겁지겁 밀어 넣는 사이, 본드는 숯불 그릴에 구운 어린 양고기와 짭짤한 밥, 대량의 양파를 골랐다. 그날 밤 아무런 작전도 실행하지 못한 것도 그리 놀랍지 않다.

양파와 양배추: 양배추와 양파(171쪽) 참조.

양파와 오렌지

양파와 오렌지를 얇고 둥글게 저미면 사랑스럽고 아삭한 샐러드를 만들 수 있다. 비달리아나 수파스위트Supasweet 등 달콤한 양파 품종을 찾아보자. 당도가 높은 양파는 양파 특유의 강렬하고 자극적인 풍미로 뒷맛을 자아내고 도마에 눈물이 고이게 만드는 방어 화합 물질인 피브루산 함량이 낮다. 달콤한 양파를 구할 수 없다면 썬 양파를 찬물에 씻어서 과육을 파손할 때 방출되는 강렬한 황 화합물 일부를 흘려보낼 수 있다. 블러드 오렌지와 적양파는 접시에 담았을 때 매우 아름다운 조합이며, 적양파는 주로(하지만 반드시 그렇지는 않다) 달콤하고 부드러운 쪽에 속한다.

양파와 오이

중국인의 인식에 따르면 물이 가득 찬 시원한 오이는 매우 '음'이고, 따뜻하고 밝고 강한 데다 메마른 양파는 '양'이다. 음양의 조화는 걸쭉하고 달콤한 호아신 소스와 아삭하고 부드럽고 바삭하고 향긋한 저민 오리고기에 채 썬 오이와 잔파를 더해서 전병에 채운 요리에서 가장 뚜렷하게 두드러진다.

양파와 완두콩: 완두콩과 양파(295쪽) 참조.

양파와 클로브

클로브를 꽂은 양파에게 연민을. 브레드 소스[31]를 만들 때면 처음부터 끝까지 모든 역할을 수행하다가 마지막 순간에 버려지고 만다. 빵은 마지막 순간에 헤엄치며 나타나 모든 공을 가져갈 뿐이다. 하지만 브레드 소스에 도저히 뿌리칠 수 없는 특별한 깊이를 선사하는 장본인은 모닥불 옆처럼 따뜻한 클로브 풍미로 부드러워진 양파의 톡 쏘는 맛이다. 클로브를 가미한 닭고기 양파 샌드위치로 양파와 클로브 조합을 시험해보자. 다음 레시피는 15cm 길이의 바게트 샌드위치 2개를 만들 수 있는 분량이다.

---

[31] 빵으로 걸쭉하게 만든 소스로 주로 가금류 고기에 곁들인다.

> *recipe*
>
> **[클로브 풍미의 닭고기 양파 샌드위치]**
> 1. 스페인 양파 1개를 얇게 저민 다음 버터 한 조각, 땅콩기름 1큰술, 간 클로브 1/2작은술을 넣고 천천히 충분히 볶는다.
> 2. 빵을 데우고 따뜻하게 익힌 닭고기를 저민다.
> 3. 양파가 살살 녹을 정도로 부드러워지면 취향에 따라 생크림을 몇 큰술 더한 다음 골고루 따끈하게 데운다.
> 4. 빵에 펴 바르고 닭고기를 올린다.

피노 누아 한 잔과 아주 잘 어울리는 식사다.

양파와 타임: 타임과 양파(478쪽) 참조.
양파와 토마토: 토마토와 양파(377쪽) 참조.

양파와 피망

스페인 또는 포르투갈에서 이른 저녁에 거주 지역으로 잘못 들어서면, 저녁 식사를 위해서 부드럽게 볶은 양파와 피망에서 풀려나온 달콤한 향기가 가득한 공기를 접할 수 있다. 집에서 만든 것보다 향이 훨씬 좋게 느껴진다면 재료가 뛰어나고 늦은 오후의 햇살이 기운을 북돋우고 있으며 무엇보다 우리가 휴가 중이기 때문이다. 하지만 스페인 요리에 대해서 배우면 배울수록, 숨겨진 비밀 재료는 무엇보다도 참을성이라는 사실을 알게 된다. 알고 보니 20분간 조리한 양파 피망 혼합물은 5분간 익힌 것보다 실제로 네 배 이상 더 맛있었다. 사실 너무 맛있어서 팬에서 바로 건져 두툼한 흰 빵에 산처럼 쌓은 다음 저녁으로 먹을 수 있을 정도다. 40분간 조리하면 두 배 더 맛있을지는 아직 알 수 없다. 내게는 참을성이 없지는 않지만 특별히 많지도 않기 때문이다.

양파와 훈제 생선

얇고 둥글게 저민 적양파는 훈제 연어의 기름진 맛을 끊어주면서 활기 넘치는 풍미와 잘 어우러지기 때문에, 크림치즈를 바른 따뜻한 베이글에 얹기 완벽한 재료다. 훈제 연어 대신 락스를 쓸 수도 있는데, 락스는 절임액에 염장한 연어로 가끔 양파와 향신료를 더하기도 하지만 훈제는 하지 않은 것이다. 제대로 만든 락스는 어부의 콧수염처럼 짭짤하다. 뉴욕의 러스 앤 도터스Russ and Daughters는 직접 염장한 락스에 와인 또는 크림 소스와 양파 피클을 곁들여 낸다. 연질 치즈와 훈제 생선(102쪽) 또한 참조.

Garlic
마늘

고기, 해산물, 녹색 채소, 심지어 송로 버섯에도 마늘을 약간 넣으면 풍미가 선명해지면서 전체적으로 맛이 훨씬 날카로워진다. 또한 풍미가 더욱 촉촉해진다. 마늘 풍미를 부드럽게 만들려면 따뜻한 요리용 기름에 썰지 않은 통마늘을 넣어서 향이 우러나게 하고, 강렬한 향을 내려면 날것을 으깨서 페이스트를 만든다. 마늘은 소프트넥과 하드넥의 두 종류로 나뉜다. 소프트넥은 재배하기 쉬워서 슈퍼마켓에서 예쁘게 땋은 형태로 쉽게 찾아볼 수 있지만, 풍미는 하드넥이 더 나은 편이다. 여러 종류의 다른 구근을 구해서 마늘빵이나 아이올리를 만들어 비교하며 맛을 보면, 제각기 맵싸하고 달콤하며 흙냄새가 나고 쇠 맛과 과일 및 견과류 풍미가 감돌거나 고무 같고 꽃(백합) 향이 나기도 하는 등 다양한 특징을 느낄 수 있다. 풍미가 더 부드러운 코끼리 마늘은 진짜 마늘보다는 리크에 가까운 종류로 분류한다. 마늘은 가루나 플레이크, 페이스트, 소금, 다진 마늘 등으로 구입할 수 있지만 이러한 시판 제품은 맛이 짜릿한 반면 신선한 마늘의 변덕스러운 흙냄새는 잃어버린 경우가 많다. 마늘은 주로 짭짤한 요리의 풍미를 끌어올릴 때 사용하지만 빵이나 파스타 내지는 구운 마늘 리소토 및 밥 요리 등 달콤하고 담백한 풍미 위에서 환상적인 주요 풍미를 담당하기도 한다.

마늘과 가지: 가지와 마늘(115쪽) 참조.
마늘과 간: 간과 마늘(56쪽) 참조.
마늘과 감자: 감자와 마늘(128쪽) 참조.
마늘과 고수 씨: 고수 씨와 마늘(508쪽) 참조.
마늘과 고수 잎: 고수 잎과 마늘(281쪽) 참조.
마늘과 고추: 고추와 마늘(302쪽) 참조.
마늘과 기름진 생선: 기름진 생선과 마늘(224쪽) 참조.

마늘과 닭고기

치킨 키예프chicken Kiev의 단점은 마늘 버터가 어깨까지 줄줄 녹아내린다는 것이다. 오래된 프로방스 레시피인 '마늘 40쪽을 채운 닭고기'가 훨씬 안전한 선택지다. 이름에서 알 수 있듯이 마늘 40쪽을 껍질째 집어넣고 닭고기와 함께 구운 단순한 요리로, 뾰족한 코만 잘라내면 뜨겁고 달콤한 마늘 페이스트를 바로 짜내서 막 구워낸 둥근 프랑스빵에 얹어 먹을 수 있다. 마늘은 공격적인 자극성을 잃어버리고 밤과 비슷한 풍미를 약간 가미한 캐러멜에 가까운 단맛으로 완전히 바뀐다. 하지만 눈에 띄게 맛이 그윽한 구운 마늘도 완고하게 퍼지는 입 냄새를 줄여주지는 않는다. 지난번에 마늘 로스트치킨을 만들어 먹었을 때는 다음 날 아침에 탄 택시에서 운전사가 내내 백미러로 나를 쳐다보며 인상을 썼다.

마늘과 돼지고기: 돼지고기와 마늘(44쪽) 참조.

마늘과 로즈메리

마늘과 로즈메리의 강렬한 풍미는 야외에서 먹는 음식을 대표하는 이상적인 조합이다. 양고기와 돼지고기, 토끼 고기 바비큐에 넣거나 햇감자 구이의 맛을 풍성하게 꽃피우고 향긋한 마늘빵을 만들어보자. 또는 '알리오 올리오' 스타일의 간단한 파스타에 넣어서(고추와 마늘 참조, 302쪽) 날씨가 싸늘한 날, 저녁 식사에 여름 공기를 불어넣어 보자.

> *recipe*
> **〔마늘 로즈메리 파스타〕**
> 1. 저민 마늘 적당량을 곱게 다진 로즈메리(1인분당 1/2작은술)와 함께 올리브 오일에 넣고 따뜻하게 데운다.
> 2. 간 파르메산 치즈를 넉넉하게 넣고 익힌 스파게티를 더해 버무린다.

마늘과 민트: 민트와 마늘(484쪽) 참조.

마늘과 바질

마늘 몇 쪽과 바질 잎 약간이 통조림 토마토에 미치는 영향은 그야말로 기적과 같다. 이들은 본질적으로 토마토의 풍미를 서로 반대 방향으로 끌어올려서 잠재력을 최대한으로 발휘하게 만든다. 스펙트럼의 한쪽 끝에서는 마늘이 통조림 토마토의 강렬한 디메틸 화합물 풍미를 움켜잡고 식물성 감칠맛이 더욱 진하게 퍼지도록 한다. 반대쪽에서는 바질이 토마토가 통조림화되면서 잃어버린 가벼운 풋내 감도는 풀 향을 더하여 소스를 산뜻하고 신선하게 만든다.

> *recipe*
>
> 〔마늘과 바질 향 토마토소스〕
> 1. 마늘 4~5쪽 분량을 굵게 다져서 올리브 오일에 부드럽게 볶는다.
> 2. 살짝 노릇해지기 시작하면 통플럼 토마토 통조림 4캔 분량을 넣고 적당히 찢은 바질 잎을 넉넉히 한 줌 넣는다.
> 3. 토마토를 으깨고 간을 한 다음 한소끔 끓인다.
> 4. 불에서 내리고 나무 주걱으로 누르며 체에 거른다.
> 5. 마늘과 바질 향이 나는 토마토 과육은 버리고 소스만 다시 팬에 붓는다. 한소끔 끓인 다음 적당히 케첩과 비슷한 농도가 되어서 뜨거운 늪처럼 기포가 퐁퐁 올라오기 시작할 때까지 졸인다.

파스타 또는 피자를 만들 때 사용한다. 생바질을 몇 장 넣어서 밤새 냉장고에 보관하면 정말 천국 같은 맛이 난다.

마늘과 버섯: 버섯과 마늘(108쪽) 참조.
마늘과 브로콜리: 브로콜리와 마늘(180쪽) 참조.

마늘과 생강

착한 경찰과 나쁜 경찰 조합이다. 가벼운 자극과 함께 산뜻한 맛을 내며 고기와 해산물, 채소 요리에서 단맛을 가지런하게 정돈하는 기교를 부리는 생강은 착한 경찰이다. 반면 마늘은 무례하고 거칠며 확고하고 유황 같은 인상을 남긴다. 인도 셰프들은 생강과 마늘로 페이스트를 만들어서 고기용 마리네이드로 사용하거나 소스 일부로 쓴다. 동량의 껍질 벗긴 마늘과 생강을 갈아서 페이스트를 만든 다음 100g당 물 1큰술을 더한다. 냉장고에서 약 2주일간 보관할 수 있으며, 냉동고에서는 더 오래간다.

마늘과 세척 외피 치즈: 세척 외피 치즈와 마늘(82쪽) 참조.
마늘과 소고기: 소고기와 마늘(61쪽) 참조.
마늘과 송로 버섯: 송로 버섯과 마늘(165쪽) 참조.

마늘과 아몬드

다음 레시피는 고전 스페인식 요리인 차가운 수프 아호 블랑코 ajo blanco를 변형한 것으로, 아몬드를 생마늘과 함께 푸드 프로세서에 갈아서 마늘 풍미가 뚜렷하게 드러나도록 만들었다. 마늘에는 저미거나 으깨면 알리신으로 전환되는 알리인 술폭시드 sulfoxide가 함유되어 있다. 이어서 알리신은 으깬 마늘 특유의 향기를 내는 황 화합물로 전환된다. 마늘을 거칠게 부술수록 알리신이 더 많이 전환된다. 차갑게 내는 서빙 방식과 마찬가지로 아호 블랑코에 들어간 아몬드가 자극적인 맛을 다독이는 역할을 하므로 마늘 양을 줄이면 안 된다.

> *recipe*
> 〔아호 블랑코〕
> 1. 가장자리를 제거한 오래된 흰 빵 한 줌을 물 또는 우유에 불린다.
> 2. 푸드 프로세서에 데쳐서 간 아몬드 200g을 넣고, 짜서 물기를 제거한 빵, 껍질을 벗기고 으깬 마늘 2쪽을 더한다. 갈아서 페이스트 상태로 만든다.
> 3. 푸드 프로세서를 돌리면서 올리브 오일 3큰술을 천천히 투입구를 통해 부은 다음, 얼음물 750ml를 붓는다.
> 4. 간을 하고 셰리 식초(1~3큰술)를 취향에 맞춰 넣는다.
> 5. 무자비할 정도로 차갑게 식혀서 씨를 제거한 포도를 장식해서 낸다. 아몬드와 멜론(355쪽) 또한 참조.

마늘과 안초비: 안초비와 마늘(232쪽) 참조.

마늘과 양고기

바르셀로나에는 현역 대장간처럼 꾸민 오래된 여관이 있다. 뼈째 굽는 거대한 양고기와 아티초크 한 꾸러미, 리크와 비슷한 칼솟을 얹은 당구대 크기의 그릴에서 불꽃이 튀며 지글거리는 소리가 들려온다. 종업원은 파 암 토마캇(판 콘 토마테)pa amb tomaquet을 직접 만들어 먹을 수 있도록 두껍게 썬 거친 흰 빵과 통토마토, 마늘을 가져다주었고, 나는 빵과 함께 달콤하고 기름진 고기에 절대 지지 않는 강렬한 아이올리 한 그릇을 곁들여서 윤기가 흐르는 짭짤한 양 갈비 한 더미를 모조리 먹어치웠다. 톡 쏘는 마늘 덕분에 양고기는 한 입도 빠짐없이 더욱 달콤하게 느껴졌다. 주요리를 깨끗하게 비우고 나자, 옆 식탁에 앉아 있던 남자가 우리 쪽으로 몸을 기울이고 탄제린 소르베를 꼭 먹어보라고 권했다. 추천받기를 정말 다행이었다. 소르베에서는 탄제린을 향긋한 풍미 한 가닥까지 남김없이 극저온 보존한 듯한 맛이 났다.

마늘과 양배추: 양배추와 마늘(169쪽) 참조.

마늘과 양파

부엌의 숨결에서 나는 입 냄새 조합이다. 그러나 중국 불교 승려들은 감각을 자극한다는 이유로 '오신채'

내지는 '오훈채'로 분류한 양파, 마늘, 셜롯, 부추, 리크를 금기시한다. 힌두 브라만 문화에도 양파와 마늘에 관한 유사한 규범이 있다. 자이나교도는 어쩌면 생명체가 섞여 있을지도 모른다는 두려움 때문에 뿌리채소뿐만 아니라 양파와 마늘도 기피한다. 브라만과 자이나교는 대체물 삼아 톡 쏘는 파속 식물 풍미를 지닌 수액 덩어리 아사푀티다asafoetida를 쓰기도 한다. '악마의 배설물'과 '신들의 음식'이라는 두 가지 별명을 지닌 아사푀티다는 '멋지다'와 '소름끼친다'는 평을 동시에 듣는 송로 버섯과 일맥상통하는 면이 있다. 아사푀티다 송진에서는 지독한 유황 냄새가 나지만(가루 형태에서는 덜하다), 익히면 음식 가득 흙냄새와 짭짤하고 자극적인 맛을 더한다. 인도 요리에서 가장 자주 등장하지만 원산지는 이란으로, 거기에서는 가끔 고기를 담아 내놓을 접시에 문지르는 용도로 쓰기도 한다. 로마 시대에 워낙 귀히 여겨진 덕분에 『아피키우스: 데 레 코퀴나리아Apicius: de re Coquinaria』에 실린 레시피 절반 가까이에 들어간다. 자극적인 음식을 먹고 싶다면 마늘과 양파, 잔파, 리크, 부추의 파속 식물 5종을 넣어 수프를 만들어보자.

마늘과 연질 치즈: 연질 치즈와 마늘(98쪽) 참조.
마늘과 염소 치즈: 염소 치즈와 마늘(78쪽) 참조.

마늘과 오이

켄 홈Ken Hom은 상하이에서 맛있게 먹은 절인 오이 샐러드에 대한 글을 쓴 적이 있다. 생마늘로 자극적인 맛을 내는 원본 대신 켄 홈은 튀긴 마늘을 넣었다. 마늘과 오이 조합 중 제일 유명한 요리일 차치키tsatsiki에서는 요구르트가 아무리 다독여도 집요하게 남아 있는 마늘의 매운 맛을 느낄 수 있다.

> *recipe*
> **〔차치키〕**
> 1. 오이 1/2개의 씨를 제거하고 굵게 갈거나 깍둑 썰어서 물기를 최대한 짜낸다.
> 2. 플레인 요구르트 250g, 소금을 넣어서 으깬 마늘 1쪽 분량, 다진 민트 1~2큰술을 넣고 섞는다(오이와 특히 풍미가 잘 어우러지는 양 또는 염소젖으로 만든 요구르트로 만들어도 좋다).
> 3. 기름진 양 갈비와 바삭한 빵을 함께 낸다. 또는 오이에서 물기가 배어나오며 냉장고에 있는 동안 풍미가 더욱 섞인다는 점을 염두에 두고 묽은 육수로 희석하여 산뜻하고 차가운 수프를 만든다.

마늘과 올리브: 올리브와 마늘(252쪽) 참조.
마늘과 조개 및 갑각류: 조개 및 갑각류와 마늘(202쪽) 참조.
마늘과 콜리플라워: 콜리플라워와 마늘(176쪽) 참조.

마늘과 타임

마늘과 로즈메리보다 부드러운 조합인 마늘과 타임은 채소, 양고기, 닭고기, 올리브 등 거의 모든 짭짤한 재료와 놀라울 정도로 잘 어우러진다. 리처드 올니는 좋은 라타투이를 만들려면 반드시 타임과 마늘을 넉넉히 사용해야 한다고 주장한다. 다음 (초간단한) 레시피는 리처드의 조언을 따라 만들었으며, 그 말인즉슨 맛없어서 쓰레기통에 내버릴 위기에 처할 일은 두 번 다시 없을 것이라는 뜻이다.

---

recipe

〔라타투이〕

1. 가지 1개, 적양파 1개, 홍피망 1개, 작은 주키니 3개를 작게 썰어서(곱게 다지지 않는다. 와인 코르크 마개의 절반 정도 크기라고 생각하자) 껍질을 벗긴 플럼토마토 통조림 1개 분량과 함께 견고한 오븐용 그릇에 담는다.
2. 숟가락으로 토마토를 으깨고 얇게 저민 마늘 8쪽 분량, 타임 줄기 8개를 섞은 다음 올리브 오일을 넉넉히 두르고 간을 살짝 한다.
3. 190℃로 예열한 오븐에 넣고 한두 번 저으면서 1시간 정도 익힌다.
4. 내기 전에 레드 와인 식초를 한 큰술 더해서 생기를 불어넣어도 좋다.

그뤼에르 치즈를 얹은 메밀 팬케이크와 더없이 잘 어울린다.

마늘과 토마토: 토마토와 마늘(375쪽) 참조.
마늘과 파슬리: 파슬리와 마늘(278쪽) 참조.
마늘과 헤이즐넛: 헤이즐넛과 마늘(349쪽) 참조.
마늘과 호두: 호두와 마늘(343쪽) 참조.

마늘과 흰살 생선

아이올리는 평범한 흰살 생선을 작은 만찬으로 탈바꿈시키며, 특히 아이올리로 걸쭉하게 만드는 프로방스의 생선 스튜 부리드bourride를 예시로 꼽을 수 있다. 그리스의 스코달리아는 마늘을 가미한 으깬 감자 딥이며, 그릴에 구운 생선 필레와 함께 내면 맛있다(감자와 마늘 참조, 128쪽).

Truffle
송로 버섯

생송로 버섯은 가격 때문에 주로 아껴서 사용하면서, 동시에 특유의 복합적이고 자극적인 사향 풍미가 다른 재료에 가려지지 않도록 지배적인 위치를 차지하게 한다. 물론 '송로 버섯 풍미'는 갈수록 흔하게 쓰이고 있다. 흰 송로 버섯의 풍미는 포름알데히드 디메틸 포르캅탈이라는 화합물 형태로 성공적으로 합성되어, 수천 가지의 레스토랑 요리에 사용되며(다만 언제나 심사숙고를 거쳐서 들어가지는 않는다) 향이 없는 하급품 송로 버섯에 주입하거나 송로 버섯 오일을 만드는 데 쓴다. 사기라는 점과는 별도로 으깬 감자나 양배추, 콜리플라워, 마카로니 치즈 등에 생기를 확 돋우는 용도로 사용할 수 있으며 한 번도 진품 송로 버섯을 먹어본 적 없는 사람도 어떤 맛이 나는지 느낄 수 있게 해준다는 장점이 있다. 『안나 카레리나』 소설을 원서 대신 요약 정리본으로 읽어서 어떤 내용인지만 대충 이해하는 것과 비슷하다.

송로 버섯과 간

검은 송로 버섯 조각을 박은 푸아그라는 금으로 도금한 페라리처럼 아주 절제된 조합이라고 할 수 있다. 마귈론 투생-사마Maguelonne Toussain-Samat는 송로 버섯을 속에 넣으면 푸아그라의 뛰어난 가치를 깎아내린다고 주장한다. 대신 베이컨을 주입한 검은 통송로 버섯을 종이에 싸서 저온의 오븐에 구운 다음 얇게 저며서 푸아그라 조각 위에 올려 내야 한다고 말한다. 파르메산 치즈 번에 푸아그라와 송로 버섯을 넣은 패티를 끼운 버거를 선보이는 다니엘 불뤼Daniel Boulud의 뉴욕 레스토랑 비스트로 모던Bistro Moderne처럼, 송로 버섯과 푸아그라를 자주 짝지어 사용하는 로시니의 요리 중 가장 유명한 메뉴인 투르느도 로시니Tournedos Rossini에서도 소고기 필레가 위 두 재료를 효과적으로 잇는 역할을 담당한다.

송로 버섯과 감자: 감자와 송로 버섯(130쪽) 참조.

송로 버섯과 달걀

생송로 버섯을 손에 넣었다면 반드시 달걀과 함께 밀폐용기에 담아 두어야 한다는 것은 널리 알려진 사실이다. 하루 이틀 후 송로 버섯이 기름진 달걀노른자에 향을 주입하고 나면 간단한 오믈렛, 스크램블드에그, 달걀 프라이 요리를 만든다. 절대 실망하지 않을 것이다. 송로 버섯의 풍미를 풀어내고 퍼트리려면 반드시 지방이 필요하며, 특히 버터와 거위 기름을 사용하면 맛있는 결과물이 나온다. 달걀과 함께 낼 때 저민 마늘을 토스트 한 면에 문지르거나 스크램블드에그를 만들 때 달걀물을 풀기 전에 그릇 안쪽에 문지르는 등 마늘을 이용해서 송로 버섯의 풍미를 강화하는 요리사도 있다.

송로 버섯과 닭고기

20세기 초반의 리옹 지역은 특이하게도 여성 요리사들이 레스토랑을 지배하고 있었으며, 그중 가장 훌륭한 요리사는 전설적인 프랑수아즈 파욜Françoise Fayolle이다. 듀케누 거리에 자리한 프랑수아즈의 작은 레스토랑에서는 손님에게 육가공품과 강꼬치고기 크넬[32], 아티초크와 푸아그라, 그리고 통통한 새의 금색 껍질이 검은 송로 버섯을 저며서 속에 밀어 넣은 덕분에 검게 빛나서 반 상복을 입은 것처럼 보이는 소스를 바른 엽계 요리로 구성한 변함없는 메뉴를 제공했다. 런던의 아이비 레스토랑에서는 닭고기와 송로 버섯을 조합해서 랑드식 로스트치킨 요리를 선보인다. 레스토랑 요리책을 저술한 A. A. 길은 레시피를 터득하기 위해서 책을 저술하기 시작했다고 이야기한다. 닭을 삶아서 굽기 전에 다리뼈를 일부 제거한 다음 셜롯, 버섯, 빵가루, 파슬리, 푸아그라의 혼합물을 채워야 하는 만큼 흑백이 조화를 이루어야 하는 드미 되유Demi-deuil보다 더 성가신 요리다. 닭다리는 구운 후에 가슴살과 도피누아 그라탕, 닭과 짙은 색 고기 부위 육수로 만든 걸쭉한 그레이비 소스, 검은 송로 버섯과 마데이라 와인을 곁들여 낸다.

송로 버섯과 돼지고기

『로빈슨 가족의 모험』에서 로빈슨 가족은 약탈하는 해적의 손아귀에서 벗어난 이후, 한 명만 제외하고 모두 최근에 멧돼지와 송로 버섯을 발견한 섬에 남기로 결정한다. 맛있는 바롤로 와인 한 통이 근처에 떠다니기만 한다면 나도 기꺼이 찬성했을 것이다. 로빈슨 가족의 아버지가 그전까지 유일하게 먹어본 송로 버섯은 긴 수송 기간을 거치면서 신선함을 잃어버린 것이었으므로 '내가 유럽에서 먹어본 질긴 가죽 같은 버섯과 전혀 다르다'고 표현한다. 송로 버섯은 땅에서 파내자마자 산화하기 시작하며, 초기에는 매우 톡 쏘는 맛이 났다가 점점 밋밋한 쓴맛만을 남기며 풍미가 흐려진다. 2004년 열린 자선 경매에서 한 협회가 4천만 원가량의 금액을 지불하고 세상에서 두 번째로 큰 흰 송로 버섯을 낙찰받은 후, 런던에 자리한 자페라노Zafferano 레스토랑의 냉장 금고에 넣었다. 그리고 레스토랑 매니저가 열쇠를 주머니에 넣은 채로 4일간 자리를 비웠다. 그가 돌아왔을 때쯤 송로 버섯은 이미 못쓰게 되어 있었다. 송로 버섯을 신선하게 유지할 수 있는 효과적인 방법은 없으며, 로빈슨 가족이라면 이 문제를 송로 버섯을 가미한 멧돼지 살라미, 모르타델라, 판체타, 또는 고향에서 송로 버섯을 넣어 만드는 소시지인 세르블라cervelas를 만드는 것으로 해결했을 것이다.

송로 버섯과 마늘

마늘은 송로 버섯의 풍미를 묘사할 때 자주 등장한다. 브리야 사바랭은 본인을 포함한 일부 '의심할 여지 없이 고결한 사람들'은 피에몬테의 흰 송로 버섯에 '그들의 완벽함을 전혀 손상시키지 않는 마늘의 풍미가 있다'는 점에 동의한다고 말했다. 검은 송로 버섯은 흰 것보다 마늘 향이 덜하고 달콤하며 퀴퀴한 냄새

---

32   부드러운 퓌레 등을 3면의 작은 타원형으로 빚은 모양새.

가 나서, 숲속을 연상시키는 일련의 풍미 중에서도 버섯의 특징이 특히 뚜렷하게 드러난다. 검은색과 흰색 송로 버섯은 둘 다 마늘과 쉽게 어우러지며, 스티로폼을 가지고 요리해도 진하고 끈적한 향연을 만들어낼 수 있을 것이다.

송로 버섯과 버섯: 버섯과 송로 버섯(110쪽) 참조.

송로 버섯과 베이컨

뭐든지 베이컨을 넣으면 맛있어진다고들 한다. 심지어 송로 버섯마저도. 다음은 리처드 돌비의 저서 『요리사의 사전, 살림꾼의 참고서 The Cook's Dictionary, and House-keeper's Directory』에 등장하는 1833번째 레시피 '송로버섯과 샴페인'이다.

> *recipe*
> **〔송로 버섯과 베이컨〕**
> 1. 송로 버섯 10~12개를 잘 씻어서 준비한다. 스튜용 팬에 송로 버섯, 얇은 베이컨, 월계수 잎, 간을 더한 부케가르니, 간 베이컨 약간, 육수 약간, 햄 1~2조각, 샴페인 1병을 넣는다.
> 2. 버터를 바른 종이를 한 장 올리고 뚜껑을 덮은 다음 스튜용 팬을 뜨거운 재에 묻는다.
> 3. 위에 불을 피우고 1시간 동안 뭉근하게 익힌다.
> 4. 완성되면 깨끗한 천에 걸러서 접은 냅킨과 함께 낸다.

송로 버섯과 블루 치즈: 블루 치즈와 송로 버섯(88쪽) 참조.

송로 버섯과 셀러리

요리 작가 엘리자베스 루어드Elisabeth Luard는 셀러리악 퓌레에 동량의 으깬 감자와 크림을 듬뿍, 간 송로 버섯을 조금 섞으라고 권하지만 송로 버섯에는 '오래된 양말, 럭비 시합이 끝난 후의 라커룸, 세탁하지 않은 속옷, 메틸로 승화한 증류주, 비오는 토요일의 주유 펌프'를 연상시키는 익숙한 맛이 있다고 언급한다.

송로 버섯과 소고기: 소고기와 송로 버섯(63쪽) 참조.
송로 버섯과 아스파라거스: 아스파라거스와 송로 버섯(188쪽) 참조.
송로 버섯과 아티초크: 아티초크와 송로 버섯(185쪽) 참조.

송로 버섯과 양배추

송로 버섯의 독특한 향기는 여러 화학 물질에 기인하지만, 주 성분은 송로 버섯을 사냥하는 돼지와 개의 탐지 훈련에 사용하는 황 화합물DMS이다. 송로 버섯 재배업자 가레스 리나우던은 고농축 DMS에서는 진짜 향과 달리, 송로 버섯 풍미를 가미한 일부 오일 상품에서 비슷하게 감지할 수 있는 익힌 양배추 같은 향이 난다고 한다. 마르코 피에르 화이트는 이 두 재료가 이루는 조화로운 맛을 이용하여 송로 버섯 양배추 수프를 만들고, 소고기를 추가로 짝지어서 송로 버섯 양배추 스테이크를 만든다.

송로 버섯과 연질 치즈: 연질 치즈와 송로 버섯(100쪽) 참조.

송로 버섯과 조개 및 갑각류

송로 버섯과 바닷가재는 특히 조화로운 관계다. 흰색 송로 버섯의 핵심 풍미 화합물인 포름알데히드 디메틸 포르캅탈은 황과 마늘, 향신료, 버섯 풍미를 지니고 있으며, 바닷가재에 자연적으로 함유되어 있다(기타 표고버섯, 카망베르 등 맛이 짜릿한 일부 치즈에도 있다). 다른 갑각류나 가리비도 종종 송로 버섯과 짝을 이루며, 양배추와 삼총사를 이루는 요리 또한 흔하다.

송로 버섯과 콜리플라워: 콜리플라워와 송로 버섯(177쪽) 참조.

Cabbage
양배추

여기에서는 양배추 보존식과 방울 양배추를 포함한 여러 종류의 양배추와 더불어 생양배추의 신선하고 짜릿한 풍미에서 잘 익힌 일반 양배추의 복도를 가득 메우는 유황 향기에 이르기까지 넓은 범위의 풍미를 다룬다. 양극단 사이의 어딘가에 사우어크라우트와 김치가 놓여 있다. 익힌 양배추는 마늘, 양파, 송로버섯과 겨자 등 다른 톡 쏘는 재료와 탁월하게 어우러진다. 베이컨이 방울양배추를 다독이는 방식을 생각해보면 알 수 있듯이, 짭짤한 베이컨 또는 안초비는 쌉쌀한 풍미를 일부 타도한다. 훌륭한 풍미 덕분에 추앙받는 사보이와 중국(또는 나파) 양배추의 주름진 이파리는 볶음 요리에서 소스를 완벽하게 흡수한다. 흥미롭게도 양배추는 사과와 매우 잘 맞으며, 방울양배추는 말린 크랜베리와 레드커런트 젤리와 모두 매력적으로 어우러진다.

양배추와 감자: 감자와 양배추(131쪽) 참조.
양배추와 고추: 고추와 양배추(304쪽) 참조.
양배추와 넛멕: 넛멕과 양배추(323쪽) 참조.
양배추와 달걀: 달걀과 양배추(194쪽) 참조.

양배추와 닭고기

크리스마스 식탁에 올라간 방울양배추는 흥겨운 분위기를 깨는 스크루지 같은 존재라고 생각하는 사람도 있지만, 사실 반드시 곁들여야 하는 요소다. 글루코시놀레이츠 함량이 높아서 발생하는 방울양배추의 쌉쌀한 풍미는 칠면조와 스터핑, 브레드 소스, 구운 감자, 파스닙, 치폴라타chipolatas 소시지와 밤 등의 묵직한 맛을 상쇄해준다. 쓴맛이 영 불쾌하다면 톰슨 앤 모건 사에서 훨씬 단맛이 나게 개량한 트라팔가 F1 스프라우트 종자를 길러보는 것도 좋다. 이 회사는 아이들이 '순식간에' 모여들 것이며 심지어 지금껏 맛본 것 중에서 제일 맛있다는 생각이 들지 않는다면 환불해주겠다고 보증한다.

양배추와 당근: 당근과 양배추(331쪽) 참조.

양배추와 돼지고기

알자스 지방의 슈크루트 가르니, 영국에서 전통적으로 구운 돼지고기에 곁들이는 버터에 익힌 양배추, 그리고 일본의 튀긴 포크 커틀릿인 돈가스에 곁들여 내는 아삭한 생양배추처럼 양배추는 돼지고기의 기름기를 맛있게 다룰 줄 안다. 하지만 대단히 잘 어울리는 이 조합 중에서도 내가 제일 좋아하는 활용법은 속을 채운 양배추인 프랑스의 슈 파르시다. 퍼레이드를 하는 두꺼비처럼 돌돌 만 양배추 잎을 줄줄이 늘어놓거나 라자냐처럼 잎마다 켜켜이 속 내용물을 채워서 만들 수 있다. 하지만 내 주머니 사정상 제일 잘 만들 수 있는 슈 파르시는 크기도 무게도 볼링공만 한 형태로, 속 내용물이 잘 보이도록 반달 모양으로 썰어서 낸다.

recipe

〔슈 파르시(고기를 채운 양배추)〕

1. 곱게 다진 셜롯 2개 분량과 곱게 다진 마늘 3쪽 분량을 기름에 부드럽게 익힌다.
2. 가장자리를 잘라낸 빵 30g에 우유를 약간 부어 불린다.
3. 돼지고기 어깨살 300g, 스테이크용 소고기 300g, 삼겹살 150g을 간다.
4. 생고기에 셜롯 혼합물과 으깬 빵, 달걀 1개, 다진 파슬리와 차이브 각 1큰술씩, 말린 타임 1/2작은술을 더하고 간을 살짝 한 다음, 제일 중요한 재료로 세상에서 제일 아름다운 혼합 향신료이자 슈 파르시를 완성하는 주인공인 캬트르 에피스를 1/2작은술 넣는다. 캬트르 에피스는 흰 후추와 넛멕, 클로브, 생강을 섞은 매콤달콤하고 강렬한 혼합 향신료다.
5. 통사보이 양배추를 10분간 데친 다음 식혀서, 찢어지지 않도록 주의하며 잎을 벗겨낸다. 양배추 속이 작은 귤 크기 정도만 남으면 잘라내고, 그 자리에 속 내용물을 같은 크기로 빚어 넣는다.
6. 속 내용물을 적당량씩 채우면서 잎을 다시 한 장씩 싸서 양배추가 다시 온전한 모양이 되도록 만든다. 끈으로 묶어서 봉한다.
7. 마지막으로, 양배추를 넣을 수 있을 정도로 커다란 뚜껑 달린 냄비에 버터 1큰술을 녹이고 다진 양파(소) 1개 분량과 다진 당근(소) 1개 분량을 넣어서 부드러워지도록 볶는다.
8. 부케 가르니를 넣고 간을 살짝 한 다음 닭 육수 또는 채소 국물 250ml를 붓고 양배추를 넣는다. 뚜껑을 닫고 1시간 30분간 뭉근하게 익힌다.
9. 익으면 양배추를 꺼내서 따뜻하게 보관하는 사이 국물을 거르고 단지에 담아서 소스처럼 낸다. 클로브와 생강(320쪽) 또한 참조.

양배추와 마늘

마크 트웨인이 『얼간이 윌슨』에서 말했듯이 '콜리플라워는 대학 교육을 받은 양배추에 지나지 않으'며, 토스카나 지방에서 카볼로 네로는 휴가를 틈타 집으로 돌아온 양배추다. 하지만 너무 세련되어서 가정 요리에 사용하지 못할 정도는 아니다. 사랑스러운 다음의 브루스케타 레시피를 보자.

recipe
〔카볼로 네로 브루스케타〕

1. 카볼로 네로는 줄기를 다듬은 다음, 잎만 몇 분간 데친다.
2. 건져서 식힌 다음 꽉 짜서 물기를 제거한다.
3. 잘게 다져서 마늘을 가미한 올리브 오일에 볶는다.
4. 간을 하고 구운 탄탄한 흰 빵에 얹어 낸다.

나는 고춧가루 한 꼬집, 때로는 풍미가 날카로운 파르메산 치즈를 갈아서 약간 추가한다. 카볼로 네로를 구할 수 없다면 케일도 괜찮다.

양배추와 밤: 밤과 양배추(341쪽) 참조.

양배추와 베이컨

젠트리피케이션을 거부하는 크고 뻔뻔하고 촌스러운 조합이다. 이자벨라 비튼은 양배추와 베이컨을 소화해내려면 위장이 튼튼해야 한다고 언급했다. 판자넬라에서 착안한 이 따뜻한 가을 요리는 너무 투박해서 농기구가 그려진 존 디레John Deere 샐러드 그릇에 담아 내야 할 정도다.

recipe
〔가을 판자넬라〕

1. 절반 분량의 묵은 치아바타 빵을 큼직하게 뜯어서 그릴에 굽는다.
2. 반으로 자른 작은 방울양배추 500g에 올리브 오일을 두르고 180℃로 예열한 오븐에 넣어 15분간 굽는다.
3. 그 사이에 다진 마늘 1쪽 분량, 1cm 크기로 썬 잔파 5대 분량, 작게 썬 베이컨 200g을 올리브 오일 2큰술과 함께 베이컨이 노릇해지고 기름이 충분히 빠져나와 팬에 고일 때까지 천천히 볶는다.
4. 그물국자로 베이컨을 건져서, 구운 빵과 함께 방울양배추에 더한다. 잘 버무려서 다시 오븐에 넣고 온도는 완전히 낮춘다.
5. 베이컨과 양파 팬에 레드 와인 식초 2큰술을 뿌려서 바닥에 달라붙은 찌꺼기를 긁어낸 다음 물 또는 닭육수 1~2큰술을 넣고 1분간 익힌다.
6. 방울양배추 혼합물을 오븐에서 꺼내고 팬의 내용물을 뿌린다.
7. 간을 하고 말린 크랜베리 2큰술을 뿌려 버무린다. 아직 따뜻할 때 낸다.

양배추와 블루 치즈: 블루 치즈와 양배추(89쪽) 참조.
양배추와 사과: 사과와 양배추(395쪽) 참조.
양배추와 생강: 생강과 양배추(455쪽) 참조.

양배추와 소고기

아일랜드계 미국인은 콘비프와 양배추를 함께 먹는 조리법이 자기네들 것이라고 주장할지 모르지만, 이는 삶은 개먼을 두툼한 반달 모양으로 썰어 양배추에 곁들이는 일이 더 많은 아일랜드의 전통 요리가 아니다. 아일랜드 이민의 거대한 물결이 지나가던 19세기 중반 당시 소고기는 아일랜드보다 미국에서 훨씬 풍성하고 저렴했으며, 타국에 방금 도착한 사람들은 소고기를 개먼 덩어리처럼 염장하고 요리해서 똑같이 양배추와 감자를 곁들여 먹었다(유대인 지역에서는 양지머리 덩어리에 향신료를 가미해서 염장한 다음 훈제해서 파스트라미를 만드는 비슷한 관행이 있다).

양배추와 송로 버섯: 송로 버섯과 양배추(167쪽) 참조.
양배추와 양고기: 양고기와 양배추(71쪽) 참조.

양배추와 양파

양배추(또는 방울양배추)와 양파는 영국에서 가장 사랑받는 잔반 처리용 음식인 버블 앤 스퀵bubble and squeak에서 익힌 감자에 풍미를 더하는 용으로 활용된다. 19세기 당시에는 남은 소고기와 양배추를 섞어서 튀기는 방식으로 버블 앤 스퀵을 만들었지만, 지금은 고기를 전혀 사용하지 않는다. 나는 버블 앤 스퀵을 너무나 사랑한 나머지 일요일이 되면 종종 로스트치킨과 함께 먹을 감자를 도저히 다 먹을 수 없을 만큼 잔뜩 굽는다. 하지만 계획적인 과잉 조리를 실제로 잔반 취급할 수 있는지는 판단하기 힘든 철학적인 문제다. 가공식품 회사에서는 이제 완조리한 버블 앤 스퀵을 판매한다. 본 식사가 없으니 근본적으로 '남은' 적이 없는 잔반이라는 이 존재는 많은 고민을 하게 만든다. 식사를 한 적이 없는데 남은 음식이 생길 수 있는가? 남은 음식에서 다시 남은 음식이 생기면 뭐라고 불러야 하나?

양배추와 조개 및 갑각류

디메틸 황화물DMS은 양배추 풍미를 구성하는 중요한 화합물로, 녹조류(그리고 일부 갈조류) 냄새에 기인하기도 하므로 양배추 같다는 말부터 어딘가 바다에 어울린다는 표현까지 다양하게 묘사되는 냄새를 만들어낸다. 디메틸 황화물은 해산물에도 존재한다. 가리비의 주요 풍미는 DMS에서 방출된 전구체에서 생겨난다(전구체는 다른 화합물을 방출하는 화학적 반응에 연관되는 화합물이다). DMS는 언제나 성공적이지는 않지만 바다의 풍미를 조금 더 가까이 재현하기 위해서 사용되며, 양배추가 조개 및 갑각류와 매우 잘 어울린다는 점을 증명한다. 만일 증거가 필요하다면 다진 새우와 중국 배추 만두를 한 입 먹어보자.

양배추와 주니퍼: 주니퍼와 양배추(475쪽) 참조.
양배추와 훈제 생선: 훈제 생선과 양배추(237쪽) 참조.

Swede
스웨덴 순무

향긋하고 후추 풍미가 나는 스웨덴 순무의 달콤하고 치밀한 속살은 종종 넛멕으로 양념을 하는 스코틀랜드처럼 타고난 향신료 풍미를 활용할 때 더없이 놀라운 맛이 난다. 뿌리채소나 구운 마늘 등 달콤하고 흙냄새 나는 풍미와도 잘 맞는 달콤하고 향긋한 팔각 또한 스웨덴 순무에 당연히 어울리는 향신료다. 파스닙이나 감자와 달리 스웨덴 순무는 날것일 때 풍미가 더욱 좋으며 래디시처럼 매콤 달콤하다.

스웨덴 순무와 감자: 감자와 스웨덴 순무(131쪽) 참조.

스웨덴 순무와 넛멕

스웨덴 순무는 양배추와 순무의 혼종으로 여겨지며, 부모에게서 넛멕에 약한 특징을 물려받았다. 스코틀랜드에서는 닙스라고 부르는 버터 풍미의 으깬 스웨덴 순무 요리에 양념을 할 때 넛멕을 자주 사용한다. 핀란드에서도 더 부드럽게 으깨고 햄이나 돼지고기를 곁들인다는 점을 제외하면 닙스와 비슷한 란투라티코lanttulaatikko를 만들어 먹는다. 철자가 복잡할수록 높은 점수를 얻는 단어 게임 스크래블에 쓸 것만 아니라면 둘 다 우열을 가릴 수 없을 정도로 맛있다. 감자와 스웨덴 순무(131쪽), 양고기와 스웨덴 순무(69쪽) 또한 참조.

스웨덴 순무와 당근

학교에서 축축한 채소 스틱처럼 만들어서 급식에 내놓는 조합이다. 우리는 항상 당근만 집어먹고 스웨덴 순무는 접시에 그대로 내버려두었다. 과학자들은 씁쓸한 채소, 더 나아가 쓴맛 나는 모든 음식을 싫어하는 습관은 유전적으로 결정되는 것으로 'prop'이라 알려진 6-엔-프로필다이오유러실 화합물에 민감하게 반응하기 때문이라고 한다. 예를 들어 브로콜리에서 prop 맛을 강하게 감지한다면 인구의 25%를 차지하는 '예민한 미각 소지자supertasters'일 확률이 높지만, 이는 보기보다 상당히 장애물로 기능하는 능력이다. 여성에서 더 많은 비율로 나타나는 예민한 미각 소지자는 배추속 식물과 자몽, 블랙커피를 견딜 수 없을 정도로 강하게 감지한다. 전 인류 중 기타 4분의 1은 prop을 전혀 감지하지 못한다. 십 대 후반기에 들어서면서 어느 순간 보라색 눈 화장을 하고 싶은 사춘기의 충동이나 여드름처럼 순식간에 사라지지만 않았더라도 나는 어린 시절 스웨덴 순무에 느꼈던 혐오감을 예민한 미각 탓으로 돌릴 수 있었을 것이다. 당근은 스웨덴 순무를 달콤하게 만들며, 버터와 흰 후추를 듬뿍 넣고 으깨면 훌륭한 맛이 난다.

스웨덴 순무와 돼지고기: 돼지고기와 스웨덴 순무(47쪽) 참조.
스웨덴 순무와 소고기: 소고기와 스웨덴 순무(63쪽) 참조.

스웨덴 순무와 아니스

휴 핀리 휘팅스톨이 남은 거위 살을 섞어서 패스티pasty를 만들듯이, 스웨덴 순무와 팔각을 더해서 색이 진한 동양식 조림 요리를 만들어보자. 아니스의 강렬한 단맛이 살짝 조악한 채소 풍미를 감싼다.

스웨덴 순무와 양고기: 양고기와 스웨덴 순무(69쪽) 참조.

Cauliflower
콜리플라워

배추속 식물 중에서 색상은 제일 창백하지만, 풍미는 그렇지 않다. 콜리플라워를 큼직하게 송이로 나누어서 재빨리 찌면 살짝 단조로워지기 쉬운 새하얀 식재료계의 정수가 될 수 있다. 굽고 튀기거나 갈아서 퓌레를 만들면 최상급 사향과 흙냄새의 잠재력을 최대로 발휘할 수 있으며, 강렬하고 향긋한 기타 풍미들과 멋진 단짝이 된다. 강렬한 치즈, 고추, 쿠민, 마늘과 모두 잘 어울리며, 콜리플라워의 단맛을 강화한다.

콜리플라워와 감자

다른 모든 십자화과 채소처럼 콜리플라워도 많이 자를수록 유황 풍미가 강해진다. 곱게 갈아서 수프를 만들면 일요일을 맞이해 밀주를 들이킨 학교 선생님보다 더 빨리 온화한 맛을 파격적으로 변신시킬 수 있다. 하지만 이러한 거친 맛은 크림 또는 감자로 다독일 수 있다. 감자를 가지고 달콤한 베이스를 만들어 알루 고비 aloo gobi 수프에 도전해보자. 인도에서 인기 있는 음식인 알루 고비는 콜리플라워와 감자에 향신료를 가미해서 질거나 마른 형태로 조리해서 낸다. 향신료를 넣은 채소 수프는 진흙 커리처럼 되어서 실망감을 안기는 일이 적지 않지만, 다음 레시피를 따르면 요리에 가미된 영감의 원천인 향신료 풍미를 생생하고 신선하게 선보일 수 있다.

recipe
〔알루 고비〕

1. 곱게 다진 양파 1개 분량을 땅콩기름에 부드럽게 볶는다.
2. 아주 곱게 다진 날생강 1작은술과 씨를 제거하고 다진 풋고추 1개 분량, 간 터메릭 1/4작은술, 간 코리앤더 1/2작은술, 간 쿠민 1작은술을 넣어서 섞는다.
3. 껍질을 벗기고 깍둑 썬 감자 150g, 송이를 나눈 콜리플라워 1/2개 분량을 더한다. 향신료와 골고루 버무린다.
4. 찬물 750ml를 부어서 한소끔 끓인다. 채소가 부드러워질 때까지 15~20분간 뭉근하게 익힌다.
5. 살짝 식힌 다음 부드럽게 간다.
6. 다진 생고수 잎을 장식해서 낸다.

콜리플라워와 경질 치즈

뉴욕 유니언스퀘어 광장의 농산물 시장에서 색이 제각각인 콜리플라워를 나란히 장식한 좌판을 본 적이 있다. 아이보리 색, 자주색, 라임빛 녹색과 더불어 늘어선 난생처음 보는 옅은 오렌지색 콜리플라워에는 체다 콜리플라워라는 이름이 붙어 있었다. 내가 색깔의 이름을 정확하게 구분하는 것에 얽매이는 사람이었다면 더블 글로스터라고 부르는 편이 더 정확했겠지만, 그런 생각은 속으로 삼키고 좌판을 관리하는 상인에게 저건 무슨 맛이냐고 단순한 질문을 던졌다. "콜리플라워 맛이오." 그는 바보 같은 질문이라는 듯이 대답했지만, 어쨌든 나는 그 시점에 이미 그날 저녁으로 콜리플라워 치즈를 만들겠다는 필연적인 결론을 낸 상태였으므로 한 덩이를 구입했다. 사실 처음에는 버터 풍미가 농후하고 감귤류와 양파 풍미가 감도는 더블 글로스터 치즈로 맛있는 치즈 소스를 만들고 싶었다. 하지만 수중에 가진 게 없어서 톡 쏘는 향과 고소한 맛이 콜리플라워와 잘 맞아떨어지는 묵직한 그뤼에르 치즈를 사용했다.

콜리플라워와 고추

콜리플라워를 기름에 푹 담가서 튀기면 성격이 완전히 변한다. 달콤한 풍미는 거의 사향이 느껴질 정도이며, 질감도 부드러워진다. 나는 콜리플라워를 소금 후추 튀김옷을 입힌 오징어 튀김 레시피를 따라서 튀긴 다음 칠리소스와 함께 즐겨 먹는다.

recipe

〔콜리플라워 소금 후추 튀김과 칠리소스〕
1. 콜리플라워는 양송이버섯 크기로 송이를 나누어 담고, 그 위에 옥수수 전분과 소금, 검은 후추를 섞어 뿌린다.
2. 땅콩기름 또는 해바라기 씨 기름에 튀긴다.
3. 찍어 먹는 스위트 칠리소스와 함께 낸다.

콜리플라워와 넛멕

프랑스에 콜리플라워를 유행시킨 장본인은 루이 14세다. 그는 콜리플라워를 육수에 삶아서 넛멕으로 간을 한 다음 녹인 버터를 곁들여서 즐겨 먹었다.

콜리플라워와 마늘

콜리플라워 마늘 수프 또는 퓌레를 먹어본 적이 있다면, 조리와 분쇄 과정을 거치면서 두 재료의 풍미가 최대한 강렬하게 풀어진다는 사실을 알고 있을 것이다. 이 냄새를 맡으면 나는 특별히 잘 익은 카망베르로 만든 콜리플라워 치즈가 떠오른다. 콜리플라워를 통마늘쪽과 함께 구우면 달콤한 견과류 풍미가 나지만 농장 특유의 악취는 사라지고 맛은 여전히 진한 결과물을 즐길 수 있다.

콜리플라워와 브로콜리: 브로콜리와 콜리플라워(182쪽) 참조
콜리플라워와 사프란: 사프란과 콜리플라워(260쪽) 참조.

콜리플라워와 송로 버섯

송로 버섯과 익힌 콜리플라워에는 서로 겹치는 풍미가 있다. 데이비드 로젠가튼David Rosengarten은 콜리플라워 리소토에 이미 존재하는 은은한 송로 버섯 향을 강화하기 위해, 내기 전에 흰 송로 버섯을 깎아서 얹으라고 제안한다. 송로 버섯의 풍미를 치즈와 마늘, 콜리플라워와 섹스의 조합이라고 묘사하기도 한다. 달리 표현하자면 청과물 가게 주인과 밤을 보내는 맛이다.

콜리플라워와 아몬드

엘 불리에서 근무하였고 현재 리즈 지방에 안토니스 레스토랑을 차린 안소니 플린Anthony Flinn은 콜리플라워 퓌레에 크림과 포도 젤리, 브리오슈를 더한 콜리플라워 트라이플을 만들어낸다. 또한 콜리플라워와 아몬드 크렘 캐러멜을 선보이기 시작했다. 콜리플라워 퓌레로 만든 크렘 캐러멜 아래 가염 캐러멜을 깔고 따뜻한 아몬드 크림을 얹은 디저트다.

콜리플라워와 안초비: 안초비와 콜리플라워(234쪽) 참조.

콜리플라워와 조개 및 갑각류

콜리플라워 퓌레는 종종 센불에 겉만 빠르게 구운 가리비와 함께 낸다. 씁쓸한 풍미가 조개 및 갑각류의 달콤한 맛과 대조를, 그리고 캐러멜화된 바삭한 겉 부분의 가벼운 쓴맛과는 조화를 이룬다. 다른 느낌의 맛으로는 일본의 요리 작가 마치코 치바가 선보인 콜리플라워와 브로콜리 샐러드가 있으며, 이들을 데쳐서 신선한 게살을 더한 다음 간장, 맛술, 참기름, 청주와 설탕으로 만든 드레싱을 버무려 만든다. 마치코는 여기에 이상적인 와인 마리아쥬로 할브트로켄Halbtrocken 리즐링을 추천한다.

콜리플라워와 초콜릿

셰프 헤스턴 블루멘탈은 콜리플라워에게 본인의 애정을 온전히 보여주고 싶은 마음에 초콜릿을 가져왔다. 그 결과 콜리플라워 카르파치오와 초콜릿 젤리를 얹은 콜리플라워 리소토가 탄생했다. 한데 모인 모든 요소의 풍미가 순차적으로 풀려나다가 블루멘탈이 식사 마지막으로 마시는 에스프레소에 비유한 특

별히 캡슐처럼 굳힌 초콜릿이 터지면서 쓴맛을 방출할 때 절정에 달하는 요리다. 콜리플라워 리소토를 완성하기 위해서 블루멘탈은 콜리플라워 국물, 콜리플라워 크림, 저민 콜라플라워, 말린 콜리플라워, 콜리플라워 벨루테, 사각형 초콜릿 젤리와 얇은 원형 초콜릿 젤리를 만든 다음 리소토를 요리했다.

콜리플라워와 캐비어: 캐비어와 콜리플라워(221쪽) 참조.

콜리플라워와 케이퍼

콜리플라워는 성가실 일이 없는 브로콜리다. 브로콜리는 생기 있고 깊은 쇠 맛과 복합적인 풍미를 내는 반면, 콜리플라워는 치즈 담요를 덮고 포근하게 웅크려서 조용한 삶에 푹 빠져 지낸다. 활력을 조금 불어넣고 싶다면 바로 이때 케이퍼를 넣으면 된다. 케이퍼는 콜리플라워에 섞는다기보다 더하는 느낌으로 조금만 사용해야 한다.

> *recipe*
> **〔케이퍼 풍미를 더한 콜리플라워〕**
> 1. 다진 양파 1개 분량을 올리브 오일에 부드럽게 익힌다.
> 2. 고춧가루 약간과 다진 마늘을 넣고 몇 초 더 볶는다.
> 3. 데친 콜리플라워 송이 약간과 빵가루, 건포도를 넣고 빵가루가 노릇해질 때까지 볶는다.
> 4. 마지막으로 케이퍼와 파슬리를 넣고 따끈하게 데운 다음, 리가토니를 넣어서 버무려 낸다.

콜리플라워와 쿠민: 쿠민과 콜리플라워(121쪽) 참조.

콜리플라워와 호두

나는 점심을 먹으려고 무엇보다도 맛있는 생콜리플라워와 호두, 대추야자 샐러드를 제공하는 작은 카페에 즐겨 드나들었다. 레시피를 얻었으면 좋았을 것을, 드레싱을 재현하기가 어렵다는 사실을 깨달으며 후회했다. 거의 성공하기는 했지만 여전히 뭔가가 부족하다(그게 뭔지 알아낸 사람이 있다면 제발 말해주길 바란다). 생콜리플라워의 흰 양배추 풍미를 말린 과일과 조합하면 덩어리진 건포도를 넣은 코울슬로가 될 거라고 생각할지도 모르지만, 대추야자의 진한 단맛과 사워크림이 눈에 띄는 차이를 만들어낸다.

recipe

〔콜리플라워와 호두와 대추야자 샐러드〕

1. 콜리플라워 송이를 길이 2cm, 두께 1cm 크기로 자그마하게 나눈다. 콜리플라워 송이 100g당 다진 메줄 대추야자 1개 분량과 4등분한 호두 5~6개 분량을 준비한다.
2. 볼에 모두 담아서 버무린다.
3. (콜리플라워 200~300g당) 사워크림 150ml, 레몬즙 2작은술, 정백당 2작은술, 소금 1/4작은술, 간 검은 후추 약간을 섞어서 만든 드레싱을 더한다.
4. 잘 섞으면 완성이다.

Broccoli
브로콜리

브로콜리는 품종마다 쓴맛과 단맛이 서로 다른 비율로 균형을 이루고 있다. 송이 숲이 무성한 품종인 칼라브리아 브로콜리는 싹의 끝 부분으로 갈수록 맛이 달콤하고, 보라색 송이에서는 자극적인 풍미가 깊으며, 쓴맛이 제일 강한 종류는 브로콜리 라베다. 중국 브로콜리라고 불리는 가이란은 칼라브리아와 가까운 사이로 비슷한 단맛이 나지만, 머리 부분보다 줄기와 잎 비율이 높아서 훨씬 촉촉하다. 조이 라크컴은 가이란을 맛있고 재배하기 수월한 채소라고 설명한다. 또한 마땅히 찬사를 받아야 할 포르투갈의 트론슈아 양배추와 식물학적 유사성을 보인다고 덧붙인다. 모든 브로콜리 품종은 짭짤한 재료를 매우 선호하므로 이탈리아 요리에서는 안초비와 파르메산 치즈, 영국 요리에서는 블루 치즈, 중국 요리에서는 간장 및 검은콩 등 여기저기서 빈번하게 짝을 이룬다.

브로콜리와 경질 치즈: 경질 치즈와 브로콜리(92쪽) 참조.

브로콜리와 고추
콜리플라워처럼 브로콜리도 구울수록 풍미가 진하고 달콤해진다. 홍고추(훈연 향이 나는 말린 것 또는 달콤한 날것)가 이상적인 단짝이다. 안초비와 브로콜리(232쪽) 또한 참조.

브로콜리와 돼지고기: 돼지고기와 브로콜리(46쪽) 참조.
브로콜리와 땅콩: 땅콩과 브로콜리(29쪽) 참조.

브로콜리와 레몬
브로콜리는 참으로 장점이 많은 채소지만, 안타깝게도 익히고 나면 매우 빠르게 식는다는 단점이 있다. 여기에 런던의 이탈리아 레스토랑 오르조Orzo는 레몬즙을 둘러서 뜨겁지 않고 따뜻하게 낸다는 해답을 내놓았다. 아무 설명 없이 이렇게 식탁에 등장하면 실망할지도 모르지만 신경언어를 자극하는 교묘한 작전에 따라 따뜻한 상태로 제공된다는 경고를 미리 들으면 반드시 같이 주문해야 할 돼지고기(천천히 익히며 껍데기를 바삭하게 구운 것)만큼 기적적으로 맛있게 느껴진다.

브로콜리와 마늘
건강하면서 동시에 제일 재미있게 먹을 수 있는 조합이다. 생강과 함께 굴 소스에 볶거나, 취향에 따라 안초비를 더하거나 제외해서, 안초비와 브로콜리(232쪽)에 간단하게 설명한 고전 방식에 따라 조리한 다음 파스타와 함께 낸다. 또는 다음 태국식 면 요리를 만들어보자. 분량은 1인분이다.

recipe
[브로콜리와 마늘 볶음 국수]

1. 가는 에그 누들 1개 분량을 봉지에 적힌 안내에 따라 불린 다음 건져서 종이 타월로 두드려 물기를 제거한다.
2. 궁중팬에 땅콩기름을 1큰술 달구고 4등분한 마늘 3쪽 분량을 볶는다.
3. 노릇하게 익으면 그물국자로 건져서 따로 둔다.
4. 에그 누들과 작게 송이로 나눈 브로콜리 100g을 넣고 3분간 쉬지 않고 볶으면서 익힌다.
5. 살짝 푼 달걀물을 팬에 부어서 면과 골고루 섞어가며 볶은 다음 진간장 2작은술, 국간장 1작은술, 굴소스 1작은술, 설탕 1작은술, 물 1큰술을 섞어서 만든 소스를 붓는다. 잘 섞어서 1분간 골고루 데운다.
6. 흰 후추를 살짝 뿌리고 마늘쪽으로 장식하여 낸다.

브로콜리와 베이컨

브로콜리와 판체타는 쌉쌀하고 달콤하며 짭짤하여 맛있는 조합을 이룬다. 여기에 선드라이드 토마토, 파르메산 치즈, 잣, 고추를 더하면 단맛과 신맛, 짠맛, 매운맛, 감칠맛이 극한으로 치닫으면서 거의 동양 요리에 가까운 이탈리아식 조합이 된다.

recipe
[브로콜리, 판체타, 잣, 선드라이드 토마토 링귀니]

1. 잣 75g을 구워서 따로 둔다.
2. 대형 프라이팬을 중간 불에 올려서 올리브 오일 3큰술을 두른 다음 말린 고추 10개, 저민 마늘 6쪽 분량을 넣어서 향을 내다가 마늘이 골고루 노릇해지면 고추와 함께 건진다.
3. 링귀니 400g을 삶는 사이 마늘 향이 나는 오일에 깍둑 썬 판체타 200g을 넣는다.
4. 판체타가 바삭하게 익으면 작게 송이를 나눈 브로콜리 400g을 넣고 기름에 골고루 버무린다. 4분간 익힌다.
5. 선드라이드 토마토 100g을 저며서 넣고 1분 더 익힌다.
6. 파스타 삶은 물 3~5큰술을 더하여 걸쭉하게 만든다.
7. 파스타를 건져서 프라이팬에 넣고 절반 분량의 잣을 더한다.
8. 불을 끄고 간을 해서 골고루 버무린다.

9. 접시 4개에 나누어 담고 남은 잣과 간 파르메산 치즈를 넉넉히 뿌린다.

브로콜리와 블루 치즈: 블루 치즈와 브로콜리(87쪽) 참조.

브로콜리와 소고기

대조적인 달콤 쌉쌀한 풍미는 물론 서로 공유하는 톡 쏘는 쇠 맛 덕분에 구축된 풍미 조합이다. 인기 높은 미국식 중국 볶음 요리는 브로콜리와 소고기에 짭짤한 굴 소스와 생강, 마늘을 더하여 만든다. 하지만 기력이 떨어져 날고기의 쌉쌀한 철분 풍미를 적극적으로 갈망하는 중이라면, 센불에 빠르게 구운 스테이크에 마늘과 안초비를 넣어 익힌 브로콜리를 곁들이는 것이 제격이다.

브로콜리와 안초비: 안초비와 브로콜리(232쪽) 참조.

브로콜리와 콜리플라워

무성한 칼라브리아 브로콜리와 콜리플라워는 둘 다 꽃양배추 가족으로, 날것으로 우물우물 씹어보면 이들이 공유하는 여러 풍미 화합물이 잘 드러난다. 익히면 브로콜리의 쌉쌀하고 깊은 쇠 맛과 콜리플라워의 두터운 유황 풍미가 드러나며 차이점이 뚜렷해진다. 브로코플라워broccoflower라 불리는 혼종은 누구나 예상하듯이 콜리플라워처럼 생긴 외관에 은은한 브로콜리 맛이 난다. 경험상 사람들은 브로콜리를 사랑하거나 싫어하거나 둘 중 하나며, 끝부분이 뾰족뾰족하다고 해서 크게 달라지지는 않는다. 로마네스코라는 이름으로 잘 알려진 다른 녹색 콜리플라워 품종은 녹색 달걀 빛깔과 고대 태국 탑처럼 생긴 기하학적 소용돌이 모양 덕분에 유명해졌지만 동시에 생김새 때문에 꺼리는 사람도 있다. 프로그레시브 록밴드의 앨범 표지 같기도 하다. 다른 콜리플라워나 브로콜리보다 맛이 부드럽고 유황 풍미가 덜하다.

브로콜리와 호두: 호두와 브로콜리(345쪽) 참조.

Glove Artichoke
아티초크

아티초크는 사실 엉겅퀴 꽃일 뿐이라는 소박한 기원을 가지고 있지만, 풍미는 놀랍도록 경이롭고 복잡하다. 상세한 설명은 아티초크와 양고기(186쪽)를 참조하자. 아티초크에는 무엇이든 간에 바로 이어서 먹는 음식에서 단맛을 느끼게 만드는 독특한 효과를 지닌 석탄산 화합물 시나린cynarin이 함유되어 있다. 시나린은 일시적으로 미뢰의 감미로운 수용체를 억제해서, 아티초크를 한 입 먹고 나서 예컨대 물을 한 모금 마시게 되면 혀에서 화합물이 쓸려내려가며 수용체가 다시 작동하기 시작하여, 갑작스럽게 대조적인 상태를 느낀 뇌가 방금 설탕물을 삼켰다고 생각하게 만든다. 금방 흥미가 떨어지기는 하겠지만 순간적으로는 "라디키오에서 단맛이 나!"라고 다들 신나게 떠들 만한 여흥거리가 되지만, 와인에게는 나쁜 소식이다. 그리고 와인의 적은 나의 적이다. 이 문제는 아티초크와 와인 사이에 다리를 놓는 재료를 배치해서 최소화할 수 있다(즉 쉽게 말해서 아티초크를 먹은 다음 와인을 마시기 전에 일단 다른 음식을 먼저 한 입 먹는 것이다). 아니면 와인을 아예 치워버리고 이탈리아의 아티초크 풍미 리큐어 시나를 마실 수도 있다.

아티초크와 감자

돼지감자는 일반 아티초크와 연관이 없지만 아티초크와 최상급 감자를 섞은 맛이 난다고 느끼는 이들이 워낙 많은 덕분에 예루살렘 아티초크라는 이름을 얻었다. 소화하기 힘들다는 사실이 그리 널리 알려지지만 않았더라도 돼지감자는 틀림없이 훨씬 인기가 있었을 것이다. 소화가 더 잘 되는 조합은 아티초크와 감자 쪽이다. 프로방스에서는 이들을 얇게 저며서 올리브 오일과 마늘을 넣어 굽는다(에스코피에는 마늘 대신 송로 버섯, 올리브 오일 대신 버터를 넣어서 요리를 화려하게 만든다). 또는 익힌 아티초크 잎에서 긁어낸 속살을 더해 한결 좋은 맛을 낸 마요네즈를 감자에 넣고 버무려서 차가운 샐러드를 만들어도 좋다. 『실버 스푼』에 따르면 이탈리아에서는 아티초크와 감자로 수프나 파이를 만든다.

아티초크와 경질 치즈: 경질 치즈와 아티초크(94쪽) 참조.

아티초크와 굴

지아코모 카스텔베트로는 17세기 초반 『이탈리아의 과일, 허브 및 채소The fruit, herbs and Vegetables of Italy』 사본에서 아티초크와 굴, 소 골수를 넣은 작은 파이를 언급하며 아티초크와 굴 조합을 소개한다. 오늘날 아티초크와 굴의 조합은 굴에 미친 루이지애나에서 만드는 비스크bisque에서 제일 높은 인기를 누린다.

아티초크와 돼지고기

프랑스와 이탈리아에서는 아티초크를 손질해서 포엽 사이에 다진 돼지고기나 소시지용 고기를 밀어 넣어 채운다. 요리하는 사람도 먹는 사람도 조금 번거로운 음식이지만 풍미 조합은 훌륭하며, 잎 사이로 스며든 돼지고기가 아티초크를 더 먹고 싶게 만드는 짠맛을 제공한다. 나는 아티초크와 돼지고기를 넣어서 파이를 만든다.

> *recipe*
> **〔아티초크와 돼지고기 피크닉 파이〕**
> 1. 통아티초크 통조림 1개 분량을 건져서 씻은 다음 반으로 자르고 종이 타월로 두드려 말린다.
> 2. 20cm 크기의 파이 틀에 쇼트크러스트 페이스트리를 채우고 소시지용 고기 250g을 넣어 펴 바른다. 아티초크를 위에 올리고 소시지용 고기 250g을 추가로 얹어 덮는다.
> 3. 페이스트리 뚜껑을 덮고 가장자리를 여민 다음 가운데에 구멍을 작게 뚫는다.
> 4. 180℃로 예열한 오븐에서 1시간 동안 굽는다.

샐러드를 넉넉히 곁들이고 피클을 함께 내서 차갑게 먹을 때 제일 맛있다.

아티초크와 레몬

부활절 기간에 로마로 날아가서 아티초크를 통째로 기름에 튀긴 카르쵸피 알라 귀다 carciofi alla guida를 한 봉지 가득 사자. 레몬 조각과 냅킨 뭉치를 집어 들고 아직 뜨거울 때 나무 아래에서 먹는다. 삶거나 찐 아티초크는 와인에 곁들이기에는 거친 궁합일 수도 있지만 튀긴 아티초크는 술 한 병과 갈색 종이 봉지를 들고 나무 아래에 고꾸라져 있는 사람에게 붙는 사회적 낙인을 감당할 수만 있다면 신선하고 새콤한 드라이 프로세코 와인과 아주 잘 어울린다.

아티초크와 민트

아티초크의 진지한 태도가 민트를 만나서 산뜻해진다. 이 둘은 아티초크를 손질한 다음 다진 민트와 마늘을 잎 사이사이에 채우고 줄기가 위로 오도록 뒤집어서 물과 레몬즙, 기름과 여분의 민트에 뭉근하게 익혀서 만드는 카르쵸피 알라 로마나 carciofi alla romana에서 짝을 이루기로 유명한 조합이다. 양고기 아티초크 스튜에도 고명으로 민트를 넉넉하게 뿌린다.

아티초크와 베이컨

남자친구와 나는 동화 속의 성이 산재한 이탈리아 라치오의 풍경 속을 신나게 돌아다니며 오래오래 행복하게 살지는 못할 길을 가고 있었다. 누구도 방해할 수 없을 정도로 격렬하게 말싸움을 하던 우리는 꽤 맛있어 보이는 광고판을 보고서야 점심시간이 한참 전에 지나갔고 배가 고프다는 사실을 깨달았다. 어머니 같은 분위기의 이탈리아인 가게 주인은 우리 사이의 마찰을 감지했는지, 가엾게 여기며 올리브 나무 아래 자리한 식탁으로 안내했다. 그리고 다행히 얼마 지나지 않아 상표가 붙어 있지 않은 차가운 드라이 화이트 와인과 거대한 숟가락, 녹아내린 거품들이 터지면서 분화구를 형성한 표면에 빵가루와 치즈가 뒤덮힌 테라코타 그릇을 가져다주었다. 그가 숟가락을 들고 딱딱한 껍질을 부수자 파르메산 치즈를 넣은 달콤 짭짤하고 농후한 베샤멜소스에 들어간 리가토니와 판체타, 아티초크 더미가 모습을 드러내며 김이 올라왔다. 흔히들 시장이 최고의 반찬이라고 하지만, 올리브 나무 아래서 보낸 그날의 점심 식사가 얼마나 맛있었는지를 생각해보면 이제 '아무래도 상관없는 사이'가 된 사람과 함께하는 식사가 배고픔 다음으로 좋은 반찬인 것 같았다. 우리는 서로를 바라보며 웃었다. 나는 두 와인 잔을 가득 채웠다. 그는 두 접시에 파스타를 가득 담았다. 아티초크의 씁쓸하고 고소한 풋내가 판체타와 치즈의 농후한 맛을 끊어냈다. 지금까지 중 최고의 마지막 데이트였다. 연애가 암초에 부딪혔다면 리가토니를 삶자.

> *recipe*
>
> ### 〔아티초크와 판체타 그라탕〕
>
> 1. 리가토니 200g을 삶는다.
> 2. 양파 1개, 마늘 2쪽을 곱게 다져 올리브 오일에 부드러워지도록 볶는다. 저민 판체타 75g을 더한다.
> 3. 익힌 아티초크 받침 4~6개(양질의 통조림 제품도 좋다)를 6등분한다.
> 4. 볼에 우유 125ml, 더블 크림 150ml, 간 파르메산 치즈 50g을 섞는다.
> 5. 알 덴테로 익은 파스타를 건져서 팬에 넣은 다음 우유 크림 혼합물, 양파, 아티초크를 더한다.
> 6. 저어서 잘 섞고 간을 맞춘 다음 오븐용 그릇에 담는다. 모차렐라 볼을 저며서 위에 얹는다.
> 7. 빵가루 50g과 간 파르메산 치즈 25g을 섞어서 위에 덮고 200°C로 예열한 오븐에서 30분간 굽되, 탈 것 같으면 알루미늄 포일을 덮는다.

저렴한 이탈리아 화이트 와인 1병을 차갑게 식혀서 함께 낸다.

아티초크와 송로 버섯

1891년 안톤 체호프는 형에게 몬테 카를로의 레스토랑에 대해 불평하는 편지를 썼다. '엄청나게 바가지를 씌우면서 화려한 식사를 대접한다네. … 작은 요리 하나도 대량의 아티초크, 송로 버섯, 나이팅게일의 혀 등으로 잔뜩 치장해서 가져오지.' 아티초크가 송로 버섯과 푸아그라처럼 제일 고가인 재료와 심히 자주 짝을 이룬 사실은 엉겅퀴과가 놀라운 매력을 지녔다는 증거가 되어준다. 심지어 오늘날에도 최고 레스토랑에서 이들을 함께 낸다. 미쉐린 별 셋을 딴 요리사 가이 사보이Guy Savoy는 검은 송로 버섯을 넣은 아티초크 수프에 버섯과 송로 버섯 버터를 켜켜이 넣은 브리오슈를 곁들여서 지구 안으로 아주 파고든 것처럼 흙냄새 도는 대표 요리를 선보인다.

아티초크와 양고기

아티초크의 풍미를 설명하기란 힌트로 낱말 맞추기 게임을 하는 것과 비슷하다. 아티초크 풍미가 살짝 아스파라거스 같다고 말하는 사람도 있지만 내 생각에 아스파라거스에서는 더 풋풋한 풍미가 나며, 아티초크 밑동에서는 버섯을 가미한 채소 국물에 부드럽게 익혀서 버터를 듬뿍 바르고 백랍을 약간 더한 칼라브리스 브로콜리 줄기와 더 비슷한 맛이 난다. 풍미도 뛰어나지만 치밀하면서 유연하고 부드러운 질감으로 진정한 마법을 구현하는 아티초크는 채소계의 푸아그라다. 이탈리아와 스페인에서 봄채소인 아티초크는 제철이 겹치는 양고기와 궁합을 이루며, 특히 스튜에 같이 넣는다. 양고기는 소고기와 돼지고기는 절대 하지 않는 방식으로 아티초크의 씁쓸한 맛을 부드럽게 다독인다. 양고기 아티초크 스튜의 유일한 단점은 아티초크의 껍질을 벗기고 썰어야 한다는 것이다. 에드워드 가위손과 손바닥치기 놀이를 하는 기분이 들게 될 것이다. 통조림 또는 냉동 아티초크를 사용할 수도 있지만, 그러지 말자. 풍미나 질감 면에서 절대 대체물이 될 수 없다. 아름다움과 마찬가지로 풍미 또한 고통이다.

아티초크와 완두콩: 완두콩과 아티초크(294쪽) 참조.

아티초크와 조개 및 갑각류

아티초크에는 낯설고 가식적인 단맛을 주는 화학 물질 시나린이 함유되어 있다. 훨씬 기분 좋은 천연 단맛을 지닌 조개 및 갑각류와 좋은 단짝을 이루며, 짭짤한 풍미 덕분에 아티초크의 맛있는 매력이 두드러진다. 익힌 아티초크에서 질긴 겉잎, 자주색 속잎, 털난 심을 제거하면 게와 바닷가재, 새우를 마요네즈나 식초와 함께 담을 수 있는 '컵'이 된다. 또는 익힌 통아티초크를 얇게 저민 다음 게살, 마요네즈, 곱게 다진 셜롯, 간 파르메산 치즈에 버무리고 허브 빵가루를 한 켜 뿌려서 구운 다음 매콤한 딥을 만들어서 곁들일 수도 있다. 오븐에서 꺼내자마자 크래커와 함께 낸다.

아티초크와 프로슈토: 프로슈토와 아티초크(248쪽) 참조.

Asparagus
아스파라거스

짭짤한 유제품 재료는 아스파라거스와 천국 같은 짝을 이룬다. 버터와 파르메산 치즈, 홀랜다이즈 소스는 아스파라거스의 달콤한 유황 맛, 채소 풍미와 대조를 이루며 동시에 강화하는 역할을 한다. 달걀과 갑각류, 마늘 등 다른 유황 맛 재료도 아스파라거스와 조화롭게 어울린다. 스프루sprue라고 불리는 가느다란 아스파라거스는 완전히 자란 것보다 더 톡 쏘는 풍미가 있다. 흰색 아스파라거스는 녹색과 같은 종자를 흙으로 감싸서 엽록소 생성을 억제하며 기른 것이다. 색이 부족한 만큼 풍미가 상당히 떨어진다. 그것을 은은하고 부드러우며 '고상하다'고 표현하는 사람들도 있지만, 나는 잘 자란 녹색 아스파라거스를 진미로 만들어주는 농후한 견과류 풍미가 결여된, 미끈하고 창백한 대롱 모양 흰색 아스파라거스를 좋아해야 할 이유가 무엇인지 도무지 알 수가 없다. 스페인 사람들은 흰색 아스파라거스를 미식으로 추천하면서도, 왜인지 셰프가 까맣게 잊어버린 손가락처럼 샐러드 채소 아래 숨겨서 낸다.

아스파라거스와 감자
흙냄새와 견과류 풍미를 공유하는 조합이다. 제인 그릭슨은 삶은 감자에 아스파라거스를 곁들여서 반숙 달걀, 수제 빵, 버터, 루아르 화이트 와인과 함께 점심 식사로 내라고 조언한다. 같은 포도 품종으로 양조하는 루아르의 상세르와 뉴질랜드의 쇼비뇽 블랑은 아스파라거스 풍미 덕분에 까다로운 채소와도 이상적인 궁합을 이룬다.

아스파라거스와 경질 치즈: 경질 치즈와 아스파라거스(94쪽) 참조.
아스파라거스와 기름진 생선: 기름진 생선과 아스파라거스(226쪽) 참조.
아스파라거스와 달걀: 달걀과 아스파라거스(194쪽) 참조.

아스파라거스와 땅콩
야회복으로 다트 게임을 하는 것처럼 어울리지 않는 조합처럼 보일지도 모르지만, 사실 아스파라거스의 진한 고기 풍미는 땅콩과 아주 잘 어울리며 특히 동양식으로 조리하면 탁월한 맛이 난다. 아스파라거스를 쪄서 다음 땅콩 드레싱과 함께 내보자.

> *recipe*
> 〔아스파라거스 땅콩 드레싱 무침〕
> 1. 해바라기 씨 오일 3큰술에 레몬즙 3큰술, 진간장 2큰술, 설탕 한 꼬집을 섞어서 가볍게 간을 한다.
> 2. 구워서 다진 무염 땅콩 100g을 섞는다.
> 3. 찐 아스파라거스와 잘 버무려 낸다.

아스파라거스와 레몬: 레몬과 아스파라거스(447쪽) 참조.

아스파라거스와 민트

미국의 요리사 다니엘 불뤼는 생민트와 레몬 제스트를 넣은 물 약간에 아스파라거스를 찐 다음 엑스트라 버진 올리브 오일, 레몬즙, 여분의 민트를 둘러서 낸다. 직접 만들 때는 민트를 적당히 넣자. 아스파라거스 줄기가 칫솔처럼 느껴질 수도 있다.

아스파라거스와 버섯

모렐 버섯과 아스파라거스는 제철을 공유하는 훌륭한 단짝이다. 까맣게 타버린 대지에서 자라는 것을 좋아하는 모렐 버섯의 특징을 생각해보면 날것일 때 가벼운 훈연 향을 띠고 아스파라거스 등 유황 풍미와 잘 맞는 이유를 알 듯하다. 샹트렐 레스토랑의 요리사 데이빗 월턱David Waltuck은 볶은 모렐과 아스파라거스 플랑을 굴과 마데이라로 만든 부드러운 소스와 함께 낸다. 달걀은 두 풍미와 특히 잘 어울려서 가끔 삼각관계를 이루기도 한다. 고전적인 외프 페시카oeufs fessica는 저민 모렐과 아스파라거스, 양질의 고기 육수 약간과 구운 달걀을 짝지어 만드는 요리다.

아스파라거스와 송로 버섯

피터 레빈의 저서 『최음제』에는 아스파라거스가 신장과 '요로를 자극하는' 이뇨제 역할을 한다는 내용이 실려 있다. 이걸 듣고도 사랑을 나눌 분위기가 조성되지 않는다면, 아스파라거스 수프에 검은 송로 버섯을 깎아 얹거나 송로 버섯 오일을 조금 두르자. 아스파라거스를 익히면 달콤한 유황 풍미가 강렬하게 발달하여 검은 송로 버섯과 특히 잘 어울린다. 송로 버섯 추출물을 분석한 결과 수퇘지의 성호르몬 흔적이 남아 있다는 사실이 밝혀졌으며, 이로써 암퇘지가 하루 종일 덤불 속을 쿵쿵거리며 숲속을 끌려 다녀도 행복하게 묵인하는 이유를 알 수 있다. 무슨 일이 있어도 데이트를 위해서 만들어야 할 요리지만, 상대방이 맛있다고 좋아할 때 그것이 어떤 의미일지 한번 돌아볼 필요가 있다.

아스파라거스와 아니스

타라곤의 풍미는 절대 살짝 녹색이 도는 이파리의 느낌처럼 연약하지 않다. 타라곤 풍미를 가미한 식초와 겨자 및 피클의 맛을 떠올려보자. 마찬가지로 과감하게 풍미를 더하는 아스파라거스는 종종 타라곤과 짝을 이룬다. 아스파라거스 줄기를 타라곤과 셜롯 풍미의 베어네이즈 소스와 함께 내거나 아스파라거스와 타라곤, 달걀이 멋진 삼인조를 이룬 오믈렛, 구운 앙 코코트 en cocotte 또는 아스파라거스를 바큇살처럼 장식한 따뜻한 타르트를 먹어보자.

아스파라거스와 아몬드: 아몬드와 아스파라거스(357쪽) 참조.
아스파라거스와 오렌지: 오렌지와 아스파라거스(433쪽) 참조.
아스파라거스와 완두콩: 완두콩과 아스파라거스(294쪽) 참조.
아스파라거스와 조개 및 갑각류: 조개 및 갑각류와 아스파라거스(204쪽) 참조.
아스파라거스와 프로슈토: 프로슈토와 아스파라거스(248쪽) 참조.
아스파라거스와 흰살 생선: 흰살 생선과 아스파라거스(212쪽) 참조.

Egg
달걀

달걀의 맛을 즉석에서 비교하면 풍미가 눈에 띄게 차이난다는 사실이 드러난다. 운이 좋다면 타고난 짠맛이 느껴지고 반숙으로 삶으면 부드럽고 찍어 먹기 좋은 소스가 되는 노른자를 얻을 수 있다. 달걀 풍미가 달라지는 것은 주로 시간과 저장 상태에 기인하지만, 닭의 식단 변화에서 영향을 받기도 한다. 희귀하고 비싼 갈매기 알에서는 (펭귄 알에서 당연히 나듯이) 생선 풍미가 나며 거위와 꿩 알에서는 야생 고기 풍미가 더 난다고 주장하는 사람도 있지만, 나는 어느 것도 제대로 감지할 수 없었다. 메추리 알과 오리 알은 종종 크림 같다고들 하는데, 흰자에 비해서 노른자 비율이 높기 때문이다.

달걀과 감자: 감자와 달걀(127쪽) 참조.
달걀과 고추: 고추와 달걀(300쪽) 참조.
달걀과 굴: 굴과 달걀(216쪽) 참조.
달걀과 기름진 생선: 기름진 생선과 달걀(223쪽) 참조.

달걀과 넛멕

에그노그는 크리스마스 쇼핑을 하고난 오후에 마시기 딱 좋은 완벽한 원기 회복제다. 칵테일 쉐이커에 럼이나 브랜디 또는 마살라 3큰술, 우유 4큰술, 달걀노른자 1개, 얼음 약간을 넣는다. 잘 휘저어서 걸러내어 잔 하나에 담은 다음 향기로운 넛멕을 갈아 넉넉히 뿌린다. 추운 바깥에서 방금 들어온 것 같은 맛이 난다. 넛멕이 선사하는 초반의 따뜻한 충격이 걸쭉해진 우유와 럼의 여운으로 이어지며 진정된다. 그리고 다음 에그노그 타르트는 너무 맛있어서 크리스마스 푸딩의 지위를 찬탈하겠노라 위협할 정도다.

> *recipe*
> **〔에그노그 타르트〕**
> 1. 싱글 크림 150ml를 데운다.
> 2. 다른 볼에 달걀노른자 3개, 정백당 75g, 소금 한 꼬집을 넣고 넛멕을 넉넉히 갈아 넣어서 잘 섞는다.
> 3. 크림을 달걀물에 천천히 부으면서 계속 휘젓는다.
> 4. 깨끗한 팬에 부어서 계속 저어가며 혼합물이 숟가락 뒷면에 묻어날 정도로 걸쭉해질 때까지 서서히 익힌다. 불에서 내리고 따로 둔다.

5. 뜨거운 물 4작은술에 젤라틴 가루 2작은술을 잘 녹여서 커스터드에 넣고 잘 섞는다.
6. 럼 3큰술, 브랜디 1큰술, 바닐라 익스트랙 1/2작은술을 넣고 잘 섞은 다음 체에 걸러서 유리잔이나 도기 그릇에 담는다.
7. 넛멕을 조금 더 갈아 뿌리고 냉장고에 넣는다.
8. 커스터드가 굳기 전에 달걀흰자 3개 분량을 부드럽게 뿔이 설 정도로 거품 낸다. 커스터드를 넣고 접듯이 섞은 다음, 초벌구이한 지름 23cm 크기의 깊은 스위트 페이스트리 틀에 담는다. 식혀서 굳힌다.
9. 방금 간 넛멕을 추가로 넉넉히 올려서 실온으로 낸다.

부순 비스킷으로 만든 틀로 대체해도 좋다.

달걀과 닭고기
이상한 조합이라는 생각이 들 수도 있다. 서양에서는 이 둘을 함께 넣은 요리를 떠올리기 힘들다. 닭고기 오믈렛 정도가 있을까. 하지만 그런 요리를 좋아하는 사람이 있기는 한가? 동물과 새끼를 함께 낸다는 발상에 불편함을 느낄지도 모르지만, 동양의 전통 요리에는 그러한 인식이 없다. 중국에서는 닭고기 수프와 닭고기 볶음밥, 닭고기 죽에 달걀을 깨 넣는다. 일본에는 '부모와 자식'이라는 뜻으로 오야코동이라고 불리는 덮밥 요리가 있으며, 닭고기와 달걀 및 잔파를 간장과 다시(말린 가다랑어 포 국물)와 맛술(달콤한 청주) 혼합물에 뭉근하게 익힌 다음 밥에 얹어서 낸다. 보아하니 폴 사이먼은 본인이 작곡한 노래 '모자의 재회 Mother and Child Reunion'의 제목을 뉴욕에 있는 중국 레스토랑 메뉴판을 보고 떠올렸음이 틀림없다.

달걀과 돼지고기: 돼지고기와 달걀(43쪽) 참조.

달걀과 딜
딜의 깔끔하고 날카로운 풍미는 유황 냄새가 풍기는 달걀의 편안한 맛과 대조를 이룬다. 달걀을 삶아서 풍미가 최대화되어 딜의 고집스러운 감귤류 풋내에도 맞설 수 있을 때 최고로 잘 어울리는 조합이다. 간소한 달걀과 딜 샌드위치는 누구도 따라올 수 없다.

달걀과 레몬
그리스에서 아브고레모노Avgolemono('달걀 레몬')는 소스와 수프 두 가지 형태로 인기를 누린다. 작가 앨런 데이비슨Allan Davidson은 레몬 향을 가미한 마요네즈처럼 아브고레모노에서 두 재료가 얼마나 멋지게 조화를 이루는지에 주목한다.

> *recipe*
> **〔아브고레모노 수프〕**
> 1. 닭 육수 1L를 한소끔 끓여서 쌀이나 오르조 파스타를 넣는다.
> 2. 쌀 혹은 파스타가 거의 익을 즈음이 되면, 달걀 2개와 레몬즙 1개 분량을 거품기로 잘 푼다.
> 3. 뜨거운 육수 한 국자를 달걀 혼합물에 넣어서 잘 저은 다음 불에서 내린다.
> 4. 달걀 물을 닭고기 육수에 조금씩 넣으며 섞는다. 셀러리와 양고기(137쪽) 또한 참조.

달걀과 물냉이: 물냉이와 달걀(141쪽) 참조.

달걀과 바나나

일본에서는 달걀에 간장과 설탕을 더해서 다마고야키라고 불리는 오믈렛을 만들어 초밥 가게에서 짭짤한 요리로 낸다. 달콤하게 만든 오믈렛은 프랑스 요리에서 고전적인 위상을 차지하고 있으며, 잼이나 과일 콤포트를 속에 채우거나 가끔 잣을 뿌려서 디저트로 낸다. 이 얼마나 멋진 발상인가. 다음 레시피는 너무나 간단해서 아직 눈을 비비는 와중에도 아침 식사로 만들어낼 수 있다.

> *recipe*
> **〔바나나 오믈렛〕**
> 1. 달걀 3개를 풀어서, 평소대로 접어 만드는 오믈렛을 부친다. 다만 달걀을 풀 때 정백당 1큰술과 소금 한 꼬집을 넣는다.
> 2. 버터에 구운 다음 반으로 접기 전에 으깨거나 동전처럼 동그랗게 저민 바나나(소)를 채운다.

달걀과 바닐라

바닐라는 페이스트리와 디저트에서 특히 환영받지 못하는 달걀 비린내를 밀어낸다. 달걀과 바닐라는 외프 아 라 네쥬oeufs á la neige(달걀 모양으로 빚은 생머랭을 연한 색 커스터드에 띄운 요리), 크렘 캐러멜, 크렘 브륄레, 바닐라 수플레, 바닐라 아이스크림, 커스터드라는 이름으로 알려진 크렘 앙글레즈 등에서 크림, 우유, 설탕, 밀가루와 다양하게 짝을 이룬다.

달걀과 바질: 바질과 달걀(308쪽) 참조.

달걀과 버섯: 버섯과 달걀(107쪽) 참조.
달걀과 베이컨: 베이컨과 달걀(240쪽) 참조.
달걀과 블랙 푸딩: 블랙 푸딩과 달걀(51쪽) 참조.

달걀과 비트

'키위 버거'에 들어가는 독특한 재료다. 맥도날드의 키위 버거는 1991년 뉴질랜드에서 처음 선보였으며, 후에 단종되자 수많은 사람들이 실망한 나머지 재출시를 요구하는 운동을 벌이기도 했다. 뉴질랜드 출신 피터 고든Peter Gardon 셰프가 컨설팅을 담당한 영국의 고메 버거 키친Gourmet Burger Kitchen 체인에서는 키위 버거에 저민 파인애플을 하나 넣는다. 비트와 파인애플은 우아한 드레스를 입고 오는 파티가 아니라는 사실을 미처 깨닫지 못하고 신이 난 커플처럼 뒷전에서 서성거린다. 달걀 프라이가 농후한 맛을 더하기는 하지만, 사실 그건 감자튀김을 곁들이면 해결되는 문제 아닌가?

달걀과 생강: 생강과 달걀(452쪽) 참조.
달걀과 세이지: 세이지와 달걀(470쪽) 참조.

달걀과 셀러리

셀러리 소금과 완숙으로 삶은 달걀은 고전적인 조합이다. 셀러리의 감귤류와 솔 향이 나는 자극적인 풍미에는 달걀의 어두운 유황 풍미를 확 끌어올리는 특별한 뭔가가 있다. 메추리 알과 오리 알, 달걀로 만들어도 완벽한 레시피지만 화려한 레스토랑 메뉴에 굳이 갈매기 알이 오르는 것은 달걀보다 열 배는 비싸기 때문이다. 산란기가 짧은 탓도 있지만 수집 허가 면허를 소수에게만 제한적으로 발급하기 때문에 가격대가 높다. 셀러리 소금은 물론 흔하게 구할 수 있지만, 셀러리 씨를 살짝 볶은 다음 천일염과 함께 갈아서 직접 만들 수 있다. 1:6 비율로 섞어서 간을 본 후 양을 조절한다. 반대로 퍼거스 헨더슨은 간 셀러리악을 소금과 함께 구워서 셀러리 소금을 만들고, 버터를 넣고 으깬 뜨거운 셀러리악을 높게 쌓은 다음 우묵하게 파서 달걀을 하나씩 깨 넣어서 흰자는 단단하고 노른자는 흐를 정도로 구워 셀러리와 달걀 조합에 겨울 같은 변화를 가미한다.

달걀과 소고기: 소고기와 달걀(60쪽) 참조.
달걀과 송로 버섯: 송로 버섯과 달걀(164쪽) 참조.
달걀과 아니스: 아니스와 달걀(261쪽) 참조.

달걀과 아스파라거스

익힌 아스파라거스 줄기는 반숙 달걀에 찍어 먹으면 사랑스러운 맛이 나며, 특히 휴 핀리 휘팅스톨의 조언처럼 윗부분을 잘라내고 노른자에 버터와 사과주 식초 몇 방울을 떨어뜨려 홀랜다이즈 같은 효과를 내면 좋다. 또한 아스파라거스는 베이크드 에그에 넣거나(아스파라거스와 버섯 참조, 188쪽) 프리타타에 더해서 함께 익힌다. 나는 너무 빈번하게 등장하는 프리타타라는 존재 자체에 비이성적인 혐오감을 가지고 있다. 남는 재료가 있으면 버리지 말고, 프리타타를 만들어라. 뭘 만들어야 할지 아무 생각도 나지 않는다면? 프리타타를 만들어라. 집에 달걀이 있다면 언제나 프리타타를 가지고 있는 셈이나 마찬가지다! 프리타타는 편안하고 무엇이나 잘 받아들이며 실용적이고 지저분하다. 요리계의 트레이닝 복이다.

달걀과 안초비

달걀 프라이 위에 배를 깔고 누운 안초비가 눈에 띈다면, 아마 그 아래에는 비엔나 슈니첼이 있을 것이다. 이것을 아침 삼아 먹은 프러시아 외교관 프리드리히 폰 홀스타인이 이름을 붙인 비엔나 슈니첼 아 라 홀스타인은 안초비와 달걀, 때때로 케이퍼를 올려서 장식한다. 캐비어나 연어, 비트, 피클, 바닷가재를 더하는 등의 여러 가지 변형 레시피가 있다. 토스트에 스크램블드에그를 얹고 안초비로 장식한 스카치 우드콕 Scotch woodcook은 아침 식사로 먹어야 할 것 같은 오래된 영국 레시피이지만, 사실은 고풍스러운 빅토리아 시대 가정에서 6코스 식사를 할 때 마지막으로 낸 요리였다. 먹어보고 싶다면 첫째, 앞서 나오는 5코스를 먹지 말고 둘째, 안초비를 우유에 담가서 풍미를 부드럽게 만들 것을 권한다. 말레이시아의 나시 르막 Nasi lemak은 땅콩과 오이, 삶은 달걀, 튀긴 멸치에 매콤한 토마토 소스를 곁들인 코코넛 밥 요리다.

달걀과 양배추

오코노미야키는 종종 일본식 피자라고 설명하기도 하지만, 이는 살라미를 고기 맛 오이라고 부르는 수준의 비유다. 거칠게 번역하면 오코노미야키는 '원하는 대로'라는 뜻이며, 둥글고 납작한 베이스 위에 원하는 고명과 양념을 골라서 만들 수 있다는 점에서 피자와 비슷하다. 하지만 질감과 풍미는 천지 차이다.

recipe

〔오코노미야키〕
1. 잘게 썬 양배추에 간 일본 마, 곱게 다진 잔파, 달걀, 밀가루, 물을 섞어서 반죽을 만든다.
2. 완성된 반죽을 핫플레이트에 부어서 모양을 잡는다.
3. 골고루 익으면 위에 돼지고기와 베이컨, 오징어 또는 김치(고추와 양배추 참조, 304쪽)를 원하는 대로 따로 또 같이 얹고 추가로 고명을 더한다.

> 4. 마요네즈와 톡 쏘는 갈색 소스로 잭슨 폴록 스타일 무늬를 내고 가쓰오부시(섬세하게 깎은 훈제 가다랑어)와 해초 가루로 장식하여 마무리한다.

달걀과 양파

유대교 요리에서는 삶은 달걀과 잔파를 아주 곱게 다진 다음 슈몰츠(닭 지방)와 섞어서 간을 하고 차갑게 식힌 상태로 칼라나 호밀빵에 곁들여 전채로 낸다. 훨씬 톡 쏘는 몰리 캐츤Mollie Katzen 레시피에서는 파슬리와 물냉이를 섞은 사워크림과 홀스래디시, 검은 후추 드레싱을 더한다. 감자와 달걀(127쪽) 또한 참조.

달걀과 완두콩

밥을 너무 많이 지은 보람이 있는 요리를 만들어보자. 중국에서 달걀 볶음밥은 곁들이는 음식이 아니라 혼자서도 멋진 식사로 취급하며, 그래야 마땅하다. 쌀과 달걀, 완두콩이라는 세 가지 기본 재료로 압축해도 상당히 맛있지만, 몇 가지 재료만 더하면 하늘이 내린 음식을 손에 넣을 수 있다.

> *recipe*
> 〔달걀 볶음밥〕
> 1. 얇은 훈제 베이컨 몇 줄과 작은 양파 1개를 곱게 다져서 땅콩기름 2큰술에 볶는다.
> 2. 찬밥 약 4줌을 더하고 잘 섞어서 덩어리들을 부순다.
> 3. 완두콩 한 줌을 뿌려서 골고루 따끈해지면, 잘 풀어서 간장을 살짝 더한 달걀 2개 분량을 두른다.
> 4. 이리저리 뒤적이면서 달걀을 익힌다.

탄소강 또는 무쇠 궁중팬에 돈을 투자하고 적절히 길을 들이면 풍미가 개선된다. 중국인에게 궁중팬은 그 자체로 재료가 되며, 팬을 최대한으로 활용하는 법을 터득한 셰프는 홍콩에서 '냄비의 영혼wok hay' 내지는 '냄비의 숨결'이라고 표현하는 풍미와 열기와 훈연 향의 조합으로 수준 높은 요리를 만들어낸다.

달걀과 조개 및 갑각류

드레싱을 얹은 게살은 주말 내내 차를 분해했다가 다시 조립하기를 즐기는 사람을 위한 음식이다.

> *recipe*
> ### 〔드레싱을 얹은 게살〕
> 1. 게와 달걀을 삶아서 껍질을 벗긴다.
> 2. 달걀흰자는 곱게 다지고 달걀노른자는 체에 거른다.
> 3. 게딱지는 껍질은 깨끗하게 닦고, 갈색 살은 곱게 다져서 마요네즈에 버무리고 흰 게살에는 레몬 즙을 섞는다.
> 4. 게딱지 바닥에 갈색 게살을 깔고 흰 게살과 다진 달걀을 경계선이 명확하도록 주의하며 위에 얹는다.
> 5. 파슬리로 장식하고 여분의 마요네즈를 조금 곁들여 낸다.

흰 살을 먼저 먹으면서 창백하고 섬세한 맛을 즐긴 다음 맛이 강한 갈색 살로 넘어간다. 갈색 살은 게 소화계의 일부분으로 모든 풍미를 내포하고 있다. 맛에 비해서 만들기 힘들어 보인다면 조금 덜 까다로운 레시피로 미국 서해안 지역에서 20세기 초반부터 만들기 시작한 게 루이crab Louis가 있다. 사우전드 아일랜드 드레싱과 매우 흡사한 '루이' 드레싱을 뿌리고 양상추를 곁들인 흰 게살과 달걀 샐러드다.

달걀과 캐비어: 캐비어와 달걀(219쪽) 참조.

달걀과 코코넛

카야는 코코넛 밀크와 달걀, 설탕으로 만든 코코넛 잼(또는 커드)으로, 동남아시아 전역에서 아침으로 버터를 바른 토스트에 발라 먹는다. 같은 재료로 간단하고 맛있는 코코넛 커스터드 푸딩을 만들 수 있다.

> *recipe*
> ### 〔코코넛 커스터드 푸딩〕
> 1. 달걀 4개에 설탕 100g을 넣고 거품기로 푼 다음, 코코넛 밀크 250ml를 천천히 부어 섞는다.
> 2. 라메킨 4개에 나누어 붓고 오븐용 그릇에 담는다.
> 3. 끓는 물을 라메킨 가장자리 높이의 3분의 2 위치까지 충분히 올라오도록 조심스럽게 붓는다.
> 4. 150℃로 예열한 오븐에서 40분간 구워서 굳힌다. 코코넛과 계피(417쪽) 또한 참조.

달걀과 쿠민

쿠민은 따뜻하고 흙냄새가 나며, 구워서 간 다음 소금에 섞어서 달걀에 곁들여 내면 셀러리 씨보다 절대 맛이 덜하지 않다. 캐러웨이 씨로도 만들어서 향미 소금 삼총사를 꾸린 다음, 반숙으로 삶은 메추리 알을 껍질째 깔끔하게 피라미드 모양으로 쌓아서 곁들여 내어 손님이 직접 껍질을 까서 세 가지 소금을 원하는 만큼 맛볼 수 있도록 해보자.

달걀과 토마토

나폴리의 우오바 알 폴가토레Uova al Purgatorio(또는 연옥 속의 달걀)는 후추를 가미한 걸쭉하고 따뜻한 토마토소스를 더한 달걀 요리다. 중동의 샥슈카shakshuka와 라틴 아메리카의 우에보스 란체로스huevos rancheros도 같은 방식으로 만든다. 토마토소스에 스크램블한 달걀을 좋아하는 사람이 있는가 하면 통째로 소스에 넣은 다음 팬 뚜껑을 닫고 달걀이 익을 때까지 뭉근하게 두는 쪽을 선호하는 이도 있다. 세 번째로는 팬을 흔들고 돌려서 흰자에 골고루 열을 가한 다음 흰자가 굳으면 노른자를 풀어 소스에 섞는 방법이 있다. 너무 투박한 듯하다면 헨리 제임스의 소설 『사자使者들』에서 스트리더가 비오네 부인에게 대접한 아주 헨리 제임스다운 점심 식사를 만들어보자. 그들은 세느 강 왼쪽 제방에 있는 작은 레스토랑에서 새하얀 리넨 식탁보가 깔린 테이블에 앉아 오믈렛 오 토마토를 먹으며 밀짚 색 샤블리 한 병을 마셨다. 피망과 달걀(297쪽) 또한 참조.

달걀과 파슬리: 파슬리와 달걀(278쪽) 참조.

달걀과 프로슈토

달걀노른자로 만든 스크램블드에그는 인생을 즐기는 사람이 달걀흰자 오믈렛에 대응하는 방식이다. 최고로 진하고 터무니없을 정도로 매끄러우며, 클로티드 크림의 뻑뻑하고 가벼운 질감과 비슷하다. 달걀노른자 3개와 달걀 1개를 사용하고 버터를 조금 더해서 만든다. 파르마 햄을 곁들이면 호화로워진 베이컨과 달걀 조합이 된다.

달걀과 피망: 피망과 달걀(297쪽) 참조.
달걀과 훈제 생선: 훈제 생선과 달걀(236쪽) 참조.

THE *flavour* THESAURUS

MARINE
바다 냄새

Shellfish
조개 및 갑각류

White Fish
흰살 생선

Oyster
굴

Caviar
캐비어

Oily Fish
기름진 생선

Shellfish
조개 및 갑각류

여기에서는 이매패(二枚貝)와 갑각류를 다루며, 굴은 별도의 항목으로 소개한다(215쪽 참조). 홍합과 대합은 달콤한 새우나 바닷가재, 가리비에 비해 짭짤하고 풍미가 강하다. 게는 흰 살과 섞어서 사용하며 바다 냄새가 더 강한 갈색 살 비중이 얼마나 되는가에 따라서 그 사이 어딘가의 맛이 난다. 요리 작가 앨런 데이비슨은 게 집게와 다리 부위의 흰 살은 풍미와 질감이 바닷가재와 비슷하다고 한다. 특히 가격이 중요하지 않은 사람들은 바닷가재를 높이 평가하겠지만, 많은 사람들은 게살이 더 뛰어난 것은 아니어도 충분히 바닷가재에 비교할 만하다고 생각한다. 휴 핀리 휘팅스톨은 바닷가재가 게보다 다섯 배나 비싸지만 다섯 배나 맛있지는 않다는 입장이다.

조개 및 갑각류와 감자: 감자와 조개 및 갑각류(133쪽) 참조.

조개 및 갑각류와 경질 치즈
논란이 많은 조합이지만, 생선과 치즈보다는 덜하다. 바닷가재 테르미도르에서는 바닷가재 살을 그뤼에르 치즈와 겨자를 듬뿍 더한 크림치즈와 함께 낸다. 파르메산 치즈와 게살로 풍미가 강렬한 타르트와 수플레를 만들 수 있고, 게살에 치즈와 칠리소스를 섞어서 다시 껍질에 듬뿍 채운 다음 그릴에서 빠르게 구워 내기도 한다. 새우와 페타 치즈는 주로 섞어서 샐러드를 만들거나 토마토가 농후한 프로방스 소스에 새우를 넣고 페타 치즈를 뿌려서 낸다.

조개 및 갑각류와 고수 잎
조개 및 갑각류 치고는 특히 맛이 진한 홍합에서는 버터 및 캐러멜 향이 짙게 느껴지기도 하는 깊은 소금물 풍미의 고기 맛이 느껴진다. 덕분에 그와 비슷하게 풍미가 깊은 남 플라nam pla 또는 피시 소스 등 특히 태국 요리에서 사용하는 재료와 균형 있게 잘 어우러진다. 또한 고수, 레몬그라스, 레몬, 고추(그리고 이들의 혼합물)와 모두 잘 어울린다. 홍합을 알루미늄 포일 그릇에 담아서 그릴에 올려 바비큐한 다음 곱게 다진 고수 잎을 얹고 라임즙을 짜서 뿌린다. 8분 정도 걸리며, 홍합이 입을 벌리면 다 익었다는 표시다.

조개 및 갑각류와 고추
칠리 크랩은 싱가포르에서 널리 먹는 음식이다. 게를 생고추와 생강, 마늘에 볶은 다음 칠리소스와 케첩, 간장, 설탕, 참기름을 섞어 만든 끈적한 소스를 뒤덮듯이 뿌리고 마무리로 종종 달걀을 섞어 만든다. 여기에 밥 또는 소스를 모조리 닦아 먹기 좋은 만토우mantou라는 빵을 함께 낸다. 말레이시아와 싱가포르에서 먹는 삼발 벨라스칸sambal belacan은 볶은 새우 페이스트와 생고추를 함께 빻은 다음 라임즙으로 희석한 것이다. 태국에서는 이와 비슷한 음식을 남 프릭 카피nam phrik kapi라고 부른다.

조개 및 갑각류와 기름진 생선: 기름진 생선과 조개 및 갑각류(227쪽) 참조.
조개 및 갑각류와 넛멕: 넛멕과 조개 및 갑각류(324쪽) 참조.
조개 및 갑각류와 달걀: 달걀과 조개 및 갑각류(195쪽) 참조.

조개 및 갑각류와 닭고기

카탈로니아의 마르 이 문타냐Mar y muntanya('바다와 산')는 빻은 견과류와 토마토, 마늘을 넣은 피카다(헤이즐넛과 마늘 참조, 349쪽)처럼 걸쭉한 소스에 고기와 조개 및 갑각류(종종 닭고기와 새우)를 섞은 요리이며, 닭고기는 또한 스페인의 파에야와 루이지애나의 검보 및 잠발라야에서 새우 및 홍합과 짝을 이룬다. 론 알프스 지역의 특산 요리 풀레 오 제크로비스poulet aux ecrevisses는 브레스 지역의 닭고기와 스위스 국경 근처 알파인 강에서 잡은 가재라는 현지 재료의 이점을 누리는 요리다. 마렝고 전투에서 오스트리아군에 승리한 나폴레옹을 위해 만든 것으로 추정되는 치킨 마렝고는 닭고기에 토마토와 마늘, 와인 소스를 더하고 튀긴 가재를 얹어 만든다. 브라질에서 닭고기와 자극적인 말린 새우 범벅을 섞어서 짐짐 드 갈리나xim-xim de galinha를 만드는 것은 물론 동남아시아에서 닭고기와 조개 및 갑각류를 넣어 만드는 커리와 볶음 요리는 수도 없이 많으며, 말린 것과 생이매패(二枚貝)가 모두 잘 어울린다. 대합은 중국과 한국 요리에서 닭고기와 짝을 이루며, 브르타뉴에서는 닭고기와 대합, 삼피어를 함께 볶는다.

조개 및 갑각류와 돼지고기

포르투갈에서는 대합과 고추, 양파를 넣은 돼지고기 스튜인 포르코 아 알렌테자나porco a alentejana를 먹지 않고 넘어가기 힘들다. 이 요리에 마법을 발휘하는 재료는 쫀득한 조갯살뿐만 아니라 껍질 안에 담겨 있다가 굴처럼 본질적으로 풍미에 기여하는 소중한 조개즙이다. 포르투갈에서 돼지들을 긴 해안선을 떠돌아다니게 내버려둔 결과 해산물을 다량으로 섭취하게 되었고, 그 돼지고기에서 나는 생선 풍미의 비린내를 덮기 위해 대합과 함께 요리한 것에서 이 조합이 탄생했다는 미심쩍은 이론이 있다. 하지만 조개 및 갑각류와 돼지고기를 풍부하게 구할 수 있었고 워낙 맛있는 조합이었기 때문에 만들어졌다는 이야기가 더 설득력 있어 보이며, 이 요리는 심하게 맛있었던 나머지 포르투갈의 전 식민지 마카오까지 넘어가서 다양하게 변형되어 퍼지기에 이르렀다.

조개 및 갑각류와 딜: 딜과 조개 및 갑각류(276쪽) 참조.

조개 및 갑각류와 땅콩: 땅콩과 조개 및 갑각류(31쪽) 참조.
조개 및 갑각류와 땅콩호박: 땅콩호박과 조개 및 갑각류(338쪽) 참조.

조개 및 갑각류와 라임

기름에 튀긴 소라고둥에 라임을 듬뿍 넣은 해산물 칵테일소스를 곁들이면 맛이 좋다. 소라고둥에서는 가리비와 대합의 중간 맛이 난다. 질감은 가리비와 체육관 매트 사이 어딘가에 머무른다. 속살을 두드려서 최소한 인간이 씹을 수 있는 상태로 만든 다음 저민 양파와 라임즙을 넉넉히 넣고 버무리면(고둥을 부드럽게 만드는 역할도 한다) 세비체를 만들 수 있다(라임과 흰살 생선 참조, 442쪽). 소라고둥은 현재 남획이 문제되고 있는데, 양식 소라고둥은 야생보다 풍미는 덜하지만 질감이 더 부드럽다.

조개 및 갑각류와 레몬

콘월 캐드귀스 만은 영국에서 해변 어업이 제일 마지막으로 남아 있는 곳 중 하나다. 저녁이 되면 아직도 조약돌 위에 모인 보트를 발견할 수 있다. 어린 시절, 여름방학이면 근처에 있는 정어리 저장고를 개조한 곳에 가서 게살 샌드위치를 먹고 아버지를 도와 어업 탱크에서 제일 좋은 활조개 및 갑각류를 골랐다. 콘월 해안에서 잡은 브라운 크랩은 깊은 해조류 풍미가 나며, 껍질은 출신지에 어울리게도 다리가 달린 패스티pasty처럼 생겼다. 날것은 살에 레몬즙을 뿌려 단맛만 살짝 살려주면 된다. 해산물 좌판에 날것인 채로 올라가 있건, 문어와 철갑새우 접시에 담아 그릴에 얹건 상관없이 모든 조개 및 갑각류가 마찬가지다. 필요한 재료는 레몬 조각뿐이다. 뭐, 그리고 적당히 날카로운 샤블리 와인도.

조개 및 갑각류와 마늘

마늘의 진한 유황 풍미는 모든 조개 및 갑각류의 풍미를 곱절로 배가하는데, 뭉근하게 익힌 대합에서 최고점을 찍는다. 휴가를 보내던 어느 저녁, 우리는 토스카나 본토와 끈으로 묶은 모차렐라처럼 세 개의 댐으로 이어진 산이 많은 반도 포르토 에르콜레에 멈춰 섰다. 따뜻한 바다에서 수영을 하다가, 수상 플랫폼에 거의 표류하듯 묶인 채 멋진 음악이 흘러나오는 레스토랑으로 들어갔다. 주변에는 아무도 없었다. 이탈리아 사람들은 점심에 먹은 식사를 소화시키고 있을 시간이었지만, 우리는 로마에서 계속 운전을 하며 온 데다 수영과 소아베 와인 한 잔으로 입맛이 살아난 참이었다. 얼마나 더 식사를 기다릴 수 있을지 논쟁하고 있으려니, 햇볕에 상한 긴 머리와 어울리는 콧수염을 지닌 거대한 남자가 우리 식탁에 다가왔다. "안녕하세요." 그가 왠지 스위스인처럼 들리는 약간 미국화된 이탈리아식 영어로 말을 건넸다. "무엇이 드시고 싶으십니까? 뭐든지 만들어 드리겠습니다." 마치 어린 한니발에게 로마 제국 내에서 어디부터 정복하고 싶은지 물어보는 것 같은 말투였다. 나는 대체로 뭐든지 먹고 싶은 사람이다. 하지만 우리가 앉은 곳은 이탈리아의 바다였고, 따라서 단 한 가지 메뉴를 골라야 했다. 스파게티 알레 봉골레라는 짧은 주문을 끝

낸 후 앉아 있는 우리 앞으로 빗지 않은 비너스의 머리카락처럼 금색으로 뒤엉킨 덩어리에 부드럽고 쫀 득한 대합과 마늘을 더한 파스타가 도착했다. 평엽 파슬리 줄기가 진하고 기름진 맛을 정리했다. 나에게 는 떠다니는 식당에 살고 있는, 곰만 한 덩치의 셰프인 요정 대부가 있다.

조개 및 갑각류와 망고: 망고와 조개 및 갑각류(425쪽) 참조.
조개 및 갑각류와 물냉이: 물냉이와 조개 및 갑각류(143쪽) 참조.
조개 및 갑각류와 바닐라: 바닐라와 조개 및 갑각류(513쪽) 참조.

조개 및 갑각류와 바질

바질의 감귤류와 아니스 풍미는 조개 및 갑각류와 우아하게 어울린다. 바질은 레몬과 레몬그라스 풍미에 일부 기인하는 화합물인 시트랄을 함유하고 있다. 베트남의 고전 조합인 새우와 파파야, 레몬그라스에서 착안했을 바질을 넣은 바닷가재와 망고 샐러드는 알랭 상드랑Alain Senderens의 대표 요리 중 하나다.

조개 및 갑각류와 버섯: 버섯과 조개 및 갑각류(112쪽) 참조.
조개 및 갑각류와 베이컨: 베이컨과 조개 및 갑각류(243쪽) 참조.
조개 및 갑각류와 블랙 푸딩: 블랙 푸딩과 조개 및 갑각류(54쪽) 참조.
조개 및 갑각류와 사과: 사과와 조개 및 갑각류(396쪽) 참조.
조개 및 갑각류와 사프란: 사프란과 조개 및 갑각류(260쪽) 참조.
조개 및 갑각류와 셀러리: 셀러리와 조개 및 갑각류(138쪽) 참조.

조개 및 갑각류와 소고기

서프 앤 터프surf 'n' turf라는 단어는 1960년대 미국에서 만들어졌다고 한다. 이 요리는 바닷가재와 소고기의 다양한 풍미가 기가 막히게 잘 어울려서라기보다는 입에 착착 붙는 이름과 월급날에 먹으러 가는 고기의 이미지 덕분에 오래도록 인기를 유지해온 것이리라. 소고기의 풍미는 안초비와 굴 등 해산물 짝꿍에 의해서 강화되는 경향이 있으니 서프 앤 터프 자체는 꽤 괜찮은 궁합이라 할 수 있지만, 나는 담백하고 뻑뻑한 살을 한없이 질겅질겅 씹어야 하는 조합일 뿐이라고 생각한다. 그리고 소고기가 바닷가재에게 받은 만큼 장점을 돌려준다는 주장이 영 납득되지 않는다. 물론 서프 앤 터프라는 기본 발상은 많은 요리사의 손에서 가리비와 푸아그라, 문어와 소 골수, 아귀 꼬리와 소꼬리 등으로 재해석된다. 그리고 1980년대 후반에는 나보다 더 배고픈 남자 동료가 빅맥과 필레 오 피시를 곁들이는 거창한 조합의 식사에 서프 앤 터프라는 이름을 붙였다. 참고로 악어 고기에서는 조개 및 갑각류와 송아지 고기를 교배한 맛이 난다고 한다. 굴과 소고기(217쪽) 또한 참조.

조개 및 갑각류와 송로 버섯: 송로 버섯과 조개 및 갑각류(167쪽) 참조.

조개 및 갑각류와 아니스

아니스는 조개 및 갑각류의 단맛을 강화하고 산뜻하게 만든다. 바닷가재와 타라곤 버터, 회향과 익힌 홍합은 증명된 고전 조합이다. 비스크에 브랜디 대신 페르노를 약간 넣을 수도 있다. 닭 가슴살을 타라곤과 함께 익히는 간단한 레시피는 새우에도 손쉽게 적용할 수 있다(아니스와 닭고기 참조, 261쪽).

조개 및 갑각류와 아몬드

삶은 새우 향기에서는 종종 견과류 향이 난다고 표현한다. 구우면 더 구체적으로 아몬드와 유사한 풍미가 난다. 새우의 아몬드 느낌은 간 아몬드를 넣은 향긋한 인도 커리, 아몬드 바탕의 스페인식 소스들, 통 내지는 다진 견과류와 새우를 볶아 만드는 미국식 중국 요리 새우 아몬드 딩 등에서 이들과 짝을 이루는 이유가 된다. 풍미는 쌀, 특히 바스마티 품종과 아름답게 어우러진다.

조개 및 갑각류와 아보카도: 아보카도와 조개 및 갑각류(288쪽) 참조.

조개 및 갑각류와 아스파라거스

완두콩과 옥수수, 아스파라거스는 가능한 수확하자마자 바로 먹어야 한다. 일단 따고 나면 이들은 다른 어떤 흔한 채소보다도 탐욕스럽게 본인의 당분을 소비하면서 풍미를 단순하게 만든다. 아스파라거스를 가장 부드러운 상태일 때 새우 또는 달콤하고 신선한 게와 조합하면 녹색 천국이 탄생한다. 5~6월이 되면 오래된 캠핑용 스토브를 발굴해서 접시와 수저, 팬, 소금 약간을 준비해 서포크 해변으로 향하자. 그리고 아스파라거스 수확 체험 광고판을 눈 빠지게 찾는다. 두어 묶음을 수확해서 올드버러의 사우스올드 바다에 안착한다. 누군가 한 명이 스토브 위로 욕지거리를 내뱉는 동안 다른 사람은 타르처럼 새까만 어부의 오두막에 가서 신선한 게를 사 온다. 여기에 맛있는 빵과 짭짤한 버터, 레몬, 차가운 쇼비뇽 블랑 한 병도 필요하다. 그리고 철 이른 딸기도 약간 있어야 한다. 전부 해변에 적당히 차린다. 물을 끓여서 아스파라거스를 집어넣는다. 빵에 버터를 바른다. 와인을 딴다. 레몬을 4등분한다. 아스파라거스가 막 익으면 버터를 툭툭 바르고 수북한 게살을 곁들여 낸다. 저 멀리 네덜란드 방향을 가만히 응시하면서 전율하는 사이 자갈로 밀려드는 파도 거품과 갈매기가 영국에 여름의 시작을 고한다.

조개 및 갑각류와 아티초크: 아티초크와 조개 및 갑각류(186쪽) 참조.

조개 및 갑각류와 양고기

고기와 조개 및 갑각류 조합 중에서 제일 덜 알려져 있다. 하지만 양고기는 한때 새조개와 함께 요리에 잘 들어갔으며, 19세기 초반 존 팔리의 요리책에는 뼈를 제거한 머튼 다리 살에 잘게 찢은 게나 바닷가재 살을 더하고 레몬 제스트와 넛멕으로 간을 하여 굽는 레시피가 등장한다. 마르코 피에르 화이트는 본인의 런던 레스토랑 중 하나인 마르코Marco의 메뉴에 새조개와 타임을 곁들인 양고기를 올려두고 있다.

조개 및 갑각류와 양배추: 양배추와 조개 및 갑각류(171쪽) 참조.
조개 및 갑각류와 오이: 오이와 조개 및 갑각류(271쪽) 참조.
조개 및 갑각류와 올리브: 올리브와 조개 및 갑각류(254쪽) 참조.

조개 및 갑각류와 완두콩

완두콩 퓌레나 완두콩 리소토 위에 얹은 가리비는 일종의 현대식 고전 요리이지만, 조개 및 갑각류와 완두콩의 조합은 전혀 새로운 것이 아니다. 다음 레시피는 히예트, 호싱턴과 버틀러가 저술한 중세 요리책에 실린 것이다.

recipe

〔새우를 넣은 완두콩 퓌레〕

1. 녹색 건완두콩 400g을 불린다.
2. 물 1L에 부드러워지도록 삶고, 따로 두어 식힌다.
3. 푸드 프로세서로 아몬드 가루 50g과 빵가루 15g을 최대한 곱게 간 다음, 기계를 돌리면서 천천히 완두콩을 넣고 이어서 소금 1/2작은술, 화이트 와인 식초 4작은술, 생강가루 1/4작은술, 간 카다멈 1/4작은술, 간 계피와 클로브 한 꼬집을 더한다. 소금과 후추로 간을 한다.
4. 완두콩 혼합물을 팬에 담고 천천히 데운다.
5. 그동안 껍질 벗긴 새우 500g을 가볍게 볶는다.
6. 그릇에 퓌레를 담고 새우를 얹는다.

조개 및 갑각류와 자몽: 자몽과 조개 및 갑각류(437쪽) 참조.
조개 및 갑각류와 케이퍼: 케이퍼와 조개 및 갑각류(146쪽) 참조.

조개 및 갑각류와 코코넛

나로 하여금 휴가를 떠올리게 만드는 조합이다. 건조 코코넛으로 만든 덥수룩한 튀김옷은 기름에 튀긴 새우를 차가운 맥주 한 병과 종이 냅킨 묶음을 부르는 싸구려 바 스낵으로 변신시킨다. 브라질 바이아에서 인기 있는 요리인 바타파vatapá는 조개 및 갑각류와 생선을 함께 넣고 빵으로 걸쭉하게 만든 코코넛 밀크 스튜다. 또한 태국에는 새우를 톰 얌 카 카이tom yam kha kai라는 코코넛 밀크 수프에 푹 담가 먹는다. 달콤한 두 가지 주재료가 강력한 매운맛을 일시적으로 분산시킨다.

조개 및 갑각류와 콜리플라워: 콜리플라워와 조개 및 갑각류(177쪽) 참조.

조개 및 갑각류와 쿠민

조개 및 갑각류를 위한 쿠민 소스는 존재하는 가장 오래된 요리책으로 알려져 있는 『아피키우스: 데 레 코퀴나리아Apicius』에 등장한다. 쿠민에 후추와 로바지, 파슬리, 말린 민트, 꿀, 식초, 육수를 섞어 만든다. 오늘날 쿠민은 인도와 멕시코, 미국 남서부에서 조개 및 갑각류와 종종 짝을 이룬다. 마늘, 간 쿠민, 간 고추, 기름을 섞어서 절임액을 만들 수 있다.

조개 및 갑각류와 타임: 타임과 조개 및 갑각류(479쪽) 참조.
조개 및 갑각류와 토마토: 토마토와 조개 및 갑각류(378쪽) 참조.
조개 및 갑각류와 파스닙: 파스닙과 조개 및 갑각류(327쪽) 참조.

조개 및 갑각류와 파슬리

해변에서 볼 수 있는 껍질 모양으로 판단하건대 레이저 클램(맛조개)이라는 명칭은 참으로 잘 지은 이름이지만, 일단 잡아서 생선 가게의 얼음 위에 쌓으면 먹을 수 있는 부분이 더운 날 강아지 혀처럼 껍질 한쪽 끝으로 늘어져서 위험해 보인다. 다른 조개류와 맛은 거의 비슷하지만 살이 훨씬 튼실하니, 화이트 와인과 마늘, 파슬리와 함께 익히거나 이탈리아인처럼 껍질째 후루룩 빨아 먹어보자.

조개 및 갑각류와 파인애플

달콤 짭짤한 조개 및 갑각류와 새콤달콤한 파인애플의 조합은 마찬가지로 새콤달콤하고 화려하며 포용력이 뛰어난 정통 동양 요리 및 포장용 중국 음식에 흔하게 등장한다. 인도의 파르시Indian Parsee 요리에서는 타마린을 넣은 새콤달콤한 커리인 콜미노 파티오kolmino patio에 조개 및 갑각류와 파인애플을 같이 넣는다. 이외에도 동남아시아의 많은 커리와 수프에 사용되는 조합이다. 파인애플은 일단 수확하고 나면 당도가 더 이상 높아지지 않으니, 덜 익은 파인애플을 샀다면 위 조합을 참고하여 요리에 쓰도록 하자.

조개 및 갑각류와 피망

길게 썬 홍피망은 조개 및 갑각류로 만든 파스타 소스와 볶음, 끈적한 스페인식 파에야류, 새콤달콤한 새우 요리에 등장한다. 그리고 씁쓸하고 달콤하며 강렬한 풍미로 조개 및 갑각류의 진한 견과류 맛을 완벽하게 보완한다. 하지만 우리가 한 번이라도 그들의 존재를 인지한 적이 있는가? 마치 검객 시라노처럼 사심 없이 배경에서 활약하는 재료다.

조개 및 갑각류와 호두: 호두와 조개 및 갑각류(346쪽) 참조.

조개 및 갑각류와 훈제 생선

훈제 생선은 생선 파이의 필수 재료로 흰살 생선에 대비되는 톡 쏘는 풍미를 더하고, 부드러운 으깬 감자 위에 올린 돌돌 말린 분홍색 새우는 모양새에 귀여운 맛을 가미하면서 질감의 대조를 선사한다. 하지만 주인공은 흰살 생선이므로 둘 다 너무 과해서는 안 된다. 해산물 슈크루트choucroute de la mer에도 같은 원리가 적용된다(훈제 생선과 양배추 또한 참조, 237쪽).

조개 및 갑각류와 흰살 생선

'스캄피scampi'를 일종의 새우로 취급하는 나라도 있지만, 영국에서는 빵가루 반죽에 가둬서 주로 감자튀김과 함께 내는 새우튀김을 부르는 이름이었다. 아귀를 새우 모양으로 잘라서 빵가루를 묻혀 새우튀김인 척 팔기도 했다. 그러다 누군가가 아귀가 조개 및 갑각류로 통할 정도라면 그 자체로도 맛있을지 모른다는 사실을 깨달았으며, 1990년대가 되자 가격과 인기가 오르기 시작해 현재 멸종 위기 목록에 이름을 올리고 말았다. 제인 그릭슨은 비록 아귀를 가자미와 넙치, 장어, 바닷가재의 '4대 진미'에 이어서 즐겨 요리하고 먹기는 하지만, 아귀를 바닷가재에 비교하는 것은 둘 다에게 공평하지 않은 일이라고 지적했다. 바닷가재와 아귀는 확실히 질감이 유사한 면이 있으며(둘 다 기분 좋게 쫄깃하다) 맛 실험 결과 아귀의 풍미 중에서도 특히 껍질과 가까운 부분의 색이 진하고 젤리 같은 살점은 조개 및 갑각류와 충분히 비교할 수 있다는 사실이 밝혀졌다. 아귀는 둘째 치고 달고기와 넙치는 전통적으로 조개 및 갑각류 소스와 함께 내며, 홍합과 대합 약간을 완두콩과 함께 버터와 화이트소스에 익히면 모든 흰살 생선에 잘 어울리는 아름다운 수프 같은 소스가 된다.

White Fish
흰살 생선

바다 생선의 풍미는 몸의 균형을 유지하는 섬세한 노력의 결과 그 자체다. 평균적으로 해수 염도의 범위는 무게당 3~3.5%다. 해롤드 맥기가 지적했듯이 동물은 세포에 용해된 총 미네랄 농도를 1%에 가깝게 유지해야 하며, 따라서 바다 생선은 세포에 아미노산이나 아민 등 맛과 풍미에 영향을 미치는 다른 화합물을 채워서 주변 환경의 짠맛을 상쇄한다. 아미노산인 글리신은 단맛을 내고, 조개 및 갑각류나 참치, 멸치에 존재하는 글루타민산은 '짭짤하고 입 속에 감기는' 맛이 된다. 그러나 많은 물고기는 비교적 풍미가 없는 아민인 산화트리메틸아민 또는 TMAO로 몸을 통과하여 흐르는 소금물을 상쇄하며, 덕분에 멸치 등 풍미 강한 생선과 대조적으로 흰살 생선은 대부분 '부드러운', '달콤한' 내지는 '섬세한' 등 졸음을 부르는 평을 얻는다. 흰살 생선은 온통 튀김옷에 가두거나 소스를 뿌려서 내는 레시피로 점철되어 있으므로, 때로는 간소하게 굽거나 찌기만 해서 서너 가지 다른 종류를 비교해서 먹어볼 만한 가치가 있다. 일단 지각 능력이 맛에 적응하고 나면 하얀 설경 속에서 지형지물을 발견하듯이 흰색을 배경 삼아 드러나는 미묘한 다른 풍미를 느낄 수 있다. 야생 고기와 퀴퀴한 냄새, 흙냄새, 그리고 해조류 느낌을 찾아보자. 대구에서는 살짝 새콤 짭짤한 익힌 감자 같은 맛이 나기도 하며, 그래서 감자튀김과 함께 내는 방식이 그토록 인기인 것인지도 모른다. 아귀는 달콤한 버터 풍미와 조개 및 갑각류 느낌이 살짝 가미되어 있지만 새우 특유의 버터를 가미한 풍성한 팝콘 풍미와는 차이가 있다. 좋은 농어에서는 고기 및 브라질너트 향과 함께 희미한 쇠 맛이 느껴진다. 여기에서는 대구, 홍어, 서대기, 가자미, 넙치, 아귀 등을 다룬다.

흰살 생선과 감자

정통 피시 앤 칩스를 경험하고자 하는 사람에게 전하는 몇 가지 조언을 들어보자.

1. '피시'와 '칩스'는 반드시 '앤드(그리고)'로 연결되는 것만은 아니다. 기본적으로 한 덩어리인 '피시 앤 칩스'는 튀긴 감자와 생선을 같이 곁들여 내는 것이 아니라 감자를 생선에서 분리할 수 없는 형태로 내며, 따라서 정통 피시 앤 칩스를 먹으려면 반드시 피시 앤 칩스 전문점을 가야 한다. 향수를 자극하기 때문이기도 하지만, 그보다 더 중요한 이유가 있다. 감자튀김을 바삭하게 완성하면서도 반죽옷을 입힌 생선이 식거나 축축해지지 않고 충분히 익도록 만들려면 전문점에서나 갖추고 있는 고급 이중 튀김기가 필요하다.
2. 피시 앤 칩스 가게에서는 피시 앤 칩스, 으깬 완두콩, 피시 케이크, 새비로이^{saveloy}, 튀긴 소시지와 피클을 낸다. 더 나아가면 푸카 고기 파이^{Pukka meat pies}를 내기도 한다. 버거나 프라이드 치킨, 케밥, 피자를

내놓는 기회주의적인 '피시 바'는 피하자.
3. 소금과 몰트 비니거도 필수다. 다른 종류의 식초는 허용할 수 없다.
4. 피시 앤 칩스는 초심자가 보기에는 뉴스를 인쇄하지 않은 신문지처럼 보이는, 무엇보다 그 비슷한 냄새가 나는 튀김 전문점용 종이에 담아서 내야 하며, 이는 올바른 튀김 전문점의 비밀 재료다. 이 종이는 피시 앤 칩스에 맛을 더한다. 만일 폴리스티렌 상자에 담아준다면 다른 가게로 가자.
5. 피시 앤 칩스는 올바른 환경에서 먹어야 한다. 정통을 제대로 고수하려면 해변 버스 정류장 내지는 주유소 외벽에 주저앉아서 감자튀김이 식기 전에 손바람을 부쳐서 김을 날려가며 먹어야 한다.

흰살 생선과 경질 치즈

매우 논쟁의 여지가 있는 음식 조합으로 특히 이탈리아 레스토랑에서는 절대 반대를 외친다. 적어도 뉴욕의 한 이탈리아 레스토랑에서는 고객에게 '어떤 상황에서도 치즈는 해산물과 함께 내지 않습니다'라고 경고하였다. 치즈는 근본적으로 생선의 미묘한 풍미를 압도한다는 이유로 이 조합을 반대하는 의견은 상당히 최근에 생겨난 것으로, 연구에 따르면 이탈리아에서는 이미 기원전 400년 즈음으로 거슬러 올라가는 시칠리아의 생선 레시피를 포함하여 오래된 치즈와 생선 조합이 많이 발굴된 바 있다. 생선과 치즈는 그뤼에르 소스와 홍어, 그뤼에르 치즈를 갈아 넣어서 가라앉게 만드는 부이야베스 등 프랑스 요리에서도 짝을 이룬다. 영국에서는 으깬 감자를 얹은 생선 파이에 체다 치즈를 갈아 뿌려서 풍미에 촉진제를 더하며, 미국에서는 참치와 치즈를 짝지어서 고전 메뉴인 구운 참치 멜트 샌드위치를 만든다. 개인적으로 해산물과 치즈라는 발상 자체는 그다지 좋아하지 않지만 대구 또는 해덕에 곁들인 옛날식 모네이 소스 등 실제로 요리로 나오면 꽤 맛있게 먹는다. 슬라이스 치즈를 반 장만 넣은 맥도날드의 필레 오 피시 버거를 보면 맥도날드도 나만큼이나 우유부단한 것 같다.

흰살 생선과 고수 잎: 고수 잎과 흰살 생선(285쪽) 참조.

흰살 생선과 딜

다른 동양 나라에서는 드물지만, 라오스와 태국 일부 지역에서는 딜을 요리에 두드러지게 많이 사용한다. 베트남 하노이의 레스토랑 차 카 라 봉cha ca la vong에서는 단 하나의 메뉴만 내는데, 흰살 생선(일종의 민물 메기)을 터메릭으로 노랗게 물들인 다음 딜 송이, 잔파와 함께 볶는 생선 요리다. 예컨대 달고기, 농어 혹은 틸라피아처럼 볶은 후에도 형태를 유지하는 흰살 생선이라면 무엇이든 사용하여 집에서 비슷하게 재현할 수 있다. 그저 딜을 너무 아끼려고 들지만 말자.

> *recipe*
>
> **[터메릭으로 물들인 생선 딜 볶음]**
>
> 1. 생선 필레 약 500g을 큼직하게 한 입 크기로 썬다.
> 2. 터메릭 1/2작은술, 설탕 1작은술, 곱게 다진 갈랑가(생강) 1쪽(2cm 엄지손가락 크기) 분량, 피시 소스 2큰술, 청주 식초 1작은술, 물 1큰술을 섞어서 만든 절임액에 30분간 재운다.
> 3. 땅콩기름에 생선을 넣고 막 익을 때까지 4분 정도 구운 다음, 딜 줄기와 채썬 잔파를 더해서 1분 더 익힌다.
> 4. 그릇에 차가운 쌀 버미첼리를 담고 생선을 얹은 다음 구운 땅콩, 고추, 여분의 딜, 민트, 고수와 느억 참nuoc cham(라임과 안초비 참조, 440쪽)으로 간을 한다.

흰살 생선과 라임: 라임과 흰살 생선(442쪽) 참조.

흰살 생선과 레몬

흰살 생선은 레몬 조각과 함께 나오는 일이 너무 잦아서 없으면 외로워 보일 정도다. 확실히 레몬은 생선살의 단맛에 새콤한 대조군을 제공하며 어떤 강렬한 비린내도 제거하고 튀긴 생선 특유의 기름진 맛도 끊어낼 수 있다. 하지만 어린 소녀는 화장을 전혀 하지 않아도 아름다운 것처럼, 양질의 신선한 생선 조각에 바칠 수 있는 가장 뛰어난 찬사는 이들을 완전히 꾸밈없는 모습으로 제공하는 것이다.

흰살 생선과 마늘: 마늘과 흰살 생선(163쪽) 참조.

흰살 생선과 망고

짭짤하고 고소한 생붉돔을 망고 살사와 함께 먹으면 정말 맛있다. 또한 망고는 향긋한 코코넛 밀크 커리에서 형태를 유지하는 종류라면 어떤 흰살 생선과도 좋은 궁합을 선보인다. 캄보디아에서는 채 썬 녹색 망고에 피시 소스와 마늘, 생강 조합을 더해서 미꾸라지와 함께(다만 틸라피아tilapia도 마찬가지로 사용할 수 있다) 조리하여 과일의 맛있는 새콤한 풍미로 생선의 단맛을 정리한다. 요리 작가 앨런 데이비슨은 해덕haddock에 망고 처트니 및 얇게 썬 새콤한 사과, 생강, 레몬즙으로 만든 소스를 곁들인 독특한 네덜란드 요리를 묘사하기도 했다.

흰살 생선과 버섯: 버섯과 흰살 생선(113쪽) 참조.

흰살 생선과 베이컨

『톰 소여의 모험』에서 톰과 허클베리 핀은 방금 잡은 농어를 베이컨과 함께 요리한 다음 맛있어서 깜짝 놀란다. 생선을 베이컨 지방으로 익혀서 얻는 이점은 결코 무시할 수 없다. 정제한 베이컨 지방은 냉장고에 한 단지 정도 가지고 있을 만한 가치가 있다. 생선과 양배추, 옥수수빵을 구울 때 쓰기 좋다. 풍미가 매우 진하기 때문에, 나는 요리용 기름과 육수를 접목한 재료라고 생각한다.

recipe

〔베이컨 기름 육수〕

1. 아주 기름진 베이컨 500g을 사서 얇게 저미거나 세로로 작게 썬다(완성하고 남은 베이컨 고기는 따로 먹을 수 있으므로, 블루 치즈와 섞어서 샐러드에 넣고 싶다면 세로로 작게 썬다. 아침 식사용 또는 클럽 샌드위치를 만든다면 얇게 저민다).
2. 프라이팬에 베이컨과 물 75ml를 담고 약한 불에 올려서 익힌다. 참을성을 가지자. 최소한 30분은 걸릴 것이다.
3. 수분이 전부 증발하고 지방이 녹은 것처럼 보이면 조금 식힌 다음 걸러서 도기 또는 유리로 된 보존용 병에 담아서 냉장고에 보관한다.

흰살 생선과 사프란

엘리자베스 데이비드의 『이탈리아 음식』에 따르면 이탈리아인은 사프란의 풍미가 생선을 압도한다고 생각하며 이 조합을 경멸한다. 그러나 엘리자베스는 이에 동의하지 않으며, 부이야베스를 먹어본 사람이라면 누구든 그럴 것이다. 앙티브에 방문한 어느 날 저녁, 한 약사가 생트로페와 카바송 사이를 지나는 해안 도로 근처에 그걸 먹을 수 있는 장소가 있다며 이름을 언뜻 흘렸다. 그가 정확한 주소를 몰랐던 탓에 우리는 눈이 빠지게 식당을 찾아 헤매야 했다. 약사가 구깃구깃한 냅킨에 끄적거린 글자는 쉐 조 Chez Joe 라는 이름으로 보였다. 특색 없는 곳의 작은 땅에 도착해서 좁은 해변가에 닿은 낡은 사다리를 타고 내려가자 접이식 식탁 한 다스를 조약돌 바닥에 눌러 세운 식당이 보였다. 유목을 모아 피운 불 위에 커다란 냄비를 걸고 물이 뚝뚝 떨어지는 바위를 지붕 삼아 중얼거리는 '조'의 '쉐'(집)는 동굴이었다. 다른 남자가 우리에게 아이스박스에서 꺼낸 로제 와인 한 병과 잔 몇 개를 가져다주었다. 우리는 한동안 술을 마셨고, 곧 마늘을 문지른 빵 몇 조각과 수프가 등장했다. 풍경과 같은 맛이 났다. 사납고, 저변에 깔린 바다 풍미가 복합적이고 사악한 면을 드러내고 있었다. 수프를 다 마시자 종업원이 그 국물로 익힌 생선과 함께 여분의 빵과 와인을 가져다주었다. 후식 겸 건네준 다이아몬드 모양의 아몬드 사탕과자 깔리쏭 드 엑상 calissons d'Aix 두어 개와 오드비 한 잔까지 다 비우자 우리가 어디에 있는지도 잊어버리게 되어 다시금 비밀을 지킬 수 있게 되었다.

흰살 생선과 생강: 생강과 흰살 생선(458쪽) 참조.

흰살 생선과 셀러리

드문 조합이다. 섬유질과 뼈가 만나면 일종의 치료 공예 작품을 먹는 듯한 기분이 들 수도 있다. 바로 이때 부드러운 면모를 지닌 셀러리라 할 수 있는 셀러리악이 치고 들어온다. 셀러리보다 달콤하고 다루기 쉬운 셀러리악은 모든 해산물과 뛰어난 조합을 이룬다. 요리사 톰 에이킨스는 달고기에 양배추와 셀러리악, 홀스래디시를, 농어에 작은 파슬리 뇨키와 캐러멜화한 셀러리악을, 또는 삶은 넙치와 닭 날개에 으깬 셀러리악, 송로 버섯 뇨키, 야생 소렐 등을 짝지어 낸다.

흰살 생선과 아니스: 아니스와 흰살 생선(267쪽) 참조.

흰살 생선과 아스파라거스

이탈리아인은 17세기에 아스파라거스를 재배하기 시작하면서 주로 아스파라거스만 온전하게 내놓은 반면, 프랑스와 영국에서는 특히 달콤하고 버터 같은 풍미를 지닌 가금류와 넙치 같은 생선에 마찬가지로 달콤하며 버터를 사랑하는 아스파라거스를 보조 재료 삼아 곁들여 이상적인 궁합을 선보였다. 오렌지 풍미를 가미한 소스 말타이즈maltaise를 전통적으로 함께 냈다(오렌지와 아스파라거스 참조, 433쪽).

흰살 생선과 안초비

18세기의 한나 글래스와 19세기의 엘리자 액턴은 삶은 흰살 생선(특히 편평어) 또는 빵가루를 묻혀서 튀긴 대구에 곁들이는 안초비 소스에 대해 언급한 적이 있다. 안초비 소스는 녹인 버터와 레몬즙에 안초비 에센스를 더하여 만들 수 있다.

흰살 생선과 오렌지: 오렌지와 흰살 생선(435쪽) 참조.
흰살 생선과 오이: 오이와 흰살 생선(272쪽) 참조.

흰살 생선과 올리브

그린 올리브는 섬세한 흰살 생선, 블랙 올리브는 진하고 기름진 생선 등 생선과 올리브를 조합할 때는 반드시 지켜야 할 규칙이 있는 것처럼 보이기도 한다. 그러나 실은 전혀 그렇지 않다. 짭짤하고 기름진 올리브는 환영받는 농후한 풍미를 더해서 은은한 흰살 생선을 기름진 생선처럼 느껴지게 만든다. 섬세한 생선 살에 필요한 소스는 오직 맑고 씁쓸한 기질에 고가의 녹색 채소 풍미를 지닌 양질의 엑스트라 버진 올리브 오일뿐일지도 모른다.

흰살 생선과 완두콩: 완두콩과 흰살 생선(296쪽) 참조.
흰살 생선과 조개 및 갑각류: 조개 및 갑각류와 흰살 생선(207쪽) 참조.
흰살 생선과 케이퍼: 케이퍼와 흰살 생선(147쪽) 참조.
흰살 생선과 코코넛: 코코넛과 흰살 생선(422쪽) 참조.

흰살 생선과 타임

프랑스 요리사 마리 앙투안 카렘은 다음과 같이 말했다. '나는 우리 조상이 조미료로 사용하지 않았던 이 방향제와 향신료를 내 생선 요리에도 사용하지 않기로 했다. 소금물만으로 요리한 생선의 맛이 우수하다는 반박할 수 없는 증거가 매일 나타나는데도 생선에서 타임이나 월계수, 메이스, 클로브, 후추 맛이 나야 한다고 믿는 것은 이상한 망상의 결과물이다.' 그는 타임을 가미한 쿠르 부이용(해산물 차우더에 사용 가능한 육수)은 허브 향이 너무 거슬리지 않는 한 허용할 수 있다고 덧붙인다. 생타임은 생선에게는 풍미가 너무 강할 수 있는 말린 타임보다 안전한 도박이다. 레몬 타임은 확실히 뛰어난 조합을 이룬다.

흰살 생선과 토마토

구운 토마토를 곁들인 도미구이나 토마토케첩을 뿌린 생선 튀김은 쉽게 넘어설 수 없는 맛있는 조합이지만, 1990년 초반 과학자들은 북극 가자미에서 추출한 유전자를 토마토에 이식해서 품종 개량을 하려고 시도했다. 북극 가자미는 당연히 유전적으로 차가운 물에서도 동결(그리고 파열)되지 않도록 설계되어 있는데, 연구원들은 이러한 특징이 토마토가 척박한 재배 환경과 시장까지 이어지는 거친 여행을 버틸 수 있도록 도움을 줄 수 있으리라 여겼다. 효과는 없었다. 대자연의 뜻에 순종하여 가자미에 취향에 따라 빵가루를 묻히고 버터에 튀기듯이 구운 다음 구운 토마토와 삶은 햇감자를 곁들이거나, 으깨서 토마토케첩과 함께 빵에 끼워 먹자.

흰살 생선과 파스닙

'훌륭한 요리사는 절대 파스닙 없이 염장 생선이나 소량의 염장 고기를 식탁에 내지 않는다.' 1822년 원예사 헨리 필립스의 글이다. 중세 시대로 거슬러 올라가는 궁합이지만, 최근 들어 휴 핀리 휘팅스톨이 선보인 염장 생선과 파스닙 로스티 피시 케이크의 형태로 회생했다.

흰살 생선과 파슬리: 파슬리와 흰살 생선(279쪽) 참조.

흰살 생선과 포도

도버 서대기를 육수와 크림, 베르무트, 반으로 가른 청포도와 함께 가볍게 익힌 서대기 베로니크^{sole}

Veronique는 나에게 전통적인 보양식이다. 위장이 편하도록 하얀색이라는 기준을 충족하며, 상대적으로 원기 왕성한 기분이 들 정도로 너무나 창백하며 섬세하다(그리고 병문안으로 찾아온 사람들이 들고온 포도를 모조리 해치울 수 있는 묘책이기도 하다). 도버 서대기가 아니더라도 살이 탄탄한 흰살 생선이라면 뭐든지 사용해도 좋다. 하지만 도버 서대기에는 잡은 후 근육 조직에서 2~3일에 걸쳐 발달하는 독특한 풍미가 있다. 대부분의 생선과 달리 잡자마자 배에서 먹는다고 해서 더 맛있지 않다. 넙치나 광어 등 기타 편평어도 마찬가지지만, 그렇게 눈에 띌 정도는 아니다.

흰살 생선과 프로슈토: 프로슈토와 흰살 생선(250쪽) 참조.
흰살 생선과 헤이즐넛: 헤이즐넛과 흰살 생선(352쪽) 참조.
흰살 생선과 홀스래디시: 홀스래디시와 흰살 생선(149쪽) 참조.

Oyster
굴

굴의 풍미에서는 일반적으로 굴이 성장한 환경 이상의 요소를 확인할 수 있다. 청결도와 미네랄 함량 및 수온 등이 중요한 요인이며, 이 때문에 굴은 보통 품종보다 출처가 어디인가에 따라 종류를 나눈다. 예를 들어 '유럽 플랫 굴' 또는 '토종' 굴인 유럽굴Ostrea edulis종은 영국 콜체스터와 아일랜드 골웨이, 프랑스의 보호구역 블롱Belon과 해조를 다듬은 마렌산 굴 등으로 다양하게 언급된다. 또한 캘리포니아와 메인 주에서 성공적으로 바다 양식 중이다. 모듬 굴을 주문해서 레몬을 뿌리지 말고 먹으며 평론가들이 식별해낸 풍미 종류를 느껴보자. 달콤하고 크림 같은 고기 향, 버터, 견과류, 멜론, 멜론 껍질, 오이, 미네랄, 쇠 맛, 구리, 그리고 물론 바닷물의 짠내 등이 있다. 처음 밀려오는 바닷물의 충격 속에서 달콤하고 복합적인 풍미를 발견하려면 꿀꺽 삼키기 전에 잘 씹어야 한다. 레몬과 식초 등 새콤한 풍미는 굴의 짠맛을 약화시키고 단맛을 살린다. 홀스래디시나 고추로 자극적인 맛을 낸 토마토케첩은 굴과 매콤 달콤 짭짤한 조합을 이루며 타고난 감칠맛을 더한다. 굴 소스는 걸쭉하고 색이 진하며 짭짤한 중국 양념이다. 브랜드마다 굴 추출물, 설탕, 나트륨 및 풍미 강화제 함유량이 제각기 다르다.

굴과 고추

처음으로 굴을 먹은 것은 패딩턴 역 근처의 지저분한 트라토리아에서 한 종업원이 권했기 때문이었다. 해산물은 둘째 치고 빵 조각마저도 입에 넣기 전에 두 번 생각하게 만드는 식당이었다. 그 경험은 나를 죽이지는 않았지만, 개종시키지도 못했다. 두 번째 굴은 뉴올리언스 프렌치쿼터에 자리한, 네온사인이 우울함과 승산 없는 싸움을 벌이고 심드렁한 천장 팬이 열기를 식히는 좁은 장례식장 같은 바에서 접했다. 정확히 내가 바라는 싸구려 프랑스풍 식당이었다. 소매 클립sleeve clips을 단 바텐더는 무음으로 해둔 축구 경기에 눈을 반쯤 고정한 채 카지노 딜러 같은 태도로 얼음을 채운 나무 그릇에서 굴을 퍼내 손님 앞에 놓았다. 다른 문화 속의 일상에서 역설적으로 이국적인 느낌을 받은 장면이었다. 나를 제외한 모든 사람은 지루하게 앉아 있었다. 나는 손가락을 하나 들었다. 바텐더가 내 쪽으로 굴을 하나 밀었다. 그것은 내가 그때까지 봤던 어떤 굴과도 달랐다. 짙은 회색으로 반짝이는 타원형에, 고래의 눈처럼 커다랬다. 굴이 나를 빤히 올려다보았다. 나는 핫소스를 조금 뿌리고 마음을 비우려고 노력하면서 껍질의 깊고 울퉁불퉁한 쪽을 들어 올려서 통째로 후루룩 삼켰다. 두피가 타닥거리는 느낌이 들었다. 굴의 아연 함량이 높아서였는지, 소스가 매콤한 탓인지, 아니면 단순히 야수의 눈을 직시하고 패배감을 맛보았기 때문이었는지 알 수 없지만, 나는 기념 삼아 맥주를 주문했다. 맥주가 불타는 목구멍을 식히는 동안 바텐더가 무언가를 내 쪽으로 밀었다. 더욱 크고 회색으로 반짝이는, 이번에는 두 개의 굴이었다.

굴과 넛멕: 넛멕과 굴(321쪽) 참조.

굴과 달걀

시에라네바다의 행타운에서 골드러시 기간에 탄생한 '행타운Hangtown 튀김'을 만들어보자. 어떤 사람들은 금을 채굴해낸 탐사자를 위해 만든 음식이라고 하며, 사형수의 마지막 식사였다고 주장하는 사람도 있다. 둘 다 사막에서 굴이 진귀한 존재라는 점에 기반한 전설이다. 사실은 19세기 중반 캘리포니아의 주방에서 일자리를 찾아낸 많은 중국인 이민자가 개발한 메뉴라는 설이 진실일 가능성이 높다. 행타운 튀김은 기본적으로 스크램블드에그를 곁들인 굴 튀김이다. 어떤 레시피에서는 베이컨을 넣지만, M.F.K 피셔의 저서 『굴을 생각하며Consider the Oyster』에 소개된 방법에는 들어가지 않는다. 피셔는 행타운 튀김에 소시지와 가느다란 감자튀김인 슈스트링 프라이를 곁들이기를 권한다.

굴과 닭고기

닭을 굽기 전에 속에 굴을 채우면 환상적으로 고급스러운 요리가 된다. 껍데기를 까고 굴을 꺼내 닭의 배 속에 채운다. 간단한 일이다. 닭 속이 생각보다 넓으면 언제든지 굴에 굴즙과 버터 풍미의 빵가루를 섞을 수 있다. 또는 굴 세 개만 넣어도 꽉 차는 메추라기로 요리하자.

굴과 돼지고기

미국 남부에서는 전통적으로 굴과 돼지고기를 섞어서 소시지 모양으로 빚는다. 또한 뉴잉글랜드식으로 가금류 스터핑에 짝지어 넣거나 루이지애나식 스튜 검보gumbo를 만들기도 한다. 하지만 나는 차가운 생굴과 매콤하고 향긋한 소시지를 짝지을 때 제일 감동적인 맛이 난다고 생각한다. 어디서건 셰프와 요리 작가들의 영원한 사랑을 받는 조합이다. 보르도에서는 루켄카스 소시지를 사용하지만, 구할 수 있다면 미니 초리소도 괜찮다. 굴의 차가운 광물성 풍미로 매콤하고 자극적인 소시지 맛을 씻어내면 더할 나위가 없다. 차가운 화이트 그라브 와인 한 잔을 곁들이면 나를 둘러싼 온 세상이 영화 세트장처럼 보일 것이다.

굴과 레몬

굴 순수주의자는 셜롯 식초 또는 타바스코를 경멸하며 생굴에는 아무것도, 심지어 레몬도 뿌리지 말고 먹어야 한다고 주장한다. 하지만 나는 순수주의자가 아니다. 나에게 굴 먹기란 옷을 모조리 훌훌 벗어던지고 부두 끝에서 뛰어내리는 것과 같다. 레몬즙은 입에 침이 고이게 하는 도움닫기로, 굴의 광물성 풍미가 상쾌한 물결과 함께 넘어가도록 만든다. 또한 미국 최남동부 지역에서 먹듯이 옥수숫가루에 튀긴 굴에도 레몬즙을 뿌리면 다시 상쾌해진다.

굴과 버섯

어떤 사람들은 느타리버섯에서 굴과 꼭 닮은 외양만큼이나 방금 바다에서 건진 신선한 굴 풍미가 느껴진 다고 주장한다. 굴과 마찬가지로 느타리버섯은 버터에 빠르게 볶아서 레몬을 약간 짜서 뿌려 낼 수 있다.

굴과 베이컨

얇게 저민 줄무늬 베이컨 절반 분량으로 굴을 하나씩 감싸고 꼬챙이에 꽂아서 그릴에 굽는다. 나는 이 요리의 이름을 항상 까먹는다. 말을 탄 천사였나? 말을 탄 악마던가? 해변의 돼지? 진주 앞의 멧돼지? 그러다 누가 조곤조곤 설명을 해주었다. 굴은 하얀 빛의 천사, 말린 자두는 짙은 색이니 악마이며, 특히 씨를 제거하고 망고 처트니를 채운 다음 베이컨을 감으면 더욱 사악해 보인다. 늘 그렇듯 악마의 매력은 최고다. 나는 말린 자두와 베이컨의 극단적인 짠맛과 단맛의 대조를 이겨낼 수 없다.

굴과 셀러리

셀러리는 굴에 신선하고 감귤류와 흡사한 풍미를 더해준다. 다소 고상한 조합이다. 그리고 무엇이든 1954년 처음 발간된 매력적인 『집주인을 위한 향사(鄉土) 안내서』에 등장한 '굴 따는 빌리billy the oysterman에 나온 굴과 셀러리' 레시피보다 더 고상할 수는 없다. 책에서는 다음과 같이 말한다. '연극을 보고 난 후 늦은 시간에 친구들을 새로운 파티로 초대할 수 있는 사람은…… 친구들 사이에서 '인기 순위표' 정상에 오를 사람이다.'

> *recipe*
> 〔굴 따는 빌리에 나온 굴과 셀러리〕
> 1. 다진 셀러리 줄기 3개 분량을 버터에 부드러워지도록 볶는다.
> 2. 껍데기에서 분리한 굴 24개 분량을 즙과 함께 넣고, 굴 가장자리가 오그라들 때까지 뭉근하게 익힌다.
> 3. 달콤한 계열의 화이트 와인을 약간 부은 다음 가볍게 간을 한다.

따뜻할 때 접시에 담고, 삼각형으로 자른 토스트와 함께 내어 이니셜을 새긴 은제 통에 담뱃재를 톡톡 털며 친구들이 숭배하는 모습을 즐긴다.

굴과 소고기

찰스 디킨스의 『골동품 상점』에서 키트가 어린 제이콥에게 인생 첫 굴 요리를 사주었을 때, 아이는 '마치

장사를 하기 위해 태어난 사람처럼 나이보다 뛰어나게 신중한 태도로 후추와 식초를 뿌렸고, 그 이후 굴 껍데기로 식탁 위에 돌집을 쌓아올렸다'. 주식이 붕괴되기 이전에는 키트 같은 하인도 채무자 감옥을 두려워하지 않고 '지금껏 본 것 중 제일 큰 굴'을 세 다스는 살 수 있을 정도로 굴이 매우 풍부하고 저렴했다. 하지만 굴을 더한 스테이크와 콩팥 푸딩은 단순히 비싼 재료만 늘어난 것 이상의 의의가 있다. 짭짤한 굴은 소고기의 풍미를 북돋운다. 굴을 채운 호주의 카펫백 스테이크 carpetbag steak 및 굴 소스를 넣은 소고기 볶음에서도 마찬가지다.

굴과 수박: 수박과 굴(364쪽) 참조.
굴과 아니스: 아니스와 굴(261쪽) 참조.
굴과 아티초크: 아티초크와 굴(183쪽) 참조.

굴과 양파

셜롯을 곱게 다져서 레드 와인 식초와 섞으면 프랑스에서 고전적으로 굴에 곁들이는 미뇨네트 mignonette가 된다.

굴과 캐비어: 캐비어와 굴(219쪽) 참조.

굴과 파슬리

오이스터 록펠러는 뉴올리언스에 자리한 안토안느 레스토랑의 요리사 줄스 알시아토레 Jules Alciatore가 고안한 이후 1899년부터 쭉 메뉴판에 올라 있는 요리다. 껍데기 반쪽에 굴을 담고 그린 소스와 크림을 얹어 굽는다. 알시아토레는 록펠러 레시피를 서면으로 작성하여 무덤까지 가져갔으며, 안토안느 레스토랑을 이어받은 후계자들은 껍데기를 까지 않은 굴처럼 입을 꼭 다물고 있다. 다른 레스토랑에서는 시금치를 동반해서 짝퉁 요리를 선보이지만, 안토안느는 누구도 녹색 소스의 비밀을 밝혀내지 못했다고 주장한다. 연구 결과에 따르면 주재료는 파슬리와 케이퍼, 올리브 오일이지만 어떤 과학적 실험으로도 베일에 싸인 비밀 재료의 정체는 밝혀내지 못했다.

굴과 홀스래디시: 홀스래디시와 굴(148쪽) 참조.

Caviar
캐비어

오시에트라Oscietra는 미식 전문가가 선택하는 캐비어로, 풍미가 섬세하고 고소하며 복합적이고 (어떤 이들에게는) 허브 향이 난다. 자연산이라면 무엇이든 그렇지만, 특히 오시에트라 철갑상어는 잡식성이다 포식자를 피하여 해저로 내려가는 습성이 더해져 식단이 천차만별이다 보니, 풍미가 매우 다양해진다. 육식성이라 단백질이 풍부한 식단을 섭취하여 비교적 커다란 알을 생산하는 벨루가Beluga 캐비어에서는 더 크림 같고 생선 맛이 덜한 풍미가 난다. 가장 흔하달까 덜 희귀한 세브루가Sevruga 캐비어는 신도시의 포장도로처럼 새까맣다. 복합적인 풍미가 덜하며 바닷소금 맛이 강렬하다. 곧 카스피해 철갑상어 개체가 완전히 고갈될 것이라는 조사 결과가 발표되기도 했다. 다행히 현재 미국과 유럽에서 양식 중인 캐비어가 뛰어난 풍미를 지녔다는 평을 얻기 시작하는 중이다.

캐비어와 감자: 감자와 캐비어(133쪽) 참조.

캐비어와 굴

맛과 고급스러운 느낌이 비슷한 캐비어와 굴을 짝지어 내놓으면 섬세한 풍미 조합을 선보이는 데에는 관심이 없고, '새로 산 쾌속정에 검은 돛대를 달면 어떨까' 같은 배부른 고민에나 빠져 있는 사람이라는 인상을 줄 수 있다. 해롤드 맥기는 오시에트라 케비어에서 굴 같은 맛이 난다고 생각한다. 이들은 확실히 회색과 녹색, 검은색과 녹슨 빛깔 등 썩어가는 프리킷 범선과 같은 색채를 공유하며, 바닥에 붙은 먹이를 찾는 식습관 덕분에 풍미까지 비슷해지고 있다. 토마스 켈러가 선보이는 고유 요리 중에는 캐비어를 올린 굴을 타피오카 펄을 넣은 베르무트 사바용에 얹어 내는 메뉴가 있다. 프렌치 런드리 레스토랑에서 토마스 켈러 아래 일했던 셰프 르네 레드제피는 코펜하겐의 노마 레스토랑에서 굴즙을 겔화해서 캐비어를 만들어 타피오카 푸딩에 얹어 낸다.

캐비어와 달걀

프랭크 시나트라는 에바 가드너Ava gardner를 위해서 스크램블드에그와 캐비어를 만들곤 했다. 울프강 퍽은 그 둘을 버터가 물씬 느껴지는 퍼프 페이스트리 틀에 함께 담아서 한 입 깨무는 순간 분명 천국 같았을 음식을 만들었다. 하지만 당신이 에바 가드너처럼 생겼다 하더라도, 사랑하는 이에게 아침부터 퍼프 페이스트리를 만들어달라고 요청한다면 스스로의 운을 시험하는 일이 될 것이다. 캐비어가 바닥났다면, 최고의 캐비어에서는 달걀노른자와 버터의 맛이 난다고 믿는 요리 작가 데이비드 로젠가튼의 말을 되새기자.

언제든지 버터를 바른 메밀 블리니blini에 딱 적당히 익혀서 잘게 썬 노른자를 얹고 눈을 감고 먹으면 된다.

캐비어와 닭고기: 닭고기와 캐비어(39쪽) 참조.

캐비어와 레몬

관자를 위한 끝내주는 소스를 만들자. 관자를 버터에 간단히 익힌 다음 마무리로 레몬즙 약간과 캐비어를 넣고 따끈하게 데운다. 레몬이 캐비어에 자주 곁들여 나오기는 하지만, 최상급 풍미를 지닌 섬세한 생선알에 레몬즙을 직접 뿌려대는 것은 그리 바람직한 일이 아니다. 한번은 이를 모욕적으로 받아들인 집주인이 손님에게 '타라마살라타[33]가 먹고 싶은 거라면 내가 가서 좀 찾아볼게'라고 말하는 것을 들은 적도 있다.

캐비어와 바나나

아침 식사로 베이컨과 달걀을 같이 먹으면서 조금이라도 타락한 기분이 든다는 생각을 한 적이 있다면, 혁명 이전의 러시아 황제 자녀들이 으깬 바나나와 캐비어 한 접시로 하루를 시작했다는 사실을 알아두면 도움이 될지도 모른다.

캐비어와 연질 치즈

은과 스테인리스 스틸은 캐비어의 풍미에 영향을 미치기 때문에 자개 또는 플라스틱 숟가락을 사용해야 한다. 곁들이는 음식으로는 담백하고 얇은 비스킷 또는 메밀 블리니가 좋다. 덜 세심한 애호가라면 다진 삶은 달걀 정도는 곁들여도 용납할 수 있다. 탱탱한 생선알에 반사된 무지갯빛으로 물들어 시선을 집중시키는 흰색 음식은 하얀 모피가 높은 광대뼈를 돋보이게 만들 듯이 캐비어와 실로 환상적으로 어우러진다. 다음 미니 캐비어 치즈케이크를 만들어보자.

---

recipe

〔미니 캐비어 치즈케이크〕

1. 작은 제과용 커터로 흑호밀빵을 두께 1cm, 지름 3cm 크기의 원형으로 찍어낸다.
2. 커터를 그대로 빵에 끼워둔 채로 크림치즈를 1cm 두께로 바른 다음 캐비어를 한 덩이 떨어뜨린다.
3. 모양을 최대한 유지하면서 커터에서 빼낸다.

---

33 감자 샐러드에 생선알을 넣어 만드는 그리스 요리.

커터는 그때그때 씻어야 한다.

캐비어와 콜리플라워

십자화과 채소는 짭짤한 재료와 훌륭한 궁합을 이룬다. 방울양배추를 베이컨과 함께 즐겨 먹는 사람이라면, 조엘 로부숑의 콜리플라워와 캐비어 조합도 사랑하게 될 것이다. 그는 캐비어 젤리와 콜리플라워 크림, 오시에트라 캐비어 쿠스쿠스에 콜리플라워 크림과 아스파라거스 젤리, 콜리플라워 크림과 캐비어에 감자 퓌레 등을 짝지어 낸다. 안초비와 콜리플라워(234쪽) 참조.

캐비어와 헤이즐넛: 헤이즐넛과 캐비어(351쪽) 참조.

캐비어와 화이트 초콜릿

헤스턴 블루멘탈은 달콤한 음식에서 풍미를 이끌어낼 수 있는 소금의 능력을 연구하면서 화이트 초콜릿과 햄, 안초비, 염장한 오리를 짝지었으며, 이후 특히 기분 좋은 궁합인 캐비어와 화이트 초콜릿의 조합을 떠올렸다. 맛 전문가 프랑수아 벤지Francois Benzi의 설명에 따르면 이 두 재료는 풍미 화합물을 공유하며, 잘 어울릴 만한 이유도 여기에 있다. 이후 블루멘탈은 동일한 화합물을 지닌 식재료 조합이 이루는 조화에 대해 연구하기 시작했고, 그 결과 서로 공유하는 유기 화합물로 기존의 효과적인 조합의 상생 비결을 밝혀낼 수 있지만 커피와 마늘, 파슬리와 바나나 등 상상도 하지 못한 조합의 활용 가능성을 제시할 수도 있으며, 그러나 결국 상상력과 직관을 대체할 수 있는 존재는 없다는 결론을 내렸다. 나에게 캐비어와 화이트 초콜릿이란 알랭 상드랑이 선보인 바닷가재와 바닐라 조합을 강화한 버전 같다. 화이트 초콜릿에서는 대체로 버터와 크림치즈를 조금 연상시키며 생선알과 더욱 잘 어우러지게 만드는 바닐라 풍미가 난다.

캐비어와 훈제 생선: 훈제 생선과 캐비어(238쪽) 참조.

Oily Fish
기름진 생선

기름진 생선은 흰살 생선보다 기름지고 풍미가 강렬하다. 구즈베리 또는 홀스래디시와 고등어, 오이와 연어, 물냉이와 송어 등 기름기를 끊으려고 노력하는 풍미 재료와 옛날부터 잘 어울렸다. 레몬은 그에 더하여 강렬한 생선 냄새를 어느 정도 날려준다. 동양에서는 고수 잎과 라임즙을 따로 또 같이 사용해 같은 효과를 준다. 소금물 맛이 나는 케이퍼, 올리브, 프로슈토, 조개 및 갑각류는 고등어, 청어, 정어리, 붉은 송어 등 바닷물 맛이 나는 기름진 생선에서 달콤한 면을 이끌어낸다. 여기에서는 흙냄새가 도는 민물 생선과 연어, 송어, 살기grayling, 장어, 고기 맛이 나는 황새치와 참치 등 회유성 생선(즉 소금물과 민물 두 곳에 사는 종) 또한 다룬다. 흰살 생선 개요(208쪽) 또한 참조.

기름진 생선과 간: 간과 기름진 생선(56쪽) 참조.

기름진 생선과 감자

영국에서는 감자튀김을 연어와 송어를 제외한 거의 모든 음식과 함께 내지만, 환경 역사학자 피터 코츠는 2050년까지 계속 어획량이 감소하면 대부분의 피시 앤 칩스 가게에서 튀긴 연어를 내게 될 수 있다고 나로서는 그다지 유쾌하지 않은 예언을 했다. 단조로운 짠맛이 나는 바다 생선은 바삭하고 짭짤한 감자튀김과 제일 잘 어우러지며, 흙냄새 도는 민물 생선은 마찬가지로 흙냄새가 나는 삶은 햇감자와 짝지어 내는 편이 더 낫다. 정어리와 고등어는 두 가지 감자와 전부 잘 어울린다. 파슬리와 감자(277쪽) 또한 참조.

기름진 생선과 고추

인도와 동남아시아의 셀 수 없이 많은 소스에서 짝을 이룬다. 서유럽 요리에서는 고추를 드물게 사용하지만, 미쉐린 별을 거머쥔 파리의 레스토랑 타이유방Taillevent은 생 참치뱃살에 에스플레트 고추와 레몬, 케이퍼, 세라노 햄을 곁들여 내기로 알려져 있다. 가격대의 반대쪽 끝에는 레 모에트 다보Les Mouettes d'Arvor 사가 정어리와 고추를 짝지어 예쁜 통조림을 만든다. 바스크 지방에서 재배하는 부드럽지만 맛이 좋은 에스플레트 홍고추 제품에서 더 매운 새눈고추 제품까지 고를 수 있다. 프랑스에서는 정어리 통조림의 최고 빈티지를 표시하고 얼마나 오래 보관할 수 있는지 권고하는 등 마땅히 누려야 할 예우를 갖춘다. 예를 들어 샹세렐르Chancerelle의 2001년 빈티지는 2007년이면 먹을 준비가 된다.

기름진 생선과 달걀

생참치를 얹은 니스식 샐러드가 나올 때마다 내 마음이 얼마나 가라앉는지. 통조림 참치 대신 겉만 살짝 구운 생참치를 넣으면 달걀과 케이퍼, 깍지콩, 감자와 어느 정도 어우러지기는 하나 통조림 특유의 결 따라 부서지는 질감을 내지 못한다. 그 질감이 있어야 드레싱 및 푸슬푸슬한 달걀노른자 부스러기와 잘 섞여서, 샐러드 위에 거만하게 얹히는 대신 샐러드 전체에 침투해 들어가게 된다. 인상 깊은 요리를 만들고 싶다면 참치 뱃살로 만들어서 부드럽고 녹진한 풍미가 특징이며 요리 작가 데이비드 로젠가튼이 세계적인 수준의 맛이라 평한 트레 토리Tre Torri의 벤트레스카Ventresca 통조림 브랜드를 추천한다. 그는 실로 높이 평가한 나머지 벤트레스카는 그대로 먹고 그보다 못한 제품을 샐러드에 넣으라고 권한다는 점을 기억해 두자. 일반 슈퍼마켓 제품보다 벤스레스카가 대략 20배 정도 비싸다는 점을 고려하면 이해가 간다.

기름진 생선과 돼지고기: 돼지고기와 기름진 생선(43쪽) 참조.

기름진 생선과 딜

스칸디나비아와 발트해 연안국에서는 강하고 깨끗한 딜의 풍미와 기름진 생선의 조합을 다양한 요리에 활용한다. 아마 제일 유명한 메뉴일 그라브락스Gravadlax는 연어를 설탕과 소금에 절여서 딜과 겨자로 풍미를 낸 다음 여분의 딜 및 겨자를 소스 형태로 곁들여 내는 음식이다. 스웨덴산 겨자는 디종이나 영국 품종보다 달콤하고 크림 같으며 덜 자극적이다. 앨런 데이비슨은 고등어로 만든 그라바드Gravad 레시피를 소개하기도 하며(연어만큼 맛있지는 않지만 그래도 꽤 괜찮다고 한다) 고등어에 간단하게 딜, 물, 우유, 통후추를 더하고 취향에 따라 감자를 곁들이면 마크릴소파makrillsopa를 만들 수 있다. 미국에서는 참치 샐러드 샌드위치에 딜을 넣으며, 동결 건조한 딜을 사용해도 좋다. 내가 제일 좋아하는 딜과 생선 조합은 나이젤 슬레이터의 레시피로, 샌드위치보다 만드는 데 손이 덜 간다.

recipe

〔사워크림과 딜 소스를 곁들인 연어 스테이크〕

1. 스테이크용 연어 2조각을 작은 오븐용 그릇에 담는다. 매우 곱게 다진 양파 1개 분량과 레몬즙 1큰술, 다진 딜 1큰술, 사워크림 또는 크렘 프레시 100ml를 섞어서 위에 덮는다.
2. 220℃로 예열한 오븐에서 15~18분간 굽는다(햇감자를 적당량 삶기에 딱 적당한 시간이다).
3. 여분의 다진 딜을 뿌려서 낸다.

기름진 생선과 라임

기름진 생선의 느끼한 맛을 잡기에는 레몬이 최적이지만, 라임의 짜릿한 풍미는 어떤 기름진 품종과 만나도 지지 않는다. 재빨리 짜서 뿌리기만 하면 바비큐에 구운 정어리나 튀긴 고등어의 단맛을 정돈한다. 특별히 강렬한 풍미를 내려면 라임을 반으로 자르고 속살 부분이 아래로 가도록 그릴에 얹어서 우선 살짝 캐러멜화한다. 또는 토마토나 망고 살사에 라임즙을 뿌려서 산뜻한 곁들임 음식을 만든다. 페르시아 만에서는 기름진 생선 토막을 빠르게 구워서 양파와 생강, 마늘, 향신료와 사향 풍미가 나는 말린 라임으로 만든 소스와 함께 내는 사막 쿠와마samak quwarmah를 먹는다. 쿠민과 기름진 생선(118쪽) 또한 참조.

기름진 생선과 레몬

전 세계에서 다양한 형태로 인기를 누리는, 기름에 뜨겁고 바삭하게 튀긴 치어 한 그릇에 더 필요한 것이라고는 촉촉한 저민 레몬 하나뿐이다. 치어는 뉴질랜드에서는 튀김으로, 인도에서는 고추와 터메릭에 버무려서 먹는다. 생선이 풍성하던 시절에는 템스 강에서 청어를 포함해서 스프랫sprat 등 어린 물고기를 총칭하는 치어가 잡혔고, 여름철이면 술집에서 소금을 치고 레몬을 둘러서 술이 절로 넘어가도록 만들어 냈다. 파슬리와 감자(277쪽) 및 기름진 생선과 딜(223쪽) 또한 참조.

기름진 생선과 로즈메리: 로즈메리와 기름진 생선(464쪽) 참조.
기름진 생선과 루바브: 루바브와 기름진 생선(370쪽) 참조.

기름진 생선과 마늘

패트리셔 웰스의 레시피는 마늘 40쪽을 넣은 닭 요리의 생선판과 비슷하다(마늘과 닭고기 참조, 158쪽). 참치로 만들어야 한다고 적혀 있지만, 황새치와도 잘 맞는다. 사실 한 연구에서는 황새치에서 마늘과 잘 어울리는 '프라이드 치킨'의 특징을 발견하기도 했다.

---

recipe

〔마늘 듬뿍 참치〕

1. 생참치 스테이크 250g(약 2.5cm 두께) 2개에 기름을 바르고 후추로 간한다.
2. 그릴에서 한 면당 5분씩 구워 겉은 불투명하지만 속은 여전히 분홍색인 상태로 만든다.
3. 그동안 팬에 땅콩기름 3큰술을 두르고 뜨겁지만 연기가 피어오르지 않을 정도로 달군 다음, 얇게 저민 마늘(대) 20쪽 분량을 넣고 노릇노릇하게 볶는다.
4. 레드 와인 식초 1큰술을 넣고 저어서 바닥에 달라붙은 마늘을 떼어 섞는다.
5. 참치에 간을 하고 위에 소스를 붓는다. 토마토와 양파, 녹색 피망을 올리브 오일에 뭉근하게 익힌

피프라드와 함께 낸다.

참고로 피프라드 역시 때때로 달걀과 함께 요리한다(피망과 달걀 참조, 297쪽).

기름진 생선과 물냉이: 물냉이와 기름진 생선(140쪽) 참조.

기름진 생선과 민트

18세기에 출간된 한나 글래스의 요리책에는 고등어에 곱게 다진 민트와 파슬리, 회향을 채워서 그릴에 굽는 특별한 요령이 실려 있다. 시칠리아에서는 깨끗하고 강렬한 민트 풍미로 그릴에 구운 황새치, 정어리를 넣은 파스타 등 기름진 생선 요리를 산뜻하게 만든다. 태국 요리에서는 생선과 고추, 민트, 구워서 간 쌀과 라임즙을 섞은 매콤하고 톡 쏘는 랍 플라laab pla 등 샐러드에 다진 생민트를 장식한다. 잎이 부드러운 하트 모양인 피시 민트fish mint가 흔한 베트남에서는 민트를 특히 고명으로도 많이 쓴다. 살짝 신맛이 도는 피시 민트는 생선과 유사한 풍미를 지니며, 종종 그릴에 구운 소고기와 함께 낸다.

기름진 생선과 버섯: 버섯과 기름진 생선(106쪽) 참조.
기름진 생선과 비트: 비트와 기름진 생선(122쪽) 참조.
기름진 생선과 생강: 생강과 기름진 생선(452쪽) 참조.
기름진 생선과 소고기: 소고기와 기름진 생선(60쪽) 참조.

기름진 생선과 아니스

생선과 아니스 향 허브, 향신료 및 리큐어를 조합하는 방식은 셀 수 없이 다양하며, 삶은 연어 스테이크와 신선하고 톡 쏘는 타라곤 마요네즈처럼 대부분 빠르고 간단하다. 하지만 더 과장된 요리를 선호한다면, 엘리자베스 데이비드의 『프랑스 프로방스 요리』에 실린 말린 회향에 불타는 브랜디를 적당량 부어서 만드는 회향을 채운 노랑촉수 그릴 구이를 만들어보자. 회향에서 아니스 풍미의 연기가 피어오른다. 집 안에서 식사를 할 때도 그을린 가지에서 생선을 꺼내 따뜻한 서빙용 접시에 담는 동안 모두가 함께 향을 즐길 수 있어서 좋다. 그만큼 대단하지만 투박하다기보다는 좀 더 집요함이 느껴지는 요리를 찾는다면 헤스턴 블루멘탈이 아스파라거스와 감초 조합을 탐구하여 만들어낸 탄탄하고 반짝이는 검은 감초 젤에 싼 연어 요리가 있다.

기름진 생선과 아몬드: 아몬드와 기름진 생선(354쪽) 참조.

기름진 생선과 아보카도

데이비드 캄프의 말에 따르면 캘리포니아 롤은 1960년대에 처음 나타났다. 로즈앤젤레스에서는 생참치를 구할 수 있는 계절이 한정적이었으므로, 도쿄 카이칸의 초밥 요리사 이치로 마시타와 테루오 이마이즈미는 신선한 참치를 연상시키는 버터 같은 질감에 풍성한 기름진 맛이 난다는 점을 고려해서 아보카도와 투구게, 오이, 생강 조합을 시도했다. 캘리포니아는 일 년 내내 아보카도가 나는 지역이라 오히려 다행스러운 일이었으며, 얼마 지나지 않아 마시타와 이마이즈미가 만들어낸 롤은 그 자체로도 매우 인기가 높지만 일종의 입문용 초밥 역할까지 한다는 사실이 밝혀졌다. 일단 해조류 및 잘 뭉친 차가운 밥에 익숙해진 손님들은 더 나아가서 정통 초밥까지 시도하기 시작했다.

기름진 생선과 아스파라거스

마쉬 삼피어(유럽 퉁퉁마디)는 때때로 '바다' 또는 '가난한 사람'의 아스파라거스로 불린다. 울분에 찬 늪지대 거주민이 거뭇한 습지에 무릎을 담그고서 레이스 장식과 샐러드 포크, '진짜 아스파라거스'를 먹을 화려한 내륙인들에 대해 웅얼거리며 불평하는 모습을 상상해보라. 확실히 마쉬 삼피어는 아스파라거스와 마찬가지로 버터 또는 홀랜다이즈 소스를 더해서 주로 해산물, 특히 연어에 곁들여 낸다. 이 글을 쓰고 있는 현재, 삼피어가 동시에 제철을 맞이한 아스파라거스보다 네 배는 더 비싸다.

기름진 생선과 양파

하와이의 포케(포케이라고 길게 발음한다)는 마치 반항기를 거친 사시미 같다. 조리 과정에 엄격한 규칙과 전통이 적용되는 일본 사촌과 달리, 포케는 생참치를 병아리콩 크기로 썰어서 다양한 재료에 재운 다음 접시에 수북이 쌓아서 낸다. 전통적으로 해조류, 쓴맛이 나는 크고 기름진 견과류인 캔들넛 등으로 양념을 했으며 현재는 특히 양파나 잔파 등을 널리 사용한다. 일본에서는 참치 뱃살 부위를 데쳐서 잔파와 섞은 다음 다시로 맛을 낸 국에 넣는다. 참치의 고기다운 느낌은 다져서 양파를 섞은 다음 이탈리아의 폴페테polpette(미트볼)와 버거를 만드는 레시피에서도 드러난다. 맛이 조금 떨어지는 덜 이국적인 메뉴로는 통조림 참치를 양파와 짝지어서 만드는 피자 및 참치 마요네즈 샌드위치, 가게 진열대에 고전적으로 등장하는 참치와 카넬리니 콩, 양파 샐러드 등이 있다.

기름진 생선과 오이

작은 연어와 비슷한 생선인 바다빙어류를 막 잡아 올리면 오이 향이 나며, 이를 제비꽃이나 막 깎은 잔디 향에 비교하기도 한다. 엘리자베스 데이비드는 바다빙어류가 제일 튀겨 먹기 좋은 치어라고 한다. 18세기 요리 작가 한나 글래스는 바다빙어류에 빵가루를 묻혀서 튀긴 다음 튀긴 파슬리와 녹인 버터를 곁들여 내라고 한다. 새콤달콤하고 금속성을 띠며 버터와 비슷한 풍미를 지닌 연어는 신선할 때에는 오이 향이 나지만, 익을수록 삶은 감자 내음이 나기 시작한다. 삶은 연어에 곁들이는 고전 메뉴인 삶은 햇감자와 오이가 생각보다 잘 어울리는 데에도 이유가 있는 셈이다.

기름진 생선과 완두콩: 완두콩과 기름진 생선(291쪽) 참조.

기름진 생선과 조개 및 갑각류

붉은 송어는 짠맛과 단맛이 정교한 균형을 이루고 기름진 생선에 기대하는 고기 맛이 나기로 정평이 나 있으며, 연어나 송어의 섬세한 풍미와 고등어의 거칠고 도발적인 느낌을 다 가지고 있다. 대(大)플리니우스[34]가 붉은 송어에서 굴 맛이 난다고 생각했듯이 조개 및 갑각류로 비유하는 일이 많으며, 둘이 만나면 훌륭한 조합을 이룬다. 붉은 송어를 센불에 익히거나 그릴에 구워서 조개 및 갑각류 소스를 곁들이거나 이들 재료를 완벽하게 보완하는 철갑새우 및 완두콩을 간단하게 함께 내보자.

기름진 생선과 케이퍼: 케이퍼와 기름진 생선(144쪽) 참조.
기름진 생선과 쿠민: 쿠민과 기름진 생선(118쪽) 참조.

기름진 생선과 타임

살기Thymallus thymallus는 기름진 민물 생선으로 막 잡아서 코 밑으로 가져가면 타임 향이 난다. 맛은 송어와 비슷하지만 그만큼 뛰어나지는 않다. 플로렌스 화이트는 1932년 첫 발간한 『영국의 진미들Good things in England』에서 살기는 그릴에 구운 다음 말린 타임 가루를 뿌렸을 때 제일 맛있다고 조언한다.

기름진 생선과 파슬리: 파슬리와 기름진 생선(277쪽) 참조.
기름진 생선과 홀스래디시: 홀스래디시와 기름진 생선(148쪽) 참조.

---

[34] 고대 로마의 작가이자 박물학자 및 해군과 육군 사령관. 플리니우스 누이의 아들은 소(小) 플리니우스라 불린다.

THE *flavour* THESAURUS

BRINE & SALT
염장과 염지액

Anchovy
안초비

Smoked Fish
훈제 생선

Bacon
베이컨

Prosciutto
프로슈토

Olive
올리브

Anchovy
안초비

안초비, 즉 멸치는 물론 날것이나 식초에 절인 형태로 구입할 수 있지만(스페인 타파스 메뉴 중 보케로네스 boquerones처럼), 여기에서는 주로 기름이나 소금으로 보존한 안초비 및 멸치와 비슷한 생선으로 만든 동남아시아의 피시 소스로 범위를 제한한다. 보존한 안초비의 농후한 생선 풍미에 익숙해지려면 시간이 걸리기도 하지만, 일단 익히면 살짝 부패한 향은 사라지고 구운 고기처럼 진한 감칠맛이 남아서 다른 고기 및 생선과 채소의 풍미를 제대로 끌어올린다. 영국에서는 안초비 풍미를 가미한 제품인 안초비 에센스나 안초비 버터의 인기가 예전만 못할지 모르지만, 그래도 여전히 널리 구할 수 있다. 우스터소스는 안초비와 타마린드, 식초, 설탕, 기타 양념으로 만들기로 유명하다.

안초비와 감자

감자 도피누아의 스웨덴 방식인 얀손의 유혹Jansson's temptation에서 맛있게 어우러지는 조합이다. 베아트리체 A. 오하캉가스Beatrice Ojakangas 셰프는 얀손의 유혹을 만들 때 보통 쓰는 스페인 안초비 종류보다 단맛이 강하고 짠맛은 덜한 스웨덴 안초비를 쓰라고 권한다. 구하기 힘들다면 대체물로 훈제 연어를 권한다.

recipe

〔얀손의 유혹〕
1. 얕은 오븐용 그릇 바닥에 버터를 바르고, 저민 양파와 안초비 필레를 뿌린 다음 두껍게 채 썬 감자를 덮는다.
2. 감자가 딱 잠길 만큼만 크림을 붓고 빵가루를 덮은 다음 버터를 군데군데 얹는다.
3. 알루미늄 포일을 덮고 200℃로 예열한 오븐에서 25분간 구운 다음 포일을 벗기고 20분 더 굽는다.

내가 상상하는 얀손은 애수에 잠긴 스톡홀름의 탐정으로, 모스 경감에게 영혼의 안식처로 리얼 에일 맥주가 있다면 그에게는 바닷가의 어두운 주점에서 조용한 금발 종업원이 가져다주는 김이 올라오는 짭짤하고 크림 맛이 나는 감자 한 접시가 있었으리라.

안초비와 경질 치즈

영국에는 경질 치즈를 갈아 안초비 약간, 안초비 에센스 약간, 겨자, 차가운 화이트소스 약간, 카이엔 페퍼 한 꼬집을 섞어서 샌드위치에 발라 먹는 '가짜 게mock crab'라는 오래된 레시피가 있다. 이상하게 정이 가지 않는 이름을 마음에서 지워버린다면 완벽하게 맛있는 음식이다. 또한 안초비는 치즈 막대 과자 또는 빵 조각을 길고 가늘게 잘라서 간 파르메산 치즈와 다진 파슬리, 녹인 버터를 골고루 뿌리고 오븐에서 구운 간식에 풍미를 낼 때도 쓰인다. 우스터소스의 핵심 재료이기도 하며, 만일 안초비와 경질 치즈가 천국에서 만든 조합이라는 확실한 증거가 필요하다면 치즈 얹은 토스트에 우스터소스를 점점이 뿌려 먹은 다음 다시 소스 없이 먹어보자. 또는 치즈 얹은 토스트의 먼 사촌인 시저 샐러드를 만들자.

recipe

〔시저 샐러드〕

1. 빵에 기름과 마늘을 문지르고, 잘게 찢은 다음 구워서 크루통을 만든다.
2. 로메인 상추와 안초비 필레, 간 파르메산 치즈, 올리브 오일, 레몬즙을 날달걀 혹은 딱 1분만 삶은 달걀과 함께 섞는다.
3. 모든 재료를 잘 섞어서 낸다.

안초비와 고추: 고추와 안초비(304쪽) 참조.
안초비와 달걀: 달걀과 안초비(194쪽) 참조.
안초비와 라임: 라임과 안초비(440쪽) 참조.

안초비와 레몬

안초비 몇 개에 레몬즙을 조금 더해서 빻아 페이스트를 만든 다음 올리브 오일을 더하여 간을 맞춘다. 로켓이나 치커리 등 씁쓸한 잎채소로 만든 샐러드에 완벽하게 어울리는 드레싱이 된다. 케이퍼와 안초비(145쪽) 또한 참조.

안초비와 로즈메리

로즈메리 1작은술 분량과 안초비 필레 몇 개를 아주아주 곱게 다져서 마요네즈에 섞은 다음 로스트비프 샌드위치에 넣거나 그릴에 구운 고등어와 함께 낸다. 양고기와 안초비(71쪽) 또한 참조.

안초비와 마늘

둘 다 강렬한 캐릭터다. 〈누가 버지니아 울프를 두려워하랴〉의 버튼과 테일러와 같다. 안초비의 짠맛과 마늘의 톡 쏘는 단맛은 한쪽이 확실하게 이기지 못하고 서로 욕설만 퍼붓는 궁합을 이룬다. 그렇지만 마늘을 안초비와 함께 빻아서 올리브 오일로 희석한 프로방스의 차가운 딥 앙쇼야드 및 퐁뒤와 딥 사이 어딘가에 존재하는 피에몬테의 이탈리아 요리 바냐 카우더는 맛있다.

> *recipe*
> **〔바냐 카우더〕**
> 1. 버터 100g, 올리브 오일 175ml, 안초비 필레 12장, 마늘 6쪽을 곱게 간다.
> 2. 바닥이 두꺼운 팬으로 옮겨 한 번씩 저으면서 15분간 서서히 데운다.
> 3. 식탁용 버너에 팬을 얹거나, 퐁뒤 접시에 붓는다(식탁 찬장 뒤쪽에 퐁뒤 접시를 하나쯤 처박아두지 않았다면 이베이를 전전하는 수백 개의 버려진 퐁뒤 세트에 인정을 베풀어 좋은 집을 마련해주자).
> 4. 혼합물을 따뜻하게 유지하면서 작게 자른 생콜리플라워, 회향, 셀러리, 빵, 기타 뭐든지 넣어도 될 것 같은 재료를 맛있는 '뜨거운 목욕물'에 담가 먹는다.

안초비와 물냉이

소금과 후추의 우아한 변종이다. 흰 빵 두 장에 안초비 버터를 얇게 펴 바른다. 물냉이를 수북하게 얹고 줄기가 꺾이도록 누른다. 챙이 넓은 밀짚모자를 쓰고 강변에서 맛있게 먹는다. 샌드위치 빵의 가장자리는 잘라내야 한다.

안초비와 브로콜리

안초비는 요리의 풍미를 개선하고 믿음직한 관리인처럼 조용히 사라지는 식으로 사리분별에 밝은 모범적인 자세를 보여준다. 하지만 인기 있는 다음의 이탈리아 파스타 요리에서는 필수 재료다. 안초비의 진한 짠맛이 브로콜리의 달콤 씁쓸한 맛과 대조를 이루어서 고급스러운 효과를 내며, 브로콜리는 특히 보라색 품종을 쓰면 송이와 주름진 잎으로 소스를 품는다.

> *recipe*
> **〔안초비 소스와 브로콜리 파스타〕**

1. 프라이팬에 올리브 오일 2큰술을 넣어 따뜻하게 데우고, 안초비 필레 6개를 녹인다(뜨겁게 달궈서 튀겨지지 않도록 한다).
2. 다진 마늘 약간과 고춧가루를 넣고, 신부 들러리가 손에 쥔 작은 꽃다발처럼 손질한 익힌 브로콜리 송이를 넣는다.
3. 브로콜리를 이리저리 굴려 소스에 버무린 다음 파스타를 넣고 섞는다.
4. 파르메산 치즈를 갈아서 골고루 뿌리면 거물 소작농에게 어울리는 요리가 된다.

안초비와 비트: 비트와 안초비(124쪽) 참조.

안초비와 세이지

이탈리아에서 일 타르투포 디 페스카토레il tartufo di pescatore, 즉 어부의 송로 버섯이라고 부르는 조합이다. 그렇게 불러야 마땅하다. 안초비와 세이지는 개별적으로 사용할 때는 요리에 각각 고기 풍미를 더한다. 둘을 합하면 실로 훌륭한 궁합을 선보이며, 딱히 화려한 재료를 더 추가할 필요가 없다. 한나 글래스는 안초비와 세이지에 소기름suet, 빵가루, 파슬리를 섞어서 돼지 귀에 채우는 스터핑을 만든다.

안초비와 소고기

가룸Garum은 천일건조한 멸치 또는 고등어 내장과 소금물로 만든 소스다. 그리스에서 발명했다고들 하지만, 로마인은 동양 요리에서 피시 소스와 굴 소스를 쓰듯이 모든 고기와 생선 요리에 가룸을 넣기로 유명하다. 소고기 스튜에 염장 안초비 필레를 약간 넣거나 덩어리째 로스트하기 전에 칼집을 내서 속에 밀어넣으면 비슷한 효과를 낼 수 있다. 안초비 풍미를 그다지 즐기지 않는다 하더라도 걱정하지 말자. 위와 같은 방식으로 익히면 생선 냄새는 사라지고 소고기는 더욱 고기다운 맛이 나며, 왠지 더욱 촉촉하게 느껴지는 감칠맛 풍미가 강렬해진다. 요리사들은 베트남 요리 포 보pho bo에 안초비를 넣으면 향긋한 소고기 국물에 한 차원 더 깊은 맛이 더해진다고 한다. 반드시 오랜 시간 조리해야 할 필요는 없다. 또한 스테이크에 안초비 마늘 버터를 더하면 풍미를 강화할 수 있다. 또한 센불에 구운 소고기 스테이크를 저며서 라임과 안초비(440쪽)에 소개한 피시 소스를 기반으로 만든 드레싱을 뿌려 태국식 호랑이의 눈물 샐러드를 만들 수도 있다.

안초비와 양고기: 양고기와 안초비(71쪽) 참조.
안초비와 양파: 양파와 안초비(155쪽) 참조.
안초비와 연질 치즈: 연질 치즈와 안초비(100쪽) 참조.

안초비와 올리브

니스의 항구 주변을 어슬렁거리는 수상한 등장인물 같은 조합이다. 강렬하고 짭짤한 풍미로, 달콤하고 단순한 마르게리타 피자를 조금 거친 느낌으로 변주한다. 또한 여름 밤이면 양파 맛이 가미된 농후하고 탁한 공기가 좁은 거리를 메우는 구시가지의 노점에서 판매하는, 간단한 니스식 간식인 피살라디에르에서 점으로 이루어진 격자 무늬를 만들 때 사용된다. 최상의 피살라디에르는 포카치아와 조금 비슷하게 탄력 넘치는 두툼한 직사각형 빵 위에 진한 토마토소스를 바른 다음 부드럽고 달콤한 양파를 듬뿍 얹고 안초비와 올리브로 틱택토tick-tack-toe 놀이판을 만든 형태로, 매 입마다 압도적인 맛이 나야 한다. 몇 입 먹을 때마다 소금기가 폭발하는 상태가 이상적이다. 올리브와 토마토(255쪽) 또한 참조.

안초비와 케이퍼: 케이퍼와 안초비(145쪽) 참조.
안초비와 코코넛: 코코넛과 안초비(420쪽) 참조.

안초비와 콜리플라워

콜리플라워와 캐비어를 조합하는 조엘 로부숑의 발상(221쪽 참조)을 좋아하지만 양심이나 지갑 사정상 벨루나 혹은 세브루가 캐비어가 꺼려진다면, 잘생긴 매력은 덜하지만 끝내주게 맛있는 콜리플라워와 안초비를 시험해보자. 익힌 콜리플라워를 튀긴 빵가루와 안초비, 마늘, 고춧가루, 파슬리에 버무려서 파스타 소스를 만드는 이탈리아에서는 인기 있는 조합이다. 또한 송이를 나누어 데쳐서 식힌 다음 올리브 오일, 레드 와인 식초, 겨자, 마늘, 양파, 안초비, 레몬과 케이퍼로 만든 안초비 드레싱을 뿌려서 샐러드를 만들기도 한다.

안초비와 토마토

감칠맛이 정확히 무엇인지 궁금했다면, 토마토와 안초비를 같이 요리해서 한 입만 먹어봐도 알 수 있다. 안초비와 토마토는 피자, 피살라디에르, 푸타네스카 스파게티에서 짝을 이루지만, 좋은 토마토를 넘치도록 손에 넣을 수 있을 만큼 운이 좋다면 다음 레시피를 만들어보자.

recipe

〔안초비를 올려 구운 토마토〕

1. 토마토를 반으로 잘라서 단면이 아래로 가도록 오븐용 팬에 얹는다.
2. 기름에 절인 2.5cm 크기의 안초비 필레를 하나씩 올리고 검은 후추를 갈아서 뿌린 다음 120°C로 예열한 오븐에서 2~3시간 굽는다.

3. 살짝 식힌 다음 카넬리니 콩과 채 썬 살라미 약간을 섞어 낸다.

남는 게 있다면 갈아서 간단한 파스타나 기운찬 볼로네제 소스의 베이스가 될 농후한 토마토소스를 만들자. 올리브와 토마토(255쪽) 또한 참조.

안초비와 파인애플: 파인애플과 안초비(389쪽) 참조.
안초비와 흰살 생선: 흰살 생선과 안초비(212쪽) 참조.

Smoked Fish
훈제 생선

훈연 풍미는 향기롭고 달콤하며 훈제 소시지 맛을 내는 과이어콜 및 클로브의 주요 풍미 성분인 유제놀을 포함한 화합물로 인하여 발생한다(참조로 과이어콜과 유제놀은 나무통에서 숙성한 와인에서도 발견되며, 생선 파이와 오크통에서 숙성한 샤르도네 와인이 타고난 궁합을 선보이는 원인이기도 하다). 또한 훈제한 음식에서는 가죽, 약, 과일, 위스키, 계피, 캐러멜과 바닐라 향을 감지할 수 있다. 정확히 어떤 풍미가 발달하는가는 날재료를 어떻게 손질하였는가에 따라 달라진다. 예컨대 내장을 제거하지 않은 생선, 즉 블로터 bloaters 등에서는 결과적으로 내장을 제거한 생선보다 야생 고기 풍미가 더 강하게 난다. 사용한 목재의 종류와 훈제 시간의 길이를 포함하여 훈제 과정의 특성 자체도 또 다른 요인이 된다. 그렇다고 지금 눈앞에 있는 훈제 청어가 반드시 배달부 귀 뒤에 꽂힌 연필 정도의 나무라도 사용해서 훈제한 제품일 거라고 단정할 수는 없다. 훈제 과정은 시간과 돈이 많이 들기 때문에 생선뿐 아니라 훈제 고기, 훈제 두부 등에도 식용 목초액liquid smoke 향료를 많이 사용한다. 미국에서는 슈퍼마켓에서 구입하여 바비큐 콩 요리에 양념 삼아 넣을 수 있다. 훈제 연어와 송어, 고등어, 해덕, 장어, 청어 또한 여기에서 다룬다.

훈제 생선과 감자

감자와 훈제 생선은 북유럽에서 주로 먹는다. 감자는 물론 식사를 묵직하게 만들지만 동시에 거친 풍미를 다독이므로, 냉장고가 없던 시절 생선을 오래 보관하기 위해 강하게 염장했던 시대에 특히 환영받았을 것이다. 훈제 생선 차우더나 그와 비슷한 요리인 스코틀랜드식 수프 컬런 스킨크cullen skink처럼 일상 요리에서 나아가 세상에서 제일 세련된 레스토랑 메뉴에 등재된 피시 케이크가 역사의 산 증인이다.

훈제 생선과 달걀

하루 온종일 먹을 수 있는 조합이다. 아침으로는 잘게 부순 훈제 해덕에 향신료를 가미하고, 터메릭을 넣어 노랗게 물들인 쌀과 완두콩, 삶은 달걀을 섞어 만든 케저리Kedgeree를 먹는다. 점심으로는 달걀 마요네즈와 런던에서 염장한 H.포먼 앤 선의 훈제 연어를 최대한 얇게 저민 것을 넣어서 만든 샌드위치를 양손으로 들고 먹자. 가볍게 훈제해서 훈연기 굴뚝보다 생선 맛이 느껴지는 제품이다. 늦은 오후 티타임에는 부드러운 으깬 감자 위에 훈제 흰살 생선 토막과 수란을 아슬아슬하게 얹은 간식을 먹는다. 마지막으로 사보이를 방문하여 늦은 저녁 식사 삼아 레스토랑 고유 메뉴인 훈제 해덕에 두 배로 농후하게 만들어낸 홀랜다이즈와 베샤멜소스를 얹은 오믈렛 아널드 베넷omelette arnold bennett을 주문한다. 달걀과 양배추(194쪽) 또한 참조.

훈제 생선과 딜

다진 딜 송이는 훈제 연어와 사워크림 메밀 블리니에 장식하거나, 훈제 연어와 버무려서 크림 같은 파스타 소스를 만들 때 사용한다. 요리 작가 줄리 로소Julee Rosso와 셰일라 루킨스Sheila Lukins는 훈제 연어와 딜을 넣어서 키슈를 만들고, 시빌 카푸르Sybil Kapoor는 훈제 송어와 딜 소스에 비트 탈리아텔레 파스타를 버무려 낸다. 기름진 생선과 딜(223쪽) 또한 참조.

훈제 생선과 레몬

해양 보존 협회는 장어에 '섭취 금지' 등급을 매겼다. 휴 핀리 휘팅스톨과 닉 피셔는 『강가 별장의 낚시책 The River Cottage Fish Book』에서 풍미가 농후하고 흙냄새가 감도는 장어는 최고의 훈제 생선이라고 표현하면서 '훈제 장어를 먹고 싶지만 그러면 양심과 싸워야 한다'라고 덧붙인다. 이것이 장어를 더 먹고 싶게 만드는 한 가지 이유라고 본다. 하지만 레몬, 후추, 홀스래디시 크림은 송어 등 흙냄새 나는 다른 훈제 진미 생선을 위해 남겨두는 편이 낫다. 레몬 조각은 훈제 연어에 곁들이는 기본양념이다. 감귤류 즙은 생선의 기름기를 끊어주고 훈연 풍미를 산뜻하게 장식한다.

훈제 생선과 물냉이: 물냉이와 훈제 생선(143쪽) 참조.

훈제 생선과 양배추

슈크르트 드 라 메르에서 훈제 생선은 슈크르트 가르니에서의 훈제 햄과 동격이다. 전체적인 풍미를 좌우한다는 뜻이다. 슈크르트 드 라 메르에는 익숙한 채 썬 양배추와 감자 이외에도 일반적으로 조개 및 갑각류, 흰살 생선, 훈제 생선 등을 섞어 넣는다.

훈제 생선과 양파: 양파와 훈제 생선(157쪽) 참조.
훈제 생선과 연질 치즈: 연질 치즈와 훈제 생선(102쪽) 참조.

훈제 생선과 완두콩

완두콩은 생선과 훈제 햄을 모두 사랑하니, 굳이 둘 중 하나를 선택해야 할 필요가 있을까? 달콤한 일반 완두콩은 케저리나 훈제 해덕 리소토에 사랑스러운 생동감을 더한다.

훈제 생선과 조개 및 갑각류: 조개 및 갑각류와 훈제 생선(207쪽) 참조.
훈제 생선과 체리: 체리와 훈제 생선(362쪽) 참조.

훈제 생선과 캐비어

훈제 연어와 캐비어는 사치스럽지만 비교적 흔한 조합으로, 파리의 캐비어 전문점 캐비어 카스피아Caviar Kaspia에서는 훈제 송어와 장어 또는 철갑상어와 함께 캐비어 9종을 어떤 조합으로든 주문할 수 있다. 어떻게 조합하든 맛있지만, 진한 색으로 반짝이는 생선알과 고운 광택이 흐르는 가는 세로줄 무늬의 연어 속살을 나란히 곁들인 것만큼 매력적인 궁합도 없으며 이를 크렘 프레시나 사워크림을 하얀 베개처럼 얹은 블리니에 올리면 더할 나위가 없다. 울프강 퍽은 로스앤젤레스의 레스토랑에서 훈제 연어와 캐비어를 얹은 시그니처 피자를 선보인다. 다음 레시피를 따르면 비슷한 맛을 재현할 수 있다.

recipe
〔연어와 캐비어 피자〕
1. 피자 반죽에 마늘과 고추기름을 바르고 양파를 뿌린 다음 오븐에 넣고 굽는다.
2. 피자를 굽는 사이 사워크림에 곱게 다진 셜롯과 딜, 레몬즙을 섞는다.
3. 반죽이 바삭하게 익으면 꺼내서 식힌 다음 사워크림 혼합물을 바르고 훈제 연어를 뒤덮듯이 자연스럽게 얹는다.
4. 차이브를 조금 뿌리고 캐비어를 몇 숟갈 올린다.

훈제 생선과 케이퍼: 케이퍼와 훈제 생선(147쪽) 참조.

훈제 생선과 코코넛

플라 글롭pla grop은 태국에서 코코넛 껍질로 천천히 훈제하여 먹는 작은 생선 요리로, 작가 데이비드 톰슨은 훈제 베이컨 맛이 난다고 묘사하며 손쉬운 서양식 대체물로 온훈연한 송어를 추천한다. 『태국 음식Thai Food』에 실린 플라 글롭 레시피로는 훈제 생선과 코코넛 수프, 동양식 시트론 껍질 샐러드, 홀리 바질과 고추 볶음 등이 있다.

훈제 생선과 파슬리

파슬리에서는 암석과 비, 무성한 초목의 맛이 난다. 짭짤한 스코틀랜드산 훈제 연어와 이보다 잘 어울리는 단짝이 있을까? 생명력 넘치는 푸른 잔가지 위에 대자연이 이루어낸 풍경의 정수가 담겨 있다. 아주 곱게 다져서 울퉁불퉁한 산처럼 쌓은 스크램블드에그와 훈제 연어, 아브로스식 훈제 해덕 또는 훈제 청어 위에 뿌리자.

훈제 생선과 홀스래디시

홀스래디시가 소고기에 곁들이는 양념으로 인기를 누리는 점을 보면 다른 풍미, 특히 기름진 생선과도 어울릴 수 있다는 뜻이 되지만, 적어도 영국에서는 이 점을 갈수록 간과하고 있다. 동유럽과 북유럽, 그리고 어디든 유대교 요리를 먹는 곳에서는 그렇지 않다. 훈제 고등어 파테에 홀스래디시를 약간 섞어서 거친 갈색 빵 토스트에 두껍게 발라 먹는다.

Bacon
베이컨

세계 제일의 양념이다. 베이컨이 개선할 수 없는 맛이란 없다고 믿는 사람들도 있다. 훈제 베이컨은 훈연하지 않은 제품보다 풍미가 강렬하고 짭짤하며 짜릿하다. 지방이 켜켜이 들어간 줄무늬 베이컨은 훨씬 기름지며, 지방질은 담백한 살코기보다 풍미가 깊고 단맛이 난다. 따라서 얇게 저민 훈제 줄무늬 베이컨 하나면 수프 또는 스튜를 시판 사각형 육수 제품으로는 절대 바랄 수 없을 만큼 훨씬 맛있게 만들어낼 수 있다. 짭짤한 베이컨은 다른 재료에서 단맛을 이끌어내고 쓴맛을 둥글게 다듬는다. 구운 베이컨의 맛과 향은 채식주의자에게 크게 유혹적인 존재이기로 유명하며, 채식주의자와 유대교인을 위하여 합성 베이컨 풍미를 가미한 바삭한 조각 베이컨, 베이컨 소금, 베이컨 풍미 마요네즈 등의 제품이 생산되고 있다. 개먼과 익힌 햄도 여기에서 다룬다. 훈제 풍미에 대한 추가 정보는 훈제 생선(236쪽) 설명을 참조하자.

베이컨과 간: 간과 베이컨(57쪽) 참조.
베이컨과 감자: 감자와 베이컨(129쪽) 참조.

베이컨과 경질 치즈

치즈 제조와 돼지 사육은 즐거운 공생 관계를 이룬다. 낙농업의 부산물을 일부 섭취한 돼지로 만든 햄은 특히 풍미가 뛰어나다. 예를 들어 파르마 햄용 돼지는 파르미지아노 레지아노 치즈 생산 과정 중에 남은 유장을 먹고 자란다. 그 결과 심히 조화로운 치즈와 햄 조합이 탄생하며, 인정받아 마땅한 샌드위치를 만들어낸다. 사실 훌륭한 햄과 치즈 샌드위치는 한 나라의 음식 품질을 가늠하는 지표로 유용하게 쓰인다. 스페인에서는 바삭한 롤에 짭짤한 만체고와 쫀득하고 향신료 풍미가 나는 하몽 이베리코jamón ibérico를 가득 채운다. 프랑스에서는 익힌 햄과 에멘탈 치즈를 끼운 바게트에 차가운 크로넨버그 반 병을 곁들인다. 그리고 이탈리아 공항의 출발 라운지에는 비행기를 놓치는 한이 있더라도 먹어봐야 할 만한 현지 프로슈토와 페코리노 파니니가 있다.

베이컨과 고추: 고추와 베이컨(303쪽) 참조.
베이컨과 굴: 굴과 베이컨(217쪽) 참조.

베이컨과 달걀

풀 아이리시 브렉퍼스트, 이탈리아의 카르보나라 스파게티, 프랑스의 키슈 로렌quiche lorraine 및 세로로 썬 베이컨과 곱슬곱슬한 엔다이브의 덩굴줄기를 섞어서 부드러운 수란을 얹은 고전적인 샐러드에 흔하게 등장하는 철저한 영국식 조합이다. 나는 미국의 베이컨 달걀 맥머핀과 에그 베네딕트가 상당히 지루한 음식이라고 생각했지만, 샌프란시스코의 레스토랑 더 캔틴The Canteen에서 데니스 리어리Denis Leary 셰프가 만든 요리를 먹어본 순간 생각을 바꾸었다. 공기처럼 가벼운 머핀에 얹은 부드러운 햄과 아주 연약하지만 완벽하게 익힌 수란 두 개에 곁들인 홀랜다이즈 소스는 너무나 가벼워서 처음으로 포크를 입 안에 넣는 순간 주방장과 부주방장이 동시에 몸을 기울여 양쪽 귓가에 '버터'와 '레몬'이라고 속삭이는 듯했다.

베이컨과 닭고기

올바른 클럽 샌드위치는 둘도 셋도 일곱도 아닌 층 하나로 이루어져 있어야 하며, 제임스 비어드는 구운 빵 두 장이 절대적인 최대치라고 아주 분명하게 밝혔다. 그릴에 구워서 식힌 베이컨, 저민 닭고기나 칠면조 고기, 저민 토마토, 아이스버그 양상추와 마요네즈를 빵에 채운다. 마요네즈를 아끼지 말자. 클럽 샌드위치와 감자 칩, 샴페인 한 잔을 곁들이는 조합을 생각해낸 뉴욕 북부의 사라토가 클럽 하우스처럼 감자 칩을 함께 낸다.

베이컨과 돼지고기: 돼지고기와 베이컨(45쪽) 참조.
베이컨과 땅콩호박: 땅콩호박과 베이컨(337쪽) 참조.
베이컨과 바나나: 바나나와 베이컨(405쪽) 참조.
베이컨과 버섯: 버섯과 베이컨(109쪽) 참조.
베이컨과 브로콜리: 브로콜리와 베이컨(181쪽) 참조.
베이컨과 블랙 푸딩: 블랙 푸딩과 베이컨(53쪽) 참조.

베이컨과 블루 치즈

오리건 주의 센트럴 포인트에 자리한 로그 크리머리에서는 오리건 블루 치즈를 헤이즐넛 껍질에 16시간 동안 훈제한다. 완성된 치즈에서는 캐러멜과 헤이즐넛 풍미가 나며, 부드러운 훈연 향 덕분에 고전 조합인 베이컨과 블루 치즈를 떠올리게 한다. 이 대담한 풍미 조합을 냉장고에서 방금 꺼내 차가운 치코리나 라디키오 등 쓴맛 잎채소와 함께 버무려서 샐러드를 만들자. 상쾌하면서 동시에 짭짤한 뭔가가 필요한 뜨거운 날에 먹기 좋은 완벽한 요리다. 베이컨과 사과(241쪽), 세척 외피 치즈와 베이컨(83쪽) 또한 참조.

베이컨과 사과

피젯Fidget 또는 피체트fitchett 파이는 오래된 영국 레시피로, 저민 사과와 베이컨, 양파, (때때로) 감자를 켜켜이 깔아서 물을 더하고 소금과 후추로 간을 한 다음 쇼트크러스트 페이스트리를 덮어 굽는다. 돼지고기와 마찬가지로 베이컨과 사과라는 단순한 조합은 그리 많은 장식을 더하지 않아도 될 정도로 맛있지만 사과주와 넛멕을 넣어서 우아함을 가미하기도 하며, 뉴욕의 부비스 트라이베카에서는 로크포르 치즈를 잘게 부수어 익힌 사과와 베이컨, 꿀, 타임에 섞은 다음 위아래로 크러스트를 깔아서 구워 낸다.

베이컨과 세이지: 세이지와 베이컨(471쪽) 참조.
베이컨과 세척 외피 치즈: 세척 외피 치즈와 베이컨(83쪽) 참조.
베이컨과 소고기: 소고기와 베이컨(62쪽) 참조.
베이컨과 송로 버섯: 송로 버섯과 베이컨(166쪽) 참조.

베이컨과 아니스

곧 전 세계에서 라러우(납육)를 구하기 위해 대 소란이 벌어질 거라고 예언한다. 중국식 베이컨이라고도 부르는 라러우는 간장과 설탕, 청주, 팔각 등으로 염장해서 만든다. 중국 순무, 말린 버섯, 새우와 섞어서 짭짤한 요리를 만들어 다른 음식과 함께 음력 설날에 먹는다. 또한 저며서 브로콜리와 청주, 간장, 마늘과 함께 요리하여 전형적인 이탈리아식 조합인 회향 소시지와 브로콜리를 연상시키는 음식을 만들어내기도 한다. 강렬한 아니스 풍미 덕분에 해산물의 타고난 짝꿍이 된다.

베이컨과 아보카도: 아보카도와 베이컨(288쪽) 참조.
베이컨과 아티초크: 아티초크와 베이컨(185쪽) 참조.
베이컨과 양배추: 양배추와 베이컨(170쪽) 참조.

베이컨과 양파

햄과 리크는 베이컨과 양파보다 풍미가 우아한 조합이며, 수이트suet 찜 푸딩 또는 파이를 스테이크와 콩 요리에 필적하는 음식으로 만들어준다. 봄이면 마을 회관과 소방서 외벽에 '햄과 리크 식당'이라는 간판이 걸리는 펜실베이니아와 주변 지역에서 특히 인기를 누린다. 현지에서 야생 리크 또는 '램프'라고 불리는 채소에서는 양파와 마늘 사이의 톡 쏘는 풍미가 난다. 양파와 셀러리(154쪽) 또한 참조.

베이컨과 오렌지: 오렌지와 베이컨(431쪽) 참조.

베이컨과 완두콩

아직 어린아이였을 무렵, 부모님이 알고 지내던 지인 중에 매주 정해진 날에 정해진 메뉴를 먹는 커플이 있었다. 수요일은 양갈비, 목요일은 스파게티 볼로네제, 금요일은 피시 앤 칩스. 매주, 올해도 내년도 언제나 똑같았다. '생일날도요, 엄마?' 내가 물었다. '그럼.' 스웨덴의 학교와 장교 식당, 회사 카페테리아, 왕실, 교도소에서는 목요일의 점심 또는 저녁에 걸쭉한 완두콩 햄 수프 아르초파artsoppa를 내며, 이어서 디저트로 사워크림과 링곤베리 잼을 곁들인 팬케이크를 먹는다. 수프는 전통적으로 들판에 나간 농부가 금요일의 단식을 지킬 수 있도록 언제나 전날 저녁에 먹었다. 오늘날에는 럼과 비슷한 인도네시아 주정 아라크arrack 주로 보강한 달콤한 맥주 리큐어인 따뜻한 펀치punsch 한 잔을 종종 곁들인다.

베이컨과 조개 및 갑각류

대합 껍데기 반쪽에 대합 살과 베이컨, 빵가루를 얹어서 구운 '클램 카지노Clams casino' 요리에서 맛있게 어우러진다.

> *recipe*
> 〔클램 카지노〕
> 1. 곱게 다진 양파와 홍피망, 마늘, 베이컨을 섞어서 올리브 오일에 볶는다.
> 2. 껍데기를 벌린 생대합에 얹어서 빵가루를 뿌리고 오븐에서 굽는다.

대합이 상당히 작다면 얇게 저민 베이컨을 곱게 다져서 쫄깃하고 짭짤한 단백질 재료를 서로 제대로 느낄 수 있게 한다. 베이컨이 조개 및 갑각류의 풍미를 압도하지 않고 받쳐줘야 하므로 양을 잘 조절하자. 홍합 베이컨 수프, 바닷가재 클럽 샌드위치 또는 가리비 관자를 베이컨에 돌돌 말 때도 마찬가지다.

베이컨과 초콜릿: 초콜릿과 베이컨(17쪽) 참조.
베이컨과 카다멈: 카다멈과 베이컨(461쪽) 참조.

베이컨과 클로브

냉장고가 널리 퍼지기 전에는 베이컨과 햄의 풍미가 훨씬 강했다. 고기를 보존한다는 말은 강렬하게 훈제한다는 뜻으로, 현대 미각에는 익숙하지 않은 거칠고 자극적인 맛이 나게 된다. 하지만 높은 훈제 온도는 여전히 베이컨과 햄의 주요 특징을 생성하는 역할을 담당한다. 클로브에 특유의 풍미를 선사하는 유제놀은 훈제 과정에서 음식에 생성되는 화합물 중 하나로, 나는 훈제 베이컨으로 만든 음식과 비훈제 베이컨에 클로브를 더해서 만든 음식(여기서는 휴 핀리 휘팅스톨의 바비큐 콩)이 어떤 차이를 보일지 궁금했다.

> *recipe*
> 〔바비큐 콩〕
> 1. 말린 콩 500g을 밤새 불린다. 그중 콩 250g에 한 입 크기로 썬 훈제 베이컨 200g과 4등분한 양파(소) 2개 분량, 흑당밀 1큰술, 잉글리시 머스터드 수북한 1작은술을 더하여 천천히 뭉근하게 익힌다.
> 2. 남은 콩 250g에는 비훈연 베이컨 200g을 넣고 훈제 베이컨 요리와 같은 분량의 재료를 더한 다음 클로브 2개를 추가한다.

비훈연 베이컨과 클로브 콩 요리에서는 모든 재료가 각각 분리되어 풍미를 드러내면서 〈미지와의 조우〉에서 우주선이 모선을 따라가듯이 클로브 풍미가 여기저기 조금씩 따라붙었으며, 반대로 훈제 베이컨 콩 요리에서는 훈연 풍미가 모든 것을 지배하며 콩 껍질 속까지 파고들었다. 후자가 훨씬 날카롭고 고기 풍미가 강하며 상당히 좋은 맛이 났다.

베이컨과 타임

기분 좋게 짭짤한 양념을 이루는 조합이다. 퓨이 렌틸콩이나 자고새, 방울양배추와 함께 먹어보자. 톡 쏘는 풍미를 지닌 타임은 구강 세척제, 치약, 기침약에 풍미를 더하는 용도로 사용하며, 방부 작용을 한다. 또한 훈제 과정에서 약과 요오드 풍미가 가미되므로 훈제한 베이컨에서는 응급용 구급상자 같은 맛이 난다. 입맛이 떨어지는 설명일지도 모르지만, 막상 먹어보면 아주 맛이 좋다. 라프로익Laphroaig과 라가불린Lagavulin 싱글몰트 위스키도 종종 요오드와 해조류, 타르, 끈적끈적한 회반죽 풍미가 난다는 표현을 듣곤 한다는 점을 생각해보자.

베이컨과 토마토: 토마토와 베이컨(376쪽) 참조.

베이컨과 파스닙

파스닙과 짭짤한 베이컨을 짝지으면 달콤하고 짜릿하며 뚜렷한 풍미가 살아난다. 수프에 넣어서 뭉근하게 익히거나, 으깬 파스닙에 베이컨을 더해서 간 또는 관자에 곁들여 내보자. 파스닙은 베이컨보다 판체타와 짝지었을 때 파스타나 리소토에 더욱 잘 어울린다. 판체타는 베이컨처럼 염장을 하지만, 어지간해서는 훈연 과정을 거치지 않는다(아푸미카타affumicata라고 부르지 않는 한). 익히면 프로슈토처럼 꽃과 과일 향이 느껴지는 복합적인 풍미를 띠기 때문에 아스파라거스나 해산물 등에 프로슈토 대신 판체타를 돌돌 말아 쓰기도 한다. 좋은 델리에서 판매하는 엄청나게 얇게 저민 제품을 구입한 다음 육가공품 보드에 크루도crudo 삼아 낼 수도 있다.

베이컨과 파슬리: 파슬리와 베이컨(279쪽) 참조.

베이컨과 파인애플
하와이안 피자의 매력은 어느 정도인가? 나폴리에서 하는 서핑보다 낫다. 하지만 그뿐이다.

베이컨과 피망: 피망과 베이컨(298쪽) 참조.
베이컨과 홀스래디시: 홀스래디시와 베이컨(148쪽) 참조.
베이컨과 흰살 생선: 흰살 생선과 베이컨(211쪽) 참조.

Prosciutto
프로슈토

이탈리아어로 프로슈토는 익힌 햄을 가리키지만, 이 책에서는 주로 이탈리아와 스페인의 염장한 생햄을 총칭한다. 스페인의 세라노 햄은 아주 섬세하다는 평을 받으며, 그 때문에 같은 접시에 올릴 만한 가치가 있는 부재료는 여분의 세라노 햄뿐이라고 주장하는 사람도 있다. 과일을 건식 염장한 햄과 함께 낸다면, 순한 편인 파르마 또는 보티첼리의 비너스가 선사하는 키스처럼 달콤하고 부드럽게 짭짤한 산 다니엘레 햄이 더 어울린다. 세라노는 티치아노의 바쿠스가 숲에서 다리가 없는 채로 돌아오면서 던지는 진한 키스에 더 가깝다. 이러한 차이점은 서로 다른 생산 과정에 어느 정도 기인한다. 숙성하는 동안 세라노 햄은 버섯과 숲 풍미를 생성하는 곰팡이가 잘 자라도록 권장하며, 파르마 햄은 곰팡이 성장을 축소한다. 또한 파르마 햄은 수분을 간직할 수 있도록 지방을 바르는 반면 세라노는 수분이 증발하도록 두어서 풍미를 농축한다. 마지막으로 해롤드 맥기는 파르마와 산 다니엘레 햄에는 스페인에서 햄 생산에 사용하는 아질산염을 쓰지 않으며, 세라노와 달리 과일 향 에스테르가 발달하지 않은 것은 그 때문이라고 지적한다.

프로슈토와 가지
미국 셰프 주디 로저스는 살짝 훈제한 부드러운 가지 딥에 갈아낸 보타르가(말린 참치 또는 숭어 알)나 얇게 저민 훈제 프로슈토 리본을 장식으로 얹어서 즐겨 낸다. '둘 다 두껍고 흙냄새 나는 으깬 음식과 완벽하게 어우러지는 톡 쏘는 야성적인 짠맛을 지니고 있어요.'

프로슈토와 달걀: 달걀과 프로슈토(197쪽) 참조.

프로슈토와 멜론
해롤드 맥기의 설명에 따르면 프로슈토의 불포화지방은 숙성 과정을 거치면서 분해되어 휘발성 화합물을 풍성하게 만들어내며, 그중 일부에서 멜론 특유의 향이 난다고 한다. 물론 프로슈토와 멜론은 고전적으로 멋지게 어우러지는 조합이며, 준비 과정도 실로 간단하다. 주황빛 캔털롭 멜론이 제일 흔한 선택지지만, 덜 자극적인 갈리아 멜론도 비슷하게 좋은 맛을 낸다. 어떤 품종을 사용하든지 너무 크게 썰어서 햄을 압도해서는 안 되며, 잘 익은 과육의 사랑스러운 버터 같은 질감이 매력의 절반을 차지하므로 덜 익은 멜론으로 만들지 말자. 하지만 향기가 헤어 광택제처럼 목구멍 뒤쪽에 들러붙을 정도로 과하게 푹 익은 멜론도 곤란하다. 햄과 멜론이 너무 차갑지 않도록 주의하자. 하지만 하나라도 따뜻해서는 안 된다. 또한 내기 전에 접시에 너무 일찍 담지 말자. 프로슈토의 염분이 멜론에서 쉽게 즙을 끌어내서 멋대로 질척이는 고기만 남게 된다. 앞서 말했듯이, 정말 간단한 음식이다.

프로슈토와 무화과

엘리자베스 데이비드는 『이탈리아 요리』에서 프로슈토를 멜론과, 더욱 뛰어나게는 생무화과와 함께 내는 발상을 해낸 사람의 탁월함에 찬사를 보낸다. 나는 멜론보다 차분하고 과일 및 꽃 풍미를 지닌 무화과가 덜 압도적인 맛을 내며, 씨에서 느껴지는 연한 아삭함이 부드러운 햄과 만들어내는 대조적인 질감이 특히 만족스럽다고 본다. 두 과일이 다 제철이 아니라면 데이비드가 인용한 관례를 따라서 서로 포갠 프로슈토 틈새에 얇게 저민 버터를 꼬집어 넣어보는 것도 좋다. 데이비드는 이것이 심지어 무화과보다 더 나을지도 모른다고 생각했다.

프로슈토와 밤

밤은 종종 파르마 햄 돼지의 사료로 쓰인다. 햄에 일반적으로 곁들이는 과일이 죄다 제철을 지나쳐 버린 늦가을이면 햄과 밤의 만족스러운 조합을 즐겨보자.

recipe
〔군밤〕
1. 밤 윗부분에 칼집을 낸 다음 200℃로 예열한 오븐에서 8~10분간 굽는다.
2. 따뜻한 그릇에 담아서 모두 각자 알아서 까먹을 수 있도록 낸다.

프로슈토와 배: 배와 프로슈토(401쪽) 참조.

프로슈토와 복숭아

운 좋게 맛있는 백천도복숭아를 구했다면 파르마 햄과 함께 먹어보자. 주니 카페의 소유주 주디 로저는 천도복숭아는 약한 쓴맛과 꽃향기가 가미된 오래 지속되는 풍미를 지니고 있어서 달콤한 과일에 가려진 햄 특유의 맛을 이끌어낸다고 설명한다.

프로슈토와 세이지: 세이지와 프로슈토(473쪽) 참조.

프로슈토와 셀러리

나는 여름철 동안 프랑스 남부에서 칼레 지방까지 달리는 모토레일 기차를 사랑한다. 묘하게 기차보다 차로 가는 일이 더 잦은 조용한 역에 차를 댄 후 기차를 타고 아비뇽이나 어디건 처음에 출발했던 도시로 돌아가면 여행용 가방과 자동차 열쇠 및 와인 상자, 오리 콩피를 담은 유리병, 밀가루를 뿌린 소시송saucisson 몇 줄 없이 가벼운 몸으로 여객용 기차가 출발하기 전까지 즐거운 시간을 보낸다. 손이 너무 가벼워서 밤 열한 시에 출발하는 기차를 타기 위해 신발을 벗어서 들고 뛸 수 있을 정도로. 하지만 아무리 정신이 없어도 빵과 바욘 햄, 샤토 뇌프 뒤 파프 와인과 크림 및 겨자 풍미의 셀러리악 레물라드 한 통은 꼭 사들고 돌아간다. 휴가 마지막 날의 분위기가 충만한 모토레일 기차 바에서 야식을 나누어 먹는 것은 언제나 즐거운 일이다. 그러다 새벽 세시쯤 접이식 침대로 기어들어가 기차에서 잠드는 꿈을 꾼다. 당근과 셀러리(330쪽) 또한 참조.

프로슈토와 아스파라거스

아스파라거스가 아직 따끈할 때 부드럽고 짭짤한 프로슈토를 돌돌 말면 고기의 지방이 부드러워지면서 풍미가 풀려나 아스파라거스의 유황 느낌 감도는 단맛에 천국 같은 대조를 선사한다. 유일한 문제는 중독되어 버릴 수 있다는 점이다. 처음에는 프로슈토를 아스파라거스 줄기에 돌돌 마는 것에서 시작했다가, 그것이 아귀 살이 되고, 얇은 햄 조각을 온갖 물건에 돌돌 마는 독특한 즐거움에 중독되기 시작한다. 나는 주니퍼로 훈제한 베스트팔렌 햄을 감은 독일 의회당, 바욘산 장봉 크뤼를 두른 퐁네프 다리 등 육가공품을 걸친 건축물들이 그리스도의 사도처럼 둘러앉은 모습을 상상한다. 프로슈토와 흰살 생선(250쪽) 또한 참조.

프로슈토와 아티초크

안코나의 그리 좋아 보이지 않는 호텔에 도착한 어느 늦은 밤, 방에 들어간 나는 누군가가 차려놓은 프로슈토 한 접시와 빵 한 바구니, 와인 디캔터 하나, 그리고 반쯤 배를 곯은 비행 때문에 멍해진 출장 여행객에게는 비슷한 초록색을 띠는 달러 지폐보다 귀한 존재인 수제 아티초크 절임을 발견했다. 유황 향이 나고 쫀득하며 맛 좋은 쌉쌀함을 머금은 아티초크에 곁들인 반투명한 햄 조각은 달콤 짭짤한 실크 같았다.

프로슈토와 올리브

자그마한 아베퀴나Arbequina 올리브는 구하기 힘들지도 모르지만 프로슈토와 아주 딱 떨어지는 조합을 이룬다. 외형은 예쁘지 않지만 풍미로 만회하며, 견과류 향과 버터처럼 부드러운 성격으로 토마토와 멜론에 맛있는 바탕을 선사한다.

프로슈토와 완두콩

펠레그리노 아르투시(1820-1911)는 로마의 레스토랑이 내놓는 완두콩 요리에 대해 열정적으로 논했다. 그는 평생 먹어본 것 중 최고라며 요리사가 훈제 프로슈토를 넣은 덕분이라고 말했다. 또한 프로슈토와 완두콩을 같이 뭉근하게 익혀서 곁들이는 음식으로 내거나 완두콩 리소토 또는 완두콩 햄 수프를 만들라고 제안한다. 소금을 너무 많이 치지 않는 한 망치기 꽤나 어려운 조합이며, 제일 어려운 부분은 가격대가 적당한 양질의 프로슈토를 구하는 것 정도다. 우리 이웃 델리에서는 거친 세라노 햄 자투리를 판매한다. 딱딱하고 질기지만 집까지 무사히 데려갈 수만 있다면 수프에 쓰기 제격이다. 짭짤한 짙은 색 토피라도 되는 것처럼 집에 가는 길에 봉투에서 하나씩 꺼내서 먹어치우게 되니 말이다.

프로슈토와 주니퍼

토스카나산 프로슈토는 생산 과정 중에 종종 소금과 로즈메리, 주니퍼, 후추, 마늘 혼합물을 문질러서 짭짤한 풍미를 가미한다. 이러한 방식으로 만든 프로슈토에서는 파르마와 산 다니엘레처럼 더 잘 알려진 돌체 제품과 상반되는 맛이 난다. 문화적으로(그리고 언어적으로) 이탈리아와 독일에 걸쳐진 알토 아디제에서는 주니퍼와 설탕, 마늘을 가미한 절임액에 재운 프로슈토인 스펙speck을 생산하며, 몇 주간 건조한 다음 나무로 훈연하는 과정을 거친 후 숙성시킨다.

프로슈토와 토마토

파니노panino를 반으로 가르고 과일 풍미가 나는 올리브 오일을 양면에 조금씩 뿌린다. 실크처럼 얇게 저민 프로슈토와 모차렐라 치즈, 간을 한 토마토를 채우고 납작하게 눌러서 그릴에 굽는다. 남자친구의 스쿠터 뒤에 타서 핸드폰으로 시끄럽게 통화를 하다가 사소하기 그지없는 애정 싸움도 해가면서 먹는다. 그럴 기운이 없다면 마늘과 토마토를 문지른 빵 한 덩어리에 세라노 햄을 약간 얹어 먹는다(토마토와 마늘 참조, 375쪽).

프로슈토와 파인애플

지식인의 정의가 '윌리엄 텔 서곡'을 들었을 때 론 레인저Lone Ranger를 떠올리지 않는 사람이라면, 식도락가의 정의는 프로슈토와 파인애플 조합을 보고 '하와이!'라고 생각하지 않는 사람일 것이다. 식도락가라면 으스대면서 프로슈토 디 파르마 협회가 파르마 햄의 풍미를 보완하는 재료로 파인애플을 꼽았다면서 잘난 척을 할 것이다. 물론 보통 익힌 고기에서나 발견되지만 여기서는 프로슈토를 염장하는 과정에서 생성된 고소한 캐러멜 풍미가 파인애플의 캐러멜 향과 잘 어울리는 것은 사실이다. 하지만 모든 식도락가가 파인애플 사이사이에 햄을 둘러 끼운 꼬치구이에 고급 플뢰르 드 셀fleur de sel 소금을 뿌리려 들지는 않을 것이다. 하지만 나는 뿌려 먹는다.

프로슈토와 흰살 생선

아귀의 꼬리를 통째로 사용해서 프로슈토를 감은 요리에 사람들이 열광하면서 아귀는 더없이 빠르게 멸종 위기 종에 속하고 말았다. 물론 담백하고 맛이 연한 흰살 생선에 햄이 기름기와 풍미, 짠맛을 더하면 맛있는 요리가 된다. 비록 아귀처럼 둥그런 모양으로 깔끔하게 자를 수는 없지만, 그래도 아주 많은 종류의 생선을 똑같은 방식으로 조리할 수 있다. 어떤 생선으로는 프로슈토를 쓰지 않고도 비슷한 풍미를 낼 수 있다. 아래 레시피를 참고하자.

recipe

〔흰살 생선 그릴 구이〕

1. 농어 또는 흑도미의 비늘을 제거하고 깨끗하게 손질해서 껍질째 필레를 뜬 다음 칼등을 창문 청소용 스펀지처럼 활용해서 물기를 제거한다.
2. 소금 간을 하고 실온에 15분간 재운다.
3. 한 번 더 비늘을 긁어내고 종이 타월로 두드려 말린다.
4. 뜨겁게 달군 기름에 생선을 껍질 부분이 아래로 가도록 올려서 몇 분간 굽는다. 그리고 뒤집어서 빠르게 마저 익히거나 오븐에서 마무리한다.

적당히 바삭한 껍질은 베이컨처럼 짭짤하고 풍미가 뛰어나면서 만족스러운 질감이 되어 부드럽고 매끄러운 속살과 맛있는 대조를 이룬다. 연어나 송어 등 기름진 생선에도 적용할 수 있는 방법이다.

Olive
올리브

블랙 올리브는 그린 올리브가 익은 것으로 더 달다. 그린 올리브는 새콤한 경향이 있다. 당연히 둘 다 쓴맛이 나므로 먹을 수 있게 만들려면 염장해야 한다. 올바른 염장 방식은 과정이 아주 느리게 진행된다. 올리브를 소금에 묻거나 햇볕에 말린 다음 소금물에 담가서 몇 달간 숙성한다. 반면 올리브를 가성소다 용액에 재우는 산업 공정은 하루도 채 걸리지 않는다. 전통 방식과 공장 생산 과정 모두 올리브에서 씁쓸한 글루코사이드를 제거하지만, 후자에서 더 많은 풍미가 소실된다. 좋은 올리브 공급업자를 찾으면 각각 고유의 풍미와 질감을 지닌 다양한 품종을 즐길 수 있다. 건식 염장하는 이탈리아산 작고 주름진 가에타 올리브는 가벼운 말린 과일(자두) 풍미를 지닌다. 마찬가지로 건식 염장한 다음 절임액에 담가 숙성하는 니옹 올리브는 기분 좋게 질기며 살짝 고소한 풍미가 난다. 시큼털털하고 아삭한 녹색 올리브 피쇼린Picholine은 먹을 때 만족스럽게 치아에 부딪히는 저항력을 발휘하며, 코르니숑과 비슷한 느낌으로 기름진 고기를 씻어내린다. 풍미가 부드럽고 버터 같은 프랑스 남부의 그린 올리브 뤼크Lucques에서는 아몬드와 아보카도 풍미가 살짝 느껴진다. 올리브 오일은 부드럽고 달콤한 제품부터 짙은 후추 향이 감돌며 목구멍을 쓸고 지나가는 제품까지 넓은 범위의 풍미를 아우른다. 기본적으로 맏물 과육을 압착하면 후추 향과 풋내가 강한 오일이, 끝물의 잘 익은 올리브를 짜면 풍미가 더 부드러운 오일이 생산된다. 저렴한 올리브 오일로는 요리를 하고, 비싼 오일은 샐러드에 넣거나 따뜻한 채소에 소스 삼아 뿌린다. 올리브 오일의 풍미에는 꽃, 멜론, 사과, 버터, 후추, 아티초크, 허브, 토마토 잎, 푸른 잎, 녹색 바나나, 아보카도, 잔디가 포함되어 있으므로 다음 표제인 풋내와 풀 향(257쪽)으로 깔끔하게 이어진다.

올리브와 감자

감자를 올리브 오일에 토마토와 양파, 마늘과 함께 뭉근하게 익혀 생선에 곁들이거나, 햇감자 샐러드에 다진 올리브를 조금 넣고 비네그레트를 두르자. 요리 작가 마리 콘티니는 감자와 회향을 마늘 향 올리브 오일에 볶아서 다진 블랙 올리브를 뿌린 다음 영계 속에 채워 넣는다. 또한 헤스턴 블루멘탈은 감자를 구울 때 쓰기 제일 좋은 지방 성분은 멋진 거위 지방보다 높은 온도까지 올라가고 풍미를 더하는 올리브 오일이라고 조언한다. 온도가 높을수록 감자는 더 바삭해진다.

올리브와 고수 씨

올리브는 종종 재우기 전에 절임 액이 과육에 완전히 침투할 수 있도록 가르거나 '깨뜨린다'. 그린 올리브를 으깬 고수 씨와 레몬에 절이는 그리스와 사이프러스에서 흔하게 쓰는 방법이다.

> *recipe*
>
> 〔고수 씨에 절인 올리브〕
> 1. 씨를 빼지 않은 그린 올리브 250g의 절임액을 씻어내고 씨를 뺀다.
> 2. 유리 또는 도기 그릇에 올리브를 담는다. 8등분해서 씨를 제거한 무왁스 레몬 1/2개 분량, 으깬 고수 씨 수북한 1작은술을 넣어 섞는다.
> 3. 올리브 오일을 푹 잠기도록 붓고, 남은 절반 분량의 레몬즙을 짜서 뿌린 다음 후추를 한 번 갈아서 넣고 섞는다.
> 4. 덮개를 씌우고 최소한 12시간 동안 냉장고에 보관한다.

전형적인 키프로스식 마리네이드로, 마늘 그리고/또는 말린 오레가노를 넣기도 한다.

올리브와 고추: 고추와 올리브(304쪽) 참조.
올리브와 당근: 당근과 올리브(333쪽) 참조.
올리브와 레몬: 레몬과 올리브(448쪽) 참조.

올리브와 로즈메리

이탈리아를 떠올리게 하는 강인한 조합이다. 포카치아에 올리브와 로즈메리를 뿌리면 토스카나 남부와 라치오 북부에 걸친 마렘마 평지에서 도착한 먹을 수 있는 엽서가 된다. 올리브를 한 입 먹으면 서쪽에서 불어온 해풍의 짭짤한 자극이 느껴지며, 로즈메리에서는 빽빽한 마키maquis[35]가 살짝 엿보인다. 현지 포도원 주인들은 이곳에서 양조한 와인에서도 마키의 풍미를 느낄 수 있다고 주장한다.

올리브와 마늘

통마늘쪽을 억지로 밀어 넣은 그린 올리브는 참으로 불쌍한 존재다. 너무나 불편해 보인다. 그나마 손으로 마늘을 직접 끼워 넣은 올리브는 조금 낫다. 자기 사이즈가 없어도 의지력으로 한 단계 작은 신발에 억지로 발을 집어넣을 수 있는 여성이나 해낼 수 있는 일이다. 하지만 굳이 그렇게 만들어내야 할 가치가 있는 음식인가? 마늘 맛이 제대로 느껴지지도 않는다. 화학 물질에 담가서 부드럽게 만든 뼈처럼 어딘가 불길한 질감이 될 뿐이다. 올리브는 마늘과 기름에 절이는 것이 제일 좋다.

---

35 지중해 연안의 관목 지대.

올리브와 소고기

해적의 신발처럼 짭짤하고 반짝거리는 씨 없는 블랙 올리브를 풋내기 선원의 소고기 도브 스튜에 넉넉히 넣으면 진한 소금물 풍미로 깊이를 더할 수 있다. 라카마르그에서는 이 스튜를 가르디안gardiane이라고 부르면서 질긴 견과류 풍미를 내는 작은 블랙 나이온 올리브를 사용한다. 표준 비프 부르기뇽 레시피를 따르되 향신료 풍미가 강한 와인(시라/시라즈가 이상적이다)을 사용하고 내기 약 10분 전에 올리브를 더한 다음 흰밥과 파스타 또는 감자와 함께 낸다.

올리브와 아니스

자연스러운 조합이다. 올리브 판매업자 벨라주는 주름진 블랙 올리브에서 강한 감초 풍미가 난다고 한다. 델리 소유주이자 요리 작가 애리 웨인즈웨이그Ari Weinzweig는 그린 피콜린 올리브에 숨은 아니스 풍미가 있다고 지적한다. 그리고 《쿡스 일러스트레이티드Cook's Illustrated》는 감초 풍미의 리큐어 삼부카로 올리브와 조화롭게 어우러지는 마리네이드를 만들 수 있다는 사실을 알아냈다. 이 발상을 확장해서 베르무트를 페르노로 대체하고 올리브로 장식한 아니스 마티니를 만들어보자.

올리브와 아몬드

숙성한 웨스트 컨트리 체다 치즈와 발사믹에 절인 양파? 마늘과 파슬리를 곁들인 야생 버섯? 버팔로 모차렐라와 바질? 이것이 감자 칩의 풍미를 나타내는 표현이라니, 감자 칩 제조업체들이 정신이 나간 걸까? 나로서는 감자 칩이 지나친 수식이 붙는 세계 자본주의의 초점이 된다는 것 자체가 실로 어리둥절한 일이다. 지금이 바로 단순한 그린 올리브와 아몬드에 대해 논해야 할 때다. 만일 화려한 주름 장식과 과도한 치장이 그리워진다면 언제든지 발렌시아에서 자란 나무에서 수확한 만자니야 올리브와 팬에 볶아서 직접 소금을 뿌린 아몬드라고 표현할 수 있다.

올리브와 안초비: 안초비와 올리브(234쪽) 참조.

올리브와 염소 치즈

짭짤하고 톡 쏘는 페타 치즈는 그리스식 샐러드에서 통통하고 어두운 보라색 칼라마타 올리브와 만나 제 짝을 찾는다. 펠로폰네소스peloponnese의 칼라마타 도시에서 수확한 칼라마타 올리브는 레드 와인 식초와 절임 액에 염장한 덕분에 치즈와 비슷하게 강렬한 맛이 특징이지만, 이를 씻어낼 수 있을 정도로 촉촉한 와인 풍미를 지니고 있다.

> *recipe*
> **〔페타 치즈와 올리브 샐러드〕**
> 1. 페타 치즈는 잘게 썰고, 오이는 껍질을 벗기고 씨를 제거한다. 토마토는 2cm 크기로 썬다.
> 2. 적양파는 둥근 고리 모양으로 얇게 저며서 각각 분리한다. 올리브는 통째로 사용한다.
> 3. 풀 향이 나는 그리스 올리브 오일과 레드 와인 식초, 말린 오레가노 약간을 두른다.

평범한 페타 치즈도 베이컨처럼 유혹적인 기름지고 짭짤한 맛을 낸다. 또한 베이컨처럼 보존성이 높으며, 좋은 제품을 구했다면 보관해둘 만한 가치가 있다. 좋은 제품이란 나무통에서 숙성한 양젖 또는 양과 염소젖 혼합물로 만든 페타 치즈다. 소젖으로 만든 페타 치즈는 버터를 노랗게 만드는 카로틴을 가리기 위해서 표백 과정을 거치며, 단단하고 털이 많은 동물젖으로 만든 치즈 특유의 톡 쏘는 풍미와 후추 느낌이 부족하다. 나무통에서 숙성한 페타는 반대로 현대식 주석 통에 넣은 것보다 강한 향신료 풍미를 띠며, 절임 액에 담그면 1년 이상 보관할 수 있다. 좋은 페타식 치즈가 전부 그리스산은 아니라는 점을 기억하면서 불가리아어와 루마니아어 브랜드를 찾아보자.

올리브와 오렌지: 오렌지와 올리브(433쪽) 참조.

올리브와 조개 및 갑각류

달고 짠 조개 및 갑각류와 짜고 쓴 올리브의 조합은 생각만 해도 입에 침이 고인다. 특히 엘리자베스 데이비드의 묘사가 탁월하다. '네네트에서는 딱 적당한 만큼 소금 간을 해서 막 삶아낸 작은 새우를 커다란 노란 그릇에 수북하게 담아서 바다 향기를 물씬 풍기며 내온다. 그린 올리브를 가득 담은 그릇과 맛있고 짭짤한 빵, 버터를 기둥처럼 듬뿍 쌓은 나무 도마를 곁들인다. 음식이 식탁에 전부 차려지고 나면 새우 껍질을 벗기고 올리브를 깨물고 와인을 한 모금 즐기면서 식사를 시작한다.'

올리브와 주니퍼: 주니퍼와 올리브(476쪽) 참조.

올리브와 케이퍼

타프나드tapenade를 처음 맛보았을 때는 삼켜야 할지 얼굴에 치덕치덕 바르고 주인에게 전쟁을 선포해야 할지 알 수 없었다. 그때 이후로 타프나드는 버려진 농작물 기계에서 흘러나온 기름에 잠긴 축축한 페이스트로 내 기억에 저장되어 있었다. 약 20년간 타프나드 없는 세월을 보낸 이후 루앙의 샹브르 호텔에 머물렀을 때, 여주인이 우리를 반기며 차가운 뮈스카데가 찰랑이는 디캔터와 수제 타프나드를 바른 토스트 접시를 대접했다. 천국 같은 맛이었다. 모든 재료를 곱게 갈아서 쏩쓸한 타르처럼 만들지 않고, 조심스럽게 갈다가 비교적 거친 질감이 되면 멈추는 것이 비결이다.

> *recipe*
> **〔타프나드〕**
> 1. 씨를 빼지 않은 올리브 100g(또는 씨를 뺀 올리브 85g)당 물기를 거른 케이퍼 1큰술, 말린 타임 한 꼬집, 그리고 원하는 농도에 맞춰서 올리브 오일 대략 1큰술을 더한다.
> 2. 원한다면 안초비 한두 장과(또는) 날마늘 약간을 더한다.

올리브와 타임: 타임과 올리브(479쪽) 참조.

올리브와 토마토

일이 끝나고 집에 늦게 귀가한다. 피자를 주문한다. 도착한다. 끔찍하다. 싸구려 모차렐라가 눅눅하게 축 처져 있다. 우편물 선반에 있던 피자 배달 전단지와 함께 쓰레기통에 처박는다. 게다가 다음 날 아침이면 제대로 접히지 않는 상자를 휴지통에 밀어넣기 위해 씨름해야 한다. 그냥 이 모든 과정을 거칠 필요가 없는 달콤하고 감칠맛 가득하며 간단한 파스타를 만들자. 그리고 다음은 게으른 푸타네스카라고 부르자. 1인분을 만들 수 있는 레시피를 소개한다.

> *recipe*
> **〔게으른 푸타네스카〕**
> 1. 파스타 100g을 삶는다.
> 2. 소형 프라이팬에 올리브 오일 1~2큰술을 두르고 다진 마늘 1쪽 분량과 잘게 저민 햇볕에 말린 토마토 3개 분량, 굵게 다진 씨를 뺀 블랙 올리브 6개 분량, 안초비 필레 2장, 케이퍼 1작은술, 홍고춧가루 약간을 넣는다. 골고루 데운다.
> 3. 파스타가 익으면 건져서 소스에 버무린다.

엔젤 헤어 파스타를 사용하면 5분 안에 상당히 맛있는 음식을 들고 소파에 웅크리고 앉을 수 있다.

올리브와 프로슈토: 프로슈토와 올리브(248쪽) 참조.

올리브와 피망: 피망과 올리브(298쪽) 참조.

올리브와 화이트 초콜릿

쇼콜라티에 보주는 말린 칼라마타 올리브를 약간 넣은 화이트 초콜릿 바를 만든다. 도모리Domori의 라테 살Latte Sal(소금을 약간 넣은 밀크 초콜릿) 등 다른 초콜릿과 짭짤한 재료의 조합을 생각해보면 그리 이상한 일이 아니다. 캐비어와 화이트 초콜릿(221쪽) 또한 참조.

올리브와 흰살 생선: 흰살 생선과 올리브(212쪽) 참조.

THE *flavour* THESAURUS

GREEN & GRASSY
풋내와 풀 향

Saffron
사프란

Anise
아니스

Cucumber
오이

Dill
딜

Parsley
파슬리

Coriander Leaf
고수 잎

Avocado
아보카도

Pea
완두콩

Bell Pepper
피망

Chilli
고추

Saffron
사프란

사프란은 아무나 흉내 낼 수 없다. 종종 터메릭과 홍화, 아나토를 대신 넣기도 하지만 비슷한 색을 내고 사프란 같은 쓴맛을 살짝 더하는 정도가 최선이다. 해풍의 향기에, 달콤한 말린 풀과 살짝 녹슨 쇠 맛이 섞인 사프란은 던지니스의 황량한 조약돌 해변에 자리한 반항적이며 이상하고 아름다운 데렉 자만Derek Jarman의 정원 같은 향신료다. 희귀한 만큼 값이 비싼 향신료 사프란은 특히 쌀이나 빵, 생선, 감자, 콜리플라워, 흰콩 등 색이 연하고 담백하며 달콤한 재료와 주로 짝을 이뤄, 특유의 색과 복합적인 풍미를 자랑한다. 아몬드와 감귤류 껍질 등 다른 씁쓸한 풍미와도 잘 어울리며, 특히 장미 같은 달콤 씁쓸한 꽃 향과 조화롭게 어우러진다.

사프란과 감자

사프란의 금색이 밴 액체는 감자를 특별히 더욱 맛있어 보이게 만든다. 어쩌면 내 뇌 속에서 목초지를 누비며 자란 소에서 얻은 버터를 무모할 정도로 듬뿍 섞은 감자를 상상하게 되어서일지도 모른다. 스페인의 토르티야나 이탈리아의 감자 뇨키에 사프란을 약간 넣기도 한다. 페루의 으깬 감자 샐러드인 카우사causa는 다양한 형태로 만들며, 감자 사이사이에 어떤 재료를 채우느냐에 따라 차이가 발생한다. 올리브, 케퍼, 마늘과 허브 또는 마요네즈에 참치와 달걀, 아보카도, 양파를 섞은 톡 쏘는 혼합물을 넣은 것도 있다. 카우사의 풍미를 돋우고 모양을 잡아 접시에 담으려면 하루 전에 미리 만들어야 한다. 어떤 레시피는 색이 다른 감자나 사프란을 사용해서 줄무늬를 낸다.

사프란과 넛멕

영국 콘월에서 전통적으로 성 금요일에 클로티드 크림을 발라 먹는 전통 사프란 케이크에 사용하는 향신료로, 이름은 케이크지만 실제로는 빵에 더 가깝다. 콘월에서는 한때 사프란을 재배하였으며, 덕분에 영국의 나머지 지방이 이 값비싸고 세심한 관리가 필요한 향신료를 포기하고 한참이 지난 후에도 콘월 요리에 널리 사용되었다. 물론 오늘날에는 현지는 둘째 치고 수입산이라도 진짜 사프란을 넣어서 만든 콘월 사프란 케이크는 찾기 힘들며, 제빵사들은 대부분 적당히 노란색으로 물들인 케이크를 만든다. 인공적으로 선탠을 한 케이크인 셈이다. 사프란의 떫은 풍미는 달콤한 말린 과일과 아름답게 대조를 이루므로 가짜 케이크는 참으로 유감스러운 존재다. 엘리자베스 데이비드의 설명에 따르면 예전에는 제빵사들이 사프란 가루보다 통수술 자체의 풍미가 더 우수하다고 생각하여 온전한 사프란을 사용해서 케이크를 만들었고, 반죽에 그대로 남은 수술 가닥이 케이크의 품질을 인증하는 시각적 증거가 되었다고 한다.

사프란과 닭고기

치킨 비르야니와 몇몇 파에야는 사프란을 넣어 고전적으로 달콤한 닭고기와 쌀에 씁쓸한 풍미로 대조를 주며 요리를 전반적으로 풍성하게 만든다. 또한 나는 사프란과 닭고기를 함께 요리할 때 뚜렷한 아몬드 풍미를 인지할 수 있다. 이 셋은 매우 잘 어울리는 삼총사이다. 양고기와 사프란(68쪽) 또한 참조.

사프란과 레몬: 레몬과 사프란(446쪽) 참조.
사프란과 루바브: 루바브와 사프란(371쪽) 참조.

사프란과 아니스

요리 작가 앤 윌란Anne Willan은 사프란을 강한 풍미의 허브나 향신료와 섞는 것을 반대한다. 아무것도 따라붙지 않았을 때 맛이 제일 좋은데, 회향만큼은 생선 수프와 스튜에서 맛있는 궁합을 선보인다고 인정한다. 대체 맛이 얼마나 좋은지 알아보고 싶다면 사프란 한 가닥을 혀 위에 올려보자. 약 냄새가 지나가고 나면 뚜렷한 감초 향이 감지되어야 한다. 그러다가 거울을 들여다보면 찰스 디킨스 소설에 등장하는 심술궂은 악인 같은 색으로 물들어 있는 치아를 볼 수 있다.

사프란과 아몬드

담배회사가 설탕이나 초콜릿, 꿀로 담배의 독한 맛을 희석하듯이, 설탕으로 촉진한 아몬드의 단맛은 가끔 공격적으로 느껴지는 사프란의 쓴맛을 상쇄한다(사실 말린 사프란 수술 한 상자를 열 때 느껴지는 주요 향기는 달콤한 담배 향과 비슷하다). 다음 레시피는 내가 사프란 유도 케이크Saffron Induction Cake라고 즐겨 부르는 디저트다.

---

recipe

〔사프란 유도 케이크〕

1. 오븐을 180℃로 예열한다.
2. 사프란 4~5가닥을 내열용 그릇에 담고 뜨거운 오븐에서 1~2분간 데운다.
3. 사프란을 꺼내서 잘게 부순 다음, 설탕을 한 꼬집 넣어서 달콤하게 만든 따뜻한 우유 1큰술에 섞는다.
4. 향이 우러나는 동안 케이크 반죽을 준비한다. 버터 125g과 정백당 150g을 섞어서 크림화한다.
5. 사프란 우유는 이제 사막에서 저무는 석양 같은 색이 되었을 것이다. 버터와 설탕 혼합물에 사프란 우유를 넣고 잘 섞는다.
6. 달걀 3개와 아몬드 가루 75g을 섞은 다음, 한 번에 달걀 1개와 아몬드 25g씩 사프란 우유 볼에 넣는다. 밀가루 3큰술을 뿌려서 접듯이 섞는다.

7. 기름을 바르고 유산지를 깐 18cm 크기의 바닥이 분리되는 케이크 틀에 반죽을 붓고 180℃의 오븐에 넣은 다음 45분간 굽는다.
8. 식혀서 8등분한 다음 일주일간 하루에 하나씩 먹는다.

한 조각은 모임에 헌신적으로 끌어들이고 싶은 친구를 유도하는 용도로 남겨둔다.

사프란과 양고기: 양고기와 사프란(68쪽) 참조.
사프란과 오렌지: 오렌지와 사프란(431쪽) 참조.
사프란과 장미: 장미와 사프란(503쪽) 참조.

사프란과 조개 및 갑각류

미국 요리 작가 게리 앨런Gary Allen은 살짝 요오드 같은 바다 향과 막 건져 올린 해산물을 연상케 하는 풍미 덕분에 사프란이 조개 및 갑각류와 특히 잘 어울린다고 지적한다. 다음에 부이야베스나 사프란을 가미한 조개 및 갑각류 요리를 주문하게 되면 먹기 전에 숨을 깊이 들이마셔보자. 식욕이 동할 뿐만 아니라 편한 신발을 신고 항구 옆을 산책하는 기분이 들 거라고 보장한다.

사프란과 카다멈: 카다멈과 사프란(461쪽) 참조.

사프란과 콜리플라워

미국의 요리 작가 데이비드 로젠가튼은 흰색 송로 버섯을 연상시키는 풍미를 찾으면서 (전통적으로 사프란을 넣어 풍미를 내는) 밀라노식 리소토에 콜리플라워를 넣었다가 훌륭한 맛이 난다는 사실을 발견했다.

사프란과 화이트 초콜릿: 화이트 초콜릿과 사프란(515쪽) 참조.
사프란과 흰살 생선: 흰살 생선과 사프란(211쪽) 참조.

Anise
아니스

여기에서는 아니스 씨와 감초, 회향, 타라곤, 팔각과 아니스 풍미 음료, 파스티스 등을 다룬다. 아니스 씨와 회향 씨는 주요 풍미 화합물인 아네톨을 공유한다. 충분히 서로 대체해서 사용할 수 있지만 병에서 막 꺼내 우물우물 씹어보면 아니스 씨에서는 감초를 먹는 사람이 좋아할 정도로 단맛이 나고, 회향 씨는 어딘가 투박하며 단맛이 덜하고 풋내가 난다는 점을 분명하게 알 수 있다. 아니스 씨를 대체할 수 있는 더 나은 재료는 아네톨이 지배적인 팔각이다. 화학적으로는 유사하지만 다른 화합물인 에스타골은 타라곤과 처빌(부수적으로 바질에도 존재한다)에 아니스 풍미를 내는 주요 원인이다. 아니스는 알코올음료에 사용하는 향료로도 인기가 높다. 달콤한 감초 풍미를 가미한 술로는 파스티스, 압생트, 우조, 라키raki, 아라크, 삼부카, 칼리아노 등이 있다. 다른 재료들과 조합하기 매우 좋은 풍미로 달고 짠 요리에 모두 잘 어울리며, 해산물 및 새콤한 과일과의 궁합도 좋다.

아니스와 경질 치즈: 경질 치즈와 아니스(93쪽) 참조.
아니스와 계피: 계피와 아니스(315쪽) 참조.
아니스와 고추: 고추와 아니스(303쪽) 참조.

아니스와 굴

오이스터 록펠러(굴과 파슬리 또한 참조, 218쪽)에는 아니스 풍미가 살짝 깔려 있다. 하지만 보통 굴은 타라곤으로 아니스 풍미와 조합을 이룬다. 타라곤으로 풍부한 맛을 낸 비네그레트소스를 생굴에 뿌리거나 타라곤 버터 한 조각을 녹여서 굴을 구워보자.

아니스와 기름진 생선: 기름진 생선과 아니스(225쪽) 참조.

아니스와 달걀

타라곤은 프랑스의 고전 식재료인 핀제르브fines herbs에서 처빌과 파슬리, 차이브와 함께 만난다. 신선한 풀 향이 나며 맛이 강해서, 오믈렛을 파인 다이닝 수준으로 만들어준다. 아니스와 소고기(264쪽) 또한 참조.

아니스와 닭고기

타라곤과 함께 구우면 프랑스 고전 요리가 된다. 샐러드로 차갑게 내면 매우 잘 어우러진다(아니스와 포도 또한 참조, 267쪽). 생타라곤이 없을 때는 가열하는 요리에 한하여 동결 건조한 타라곤을 넣는 것이 그다음
으로 나으며, 심심한 닭 가슴살을 15분 만에 고급스러운 식사로 바꿀 수 있다.

> *recipe*
> **〔타라곤 풍미의 닭고기 요리〕**
> 1. 껍질과 뼈를 제거한 닭 가슴살 4개를 한 입 크기로 자른다.
> 2. 버터와 땅콩기름을 팬에 붓고, 닭 가슴살을 넣어 노릇하게 굽는다. 뚜껑을 덮고 아주 약한 불에서 완전히 익을 때까지 놔둔다.
> 3. 닭고기를 팬에서 들어내서 따끈하게 보관한다.
> 4. 곱게 다진 셜롯 1~2개 분량을 팬에서 부드러워지도록 볶은 다음 드라이 화이트 베르무트 200ml를 붓고 팬 바닥에 붙은 것을 긁어낸다.
> 5. 약간 졸인 다음 닭고기를 다시 팬에 넣고 다진 타라곤 잎 1큰술(또는 동결 건조한 타라곤 2큰술), 크렘 프레시 300ml를 넣는다.
> 6. 전체적으로 따뜻하게 데우고 간을 맞춘다.

흰밥과 함께 낸다. 만일 시간이 넉넉하다면 통닭구이를 해보자.

> *recipe*
> **〔타라곤 풍미의 통닭구이〕**
> 1. 오븐에 넣을 준비를 마친 통닭에 부드러운 버터 2큰술을 거칠게 마사지하듯이 골고루 묻힌다. 다진 타라곤을 통닭 겉과 배 속에 뿌린다.
> 2. 간을 하고, 평소대로 오븐에서 굽는다.

중국에서는 굽기 전에 속에 팔각을 한두 개 넣어서 닭고기의 풍미를 향상시키기도 한다.

아니스와 당근: 당근과 아니스(331쪽) 참조.
아니스와 돼지고기: 돼지고기와 아니스(47쪽) 참조.

아니스와 딸기

딸기 소스와 잼에 넣거나 간단하게 설탕과 함께 갈아서 딸기 위에 뿌리는 등 아니스는 딸기와 아름답게

어우러진다. 체리 주빌레를 응용해 딸기를 삼부카에 익혀서 바닐라 아이스크림을 얹어 내보자. 딸기와 크림이 간절하지만 질 좋은 재료가 없다면 쇼콜라티에 장 피에르 비바우의 유용한 조언에 귀를 기울여보자. 첫째, 휘핑크림에 아니스를 약간 섞어서 농장처럼 신선한 풍미를 내거나 둘째, 맛이 밋밋한 딸기를 라즈베리 식초를 넉넉히 넣은 물에 10분 정도 담그면 맛이 좋아진다.

아니스와 레몬

해롤드 맥기에 따르면 아니스와 팔각, 회향의 주요 풍미 화합물인 트랜스 아네톨Trans-anethole은 식탁용 설탕보다 무게 대비 13배나 더 달다. 일부 비스코티에 쌉쌀한 레몬과 아니스 씨를 섞어 넣는 것도 놀랄 일이 아니다. 한편 파스티스는 소르베에서 레몬과 묘하지만 성공적인 궁합을 선보인다.

아니스와 루바브

캘리포니아 요리의 위대한 대가이자 루바브 크럼블에 아니스 씨를 얹은 마크 밀러의 가르침을 따르자.

recipe
〔아니스 씨 크럼블〕
1. 아니스 씨를 구워서 잘게 간 다음 설탕과 섞는다.
2. 밀가루 175g에 설탕과 버터를 각각 100g씩 넣어서 만든 크럼블 토핑에 2~3작은술을 더한다.

사과와 자두 크럼블에도 잘 어울린다.

아니스와 멜론: 멜론과 아니스(409쪽) 참조.
아니스와 무화과: 무화과와 아니스(499쪽) 참조.

아니스와 민트

영국인은 감초에 주로 코코넛이나 과일 향을 가미한 달콤한 퐁당을 더하여 감초 맛 사탕과자를 만들고, 네덜란드와 스칸디나비아인은 민트나 염화암모늄 또는 염화 암몬석sal ammoniac과 조합하여 네덜란드에서는 주트 드랍zoute drop, 스웨덴에서는 라크리살lakrisal이라 부르는 사악해 보일 정도로 어두운 색을 띠는 사탕과자를 만든다. 아니스와 코코넛(266쪽) 또한 참조.

아니스와 바나나: 바나나와 아니스(406쪽) 참조.

아니스와 바닐라

바 디자이너를 울상짓게 하는 야구방망이 모양 병에 든 달콤한 노란 리큐어인 갈리아노Galliano에서는 아니스와 허브, 바닐라를 듬뿍 넣은 풍미가 난다. 스페인 바스크 지역에서 생산하는 리큐어 팟사랑Patxaran은 야생 자두인 슬로sloe를 아니스 향 주정(영국인이라면 보통 진을 쓴다)에 담그고 브랜드에 따라 바닐라나 커피콩 등의 향신 재료를 더하여 만든다. 아니스와 오렌지(265쪽) 또한 참조.

아니스와 바질: 바질과 아니스(310쪽) 참조.
아니스와 배: 배와 아니스(400쪽) 참조.
아니스와 버섯: 버섯과 아니스(110쪽) 참조.
아니스와 베이컨: 베이컨과 아니스(242쪽) 참조.
아니스와 블랙커런트: 블랙커런트와 아니스(489쪽) 참조.

아니스와 사과

최근 들어서 팔각은 영문 이름(스타 아니스)처럼 인기를 누리고 있으며, 거의 동일한 풍미의 방향유를 함유하고 있음에도 평범한 낡은 아니스는 퇴색하고 있다. 풍미를 내는 주 화합물은 아네톨로, 감초맛 사탕과자에서 아니스 풍미를 보강하기 위해 사용하기도 한다. 중국 토종 상록수 팔각나무의 열매인 팔각은 중국에서 일반적으로 돼지와 오리 요리에 향신료로 쓰인다. 가을 느낌 물씬 풍기는 계피 같은 단맛은 과일, 특히 사과와 잘 어울리며, 스트루델strudel과 멀드 사과 주스mulled apple juice내지는 향신료를 가미한 돼지고기용 사과 소스에 효과적으로 쓰인다.

아니스와 사프란: 사프란과 아니스(259쪽) 참조.
아니스와 세척 외피 치즈: 세척 외피 치즈와 아니스(84쪽) 참조.

아니스와 소고기

베어네이즈 소스는 기본적으로 타라곤과 셜롯을 더한 홀랜다이즈 소스로, 가끔 처빌로 풍미를 내기도 한다. 스테이크와 함께 내는 일이 제일 흔하지만, 대부분의 고기 그릴 구이 및 생선과 달걀 요리에 미묘한 아니스 풍미의 풀 향을 선사한다. 계피와 아니스(315쪽) 및 토마토와 아니스(376쪽) 또한 참조.

아니스와 스웨덴 순무: 스웨덴 순무와 아니스(174쪽) 참조.

아니스와 아몬드

아몬드 과자에 습관처럼 들어간 아니스를 보면, 지루한 개그를 반복하는 코미디언에게 버릇처럼 야유를 던지는 관객 같이 느껴진다. 이들은 주로 달콤한 간식이자 턱이 빠질 만큼 딱딱한 과자인 이탈리아 비스킷 비스코티에 함께 들어간다. 아래 소개하는 포슬포슬한 쿠키는 시칠리아의 빵집에 있어도 자연스러울 과자로, 턱 아프게 씹지 않아도 맛있는 아니스와 아몬드의 조합을 즐길 수 있다.

> *recipe*
> 〔아니스와 아몬드 비스킷〕
> 1. 부드러운 버터 75g와 정백당 60g을 크림화한다.
> 2. 달걀노른자 1개 분량과 밀가루 90g, 아몬드 가루 60g, 아니스 씨 1작은술과 아몬드 익스트랙 1/2작은술을 더하고 잘 섞는다.
> 3. 반죽을 호두 크기의 공 모양으로 빚어서 160도로 예열한 오븐에 25분간 굽는다.
> 4. 식으면 슈거 파우더를 체에 내려 약간 뿌린다.

커피와 잘 어울리지만 최고의 궁합은 민트 티다.

아니스와 아스파라거스: 아스파라거스와 아니스(189쪽) 참조.
아니스와 양고기: 양고기와 아니스(69쪽) 참조.

아니스와 염소 치즈

팔각은 매우 유행하는 중이지만, 진짜 아니스 중독자들은 이미 회향 꽃가루로 옮겨갔다. 뉴욕의 셰프 마리오 바탈리Mario Batali는 염소 치즈, 오렌지 제스트와 함께 짝지어서 토르텔리니를 만든다. 회향 꽃가루의 아름다운 풍미는 많은 기록에 오르내리고 있다. 회향보다 훨씬 회향 같으며 달콤해서 거의 꿀 같은 풍미가 감돌아 특히 염소 치즈와 잘 맞는다는 의견이 일반적이다. 하지만 덜 희귀한 아니스 풍미의 재료를 쓰더라도 역시나 염소 치즈와 잘 어울린다. 도나 헤이는 깎아낸 회향 구근, 석류 씨, 완두콩 잎, 노란 피망에 염소 치즈를 더하여 샐러드를 만든 다음 석류즙, 발사믹 식초, 검은 후추로 만든 드레싱을 뿌린다.

아니스와 오렌지

셰프와 레스토랑 관계자들은 얇게 저민 회향과 오렌지의 조합을 열렬히 찬미한다. 하지만 똑같이 아니스 풍미의 갈리아노에 보드카와 오렌지 주스를 섞어서 만든 하비 월뱅어Harvey Wallbanger 칵테일은 (비슷한 수준으로 풍미 조합이 뛰어난) 피나 콜라다처럼 촌스럽다고 무시한다. 여름철 파티를 위해 한 단지 만든 다음 갈리시아노Galliciano라고 부르면서 내놓아, 손님들이 그 사랑스러움에 반해서 달려들어 쓰러뜨리지 않는지 한번 보자. 아니스는 오렌지가 지닌 감귤류의 촉촉한 매력을 강화하는 듯하다.

아니스와 오이: 오이와 아니스(270쪽) 참조.
아니스와 올리브: 올리브와 아니스(253쪽) 참조.
아니스와 완두콩: 완두콩과 아니스(294쪽) 참조.
아니스와 조개 및 갑각류: 조개 및 갑각류와 아니스(204쪽) 참조.

아니스와 초콜릿

아니스 씨는 16세기에 스페인이 초콜릿에 풍미를 내기 위해 사용한 향신료 중 하나다. 지금은 낯선 조합이 되었지만, 라 메종 뒤 쇼콜라에서는 회향을 가미한 다크 초콜릿 가나슈를 만들어서 프랑스 남부 보행자의 발목을 괴롭히는 향긋한 관목지의 이름을 따 가리그Garrigue라고 부른다.

아니스와 코코넛

간장처럼 걸쭉한 인도네시아의 양념인 키캅 마니스kecap manis는 발효한 대두로 만드는데, 여기에 코코넛 설탕, 회향, 팔각을 더한다. 간장처럼 전형적인 짠맛이 나고 감칠맛을 공유하지만, 이를 뛰어넘는 달콤한 향신료 풍미가 난다. 그린 커리에 들어가는 타이 바질 잎의 아니스 풍미를 좋아한다면 케첩만큼 사랑하게 될 양념이다.

아니스와 토마토: 토마토와 아니스(376쪽) 참조.
아니스와 파스닙: 파스닙과 아니스(326쪽) 참조.

아니스와 파인애플

호주의 셰프 필립 설Philip Searle은 파인애플과 바닐라, 팔각 아이스크림으로 격자무늬를 낸 디저트로 유명하다. 영국의 셰프 에이든 번Aiden Byrne은 파인애플과 회향은 구운 푸아그라에 회향과 캐러멜화한 파인애플을 곁들인 짭짤한 요리에서도, 구운 파인애플과 회향 거품을 얹은 요구르트처럼 달콤한 요리에서도 잘 어울린다고 말한다. 또는 파인애플 주스에 페르노를 조금 더하여 상쾌한 긴 유리잔에 담은 차가운 음료를 즐겨보자.

아니스와 포도

포도와 로즈메리(368쪽)에서 설명한 포도를 뿌린 빵인 스키아치아타schiacciata에 로즈메리 대신 회향 씨로 양념을 할 수 있다. 몇몇 레시피에서는 반죽에 물 대신 아니스 풍미가 나는 삼부카를 넣는다. 덜 투박한 요리로는 델리아 스미스가 만든 마요네즈, 더블 크림, 다진 생타라곤 드레싱을 두른 닭고기와 청포도, 잔파, 잎채소 샐러드가 있다.

아니스와 호두: 호두와 아니스(346쪽) 참조.

아니스와 흰살 생선

아니스는 생선을 함정에 빠뜨리기도 하고, 구원하기도 한다. 특히 송어가 좋아하는 향기라서 어부들은 미끼 상자에 아니스 기름을 한 병 부어 향을 돋우곤 한다. 그리고 돼지와 돼지고기가 모두 사과를 사랑하듯이, 아니스 또한 생선과 훌륭한 궁합을 선보인다. 기름진 생선과 아니스(225쪽)에 소개했지만 농어 등 흰살 생선으로도 맛있게 만들 수 있는 고전식 생선 회향 요리를 참고하자. 만일 생회향 이파리를 구할 수 없다면 팔각을 가미한 중국식 육수에 생선을 삶아도 좋다.

recipe

〔팔각 스톡 / 소스〕

1. 대형 팬에 물 2L, 소홍주 250ml, 간장 200ml, 황설탕 100g, 팔각 6개, 막대 계피 2개, 두껍게 저민 날생강 1조각(6cm 길이), 마늘 5쪽을 담고 한소끔 끓인다.
2. 1시간 동안 뭉근하게 익힌다.
3. 육수를 체에 걸러서 바로 사용하거나 냉동 보관한다. 온갖 흰살 생선을 삶을 때 쓰거나 졸여서 고운 소스로 만든다.

Cucumber
오이

《로즈앤절레스 타임스》의 요리 에디터 러스 파슨스는 요리사보다 정원사들이 오이 품종에 더 많은 흥미를 보인다고 말한다. 모든 품종은 똑같이 느껴지는 독특한 풋내와 풍미를 지니고 있는데, 설명하자면 아주 당연하게도 '오이 같은' 향이다. 노란색에 레몬 크기인 레몬 오이는 레몬처럼 생겨 붙은 이름에도 불구하고 레몬 풍미가 전혀 나지 않는다. 품종들 간의 차이점은 일반적으로 쓴맛과 아삭한 식감 정도로 요약할 수 있다. 오이의 질감과 상쾌한 맛은 확실히 음식의 장식 및 샐러드로 쓰기 좋으나 쓴맛을 살짝 죽이려면 새콤한 재료와 짝지어야 하는데, 식초처럼 염소 치즈와 요구르트, 딜은 모두 오이를 빛나게 만든다. 오이 피클과 게르킨gherkin, 코르니숑, 딜 줄기는 기름진 파테와 육가공품 및 묵직한 샌드위치에 없어서는 안 될 존재다. 오이 풍미가 나는 허브로, 샐러드에 넣거나 알코올성 코디얼에 풍미를 더하고 음료에 장식으로 사용하는 보리지 또한 여기에서 다룬다.

오이와 기름진 생선: 기름진 생선과 오이(226쪽) 참조.

오이와 당근
숯불에 구운 닭고기 한 조각과 찰진 밥에 곁들이는 반찬 내지는 훌륭한 샌드위치를 완성하는 간단한 피클을 만들 때 멋진 조합을 선보인다.

recipe
〔오이 당근 피클〕
1. 당근(대) 1개와 오이 1/4개를 굵게 채 썬다.
2. 체에 담고 소금 1작은술을 뿌려 5~10분간 절인다.
3. 씻어서 가볍게 짠 후 종이 타월로 두드려 물기를 제거하고, 쌀식초 4큰술과 설탕 1~2큰술에 버무린다.
4. 쓰기 전까지 냉장고에 보관한다. 사용하기 전에 물기를 제거한다.

이 간단한 피클은 뉴욕에 자리한 니키스 베트남 샌드위치 가게의 특선 메뉴이자 토착 요리에 식민국 프랑스 재료를 조합하여 만든 기발한 음식인 반미에 꼭 넣어야 한다. 집에서 만드는 방법은 다음과 같다.

> *recipe*
> 〔반미〕
> 1. 바게트에 마요네즈와 (허브를 넣지 않은) 돼지고기 파테를 넉넉히 바른다(취향에 따라 익혀서 저민 돼지고기를 조금 더해도 된다).
> 2. 오븐에서 전체적으로 데운다.
> 3. 충분히 따끈해지면 샌드위치에 피클을 넣고 생고수를 수북이 얹는다.

속을 채우기 전에 빵 안쪽에 기름과 간장, 피시 소스를 섞은 소스를 바르는 사람도 있다. 피클은 아끼지 말자. 샌드위치에 더없이 만족스러운 아삭한 질감을 더할 뿐만 아니라 새콤달콤한 생동감을 발휘하여 묵직한 고기를 산뜻하게 만든다. 계피와 돼지고기(313쪽) 또한 참조.

오이와 돼지고기

프랑스의 진미인 리예트rillettes는 진한 맛에 거부감을 느끼게 된 파테 애호가를 구제한다. 거위, 오리 또는 돼지고기를 지방과 함께 아주 천천히 익힌 다음 잘게 찢어서 함께 익힌 지방을 섞어 식힌다. 그러면 고기와 기름기가 갈색과 흰색이 혼재된 페이스트 형태로 뒤섞여 입 안에서 살살 녹는 리예트가 완성된다. 주로 토스트에 발라서 바삭한 기공 사이로 뜨겁게 데워진 지방이 녹아내리도록 하여 먹으며, 낼 때는 라메킨에 담고 식초 풍미로 기름기를 끊어주는 자그마한 코르니숑 피클을 곁들인다.

오이와 딜

처음 미국에서 살기 시작했을 때, 알루미늄 포일에 싸여 소형 체펠린 비행선처럼 반짝이는 뭉툭한 녹색 오이 피클이 샌드위치에 곁들여 나오는 모습을 보고 깜짝 놀랐다. 피클에서는 딜 맛이 났고, 내가 있는 곳은 미네아폴리스였으므로 '오 예'라는 말버릇이나 얼음낚시를 즐기는 취미처럼 스칸디나비아의 특이한 관습인가 보다 생각했다. 얼마 지나지 않아 점심 식사에 피클이 곁들여 나오지 않으면 슬픔에 잠겨서 코울슬로 바닥을 뒤지게 되었다. 딜과 오이를 더해서 두 배로 상큼해진 이 조합은 식욕을 절로 늘려준다. 내용물을 고정시킨 이쑤시개 둘레가 발효 중인 반죽처럼 부풀어 오른 거대한 샌드위치 반쪽을 먹고 나면 이제 도저히 한 입도 더 먹을 수 없을 것 같은 기분이 들지만, 일단 피클을 하나 먹고 나면 자연스럽게 입맛이 되살아난다. 엄청난 미국식 1인분 식사와 피클이 단짝을 맺게 된 것은 절대 우연의 일치가 아니다. 딜과 오이 또한 마찬가지다. 딜 씨는 소화를 돕는다고 알려져 있다. 유아용 배앓이 약의 주재료이기도 하다. 반대로 오이는 소화가 잘 되지 않기로 유명하다. 이로써 피클은 아름다운 풍미의 만남을 제외하고서도 소화력 면에서 완벽한 균형을 이루며, 따라서 500g에 육박하는 칠면조와 베이컨, 아보카도, 몬테레이 잭 치즈가 배 속을 강타하고 독일의 힌덴부르크 비행선도 다시 빵빵하게 채울 수 있을 정도의 트림 가스가 배에 가득 차더라도 걱정이 없다. 시판하는 '사워 피클'은 식초가 아니라 절임 액에 재워서 발효하여 만든 피클이며, '하프 사워 피클'은 더 짧은 시간 발효한 것이다.

오이와 딸기: 딸기와 오이(384쪽) 참조.
오이와 땅콩: 땅콩과 오이(31쪽) 참조.
오이와 루바브: 루바브와 오이(373쪽) 참조.
오이와 마늘: 마늘과 오이(162쪽) 참조.
오이와 멜론: 멜론과 오이(409쪽) 참조.

오이와 민트

청부살인업자 커플보다 차가운 궁합이다. 여기에 역시 차갑기로 유명한 요구르트를 더하면 인도에서 그리스까지 걸쳐진 '차치키 벨트'를 종횡하는 미식계의 에어컨이 완성된다. 차치키는 터키에서는 자즈크cacik, 남아시아에서는 라이타raita, 키프로스에서는 탈라투리talatouri라고 부른다. 자즈크에는 종종 라임즙을 추가하고 라이타에는 양파를 더하는 등 각 요리 문화마다 미묘한 차이가 있지만, 본질은 그대로다. 생 또는 말린 민트를 사용한다. 영국에서는 음료에 민트와 오이를 넣어 여름 정원의 신선함을 더한다. 제일 유명한 메뉴는 핌스Pimm's와 레모네이드지만, 더운 날에 마시는 다른 달콤하고 과일 향 물씬 풍기는 음료에도 넣어볼 가치가 있다.

오이와 수박: 수박과 오이(365쪽) 참조.

오이와 아니스

1998년 시카고의 냄새와 맛 처리 및 연구 재단의 연구에 따르면 여성은 다양한 향기 중에서 오이와 감초 풍미를 조합한 제과에서 제일 흥분을 느낀다. 약삭빠른 구혼자라면 향기로운 양초를 버리고 오이와 회향으로 만든 간단한 샐러드를 곁들인 생선 요리를 내놓을 것이다. 남성이 제일 좋아하는 향기는 땅콩호박과 로즈메리(336쪽) 참조.

오이와 아보카도: 아보카도와 오이(288쪽) 참조.
오이와 양파: 양파와 오이(156쪽) 참조.

오이와 염소 치즈

파리 19구의 아만드 카렐 가에는 나폴레옹 3세라고 불리는 겸손한 식당이 있다. 간단하고 빠른 요리를 내는 것도 아니고 최고급 레스토랑도 아니지만 영국인으로서는 적당히 좋은 음식을 먹을 수 있을 만한, 프랑스 전역에서 흔히 볼 수 있는 중급 식당이다. 나는 여기서 전채로 염소 치즈를 곁들인 오이 샐러드를 먹었다. 얇고 반투명하게 저민 오이를 일정하게 깔고 치즈 4조각과 평엽 파슬리 장식을 올렸을 뿐이지만, 오이의 향기로운 꽃 내음과 알칼리성 풍미가 젖산이 톡 쏘는 치즈의 자극적인 맛을 마무리하는 요리였다.

오이와 장미

여름다운 허브 풍미를 공유한다. 스코틀랜드 에어셔 지방의 윌리엄 그랜트 앤 손William Grant & Sons에서 수작업으로 소량씩 제조하는 헨드릭스 진Hendrick's Gin은 원래 잘 어울리는 오이와 장미의 조합을 한층 확장시킨다. 불가리아 장미와 으깬 오이를 더하는 다소 이질적인 방식은 장미 정원에서 오이 샌드위치를 먹는 영국의 고아한 발상에서 일부 영감을 받았다. 다른 식물 재료처럼 증류해서 음료에 넣는 대신, 커리나 스튜를 만들면서 섬세한 허브를 넣을 때처럼 마지막 블렌딩 단계에 더해 풍미를 유지한다. 오이는 헨드릭스 진에 독특한 신선함을, 장미는 연한 단맛을 선사한다.

오이와 조개 및 갑각류

무엇보다 신선한 조개 및 갑각류에는 오이의 상쾌한 광물성 풍미를 상쇄하는 부드러운 짠맛이 존재한다. 중국 요리에서 착안한 아래의 뜨거운 참깨 새우 토스트 샌드위치에 아삭하고 상쾌한 오이를 곁들여서 풍미와 질감의 대조를 극대화해보자.

recipe

〔오이 피클을 넣은 참깨 새우 토스트〕

1. 길이 10cm의 오이는 껍질을 벗긴 다음 길게 반으로 갈라서 반원형으로 얇게 저민다.
2. 쌀식초 2작은술과 소금 및 설탕을 몇 꼬집씩 넣고 섞는다. 샌드위치를 만드는 동안 냉장고에 보관한다.
3. 얇게 저민 훈제 베이컨 2장을 마른 팬에 구운 다음 그대로 식혀서 푸드 프로세서에 넣고 상당히 곱게 간다.
4. 익혀서 껍질을 벗긴 새우 200g, 참기름 1작은술, 간장 1작은술, 참깨 1큰술을 더한다. 흰 게살과 비슷한 질감이 될 때까지 간다.
5. 가장자리를 잘라낸 흰 빵 8장의 한쪽 면에 식물성 기름을 바르고, 기름을 바르지 않은 면에 으깬 새우를 발라서 샌드위치 4개를 만든다.

> 6. 기름을 바른 부분에 여분의 참깨를 바르고 샌드위치용 토스터에서 겉을 노릇노릇하게 굽는다.

차가운 오이를 조금 곁들여서 뜨거울 때 낸다.

오이와 케이퍼: 케이퍼와 오이(146쪽) 참조.
오이와 쿠민: 쿠민과 오이(120쪽) 참조.
오이와 토마토: 토마토와 오이(378쪽) 참조.

오이와 흰살 생선

비평가 존슨 박사Dr Johnson를 변호하자면, 오이는 '잘 저며서 식초와 후추를 뿌린 다음, 아무짝에도 쓸모없으니 내버려야 한다'는 발언은 그저 당대의 흔한 의학적 소견을 표명했을 뿐이다. 하지만 어쨌든 존슨 박사는 오이를 생선과 함께 먹어봤어야 한다. 오이는 피클로 만들거나 살사에 넣으면 구종즈goujons[36]나 훈제 연어 파테, 피시 케이크, 생선 케밥 등 튀긴 요리, 매콤하거나 기름진 요리에 아삭하고 차가운 대비를 더한다. 다진 게르킨, 케이퍼와 함께 섞으면 타르타르소스에 씹는 맛을 제공한다. 오이를 익히면 부드럽고 아삭한 맛은 유지되며 풍미가 강화된다고 주장하는 이들은 길게 잘라서 흰살 생선과 함께 볶아보라고 권하기도 한다.

36 생선이나 닭고기 등을 작은 조각으로 썰어서 튀긴 요리.

Dill
딜

딜은 진정시킨다는 뜻의 고대 노르웨이어 딜라dilla에서 유래한 이름으로, 딜 씨에는 근육 이완 효과가 있다고 한다. 하지만 딜 잎(즉 생허브)보다 상당히 풍미가 강하고 날카로운 딜 씨는 결코 미각에 편안한 맛이 아니다. 나는 나풀나풀한 딜 잎(여기에서 달리 특정하지 않는 한 '딜'이라는 단어는 이쪽을 의미한다)에서 그토록 대담한 풍미가 난다는 사실에 충격을 받았다. 처음에는 달콤한 향이 나지만 곧 농후한 생선과 고기, 크림을 넣은 음식에 유용하게 쓸 수 있는 새콤하고 깨끗한 맛이 미각을 지배하기 시작한다. 또한 레몬과 식초처럼 다른 새콤한 재료와도 매우 친하다. 달리 말하자면 일요일 오후 텔레비전 앞에 붙박이처럼 늘어져 있을 때 먹을 만한 풍미는 아니다. 딜은 복잡하고 까다로우며 자기주장이 강하다. 〈스쿠비 두〉의 깐깐하고 신경질적인 캐릭터 '벨마'를 떠올려보자(바질은 귀엽고 푼수 같은 다프네다).

딜과 감자

폴란드에서 딜을 넣지 않은 감자 샐러드란 북슬북슬한 콧수염이 없는 노동조합 간부 같은 존재다. 인도에서는 감자를 깍둑 썰어서 마늘, 터메릭, 고추와 함께 튀긴 다음 딜을 수북하게 넣어서 버무린다. (소와 또는 셰푸라 불리는) 인도 토종 딜은 유럽의 딜보다 풍미가 가볍다.

딜과 기름진 생선: 기름진 생선과 딜(223쪽) 참조.
딜과 달걀: 달걀과 딜(191쪽) 참조.

딜과 돼지고기

중국식 만두는 종종 돼지고기의 고기 맛에 신선한 대비를 주기 위해 양배추, 리크, 차이브를 섞는다. 중국 북동부 지역에서 기원한 요리를 제외하면 등장하는 빈도수는 낮지만 딜도 마찬가지다. 북동부 지역 토착민들은 중국 동부 철도 건설 작업 현장에서 근무하기 위해 찾아온 수많은 러시아 이민자를 위하여 비트 및 파슬리와 더불어 딜 잎을 재배하기 시작했다. 중국식 만두는 만두피만 구하면 순식간에 만들 수 있다. 중국 슈퍼마켓에서 비교적 차가운 구역에 진열하여 판매하며, 냉동 보관이 용이하다. 다음의 레시피로는 약 15개 분량을 만들 수 있다.

> recipe
> 〔딜과 돼지고기 만두〕
> 1. 곱게 다진 돼지고기 250g에 다진 딜 1큰술, 으깬 마늘 1쪽 분량, 간장 1큰술, 소흥주 1큰술, 참기름 적당량과 소금 약간을 더해 섞는다.
> 2. 만두 속을 약 1큰술 퍼서 만두피에 얹은 다음, 가장자리에 물을 발라서 속을 감싸듯 피를 접고 가장자리를 눌러서 봉한다.
> 3. 끓는 물(또는 맛을 낸 스톡)에 5~8분간 삶는다.
> 4. 간장을 곁들여 낸다.

딜과 레몬: 레몬과 딜(444쪽) 참조.

딜과 민트

스피어민트와 딜 씨에는 자연적으로 발생한 화합물 카르본carvone이 서로 다른 형태로 함유되어 있다. 분자는 동일하나 서로 거울처럼 대칭된 상태라, 코와 입의 맛 수용체에서는 다른 맛으로 인식된다. 수백 가지가 넘는 이러한 화합물은 저마다 모양에 맞는 분자를 골라 받아들이며 발달한다. 스피어민트는 분자(1-카르본)의 왼쪽 모양에 가까운 형태를 지니고 있으며, 딜은 오른쪽(d-카르본)이다. 향이 매우 달라서 서로 바꿔서 사용하기는 힘들다. 물론 거울처럼 거꾸로 요리할 수 있다면 가능할지도 모른다.

딜과 버섯: 버섯과 딜(107쪽) 참조.
딜과 비트: 비트와 딜(123쪽) 참조.

딜과 소고기

빅맥의 본질이다. 빅맥이 딜 피클의 딜 맛을 좋아하지 않는 영국 십 대들 사이에서 특히 인기를 누리는 것은 참으로 특이한 일이다(내가 거주하는 지역의 맥도날드 바깥쪽 포장도로에는 수많은 십 대가 내버린 피클 쓰레기가 나뒹굴고 있지만, 피클을 뺀다 하더라도 빅맥의 신비로운 오렌지색 소스에는 딜 풍미가 진하게 가미되어 있다). 내 남편은 다음 레시피를 빅맥 파이라고 부른다. 친구들에게 대접해서 연관성을 찾아낼 수 있는지 관찰해보자. 콘비프를 넣는 것이 이상하게 느껴질 수도 있으나, 다진 소고기로 만들려고 해봤지만 전혀 비슷한 맛이 나지 않았다.

> *recipe*
> 〔빅맥 파이〕
> 1. 21cm 크기의 타르트 틀에 쇼트크러스트 페이스트리를 깐다.
> 2. 씨를 빼고 저민 토마토 2개 분량을 바닥에 편다.
> 3. 콘비프 캔 340g을 딜 렐리시dell relish 4큰술, 말린 딜 1큰술, 아메리칸 머스터드 1큰술과 함께 으깬다.
> 4. 토마토 위에 펴 바르고 남은 페이스트리로 덮는다.
> 5. 우유 또는 달걀물을 바르고 참깨를 뿌린다.
> 6. 190℃로 예열한 오븐에서 35~40분간 굽는다.

뜨겁게 또는 차갑게 식혀서 낸다.

딜과 아보카도

둘 다 풀 향이 나지만 느낌이 서로 다르다. 딜의 풍미는 거의 집착에 가까운 헌신적인 자세로 돌봐서 깔끔하고 푸른빛이 도는 녹색 잔디밭이다. 아보카도는 황무지 산책로에서 갑자기 내리막을 따라 막 달려 내려가게 되는 짙은 잔디밭이다. 해스 아보카도(톱밥에 자주색과 녹색을 섞은 스프레이 페인트를 뿌린 모양의 아보카도)의 버터 같은 과육을 잘게 썰어서 곱게 다진 딜과 비네그레트소스 약간에 버무린 다음 가재나 참치, 닭고기 샌드위치에 넉넉히 펴 바른다.

딜과 양고기

핀란드의 틸릴리하tilliliha('딜 고기')는 양고기나 소고기를 천천히 뭉근하게 익히다가 마무리될 즈음 식초와 설탕, 크림, 딜을 더하여 만드는 간단한 스튜다. 그리스에서는 막 도축한 양고기 내장에 딜을 섞어서 사순절 끝에 맞이하는 부활절에 먹는 마게리차mageiritsa 수프를 만든다. 또한 이란에서는 딜을 듬뿍 넣은 쌀을 껍질을 제거한 잠두, 익힌 양고기(잘게 썬 정강이 고기)와 교대로 켜켜이 쌓은 다음 터메릭이나 사프란을 각각 또는 함께 더하여 바갈리 폴로를 만든다.

딜과 오이: 오이와 딜(269쪽) 참조.

딜과 완두콩

지금은 여름철에 양말을 신고 샌들을 신은 사람만큼이나 발견하기 힘들며 호텔 레스토랑이나 구식 타파스 바에서나 찾을 수 있는 러시아식 샐러드에서 깍둑 썬 감자와 당근을 서로 맺어줄 때 사용하는 조합이다. 하지만 딜의 화사한 성격만으로도 이 요리를 되살릴 이유는 충분하다.

> *recipe*
> **〔딜과 완두콩을 넣은 러시아식 샐러드〕**
> 1. 햇감자 500g의 껍질을 벗긴 다음 깍둑 썰어서 부드럽게 삶는다.
> 2. 당근 250g으로 같은 과정을 반복한다.
> 3. 냉동 완두콩 100g을 삶는다.
> 4. 모두 식혀서 딜 마요네즈에 섞는다. 여기에 물기를 거르고 깍둑 썬 딜 피클을 더해서 씹는 질감을 가미할 수 있다.
> 5. 차가운 고기류와 아삭한 상추를 함께 낸다.

딜과 조개 및 갑각류

스웨덴에서는 8월이 되면 가재 파티라는 뜻의 근사한 야외 축제 크래프트스키바에서 딜과 가재를 함께 요리한다. 가재는 물(때로는 맥주)에 삶는데, 이때 꽃을 피운 후에 수확해 풍미가 더욱 강하게 나오는 딜 꽃송이로 풍미를 낸다. 가재는 간단하게 빵과 맥주, 아쿠아비트, 작은 기공이 가득하고 맛이 강한 경질 치즈 베스테르보텐Vasterbotten을 곁들여서 껍질째 후루룩 빨아 먹는다.

딜과 코코넛

인도에서는 흔한 조합으로 특히 라오스식 생선과 채소 커리에 활용한다. 라오스에서는 딜을 채소처럼 다루며, 줄기며 모든 부분을 종종 생선 및 다른 채소와 함께 냄비에 넣어 익힌다. 다소 의외이지만, 오크통에서 숙성한 미국의 일부 레드 와인에서 나는 풍미로 딜과 코코넛이 함께 꼽히기도 한다. 코코넛 풍미는 나무에 있는 락톤류에서 유래하며, 딜은 오크에 자연적으로 존재하는 초본 풍미 중 하나다. 릿지 릿톤 스프링 와인은 딜과 코코넛 풍미를 느껴보겠다는 핑계로 구입할 만한 가치가 있는데, 설령 와인 맛밖에 나지 않았다 하더라도 멋진 캘리포니아 진판델 와인이라 실패할 수가 없기 때문이다. 와인의 오크 풍미에 대한 추가 정보는 바닐라와 클로브(514쪽) 참조.

딜과 훈제 생선: 훈제 생선과 딜(237쪽) 참조.
딜과 흰살 생선: 흰살 생선과 딜(209쪽) 참조.

Parsley
파슬리

해롤드 맥기는 신선하고 풋내가 나며 목질 느낌이 나는 파슬리의 풍미를 '포괄적'이라고 표현하면서, 그 덕분에 수많은 요리에 파슬리를 넣을 수 있다고 설명한다. 특히 개먼과 모든 생선 등 소금물 맛이 나는 재료와 조합할 때 최고의 효과를 거두며, 고기의 달콤 짭짤한 맛을 상쇄하는 쌉쌀함과 차가운 맛을 가미한다. 평범한 허브 풍미를 띠므로 다른 허브와 섞어서 쓰기에도 좋다. 평엽 파슬리는 곱슬 잎 파슬리보다 잎이 부드럽고 풍미가 강하다.

파슬리와 감자

유서 깊은 익힌 감자의 존재를 잊어버리지 말자. 주먹 크기의 분질 감자의 껍질을 벗기고 4등분한 다음 부드럽고 연한 노란빛을 띠도록 삶아서 버터 풍미의 솜털을 후광처럼 두른 모습은 그저 사랑스럽지 않은가? 영국에서는 이런 감자를 거의 볼 수 없게 되었다. 리스본에서는 스튜와 건더기 수북한 수프에 들어가고 마늘을 듬뿍 가미한 돼지갈비와 맛있는 소시지에 곁들이는 등 모든 요리에 삶은 감자가 따라붙는다. 다행스럽게도 파슬리를 다져서 무심하게 흩뿌리는 것 외에는 감자의 너저분한 모습을 위장하려는 어떠한 시도도 없다. 도시에서 가장 오래된 지역인 알파마의 미로 같은 뒷거리를 탐험하다 고양이나 빨랫줄처럼 우연히 맞닥뜨리게 되는, 가족이 경영하는 작은 레스토랑 파티오13에서 삶은 감자를 찾아보자. 알파마는 전통적으로 사우다데saudade를 표현하는 민족 음악의 한 장르인 파도fado로 유명한데, 사우다데는 우리로 치면 향수, 상실 같은 개념과 비슷하나 도저히 번역할 수 없는 이베리아 반도의 개념 중 하나다. 건조한 테라스에 앉아서 새콤하고 가벼운 포르투갈 와인 비뉴 베르드vinho verde를 마시면서 가게 주인이 교회 오르간 크기의 그릴에서 정어리를 뒤집는 모습을 바라보자. 파슬리로 무늬를 낸 삶은 감자를 담은 스테인리스 스틸 쟁반이 생선을 완벽하게 돋보이게 만든다. 여기에서는 전성기를 누리고 있지만 다른 어느 곳에서도 으깬 감자 및 감자튀김에 밀려 전혀 부름을 받지 못하는 단순한 삶은 감자가 사우다데와 어딘가 통한다는 생각을 떨쳐낼 수가 없다.

파슬리와 고수 잎: 고수 잎과 파슬리(285쪽) 참조.
파슬리와 굴: 굴과 파슬리(218쪽) 참조.

파슬리와 기름진 생선

튀긴 고등어나 청어에 곁들일 차가운 파슬리 소스를 소개한다.

> *recipe*
> 〔차가운 파슬리 소스〕
> 1. 곱게 다진 파슬리 75g을 거품낸 더블 크림 300ml에 넣고 섞는다.
> 2. 타바스코 1작은술을 넣고, 간을 살짝 해서 잘 섞는다.

파슬리와 달걀

미국의 요리 작가 패니 파머는 환자에게 줄 수란을 만들 때는 파슬리를 얹어보라고 추천한다. 나라면 지질학자에게 요리를 낼 때 권하고 싶다. 파슬리는 담백한 금속성의 상쾌한 풍미가 나며, 파슬리의 학명으로 '바위 셀러리'라는 뜻인 페트로셀리엄Petroselinum에도 광물질 성격이 반영되어 있다. 내가 보기에는 익힌 달걀흰자에도 페리에 캔처럼 날카로운 광물성 느낌이 있으므로 특히 달걀흰자 오믈렛을 파슬리와 조합할 때는 주의를 기울여야 하며, 그렇지 않으면 돌을 핥는 듯한 자극을 받게 될 것이다.

파슬리와 당근: 당근과 파슬리(333쪽) 참조.
파슬리와 레몬: 레몬과 파슬리(450쪽) 참조.

파슬리와 마늘

파슬리는 입에서 마늘 냄새를 풍기는 죄를 사하는 성모송 같다고들 한다. 그러니 마늘과 함께 곱게 다져서 빵가루를 섞어 양고기에 바르는 페르시야드를 만들 때는 파슬리를 너무 많이 넣지 말자. 또한 감자를 볶을 때는 파슬리와 마늘을 마무리 직전에 집어넣어서 마늘의 톡 쏘는 날카로운 맛은 없애고 파슬리의 밝은 광물성 풍미는 어느 정도 유지되도록 한다. 파슬리와 마늘에 레몬즙과 제스트 1개 분량을 더하면 오소 부코osso buco를 만들 때 마지막에 양념 삼아 잘 넣는 그레몰라타gremolata가 된다. 또는 레몬을 빼고 올리브 오일을 더하여 아르헨티나에서 구운 고기와 함께 내는 간단한 치미추리 소스를 만든다(소고기와 파슬리 참조, 65쪽). 날것일 때도 풍미가 뛰어나기로 평이 좋은 스페인산 로호 마늘 품종을 구해보자.

파슬리와 민트

나는 타불레tabbouleh를 사랑한다. 런던의 클리블랜드 거리에 자리한 멋지고 작은 레스토랑 이스탄불 메제Istanbul Meze에서는 당연하다는 듯이 타불레에 파슬리를 뒤덮어서 낸다. 타불레에 들어가는 파슬리와 민트는 약 5:1의 비율이 되어야 하며, 빻은 밀은 슈퍼마켓에서 파는 타불레보다 훨씬 적게 들어가야 한다(그러면 지배적인 맛이 되기보다 유쾌한 놀라움을 주는 맛이 날 것이다). 파슬리는 더 썰기 힘들다 싶을 정도로 정말 많이 썰어야 한다. 그리고 더 썬다. 곡물류 및 토마토는 적당히 넣자. 넉넉한 레몬즙, 기름 약간, 으깬 마늘을 살짝 더해서 버무린다. 완성한 타불레에서 입 안 가득 촉촉한 풀 향이 난다면 제대로 만든 것이다. 가게에서 파는, 허브는 가볍고 곡물은 묵직한 타불레는 앞뒤가 거꾸로 된 것이니 레불타라고 불러야 한다.

파슬리와 버섯: 버섯과 파슬리(113쪽) 참조.

파슬리와 베이컨

두껍게 썬 개먼gammon은 전통적으로 루 기반의 파슬리 소스와 함께 뜨겁게 낸다. 햄 육수와 크림 약간을 넣는 레시피도 있지만, 우유만 넣으면 순수한 파슬리 풍미를 유지하면서 햄과 부드럽게 어우러지는 소스가 된다. 프랑스에서는 햄과 (넉넉한) 파슬리를 넣은 젤리 테린을 장봉 페실jambon persillé이라 부르며, 부르고뉴산이 제일 평판이 좋다. 파슬리의 신선한 풀 향이 고기의 짠맛에 시원하고 깨끗한 맛을 더한다.

파슬리와 소고기: 소고기와 파슬리(65쪽) 참조.
파슬리와 조개 및 갑각류: 조개 및 갑각류와 파슬리(206쪽) 참조.

파슬리와 케이퍼

튀긴 음식 특유의 미각을 마비시키는 지루한 맛과 싸우는 녹색 전사들이다. 저며서 튀긴 가지나 튀김옷을 입힌 생선, 빵가루를 묻힌 에스칼로프에 살사 베르데 등으로 파슬리와 케이퍼를 더해보자. 풍미가 더 강한 기름진 음식과도 잘 어울린다. 굵게 다져서 정어리에 채운 다음 그릴에서 껍질이 군데군데 부풀어 터질 때까지 굽는다.

파슬리와 호두: 호두와 파슬리(347쪽) 참조.
파슬리와 훈제 생선: 훈제 생선과 파슬리(238쪽) 참조.

파슬리와 흰살 생선

웬만한 요리에는 당연히 기절한 파슬리를 한 줄기 올리던 시절이 있었다. 그리고 그 파슬리는 마치 스팸 메일처럼 먹지 않고 버리는 것이 지당했다. 하지만 파슬리는 흰살 생선의 단짝으로 필수적인 존재다. 생선의 짠맛이 이파리 무성한 허브의 신선한 풍미로 상쇄된다. 대구와 해덕 등 살이 탄탄한 흰살 생선에 곁들이는 파슬리 소스를 만들려면 베샤멜소스에 다진 파슬리를 넉넉히 넣고 레몬 제스트와 레몬즙 약간으로 간을 한다. 더 가볍고 빠른 요리를 원한다면 생선 필레에 양념한 밀가루를 묻혀서 올리브 오일에 익힌 다음 화이트 와인 약간과 생선 국물(또는 물)을 붓는다. 살짝 졸인 다음 생선이 완전히 익으면 다진 파슬리를 뿌린다. 레몬과 파슬리(450쪽) 또한 참조.

Coriander Leaf
고수 잎

평엽 파슬리와 모양이 거의 같은 고수 잎은 상쾌한 풋내와 목질 풍미가 특징이다. 하지만 파슬리의 차가운 느낌 대신 고수에서는 몬순을 떠올리게 만드는 과일과 감귤류 껍질 향이 가미된 따뜻한 흙냄새가 난다. 씁쓸 달콤한 맛이 나며, 풍미가 열에 버티지 못해서 요리 마지막 단계에 추가해야 하는 데다 맛을 다독이는 더없이 유용한 역할을 하기 때문에 보통 장식용으로 사용한다. 고수 잎은 짠맛을 진정시키고 생선 비린내를 제거하며 기름진 맛을 씻어내고 매콤하고 자극적인 음식에 시원한 풍미를 선사한다.

고수 잎과 감자

고수의 애호가와 혐오가는 둘 다 마찬가지로 종종 흙냄새를 이유로 대며, 내가 보기에 그 흙냄새야말로 감자를 삶거나 으깨면 어느 정도 사라지는 흙냄새를 보완하며 성공적인 짝이 된다. 칼도 드 파파Caldo de papa는 많은 라틴 국가, 특히 콜롬비아에서 먹는 감자 수프다. 넉넉한 분량의 고수와 소고기 또는 소고기 국물로 만들며, 숙취 해소제로 유명하다. 정말 그런지는 모르겠지만 숙취에 시달리는 중에도 만들 수 있을 정도로 간단하기는 하다. 수제 소고기 또는 송아지 육수로 만들면 천국 같지만 나는 시판 농축 제품을 사용하며, 감자가 뭉개지면서 수프는 걸쭉해지고 풍미는 깊어진다.

recipe

[칼도 드 파파]

1. 스페인 감자(대) 1개를 잘게 썰어서 기름에 익힌다.
2. 껍질을 벗기고 구운 감자만 한 크기로 작게 썬 분질 감자 500g을 더한다.
2. 소고기 육수 500ml를 붓고 감자가 물크러지기 시작할 때까지 뭉근하게 익힌다.
4. 다진 고수 잎을 넉넉히 두 줌 넣고 저민 생풋고추를 조금 더한다.

고수 잎과 고수 씨: 고수 씨와 고수 잎(507쪽) 참조.
고수 잎과 고추: 고추와 고수 잎(300쪽) 참조.
고수 잎과 닭고기: 닭고기와 고수 잎(35쪽) 참조.
고수 잎과 돼지고기: 돼지고기와 고수 잎(42쪽) 참조.

고수 잎과 땅콩

바질과 잣을 고수와 땅콩으로 바꾸면 맛있는 베트남 풍미의 페스토를 만들 수 있다.

> *recipe*
> 〔고수와 땅콩 국수〕
> 1. 고수 잎 약 1줌과 구운 땅콩 반 줌을 굵게 다진다.
> 2. 다진 고수 잎과 땅콩을 장식용으로 조금씩 덜어두고 나머지는 아직 따뜻한 삶은 에그 누들 1개 분량, 땅콩기름 1작은술, 피시 소스 약간, 그리고 취향에 따라 말린 고춧가루와 라임즙을 조금씩 더하여 잘 섞는다.
> 3. 남겨둔 고수 잎과 땅콩을 얹어서 바로 낸다.

고수 잎과 라임

처음 베트남식 소고기와 고수 국수를 주문했을 때는 라임 한 조각이 들어 있기에 한쪽으로 밀어버렸다. 버려진 라임은 종이 냅킨에 새콤한 소고기 육수를 뚝뚝 흘리면서 나를 보고 미소 지었다. 나는 라임이 단맛 나는 재료인 줄 알았다. 내가 달디단 로스즈 라임 코디얼 음료와 마멀레이드를 먹으면서 자랐다는 점을 유념하자. 하지만 베트남과 태국 요리를 먹으면 먹을수록 짭짤한 요리에 라임이 등장하는 일이 잦아졌으며, 고수와 함께 나올 때가 많았다. 얼마 지나지 않아 나는 라임과 고수가 나온다는 단순한 이유만으로 메뉴를 고르기 시작했고, 마치 가수보다 코러스가 좋아서 노래 앨범을 사는 것이나 마찬가지인 짓이지만 뭐 그다지 나쁜 일은 아니다. 고수와 라임은 '악마에게 연민을Sympathy for the Devil37'에 깔리는 배경음과 마찬가지로, 완벽하고 절대적으로 필요한 존재다.

고수 잎과 레몬: 레몬과 고수 잎(443쪽) 참조.

고수 잎과 마늘

스페인에서 소프리토sofrito란 양파와 마늘, 토마토에 가끔 피망을 더해서 천천히 볶은 것이다. 기타 히스패닉 요리에서는 같은 단어가 비슷한 재료를 날것인 상태로 요리에 사용하는 양념을 뜻하기도 한다. 푸에르토리코에서는 여기에 고수와 더불어 비슷하지만 향이 더 짙은 형제 식물 쿨란트로Eryngium foetidum 잎을 넣는다. 고수 잎의 미국식 이름인 실란트로와 헷갈리지 말아야 하며, 쿨란트로는 잎이 길고 톱니 같으

---

37 롤링스톤스가 1968년 발표한 팝송.

며 허브라기보다 샐러드용 잎에 가깝다. 카리브해 요리 전문점에서 유심히 찾아보자. 푸에르토리코인은 소프리토를 잔뜩 만들어서 수프, 스튜, 밥, 기타 향긋하고 신선한 매력을 누릴 수 있는 곳이라면 어디에든 넣는다.

---

recipe

〔고수 잎과 마늘 소프리토〕

1. 스페인 양파(대) 2개, 녹색 피망 1개, 껍질 벗긴 마늘 1/2통, 고수 한 주먹(또는 고수와 쿨란트로를 절반씩)을 대충 썬다.
2. 입맛에 맞는 양만큼 생고추를 준비해서 곱게 다지되, 정통으로 만들려면 강렬한 매운맛보다 훈연 향과 과일 느낌이 뚜렷하고 부드러운 아히 둘세aji dulce 고추를 사용해야 한다.
3. 올리브 오일 몇 큰술, 때에 따라 껍질을 벗기고 잘게 썬 토마토 1개 분량을 더하여 푸드 프로세서에서 곱게 간다.
4. 물을 한 번에 1큰술씩 더하여 약간 묽게 만든다.

소프리토는 냉장고에서 며칠간 보관하거나 얼음 틀에 넣어서 냉동 보관할 수 있다.

고수 잎과 망고: 망고와 고수 잎(423쪽) 참조.
고수 잎과 민트: 민트와 고수 잎(482쪽) 참조.
고수 잎과 수박: 수박과 고수 잎(363쪽) 참조.

고수 잎과 아보카도

살사와 과카몰리를 만들 때 인기 있는 조합이다. 조화로운 풀 향이 난다는 공통점이 있지만 고수 잎은 상쾌한 매력으로 아보카도의 기름진 맛을 끊어주며, 특히 엘 불리의 셰프 페란 아드리아는 이 조합을 활용해서 아보카도에 일식 튀김반죽을 입혀 기름에 튀긴다. 과육의 타닌이 익으면 쓴맛이 늘어나므로 익힌 아보카도는 누구에게나 입에 맞을 음식은 아니지만, 나는 트라토리아에서 인기를 끈 아보카도 그라탕이나 직접 만들어본 일식 튀김 실험에서도 전혀 불쾌한 맛을 감지하지 못했다. 다만 여러분이 고수 잎의 중재에도 불구하고 기름에 튀긴 아보카도라는 지방의 2연타를 맛있게 먹을 수 있을 것인가는 별개 문제다.

고수 잎과 양고기

레바논 요리인 야크니트 자흐라yaknit zahra는 번역하면 '콜리플라워 스튜'라는 뜻이지만, 양고기와 대량의 고수 잎이 풍미를 지배한다. 인도의 플랫브레드 키마 난keema naan에는 종종 양고기와 고수를 채우지만, 고수 중독자라면 다음 양고기와 시금치 요리 사그 고스트saag gosht를 선호할 수도 있다. 고수는 익히면 풍미를 잃어버리는 경향이 있지만 여기에는 이파리의 신선한 맛이 제대로 살아남을 수 있을 정도로 줄기까지 포함하여 대량으로 사용하며, 시금치와 양고기 육즙, 요구르트와 섞여 입에 넣었을 때 아주 감미롭지만 조금도 부담스럽거나 끈적이지 않는 커리를 완성한다.

---

recipe

[고수를 듬뿍 넣은 사그 고스트]

1. 오븐 내열용 냄비에 버터 약간과 기름을 두르고 잘게 썬 양파(대) 1개 분량을 부드러워지도록 볶는다.
2. 으깬 마늘 1쪽 분량, 소금 1작은술, 곱게 다진 날생강(엄지손가락 크기) 1개 분량, 간 고수 씨 1큰술, 터메릭 1/2작은술, 취향에 맞춰 다진 생고추를 더한다. 저으면서 몇 분간 익힌다.
3. 깍둑 썬 양고기 1kg를 넣는다.
4. 고기가 노릇하게 구워지면, 냉동 통잎 시금치 250g을 해동해 더한 다음 넉넉한 1단 분량의 고수의 잎은 대충 썰고 줄기를 상당히 곱게 다진 다음 따로 조금 덜어두고 전부 넣는다.
5. 요구르트 300g을 골고루 두른다.
6. 뚜껑을 덮고 160℃로 예열한 오븐에 넣어서 2시간 정도 익힌다.

내기 전에 남겨둔 고수 잎을 넣고 섞어서, 익으면서 잃어버린 첫 향을 다시 복원한다. 밥과 함께 낸다.

고수 잎과 염소 치즈: 염소 치즈와 고수 잎(76쪽) 참조.

고수 잎과 오렌지

고수 잎은 음식에 '감귤류 껍질' 풍미를 더한다고 표현하기도 하는데, 이는 생각보다 진실에 가까운 묘사다. 해롤드 맥기의 설명에 따르면 고수 향의 주요 구성 성분은 오렌지 껍질의 밀랍 같은 느낌의 원인이기도 한 지방 알데히드 데세날decenal이다. 데세날은 매우 불안정하기 때문에 열을 가하면 고수 잎은 특유의 향을 빠르게 잃어버리며, 그래서 대부분 익히지 않고 장식으로 사용한다. 찢은 고수 잎을 뿌린 저민 오렌지와 달콤한 양파 및 래디시 샐러드를 만들어보자. 어떤 태국 향신료 페이스트에는 데세날이 전혀 함유되어 있지 않지만 대신 파슬리와 전혀 다른 방식으로 목질 및 풋내를 더하는 고수 뿌리가 들어간다. 고수 잎은 오렌지, 만다린, 기타 감귤류 인공 향료에 생기를 불어넣는다. 고수의 오렌지와 비슷한 풍미는 씨에서 훨씬 뚜렷하게 드러난다(오렌지와 고수 씨 참조, 429쪽).

고수 잎과 조개 및 갑각류: 조개 및 갑각류와 고수 잎(200쪽) 참조.

고수 잎과 코코넛

고수는 지금껏 코코넛 밀크 바다를 타고 우리 마음속으로 멋지게 항해해 왔지만, 이 둘을 함께 활용하는 방법에 제한을 두어서는 안 된다. 달콤하고 촉촉한 코코넛과 신선한 감귤 향이 나는 고수는 다음 플랫브레드에서 타고난 단짝다운 면모를 선보인다.

recipe

〔고수 잎과 코코넛 플랫브레드〕

1. 푸드 프로세서에 셀프 라이징 밀가루 225g, 베이킹파우더 1/2작은술, 소금 1/2작은술, 설탕 1작은술, 부드러운 버터 25g을 넣고 빵가루 같은 상태가 될 때까지 돌린다.
2. 계속 돌리면서 투입구를 통해 미지근한 우유 또는 물 125ml를 천천히 부어서 잘 섞어 반죽을 만든다. 꺼내서 5분간 반죽한다.
3. 젖은 행주를 덮어서 20분간 휴지한다.
4. 반죽을 4등분하고 하나씩 밀어서 대략 20x15cm 크기의 직사각형을 만든다.
5. 각 반죽의 가운데 부분에 눈으로 세로 선을 그은 다음, 오른쪽 절반에 고수 잎 약간과 말린 코코넛을 뿌린 후 왼쪽 절반을 들어올려 위에 덮은 다음 조심스럽게 돌돌 말아 가능한 한 가늘게 만든다.
6. 그릴에 센불을 켜고 그릴 팬에 기름을 바른 포일을 깐다. 플랫브레드를 열원 바로 위에 얹어서 90초간 구운 다음 뒤집어서 반대쪽을 조금 노릇해질 정도로 60초 더 굽는다.
7. 버터를 발라서 낸다.

고수 잎과 쿠민

쿠민을 볶으면 따뜻한 흙냄새에 쌉쌀한 맛이 추가된다. 고수 잎도 동일한 특징이 있지만 쿠민의 쓴 흙냄새는 음울하며 훈연 느낌이 나는 데 비해서 고수에서는 생기 넘치는 상쾌한 매력이 느껴진다. 고추와 함께 인도 커리나 달, 처트니에 사용하며, 때때로 멕시코의 콩과 고기 스튜에 넣기도 한다. 구워서 간 쿠민과 다진 고수를 과카몰리에 넣어보자. 특히 아보카도가 살짝 활력이 떨어진 상태라면 효과가 좋다. 또는 구운 쿠민을 스크램블드에그와 다진 고수에 더해보자. 너무 간단한 요리라 이것을 떠먹을 플랫브레드를 직접 만들 시간도 있을 것이다(위의 고수 잎과 코코넛 참조).

고수 잎과 토마토

살사에서의 댄스 파트너다. 북미에서는 살사가 심하게 인기가 많아서 살사 판매량이 케첩을 넘어섰는데,

심지어 수요가 엄청난 수제 살사는 이 통계에 들어가 있지도 않다. 바질은 뒤통수를 조심할 필요가 있다. 미시시피에서 불어오는 얼음 같은 바람이 한바탕 쓸고 지나가는 미니애폴리스의 창고 지구 어딘가에는 목재 무역이 최고조에 달했을 즈음인 1906년에 문을 연 고급 클럽 몬테카를로가 있다. 이곳은 절대 복고풍이 아니다. 그저 우리가 조금 늦었을 뿐이다. 주석 천장과 구리 바를 갖췄고, 주류 판매 금지론자의 요지를 이해할 수 있을 정도로 독한 마티니를 제공한다. 일단 눈이 풀리고 나면 저절로 몬테카를로의 대표 메뉴로 플랫브레드에 토마토와 하바르티 치즈, 고수 페스토를 얹은 팀벌 바론 피자가 먹고 싶어진다. 한 조각을 먹을 때마다 고수를 얹은 피자를 더 많이 만들어야 한다는 생각이 든다. 그러니 바질의 세상은 끝났다. 빅뱅 같은 대폭발이 아니라 피자 하나로 인해서.

고수 잎과 파슬리

불쌍한 파슬리. 파슬리가 한때 유럽과 북미를 지배하는 동안, 고수는 남미와 동양, 카리브해 지역에서 선택받은 허브였다. 붉은 다람쥐를 타도하는 회색 다람쥐처럼 고수는 느리지만 확실하게 파슬리를 잠식하고 있다. 고수는 현재 세상에서 제일 많이 소비되는 허브다. 비록 고수를 이기지 못하더라도, 파슬리가 고수에 동참할 수는 있다. 파슬리는 고수와 풋풋한 풀 향을 공유하기 때문에 요리에 사용하는 허브의 총량을 줄이지 않으면서 고수 향을 줄일 때 활용할 수 있다. 그리고 어떠한 상황에서도 파슬리를 안쓰럽게 여길 필요는 없다. 그에게는 언제나 햄이 있기 때문이다.

고수 잎과 파인애플: 파인애플과 고수 잎(386쪽) 참조.

고수 잎과 흰살 생선

고수 잎의 감귤류 향은 생선과 잘 어울린다. 레몬처럼 '생선 비린내'를 거스르며 섬세한 풍미를 보완한다. 피시 소스와 새우 페이스트, 말린 생선을 많이 사용하는 동남아시아 요리에서 고수 잎은 균형을 잡아주는 필수 요소다. 레몬과 고수 잎(443쪽) 또한 참조.

Avocado
아보카도

아보카도를 먹기 시작하면 좀처럼 멈출 수 없는 것도 이상한 일이 아니다. 잔디 같은 맛에 버터의 질감을 갖추고 있기 때문이다. 섬세한 아보카도는 모차렐라 치즈나 갑각류 등 풍미가 은은한 기타 재료와 잘 어울리며, 갑각류는 아보카도 속살이 머금고 있는 가벼운 아니스 풍미를 사랑한다. 비교적 강한 맛으로 아보카도 풍미를 종종 묻어버리기도 하는 라임과 마늘 등은 샌드위치, 샐러드 살사에 사랑스러운 반지르르한 질감과 시원하고 기름진 풍미를 불어넣는다. 과육보다 훨씬 풍미가 섬세한 아보카도 오일은 잔디 향이 덜하므로 올리브 오일 대신 사용해도 좋다고도 한다.

아보카도와 고수 잎: 고수 잎과 아보카도(282쪽) 참조.

아보카도와 고추

그웬 아보카도는 1982년에 해스 품종에서 파생된 품종으로, 《사비에Saveur》 잡지에서 평한 치폴레 고추를 떠올리게 하는 훈연 풍미를 느껴보기 위해서라도 찾아볼 만한 가치가 있다. 그웬을 구하기 힘들 경우 어떤 종류이든 잘 익은 아보카도만 구하면 언제든지 아보카도와 치폴레 칠리 수프를 만들 수 있다. 다음은 2인분 레시피이다.

> *recipe*
> **〔아보카도와 치폴레 칠리 수프〕**
> 1. 아보카도 2개 분량의 속살을 라임즙 1개 분량, 요구르트 100ml 또는 사워크림, 물 150ml, 치폴레 칠리 페이스트 1작은술, 소금 약간과 함께 간다.
> 2. 간과 질감을 맞춘다(희석해야 한다면 물을 조금 더한다).
> 3. 내기 전에 살짝 식힌 다음 케이엔 페퍼를 살짝 한 꼬집 뿌려서 장식한다.

아보카도와 기름진 생선: 기름진 생선과 아보카도(226쪽) 참조.
아보카도와 넛멕: 넛멕과 아보카도(323쪽) 참조.
아보카도와 닭고기: 닭고기와 아보카도(38쪽) 참조.
아보카도와 딜: 딜과 아보카도(275쪽) 참조.

아보카도와 딸기: 딸기와 아보카도(383쪽) 참조.

아보카도와 라임

'어느 벨벳 아침some velvet morning'을 노래한 리 헤이즐우드와 낸시 시나트라 같은 조합으로, 벨벳 같은 아보카도는 리의 바리톤 음색, 라임은 과하게 편안한 기분이 들 때 부드러운 맛을 잘라내는 낸시의 고음이다. 순식간에 아름답게 어우러졌다가 각기 뚜렷한 특징을 드러낸다. 신혼여행 때 캘리포니아에서 1번 고속도로를 따라 운전하는 동안 이 노래를 반복해서 듣고 또 들으면서 떠올린 생각이다. 다른 사람들은 인도양의 찰랑이는 수상 플랫폼에서 그릴에 가볍게 구운 생선과 날렵한 샴페인 잔을 나누며 앞으로 함께할 미래를 축하하지만, 우리는 길가의 타코 가게에 멈춰서 투포환 선수의 팔뚝만 한 크기의 부리토를 먹었다. 밀가루가 보송보송 묻은 살짝 바삭한 토르티야에 그릴에 구운 부드러운 스테이크 조각과 쌀, 콩, 사워크림을 채운 부리토 덕에 입에는 계속 침이 고이고, 곁들여 나온 라임을 듬뿍 넣은 과카몰리와 살사는 너무 매콤해서 눈물이 멈출 때까지 작은 플라스틱 바구니 옆구리를 쥐고 있어야 했다. 아보카도 씨를 제거하지 않은 채로 과카몰리를 만들면 변색을 막을 수 있다고 주장하는 사람도 있다. 하지만 내가 보기에는 변색 여부를 확인할 수 있을 정도로 오래 남아돈다면 제대로 만든 과카몰리가 아닐 것이다.

아보카도와 망고

함께 먹으면 맛있지만 시간을 잘 맞춰야 한다. 아보카도는 나무에 달린 채로는 완숙하지 못한다. 잎에서 열매로 호르몬을 보내어, 숙성을 촉진하는 화합물인 에틸렌의 생산을 막기 때문이다. 그 때문에 덜 익었을 때 사서 다 익을 때까지 매일 꼬집어봐야 한다. 슈퍼마켓에서 판매하는 망고는 대부분 나무에서 어느 정도 익기는 했지만 속에 든 씨와 비슷할 정도로 딱딱하므로, 부드럽고 향신료 풍미가 가미된 복합적인 향이 발달할 때까지 실온에서 숙성해야 한다. 만일 아보카도와 망고가 동시에 익지 않았다면 먼저 익은 과일을 냉장고에 넣어서 숙성을 저지하고, 기다림에 대한 보상 삼아 신선한 게를 함께 준비하자.

> *recipe*
> 〔아보카도와 망고와 게살 무침〕
> 1. 게살에 마요네즈를 섞어서 라메킨 그릇에 눌러 담고 다진 망고를 한 층 얹는다.
> 2. 으깨거나 다져서 라임즙을 섞은 아보카도를 한 층 더 얹는다.
> 3. 부드러운 물냉이 잎을 조금 펼친 접시 위에 모래성을 쌓듯이 그릇째로 뒤집어 엎고 그릇만 들어낸다.

또는 간단하게 아보카도와 망고 살사를 만들어서 방금 구운 게살 케이크와 함께 낸다.

아보카도와 민트

아보카도 1개와 요구르트 4큰술, 올리브 오일 1큰술, 민트 잎 한 줌과 소금 한 꼬집을 갈아서 샐러드 드레싱을 만든다.

아보카도와 베이컨

진하고 화려한 조합이다. 이 둘이 만난다고 해서 반드시 누가 죽어나가지는 않지만, 휴대전화 단축 버튼에 심장병 전문의를 등록해두고 싶어질 것이다. 아보카도의 풋내는 베이컨의 묵직하고 짭짤한 고기 풍미에 신선한 대조를 선사하지만, 만만찮게 기름지다. 어린 시금치 샐러드나 마요네즈를 바른 두터운 통밀 샌드위치에 넣어 최대한 활용해보자.

아보카도와 블루 치즈: 블루 치즈와 아보카도(88쪽) 참조.

아보카도와 연질 치즈

모차렐라는 아보카도와 고전적으로 짝을 이루는 치즈다. 고무질과 첨가제 없이 만든 모차렐라라면 아보카도와 서로 부드러운 우유 느낌이 가미된 신맛을 공유하며, 모차렐라의 말랑한 탄성과 아보카도의 벨벳 같은 깊이가 섞여 여름철에 딱 어울리는 편안한 음식을 만들어낸다. 저민 토마토를 더해서 이탈리아의 삼원색을 완성하자.

아보카도와 오이

나는 오이와 아보카도로 차가운 수프를 만든다. 아보카도 속살 1개 분량을 껍질과 씨를 제거한 오이, 레몬즙 약간과 함께 갈아서 간을 맞춘다. 아보카도의 풍미가 지배적이지만 오이의 신선한 풋내도 뒤지지 않는다. 걸쭉하고 부드럽지만 상쾌하다. 한 꺼풀 벗긴 과카몰리 같은 맛이다.

아보카도와 자몽: 자몽과 아보카도(436쪽) 참조.

아보카도와 조개 및 갑각류

신이 아보카도의 씨를 그렇게 크게 만든 것은 분명 빈 구덩이에 마리 소스Marie sauce와 해산물을 채워 먹으라는 의도였을 것이다. 안 그런가? 런던에 있는 비벤덤Bibendum의 셰프 사이먼 홉킨슨과 요리 작가 린지 배어햄은 수제 마요네즈에 시판 토마토케첩과 핫소스를 섞어서 소스를 만들라고 조언한다.

> *recipe*
>
> **〔마리 소스〕**
> 1. 새우 약 200g의 껍질을 벗긴다.
> 2. 마요네즈 4~5큰술, 타바스코 몇 방울, 토마토케첩 1큰술, 레몬즙 약간, 코냑 1작은술을 섞는다.

아보카도와 초콜릿

로푸드 운동을 지지하는 사람들은 아보카도와 초콜릿을 이용해서 비단 같은 초콜릿 무스를 만든다. 코코아 파우더로 초콜릿 풍미를 내고 때때로 바나나나 대추야자를 더하며, 아보카도로는 질감을 낸다. 로푸드 지지자의 목표는 가능하면 음식을 최대한 익히지 않고 먹는 것이다. 상당히 강경한 자세로 보이겠지만, 인스팅토instincto에 비하면 로푸드는 식은 죽 먹기다. 인스팅토 지지자는 냄새를 맡아보고 먹을 수 있겠다 싶은 것을 선택하여 앉은 자리에서 오로지 그 한 가지 종류의 날재료만 먹는다. 익히거나 간을 하지 않고 즙을 내거나 가루를 낸 상태가 아니기만 하다면 모든 과일, 채소, 달걀, 생선, 심지어 오소리나 곤충 유충이 될 수도 있다. 요령은 간단하다. 인스팅토 지지자는 본능적으로 이거다 싶은 한 가지를 찾을 때까지 일련의 음식을 차례대로 쿵쿵거린다(이런 점에 있어서는 피자헛 샐러드 바가 유리하다). 이윽고 그것을 발견하면 더 이상 먹을 수 없을 때까지, 또는 '그들이 세운 기준에 이를 때까지' 축제를 벌인다(이런 점 때문에 피자헛 샐러드 바에 쉽게 나타나지 않는다). 따라서 전형적인 인스팅토 식사는 한 자리에서 달걀노른자 52개 또는 하루에 백향과 210개 먹기 등으로 이루어져 있을 수도 있다.

아보카도와 커피

서양식 입맛으로는 예상 밖의 조합이겠지만, 아보카도는 베트남과 인도네시아, 필리핀에서는 과일로 취급한다. 아보카도를 우유(또는 연유), 설탕과 함께 갈아 셰이크를 만들며, 때때로 커피 또는 초콜릿 시럽으로 풍미를 낸다. 멕시코에서는 아보카도에 설탕 또는 럼을 뿌려서 간단한 디저트로 먹기도 한다.

아보카도와 토마토

모차렐라가 바닥났다면? 아보카도와 토마토를 이용해 두 가지 색깔로 만들자. 또는 아보카도와 토마토에 할라페뇨 마요네즈를 더해서 샌드위치를 만든다. 호두와 고추(343쪽) 및 아보카도와 연질 치즈(288쪽) 또한 참조.

아보카도와 파인애플: 파인애플과 아보카도(389쪽) 참조.

아보카도와 포도: 포도와 아보카도(368쪽) 참조.

아보카도와 헤이즐넛

멕시코의 음식 전문가 다이아나 케네디의 설명에 따르면 아보카도에서는 헤이즐넛과 아니스 향이 날 수도 있다. 과테말라와 멕시코의 혼종인 푸에르테fuerte, 즉 '강한 것'이라는 이름의 아보카도는 특히 헤이즐넛 풍미를 띤다. 멕시코에서는 아보카도 잎을 말려서 스튜나 수프, 콩 요리에 양념으로 쓴다. 아니스와 풍미가 비슷하며, 요리 작가 릭 베이리스는 월계수 잎과 아니스 씨 조합으로 대체할 수 있다고 조언한다.

Pea
완두콩

작은 꼬투리 하나에 단맛과 감칠맛을 모두 갖췄다. 일반 완두콩은 단순한 잔디 풍미의 단맛 아래 감칠맛을 감추고 있다. 완두콩은 짭짤한 해산물, 베이컨, 파르메산 치즈, 허브 풍미의 민트 및 타라곤과 조화롭게 어우러진다. 반으로 갈라서 말린 형태로 제일 흔하게 먹는 경협 완두콩은 일반 완두콩의 시골 사촌이다. 익히면 부풀면서 껍질에서 터져 나오는 속살의 녹말 탓에 신선한 풍미는 떨어진다. 매로우팻 완두콩Marrowfat peas도 경협 완두콩의 한 종류다. 완두콩은 녹색 피망과 지배적인 풍미 화합물을 공유한다.

완두콩과 감자: 감자와 완두콩(132쪽) 참조.

완두콩과 경질 치즈

산 마르코의 날인 4월 25일이면 베네치아 총독은 리알토 시장에 막 도착한 햇채소를 골라서 만든 리시 에 비시risi e bisi 요리를 선물받는다. 기본적으로 포크로 먹는 수프인 만큼 포크 숟가락을 칭하는 런시블runcible이라는 단어를 만들어낸 에드워드 리어Edward Lear도 좋아했을 것이다. 전통 레시피에서는 완두콩 및 양파와 함께 익힌 비아로네 나노vialone nano라는 이름의 (초)단립종 쌀에 완두콩 깍지로 만든 국물을 붓고 간 파르메산 치즈를 넉넉히 부어 마무리한다. 베네치아 요리에는 단맛과 신맛의 조합이 가득하며, 서로 대비를 이루는 완두콩의 단맛과 치즈의 날카로운 신맛으로 구색을 갖췄다. 흔히 베이컨, 파슬리, 그리고 (비교적 드물게) 회향을 추가한다.

완두콩과 기름진 생선

뉴잉글랜드의 전통에 따르면 정원사는 애국 기념일(4월 19일)까지는 반드시 콩을 심는다. 독립기념일에 먹는 삶은 연어와 신선한 완두콩, 햇감자를 차질 없이 준비하기 위해서이다. 후식은 딸기 쇼트케이크다.

완두콩과 달걀: 달걀과 완두콩(195쪽) 참조.

완두콩과 닭고기

완두콩과 닭고기를 좋아한다는 말은 따뜻한 햇살을 좋아한다는 말만큼이나 평범하다. 하지만 들리는 것만큼 지루한 조합은 아니다. 풀레 아 라 클라마트Poulet a la clamart는 모험심과 보수적인 입맛에 똑같이 호소하는 요리다. 파리 중심지에서 남서쪽으로 8km 정도 떨어진 교외의 마을인 클라마트는 양질의 완두콩 산지로 유명한데, 완두콩을 폭넓게 사용하는 요리라면 어디에든 이름을 빌려주었다. 풀레 아 라 클라마트에서는 완두콩과 닭고기의 진부한 결합이 가볍고 아니스 향이 나는 타라곤의 영향을 받아 상쾌해진다.

> *recipe*
>
> ### 〔풀레 아 라 클라마트〕
>
> 1. 팬에 버터와 올리브를 넣고, 닭고기 8조각을 넣어 노릇하게 굽는다.
> 2. 채 썬 훈제 줄무늬 베이컨 50g, 손질해서 다진 잔파 12대 분량, 다진 타라곤 잎 2큰술, 화이트 와인 1/2컵을 넣고 팬을 잘 흔든다.
> 3. 간을 하고 뚜껑을 덮은 다음 160℃로 예열한 오븐에서 30분간 익힌다.
> 4. 팬을 가스레인지에 옮기고 닭고기만 꺼내어 따뜻한 접시에 담는다.
> 5. 로메인 상추 1개를 채 썰어 소스에 더하고 잘 저은 다음 뚜껑을 덮고 약한 불에서 10분 정도 익힌다.
> 6. 마지막으로 더블 크림 약 300ml를 부어서 천천히 데운다.
> 7. 맛을 보고 간을 맞춘 다음 파슬리를 장식하여 낸다.

완두콩과 돼지고기

헨리크 입센의 『페르 귄트』에 따르면 승마 바지가 다리에 딱 달라붙듯이 딱 맞는 조합이다. 옥스퍼드 영어사전은 1850년 영국(특히 웨일스와 중공업 지대)에서 제일 유명한 돼지고기와 완두콩 요리인 '고기 경단faggot과 완두콩'을 등재할 가치가 있다고 판단했다. 고기 경단, 즉 패곳은 근본적으로 삼겹살, 양파, 세이지, 메이스를 섞은 돼지 내장을 공 모양으로 빚어서 큰그물막으로 만 다음 빵가루를 묻혀서 구운 음식이다. 말린 완두콩과 생완두콩 중 어느 쪽이 더 곁들이기 좋은지는 의견이 분분하지만, 전통적으로는 완두콩 수확이 완전히 끝나고도 한참 지난 후에나 돼지고기를 도축하였으므로 말린 것을 사용했다. 프랑스의 크리피네트는 마찬가지로 큰그물막에 싸서 만든다는 점에서 패곳과 비슷해 보이지만, 돼지고기의 담백한 부위와 기름진 부위를 섞은 일반적인 소시지용 고기를 주로 사용했으며 달콤한 향신료와 세이지, 타임 또는 파슬리로 양념을 했다. 여기에는 흔히 밤, 송로 버섯, 피스타치오를 곁들여 먹는다.

완두콩과 딜: 딜과 완두콩(275쪽) 참조.

완두콩과 로즈메리

요즘에는 말려서 반으로 갈라 주로 수프에 사용하는 경협 완두콩은 풍미가 활기차고 재배량이 많은 일반 완두콩의 가까운 친척이다. 일반 완두콩은 달콤하며 녹색 피망에 특유의 향을 가미하는 화합물을 함유하여 신선한 잔디 풍미가 나는 반면, 경협 완두콩은 다른 콩과 식물인 렌틸과 비슷하다. 고기 풍미가 더 진하며 햄 또는 베이컨과 함께 요리할 때가 많지만, 목질 느낌이 나는 로즈메리의 유칼립투스 풍미와도 잘 어우러진다. 다음 레시피는 수프지만, 물을 덜 넣어서 양고기 또는 돼지고기에 곁들여도 좋다.

> *recipe*
> 〔완두콩과 로즈메리 수프〕
> 1. 다진 양파 1개 분량을 올리브 오일에 부드러워지도록 볶는다.
> 2. 말린 녹색 경협 완두콩 250g, 로즈메리 줄기 1개와 육수 1.5L를 더한다.
> 3. 한소끔 끓으면 불을 낮추고 완두콩이 부드러워질 때까지 1시간~1시간 30분 동안 뭉근하게 익힌다.
> 4. 완성될 즈음에 필요하면 간을 맞춘다. 너무 뻑뻑해지면 끓는 물을 더한다.

완두콩을 미리 몇 시간 동안 불려두면 조리 시간을 줄일 수 있다. 노란색 경협 완두콩을 사용할 수도 있지만, 녹색 종류에 비해서 부드럽고 달콤한 편이며 흙냄새가 덜하다는 점을 알아두자.

완두콩과 민트: 민트와 완두콩(486쪽) 참조.
완두콩과 베이컨: 베이컨과 완두콩(242쪽) 참조.

완두콩과 소고기

『원예사와 농촌 예술 및 농촌의 맛 일지The Horticulturist and Journal of Rural Art and Rural Taste』(1851)에 실린 글이다. '완두콩은 누구나 요리할 줄 알거나 적어도 안다고 생각하는 재료로, 대체로 다듬 삶아서 낸다. 훌륭하기는 하지만, 이 채소를 완벽하게 맛볼 수 있는 유일한 방법은 아니다. 비록 전문 요리 기술에 대해 아는 바가 별로 없는 나이 든 농부라 하더라도 사실 텃밭만큼 주방 가까이 있는 것도 없으며, 농부가 본인 '트럭'의 생산물로 요리사가 어떤 일을 하는지 일절 모른다면 정말로 둔하고 무딘 사람일 것이다. 그러니 그 어떤 요리사가 선보인 요리보다도 깔끔하고 자그마한 완두콩 요리 레시피를 알려주겠다. 아주 작은 양이나 송아지 정강이 또는 영계를 뚜껑 닫은 냄비나 스튜용 팬에 담고 완두콩, 버터, 후추, 그리고 물론 소금을 더해서 약한 불에 완전히 익을 때까지 2~3시간 조리한다. 고기의 육즙은 완두콩에 침투하고 완두콩의 풍미가 요리 전체에 퍼져 있으니, 이집트의 미식이라 해도 이보다 더 감칠맛 넘치는 스튜가 있었을지 의심스럽다.'

완두콩과 아니스

살짝 씁쓸한 날카로운 면을 지닌 타라곤의 달콤한 아니스 풍미는 이미 충분히 달콤한 완두콩과 멋지게 어우러진다. 가벼운 완두콩 튀김을 만들어서 짜릿한 타라곤 크림소스와 함께 먹어보자.

recipe
〔타라곤 소스를 곁들인 완두콩 튀김〕

1. 냉동 완두콩 500g을 해동한 다음 종이 타월로 두드려 물기를 제거한다.
2. 달걀 1개, 올리브 오일 1큰술, 밀가루 4큰술을 더한 다음 간을 해서 굵게 간다.
3. 디저트용 숟가락 몇 개를 이용하여 완두콩 혼합물을 완자 모양으로 12~15개 빚는다.
4. 식물성 오일을 얕게 부은 다음 완자를 넣고 두 번 뒤집어가며 몇 분간 튀긴다.
5. 곱게 다진 생타라곤과 간을 한 크렘 프레시를 섞은 소스 한 덩어리와 함께 접시마다 세 개씩 담아서 낸다. 완두콩과 닭고기(291쪽) 및 완두콩과 경질 치즈(291쪽) 또한 참조.

완두콩과 아스파라거스

생아스파라거스에서는 방금 깍지에서 꺼낸 완두콩 같은 맛이 나지만, 익히면 고소하고 짭짤한 풍미가 더 강해진다. 반면 완두콩은 익히고 나서도 타고난 강렬한 짭짤한 맛에 더불어 단맛을 유지한다. 아스파라거스와 완두콩 조합은 가벼워 보이지만 매우 풍미가 뛰어나며, 리소토 또는 달걀을 기반으로 한 요리에 잘 어울린다. 참고로 '아스파라거스 완두콩'은 아스파라거스의 절묘하게 맛있는 풍미를 재현한다고 주장하는 사람도 있다. 슬프게도, 그렇지는 않다.

완두콩과 아티초크

1981년 요리책에 실린 펠레그리노 아르투시의 아티초크 완두콩 파이는 정작 본인에게 맛이 이상하다는 평을 받았지만, 여전히 많은 사람들이 좋아하는 요리다. 나 역시 마찬가지다.

recipe
〔아티초크 완두콩 파이〕

1. 생아티초크 밑동 12개와 완두 150g을 데친 다음 물기를 제거하고 아티초크는 8등분한다.
2. 버터 50g에 두 채소를 전부 넣고 간을 한 다음 익을 때까지 뭉근하게 익힌다.
3. 다른 팬에 버터 1큰술, 밀가루 1큰술, 고기 육수 125ml를 넣고 불에 올려 소스를 만든 다음 채소에

부어 섞는다.
4. 이 혼합물을 내열용 그릇에 층층이 담으면서 사이사이에 간 치즈(파르메산 또는 페코리노)를 뿌린 다음 쇼트크러스트 페이스트리로 덮는다.
5. 달걀노른자 푼 것을 바르고 크러스트가 노릇해질 때까지 220℃로 예열한 오븐에서 10분 또는 180℃에서 20분간 굽는다.

recipe
〔아티초크와 완두콩 스튜〕
1. 손질해서 다진 아티초크와 누에콩을 저민 양파 및 판체타와 함께 15분 정도 뭉근하게 익힌다.
2. 완두콩을 넣고 필요하면 화이트 와인과(또는) 물을 몇 큰술 더한다.
3. 수분을 유지하면서 10~15분간 익힌다.

완두콩과 양고기: 양고기와 완두콩(72쪽) 참조.

완두콩과 양파

프티트 포 완두콩은 풍미가 매우 달콤하고 크기가 작은 품종이다. 프티트 포 통조림 중에는 그냥 꼬투리에서 털어낸 어린 일반 완두콩으로 만들어서 단맛이나 부드러운 질감은 흔적도 찾아보기 힘든 것도 있다. 프티트 포 아 랑 프랑세즈를 만들려면 날것이건 냉동 제품이건 쓴맛 역할을 담당하는 상추와 대비되는 단맛을 지닌 진품을 찾아내야 한다. 프랑스 레시피에 자주 나오는 작은 양파는 프랑스를 벗어나면 찾아보기 힘들지만, 잔파의 하얀 부분과 잘라낸 완두콩 덩굴손 및 하얀 부분만 저민 리크 등으로 대체할 수 있다.

recipe
〔프티트 포 아 랑 프랑세즈〕
1. 잔파 1단(또는 리크의 하얀 부분 3대 분량)을 송송 썰어서 버터 30g에 부드러워지도록 익힌다.
2. 채 썬 버터 레터스(또는 반달 모양으로 썬 리틀 젬little gems 상추 한두 포기) 한두 줌, 육수나 물 100㎖, 소금과 설탕을 1/2작은술씩 넣는다.
3. 상추가 숨이 죽으면 냉동 프티트 포 완두콩 450g을 넣고 가끔 뭉개지 않도록 주의하면서 저어가며 약 10분간 삶는다.
4. 간을 맞추고 버터를 조금 더 넣어서 낸다.

완두콩과 조개 및 갑각류: 조개 및 갑각류와 완두콩(205쪽) 참조.
완두콩과 파스닙: 파스닙과 완두콩(326쪽) 참조.
완두콩과 프로슈토: 프로슈토와 완두콩(249쪽) 참조.

완두콩과 홀스래디시

알 굵은 완두콩을 다루는 방식보다 영국인과 일본인 사이에 더욱 깊은 문화적인 차이를 느끼게 만드는 것이 있을까? 영국인은 푹 삶아서 완두콩 껍질 파편이 악어의 눈꺼풀 같아 보이는 녹색 진흙 상태로 만든 다음 폴리스티렌 컵에 담는다. 일본인은 깔끔하고 바삭하게 튀긴다. 옅은 고추냉이 색깔의 충돌 방지용 헬멧처럼 생긴 콩을 알루미늄 포일에 진공 포장해둔 모습은 꼭 허세 가득한 디자인 잡지를 보는 것 같다.

완두콩과 훈제 생선: 훈제 생선과 완두콩(237쪽) 참조.

완두콩과 흰살 생선

생선은 진정 터프turf(즉 풀밭)한 맛이 나는 재료와 제일 잘 어울리며, 완두콩보다 잔디 풍미가 강한 재료는 없다(파슬리와 회향, 타라곤 등 기타 풀 향 풍미 또한 고전적인 조합을 이룬다). 피시 앤 칩스에 곁들여 나오는 변변찮은 폴리스티렌 컵에 담은 완두콩 곤죽, 미쉐린 별을 딴 마이클 케인스Michael Caines의 기드레이 파크 Gidleigh Park 레스토랑에서 내는 튀긴 넙치와 가리비, 삼겹살에 곁들인 완두콩 퓌레 등 완두콩의 타고난 단맛은 생선의 짠맛을 강화한다. 또한 완두콩은 짭짤한 재료를 좋아하는 만큼, 염장 대구 바칼라오와 특별히 잘 어울린다.

Bell Pepper
피망

녹색 피망은 미성숙한 홍피망이다. 녹색과 붉은색 피망은 풍미가 크게 다르지만, 책이 복잡해지지 않도록 여기에서 함께 다룬다. 노란색과 주황색 피망은 녹색보다 홍피망과 비슷한 풍미가 난다. 덜 익은 과일을 생각하면 알 수 있듯이 햇볕에 익어서 달콤한 과일 향이 나는 홍피망과 달리 녹색 피망에서는 쌉쌀하고 신선한 풀 향이 난다. 레시피에서 서로 바꾸어 사용할 때도 있지만, 쌉쌀한 올리브 씨 부분에 홍피망 대신 녹색 피망을 넣지는 않고 볶음 요리를 더없이 맛있게 만드는 녹색 피망의 신선한 풍미가 홍피망에는 없다는 점을 보면 알 수 있듯이 언제나 대체 가능하지는 않다.

피망과 가지: 가지와 피망(116쪽) 참조.
피망과 고추: 고추와 피망(305쪽) 참조.

피망과 달걀

왜 〈소프라노스〉의 OST 앨범에 노래 목록과 전혀 상관없이 '피망과 달걀'이라는 이름이 붙었는지 어리벙벙해 하는 사람을 만나면 나는 위스콘신 오 클레어 대학의 문화학 연구 강좌 박사 마리아 그라치아 인벤타토가 발표한 논문 「피망과 달걀: 이탈리아계 미국인 범죄 문화에서의 혈기왕성한 남성과 어머니 숭배」를 참조하라고 권한다. 마리아 박사의 논문에 따르면 '많은 마피아 단원에게 똑바로 뻗은 줄기, 피처럼 붉은 즙, 폭력적인 매운맛을 내는 고추류 식물은 라틴 남성성의 강력한 상징으로 기능하며, 동시에 어머니와의 강력한 애착 관계를 의미하는 달걀로 인해 존재를 인정받기도 하고 자신을 부정당하기도 한다. 그러나 피망을 가열하여 '부드럽게' 만들고 모성애를 상징하는 달걀을 '자잘하게 볶아내는' 레시피는 주목해볼 만한 가치가 있다. 2~3세대 이민자 공동체에서도 익숙하게 나타나는 모자(母子) 관계에서 유래한 이중 트라우마를 드러내기 때문이다.'

---

recipe
〔피망과 달걀 샌드위치〕
1. 저민 홍피망(또는 녹색 피망) 1~2개 분량을 부드럽고 촉촉해지도록 볶는다.
2. 달걀(대) 4개를 볶고 간을 한다.
3. 바삭한 치아바타나 흰 롤빵 4개에 듬뿍 얹는다.

전통적으로 고기를 금지한 사순절 중에 먹는 요리지만, 나에게는 단식보다 축제 음식에 가까운 맛이다. 비슷한 음식으로는 잘게 썬 피망과 양파, 토마토에 스크램블드에그를 섞은 바스크 요리 피페라드pipérade 가 있다. 고추와 달걀(300쪽) 또한 참조.

피망과 닭고기: 닭고기와 피망(40쪽) 참조.

피망과 베이컨

짭짤한 베이컨과 기름기가 도는 붉은 피망의 조합은 번거롭게 바비큐 그릴을 세팅하지 않아도 음식에 일종의 훈연 향이 감도는 달콤한 맛을 더한다. 초리소를 떠올리게 만드는 조합이기도 하다. 조금만 있어도 효과가 굉장하기 때문에 얇게 저민 베이컨 한두 장과 쭈글쭈글하고 반점이 생긴 오래된 피망 한 개만 있어도 푸짐한 분량의 쌀이나 병아리콩 요리에 양념을 할 수 있다.

피망과 소고기

인정하자, 바비큐는 잘 먹으려고 가는 곳이 아니다. 솜씨 좋은 요리사도 개처럼 물어뜯어야 하는 새까맣게 탄 고기와 살모넬라 닭고기를 만들어내곤 한다. 경험상 모닥불에 차린 고기 축제에서 피어오르는 연기 줄기로 카우보이 영화를 볼 때처럼 내 가슴을 들썩이게 만든 야외 식사는 딱 한 번뿐이었으며, 때는 빵도 구울 수 있을 정도로 더운 8월, 뉴 포레스트 한복판이었다. 나는 아마 8~9살 무렵이었을 것이다. 우리는 부모님의 절친한 친구인 이탈리아 출신 셰프 및 아내와 함께였다. 냇가의 웅덩을 찾아낸 피에로는 아버지가 그네 줄을 매는 동안 불을 피웠다. 그네로 별 모양을 만드느라 바쁜 나를 밧줄에서 꾀어낸 것은 익어가는 고기 향기였다. 나는 가지에 소고기와 녹색 피망을 꿰어서 불 위에 대는 어른들 옆으로 다가갔고, 가지는 숲 바닥에서 주운 진짜 나무였다! 그날 식사는 그 전까지 먹어본 어떤 음식과도 다른 맛이었다. 어쩌면 숙성한 우둔 스테이크를 큼직하게 썰어서 겉 부분이 바삭하고 짭짤하게 그슬리는 동안에도 속은 부드럽고 촉촉한 상태로 남아 있었기 때문일지도 모른다. 아니면 육즙을 받을 수 있도록 피망을 컵처럼 4등분한 덕분일 수도 있다. 그리고 매우 불법인 진짜 모닥불이 바비큐용 조개탄보다 훨씬 더 많은 풍미를 만들어내기 때문일지도 모른다.

피망과 양파: 양파와 피망(157쪽) 참조.
피망과 연질 치즈: 연질 치즈와 피망(101쪽) 참조.

피망과 올리브

붉은 피망 조각을 끼운 그린 올리브는 진 마티니의 고전적인 장식이지만, 피망 대신 안초비와 고르곤졸라를 끼우면 아름다움은 덜할지언정 맛이 좋은 대체물이 된다. 주니퍼가 지배하는 진의 풍미와는 씨를 빼지 않아서 육질이 두툼한 올리브가 더 잘 어울린다는 전문가도 있다. 주니퍼가 야생 고기와 얼마나 잘 어울리는지를 보면 일리 있는 말이지만, 속을 채운 올리브에서는 반드시 씨를 빼내서 술꾼들이 바에서 매력을 발산하거나 미국 외교 정책에 대한 담론을 나누다가 앵무새처럼 씨를 으드득 씹게 되는 일이 없도록 해주어야 한다. 게다가 홍피망을 끼우고 칵테일 스틱으로 고정한 올리브를 넣으면 정통 마티니 칵테일처럼 느껴지는 암시 효과를 줄 수도 있다.

피망과 조개 및 갑각류: 조개 및 갑각류와 피망(207쪽) 참조.
피망과 토마토: 토마토와 피망(379쪽) 참조.

Chilli
고추

고추의 매운맛이 강한 나머지 다른 다양한 풍미를 잘 느끼지 못하는 경우가 많다. 가까운 친척인 피망처럼 녹색 고추는 덜 익은 것으로, 신선한 깍지콩과 완두콩 풍미를 지닌다. 홍고추는 달콤하고 특징이 약하다. 말린 고추는 여전히 단맛을 띠면서 햇볕에 말린 토마토나 올리브처럼 진한 과일 향이 나고 때로는 훈연 향과 가죽 같은 풍미를 지니기도 한다. 고추 애호가들은 품종별로 다양한 풍미와 매운 정도, 그리고 기름이나 소스, 보드카, 페이스트 등 고추를 가공한 제품에 대해 탐색하기를 즐긴다.

고추와 가지: 가지와 고추(114쪽) 참조.
고추와 간: 간과 고추(56쪽) 참조.
고추와 감자: 감자와 고추(126쪽) 참조.
고추와 경질 치즈: 경질 치즈와 고추(91쪽) 참조.

고추와 고수 잎

자주 함께 쓰인다. 풋고추와 고수를 같이 넣으면 특히 기분 좋게 어우러지면서 비가 막 그친 후 무성하게 우거진 숲에서 나는 풀 향과 더불어 날카롭고 신선한 풍미를 낸다. 레몬즙 약간과 설탕을 넣고 갈아서 양념으로 낸다.

고추와 굴: 굴과 고추(215쪽) 참조.
고추와 기름진 생선: 기름진 생선과 고추(222쪽) 참조.

고추와 달걀

능수능란한 동시에 천진난만한 조합이다. 귀를 뚫은 아기를 보는 것처럼 불편하고 부조리하게 느껴진다. 그러다 동글동글하게 송송 썬 생홍고추로 장식하고 스크램블드에그의 달콤한 향기가 감도는 팟타이 한 접시를 보면 생각이 바뀐다. 또는 국기 색에 맞춰서 풋고추와 붉은 토마토, 흰 양파를 조합한 다음 스크램블드에그로 장식한 애국적인 아침식사 우에보스 멕시카노스huevos Mexicanos도 마찬가지다. 국기를 있는 그대로 반영하고 싶은 사람이나 철저한 육식주의자라면 멕시코 국기에 그려진 다진 독수리와 독사를 더하고 싶을지도 모른다.

고추와 닭고기: 닭고기와 고추(35쪽) 참조.

고추와 돼지고기

달콤한 말린 홍고추는 십여 년 전까지만 해도 이국적인 재료였지만 어느 순간 유행의 물결을 타기 시작해서 이제 그 어느 때보다도 전 세계의 메뉴판을 붉게 칠하고 있는 초리소 소시지에서 돼지고기와 짝을 이룬다. 풍미를 내기 위해 사용하는 피멘톤의 강도에 따라서 초리소는 둘세(스위트/마일드)와 피칸테로 나뉘며, 피멘톤 가루 자체도 새콤달콤 혹은 달콤 씁쓸한 종류로 나누어 판매한다. 피멘톤은 노라와 초리세로를 포함한 다양한 고추 품종으로 만들며, 지역마다 생산 기법이 다양하다. 엑스트레마두라의 라 베라 계곡에서는 잘 익은 고추를 들판의 훈제 시설에 2주일간 걸쳐서, 천일 건조한 고추 풍미와 상당히 다른 특유의 깊고 진한 풍미를 발달시킨다. 풍미가 서로 얼마나 다른지 이해하기 위해서라도 모든 피멘톤 종류를 시음해볼 가치가 있다. 단순히 담아서 파는 통이 정말 예뻐서 하는 말이 아니다(나에게 하는 말이다). 헝가리의 향신료 파프리카 가루도 말린 홍고추를 이용하여 비슷한 방식으로 제조하며 맛의 종류도 비슷하지만, 피멘톤보다 과일 향이 진하다는 평을 받는다. 파프리카 가루는 스페인에서 피멘톤을 쓰는 것과 거의 비슷하게 쓰인다. 즉 어디에나 넣는다는 뜻이다.

고추와 땅콩

고추를 중화하는 것이 땅콩의 임무일까? 사악하리만치 풍미와 냄새가 없고 매운맛을 내는 고추의 화합물 캡사이신은 수용성이 아니라 지용성이므로 기름진 땅콩을 곁들이면 저지된다(고들 한다). 또한 땅콩은 수면을 유도하는 트립토판으로 무장하고, 고추의 매운맛이 주는 고통을 완화시키고자 체내에 생성되는 엔돌핀을 약화시킨다(그렇기 때문에 트립토판을 잘 이용하면 엄청나게 매운 새우 빈달루를 먹으며 머리가죽이 벗겨질 것 같은 매운맛을 제대로 즐길 수 있을 거라는 이상한 주장을 하는 이도 있다). 하지만 어쩌면 둘이 협력 관계이지 않을까? 고추와 땅콩을 섞으면 수프와 면 요리에 더하는 복합적인 풍미의 고명이 되고, 갈아서 사테이를 위한 페이스트를 만들 수도 있으며, 멕시코에서는 훈연 향이 가득한 소스 몰 드 카카후테mole de cacahuate에 말린 고추와 땅콩이 듬뿍 들어간다.

고추와 땅콩호박: 땅콩호박과 고추(335쪽) 참조.
고추와 라임: 라임과 고추(439쪽) 참조.

고추와 레몬

고추의 매운맛은 과일 풍미를 가려버리기도 한다. 예를 들어 하바네로는 너무 매운 나머지 사랑스러운 감귤류 풍미를 틀림없이 놓치게 만든다. 이 감귤류 풍미는 짭잘한 소스와 달콤한 소스에서 레몬과 매우 잘 어우러진다. 레몬 드롭 고추는 이름에서 느껴지듯이 감귤류 향을 지닌 또 다른 고추 품종으로 매운맛을 측정하는 스코빌 지수에서 높은 점수를 받았다. 미국의 토드 스위트에서는 아이스크림과 과일 샐러드에 잘 어울리는 하바네로를 가미한 레몬 바닐라 소스 등 고추를 가미한 후식용 소스를 폭넓게 생산하고 있다.

고추와 마늘

이탈리아 음식이 전부 맛있지는 않다는 사실을 알았을 때, 산타가 가짜라는 걸 깨달았을 때만큼이나 커다란 실망감이 덮쳐왔다. 이탈리아 호수에서 휴가를 보내던 처음 며칠간, 우리 자매는 레스토랑을 잘 골라서 들어가기에도 지쳐버리고 말았다. 나흘째가 되던 날 우리는 새로운 계획을 생각해냈다. 알리오 올리오 에 페페론치노만 먹기로 한 것이다. 마늘과 기름, 고추로 만든 스파게티라는 뜻이다. 항상 메뉴판에 올라 있는 음식은 아니지만 주방에 언제나 재료가 있을 거라고 확신할 수 있으며, 요청을 거절하지 않게 하려면 돈을 조금 더 쳐준다고 제안하면 된다. 알리오 올리오는 이탈리아 사람들이 한밤중에 친구를 위해서 뚝딱 만들어내는 종류의 음식으로, 직접 만들어보면 이유를 알 수 있다. 신비할 정도로 부분의 합보다 맛있고 만족스럽다. 확실히 나흘 연속으로 먹어도 충분할 정도로 맛있다.

---

recipe

〔스파게티 알리오 올리오 에 페페론치노〕

1. 스파게티를 삶는 동안, 팬에 파스타를 흥건하지 않게 버무릴 수 있을 정도로 올리브 오일을 충분히 부어서 데운다.
2. 마늘 적당량(대략적인 기준으로는 1인분당 1쪽)을 곱게 저며서 팬에 넣고 노릇노릇해질 정도로 볶는다. 태우지 않도록 주의한다. 마늘 향이 얼마나 나기를 바라는가에 따라서 마늘을 통째로 넣거나 으깨서 볶을 수 있으며, 저미는 방식은 중용에 해당한다.
3. 마늘을 제거하거나 그대로 두고(선택은 마늘을 얼마나 견딜 수 있는지에 달려 있다) 말린 고춧가루 1작은술을 더한 다음 완벽하게 익힌 스파게티를 향긋한 오일에 버무린다.
4. 다진 파슬리와 간 파르메산 치즈를 뿌려서 낸다.

고추와 망고: 망고와 고추(423쪽) 참조.

고추와 민트

뭄바이에서 인기인 현지 패스트 푸드 바다 파브Vada pav는 기본적으로 양파와 향신료를 가미한 으깬 감자 패티에 병아리콩 반죽을 묻히고 기름에 튀긴 다음 민트 잎과 생풋고추, 레몬즙, 소금을 갈아 만든 생동감 넘치는 처트니를 발라서 만든다. 부드러운 흰 빵과 함께 낸다. 맛있는 고추 민트 젤리는 집에서 쉽게 만들 수 있다. 그저 일반 민트 젤리 레시피에 곱게 다진 할라페뇨 두어 개 분량을 더하면 된다.

고추와 베이컨

달콤하고 부슬부슬한 옥수수빵은 베이컨으로 짭짤한 맛을 더하기 전까지는 케이크와 비슷한 느낌이다. 다음 레시피는 아침식사로 간단하게 낼 수 있을 정도로 간단하고 쉽다.

> *recipe*
> 〔고추와 베이컨 옥수수빵〕
> 1. 대형 볼에 달걀 2개를 풀고 플레인 요구르트 450g, 녹인 버터 50g을 더하여 잘 섞는다.
> 2. 밀가루 65g, 소금 2작은술, 베이킹소다 1작은술을 체에 내려 달걀 혼합물에 넣고 천천히 섞는다.
> 3. 고운 옥수숫가루 275g을 넣고, 잘 구워서 잘게 부순 베이컨 4장 분량과 마른 고춧가루 1작은술을 더하여 접듯이 섞는다. 그러면 문득 느껴지는 매운맛과 더불어 반가운 훈연 향을 살짝 더할 수 있다. 고춧가루 대신 곱게 다진 녹색 생할라페뇨를 동량으로 대체할 수 있다.
> 4. 머핀 틀에 기름을 바르고(베이컨을 구우면서 나온 기름을 사용한다), 반죽을 절반 정도 채운다.
> 5. 200°C로 예열한 오븐에서 노릇하게 부풀어 오를 때까지 약 20분간 굽는다. 또는 23cm 크기의 사각형 틀에 전부 붓고 25~30분간 구운 다음 사각형으로 자른다.

모양이야 어쨌건 차가운 크림치즈를 바르고 매콤한 고추 젤리를 더하면 끝내준다.

고추와 브로콜리: 브로콜리와 고추(180쪽) 참조.
고추와 생강: 생강과 고추(451쪽) 참조.
고추와 소고기: 소고기와 고추(60쪽) 참조.
고추와 수박: 수박과 고추(363쪽) 참조.

고추와 아니스

매콤한 이탈리아 소시지가 필요하지만 구하기 힘들다면, 허브를 넣지 않은 양질의 돼지고기 소시지에 회향 씨 몇 꼬집과 잘게 부순 마른 고추를 더해보자. 돼지고기와 브로콜리(46쪽) 또한 참조.

고추와 아몬드

매콤하고 고소한 로메스코 소스는 바르셀로나에서 해안을 따라 남서쪽으로 110km 떨어진 타라고나에서 만들어졌다. 다진 아몬드(그리고/또는 헤이즐넛)와 토마토, 마늘, 그리고 그대로 소스의 이름이 된 로메스코 혹은 노라라고 불리는 달콤한 말린 고추로 만든다. 적갈색을 띠고 훈연 풍미가 나는 노라 고추는 언제나 건조시켜 사용한다. 스페인에서는 이를 갈아서 매우 흔한 피멘톤 또는 스페인산 파프리카 가루를 완성한다. 만일 노라 고추를 찾기 힘들다면 안초스 고추로 만들어보자. 로메스코 소스는 전통적으로 숯불에 구운 리크와 비슷한 채소인 칼솟 및 해산물과 함께 낸다. 하지만 양고기 또는 닭고기 바비큐에 곁들이지 말아야 할 이유가 있을까?

고추와 아보카도: 아보카도와 고추(286쪽) 참조.

고추와 안초비

프릭 남 플라Phrick náam pla는 간단하게 송송 썬 생고추와 피시 소스를 섞은 양념으로, 태국 식탁 대부분에서 찾아볼 수 있다. 소금과 후추처럼 쓰지만 그보다 더 다양한 맛을 내는 양념으로 처음에는 영 낯설게 느껴질 수도 있다. 태국에서 천일염을 양념으로 쓰는 일은 드물며, 1차원적인 재료라고 여긴다. 통후추는 아직 태국식 소스와 페이스트에 사용하기는 하지만, 16세기 신세계에서 건너온 고추가 도착하는 순간 매운맛을 기여하는 주요 양념으로서 설 땅을 잃고 말았다.

고추와 양배추

김치는 채소를 절여서 만든 한국의 반찬으로, 배추와 고추에 절임액을 더하여 발효시킨다. 신세계에 고추가 도착하기 전까지는 생강과 마늘로 자극적인 맛을 냈다. 지금은 아주 맵고 달콤한 홍고추가 날것과 굵게 간 형태 두 가지로 자리를 대신했다. 배추는 주로 달콤한 품종을 사용하며, 배추를 통째로 담그는 것이 가장 좋지만 항아리에 보관 가능한 크기로 썰기도 한다. 오이와 가지를 포함해 수많은 다른 채소로도 김치를 담글 수 있다. 한 끼니에 여러 종류의 다른 김치를 함께 내기도 한다. 먹어보고 싶다면 직접 만들어서 정원에 묻어 숙성시키기 전에, 일단 동양식품 전문점에서 구입하여 맛을 보자.

고추와 염소 치즈: 염소 치즈와 고추(76쪽) 참조.
고추와 오렌지: 오렌지와 고추(429쪽) 참조.

고추와 올리브

달콤한 고추 조각을 채운 올리브가 선사하는 기분 좋은 풍미 대조는 데이비스 캘리포니아 대학에서 실시한 연구 덕분에 과학적 무게를 얻었다. 고추의 매운맛을 내는 원인인 캡사이신 화합물은 동시에 인간의 쓴맛을 감지하는 능력을 억제해서 올리브의 거친 맛을 완화한다.

고추와 조개 및 갑각류: 조개 및 갑각류와 고추(200쪽) 참조.

고추와 초콜릿: 초콜릿과 고추(14쪽) 참조.

고추와 코코넛

코코넛 밀크는 태국산 식재료를 감미롭고 너그럽게 감싼다. 라임의 날카로운 풍미를 다독이고 거친 피시 소스의 입을 다물게 만들며 물에는 녹지 않지만 지방에는 용해되는 활성 성분 캡사이신의 특성을 이용하여 고추의 매운맛을 다듬는다. 매운맛이 중간 정도인 '하늘에 손가락질을 하는 고추' 프릭 치이 파phrik chii faa(다른 지역에서는 일본 고추라고 부른다)는 태국 커리에 종종 들어가며, 대부분 말린 형태로 넣지만 가끔 생고추를 사용하기도 한다.

고추와 콜리플라워: 콜리플라워와 고추(176쪽) 참조.

고추와 토마토

1990년대 초반, 당시 근무하던 런던의 직장 근처에 한 타파스 바가 문을 열었다. 고작해야 스무 명에서 서른 명 정도를 수용할 수 있는 감옥처럼 작은 공간이지만 음식은 맛있었다. 음식이라고는 했지만 사실 추천하고 싶은 메뉴는 파타타스 브라바스patatas bravas다. '격렬한 감자'라는 뜻으로 타파스 애호가라면 누구든 알고 있는 메뉴이며, 감자를 반달 혹은 주사위 모양으로 썰어서 튀긴 다음 매콤한 피멘톤 고추로 강렬한 맛을 낸 토마토소스를 뿌려서 낸다. 바르셀로나식으로는 아이올리도 곁들인다. 물론 우리는 만사니야 조개 요리, 매콤한 알본디가스albondigas(토마토소스에 조리한 미트볼), 토르티야와 감바스 알 필필gambas al pil-pil도 먹어보았다. 하지만 몇 번 방문한 이후부터는 브라바스만 주문했다. 브라바스, 브라바스, 브라바스. 곧 마드리드의 유명한 라스 브라바스에 가듯이 다들 소호로 성지순례를 오게 될 것이 틀림없었다. 바가 갑자기 문을 닫지 않았더라면 분명히 그랬을 것이다. 나중에서야 영국인의 마비된 입맛을 영광스러운 스페인 요리로 개조할 꿈을 꾸던 주인이, 오크 향이 과하게 나는 리오하 와인을 벌컥벌컥 마시면서 마늘 마요네즈 소스에 말보로 라이트 담배를 눌러 끄는 통통한 여자들이 점점 늘어나며 찬양하는 감자튀김 가게를 운영하기에 지친 것이 아니었을까 싶은 생각이 든다.

고추와 파인애플: 파인애플과 고추(387쪽) 참조.

고추와 피망

둘 다 고추속에 속하지만, 피망에는 고추의 매운맛을 내는 캡사이신 성분이 없다. 고추의 매운맛은 스코빌 지수로 측정할 수 있으며, 하바네로와 스코치 보닛 고추가 80,000~150,000을 기록하고 할라페뇨는

2,500~8,000에 해당한다. 피망은 완전히 0을 기록한다. 하지만 녹색 할라페뇨에서 씨와 속줄기를 제거하면 매운맛이 줄어들어서 한 입 먹는 순간 부드러운 사촌 피망과 아주 비슷한 풍미가 드러난다. 이들은 카베르네 쇼비뇽과 쇼비뇽 블랑 와인에도 함유된 지배적인 풍미 화합물 2-메톡시-3-이소부틸파이라진을 공유한다. 이와 유사하게 홍피망은 홍고추와 비슷한 맛이 나지만 녹색 피망과는 달라서 한 가지 강렬한 특징을 나타내는 화합물(즉, 냄새를 한 번 맡자마자 떠오르는 유일한 화합물)을 공유하지 않는다. 어쨌든 녹색이건 붉은 색이건 크건 작건 간에 모두 함께 조합하여 사용할 수 있다. 고추를 넣은 감자 혼합물을 채운 인도의 녹색 피망 요리를 만들어보자.

> *recipe*
> **〔감자와 고추를 채운 피망구이〕**
> 1. 굵게 으깬 감자, 인도식 혼합 향신료, 고추와 함께 볶은 양파를 섞는다.
> 2. 반으로 갈라 씨를 뺀 피망에 채운다.
> 3. 버터를 약간 얹은 다음 180°C로 예열한 오븐에서 피망이 완전히 익을 때까지 약 30~40분간 굽는다.

피망을 먼저 데치면 조리 시간을 더욱 단축할 수 있다.

고추와 호두: 호두와 고추(343쪽) 참조.

THE *flavour* THESAURUS

SPICY
짜릿한 향신료

Basil
바질

Cinnamon
계피

Clove
클로브

Nutmeg
넛멕

Parsnip
파스닙

Basil
바질

스위트 바질은 무엇보다도 따뜻하고 향기롭고 아름답고 신선하며 흥분될 정도로 호감이 가는 허브다. 클로브와 계피, 아니스, 타라곤 등의 강렬한 향신료 풍미를 지니며, 페스토를 만들 수 있을 만큼 수북하게 갈면 민트 풀 향이 두드러지며 향신료 풍미에 고루 섞인다. 레몬, 라임, 계피와 감초 풍미의 타이 바질 등 '풍미 변종'이 다양하며, 모두 진한 향신료 풍미와 생동감 넘치는 신선한 매력을 공유한다. 말린 바질로 생허브를 대체할 수는 없지만, 코웃음 칠 수준은 아니다. 물론 말리면 초반에 감지되는 아름답고 향긋한 풍미는 사라지지만, 조심스럽게 말리면 생선 스튜나 구운 양고기 요리에 잘 어울리는 향신료와 감초 및 민트 향이 발달한다.

바질과 경질 치즈: 경질 치즈와 바질(92쪽) 참조.

바질과 달걀

달걀을 녹색(정확히 말해서
프리우스 자동차처럼 '친환경'적인 녹색이 아닌
화성인 같은 초록빛 달걀)으로 물들이고 싶다면
마음속에 프라이팬을 떠올리며
무슨 맛이 좋을지 짚어보아야 한다.
단번에 제외할 것은 크로켓 잔디밭과
레프러콘 요정의 양복 조끼.
녹색 잉크는 배를 아프게 만들 뿐
잘게 빻은 달러 지폐도 마찬가지다.
스크램블드에그에서 맛을 느끼기 힘드니
아보카도는 그저 낭비인 셈이다.
아주 최근 들어 유행인 녹차는
터무니없이 나쁜 맛일 터다.
익히면 초록빛보다 흰색을 띠는
리크와 상추는 능력이 떨어진다.
완두콩과 피망은 설득력 있는 맛이지만

색을 구석구석 입히지 못한다.
브로콜리는 골고루 흔적을 남기지만
조금 어두운 녹색이라.
셀러리, 오크라, 주키니, 케일
대부분 빛깔과 풍미에서 실패로 돌아간다.
우리가 시도한 온갖 녹색 중
바질은 단순히 최고 그 이상이다.
스크램블드에그에 페스토를 넣고
고루고루 저으면, 짜잔!
녹색 달걀이다. 간을 한다. 햄과 낸다.
(샘이라는 이름의 이웃에게 만들어주지 말라.[38])

바질과 닭고기

어느 정도 소원 성취는 되지만 생각보다는 매력이 덜한 조합이다. 닭고기 바게트 샌드위치는 바질 마요네즈와 잘 어울리고 태국식 볶음 요리에 타이 바질 대신 스위트 바질을 넣어도 맛있지만, 닭고기와 페스토를 넣은 파스타는 그만 만들어도 좋지 않을까.

바질과 라임: 라임과 바질(440쪽) 참조.
바질과 라즈베리: 라즈베리와 바질(495쪽) 참조.
바질과 레몬: 레몬과 바질(445쪽) 참조.
바질과 마늘: 마늘과 바질(159쪽) 참조.

바질과 민트

특히 바질을 말리면 민트 향이 느껴지곤 하지만, 이게 항상 좋은 일인 것은 아니다. 리구리안 바질은 민트 느낌이 덜해서 페스토를 만들 때 선호하는 품종이다. 바질과 민트가 모두 풍성히 나는 여름에 애호박 파스타를 만들어 마음껏 활용해보자.

recipe
〔바질, 민트, 애호박 파스타〕

---

38 영화 〈아이 엠 샘〉에 동화책 『초록 달걀과 햄』이 나오는 것을 빗댄 표현.

1. 애호박 4개를 2cm 두께로 둥글게 썰어서 기름을 넉넉히 바른 오븐용 틀에 담는다.
2. 기름을 조금 더 뿌리고 180℃로 예열한 오븐에서 약 30분간 굽는다.
3. 그동안 파스타(콘킬리에 또는 파르팔레) 200g을 알 덴테로 삶는다. 애호박 양면이 다 노릇노릇해지고 살짝 모양이 뭉개질 즈음에 완성될 것이다.
4. 파스타를 건져서 애호박, 틀에 고인 기름과 함께 버무린다.
5. 간 파르메산 치즈 몇 줌과 곱게 다진 바질, 민트를 조금씩 넣는다.

애호박과 함께 구워서 껍질을 벗긴 마늘을 더해도 좋다.

바질과 아니스

바질과 팔각을 사랑하는 사람이라면 타이 바질을 위해 뜨거운 석탄 위라도 걸어갈 수 있을 것이다. 보라색 줄기로 알아볼 수 있는 타이 바질은 계피 느낌이 살짝 가미된 감초 풍미를 지닌다. 태국의 중국 슈퍼마켓 근처에 살지 않는 한 직접 기르는 편이 훨씬 구하기 쉽고, 태국 커리나 볶음 요리를 자주 만든다면 충분히 재배한 보람이 있을 것이다.

바질과 연질 치즈

바질은 클로브, 계피, 민트, 아니스의 풍미가 섞인 올스파이스 열매의 허브 버전이라고 할 수 있다. 샌드위치에 향신료를 넣으면 어색해질 수도 있지만 바질은 마치 전이된 것처럼 빵과 어우러지며, 저민 모차렐라 치즈와 프로슈토 및 토마토를 더하면 더욱 좋다. 바질의 방향유에서 풀려나온 아름다운 풍미는 물론 소시지를 탁 베어 무는 것처럼 톡 끊기는 식감이 매력적이다.

바질과 염소 치즈

바질은 토마토와 모차렐라 치즈 샐러드에서는 더없이 활기 넘치는 달콤함과 가벼움을 드러내지만, 거친 짝을 만나면 페스토처럼 상당히 선정적으로 변하기도 한다. 발라 먹을 수 있을 정도로 부드럽고 생기가 넘치는 염소 치즈를 골라서 차갑게 식혀 다음 페스토 스콘과 함께 내보자.

recipe
〔페스토 스콘(부드러운 염소 치즈와 함께 낼 것)〕

1. 푸드 프로세서에 밀가루 375g, 소금 한 꼬집, 베이킹파우더 1큰술을 갈아서 섞는다.
2. 깍둑 썬 차가운 버터 75g을 더하여 빵가루 같은 질감이 될 때까지 돌린다.
3. 페스토 4큰술과 차가운 우유 125ml를 따로 섞어서, 푸드 프로세서를 돌리면서 투입구를 통해 붓는다.
4. 반죽 형태가 될 때까지 돌리면서 너무 마르거나 축축하면 우유나 밀가루를 더해서 조절한다.
5. 반죽을 꺼내서 덧가루를 뿌린 작업대에 올려 부드러워질 때까지 가볍게 반죽한 다음 1.5cm 두께로 민다.
6. 6cm 크기의 원형 쿠키 커터로 12개를 찍어낸다.
7. 기름을 바른 제빵용 판에 얹고 220℃로 예열한 오븐에서 12~15분간 굽는다.

바질과 조개 및 갑각류: 조개 및 갑각류와 바질(203쪽) 참조.

바질과 코코넛

막 뜯은 바질 잎은 진하고 기름진 코코넛과 이상적으로 대조를 이룬다. 크림 풍미의 태국 커리에 일반 스위트 바질을 넣으면 멋지게 어우러지면서 풍미는 물론 먹음직스러운 모양으로 입맛을 당긴다. 친척인 스위트 바질과 풍미가 유사하지만 아니스 향이 강한 타이 바질을 구할 수 있다면 더 좋다.

바질과 클로브

스위트 바질의 향신료 풍미는 클로브에 특유의 향을 가미하는 유제놀에 일부 기인한다. 이탈리아 주부는 페스토에서 바질 맛이 제대로 나지 않을 때 클로브 가루를 한 꼬집 넣는다고들 한다. 태국 요리에 사용하는 홀리 바질의 주된 풍미는 유제놀이며, 날것일 때는 클로브처럼 입 안에서 마취제 효과를 발휘한다. 바이 카프로우bai kaprow 등의 볶음 요리에 홀리 바질과 고추를 자주 짝지어 사용하는 데에도 이유가 있다. 바질이 고추의 매운맛을 둥글게 다듬는다.

recipe

〔바이 카프로우(태국의 닭고기 바질 볶음)〕

1. 마늘 3쪽에 입맛에 맞춰 생홍고추를 더한 다음 소금을 조금 뿌려서 빻아 페이스트를 만든다.
2. 센 불에 땅콩기름 2큰술을 달구고 페이스트를 넣어서 30초간 볶는다.
3. 얇게 저미거나 다진 닭 가슴살 2개 분량을 넣고 볶아서 완전히 익힌다.
4. 물 3큰술과 간장 2큰술, 설탕 1작은술, 흰 후추 1/4작은술을 섞어서 만든 소스를 두르고 홀리 바질

을 한 줌 더한다.

맨밥과 함께 낸다. 라임과 안초비(440쪽)에 실린 소스로 간을 맞춘다.

바질과 토마토

토마토의 새콤달콤한 과육은 생바질의 쌉쌀하고 짜릿한 풍미를 사랑한다. 이 둘을 손에 쥐면 경험이 부족한 요리사라 해도 무언가 맛있는 음식을 만들어낼 수 있으니, 요리계의 안정제라 할 수 있다. 토마토와 바질로 파스타 또는 피자(마늘과 바질 참조, 159쪽)용 걸쭉한 소스, 수프, 리소토, 오믈렛 또는 타르트를 만들자. 만일 너무 더워서 요리를 하기 힘든 여름날이라면 잘게 썰어서 구운 시골빵에 얹어 브루스케타를 만들거나 모차렐라 치즈, 어제 남은 빵과 함께 판자넬라 샐러드를 만드는 등 채 10분도 되기 전에 식사를 완성할 수 있다. 또는 잘게 썬 토마토와 찢은 바질 잎을 막 삶은 엔젤 헤어 파스타에 더하고 올리브 오일을 두른 다음 간을 해서 버무려보자. 들인 노력에 비해 정말 보람찬 결과물이 나온다. 시판 토마토와 바질 소스는 부끄러움에 얼굴을 붉혀야 마땅하다. 토마토와 클로브(379쪽) 또한 참조.

바질과 호두

호두와 바질은 익힌 깍지콩과 즐겁게 뒤섞인다. 막 삶아서 건진 깍지콩을 따끈한 호두 기름에 버무리고 뜯은 바질을 뿌린 다음 다진 호두도 있다면 조금 얹어보자. 페스토에 들어간 잣의 송진 풍미를 별로 좋아하지 않는다면, 풍미가 덜 두드러지는 호두로 대체해도 맛이 상당히 좋다.

Cinnamon
계피

가정적이면서 동시에 이국적이다. 달콤하고 따뜻하며 살짝 쌉쌀한 계피는 사과 파이, 크리스마스 느낌의 과자, 모로코의 타진tagine과 샐러드, 멕시코의 몰, 인도의 달 요리에 풍미를 내는 용도로 사용한다. 계피의 거친 사촌인 육계(카시아Cinnamomum cassi)는 깔끔한 두루마리 모양인 진짜 계피와 달리 껍질 조각으로 판매한다. 가격이 상당히 저렴해서 향신료 상인들은 가끔 진짜 계피와 함께 갈아서 팔기도 했다. 향을 맡아보면 때때로 중국 계피라고 불리는 팔각 풍미가 느껴지는데, 사실 나에게는 심하게 콜라를 상기시켜서 거의 트림 소리가 들릴 지경이다.

계피와 당근
당근에서는 가벼운 솔 향을 가미한 목질 느낌이 난다. 계피는 말린 열대 나무 속껍질이다. 고전 디저트인 당근 케이크에 같이 넣어서 풍미 기억 속에 수목원을 더해보자.

계피와 돼지고기
베트남에서 유명한 일종의 육가공품인 샤 크cha que에 사용하는 조합이다.

recipe
[샤 크]
1. 푸드 프로세서에 기름기가 없는 돼지고기 다리 부위 500g, 피시 소스 3큰술, 물 3큰술, 땅콩기름 2큰술, 옥수수 전분 1큰술, 계핏가루 1작은술, 베이킹파우더 1작은술, 소금 1/2작은술, 흰 후추 약간을 넣고 간다.
2. 알루미늄 포일을 덮은 오븐용 팬에 얹어서 약 6cm 두께의 거친 원통형으로 빚는다.
3. 손바닥에 물을 적셔서 표면을 부드럽게 다듬은 다음, 꼬챙이를 이용해 알루미늄 포일을 깐 바닥까지 닿도록 밀어넣으며 골고루 찌른다.
4. 190℃로 예열한 오븐에 넣고, 원통형의 윗부분이 노릇해지고 꼬챙이로 찌르면 깨끗하게 나올 때까지 25~30분간 굽는다.
5. 식으면 5mm 두께로 썬다.

정통 반미 샌드위치(오이와 당근 참조, 268쪽)에 추가하는 파테가 된다.

계피와 딸기: 딸기와 계피(381쪽) 참조.
계피와 땅콩: 땅콩과 계피(27쪽) 참조.

계피와 땅콩호박

막대 사탕을 나누어 먹는 아기 고양이들이 있는 바구니보다 달콤하다. 같이 맛있게 굽거나 수프에 넣는다. 생강과 땅콩호박(453쪽) 또한 참조.

계피와 라임: 라임과 계피(438쪽) 참조.

계피와 무화과

페드로 히메네스Pedro Ximenez 셰리는 옛날 기침약처럼 색이 짙고 걸쭉하며 무화과 푸딩처럼 달콤하다. 이를 활용한 시럽을 소개한다.

> *recipe*
> **〔계피와 무화과 시럽〕**
> 1. 말린 무화과 15개 분량을 다져서, 따뜻한 물 100ml과 페드로 히메네스 100ml, 계핏가루 1/2작은술과 함께 걸쭉하고 끈적해지도록 뭉근하게 익힌다.
> 2. 살짝 식혀서 바닐라 아이스크림과 함께 낸다.

계피와 민트

붉은 고기와 잘 어울리는, 매콤하지만 허브 향이 가득한 조합이다. 민트와 수박(485쪽)에 실은 민트 시럽에 막대 계피를 몇 개 추가해서 시나민트cinna-mint로 응용할 수 있다. 탄산수로 희석하면 청량감이 오래가는 음료가 된다.

계피와 바나나: 바나나와 계피(404쪽) 참조.
계피와 배: 배와 계피(398쪽) 참조.
계피와 블루베리: 블루베리와 계피(505쪽) 참조.
계피와 사과: 사과와 계피(392쪽) 참조.

계피와 살구

계피의 옛 영어 이름은 '푸딩 스틱'이었다. 꼭 온갖 사탕과자를 변신시키는 마법 지팡이 같다. 물 약간에 막대 계피를 넣고 취향에 맞춰서 설탕을 더한 다음 살구를 뭉근하게 익힌다.

계피와 생강: 생강과 계피(451쪽) 참조.
계피와 소고기: 소고기와 계피(59쪽) 참조.
계피와 수박: 수박과 계피(363쪽) 참조.

계피와 아니스

중국의 오향 가루는 간 계피와 팔각, 회향 씨, 클로브, 쓰촨 후추의 혼합물이다. 몇 개가 빈다면 달랑 막대 계피와 팔각 심피(心皮)만 하나씩 있어도 시판 소고기 육수에 진한 동양적 깊이를 더할 수 있다. 남은 로스트비프 저민 것과 쌀국수, 잔파, 민트, 고추를 넣어서 가짜(하지만 맛있는) 베트남 포pho를 만들자.

계피와 아몬드: 아몬드와 계피(353쪽) 참조.

계피와 양고기

마라케시의 자마 엘프나에 밤이 드리우면 향신료를 듬뿍 더한 고기가 숯불에 익어가는 향기가 공기를 가득 메우며 현지인과 관광객을 유혹한다. 그러면 차곡차곡 쌓인 양 머리 사이사이로 마법에 걸린 뱀처럼 흔들리며 다가오는 훈연 향에 이끌린 그들은 가스 랜턴이 조명 역할을 하는 노점에 어느 새 자리를 잡는다. 아이들이 저녁 식사 식탁에 앉기를 간절히 바라는 지친 부모라면 이를 참고해서, 간단하게 계피를 조금 뿌린 양 갈비를 그릴에 구워보자. 슬로 쿠커로 만든 양고기 타진이나 곱게 다진 양파를 더한 다진 양고기 케밥에도 활용하기 좋다. 고기 500g당 계피 약 1작은술을 더한다.

계피와 연질 치즈

차라리 분필이 치즈와 더 잘 어울릴 것처럼 보일지도 모르지만, 미국에서는 일반적인 조합이다. 알아두자, 미국에서는 모든 것에 계피가 따라붙는다. 물론 유럽인들도 계피를 넣은 케이크와 페이스트리를 좋아하지만 풍선껌이나 사탕과자, 아침용 시리얼, 콜라, 커피, 차, 술에서까지 반드시 즐기지는 않는다. 미국의 모든 공항과 상점에서는 시나몬 롤 전문점 시나본 사의 제빵사가 매 30분마다 오븐에서 신선한 롤을 한 쟁반 꺼내어 진한 크림치즈 프로스팅을 얹는다. 시나몬 롤은 기본적으로 거친 덴마크식 대니시 페이스트리Danish pastry다. 하지만 그보다 훨씬 깊고 끈적하며 강렬한 계피 풍미로 충격을 선사하는데, 아마 미국에서는 (중국, 베트남, 인도네시아와 마찬가지로) 계피와 유사한 카시아 나무 즉 육계나무로 계피 풍미를 내기 때문일 것이다. 중국과 인도네시아에서 자라는 육계는 영국에서 구할 수 있는 스리랑카산 진짜 계피보다 단단하고 색이 어둡다. 또한 계피의 달콤하고 복합적인 풍미에 비하여 강렬하고 매콤하며 단순하고, 일반적으로 입에 넣었을 때 더 선명하게 느껴진다. 기본적으로 육계나무는 거친 녀석이니, 미국이 그토록 빠져 있는 이유도 충분히 납득이 된다.

계피와 오렌지

향신료 전문가 토니 힐의 설명에 따르면, 계피 한 조각을 입 안에 넣고 몇 초 후면 방향유가 수화되며 복합적인 성격이 드러난다. 오렌지와 삼나무 향이 먼저 풀리고, 이어서 덜 매콤한 고추 특유의 클로브를 연상시키는 매콤한 맛이 따라온다. 오렌지는 간 계피 몇 꼬집과 아름답게 어우러지며, 오렌지 꽃물 한두 방울도 고전적인 조합이다. 또는 오렌지와 아몬드(432쪽)에 실린 케이크 레시피에 계피를 넣어도 좋다.

계피와 자몽

반으로 자른 자몽에 계피를 뿌리면 훌륭한 조합이 된다. 그러니 비스킷에 계피와 꿀로 풍부한 풍미를 가미한 자몽 치즈케이크를 만들어보는 건 어떨까?

---

recipe

〔계피와 자몽 치즈케이크〕

1. 잘게 부순 다이제스티브 비스킷 10개 분량에 녹인 버터 75g, 계핏가루 2작은술, 꿀 2큰술을 더하여 잘 섞는다.
2. 바닥이 분리되는 20cm 크기의 플랑 틀에 잘 눌러 담는다.
3. 마스카르포네 치즈 500g에 슈거 파우더 3큰술을 섞은 다음 자몽 2개 분량의 즙과 제스트, 추가로 1개 분량의 잘게 다진 자몽 속살을 더하여 조심스럽게 접듯이 섞는다.
4. 비스킷 위에 부은 다음 먹기 전에 몇 시간 정도 냉장고에 보관한다.

젤라틴을 이용해서 윗부분을 고르게 다듬어 낼 수도 있지만, 나는 간소한 레시피로 완성한 말랑하고 기름진 크림 같은 치즈케이크 쪽을 선호한다.

계피와 체리

헝가리식 체리 수프에서 포크 댄서처럼 빙빙 돌아간다.

recipe

〔헝가리식 체리 수프〕

1. 사워(즉 모렐로) 체리 500g에서 씨를 제거한다.
2. 씨를 지퍼백에 담고 밀대로 두드려 모조리 깨뜨린다.
3. 부순 체리 씨를 팬에 담고 와인(이러한 수프에는 리슬링, 보르도와 과일 향 풍기는 로제 와인을 흔히 사용한다) 500ml, 레몬 껍질 한 조각, 레몬즙 1/2개 분량, 소금 한 꼬집을 더한다.
4. 불에 올려 뚜껑을 덮고 15분간 익힌다.
5. 체에 걸러서 체리 씨를 제거하고 깨끗한 팬에 부어서 중간 불에 올린다.
6. 몇 큰술을 따로 덜어서 담은 다음, 옥수수 전분 1작은술을 더하여 페이스트를 만든다.
7. 페이스트를 다시 따뜻하고 얼근한 체리즙에 넣어서 휘저어 걸쭉하게 만든다.
8. 체리를 넣고 부드러워지도록 약 10분간 익힌다.
9. 조금 식힌 다음 사워크림 150ml를 부어서 믹서에 간다.

차갑게 식혀서 전채로 내거나 설탕을 조금 더 넣어서 디저트로 먹는다. 만일 달콤한 체리밖에 없다면 처음에 설탕은 25g만 넣고 레몬즙을 추가한 다음 간을 보면서 양을 조절한다.

계피와 초콜릿

초콜릿 음료와 초콜릿 바에 사족을 못 쓰는 멕시코에서 인기를 누리는 조합이다. 고기에 곁들이는 유명한 몰 소스에서도 찾아볼 수 있다(초콜릿과 고추 참조, 14쪽). 다른 나라에서는 초콜릿에 계피 대신 바닐라로 향을 더하여 풍미를 내지만, 캐나다의 네슬레 사에서는 최근에 한정판으로 계피 킷캣을 출시했다.

계피와 카다멈: 카다멈과 계피(459쪽) 참조.
계피와 커피: 커피와 계피(22쪽) 참조.
계피와 코코넛: 코코넛과 계피(417쪽) 참조.

계피와 클로브

호랑가시나무와 담쟁이덩굴은 잠깐 넣어두자. 뭉근하게 끓는 멀드 와인 한 냄비. 자두 푸딩. 민스파이. 크리스마스에나 달콤한 음식에만 쓰기에는 너무나 멋진 조합이다. 바스마티 쌀을 익히는 팬에 막대 계피 1개(길이 6cm)와 클로브 3개를 더하여 커리에 곁들이는 밥을 지어보자. 노란색을 좋아한다면 터메릭 1/2작은술을 더한다.

계피와 타임

커넬 샌더스를 위해 허브와 향신료 11가지를 혼합한 특별 레시피는 켄터키 루이빌에 있는 KFC 본사 금고에 보관되어 있다. 하지만 나는 이 피츠로비아 닭고기에 입히는 손가락까지 빨게 되는 바삭한 튀김옷 레시피를 절대 비밀에 부치지 않는다.

> *recipe*
> **〔피츠로비아식 닭튀김〕**
> 1. 밀가루 4큰술에 간을 하고 계피 1작은술, 말린 타임 1작은술을 더해 잘 섞는다.
> 2. 껍질을 벗긴 닭 허벅지살 6개에 골고루 뿌린 다음, 달걀물에 담갔다가 빵가루를 묻힌다.
> 3. 200℃로 예열한 석쇠에 얹어서 중간에 한 번 뒤집으며 30분간 굽는다.

매콤한 맛을 좋아한다면 밀가루에 케이엔 페퍼를 한두 꼬집 더한다. 바구니에 담아서 내지만, 잘 씻은 볼을 사용해도 전혀 상관없다.

계피와 토마토

계피는 토마토의 날카로운 풍미에 따뜻한 배경을 선사한다. 통조림 토마토에 설탕 대신 한 꼬집 넣어서 단맛을 내보자. 향신료를 은은하게 가미한 토마토소스는 미트볼과 양 정강이, 새우, 가지와 멋지게 어우러진다. 소고기와 계피(59쪽) 또한 참조.

계피와 파인애플: 파인애플과 계피(386쪽) 참조.
계피와 호두: 호두와 계피(342쪽) 참조.

Clove
클로브

못을 의미하는 라틴어 클라부스clavus에서 유래한 클로브clove라는 이름은 모양뿐 아니라 거칠고 직접적이며 성마른 풍미를 생각해볼 때 잘 어울린다. 클로브를 양파 반쪽에 월계수 잎을 고정하는 용도로 사용하여 수프와 스튜, 소스에 양념을 하는 기법인 클루테cloute에서는 완전히 문자 그대로 못과 같은 역할을 한다. 클로브의 단일 풍미는 종종 다른 풍미와 결합해서 느낌을 바꾸거나 둥글게 만들어주는데, 드문 예외로 클로브 풍미를 넣은 영국의 단단한 사탕 및 영국 남부에서 한때 인기를 끌었고 지금까지 제조되고 있는 잔지바르의 분홍색 클로브 코디얼이 있다. 인도네시아의 담배에는 대부분 클로브 풍미가 가미되어 있으며, 태국의 홀리 바질은 신선할 때면 풍미가 클로브와 비슷할 뿐만 아니라 입술을 마비시키는 작용도 똑같이 한다.

클로브와 경질 치즈: 경질 치즈와 클로브(95쪽) 참조.
클로브와 계피: 계피와 클로브(317쪽) 참조.

클로브와 돼지고기

갈아서 풍미를 낼 수 있을 뿐만 아니라 천연 방부제로 기능하는 클로브는 돼지고기와 아주 잘 어울린다. 클로브에 함유된 유제놀과 갈산은 상당히 낮은 농도로도 강력한 항산화작용을 하므로, 우리는 식품회사가 갈수록 커져가는 합성 첨가물에 대한 소비자의 불안감에 대응할수록 이 조합을 더 많이 볼 수 있을 것이다. 나쁜 일이 아니다.

클로브와 바닐라: 바닐라와 클로브(514쪽) 참조.
클로브와 바질: 바질과 클로브(311쪽) 참조.
클로브와 베이컨: 베이컨과 클로브(243쪽) 참조.

클로브와 복숭아

클로브의 풍미를 결정짓는 화합물인 유제놀을 함유하고 있는 과일은 상당히 많으며, 복숭아도 그중 하나다. 미국 남부에서 복숭아 피클 레시피가 그리 인기를 끄는 이유이기도 할 것이다. 복숭아에 클로브를 박으려면 먼저 껍질을 벗겨야 한다. 하지만 애초에 그 섬세하고 보송보송한 껍질을 꿰뚫을 수 있는 냉혹한 심장을 가진 사람이 있기나 할까?

클로브와 사과: 사과와 클로브(396쪽) 참조.

클로브와 생강

클로브는 동지가 필요하다. 단독 레시피는 찾아보기 힘들며, 이는 클로브의 풍미는 대부분 하나의 화합물(유제놀)에서 비롯된 것이라 부드럽게 다독이고 보완해줄 풍미를 별도로 더해야 하기 때문이다. 클로브와 생강(또는 계피), 넛멕, 흰 후추를 섞은 혼합 향신료 캬트르 에피스quatre-épices는 고기 요리, 특히 돼지고기에 깊은 맛을 내는 매콤달콤한 과일 향 풍미를 지닌다. 양배추와 돼지고기(168쪽) 또한 참조하자. 참고로 중국 향신료 '오향(五香)'은 4가지 향신료라는 뜻의 캬트르 에피스에 한 가지 재료를 추가한 것이 아니라 개별 식재료의 이름이다. 계피와 아니스(315쪽) 참조.

클로브와 소고기

소고기 스튜에 클로브를 한두 개 넣거나(프랑스에서는 대부분의 소고기 포토푀나 육수에 넣는다) 그레이비 소스에 클로브 가루를 한 꼬집 더해보자. 클로브 풍미는 거의 구분할 수 없지만 달콤 씁쓸하고 따뜻한 맛을 더해서 소고기를 더욱 진하게 농축시킨다. 내기 전에 잊지 말고 통클로브를 반드시 제거하도록 하자.

클로브와 양파: 양파와 클로브(156쪽) 참조.
클로브와 오렌지: 오렌지와 클로브(434쪽) 참조.

클로브와 커피

클로브는 카다멈과 고수 씨처럼 때때로 커피와 갈아서 사용하며, 특히 에티오피아에서 찾아볼 수 있다. 상당한 쓴맛이 서로 교차하는 풍미가 나므로, 라테에 더 가까운 부드러운 음료를 선호한다면 머그컵 하나 분량의 우유에 클로브를 한두 개 넣어서 데운 다음 클로브를 버리고 커피에 붓자. 카다멈과 계피(459쪽) 또한 참조.

클로브와 토마토: 토마토와 클로브(379쪽) 참조.

Nutmeg
넛멕

넛멕의 식물학명이자 본드걸 같은 느낌의 미리스티카 프라그렌스Myristica fragrens는 달콤하고 부드러운 요리는 덜 질리게, 십자화과 채소는 덜 씁쓸하게 만들어주는 이국적이고 아름다운 이중 스파이 향신료에 충분히 적절한 이름이다. 넛멕의 겉껍질인 메이스는 같은 풍미 화합물로 구성되어 있지만 비율이 다르며, 방향유 함유량이 조금 더 높다. 서로 대체해서 사용할 수 있지만, 언제든지 미리 갈아서 파는 제품보다 신선한 향신료를 쓰도록 하자. 넛멕은 레이스처럼 생긴 메이스보다 갈기 쉽고 비교적 저렴하다.

넛멕과 가지: 가지와 넛멕(115쪽) 참조.
넛멕과 감자: 감자와 넛멕(127쪽) 참조.

넛멕과 경질 치즈

넛멕은 기름진 음식에 상쾌함을 불어넣는다. 딱 들어맞는 사례로 마카로니 치즈가 있다. 넛멕의 풍미는 환각을 유발하게 만든다는 미리스티신 화합물에서 발생한 따뜻한 후추 및 솔, 꽃, 감귤류 향이 복합적으로 섞인 것이다. 치즈를 듬뿍 넣은 파스타나 커스터드와 감자 등 여러 재료를 섞은 요리에 넛멕을 추가하면 복합적인 풍미가 두드러지며, 환각이 보이기 시작할 정도로 넣으면 한층 더 눈에 띈다.

넛멕과 굴

넛멕은 익힌 요리, 특히 크림을 더한 음식에서 굴과 고전적으로 짝을 이룬다. 18세기 후반 매사추세츠 주에서 유래되었다는 굴 빵oyster loaves에 사용하는 양념이기도 하다.

recipe

〔굴 빵〕

1. 바삭한 둥근 빵을 적당량 준비해서 윗부분을 잘라내 뚜껑을 만든다.
2. 부드러운 빵 속살을 뜯어낸 다음 녹인 버터를 안쪽에 바른다.
3. 속에 넣을 내용물을 만드는 동안에, 빈 빵과 뚜껑을 200℃로 예열한 오븐에 넣고 10분 이하로 데운다.
4. 버터를 두른 팬에 롤을 충분히 채울 수 있는 분량의 굴과 굴즙, 뜯어낸 빵 속살을 넣고 5분간 뭉근

> 하게 익힌다.
> 5. 크림 약간과 간 넛멕을 더해서 1분 더 익힌다.
> 6. 뜨거운 빵에 굴 혼합물을 채우고 뚜껑을 덮어서 낸다.

넛멕과 달걀: 달걀과 넛멕(190쪽) 참조.

넛멕과 땅콩호박

사랑스러운 땅콩호박은 미각을 지루하게 만들기도 한다. 바로 이때 무엇이든 흥미롭게 만들어주는 넛멕이 치고 들어온다. 이탈리아인은 파스타에 넣는 호박 리코타 필링에 넛멕을 넣는다. 미국에서는 구운 호박 커스터드와 호박 파이용 혼합 향신료에 넣는다. 그렇지만 꼭 묵직한 유제품을 넣지 않아도 호박에 생명력을 부여할 수 있다. 땅콩호박에 올리브 오일과 발사믹 식초를 2:1의 비율로 두르고 버무린 다음 구워서 갈아낸 넛멕을 뿌려보자.

넛멕과 바닐라: 바닐라와 넛멕(510쪽) 참조.

넛멕과 사과

나는 깜찍한 강판 때문에라도 넛멕을 즐겨 사용한다. 농후하고 신선하며 따뜻한 사과 퓌레에 완벽하게 활기를 불어넣는다는 점도 한몫한다. 넛멕을 갈아서 사과 퓌레에 가볍게 한 켜 뿌리고 바닐라 아이스크림에 곁들여보자. 가을과 사랑에 빠지는 기분이다.

넛멕과 사프란: 사프란과 넛멕(258쪽) 참조.

넛멕과 셀러리

19세기 레시피에는 셀러리 소스에 넛멕이나 메이스를 결합하여 양념을 하는 경우가 많다. 엘리샤 자렛 루이스는 『아메리칸 스포츠맨The American Sportsman』(1855)에서 이에 이의를 제기했다. 아마 셀러리에 풍미를 더한다는 발상이 상스러움의 극치라고 생각했거나, 애매한 맛에 괴로웠던 적이 있었을 것이다. '향신료를 좋아한다면 메이스 약간이나 클로브 한두 개를 넣을 수 있지만, 권장하지는 않습니다. 간혹 셜롯 하나 내지는 월계수 잎 한 장, 레몬즙, 파슬리 약간 등을 권하는 사람도 있습니다.' 셀러리와 닭고기(135쪽) 또한 참조.

넛멕과 스웨덴 순무: 스웨덴 순무와 넛멕(173쪽) 참조.

넛멕과 아보카도

넛멕을 섞은 아보카도는 남성에게 정력제 효과가 있다고 한다. 아보카도에는 테스토스테론 생성을 자극한다는 비타민B6가 함유되어 있다. 넛멕은 누구나 흥분시킨다. 두 풍미를 합하면 세상에서 제일 온순한 응석받이 소년도 하비에르 바르뎀이 된다. 차가운 아보카도 수프나 조개 및 갑각류를 채운 아보카도에 넛멕을 조금 갈아 올리고 뒤로 물러나 관찰하자.

넛멕과 양고기

요리를 배우기 한참 전, 코르푸의 타베나에서 '스파게티 볼로네제'를 먹은 적이 있다. 맛있었지만 익숙하지 않은 풍미였는데, 최근에야 그것이 다진 양고기에 달콤한 후추 풍미를 띠는 넛멕을 가미해서 그리스식으로 요리했기 때문이었다는 점을 깨달았다. 무사카 소스로 만든 파스타였던 것이다. 스파게티 코르피오테corfiote를 만들어보자.

> *recipe*
>
> 〔**스파게티 코르피오테**(코르푸식 스파게티)〕
> 1. 작은 양파 1/2개 분량을 잘게 썰어서 버터 또는 라드 3큰술에 부드러워지도록 볶는다.
> 2. 다진 양고기 450g을 더해서 노릇노릇하게 볶는다.
> 3. 토마토 파사타 250ml, 화이트 와인 250ml, 물 250ml, 다진 파슬리 2큰술, 즉석에서 간 넛멕 1/4개 분량, 설탕 넉넉한 한 꼬집을 더한다.
> 4. 간을 하고 한소끔 끓인 다음 가끔 저으면서 국물을 대부분 흡수할 때까지 1시간 정도 조심스럽게 익힌다.
> 5. 넛멕을 조금 더 갈아 넣고 간을 맞춰서 파스타에 얹어 낸다.

타베나에서는 스파게티처럼 길고 가늘게 생겼지만 속이 빈 작은 수도관 형태인 부카티니 파스타에 얹어서 냈다. 어떤 무사카 레시피에서는 그리스 요리 파스티치오pastitsio와 비슷하게 넛멕 대신 계피를 넣는다는 점을 알아두자(소고기와 계피 참조, 59쪽).

넛멕과 양배추

넛멕은 따분한 푸른 채소에 활력을 불어넣을 수 있다. 헐벗은 겨울나무에 꼬마전구로 장식하듯이 익힌 양배추 또는 방울양배추에 버터를 군데군데 얹고 방금 간 넛멕을 뿌린다.

넛멕과 양파: 양파와 넛멕(152쪽) 참조.

넛멕과 조개 및 갑각류

넛멕이나 넛멕과 메이스의 조합은 전통적으로 포티드 쉬림프Potted Shrimp에 양념용으로 쓰인다. 메이스는 넛멕 과실의 연약한 외피다. 둘 다 맑은 감귤류와 신선한 후추 풍미가 있어서 크림이나 버터 풍미의 새우 및 바닷가재 요리에 타고난 단짝이 된다.

넛멕과 초콜릿: 초콜릿과 넛멕(15쪽) 참조.
넛멕과 콜리플라워: 콜리플라워와 넛멕(176쪽) 참조.

넛멕과 토마토

볼로냐에서는 라구를 만들 때 넛멕을 써서 토마토의 거친 신맛을 다독인다. 소스를 더 매끄럽게 만들려면 고기를 노릇하게 볶은 다음 원래 사용하는 육수나 토마토 약간 대신 우유를 부으면 브랑쿠시Brancusi의 조각 작품처럼 둥글고 매끄러운 볼로네제가 완성된다. 넛멕과 양고기(323쪽) 참조.

넛멕과 파스닙

파스닙은 넛멕 풍미를 살짝 떠올리게 한다는 셰프들도 있다. 이는 파스닙에 넛멕 풍미의 핵심인 미리스티신이 함유되어 있기 때문이며, 파스닙을 오븐에 구우면 특히 도드라진다. 나는 너무 파스닙 같은 느낌이 들기 때문에 푸딩을 만들 때는 되도록 배와 넛멕을 함께 굽지 않는다.

넛멕과 호두

코코아 파우더 1작은술이 헤이즐넛으로 만든 설탕 절임인 스위트미트sweetmeats의 맛을 고조시키듯이 호두 케이크와 비스킷에 간 넛멕을 몇 꼬집 더하면 풍미를 강화할 수 있다.

Parsnip
파스닙

익힌 파스닙에서는 전형적으로 뿌리채소를 연상시키는 달콤한 풍미와 은은한 흙냄새가 나지만, 특유의 강한 넛멕과 파슬리 향이 가미되어 있다. 날것일 때는 풍미가 덜하며, 풍성한 섬유질에 나무 같은 질감을 보면 마크라메 화분 걸이로도 쓸 수 있을 것 같다. 파스닙을 굽거나 으깨고 감자 칩처럼 대량의 기름에 튀겨서 소금을 뿌리면 코코넛 또는 바나나를 떠올리게 하는 화려하고 달콤한 향신료 풍미를 띤다.

파스닙과 감자

파스닙은 16세기에 감자가 유럽에 유입되면서 인기가 하락하기 시작했으며, 감자와 파스닙을 섞은 맛이 나는 감자개발나물도 마찬가지였다. 또 다른 엷은 색 뿌리채소 마늘잎쇠채는 굴 같은 맛이 난다고 가끔 오이스터 플랜트 oyster plant(선모)라고 불리기도 하지만, 내 생각에는 섬세하고 짭짤한 파스닙과 더 비슷하다. 검은 마늘잎쇠채라고도 부르는 스페인 마늘잎쇠채는 일반 품종과 맛과 모양이 비슷하지만 껍질이 짙은 색이다.

파스닙과 경질 치즈: 경질 치즈와 파스닙(96쪽) 참조.
파스닙과 넛멕: 넛멕과 파스닙(324쪽) 참조.
파스닙과 닭고기: 닭고기와 파스닙(40쪽) 참조.

파스닙과 돼지고기

역사적으로 프랑스 미식가들 사이에서 가축 사료에나 적합한 채소로 간주되던 파스닙은 최근 들어 '이국적인' 지위를 차지했다. 파스닙은 가축을 살찌우는 데에만 뛰어난 채소가 아니다. 돼지고기 풍미를 풍성하게 만드는 효과가 있다고 알려져 있으며, 프로슈토용 돼지에게 종종 먹인다. 19세기에는 파스닙 풍미를 개선하기 위해서 주로 염장 돼지고기와 함께 삶은 다음 으깨서 버터에 볶았으며, 사실 이러면 탈지면이라도 맛있어질 것이다.

파스닙과 물냉이

물냉이와 구운 파스닙은 겨울 샐러드의 기본 재료로 안성맞춤이다. 둘 다 쌉쌀하고 짜릿한 맛이 나지만 물냉이는 산뜻한 풍미로, 파스닙은 단맛으로 상쇄한다. 따뜻하게 익힌 파스닙을 깍둑 썰어서 물냉이 잎과 크루통, 잘게 부순 블루 치즈와 버무린 다음 톡 쏘는 프렌치 드레싱에 버무린다. 파스닙을 직접 키울 경우

아주 어린 잎을 먹을 수 있고 그 잎에서는 파스닙 풍미가 두드러지다가 만족스러운 씁쓸함을 남기는 화이트 젬 품종을 고르면 이 샐러드에도 흥미로운 요소를 추가할 수 있다.

파스닙과 바나나

영국에서는 제2차 세계대전 당시 바나나를 구할 수 없게 되자 파스닙으로 가짜 바나나를 만들었다. 비슷한 아이보리 색 속살은 둘째 치고 파스닙과 바나나는 달콤한 향신료 풍미를 공유한다. 구운 파스닙 한 조각을 먹으면서 눈을 감고 바나나를 떠올려보면, 전쟁 시절 살구인 척하는 당근보다는 설득력 있는 맛이 난다. 간 넛멕과 럼을 조금 더하면 훨씬 잘 어울린다. 이제는 더 이상 바나나가 위협받는 일은 없지만 그래도 바나나로 만든 가짜 파스닙으로 일요일 로스트 정찬에 카리브해 분위기를 가미할 수 있으며, 한때 지금 당근처럼 케이크 재료로 인기가 좋았던 파스닙은 바나나와 함께 짝지어서 촉촉한 케이크를 굽는 편이 사실 더 좋다.

파스닙과 베이컨: 베이컨과 파스닙(244쪽) 참조.

파스닙과 소고기

당근과 파스닙은 비슷하게 단맛이 나지만, 더욱 뛰어나게 복합적인 풍미를 지닌 파스닙 쪽이 소고기와 훨씬 흥미로운 짝을 이룬다. 로스트비프에서 흘러나온 육즙에 익힌 파스닙을 곁들이고, 기본 소고기 스튜에 굵게 썬 파스닙을 넣으며, 레드 와인에 익힌 소꼬리 요리에 으깬 파스닙과 감자를 함께 내자. 덜 가정적인 요리로는 찰리 트로터Charlie Trotter 셰프가 선보인 마늘잎쇠채와 엔다이브를 넣어 만든 소고기 볼살 테린과 그에 곁들인 파스닙 퓌레가 있다. 또한 짭짤한 풍미와도 잘 맞는 파스닙을 위해서 나는 델리아 스미스의 레시피에 따라 이탈리아산 공기 건조 염장 소고기인 브레사올라와 파스닙, 파르메산 치즈 빵을 짝지어 먹는다.

파스닙과 아니스

파스닙에는 허브의 흔적인 아니스 풍미가 있다. 날것일 때 한 조각 집어 우물우물 씹어보면 느낄 수 있을 것이다. 워낙 은근해서 생 폴 드 방스 페탕크 경기장에서 마시는 파스티스를 기대할 수는 없지만, 어딘가 있기는 있다. 평소처럼 커리 향을 내는 대신 파스닙에 타라곤을 짝지어서 수프를 만들면 환영받는 색다른 변화를 가미할 수 있다.

파스닙과 완두콩

파스닙의 독특한 풍미는 테르피놀렌(소나무에서 추출한 방향유에서도 일부 발견된다), 미리스티신(넛멕에도 존재하며 파슬리와 딜에도 소량을 찾아볼 수 있다), 약한 곰팡내 및 완두콩과 성격이 비슷하며 다른 어떤 채소보다도 파스닙에 많이 함유되어 있는 3-섹-부틸-2-메톡시파라진 화합물에서 나온다. 파스닙이 완두콩과 특별히 잘 어울리는 것도 이 때문이다. 파스닙과 완두콩을 조합하여 겨울의 완두콩 수프를 만들어보자. 파스닙은 농후제로 기능하며 짜릿한 풍미를 살짝 가미하여 마치 햇살 따뜻한 겨울날 같은 맛을 낸다.

recipe

[파스닙과 완두콩 수프]

1. 파스닙 3개의 껍질을 벗기고 잘게 썰어서, 저민 양파 1개 분량과 함께 올리브 오일에 부드러워지도록 볶는다.
2. 채소 국물이나 닭 육수 750ml를 붓고 한소끔 끓여서 10분간 익힌다.
3. 냉동 완두콩 약 500g을 더해서 간을 한다.
4. 다시 한소끔 끓이고 5분간 익힌 다음 살짝 식힌다.
5. 갈아서 다시 데워 낸다.

파스닙과 조개 및 갑각류

가리비는 퓌레로 만들기만 하면 거의 모든 재료 위에 얹을 수 있다. 파스닙도 예외가 아니다. 가리비를 얹어서 단맛과 고소한 풍미가 서로를 보완하는 맛을 즐기자.

파스닙과 호두: 호두와 파스닙(346쪽) 참조.
파스닙과 흰살 생선: 흰살 생선과 파스닙(213쪽) 참조.

THE *flavour* THESAURUS

WOODLAND
숲 향

Carrot
당근

Butternut Squash
땅콩호박

Chestnut
밤

Walnut
호두

Hazelnut
헤이즐넛

Almond
아몬드

Carrot
당근

당근은 종류에 따라 당도는 물론 소나무 같은 풍미, 파슬리 풍미가 다양하게 나타난다. 다른 미나리과 식물과 풍미가 매우 잘 어울리며, 단맛과 은은한 목질 느낌이 통하는 견과류와 조화로운 짝을 이룬다. 낭트 당근은 풍미가 탁월하기로 유명하다.

당근과 계피: 계피와 당근(313쪽) 참조.
당근과 땅콩: 땅콩과 당근(28쪽) 참조.

당근과 사과

보통 아이들이 좋아하는 새콤달콤한 샐러드다. 당근과 사과를 간 다음 맛이 중성적인 기름과 레몬즙을 조금 넣어서 버무린다. 손에 잡히는 씨와 견과류, 건포도를 적당히 섞어서 한 줌 더하여 훨씬 흥미진진한 질감을 낸다.

당근과 셀러리

다이어트 식품으로 당근과 셀러리 스틱 중에 무엇을 선호하는가? 그렇다. 둘 다 아니다. 아니면 둘 다 드레싱에 넣어 먹는 것이 나을 수도 있겠다. 나는 언어 연상 게임을 할 때 '프랑스'가 나오면 '파리'도 '테루아'도 아니라 '셀러리악 레물라드'라고 대답했다. 셀러리악 레물라드 한 냄비, 당근 라페 동량, 바비욘 햄 조각 약간, 완숙한 카망베르 치즈 한 상자, 프랑스 빵 하나, 코트 뒤 론 와인 한 병. 완벽한 소풍이다. 반드시 수저를 깜박할 테니 빵으로 채소를 수북하게 퍼 먹어야 한다.

> *recipe*
> 〔당근 라페〕
> 1. 당근을 곱게 간다(푸드 프로세서로 매끄럽게 뽑아내면 더 좋다).
> 2. 풍미가 가벼운 올리브 오일과 레몬즙, 디종 머스터드 약간, 설탕과 소금, 후추를 한 꼬집씩 더하여 만든 드레싱에 버무린다.

> *recipe*
> 〔셀러리악 레물라드〕
> 1. 셀러리악을 간다(너무 곱게 갈면 코코넛 같은 맛이 나니 주의하자).
> 2. 갈변을 막기 위해 레몬즙에 버무린 다음, 씨겨자를 조금 섞은 마요네즈를 섞어 간을 맞춘다.

당근과 소고기: 소고기와 당근(61쪽) 참조.
당근과 스웨덴 순무: 스웨덴 순무와 당근(173쪽) 참조.

당근과 아니스

가이 사보이Guy Savoy는 아뮤즈 부셰Amuse Bouche[39]로 당근과 팔각 수프를 제공한 다음 그릴에 살짝 구운 바닷가재에도 같은 풍미를 가미한다. 완벽한 조합이다. 팔각은 당근의 신선한 목질 풍미를 추켜세우며, 쏟아지는 찬사 속에서 당근의 풍미가 풍성하게 피어나니 환영할 일이다. 요리사 존 토비John Tovey는 익힌 당근 450g에 버터 20g, 페르노 1큰술을 넣고 으깨서 곁들여 내는 소박한 당근과 아니스 요리를 만든다. 오리 콩피와 함께 먹어보자.

당근과 양배추

둘 다 날로 먹을 때는 아삭하고 깨끗하며 알싸하고 달콤하다. 당근은 과일 느낌을 살짝 더해주곤 한다. 사과와 셀러리, 호두, 캐러웨이, 블루 치즈(또는 이들을 다 섞어서)로 만든 코울슬로의 든든한 기반이 된다. 나는 그냥 양배추와 당근에 양파만 조금 섞어서 만든 코울슬로를 먹는 편이 더 행복하다. 만들어서 바로 먹지 않을 거라면 채 썬 양배추에 먼저 소금을 치고 1시간 정도 그대로 둔 다음 씻어서 건져 물기를 제거한 다음에 쓸 수도 있다. 그러면 물기가 생겨서 코울슬로가 흥건해지는 일이 없다. 또한 달콤하고 순수한 과일 향 대신 복합적이고 짭짤한 성격을 띠는 요리가 된다.

당근과 양파

당근으로 아 라 니베르네즈à la nivernaise를 만들어보자.

---

[39] '미각을 깨운다'는 뜻으로 식전에 곁들이는 아주 소량의 음식.

> *recipe*
> **[당근 아 라 니베르네즈]**
> 1. 어린 통당근(또는 더 큰 당근을 작게 자른 것)의 껍질을 벗긴 다음 몇 분간 데쳐서 건진다.
> 2. 당근을 팬에 넣고 버터로 천천히 뭉근하게 익힌 다음, 딱 잠길 정도로 육수를 부어서 걸쭉한 시럽 농도의 국물이 약간 남을 때까지 익힌다.
> 3. 그동안 껍질을 벗긴 작은 양파를 같은 방법으로 익힌다(데치는 과정은 제외한다).
> 4. 당근과 양파를 섞어서 간을 한 다음 설탕을 조금 추가한다.

설탕은 당근과 양파가 얼마나 달아질지 염두에 두면서 아주 약간만 넣는다. 그리고 맥그리거 씨의 정원[40]에서 당근을 훔칠 때는 고양이를 조심하자.

당근과 오렌지

80년도 더 전에 박학다식한 프랑스의 폴 르부는 다음과 같은 글을 썼다. '나는 거미나 박쥐 살미salmi[41] 내지는 요리에 들어간 특정 재료에는 관심이 없다. 내 임무는 아주 맛있어 보이는 예상치 못한 요리를 지지하는 것이다.' 이처럼 핑계를 댄 다음, 다음 레시피를 덧붙인다.

> *recipe*
> **[당근과 오렌지 풍미를 입힌 샐러드]**
> 1. 양상추 잎과 익혀서 저민 감자를 크림 기반 드레싱에 버무린다.
> 2. 오렌지 제스트와 당근을 각각 2.5cm 길이로 '솔잎처럼 가늘게 채 썰어' 장식한다.

르부의 주장에 따르면 대식가의 관심을 끌 수 있을 것이라 보장한다. '오렌지? 당근? 당근 맛 오렌지나 오렌지 맛 당근은 어떠한가?' 미각을 가지고 노는 게임이다.

당근과 오이: 오이와 당근(268쪽) 참조.

---

[40] 동화 작가 베아트릭스 포터의 작품 『피터 래빗 이야기』에 등장하는 인물.
[41] 야생 조류를 구워서 육수와 와인 등을 더하여 만든 스튜.

당근과 올리브

나는 주로 터키와 그리스에서 메뉴판을 읽는 사이에 주름진 블랙 올리브와 생당근 조각을 주전부리로 내어주는 저렴한 식당을 사랑한다. 약간의 배려심을 표현하면서 동시에 메뉴 선택을 고민하는 사이 기름지고 짭짤한 올리브와 신선하고 달콤한 당근의 조합으로 미뢰를 자극한다.

당근과 카다멈

결혼식 피로연과 등명제 가을 축제 기간 동안 제공하는 유명한 인도의 디저트 가자르 할바gajar halwa에 함께 넣는다. 가자르 할바를 만드는 방법은 여러 가지지만, 근본적으로 곱게 간 당근을 우유에 넣고 수분이 거의 없어질 때까지 천천히 뭉근하게 익힌 다음 설탕과 기ghee(또는 무염 버터나 무향 기름), 으깬 카다멈 씨로 풍부한 맛을 내어 완성한다. 고명은 다양하게 올릴 수 있지만 보통 아몬드와 피스타치오, 말린 과일을 많이 올린다. 따뜻하게 또는 실온으로 먹는다. 바닐라 아이스크림을 곁들이면 좋다는 사람도 있지만, 나는 가자르 할바의 단맛에는 크렘 프레시나 걸쭉한 요구르트로 대조적인 신맛이 필요하다고 본다.

당근과 코코넛

뉴욕에 자리한 wd~50를 경영하는 셰프 와일리 뒤프렌Wylie Dufresne의 대표 요리는 달걀 프라이를 완벽하게 복제한 당근 코코넛 서니 사이드 업이다. 노른자에서는 당근과 메이플 풍미가 나며, 흰자는 코코넛과 카다멈 맛이다. 시판 검 페이스트(또는 노하우)가 없는 우리가 주방에서 당근과 코코넛 조합을 만들어내려면 코코넛 프로스팅을 입힌 당근 케이크 정도로 타협해야 한다.

당근과 쿠민

모로코의 축제에 앉아 있으면서 뚜렷한 쿠민 풍미가 가미된 드레싱을 뿌린 달콤한 당근 한 접시를 받지 못하는 일은 드물다. 주름진 원반 모양으로 자른 당근은 쿠민의 노력에도 불구하고 통조림에서 꺼낸 불쌍한 둥근 오렌지를 떠올리게 만든다. 반면 집에서 길러 길고 가늘고 뾰족할 때 땅에서 뽑아낸 당근은 쿠민과 완벽한 조합을 이룬다. 껍질을 벗기지 않고 당근을 씻은 다음 올리브 오일에 버무리고 쿠민을 뿌려서 굽는다. 당분을 당근 표면으로 끌어올려서 캐러멜화한 다음 향신료와 함께 맛있게 뒤섞으면 흙냄새와 달콤함을 동시에 강화할 수 있다.

당근과 파슬리

파슬리, 파스닙, 쿠민, 고수, 딜 등 산형과 친척을 더하면 당근 풍미를 강조할 수 있다. 당근 수프와 비시 당근(햇당근에 버터와 설탕 조금, 프랑스 비시 지역의 비백악질 물을 더하여 약한 불에 익힌 것)을 마무리할 때 종종 파슬리를 곱게 뿌린다.

당근과 헤이즐넛: 헤이즐넛과 당근(348쪽) 참조.

당근과 호두

당근즙에서는 달콤한 과일 풍미가 나며, 연한 밀크셰이크와 아주 비슷한 맛이 나기도 한다. 또한 호두가 신선할 때도 우유 풍미의 단맛이 난다. 여름 끝물 당근과 가을 맏물 호두에 좋은 빵과 치즈를 곁들이면 아름다운 샐러드가 된다. 당근과 호두 둘 다 숙성할수록 나무처럼 질겨지므로, 그때는 당근 케이크처럼 약간 달콤하게 만들 필요가 있다.

Butternut Squash
땅콩호박

땅콩호박과 호박은 풍미가 유사하고 종종 서로 대체하여 사용하므로 같이 설명한다. 하지만 땅콩호박은 훨씬 단맛이 강하므로 달콤한 레시피에 사용할 때는 설탕이 덜 필요하다는 점을 명심하자. 땅콩호박의 치밀한 과육은 결이 곱고 매끄러우며 호박은 섬유질이 많은 등 질감에도 차이가 있다. 땅콩호박의 뚜렷한 단맛은 짭짤한 재료와 잘 어우러지며 톡 쏘는 새콤한 재료를 곁들여서 끊어낼 수도 있고, 치밀한 과육과 조화를 이루어서 로즈메리나 세이지 등 향이 강한 허브의 기본 맛을 잡아준다.

땅콩호박과 계피: 계피와 땅콩호박(314쪽) 참조.

땅콩호박과 고추
호박은 건조하며 달콤하고 복잡하지 않은 풍미로 다른 재료가 목소리를 낼 수 있게 만들기 때문에 파이와 파스타에 매우 좋은 재료가 된다. 퀘사디아는 땅콩호박을 고추와 짝지을 완벽한 기회다.

recipe

〔매콤한 땅콩호박 퀘사디아〕
1. 프라이팬에 딱 맞는 크기의 토르티야를 고른다.
2. 으깬 땅콩호박을 1~2cm 두께로 바른다.
3. 새콤하고 매콤한 할라페뇨 피클과 다진 생고추를 섞어서 뿌리고 순한 체다 치즈를 갈아서 한 층으로 올린다.
4. 다른 토르티야를 한 장 얹는다.
5. 중간 불에 올려서 완전히 데워지고 치즈가 녹을 때까지 양면을 굽는다.
6. 4등분해서 낸다.

땅콩호박과 넛멕: 넛멕과 땅콩호박(322쪽) 참조.

땅콩호박과 돼지고기
모든 종류의 스튜에 적절하게 사용할 수 있는 조합이다. 서양식으로 변주하여 사과, 베이컨, 양파와 함께 사과주에 익히거나 동양식으로 간장, 소흥주, 오향, 황설탕과 함께 닭 육수에 조리한다. 소스를 걸쭉하게 만들려면 돼지고기에 밀가루를 묻히는 것이 좋으며, 이상적인 부위인 어깨살을 사용해서 3cm 크기로 깍둑 썰어 노릇하게 굽는다. 적당히 썬 땅콩호박은 너무 오래 익혀서 뭉개지지 않도록 요리가 마무리되기 20~30분 전에 넣는다.

땅콩호박과 라임: 라임과 땅콩호박(439쪽) 참조.

땅콩호박과 로즈메리

땅콩호박과 로즈메리를 함께 구울 때는 둘 다 더없이 강렬하게 달콤하고 향기로워서 푸짐한 땅콩호박 카넬리니 콩 로즈메리 스튜처럼 요리 전체의 풍미를 좌우할 수 있다는 점을 기억해야 한다.

> *recipe*
>
> **〔땅콩호박, 콩, 로즈메리 스튜〕**
>
> 1. 양파 1개를 다져서 올리브 오일에 부드럽게 볶는다. 마무리될 즈음에 다진 마늘 3쪽 분량을 넣는다.
> 2. 껍질과 씨를 제거한 다음 2cm 크기로 깍둑 썬 땅콩호박 500g, 물기를 제거한 카넬리니 콩 통조림 2캔 분량, 방울토마토 통조림 1캔 분량, 아주 곱게 다진 로즈메리 1줄기, 드라이 화이트 와인 250ml, 물 250ml를 더하고 가볍게 간을 한다.
> 3. 저어서 한소끔 끓인 다음 뚜껑을 덮어서 20분간 뭉근하게 익힌다.
> 4. 뚜껑을 열고 땅콩호박이 부드러워지고 국물이 거의 없어질 때까지 계속 익힌다.
> 5. 이대로 내거나, 파르메산 치즈를 조금 섞은 빵가루를 뿌려서 그릴에 살짝 노릇하게 굽는다.

만일 이 스튜 향을 맡고 평소보다 훨씬 들뜬 기분이 든다면, 흥미롭게도 땅콩호박과 로즈메리가 각각 일반 호박 및 라벤더와 가까운 친척 관계라는 사실을 알아두자. 시카고에 자리한 향기와 맛 치료 및 연구 재단의 알란 허쉬 박사가 주도한 향기에 관한 연구 결과 남성은 라벤더를 가미한 호박 파이 냄새에서 제일 성욕을 자극받았으며, 여성은 이 향을 두 번째로 꼽았다(오이와 아니스 또한 참조, 270쪽).

땅콩호박과 밤

통통한 셰틀랜드포니 한 쌍 같은 느낌이지만 어쨌든 멋진 겨울의 조합이다. 야생 쌀 필라프에서 짝지어 사용해보자. 또는 프랑스 재래 품종으로 포티롱potiron(호박)과 마롱marron(밤)에서 유래하여 포티마롱Potimarron이라는 이름이 붙은 호박에서 두 가지 풍미를 동시에 느껴보자. 밝은 주황빛에 커다란 무화과 같이 생긴 포티마롱은 놀랍도록 향기로운 밤 풍미로 인기를 누리며, 상당히 쉽게 구할 수 있다. 일본에서는 홋카이도 호박이라 부르며 종종 미소 된장과 함께 요리한다.

땅콩호박과 버섯: 버섯과 땅콩호박(108쪽) 참조.

땅콩호박과 베이컨

게살을 떠올리게 만드는 달콤 짭짤한 조합으로, 덕분에 게살 케이크의 풋내기 선원 스타일인 다음 땅콩호박과 베이컨 케이크에 라임 마요네즈를 곁들이는 레시피를 생각해낼 수 있었다.

recipe
〔풋내기 선원의 게살 케이크〕
1. 땅콩호박 200g을 간다.
2. 익혀서 잘게 부순 베이컨 4장 분량과 넉넉한 빵가루 한 줌, 소금 한 꼬집을 더하여 섞는다. 마요네즈를 1큰술 정도 넣고 잘 섞어서 뭉친다.
3. 지름 약 4cm에 두께 1cm의 케이크 모양으로 빚은 다음 냉장고에 약 30분간 넣어두어 굳힌다.
4. 식물성 기름에 튀긴다.
5. 튀긴 케이크 위에 각각 라임즙과 제스트를 섞은 마요네즈를 조금씩 얹고 여분의 제스트를 약간 뿌려 마무리한다.

땅콩호박과 블루 치즈: 블루 치즈와 땅콩호박(86쪽) 참조.

땅콩호박과 사과

뉴욕의 웨스트 56번가에 있는 비콘Beacon 레스토랑에서 점심을 먹게 된 어느 가을날, 나는 호박 사과 수프를 주문했다. 종업원은 수프를 주전자에 담아 와서 그릇에 붓고 향신료를 가미한 솜사탕 덩어리를 띄웠다. 솜사탕은 계피의 단맛과 더없이 온화한 열기를 남기고 즉시 수프에 녹아들었다. 일주일 후 런던에 돌아온 나는 주방에서 지난 식사를 재현하려 노력하면서 수프를 냉장고에 넣어 차가워질 때까지 내버려둔 채로 이베이 온라인 사이트를 뒤지며 솜사탕 기계를 찾고 있었다. 그러다 문득 정신을 차렸다. 이미 아이스크림 기계 위에 체와 행주를 그득히 쌓아둔 사람이 그저 수프를 조금 더 맛있게 만들겠다고 다른 대형 기계를 들일 필요가 있을까? 마침 냉장고에서 사과 풍미가 강렬하게 무르익은 덕분에, 한참 돌아보다 수프를 먹을 즈음에는 향신료를 가미한 솜사탕 덩어리가 전혀 필요하지 않을 정도로 맛이 좋았다.

땅콩호박과 생강: 생강과 땅콩호박(453쪽) 참조.

땅콩호박과 세이지: 세이지와 땅콩호박(471쪽) 참조.

땅콩호박과 아몬드

이탈리아 북부에서는 아마레티 쿠키와 호박을 채워서 토르텔리tortelli라고 부르는 베개 모양 파스타를 만든다. 쌉쌀 달콤한 비스킷이 호박의 단맛을 끌어올린다. 만토바에 자리한 달 페스카토레의 셰프 나디아 산티니Nadia Santini는 모스타르다 디 크레모나mostarda di Cremona(걸쭉한 겨자 시럽에 절인 과일)와 넛멕, 계피, 클로브, 파르메산 치즈를 더한 전설적인 호박 아마레티 토르텔리를 만든다.

땅콩호박과 염소 치즈

짭짤한 염소 치즈의 고전적인 단짝은 달콤한 비트지만, 땅콩호박 쪽이 훨씬 낫다. 호박을 깍둑 썰어서 구우면 가장자리가 캐러멜화되면서 꿀 풍미가 나며, 오래된 거친 염소 치즈에서 매끄러운 금빛 꿀 향이 난다는 사실은 누구나 알고 있다. 염소 치즈와 땅콩호박으로 그라탕을 만드는 사람도 있지만, 내 생각에는 조금 묵직한 느낌이다. 어린 시금치 잎과 함께 상큼한 맛이 강한 드레싱에 버무리거나 병아리콩, 볶은 잣, 곱게 다진 적양파와 함께 섞고 다진 파슬리와 민트를 넉넉히 얹어서 쿠스쿠스를 만드는 편이 더 낫다.

땅콩호박과 조개 및 갑각류

'우리를 버터와 함께 먹어.' 버터를 그 어떤 것보다 사랑하는 바닷가재가 건네는 말이다. 우리는 그저 바닷가재를 버터에 뭉근하게 익히기만 하면 된다. 땅콩호박은 여기에 달콤한 견과류 풍미와 더불어 적절하게 고급스러운 질감을 더한다.

Chestnut
밤

밤은 잣과 캐슈너트처럼 달콤한 견과류지만 지방 함량이 낮은 덕분에 독특한 위치를 차지한다. 그럼에도 기름진 사촌들처럼 자연스럽게 야외 모닥불에서 구우면 넉넉한 풍미와 단맛을 이끌어낼 수 있다. 밤의 흙냄새는 야생 고기, 버섯, 사과 등 기타 가을 풍미와 좋은 짝을 이룬다. 밤을 갈아서 가루를 내어 훨씬 투박한 풍미를 지닌 빵과 파스타, 케이크를 만들거나 세포벽에 설탕을 채워서 퓌레나 마롱글라세marrons glacés를 만들기도 한다. 크렘 드 샤테뉴creme de chataigne라고 부르는 밤 리큐어도 판매한다.

밤과 닭고기

에드워드 번야드는 '밤은 일종의 새, 바람직하게는 죽은 새의 배 속에서 최고의 임종을 맞이한다. 부드러운 풀 같은 맛으로 훨씬 톡 쏘는 풍미를 돋보이게 하며 (거의) 모든 것을 정복한 감자보다 매력적인 베이스가 되어준다'고 말했다. 번야드는 거위나 오리처럼 비교적 기름지고 대담한 풍미를 내는 야생 조류와 밤이 이뤄낸 궁합을 염두에 두었겠지만, 닭과 칠면조에 사용하는 스터핑에도 흔히 쓰는 조합이다.

밤과 돼지고기

알렉상드르 뒤마는 밤이 모든 고기와 아주 잘 어울린다고 주장했다. 그는 『뒤마 요리 사전』에서 돼지고기 소시지에 곁들이는 밤 퓌레 레시피를 선보인다.

> *recipe*
> **〔돼지고기 소시지에 곁들이는 밤 퓌레〕**
> 1. 구운 밤은 얇은 속껍질까지 모조리 제거한다.
> 2. 버터와 화이트 와인, 육수 약간을 더해서 부드럽게 익힌 다음 갈아서 퓌레를 만든다.
> 3. 소시지가 익으면서 나온 즙을 밤 퓌레에 섞어서, 소시지와 함께 낸다.

밤은 견과류 치고 드물게 탄수화물 함량이 높아서 전통적으로 감자를 대신했으며, 빻아서 가루를 내어 제빵에 사용할 수 있다. 녹말질 성격 덕분에 코르시카에서는 달콤한 밤에 '빵나무'라는 별명을 붙였다. 코르시카의 최초 지역 맥주로 구운 풍미와 훈연 향이 나는 피에트라Pietra를 양조할 때도 밤을 쓴다.

밤과 땅콩호박: 땅콩호박과 밤(336쪽) 참조.

밤과 로즈메리

카스타나치오castagnaccio는 원래 밤가루와 올리브 오일, 물, 소금만으로 만든 토스카나의 케이크다. 더욱 번영하던 시절을 거치면서 로즈메리와 견과류, 말린 과일, 호두, 설탕에 절인 감귤류 껍질 등을 넣는 변형 레시피가 축적되었다. 밤가루에는 코코아와 생목초 사이 어딘가의 독특한 향기가 있어서 투박한 풍미를 경험하게 해준다. 정말로 투박하다. 양치기 은신처 바닥 같은 맛이 난다. 누구나 입맛에 맞을 풍미는 아니지만, 직접 만들어보고 싶다면 다음과 같이 해보자.

recipe

〔카스타나치오〕

1. 밤가루 250g를 체에 내리고 소금 한 꼬집, 물 250ml을 섞어서 매끈한 반죽을 만든다.
2. 곱게 다진 로즈메리 잎을 약간 섞는다.
3. 버터를 바른 23cm 크기의 플랑 틀에 붓는다. 얇은 케이크라는 점을 염두에 두자.
4. 잣을 뿌리고 올리브 오일을 넉넉히 바른 다음 윗부분이 진하게 노릇노릇해지고 오래된 니스 칠처럼 갈라져서 장식처럼 될 때까지 190℃로 예열한 오븐에서 30~45분간 굽는다.

이쯤이면 팽창제를 전혀 넣지 않으며 밤의 타고난 단맛에만 기대는 레시피라는 점을 눈치챘을 테니, 손님을 초대했다면 '케이크'라는 단어가 야기할 모든 기대를 어떻게든 수정하고 싶어질 것이다.

밤과 바닐라

마롱글라세를 만들 때 제일 흔하게 만나는 조합으로, 달콤한 과육은 너무 달아서 모든 치과 수술실에 현상금 포스터가 붙을 지경이다. 마롱글라세는 밤에 며칠간 바닐라 풍미 시럽을 주입한 다음 마지막으로 더욱 농축한 시럽을 입혀서 특별히 달콤하고 큼직하며 온전한 견과류를 만들어낸다. 프랑스의 클레망 푸제 Clement Faugier는 밤에 기대하는 기분 좋은 가루 느낌에 견과류 토피 맛이 은은하게 감도는 마롱글라세 스프레드를 만든다. 간단하게 휘핑크림에 섞거나 얇은 크레페에 발라 낸다.

밤과 배

크리스마스에 스터핑으로 쓰기 위해 산 밤을 조금 남겨두었다가 다음 날에 잘게 썬 배와 함께 칠면조에서 제일 맛있는 짙은 색 부위 고기와 진한 녹색 잎채소 약간으로 만든 샐러드에 넣어 내자.

밤과 버섯: 버섯과 밤(108쪽) 참조.

밤과 셀러리

프랑스 요리 작가 마담 E.생 탕쥬의 말에 따르면 셀러리와 밤은 풍미가 잘 맞을 뿐만 아니라 익는 시간이 비슷하므로, 곱게 깍둑 썬다는 뜻인 '브뤼누아즈brunoise'로 손질한 셀러리를 밤과 조합하여 수프에 넣는 것을 권장한다.

밤과 양고기

밤은 북아프리카 양고기 스튜 또는 타진에서 살구와 말린 자두가 너무 달다고 생각하는 사람을 위한 살짝 달콤한 멋진 대체물이 된다. 진공 포장한 시판 밤은 모양이 유지될 수 있도록 요리가 완성되기 약 10분 전에 뭉근하게 끓는 냄비에 넣는다.

밤과 양배추

방울양배추에 십자로 칼집을 넣고 밤에도 칼집을 넣을 수 있다면, 모두에게 크리스마스 선물을 조각해줄 만한 수준의 칼 기술을 손에 넣었다는 뜻일 것이다. 밤이 오븐에서 폭발하지 않게 하려면 반드시 틈을 내야 한다. 방울양배추는 너무 과하게 조리하지 않도록 주의하는 것 외에는 그다지 신경 쓰지 않아도 괜찮다. 어차피 밤 껍질을 까는 과정과 과열된 껍질 파편이 엄지손톱 밑으로 파고들어도 고통의 요들송을 부르지 않도록 억누르는 데에 모든 기운을 투자해야 한다. 달콤한 밤은 며칠 동안 말려서 전분이 변환될 시간을 주어야 하므로 직접 밤을 주워왔다면 너무 빨리 먹으려고 하지 말자. 밤과 양배추는 물론 맛있는 조합이지만, 사과 및 적양배추와 함께 조리거나 손이 회복되었다면 양배추와 돼지고기(168쪽)에 실린 레시피를 따르되 돼지고기와 소고기 대신 밤과 베이컨을 사용해서 양배추 하나를 통째로 채워보자.

밤과 초콜릿: 초콜릿과 밤(17쪽) 참조.
밤과 프로슈토: 프로슈토와 밤(247쪽) 참조.

Walnut
호두

아몬드에 이어서 세상에서 두 번째로 인기 있는 견과류다. 호두는 케이크와 제과류에 당연하다는 듯이 쓰이는 재료로, 주로 부드러운 풍미보다 전두엽처럼 생긴 주름진 외관 쪽에 초점을 맞춘다. 구우면 강렬한 견과류 향에 니코틴의 쓴맛이 살짝 가미된 완벽한 특성이 드러난다. 호두는 계피, 넛멕, 메이플 시럽, 꿀, 배 등 다른 '갈색' 풍미와 특히 잘 어울린다. 가공품으로는 호두 피클, 시럽에 절인 호두, 호두 리큐어(노치노nocino나 뱅 드 누아vin de noix), 채소와 샐러드에 쓰기 좋은 드레싱을 만들 수 있는 호두 오일 등이 있다.

호두와 가지

러시아와 터키 요리에서 자주 볼 수 있는 조합이다. 또 조지아에서는 어린 가지를 반으로 갈라 튀긴 다음 간 호두와 마늘, 고수 잎의 조합에 다진 양파와 셀러리, 타라곤 식초, 파프리카를 섞은 혼합물을 채워 먹는 요리로 짝을 이룬다. 여기에 석류 씨를 뿌려서 실온으로 낸다. 레바논에서는 어린 가지를 세로로 길게 반 가른 다음 호두와 마늘을 채워 기름에 절인다. 이탈리아 셰프 조르지오 로카텔리는 호두, 가지, 리코타 치즈, 넛멕, 달걀, 파르메산 치즈를 섞은 소를 넣어 속을 채운 파스타를 만든다. 또한 그는 신선하고 풍미 강렬한 호두를 구하려면 제철(12~2월)일 때 껍질째 사라고 조언한다.

호두와 경질 치즈

치즈 전문가 패트리샤 미켈슨Patricia Michelson의 말에 따르면 생호두는 파르메산이나 페코리노 등 풍미가 강한 치즈를 더욱 고양시킨다. 생호두에서는 치즈가 제조 과정을 거치며 잃어버리는 풍미와 유사한, 신선한 우유 맛이 난다. 그렇다고 말린 호두는 좋은 단짝이 아니라는 뜻은 아니다. 말린 호두는 깊은 버터스카치 풍미와 색을 띤 숙성한 고다 치즈와 특히 잘 어울린다.

호두와 계피

호두는 계피, 토피, 메이플 시럽, 사과 등 끈적하고 달콤한 가을 풍미와 친하다. 버터스카치 맛이 난다고들 하는 포Poe라는 호두 품종이 있을 정도다. 미국에서는 일반 페르시아 호두를 (반드시 본토에서 재배하지는 않았더라도) 영국에서 수입한다는 이유로 토종 검은 호두와 구별하기 위해 종종 잉글리시 호두라고 부른다. 영국은 수입한 지역의 이름을 따서 마데이라 너트라고 불렀지만, 나는 (캐러멜, 견과류, 말린 과일, 마멀레이드와 토피 풍미가 가득한) 마데이라 와인이 뚜렷한 신맛으로 균형 잡힌 풍미를 완성하듯이 호두도 껍질의 떫은맛으로 진한 단맛을 상쇄하기에 그런 이름이 붙은 것이 아닐까 생각하고 싶다.

호두와 고추

칠레스 엔 노가다Chiles en nogada는 녹색 고추에 속을 채운 다음 호두 가루 소스와 석류 씨를 뿌려 내는 음식이다. 멕시코 푸에블라의 대표 요리인 칠리 앙노가다는 국가의 독립을 축하하기 위해서 고안한 것으로, 녹색 고추와 흰색 호두 소스, 붉은 석류 씨로 각각 국기의 색을 표현했다(고추와 달걀(300쪽) 및 아보카도와 토마토(289쪽) 또한 참조). 소설 『달콤쌉싸름한 초콜릿』에서 티타가 조카 에스페란자의 결혼식에서 닥터 브라운의 아들 알렉스를 위해 요리를 내는데, 이를 먹은 사람 모두가 성적으로 과하게 흥분한 나머지 페드로(스포일러 주의!)는 식후에 성관계를 한 차례 즐긴 다음 숨을 거두고 말았다(심지어 빅토리아 시대의 요리 전문가 이자벨라 비튼도 식사를 소화시키려면 항상 20분을 기다려야 한다는 사실 정도는 알고 있었다).

호두와 넛멕: 넛멕과 호두(324쪽 참조.
호두와 닭고기: 닭고기와 호두(41쪽) 참조.
호두와 당근: 당근과 호두(334쪽) 참조.

호두와 마늘

18세기 초반, M.뒤샤는 랑그독 지방의 아야드aillade 소스를 다음과 같이 묘사했다. '가난한 사람들이 절구에 마늘과 호두를 빻아서 만든 곤죽으로, 위장이 도저히 소화할 수 없는 불쾌한 냄새가 나는 일부 고기를 받아들일 수 있게 해준다. 아야드 자체가 일부 사람들로부터 너무도 추앙받으며, 심지어 이탈리아에서는 역사가 플라티나가 자신의 형제는 종종 자진해서 이 라구를 준비하는 고통을 겪으며 구슬땀을 흘렸다고 세상을 향해 외쳤다.' 가난하건 말건 이 곤죽은 푸드 프로세서로 만들 수 있지만, 절구로 빻으면 훨씬 풍미가 좋다.

> *recipe*
> **〔아야드 소스〕**
> 1. 호두 100g, 마늘 4쪽을 잘게 부수며 간다.
> 2. 간을 하고 올리브 오일 150ml(또는 올리브와 호두 오일을 섞은 것)를 소스 농도가 될 때까지 천천히 부으며 섞는다.

터키식 타라토르로 만들려면 마늘과 호두에 올리브 오일을 붓기 전에 껍질을 잘라낸 흰 빵 3쪽을 통으로 넣고 레몬즙 2큰술, 레드 와인 식초 1작은술, 육수 100ml를 더한다. 아야드 소스는 전통적으로 구운 고기에 곁들이지만, 시금치와 홍피망, 병아리콩 파에야paella와도 잘 어울린다.

호두와 무화과: 무화과와 호두(501쪽) 참조.

호두와 물냉이: 물냉이와 호두(143쪽) 참조.

호두와 바나나

바나나에 대한 새로운 발상을 소개한다. 새롭다는 건 덜 익은 바나나를 쓴다는 의미다.

---

recipe

〔호두와 바나나 카르파치오〕

1. 생바나나를 둥글게 썬다.
2. 바나나 하나에 둘세 데 레체[42]를 깔끔하게 한 덩어리 얹은 다음 호두 반 개를 눌러 붙인다.

바나나에 둘세 데 레체를 바를 때 숟가락에 끈적하게 달라붙어서 질질 흘리지 않도록 하는 부분이 제일 힘들다. 하지만 노력해볼 가치는 있다. 심지어 차가운 마스 바Mars bar[43] 카르파초보다 두 배로 만족스러운 간식을 만들 수 있다. 만일 바나나가 너무 익었다면 모든 재료를 잘 뒤섞인 지그소 퍼즐처럼 보이게 만드는 고전 조합인 호두를 섞어 넣은 바나나빵을 만들자.

호두와 바닐라

검은 호두는 일반 페르시아 품종보다 풍미가 거친 대체제로, 과일 향이 조금 더 강하며 곰팡내가 난다. 오래된 광택제 깡통을 다시 열었을 때 훅 올라오는 냄새를 떠올리게 만드는 페르시아 호두 특유의 페인트 같은 향은 없다. 또한 페르시아 호두는 목질 풍미와 떫은맛이 더 강하다. 미국 북동부가 원산지인 검은 호두는 가구 제조와 고급 산탄총 개머리판에 사용하는 목재로도 유명하다. 껍데기가 딱딱하기로 악명이 높아서 망치로 깨거나 스테이션 왜건으로 밀고 지나가거나 지역 탈곡 창고로 가져가야 한다. 일단 껍데기를 까고 나면 종종 바닐라와 짝을 이루어 전설적인 케이크나 아이스크림을 만들거나 설탕, 달걀흰자, 옥수수 시럽을 더하여 디비니티 사탕divinity candy이라는 사탕과자를 만든다. 완성하면 머랭과 누가를 섞은 듯한 형태가 된다.

호두와 바질: 바질과 호두(312쪽) 참조.

호두와 배: 배와 호두(401쪽) 참조.

---

42 우유에 설탕을 넣고 캐러멜 상태가 될 때까지 졸인 라틴 아메리카 지역의 디저트. 묽은 잼이나 크림의 질감을 띤다.
43 1930년도에 영국에서 출시된 초콜릿 바 제품으로 초콜릿과 캐러멜, 누가 등이 켜켜이 들어가 있다.

호두와 버섯: 버섯과 호두(113쪽) 참조.

호두와 브로콜리
파스타나 볶음 요리에 섞어보자. 브로콜리는 호두와 조개 및 갑각류(346쪽)에 소개한 기름진 음식에 건강한 부재료로 투하하여 언뜻 몸에 좋아 보이는 듯한 모순 가득한 요리를 완성하는 역할을 한다.

호두와 블루 치즈: 블루 치즈와 호두(89쪽) 참조.

호두와 비트
햇볕에 거칠어진 소작농 부부의 얼굴처럼 주름지고 붉은 한 쌍이다. 익힌 다음 차갑게 식힌 붉은 퀴노아(톡톡 터지고 구운 호두 같은 특유의 풍미가 있다)에 잘게 부순 호두와 구운 비트, 고구마 덩어리를 섞어서 새롭게 시작할 기회를 주자. 간단하게 평소에 사용하던 꿀 대신 메이플 시럽을 넣어서 만든 메이플 시럽 비네그레트소스를 둘러 먹는다.

호두와 사과: 사과와 호두(397쪽) 참조.
호두와 세척 외피 치즈: 세척 외피 치즈와 호두(84쪽) 참조.

호두와 셀러리
셀러리와 호두는 로바지에서도 감지할 수 있는 독특한 향미 화합물인 프탈리드phthalides를 공유한다. 호두를 씹어보면 셀러리와 유사한 풍미가 확실히 느껴진다. 스터핑 및 월도프 샐러드에서 호두와 셀러리가 제대로 어우러지는 것도 이처럼 풍미가 서로 겹치기 때문이다. 셀러리가 닭 육수에서 마법 같은 효과를 발휘하는 점을 참고하여(셀러리와 닭고기 참조, 135쪽) 이 세 가지를 모두 합한 다음 수프를 만들어보자.

recipe
〔호두 셀러리 수프〕
1. 버터나 기름을 약간 두르고 다진 양파 1개 분량, 껍질을 벗기고 깍둑 썬 감자(대) 1개 분량, 다진 셀러리 줄기 4~5대 분량을 부드러워지도록 볶는다.
2. 양파가 부드러워지면 닭 육수 750ml를 붓고 한소끔 끓인다.
3. 불을 낮추고 감자와 셀러리가 익을 때까지 뭉근하게 익힌다.
4. 호두 50g을 곱게 갈아서 따로 둔다.
5. 수프를 갈아서 다시 팬에 부은 다음 간 호두를 넣는다. 걸쭉해질 때까지 젓는다.

질감이 적당히 거친 호밀빵과 함께 낸다.

호두와 소고기: 소고기와 호두(66쪽) 참조.

호두와 아니스

끈적한 호두나 피칸 파이(피칸과 호두는 거의 언제나 서로 대체할 수 있지만, 피칸은 단맛이 강하고 쓴맛은 덜하며 문 아래로 쉽게 밀어넣을 수 있을 만큼 두께가 얇다)에 으깬 아니스나 회향 씨 1/2작은술을 넣어보기를 강력하게 추천한다. 그냥 혼합물을 페이스트리 틀에 붓기 전에 향신료를 섞어 넣으면 된다. 단조로운 단맛이 되기 쉬운 파이에 신선한 향을 불어넣는다. 단맛을 좋아하지 않는다면 호두 오일과 타라곤 식초로 만든 드레싱을 먹어보자.

호두와 연질 치즈: 연질 치즈와 호두(102쪽) 참조.
호두와 염소 치즈: 염소 치즈와 호두(81쪽) 참조.
호두와 오렌지: 오렌지와 호두(435쪽) 참조.

호두와 조개 및 갑각류

미국식 중국 레스토랑에는 인간의 본성을 반으로 깔끔하게 나누는 요리가 존재한다. 기름에 튀긴 새우를 꿀 레몬 마요네즈에 버무린 다음 설탕에 절인 호두를 섞은 것이다. A군은 쫄깃하고 짭짤한 갑각류가 바삭한 설탕, 조금 향긋한 견과류와 어우러지며 드러내는 잠재력에 주목한다. B군은 전통 중국 요리와 심하게 거리가 먼 점과 칼로리를 생각하며 즉각 몰려오는 구토를 참는다. 나는 A군에 들어간다.

호두와 체리: 체리와 호두(362쪽) 참조.
호두와 초콜릿: 초콜릿과 호두(21쪽) 참조.
호두와 커피: 커피와 호두(26쪽) 참조.
호두와 콜리플라워: 콜리플라워와 호두(178쪽) 참조.

호두와 파스닙

피노키오 다리를 뜯어 먹는 듯한 느낌이 드는 조합이다. 오래 묵은 파스닙에서 질긴 심을 제거하여 너무 과한 목질 풍미를 상쇄하자.

호두와 파슬리

파슬리는 호두의 떫은 목재 풍미에 신선한 맛을 더한다. 파슬리와 호두는 종종 유명한 페스토 소스 등을 만드는 데 함께 쓰인다.

recipe

〔호두 파슬리 소스〕
1. 팬에 올리브 오일 3큰술을 달구고 다진 마늘 2쪽 분량, 곱게 다진 호두 75g, 굵게 다진 평엽 파슬리 한 줌 분량을 넣는다.
2. 간을 하고 몇 분간 따끈하게 데운다.

파스타를 넣어서 버무리거나 뇨키, 비트 또는 치즈 수플레에 뿌려 먹는다.

호두와 포도: 포도와 호두(369쪽) 참조.

Hazelnut
헤이즐넛

헤이즐넛은 초콜릿과 감각적인 궁합을 이루는 코코아 향내와 더불어 달콤하고 버터 같은 풍미를 지닌다. 이탈리아 피에몬테 지역에서 재배한 헤이즐넛은 특히 풍미가 좋기로 유명하다. 평이 떨어지는 헤이즐넛에서는 깎아낸 연필 부스러기처럼 금속성 느낌이 가미된 목질 풍미가 나기도 한다. 다른 견과류와 마찬가지로 헤이즐넛도 열을 가하면 풍미가 더 좋아진다. 연구 결과 헤이즐넛의 필수 풍미 화합물은 구웠을 때 열 배나 더 늘어난다는 사실이 밝혀졌다. 헤이즐넛의 씁쓸하고 달콤한 농후한 맛은 갈아서 섬세한 버터 풍미를 지닌 해산물에 입히는 튀김옷 내지는 호화로운 소스의 베이스로 활용할 수 있다. 헤이즐넛 오일은 제과에 유용하게 쓰이며, 드레싱에 사용하면 진미가 된다. 헤이즐넛 풍미 리큐어로는 프랑젤리코Frangelico와 크렘 드 누아제트creme de noisette가 있다. 건강식품 전문점에서는 맛있는 프랄린 트러플의 속 내용물만 숟가락으로 떠낸 듯한 맛이 나는 헤이즐넛 버터를 판매한다.

헤이즐넛과 닭고기

헤이즐넛의 특징적인 주요 풍미는 필버톤이다. 약한 고기 향과 흙냄새가 가미된 견과류 및 코코아 풍미를 내서 멕시칸 몰 소스(초콜릿과 고추 참조, 14쪽)를 떠올리게 한다. 헤이즐넛을 오븐에 굽거나 마른 팬에 볶으면 풍미를 강화할 수 있으며, 헤이즐넛과 마늘(349쪽)에 소개한 피카다picada 소스가 닭고기와 잘 어울린다. 전 세계에서 소비하는 실로 엄청난 양의 헤이즐넛을 재배하는 터키에서는 향긋한 스튜를 걸쭉하게 만들 때 사용한다(아몬드와 닭고기(354쪽) 참조). 또는 간단하게 차가운 로스트 치킨과 구운 헤이즐넛, 로켓을 섞어서 생무화과와 함께 가을 샐러드를 만든다.

헤이즐넛과 당근

당근 케이크 레시피를 보면 종종 버터 또는 마가린 대신 식물성 기름을 쓰라고 권하며, 이때 헤이즐넛 오일을 사용해서 다소 깊은 풍미를 낼 수 있다. 헤이즐넛 오일은 저렴하지 않을뿐더러 유통기한도 긴 편이 아니므로, 만일 유통기한이 거의 끝나가는 오일 한 병이 있다면 당근 케이크로 충분히 추억을 봉헌할 수 있다. 헤이즐넛 풍미가 너무 강하게 느껴진다면 마찬가지로 약한 헤이즐넛 풍미를 지닌 해바라기씨 오일로 희석한다. 제과제빵을 할 때 풍미를 내는 용도로 헤이즐넛 가루를 사용할 수 있으며, 케이크 레시피에서 요구하는 밀가루 분량의 3분의 1 내지 4분의 1을 대체하면 된다. 직접 푸드 프로세서에 갈아서 만드는 것이 무엇보다 좋지만 먼저 구워서 풍미 화합물을 활성화한 다음 씁쓸한 껍질을 제거해야 하며, 맛이 거친 케이크를 만든다면 껍질을 남겨놓는 편이 낫다.

헤이즐넛과 딸기: 딸기와 헤이즐넛(384쪽) 참조.

헤이즐넛과 라즈베리: 라즈베리와 헤이즐넛(497쪽) 참조.

헤이즐넛과 로즈메리

헤스턴 블루멘탈은 한때 일단 볶아서 평범한 물 대신 로즈메리 향 물에 익힌 쿠스쿠스 요리를 선보였다.

recipe
〔헤이즐넛 로즈메리 쿠스쿠스〕
1. 쿠스쿠스를 땅콩기름을 두른 팬에 넣고 한 번 볶는다.
2. 물에 생로즈메리 줄기를 넣고 데워서 풍미가 우러나게 한 다음 줄기를 제거하고 물을 다시 데운다.
3. 이 물에 쿠스쿠스를 넣고 익힌다.
4. 껍질을 벗기고 구워서 다진 헤이즐넛과 곱게 다진 로즈메리, 버터를 따로 섞어서 간을 넉넉히 한다.
5. 익힌 쿠스쿠스에 헤이즐넛 로즈메리 혼합물을 섞는다.

헤이즐넛을 구워서 달콤한 초콜릿 느낌을 강화한 다음 로즈메리와 짝지어 달콤한 비스킷 또는 아이스크림을 만들 수도 있다.

헤이즐넛과 마늘

스페인의 피카다 소스는 기본적으로 빻은 견과류와 마늘, 빵, 기름으로 만든다. 때로는 헤이즐넛을, 가끔은 아몬드를 사용하고 두 견과류를 섞어서 쓰기도 한다. 변형 레시피는 수없이 많아서 사프란, 토마토, 파슬리, 심지어 잣을 넣기도 한다. 호두와 마늘(343쪽)에 소개한 프랑스의 아야드나 터키의 타라토르tarator와 크게 다르지 않다. 스튜의 농도를 조절할 때 사용하거나(아몬드와 닭고기 참조, 354쪽) 반죽에 섞어서 미트볼을 만들고, 고기 또는 해산물에 소스 삼아 낸다.

recipe
〔피카다〕
1. 헤이즐넛과 아몬드 각각 15개를 구워서 껍질을 벗긴다.
2. 흰 빵 1장의 가장자리를 잘라내고 올리브 오일에 굽는다.
3. 모두 절구에 넣고 마늘 2쪽과 함께 빻는다.

4. 페이스트 형태가 되면 올리브 오일 1큰술을 더하고 취향에 따라 간을 맞춘다.

헤이즐넛과 무화과

프랑스에서 과일 타르트를 채울 때 사용하는 사랑스럽고 부드러운 견과류 페이스트 프랑지판은 주로 아몬드로 만들지만, 반드시 그래야 하는 것은 아니다. 헤이즐넛으로 멋지게 대체할 수 있으며, 특히 비단처럼 부드럽고 짙은 색을 띠는 무화과로 만든 타르트에 잘 어울린다.

recipe

〔헤이즐넛 무화과 타르트〕

1. 껍질을 벗기고 구운 헤이즐넛 100g을 갈아서 부드러운 무염 버터 100g, 정백당 100g, 밀가루 20g, 달걀 2개, 바닐라 익스트랙 1/2작은술과 함께 잘 섞는다.
2. 초벌구이한 22cm 크기의 스위트 페이스트리 틀에 부은 다음 무화과를 얹고 가볍게 누른다.
3. 180℃로 예열한 오븐에서 25분간 굽는다.

무화과의 풍성한 붉은색 속살이 위로 오도록 얹은 모양을 좋아하는 사람도 있지만, 나는 금색 페이스트로 이루어진 호수 위로 해변에서 부드럽게 코를 고는 아기 바다코끼리처럼 무화과 겉 부분이 툭 튀어나온 형태를 선호한다.

헤이즐넛과 바나나

헤이즐넛 버터는 우아한 땅콩버터로, 뵈르 누아제트(헤이즐넛과 흰살 생선 참조, 352쪽)와 헷갈리지 말자. 겉을 감싼 초콜릿을 벗겨낸 페레로 로셰에서 설탕을 뺀 듯한 맛이 나지만, 바나나가 과일처럼 느껴지게 만드는 감미로운 단맛은 여전하다. 양질의 흰 빵 덩어리에 헤이즐넛 버터를 바른 다음 썰어서(먼저 썰고 나서 바르면 빵이 찢어질 수 있다) 저민 바나나를 넣은 샌드위치를 만들자. 또는 우유와 메이플 시럽을 넣어서 농도를 살짝 희석하여 구운 견과류를 뿌린 바나나 팬케이크용 소스를 만든다.

헤이즐넛과 바닐라

이탈리아 피에몬테 지역의 헤이즐넛 리큐어 프랑젤리코frangelico는 구운 야생 헤이즐넛과 바닐라, 코코아, 그리고 언제나처럼 비밀 재료를 여럿 더하여 만든다. 바닐라 풍미가 두드러지며 끝맛을 장식하고, 부드러운 버터와 헤이즐넛 향이 나며, 휘핑크림에 섞으면 효과가 엄청나니 크림 250ml당 프랑젤리코 2큰술과 슈거 파우더 2큰술을 더해보자. 어떤 종류의 초콜릿, 배, 라즈베리 디저트에 곁들여도 맛있다.

헤이즐넛과 배

헤이즐넛 오일은 가열하면 풍미가 사라지지만, 찐 채소에 두르거나 식초와 섞어서 샐러드용 드레싱을 만들면 향이 매우 좋다. 특히 라즈베리 식초와 짝지어서 염소 치즈와 배, 그리고 헤이즐넛 풍미가 나는 암록색 잎채소인 콘샐러드(마체mache라고도 불린다)로 만든 샐러드에 넣으면 매우 잘 어울린다.

헤이즐넛과 사과: 사과와 헤이즐넛(396쪽) 참조.

헤이즐넛과 아몬드

비상용 케이크다. 하필 만들거나 나가서 사오기 불가능할 때만 골라서 케이크가 간절히 먹고 싶어지는 것은 인생의 모순 중 하나다. 이상적인 상황이라면 다음 재료를 유리문 안에 보관하고 그 아래 비상용 작은 망치를 걸어두겠지만, 애초에 나를 헤이즐넛과 아몬드 조합으로 이끈 범인은 필사적인 임기응변이었다. 나는 냉동고 바닥에서 출토한 치아바타 롤에 헤이즐넛 오일을 두르고 남편의 뮤즐리에서 골라낸 아몬드 약간과 노란 건포도를 뿌린 다음 토스터에서 해동하여 아직 따끈할 때 전부 꾹 눌러서 먹었다. 과일 케이크와 팽 오 쇼콜라 사이 어딘가에 속하지만 그 둘처럼 먹다가 물리는 느낌은 없는 환상적인 맛이다. 치아바타 빵 속의 빈틈이 과일과 견과류를 채우는 완벽한 공간이 되면서, 행복하게도 과일 케이크와 더욱 닮은 음식이 되었다.

헤이즐넛과 아보카도: 아보카도와 헤이즐넛(290쪽) 참조.
헤이즐넛과 체리: 체리와 헤이즐넛(362쪽) 참조.
헤이즐넛과 초콜릿: 초콜릿과 헤이즐넛(20쪽) 참조.

헤이즐넛과 캐비어

세상에서 제일 훌륭한 맛은 헤이즐넛인 걸까? 헤이즐넛 풍미는 숙성한 화이트 부르고뉴 와인, 샴페인, 굴, 하부고jabugo 햄, 소테른 와인, 보포르beaufort와 콩테 치즈, 프랑스 농가 버터, 콘샐러드 상추, 볶은 참깨, 야생 쌀, 가장 높은 칭송을 받는 여러 감자 품종과 오시에트라 캐비어에서 느낄 수 있다.

헤이즐넛과 커피: 커피와 헤이즐넛(26쪽) 참조.

헤이즐넛과 흰살 생선

뵈르 누아제트는 생선과 채소에 곁들이는 일이 제일 많지만, 가금류에도 잘 어울린다. 버터를 팬에 넣고 유장의 유단백질과 유당이 캐러멜화되어서 갈색으로 변할 때까지 가열하면 고소한 풍미를 띤다. 색을 더 진하게 내면 전통적으로 홍어, 뇌, 달걀과 함께 내는 뵈르 누아르가 된다. 뵈르 누아제트에 다진 헤이즐넛을 약간 넣어서 뵈르 드 누아제트를 만들기도 한다.

Almond
아몬드

아몬드 풍미에는 쓴맛과 단맛이라는 뚜렷한 두 가지 종류가 있다. 씁쓸한 아몬드에서는 아몬드 익스트랙과 아몬드 에센스, 아마레토에서 발견되는 확연한 마지판 풍미가 난다. 익스트랙은 씁쓸한 아몬드 과육과 살구와 복숭아 등 핵과 과일에서 얻어낸다. 씁쓸한 아몬드는 반드시 함유된 시안화물을 제거하는 처리 과정을 거쳐야 사람이 먹을 수 있는 무독한 상태가 된다. 씁쓸한 아몬드 풍미에 기인하는 주요 화합물은 벤즈알데히드로, 1870년에 처음 합성된 이래로 세계에서 두 번째로 많이 사용되는 향료가 되었다. 이는 씁쓸한 아몬드 이외에도 실비듬주름버섯과 계피의 친척인 육계 등 여러 종류의 식재료에 천연 상태로 발견된다. 씁쓸한 아몬드는 핵과와 베리류, 사과, 배, 장미 등 장미과 가족과 특히 잘 어울린다. 다른 견과류의 풍미를 높일 때도 사용한다. 녹색으로 물들인 피스타치오 아이스크림에서 씁쓸한 아몬드 맛이 살짝 느껴질 때도 있다. 달콤한 아몬드는 세상에서 제일 인기 있는 견과류다. 씁쓸한 아몬드 풍미가 느껴지기는 하나 날것일 때는 훨씬 부드럽고 우유와 가벼운 풀 향이 나며, 구우면 토피와 팝콘 풍미가 더해지며 월등히 진해진다. 달콤한 아몬드의 부드럽고 둥근 풍미는 다른 재료들과 매우 잘 어우러진다. 아몬드 밀크와 아몬드 버터는 건강식품 전문점에서 구입할 수 있다.

아몬드와 경질 치즈: 경질 치즈와 아몬드(94쪽) 참조.

아몬드와 계피

케이크와 페이스트리, 비스킷에 많이 사용하는 조합이다. 또한 전설적인 모로코의 바스티야bastilla 파이 반죽에도 등장한다. 향신료를 가미해서 삶은 비둘기 고기와 아주 살짝 볶은 달걀, 간 아몬드, 계핏가루, 설탕 혼합물을 아주 얇은 바르카 페이스트리warqa pastry 사이에 켜켜이 넣는다. 미리 경고하지만 바스티야는 만들기 귀찮고 시간이 오래 걸리는 요리다. 물론 집에서 만드는 것도 매우 대단한 일이지만 모로코의 페스로 날아갔다 돌아오는 편이 차라리 빠르며, 그 말인즉슨 아주 정교한 음식이라는 뜻이다. 비교적 덜 알려진 달콤한 바스티야 파이인 케네파keneffa는 주로 결혼식에서 내놓는다. 섬세한 바르카 페이스트리에 계피와 아몬드를 켜켜이 넣어 만든다. 나는 뿔 모양으로 만든 퍼프 페이스트리에 계피와 아몬드 풍미를 더한 크렘 파티시에르를 채워서 바스티야를 영국식으로 변주한다.

아몬드와 고추: 고추와 아몬드(303쪽) 참조.

아몬드와 기름진 생선

엘리자베스 데이비드의 설명에 따르면 프랑스의 작가 장 지오노는 송어와 아몬드를 직접 요리하기보다 포장해 와서 먹었다(직접 요리할 시간이 없는 사람이었다). 셰프 앨리스 워터스는 이 조합을 더 적극적으로 받아들인다. 전기 작가가 회상하는 바에 따르면, 앨리스는 염장한 햄과 멜론, 아몬드를 곁들인 송어, 라즈베리 타르트로 구성된 식사를 제공하는 브르타뉴의 한 레스토랑을 방문하고서 좋은 음식이란 무엇인가에 대한 개념을 정립하였다고 한다.

아몬드와 닭고기

축제에서 사랑받는 음식인 갈리나 앙 페피토리아gallina en pepitoria의 아몬드로 걸쭉하게 농도를 조절하는 레시피를 살펴보면 스페인이 무어인의 영향을 받았다는 점을 쉽게 식별해낼 수 있다.

recipe

〔갈리나 앙 페피토리아〕

1. 닭다리 1.5kg을 올리브 오일에 노릇하게 구운 다음 따로 둔다.
2. 오일을 약간 두르고 곱게 다진 양파(대) 1개 분량을 으깬 마늘 2쪽 분량, 월계수 잎과 함께 볶는다.
3. 닭다리를 다시 냄비에 넣고, 피노 셰리 와인 150ml를 부은 다음 닭 육수 또는 물을 추가해서 닭이 완전히 잠기도록 한다.
4. 한소끔 끓인 다음 뚜껑을 닫고 뭉근하게 익힌다.
5. 익히는 동안 헤이즐넛과 마늘(349쪽)에 실은 피카다 레시피 중 헤이즐넛과 사프란 대신 아몬드 30알을 더하고 클로브 가루 몇 꼬집과 파슬리 1큰술을 더하여 페이스트를 만든다.
6. 냄비에 넣고 계속 익혀(뭉근하게 익히기 시작할 시점부터 45~60분간) 닭고기를 완전히 익힌다.
7. 내기 직전에 닭고기를 꺼낸 다음 따끈하게 보관하고 그 사이 소스를 졸여서 걸쭉하게 만들어야 할 때도 있다. 같은 이유로 마지막에 곱게 다진 삶은 달걀노른자 한두 개 분량을 넣으라고 권하는 레시피도 많다. 밥을 곁들여 낸다.

아몬드와 딸기: 딸기와 아몬드(382쪽) 참조.
아몬드와 땅콩호박: 땅콩호박과 아몬드(338쪽) 참조.
아몬드와 라즈베리: 라즈베리와 아몬드(496쪽) 참조.

아몬드와 레몬

케이크와 타르트에 아몬드 가루를 넣으면 레몬의 날카로운 풍미를 다독이는 역할을 한다. 런던 남서부 큐에 자리한 더 오리지널 메이드 오브 오너에서는 신부 들러리maids of honour(메이드 오브 오너)라고 불리는 속이 깊고 작은 타르트를 굽는다. 그들의 주장에 따르면 힐러리 맨틀의 소설 『울프 홀』에서 토머스 크롬웰이 왕비 앤 불린의 시녀들에게 위로 삼아 이 타르트 바구니를 하나 보내는 장면이 나오는 것만 봐도 알 수 있듯이 헨리 7세 시대까지 거슬러 올라가는 역사를 지닌 타르트다. 레시피는 비밀이지만, 간단하게 설명하자면 치즈케이크와 비슷한 레몬 아몬드 필링을 채운 퍼프 페이스트리 타르트다. 북쪽으로 더 올라가면 베이크웰 타르트(라즈베리와 아몬드 참조, 496쪽)를 변형해서 잼을 생략한 다음 익힌 아몬드와 달걀 혼합물 아래 레몬 커드를 두껍게 바른 랭커스터 레몬 타르트가 있다. 이탈리아에는 토르타 델라 논나Torta della Nonna를 만들 때 주로 레몬과 잣, 혹은 할머니(논나)가 달콤한 와인에 연금을 탕진했다면 아몬드를 사용한다. 이탈리아와 스페인 양국에서 간 아몬드와 레몬을 섞어 스페인어로 타르타 드 아르멘드로스 데 산티아고tarta de almendros de Santiago라는 촉촉한 케이크를 만든다. 오렌지와 아몬드(432쪽)에 실은 레시피처럼 통과일(제스트, 즙, 중과피)을 이용하여 만들 수도 있지만 레몬이 더하는 신맛에 대항하여 설탕 양을 조금 늘려야 하며, 상당히 입이 마르는 케이크가 된다. 레몬을 넣는다면 중과피를 제거하는 것이 좋다.

아몬드와 로즈메리

아몬드에 기름을 버무리고 가볍게 소금을 친 다음 다진 로즈메리를 뿌리면 놀랍게도 베이컨 훈연 향이 강화된다. 저녁 식사 전에 차가운 피노 셰리와 함께 낸다. 또는 아몬드를 올리브 오일에 볶아서 구운 풍미를 추가할 수도 있으며, 비율은 아몬드 250g당 아주 곱게 다진 로즈메리 1큰술이다.

아몬드와 루바브: 루바브와 아몬드(372쪽) 참조.
아몬드와 마늘: 마늘과 아몬드(160쪽) 참조.

아몬드와 멜론

차가운 스페인 수프인 아호 블랑코(마늘과 아몬드 참조, 160쪽)에는 기본적으로 포도를 고명으로 얹지만, 때때로 멜론을 사용하기도 한다. 멜론 볼러로 속을 파내면 완벽한 구형을 이루는 멜론 조각을 만들 수 있지만, 차가운 포도처럼 입 속에서 만족스럽게 터지지는 않는다.

아몬드와 무화과: 무화과와 아몬드(499쪽) 참조.
아몬드와 바나나: 바나나와 아몬드(406쪽) 참조.
아몬드와 배: 배와 아몬드(400쪽) 참조.

아몬드와 복숭아

아몬드와 복숭아를 아마레티와 함께 굽는 이탈리아의 전통 디저트는 대조되는 풍미를 즐길 수 있다. 복숭아씨와 같은 아몬드 풍미가 나는 비스킷을 잘게 부숴서 씨를 제거한 복숭아에 채운다. 복숭아나무 잎도 아몬드 풍미가 나므로 물과 설탕에 재우면 음료와 소르베, 과일 샐러드에 쓸 수 있는 맛있는 시럽이 된다.

아몬드와 블랙베리

세상에 공짜로 얻을 수 있는 크럼블은 없다. 놀랍도록 풍성한 늦여름의 맛있고 새카만 블랙베리를 얻으려면 가시에 옷이 걸리고 치마에 물이 든 채로 걸음을 재촉해야 하는 대가를 치러야 한다. 다음 아몬드 블랙베리 크럼블에서는 달콤한 아몬드가 블랙베리의 길들이지 않은 짜릿한 맛을 어느 정도 다독인다.

recipe
〔아몬드 블랙베리 크럼블〕

1. 21cm 크기의 깊은 그릇에 버터를 바르고 블랙베리를 3~4cm 깊이로 채운다. 설탕 2큰술을 뿌린다.
2. 다른 볼에 밀가루 175g과 버터 75g을 담고 손가락으로 문지르며 섞어서 빵가루 같은 상태를 만든다.
3. 황설탕 75g과 굵게 다진 구운 아몬드 플레이크 50g을 섞는다.
4. 블랙베리 위에 뿌린 다음 200℃로 예열한 오븐에서 30분간 굽는다.

아몬드와 블랙커런트: 블랙커런트와 아몬드(489쪽) 참조.

아몬드와 블루베리

뮤즐리에 넣을 순 있어도 파티 케이터링에서는 보고 싶지 않은 조합이지 않은가? 아몬드는 굽지 않는 이상 연하고 수수하다. 블루베리는 그냥 평범하다. 스파르탄, 아이반호, 챈들러 블루베리는 구해볼 만한 품종이지만, 듀크 블루베리는 맛이 연하다는 평을 들으며 좋은 소리를 듣는 일이 거의 없으니 피하자.

recipe
〔아몬드와 블루베리를 넣은 휘핑크림〕

1. 크림에 아몬드 익스트랙(혹은 구할 수 있다면 아마레토)을 섞어서 모양이 잡힐 정도로 거품을 낸다. 풍미가 눈에 띄게 좋아진다.
2. 블루베리 한 줌과 구운 아몬드 플레이크 약간을 넣고 접듯이 섞는다.

3. 여분의 아몬드를 조금 뿌려서 낸다.

아몬드와 사과: 사과와 아몬드(395쪽) 참조.
아몬드와 사프란: 사프란과 아몬드(259쪽) 참조.

아몬드와 살구

아이리스 머독의 『바다여, 바다여』에서 찰스 애로비는 복숭아에 코웃음을 날리며 무엇이든 아몬드로 만든 것이라면 살구와 얼마나 멋지게 어울리는지 열광적으로 찬미한다. 어느 장면에서 그는 렌틸 수프와 삶은 양파를 곁들인 치폴라타와 홍차에 익힌 사과로 식사를 준비하며, 이어서 가벼운 보졸레 와인을 곁들이고 말린 살구와 아몬드 쇼트케이크를 먹는다. 통조림과 포장 음식을 주로 먹는 사람이기는 하지만, 살구에 대해서는 그의 주장이 옳다. 아니스와 아몬드(265쪽)에 실린 레시피에서 아니스를 제거하고 만든 평범한 아몬드 비스킷에 뭉근하게 익힌 말린 살구나 살구 풀을 곁들여 내자.

아몬드와 생강

추운 밤공기에 떠도는 진저브레드와 마지판은 크리스마스 시장의 향기다. 와인에 계피와 클로브, 레몬을 담가서 따뜻한 느낌을 더하고 석탄불에 구운 밤과 브라트부르스트bratwurst 소시지를 더하면 편안한 집 안에서 나만의 작은 독일식 크리스마스 시장을 즐길 수 있다. 진저브레드로는 건물과 사람 모양, 마지판으로는 동물 모양을 만드는 것이 전통이다. 1993년 클린턴 대통령의 페이스트리 셰프 롤랜드 메스니에는 진저브레드 백악관과 함께 마지판으로 고양이 삭스를 최소한 21마리 만들었다.

아몬드와 아니스: 아니스와 아몬드(265쪽) 참조.

아몬드와 아스파라거스

아스파라거스에서 견과류 풍미가 난다고 하는 만큼 아몬드와 아스파라거스가 잘 어울리는 것은 놀랍지 않은 일이며, 특히 구운 아몬드는 버터 풍미로 아스파라거스의 유황 맛을 보완한다.

recipe
〔아몬드 아스파라거스 무침〕

1. 세로로 쪼갠 아몬드 한 줌을 버터 한 덩어리와 함께 약한 불에서 6~7분간 노릇노릇하게 볶는다.
2. 불에서 내리고 레몬즙 1작은술, 소금 1/2작은술을 더하여 익힌 아스파라거스 위에 붓는다.

아몬드와 양고기: 양고기와 아몬드(70쪽) 참조.
아몬드와 오렌지: 오렌지와 아몬드(432쪽) 참조.
아몬드와 올리브: 올리브와 아몬드(253쪽) 참조.

아몬드와 장미

프랑스에는 아마레토가 데이트를 준비하면서 장미 향수를 뿌린 듯한 맛이 나는 아몬드 장미 시럽 오르자 Orgeat가 있다. 오르자는 물에 섞어서 산뜻한 여름용 코디얼을, 럼과 라임, 오렌지 큐라소Curacao, 민트를 섞어서 마이타이를, 파스티스와 섞어서 모레스크Moresque를 만들 수 있다. 이란에서는 축제일에 세로로 쪼개서 로즈워터 풍미 설탕을 입힌 아몬드를 내놓는다. 만일 안달루시아(마늘과 아몬드 참조, 160쪽)의 수프인 아호 블랑코를 좋아한다면, 마늘 대신 로즈워터와 꿀을 약간 넣어서 달콤하게 응용해보자. 방갈로르의 무슬림 결혼식에서 신부 가족이 우유와 아몬드, 장미 꽃잎으로 만들어 신랑 가족에게 대접하는 음료 샤르바트sharbat와 비슷한 방식이다.

아몬드와 조개 및 갑각류: 조개 및 갑각류와 아몬드(204쪽) 참조.
아몬드와 체리: 체리와 아몬드(361쪽) 참조.
아몬드와 초콜릿: 초콜릿과 아몬드(18쪽) 참조.
아몬드와 카다멈: 카다멈과 아몬드(461쪽) 참조.
아몬드와 커피: 커피와 아몬드(23쪽) 참조.

아몬드와 코코넛

코코넛 케이크나 비스킷, 푸딩 레시피에서 바닐라 익스트랙을 넣으라고 할 때 그중 절반을 아몬드 익스트랙으로 대체해보자. 비슷하게 강렬하지만 더 무난하고 고소하며 만족스러운 풍미가 날 것이다.

아몬드와 콜리플라워: 콜리플라워와 아몬드(177쪽) 참조.
아몬드와 포도: 포도와 아몬드(368쪽) 참조.
아몬드와 헤이즐넛: 헤이즐넛과 아몬드(351쪽) 참조.
아몬드와 화이트 초콜릿: 화이트 초콜릿과 아몬드(516쪽) 참조.

THE *flavour* THESAURUS

FRESH FRUITY
신선한 과일 향

Cherry
체리

Tomato
토마토

Watermelon
수박

Strawberry
딸기

Grape
포도

Pineapple
파인애플

Rhubarb
루바브

Apple
사과

Pear
배

Cherry
체리

사과처럼 장미과에 속한 체리는 달콤한 품종과 새콤한 품종, 그 중간 정도 풍미가 나는 품종이 있다. 역시 사과와 마찬가지로 신선한 풋내와 과일 향이 특징인 품종이 대부분이며 씨에서는 아몬드 향이 난다. 사실 사과 씨보다 체리 씨의 아몬드 풍미가 훨씬 강렬하며, 합성 체리 향료를 만들 때 쓴쓸한 아몬드 화합물인 벤즈알데히드를 베이스로 쓸 정도다. 진짜 체리는 과일을 씨째로 익혔을 때 아몬드 풍미가 더 쉽게 검출된다. 또한 체리는 꽃과 향신료 풍미도 지니고 있으며, 특히 말렸을 때 더욱 두드러지는 타닌 성격이 있다. 무엇보다 바닐라, 계피 등 향신료와 함께 요리하면 사랑스러운 맛을 내며 이들과 짝지어 체리 리큐어를 만든다. 키르슈와 마라치노는 과일 샐러드 또는 플랑베한 과일에 아주 잘 어울리는 깔끔한 체리 풍미를 지닌 맑은 증류주다.

체리와 계피: 계피와 체리(316쪽) 참조.
체리와 바나나: 바나나와 체리(406쪽) 참조.

체리와 바닐라

순수한 타히티산 바닐라 특유의 아니스 같은 향은 체리 풍미를 보완하며, 사람들로 하여금 확연히 체리 쥬빌레를 떠올리게 만든다. 1887년 에스코피에가 빅토리아 여왕의 재위 50주년을 기념하여 고안한 체리 쥬빌레는 원래 걸쭉한 설탕 소스에 달콤한 체리를 익힌 다음 키르슈 또는 브랜디를 더해서 플랑베하여 만든다. 이후 에스코피에는 레시피를 변형하면서 체리를 바닐라 아이스크림에 담아냈으며, 이는 오늘날과 거의 흡사하다. 자신의 눈썹을 소중히 여기는 요리사라면 달콤한 반죽에 체리를 넣어서 구운 프랑스식 디저트로, 보통은 바닐라를 쓰지만 가끔 아몬드로 풍미를 내는 체리 클라푸티clafoutis에 안착할 것이다. 씨가 요리에 쓴맛을 더하여 균형을 잡으므로 체리는 통째로 사용한다.

---

recipe

〔체리 바닐라 클라푸티〕
1. 달콤한 체리 500g을 버터를 바른 23cm 크기의 원형 오븐용 그릇에 담는다.
2. 냄비에 우유 250ml를 붓고 바닐라빈을 반으로 갈라서 씨를 긁어내어 넣는다.
3. 깍지도 넣은 다음 우유를 데우고 옆에 따로 두어 식힌다.

4. 달걀 2개, 달걀노른자 1개, 설탕 125g을 잘 섞는다. 녹인 버터 75g을 넣고 조금 더 섞는다.
5. 밀가루 50g을 체에 내려 넣고 잘 섞는다.
6. 우유에서 바닐라빈을 꺼낸 다음 반죽에 부어서 잘 섞는다.
7. 체리 위에 붓고 200℃로 예열한 오븐에서 반죽이 전체적으로 굳고 윗부분이 노릇해질 때까지 30분간 굽는다.

체리와 복숭아: 복숭아와 체리(416쪽) 참조.

체리와 아몬드

체리 씨와 쌉쌀한 아몬드에는 벤즈알데히드 화합물을 생성하는 휘발성 오일이 함유되어 있다. 벤즈알데히드는 미국의 풍미 및 향료 산업에서 바닐린에 이어 두 번째로 인기를 누리는 풍미 분자로, 아몬드와 체리 풍미를 합성할 때 모두 사용된다. 체리 콜라를 홀짝이면서 아마레토를 떠올리면 근접한 맛을 느낄 수 있다. 체리 과육보다 씨에서 아몬드와 더욱 비슷한 풍미가 난다. 다만 마라치노 체리는 예외다. 덜 익어서 녹색을 띨 때 절인 마라치노 체리는 원래 즙과 씨, 체리 잎으로 만든 리큐어에 절여서 사랑스럽게 술 취한 마지판 풍미가 난다. 요즘에는 대부분 마라치노 체리를 설탕 시럽에 재우고 아몬드 풍미를 주입해서 만들기 때문에 예전에 비해서 절반만큼도 맛있지 않으니, 만일 맨해튼 칵테일에 최고의 장식을 얹고 싶다면 체리를 직접 절이거나 장인 정신을 지닌 생산업자를 찾아야 할 것이다.

recipe

〔맨해튼〕

1. 양질의 호밀 또는 버번 위스키 60ml, 스위트 베르무트 30ml, 앙고스투라 비터스 약간에 얼음을 넣고 잘 젓는다.
2. 걸러서 마라치노 체리 위에 붓는다.

체리와 양고기: 양고기와 체리(72쪽) 참조.

체리와 염소 치즈

달콤한 체리는 어린 염소 치즈와 잘 어울리며, 특히 양쪽에 모두 신선한 풀 향이 깃든 시기에는 더욱 멋진 조합이다. 한여름에는 필히 체리와 염소 치즈를 먹어야 하며, 소풍을 겸한 긴 산책을 좋아하지만 바구니나 아이스박스를 끌고 다니는 건 질색이라면 단순해서 더욱 좋은 다음 점심 메뉴가 딱이다. 종이 봉지에 신선한 체리와 둥근 염소 치즈를 몇 개 담고 부슬부슬하고 고소한 빵을 먹을 만큼 챙긴 다음 소풍 장소로 향하자. 나는 우선 치즈를 빵에 수북히 쌓아서 먹다가 체리와 함께 나머지 식사를 즐기고, 남은 체리를 온전히 깨물어 먹으며 마무리하는 순서를 즐긴다. 에드워드 번야드는 체리를 최상의 상태로 즐기려면 막 수확이 끝난 과수원을 가로질러 산책하며 남아 있는 잘 익은 과일을 수확해야 한다고 했으니, 계획을 철저히 세우는 편이 좋을 것이다.

체리와 초콜릿

우승은 따놓은 조합이다. 블랙 포레스트 케이크나 벤엔제리 사의 체리 가르시아 아이스크림의 향을 맡아보았다면 과육과 견과류 풍미를 지닌 체리가 초콜릿의 타고난 단짝이라는 사실을 부정할 수 없을 것이다. 독일 남서부 블랙 포레스트 과수원에서 재배한 사워 모렐로 체리가 일반적으로 초콜릿과 짝을 이룬다. 델리아 스미스는 체리와 초콜릿으로 롤케이크를 만들고, 나이젤라 로슨은 반죽에 모렐로 체리 잼을 섞어서 초콜릿 머핀을 굽는다. 제과를 할 기분이 아니라면 좋은 초콜릿 판매점에 가보자. 키르슈에 담근 체리 190g을 초콜릿으로 감싼 것을 만날 수 있다.

체리와 커피: 커피와 체리(24쪽) 참조.
체리와 코코넛: 코코넛과 체리(420쪽) 참조.

체리와 헤이즐넛

뮤즐리에 헤이즐넛 한 줌과 말린 체리를 약간 더하면 우유를 넣은 달콤한 차 한 잔과 담배를 떠올리게 된다. 말린 체리에서는 강한 담배 풍미와 톡 쏘는 새콤달콤함, 그리고 헤이즐넛의 우유 풍미가 깃든 단맛과 잘 어우러지는 깔끔한 타닌 홍차 맛을 느낄 수 있다.

체리와 호두

영국 각본가 알란 베넷이 아쉬워할 단짝 사이다. 불쌍한 호두는 마카다미아나 피칸, 잣 등 새롭게 유행하는 견과류에, 그리고 설탕에 절인 체리는 블루베리나 크랜베리처럼 단맛이 덜하고 과분한 과일에 밀려날 위험에 처해 있다. 옛 정을 생각하며 체리 호두 케이크를 만들어보자.

체리와 훈제 생선

휴 핀리 휘팅스톨은 온훈연한 바다 송어와 막 씨를 제거한 체리를 황설탕 약간에 뭉근하게 익혀서 만든 모렐로 체리 콤포트를 곁들인 제철 조합을 추천한다. 물냉이 샐러드와 적당히 썬 호두빵을 곁들여 낸다.

Watermelon
수박

차가운 수박 한 입이란, 풀 향을 조금 가미한 오이 주스와 체리 에이드를 얼려서 만든 부드러운 그라니타 같은 존재다. 마크 트웨인은 수박을 일컬어 '이 세상 사치의 최고봉'이라 칭하였으며, 잘 익은 수박을 구한 이라면 누구든 동의할 것이다. 메디신 볼처럼 무겁고 두드리면 낮은 B플랫 음을 내는 것을 고르자. 원칙적으로 씨 있는 품종이 씨 없는 품종보다 맛있다. 수박즙은 루비 색이며 살짝 당근즙과 비슷한 숨은 채소 풍미와 더불어 사랑스럽고 달콤한 맛이 난다. 수박 과육은 수분을 머금는 경향이 있어서 어울리는 재료가 한정적이지만 허브와 산미 풍미와는 훌륭한 짝을 이룬다.

수박과 계피

아이티의 밥티스트 망고Baptiste mango에서는 솔 향과 라임 풍미가 나며, 부드러운 계피를 가미한 뒷맛을 지닌 달콤한 수박을 연상시키는 맛이 난다. 포르토프랭스 밖에 사는 사람이라면 인근 청과물 가게에서 밥티스트 망고를 발견할 가능성이 거의 없다. 하지만 제인 그릭슨의 『과일 도감』에 등장한 레시피에 따라 설탕 시럽에 마법 같은 아이티산 계피를 더해서 풍성한 맛을 가미한 수박 소르베를 만들 수 있다. 라임과 계피(438쪽)에 실은 레시피에서 무향 설탕을 제외하여 계피 풍미의 설탕 시럽을 만든다. 식으면 체에 거른 수박즙을 더하고 간이 맞을 때까지 레몬즙을 넣는다. 얼린다.

수박과 고수 잎

수박 한 조각의 향기를 맡으면 뜨거운 날에 물기가 촉촉하고 소금이 짜릿하며 멀리 떨어진 유원지에서 달콤한 향이 흘러오는 바닷가에 앉아 있는 듯한 느낌이 든다. 고수 잎에 적양파 약간, 생풋고추 약간을 섞어서 살사를 만들면 폭풍우가 지나간 후 물방울이 뚝뚝 떨어지는 정글에 가까워진다(나는 식탁 앞에서 이러지 말고 밖으로 좀 더 자주 나가야 할 필요가 있다).

수박과 고추

멕시코의 시판 사탕과자에서 애호하는 조합이다. 찍어 먹을 고추 셔벗을 곁들여 내는 수박 막대 사탕, 설탕과 고추를 입힌 수박 젤리 과자, 가운데에 고운 고춧가루를 넣은 딱딱한 수박 사탕 등이 있다.

수박과 굴

수박의 오이 향은 과일에서 촉촉한 단맛을 끌어내는 굴과 잘 어우러진다. 그리고 굴은 축축한 즙에서 허우적대는 대신 긍정적인 자세로 풍미를 만끽한다. 셰프 팀 쿠시먼Tim Cushman은 보스턴의 오 야O Ya 레스토랑에서 구마모토 굴에 진주 모양으로 파낸 수박, 오이 미뇨네트를 곁들여 낸다. 비슷한 계열로 엘 불리의 2006년 메뉴에서는 강한 바다 풍미의 거품을 덮은 수박 한 조각에 일련의 해조류를 화관처럼 장식한 음식을 선보였다. 짠맛이 진해지는 순서대로 해조류를 먹은 다음 마지막으로 달콤한 위안을 제공하는 수박을 입에 넣는다.

수박과 돼지고기

2006년, 뉴욕 웨스트 빌리지에 자리한 잭 펠라시오의 말레이시아 길거리 음식 레스토랑인 패티 크랩The Fatty Crab이 《타임 아웃 뉴욕Time Out New York》 잡지의 어워드에서 수박 피클과 바삭한 돼지고기 전채 요리로 '가장 맛있는, 건강에 해로운 샐러드 상'을 수상했다. 삼겹살을 키캅 마니스kecap manis(간장의 일종으로 색이 진하고 사악한 케첩과 비슷하다)와 쌀 식초, 피시 소스, 라임즙과 함께 구운 다음 깍둑 썰어서 튀긴다. 이어서 달콤한 수박을 깍둑 썰어서 양념한 설탕과 라임, 식초, 잘게 썬 흰색 수박 껍질 피클에 버무린 다음 돼지고기와 함께 섞는다. 잔파를 지붕처럼 올리고 고수, 바질, 흰 참깨를 약간 뿌린다.

수박과 라임

자른 수박에 라임 제스트와 즙, 필요하면 설탕을 조금 더하여 낸다. 또는 멕시코 사람처럼 수박과 라임을 섞어서 긴 잔에 담아 마시는 상쾌한 음료를 만든다. 수박의 아삭한 과육은 특히 보냉 효과가 좋으며 갈아 먹으려고 쓱쓱 자를 때면 마치 눈밭을 밟는 부츠처럼 서걱대는 소리가 난다.

수박과 로즈메리: 로즈메리와 수박(466쪽) 참조.

수박과 멜론

수박은 칸탈루프와 오그덴ogdens, 허니듀, 갈리아 멜론과 같은 일족이자 섞어서 같이 사용할 수 있지만 같은 속(屬)은 아니다. 수박에는 사촌격인 멜론에 특유의 과일 향을 가미하는 에스테르가 없다. 그렇다고 칸탈루프 등 기타 달콤하고 작은 멜론에 채소와 유사한 맛이 없다는 뜻은 아니다. 씨가 많은 멜론 중심부에는 놀랍게도 살짝 불쾌한 퇴비 같은 향이 은은하게 느껴지기도 한다.

수박과 민트: 민트와 수박(485쪽) 참조.
수박과 염소 치즈: 염소 치즈와 수박(79쪽) 참조.

수박과 오이

친척 사이인 수박과 오이는 다양한 풍미를 서로 공유한다. 수박은 오이의 고전적인 단짝들, 특히 페타 치즈 및 민트와 잘 어우러진다. 가스파초 등 원래 짭짤한 요리지만 물기가 많고 과일 향이 풍성한 오이를 넣어서 매력적인 얼음과자 같은 특징을 띠게 된 레시피에 오이 대신 수박을 써보는 것도 좋다.

수박과 초콜릿

시칠리아 요리 젤로 디 멜로네gelo di melone는 옥수수 전분으로 걸쭉한 질감을 내고 설탕으로 단맛을 가미한 다음 계피로 향을 더하고 잘게 빻은 피스타치오와 간 초콜릿 또는 설탕에 절인 감귤류 껍질을 각각 혹은 전부 넣어서 풍미를 가미한 수박 수프다.

수박과 토마토

샐러드와 살사에서 맛있는 조합을 선보인다. 뉴욕에 자리한 셰이크 색Shake Shack에서는 우아하고 부드러운 아이스크림의 일종인 프로즌 커스터드에 수박과 토마토를 함께 넣는다. 커피와 도넛, 오이와 민트, 라즈베리와 할라페뇨처럼 셰이크 색의 특별 메뉴 중 하나다.

Grape
포도

와인에 대해 이야기하지 않으면서 포도에 대한 글을 쓸 수는 없다. 다양한 와인 포도 품종과 와인 양조 과정을 통하여 얻어낸 풍미는 그야말로 놀랍다. 유감스럽지만 상점에서 구입할 수 있는 생식용 포도와는 다르다. 생식용 포도는 껍질이 얇고 씨가 없는 형태로 개량하여 먹기 쉽다. 포도 껍질은 풍미가 대부분 거주하는 부위이자 레드와 로제 와인에 색을 부여하는 장본인이다. 하지만 생식용과 와인용 구분이 절대적이지는 않다. 어떤 품종은 두 기능을 모두 수행한다. 예컨대 머스캣 와인에서는 양조한 포도 같은 맛이 난다는 희귀한 특징이 있다(와인에서 사과, 자몽, 구즈베리, 살구, 멜론, 블랙커런트의 풍미가 얼마나 흔하게 등장하는지, 그리고 포도 향이 나는 경우는 얼마나 드문지 생각해보자). 꿀과 꽃, 장미, 고수 씨 풍미가 나므로 머스캣 포도는 송이째 뜯어내 먹어도 맛있다. 다른 생식용 흰 포도에서도 비슷한 풍미가 나며, 적포도는 줄기에서 숙성할 시간을 주면 딸기나 블랙커런트 느낌이 날 수 있다. 슬프게도 그런 일은 매우 드물어서 우리가 살 수 있는 과일은 대체로 약간 덜 익은 씨 없는 품종일 때가 많고, 그런 포도는 풍미랄 것도 없이 아무리 좋게 봐도 평범한 과일 맛이 날 뿐이다. 지나치게 야단스럽지 않은 포도의 새콤달콤한 과일 맛은 다른 과일과 잘 어울리며, 고기와 상쾌한 대조를 이룬다. 상태가 좋은 포도는 있는 그대로 먹는 것이 제일 좋을 수도 있다.

포도와 경질 치즈: 경질 치즈와 포도(97쪽) 참조.

포도와 닭고기

포도는 닭고기 및 더 인기 있고 풍미가 섬세한 메추라기 등 담백한 고기를 보완하는 역할을 한다. 사진이 휘황찬란하게 들어가는 요리책에 거의 빠지지 않고 실리는 메추라기와 포도 조합에는 종종 포도 잎과 와인까지 넣으라고 기재되어 있다. 옛날에는 포도를 넣기 전에 미리 데쳐서 껍질과 씨를 제거해야 했다. 오늘날에는 영국인 포도 재배자 윌리엄 톰슨이 19세기 중반 캘리포니아에서 개발한 씨 없는 톰슨 포도 품종이 시장을 지배하면서, 청포도의 씨를 빼는 관행은 구식이 되었다. 톰슨 품종은 껍질 두께가 중간 정도라 메추라기나 닭고기 요리에 넣으려면 여전히 껍질을 벗겨야 한다. 덜 익은 포도는 토마토처럼 먼저 살짝 데치면 껍질을 수월하게 벗길 수 있다.

포도와 돼지고기

펠레그리노 아르투시는 달콤하고 새콤한 과일이 돼지고기와 궁합이 좋을 것이라 보며 소시지를 포도와 함께 내라고 권한다.

> *recipe*
> **〔소시지 포도 볶음〕**
> 1. 팬에 소시지(가능하면 이탈리아산 돼지고기 소시지)를 굽는다.
> 2. 거의 익으면 팬에 포도를 통째로 한 송이 넣고 뭉개질 때까지 익힌다. 고추와 아니스(303쪽) 또한 참조.

포도와 딸기

이탈리아에서 프라골라 우바fragola uva, 즉 딸기 포도라 불리는 포도는 미국에서 들어온 품종으로 원산지에서는 이자벨라라고 부른다. 즙에서 확연한 딸기 풍미가 나며, 벨리니식으로 프로세코와 섞어서 티치아노Tiziano를 만들 수 있다(나는 예술에 조예가 깊지 않지만, 내가 마시는 음료는 제대로 파악하고 있다). 이자벨라와 북미에서 기원한 야생종 포도를 교배하면 이보다 흔하게 재배하며 독특한 사탕 풍미가 나는 콩코드 포도(포도와 땅콩 참조, 367쪽)가 탄생한다. 프라골라 우바는 영국에서 재배할 수 있으며, 런던 시 코크 다젠트 레스토랑의 옥상 정원에 묘목이 있다.

포도와 땅콩

포도 젤리는 미국의 고전 음식인 땅콩버터와 젤리 샌드위치에 제일 흔하게 들어가는 과일 젤리다(블랙커런트와 땅콩 또한 참조, 488쪽). 영국에서는 이 포도 젤리를 만드는 콩코드 포도를 오직 수입산 주스나 '포도 향' 사탕과자 형태로만 맛볼 수 있다. 생과일을 먹어보기 전까지는 주관적인 풍미 판단이라는 주제에 대해서 곰곰이 생각하게 된다('이게 포도 맛이라고? 지금 장난해?'). 나는 그러다 마침내 뉴욕 유니언 스퀘어 마켓의 한 노점에서 콩코드 포도를 맛보게 되었다. '에이.' 나는 생각했다. 마치 우아한 재스민 향을 듬뿍 가미한 문방구 과자처럼 저렴한 동시에 아주 고급스러운 맛이 났다. 영국에 돌아온 후 나는 콩코드 포도가 먹고 싶어지면 웰치스 포도 주스로 맛있고 향긋한 소르베를 만들었다.

> *recipe*
> **〔땅콩버터와 젤리 샌드위치 선디〕**
> 1. 무가당 주스 500ml에 설탕 시럽 250ml를 섞어서 차갑게 식힌 다음 평소처럼 소르베를 만든다.
> 2. 땅콩버터와 호밀빵 아이스크림을 한 덩어리씩 곁들인다.

포도와 로즈메리

토스카나 지방에서 수확철에 감미로운 포도를 으깨어 덮어서 만드는 빵인 치아시아타 콘 루바schiacciata con l'uva를 만드는 게 아니라면 절대 포도와 곡물을 섞지 말자. 이 빵은 포카치아와 거의 비슷한데, 더 오래 구워서 더 바삭하다. 포도는 와인 품종을 반건조 또는 가지에서 막 따서 신선한 상태로 씨를 빼지 않고 사용한다. 굽기 전에 로즈메리나 회향을 빵 위에 뿌리기도 한다. 오븐에서 꺼내어 따뜻할 때, 포도 재배를 훨씬 낭만적으로 보이게 만드는 에릭 로메르Eric Rohmer의 영화 〈가을 이야기Autumn Tale〉를 틀어놓고 먹자.

포도와 멜론: 멜론과 포도(410쪽) 참조.
포도와 복숭아: 복숭아와 포도(416쪽) 참조.

포도와 블루 치즈

포트와인과 스틸턴이 최고의 와인과 치즈 조합 중 하나라는 점은 두말할 필요도 없다. 둘 다 진한 풍미를 공유하기도 하지만, 무엇보다 달콤한 와인과 짭짤한 치즈가 이루는 대비 덕분에 만족스러운 조합이 된다. 소테른과 로크포르도 마찬가지다. 입 속에 깊고 달콤하며 향긋한 즙이 넘치게 만드는 적포도도 스틸턴 치즈와 좋은 궁합을 이루며, 치즈보드뿐만 아니라 콘샐러드 채소로 만든 샐러드에 견과류 약간과 같이 넣기에 좋다.

포도와 아니스: 아니스와 포도(267쪽) 참조.

포도와 아몬드

호감이 가지만 단조로운 포도와 아몬드는 상대의 관심을 끌기 위해 극한으로 치달아야 한다. 포도를 얼리면 풍미가 응축되며, 결과적으로 소르베와 곰 젤리 사이 어딘가의 질감이 된다. 아몬드는 구워서 풍미를 이끌어내어 아몬드 브리틀을 만들 수 있다. 브리틀과 얼린 포도를 각각 잔 또는 은제 볼에 나누어 담아서 치즈와 함께 내면 브리틀은 잘게 부서지면서 끈적한 식감을 더한다. 포도와 아몬드의 다른 조합으로는 아몬드를 박은 칸투치니cantuccini 비스킷을 (주로) 단맛이 나는 토스카나 와인으로 투박하며 건포도 맛이 느껴지는 빈 산토에 담가 먹는 것이 있겠다. 마늘과 아몬드(160쪽) 또한 참조.

포도와 아보카도

캘리포니아 생식용 포도 위원회는 대부분의 음식에서 토마토 대신 포도를 쓸 수 있다는 유용한 제안을 한다. 토마토가 제철이 아니지만 모차렐라 치즈와 아보카도에 곁들일 뭔가가 필요할 때가 되면 떠올려보자. 그린 그레이프라는 이름처럼 껍질이 반투명하고 감귤류 껍질 풍미가 나는 작은 토마토 품종을 활용해서 거꾸로 효과를 볼 수 있을지는 확신할 수 없다.

포도와 연질 치즈: 연질 치즈와 포도(101쪽) 참조.

포도와 파인애플
더운 여름날 오후에 씨 없는 포도와 매우 잘 익은 파인애플 조각을 얼음물을 담은 볼에 담그면 적어도 아이스크림 트럭이 지나가기 전까지는 모두가 시원하게 있을 수 있다.

포도와 호두
영국 요리 작가 제레미 라운드는 가을에 제격인 조합으로 부드럽고 매끄러우며 신선한 호두와 머스캣 풍미의 포도를 언급한 적이 있다. 그가 추천하는 포도는 와인을 제조할 때 제일 자주 사용하며 진하도록 달콤한 이탈리아 품종인 부드러운 머스캣이다.

포도와 흰살 생선: 흰살 생선과 포도(213쪽) 참조.

Rhubarb
루바브

루바브의 원산지는 시베리아다. 잎에는 독성이 있다. 우리가 먹는 분홍색 잎꼭지 또는 줄기 부분의 강렬한 신맛과 충분한 양의 설탕이 만나면 설탕에 절인 딸기의 향, 요리용 사과의 과일 향, 익어가는 토마토로 가득한 온실을 떠올리게 하는 강렬하고 농후한 맛이 더해져서 풍미가 매우 흥미로워진다. 루바브의 과일 풍미는 조리 과정도 거뜬히 버텨내며, 설탕을 넣은 후에도 신선한 특징을 유지한다. 루바브는 메이플 시럽, 꿀, 아니스 등 과하게 달콤한 재료와 최고의 궁합을 이루며, 바닐라와 아몬드, 크림, 버터 등으로 단맛을 더할 수도 있다. 루바브의 구즈베리와 요리용 사과 같은 신맛을 이용하여 기름진 고기 및 기름진 생선과 짝짓는 사람도 있다.

루바브와 기름진 생선
새콤한 구즈베리 쪽이 고등어와 단짝이기로 유명할지 모르지만, 생선의 기름진 맛을 다루는 데에는 루바브 또한 비슷한 힘을 발휘하며 마찬가지로 맛있는 조합을 선보인다.

recipe

〔루바브 소스를 곁들인 고등어〕
1. 곱게 다진 셜롯 2~3개 분량을 식물성 기름에 부드러워지도록 익힌다.
2. 다진 루바브 3대 분량을 넣고 뚜껑을 닫아서 중불에 루바브가 잘 물크러질 때까지 익힌다.
3. 레드 와인 식초 2~3작은술과 황설탕 2작은술을 넣고 식초가 전부 날아갈 때까지 몇 분간 익힌다.
4. 맛을 보고 간을 맞춰서 바삭바삭하게 구운 뜨거운 고등어와 함께 낸다.

루바브와 돼지고기: 돼지고기와 루바브(44쪽) 참조.

루바브와 딸기
딸기를 넣지 않은 루바브 파이나 타르트는 찾아보기 힘들 만큼 미국에서는 표준인 조합이다. 잘 익은 루바브에서는 촉촉하고 꽃 향이 감도는 딸기 풍미가 느껴지며, 둘 다 확연하게 신선한 풋내가 난다. 1868년의 기록물에서 요리 작가 에드먼드와 엘렌 딕슨 부부는 루바브 타르트에 딸기 잼을 한두 큰술 더하면 파인애플 풍미가 난다고 주장한다.

루바브와 로즈메리: 로즈메리와 루바브(465쪽) 참조.

루바브와 망고

셰프 리처드 코리건은 제철이 겹친다는 점에 주목하며 루바브와 알폰소 망고의 조합을 열정적으로 논한다. 그는 로즈메리로 풍미를 내고 그레나딘을 약간 더한 설탕 시럽에 루바브를 뭉근하게 익힌 다음 식혀서, 저민 알폰소 망고와 넛멕을 송송 박은 바닐라 아이스크림, 생강 설탕 절임 쇼트브레드와 함께 그릇에 담아 낸다.

루바브와 바닐라

루바브는 재배하기 쉬운 작물이라 19세기 후반 영국에서는 대부분 정원에 한두 그루쯤 기르고 있었다. 존 버넷John burnett은 『풍요와 빈곤Plenty and Want』에서 1901년 전형적인 영국 가족의 일주일치 식단을 인용했다. 루바브는 최소한 여섯 가지 이상의 식사에 들어가 있었다. 이러한 활용성과 재배 용이성은 전쟁 기간에는 축복이었지만, 20세기 후반에 들어서고 특히 너무나 많은 새로운 음식을 먹을 수 있게 되면서 나라 전체가 과육을 부글부글 끓여서 덩어리진 커스터드에 넣은 루바브에 진절머리를 내기 시작했다. 바닐라가 없었다면 루바브는 완전히 사라졌을지도 모른다. 다행히 루바브는 바닐라의 절친한 친구다. 어딘가 백향과와 유사하지만 묵직한 사향이 덜하고, 입에 침이 고이게 하는 루바브의 새콤한 과일 풍미가 바닐라의 고급스러운 꽃과 크림 향에 대조를 이루어 그야말로 천국 같은 맛을 낸다. 그리고 루바브는 바닐라 아이스크림을 곁들인 루바브 크럼블, 정통 커스터드와 루바브 타르트(참고로 루바브와 커스터드를 타르트에 같이 넣어서 구우면 실로 훌륭한 맛이 난다) 덕분에 진부함을 탈피하고 끈질기게 살아남았다. 진분홍과 노란색이 어우러진 달콤한 과자들도 생존에 한몫 거들었다. 물론 지금은 제철 식재료와 정원 가꾸기에 대한 관심이 재개된 덕분에 루바브의 인기가 다시금 높아지고 있다. 그렇다면 루바브는 힘든 시기를 함께 이겨 내온 바닐라에게 어떤 보상을 줄까? 당연히 훨씬 새롭고 이국적인 파트너를 찾는 것이다. 루바브와 사프란, 루바브와 망고(371쪽) 참조.

루바브와 블랙 푸딩: 블랙 푸딩과 루바브(52쪽) 참조.

루바브와 사프란

루바브는 실험 정신을 자극한다. 《뉴욕 타임즈》의 요리 작가 마크 비트먼은 여러 음식 조합을 시험하며 겪은 고난을 글로 썼다. 그는 타라곤, 민트, 쿠민, 고수에 퇴짜를 놓고 나서야 루바브와 완벽하게 어우러지며 거의 훈연에 가까운 '규정하기 힘들 정도로 깊이 있는 풍미'가 느껴지는 사프란에 정착했다. 더불어 단순하게 조리한 생선과 함께 내기를 권한다. 루바브와 주니퍼(373쪽) 또한 참조.

루바브와 생강: 생강과 루바브(454쪽) 참조.
루바브와 아니스: 아니스와 루바브(263쪽) 참조.

루바브와 아몬드

스코틀랜드 디저트 크라나칸cranachan은 원래 크림과 크림치즈, 꿀, 구운 오트밀로 만드는 것으로, 의무적으로 심장을 걱정해야 하는 시대 이전에 탄생했다. 최근에는 위스키와 라즈베리를 넣을 때가 많다. 1월에 구할 수 있는 유일한 라즈베리는 슈퍼마켓에서 적극 판매하는 아무 풍미 없이 순수한 신맛만 나는 수류탄뿐이라, 나는 어느 번스 나이트[44]에 루바브를 사용하여 다음 변형 레시피를 고안했다. 루바브는 라즈베리와 유사한 기분 좋은 새콤한 맛이 나며, 위스키 대신 루바브의 타고난 단짝인 아몬드 풍미를 더할 수 있고 단맛과 낮은 알코올 도수 덕분에 스카치보다 뜨거운 충격이 덜한 아마레토를 사용한다.

recipe

〔루바브와 아몬드 크라나칸〕

1. 오트밀 50g을 노릇노릇하게 구워서 식힌다.
2. 루바브 6대를 2cm 크기로 잘라서 버터를 바른 오븐용 그릇에 담고 설탕 150g을 뿌린다.
3. 알루미늄 포일을 씌우고, 180℃로 예열한 오븐에서 약 30분간 굽는다. 오븐에서 꺼내 식힌다.
4. 크림 200ml를 단단히 거품 낸 다음 구운 오트밀 5분의 4분량을 넣고 익힌 루바브와 아마레토 2큰술, 액상 꿀 2큰술을 더하여 접듯이 섞는다.
5. 그릇 4개에 나누어 담고 위에 남은 오트밀과 구운 아몬드 슬라이스를 뿌려 낸다.

루바브와 양고기

달콤하게 향신료를 가미한 기름진 북아프리카의 타진 및 이란의 코레쉬khoresh를 보면 루바브가 어떤 작용을 하는지 알 수 있다.

---

[44] 스코틀랜드인들이 민족 시인인 로버트 번스Robert Burns의 생일을 기념하는 1월 25일 저녁.

recipe

〔코레쉬〕

1. 양파(대) 1개를 땅콩기름과 버터에 부드러워지도록 볶는다.
2. 깍둑 썬 양고기 500g을 넣고 노릇하게 익힌다.
3. 사프란 한 꼬집, 석류 시럽 1작은술을 넣어서 섞은 다음 고기가 잠길 만큼 물을 붓는다. 뚜껑을 덮고 1시간 30분간 뭉근하게 익힌다.
4. 뭉근하게 익히기 시작해 30분쯤 지났을 때, 파슬리와 민트(대) 각 1단을 곱게 다져서 버터에 볶아 코레쉬에 더한다.
5. 스튜가 완성되기 약 5~10분 전에 루바브 3대를 3cm 길이로 잘라서 넣고 한 번 저은 다음 뚜껑을 닫고 루바브가 형태를 유지할 정도로 익힌다.

코레쉬에는 종종 볶은 허브를 더하기도 한다. 일반적으로 신선한 허브는 익으면 풍미를 잃어버리지만, 그만큼 많이 넣어 풍미를 일부라도 살리고 소스도 걸쭉하게 만든다. 바스마티 쌀과 함께 낸다.

루바브와 오렌지: 오렌지와 루바브(430쪽) 참조.

루바브와 오이

나는 언제나 얼굴이 바짝 당길 정도로 새콤한 생루바브를 설탕에 찍어 한 입씩 깨물어 먹기를 즐긴다. 비결은 설탕을 아주 듬뿍 퍼서 먹는 것으로, 셀러리를 꼭 닮은 루바브 줄기 모양 덕분에 어렵지 않게 성공할 수 있다. 사탕과자 가게에서 판매하는 새콤한 쫀드기 과자를 살짝 건강하게 만든 듯한 맛으로, 입에 침이 고이게 만드는 감귤류의 충격이 한순간에 미각을 단련시키며 강렬하고 아작아작 씹히는 단맛을 강화한다. 나는 폴라 울퍼트의 저서에서 저자의 친구가 터키에서 루바브를 먹는 법을 알려주는 부분을 읽기 전까지는 루바브를 소금에 찍어 먹을 생각을 하지 못했다. 울퍼트는 조사 결과 이란에서도 얇게 저민 루바브와 오이를 소금에 한동안 절인 다음 로켓, 레몬즙, 민트 약간에 버무려 먹는다는 사실을 알아냈다. 삶은 연어를 곁들이면 좋다고 한다.

루바브와 주니퍼

시카고의 알리니아 레스토랑에서 그랜드 애커츠Grant Achatz는 염소젖 젤리를 곁들이고 녹차 거품을 더하거나 진을 함께 내는 등 루바브를 일곱 가지 방식으로 조리하여 선보인다. 그는 설탕으로 뒤덮기보다는 라벤더나 월계수 잎 등 뚜렷한 풍미와 맞붙여서 루바브의 신맛을 강조하는 방식을 선호한다. 나는 주니퍼와 함께 짝을 지어서 진과 루바브 소르베를 만든다. 진은 보드카처럼 셔벗에 부드러운 질감을 선사한다.

Tomato
토마토

맛있고 신선한 토마토를 구하는 것보다 제대로 된 통조림을 사는 것이 훨씬 쉽다. 이탈리아산 플럼 토마토 통조림을 찾아보되, 상표에 산 마르자노 'D.O.P'라는 문구가 있으면 좋다. 원조 산 마르자노 품종은 1970년도에 오이 모자이크 바이러스에 당해 거의 사라졌으며, 현재 유통되는 산 마르자노 토마토는 승인을 받은 대체 품종이지만 요리에 사용하면 다른 어떤 토마토도 이길 수 없는 질감을 자랑한다. 캘리포니아의 몇몇 유기농 브랜드도 맛이 뛰어나다. 통조림 토마토는 살짝 조리된 상태로(캔 제품에는 흔한 일이다) 날것일 때보다 유황 향이 강하고 잼과 향신료 풍미가 난다. 생토마토는 새콤달콤하고 짭짤하며 풀, 과일, 꽃 풍미가 난다. 제대로 푹 익은 다음에 수확하면 최상의 상태가 되어서 최고로 대담한 단맛과 신맛을 품는다. 직접 기를 수 없다면 시판 방울토마토를 사는 것이 제일 낫다. 또는 가격은 높으면서도 풍미는 쩨쩨한 토마토 품종에 돈을 낭비하느니, 부족한 단맛과 신맛을 제공할 고품질 발사믹 식초 한 병에 투자하자(우연히도 토마토와 대체 가능하다고들 하는 딸기 풍미 또한 발사믹 식초로 강화된다. 토마토와 딸기의 상호 대체 가능성에 대해서는 토마토와 딸기(375쪽) 참조). 토마토에는 감칠맛도 존재한다. 헤스턴 블루멘탈은 토마토 과육보다 씨에 더 많은 풍미가 함유되어 있다는 가설을 세우고 리딩 대학의 과학자와 함께 연구를 진행한 결과, 실제로 씨에 음식을 훨씬 맛있게 만들고 다른 재료의 풍미를 강화하는 글루탐산이 더 많이 들어 있다는 사실을 확인했다.

토마토와 가지
둘 다 가지과로, 경솔하게 사용하면 요리사에게 치명적일 수 있는 재료다. 토마토의 신맛과 가지의 쓴맛은 다루는 데에 요령이 필요하며, 가지를 덜 익히거나 기름을 너무 많이 넣어 과육 기공에서 줄줄 배어나오도록 해서는 안 된다. 마늘과 토마토를 채운 터키식 가지 요리 이맘 바일디 imam bayildi에서 삶은 신발 고무창 같은 맛이 날 때가 그렇게 많은 것도 그리 이상한 일이 아니다. 하지만 섬세하게 조리하면 멜란자네 파르미지아나(치즈를 듬뿍 넣은 토마토 소스에 익힌 가지)나 파스타 알라 노르마(가지와 토마토, 바질, 리코타를 넣은 시칠리아의 고전 파스타 요리), 카포나타(마찬가지로 시칠리아에서 온 차갑고 새콤달콤한 가지와 토마토 샐러드)보다도 훨씬 절묘한 음식이 될 수 있다.

토마토와 감자: 감자와 토마토(134쪽) 참조.
토마토와 경질 치즈: 경질 치즈와 토마토(95쪽) 참조.
토마토와 계피: 계피와 토마토(318쪽) 참조.

토마토와 고수 잎: 고수 잎과 토마토(284쪽) 참조.
토마토와 고추: 고추와 토마토(305쪽) 참조.
토마토와 넛멕: 넛멕과 토마토(324쪽) 참조.
토마토와 달걀: 달걀과 토마토(197쪽) 참조.
토마토와 닭고기: 닭고기와 토마토(39쪽) 참조.
토마토와 돼지고기: 돼지고기와 토마토(49쪽) 참조.

토마토와 딸기

과학적인 자세를 갖춘 요리사의 말에 따르면 풍미 화합물을 공유하기 때문에 서로 대체해서 사용할 수 있는 조합이다. 1990년대 중반 론 G. 버터리가 이끄는 팀은 토마토에 라즈베리나 파인애플, 소고기, 구운 헤이즐넛, 팝콘에서 찾아볼 수 있는 딸기 퓨라논 성분이 함유되어 있다는 사실을 발견했다. 최신 연구 결과에 따르면 한여름에 집에서 재배한 토마토에서 제일 농도가 진했다. 제일 좋아하는 딸기와 토마토 요리에 서로 대체해서 사용해보자. 간단하게 떠올릴 수 있는 메뉴로는 딸기와 아보카도, 모차렐라 치즈 샐러드가 있다. 버거에 딸기를 넣거나 과일 타르트에 토마토를 올려보는 건 어떨까? 예부터 딸기 크림을 먹으면서 경기를 보는 관습이 있는 윔블던 테니스 대회의 관객석 풍경을 완전히 바꿔버릴 수 있을 것이다.

토마토와 땅콩: 땅콩과 토마토(32쪽) 참조.
토마토와 라임: 라임과 토마토(442쪽) 참조.

토마토와 레몬

통조림 토마토에 레몬을 가볍게 더하면 쇠 맛을 제거할 수 있다. 통조림 특유의 냄새는 시간이 지날수록 강해지니, 특히 찬장 깊은 곳에서 통조림을 막 발굴해냈을 때 기억해두면 좋은 정보이다.

토마토와 마늘

파 암 토마캇Pa amb tomaquet은 카탈로니아에서 하루를 시작하는 유일한 방법이다. 하루를 마무리하기에도 나쁘지 않다. 식사 대부분에 곁들이는 간소한 요리로, 굽거나 하루 묵혀 찢어지지 않을 정도로 단단해진 빵에 마늘과 토마토를 문지르면 과육 조각이 즙, 씨와 함께 빵 기공에 걸리며 풍미를 농후하게 만든다. 올리브 오일을 두르고 소금을 뿌려서 마무리한다. 대체로 이것만 먹지만, 안초비나 하몽 하부고를 곁들여 내기도 한다. 레오폴드 포메스Leopold Pomes는 200쪽이 넘는 저서 『토마토와 함께하는 빵의 이론과 실습 Teoria I practica del pa amb tomaquet』에서 토마토 빵과 초콜릿을 번갈아 먹기를 즐기는 유명한 가수 이야기를 들려준다. 초콜릿과 토마토(20쪽) 또한 참조.

토마토와 바닐라: 바닐라와 토마토(514쪽) 참조.
토마토와 바질: 바질과 토마토(312쪽) 참조.
토마토와 버섯: 버섯과 토마토(113쪽) 참조.

토마토와 베이컨

얼마나 멋지도록 대조적인지! 짭짤한 베이컨과 새콤달콤한 토마토는 BLT샌드위치에서 아삭하고 달콤쌉쌀한 양배추와 잘 어울리기로 유명하다. 하지만 내가 미래의 남편이 될 사람에게 처음으로 저녁 식사를 만들어줬을 때는 그리 성공적이지 않았다. 메뉴는 누가 봐도 안전한 선택지인 파스타 알 아마트리치아나였다. 나는 잘게 다진 얇은 판체타 12장 분량을 올리브 오일에 바삭하게 볶은 다음 팬에서 덜어내 따로 두었다. 그리고 베이컨 기름에 채 썬 양파 1개 분량을 부드러워지도록 볶고 통 플럼 토마토 1캔 분량을 부어서 나무 주걱으로 으깬 다음 고춧가루와 설탕을 1작은술씩 넣고 간을 했다. 천천히 뭉근하게 익히는 사이 침실로 들어가서 선택받지 못한 신발과 요리책, 실내 운동기구, 사탕 껍질을 죄다 옷장에 우겨 넣고 태연한 척 소스를 저으러 다시 부엌으로 돌아왔다. 맛을 보자 화장실로 들어가는 길 내내 걱정스러울 정도로 신맛이 입 안에 머물러서, 설탕을 조금 더 넣어야 토마토의 새콤한 맛을 잡을 수 있을 것 같았다. 일단 아이라인을 그린 다음 다시 부엌에 뛰어들어가 설탕 1작은술을 더 넣었다. 아무래도 '당뇨 파스타'라고 불러야 할 정도로 소스가 당에 절여져 반짝일 때까지 그런 식으로 설탕을 한 작은술씩 추가했다. 나는 베이컨을 소스에 다시 넣어서 데웠다. 파스타를 삶아서 건졌다. 소스와 섞어서 페코리노 로마노 치즈를 뿌려서 냈다. 그는 군말 없이 파스타를 먹어치웠지만 나는 분명히 움찔하는 모습을 봤다. 긴장한 집주인이라면 스트레스와 불안이 미각을 둔화시킬 수 있다는 점을 반드시 기억해야 한다. 연구에 따르면 계절성 정서장애가 있는 사람은 겨울철 동안 미각 역치에 현저한 차이가 생긴다.

토마토와 생강: 생강과 토마토(457쪽) 참조.
토마토와 세이지: 세이지와 토마토(473쪽) 참조.
토마토와 소고기: 소고기와 토마토(65쪽) 참조.
토마토와 수박: 수박과 토마토(365쪽) 참조.

토마토와 아니스

타라곤 맛 베어네이즈 소스에 토마토 퓌레를 몇 큰술 더하면, 장밋빛이 도는 분홍색 소스로 위대한 프랑스 요리사 알렉산드르 에티앙 쇼론Alexandre Etienne Choron의 이름을 딴 쇼론Choron이 된다. 1870년 파리에서 프러시안 포위 작전으로 레스토랑 재료 공급이 끊기자, 알렉산드르는 불로뉴의 숲에 있는 동물원에 찾아가서 코끼리 콩소메와 구운 피망 소스를 더한 곰 정강이 요리, 쥐를 곁들인 고양이 등의 메뉴를 고안했다.

재료 수급에 문제가 없다면 우리는 쇼론 소스를 연어와 피시케이크 또는 붉은 살코기와 함께 낼 것이다. 퓌레를 만들 때는 좋은 재료를 사용해야 한다. 조르지오 로카텔리는 질 좋은 토마토 퓌레는 튜브에서 짜내자마자 햇빛 아래에서 자연스럽게 마른 토마토를 연상시키는 풍미가 나며 맛이 좋아야 한다고 말한다.

토마토와 아보카도: 아보카도와 토마토(289쪽) 참조.

토마토와 안초비: 안초비와 토마토(234쪽) 참조.

토마토와 양고기

토마토는 코코넛처럼 음식에 여름을 불어넣으며, 구운 양고기까지 산뜻하게 만들어주는 재료다. 그리스에서는 양 다리를 토마토와 함께 요리한 다음 쌀 모양 파스타인 오르조를 넣어서 마무리한다. 그러면 파스타가 양고기와 토마토의 풍미를 흡수한다. 간단한 시금치 샐러드만 곁들이면 더할 나위가 없다.

> *recipe*
> **〔토마토 오르조를 곁들인 그리스식 양구이〕**
> 1. 고기를 원하는 정도로 구우려면 시간이 얼마나 걸릴지를 고려하면서, 양 다리에 칼집을 몇 군데 넣어서 저민 마늘을 집어넣은 다음 골고루 간을 한다.
> 2. 구이용 팬에 철망을 올리고 양 다리를 얹은 다음 190℃로 예열한 오븐의 중간 단에 넣는다.
> 3. 토마토 캔 2개(각 400g) 분량을 굵게 다지고 오레가노 약간, 월계수 잎 1장, 설탕 1/2작은술을 넣은 다음 간을 살짝 해서 섞는다.
> 4. 고기가 완성되기 1시간 전에 구이용 팬을 오븐에서 꺼내서 재빨리 양고기를 들어내고 바닥의 기름기를 따라낸다.
> 5. 팬에 토마토를 붓고 양고기를 다시 얹은 다음 오븐에 넣는다.
> 6. 고기가 다 익으면 꺼내서 알루미늄 포일을 느슨하게 덮어 휴지한다.
> 7. 토마토에 오르조 250g과 끓인 물 100ml을 붓고 다시 오븐에 넣어 계속 익힌다.
> 8. 양고기를 15분간 휴지한 다음 적당히 썬다. 이때쯤이면 오르조가 거의 다 익었을 것이다.
> 9. 오르조가 익었는지 재차 확인한 다음, 썰어낸 양고기를 얹어서 낸다. 양고기와 아니스(69쪽) 또한 참조.

토마토와 양파

토마토는 이상적인 맛과 실제 맛 사이에 가장 큰 간극을 열어줄 수 있는 재료다. 엘리자베스 데이비드는 스페인에서 한 해 여름 내내 매일 먹었던 토마토와 양파 샐러드에 대해 이야기하면서 두 재료가 너무 맛있어서 오이와 올리브, 양상추만으로 식욕을 채울 수 있었다고 말한다. 이어서 영국에서 그러한 기쁨을 얻는 경험은 갈수록 드물어진다며 통탄했다. 지금은 거의 존재하지도 않는 기쁨이다. 내가 먹어본 것 중 제일 이상에 가까울 정도로 생생한 토마토는 코스타 데 라 루스의 헤레스와 카디스 사이에 자리한 엘 푸에르토 데 산타 마리아의 해변가 레스토랑에서 먹은 것이었다. 화려한 비닐 식탁보에 거친 종이를 한 장 덮고 형광 녹색 식탁용 클립으로 고정한 곳이었다. 토마토를 둘러싼 기타 재료는 푸른 양파, 오직 양파뿐이었다. 하지만 둘 다 절묘한 맛이 났다. 토마토에서는 온실에서 자라난 깊은 엽록소 풍미가 났고, 양파는 심히 달콤해서 눈을 가리고 먹으면 과일이라고 할 수도 있을 것 같았다.

토마토와 연질 치즈: 연질 치즈와 토마토(101쪽) 참조.

토마토와 오이

토마토와 오이는 가스파초에 결코 빠져서는 안 되는 재료로 보일지도 모르지만, 사실 이 재료가 신세계에 도착하기 전부터 가스파초는 있었다. 원래 가스파초는 빵과 마늘, 올리브 오일, 식초, 물로 만들어서 매력이 덜한 아호 블랑코 같은 수프였다. 내가 처음 가스파초를 만들었달까 만드는 과정을 도운 것은 포르투갈에서 산사태와 익사로 두 번 죽을 뻔하다 살아난 날이었다. 요리 하나를 준비하는 데에 우리 열두 명이 총동원돼서 껍질을 벗기고 갈고 다지고 믹서를 돌리고 체에 걸렀다. 퉁명스럽지만 효율적인 여주인이 지휘하는 부엌 오케스트라였다. 사람은 열두 명이었지만 수프를 만드는 데는 한 시간이 걸렸다. 하지만 완성된 가스파초는 먹어본 것 중 최고였으며, 톡 쏘는 데다 카스카이스의 햇볕 아래 자라난 모든 신선한 샐러드 풍미를 머금은 향이 났다.

토마토와 올리브: 올리브와 토마토(255쪽) 참조.

토마토와 조개 및 갑각류

링귀니 알라 봉골레[45]는 토마토를 넣은 로소rosso 혹은 토마토를 넣지 않은 비앙코bianco로 나뉜다. 나는 확고한 비앙코 파지만, 로소 파라면 봉골레 로소를 (파스타는 빼고) 액상화했다고 할 수 있는 클라마토라는 개념을 나보다 더 잘 받아들일 수 있을 것이다. 토마토 주스와 조개 육수 및 향신료를 결합한 클라마토는 사실 맨해튼 클램 차우더에서 영감을 받은 것으로, 휴가철에 이런 식품이 있으면 편할까 싶어 사두게 되는 그런 것이다. 나도 들뜬 마음으로 사들고 돌아와서 냉장고에 처박아두었다가 한 번씩 꺼내서 의미 없이 위아래로 흔들어서 가라앉아 있는 조갯살의 흔적을 찾아보곤 했다. 나는 내가 프로방스식 새우 요리나 바닷가재 아메리칸lobster americaine, 카탈로니아의 생선 스튜 사르수엘라zarzuela, 이탈리아에서 영향을 받은

---

[45] 링귀니로 만든 봉골레 파스타.

샌프란시스코의 해산물 스튜 치오피노cioppino 등을 좋아한다는 점을 떠올리면서 마음을 단단히 먹고 클라마토의 뚜껑을 열었다. 그리고 사랑에 빠졌다. 클라마토는 블러디 메리에 완벽하게 어울리는 감칠맛 그 자체를 농축한 음료로, 감칠맛이 더없이 진하고 짭짤한 토마토 주스만큼 미각에 도전장을 던지는 음식도 없다. 멕시코에서는 클라마토 주스에 맥주를 섞어서 미첼라다michelada를 만든다.

토마토와 초콜릿: 초콜릿과 토마토(20쪽) 참조.

토마토와 케이퍼

그리스 산토리니 섬의 화산토는 현지에서 자라는 케이퍼에 독특하게 강렬한 풍미를 선사한다고 한다. 이곳의 케이퍼는 색이 연하고 아주 단단해질 때까지 대량으로 천일 건조한 다음 산토리니 섬에서 귀한 대접을 받는 노란 건완두콩에 곁들이는 토마토소스에 넣어서 요리한다. 감자와 토마토(134쪽), 올리브와 토마토(255쪽) 또한 참조.

토마토와 클로브

어둡고 향긋한 클로브의 주요 풍미 화합물은 유제놀이다. 일부 바질 풍미를 내기도 하며, 토마토에서도 자연 발생한다. 클로브는 종종 익힌 토마토 요리나 케첩 등의 소스에 다른 향신료와 함께 풍미를 더하는 역할을 한다. 바질과 클로브(311쪽) 또한 참조.

토마토와 타임: 타임과 토마토(481쪽) 참조.
토마토와 프로슈토: 프로슈토와 토마토(249쪽) 참조.

토마토와 피망

1980년대 후반 영국 젊은이들이 광란의 시간을 보냈던 '두 번째 사랑의 여름Second Summer of Love'이 끝나고 얼마 지나지 않아 델리아의 여름이 찾아왔다. 어린 시절의 볼품없던 칠리 콘 카르네 냄비는 델리아 스미스가 『여름 특집Delia Smith's Summer Collection』에 소개한 하리사식 드레싱을 뿌린 구운 채소 쿠스쿠스 샐러드와 오븐에 구운 라타투이, 바스크식 닭고기 덕분에 깨끗하게 잊혔다. 그리고 델리아는 비벤덤에서 먹어본 피에몬테식 로스트 피망 요리도 소개했는데, 비벤덤의 셰프 사이먼 홉킨슨은 이를 프랑코 타르치오의 호두나무 인Walnut Tree Inn에서 먹어보았다고 한다. 『여름 특집』이 출간된 1993년도를 대표하는 풍미가 있다면 바로 다음 요리의 향기였을 것이다.

> *recipe*
> **〔이탈리아 피에몬테식 로스트 피망 요리〕**
> 1. 홍피망을 반으로 자른 다음 껍질을 벗긴 절반 분량의 토마토, 안초비 필레, 마늘 약간을 속에 채운다.
> 2. 피망에 올리브를 적당히 두르고 오븐 또는 그릴에 굽는다.
> 3. 바질을 찢어 위에 장식한다. 피망과 달걀(297쪽) 또한 참조.

토마토와 홀스래디시

토마토케첩에 홀스래디시를 섞으면 생굴이나 익힌 새우와 함께 내는 간단한 소스가 된다. 홀스래디시만 넣은 소스가 너무 단조롭게 느껴진다면 칠리소스를 약간 더해서 생기를 불어 넣자. 셀러리와 홀스래디시(138쪽) 또한 참조.

토마토와 흰살 생선: 흰살 생선과 토마토(213쪽) 참조.

Strawberry
딸기

세상에서 제일 유명한 베리이자 가장 달콤한 맛을 낸다. 잘 익은 신선한 딸기에서는 과일, 캐러멜, 향신료와 풋내가 뒤섞인 풍미가 난다. 어떤 품종은 강렬한 파인애플 풍미를 지니고 있다. 야생 딸기는 야생 포도와 같은 풍미를 공유하며, 특유의 짜릿한 클로브 성격을 지닌다. 딸기는 따뜻하고 달콤한 향신료 및 다른 과일과 조화롭게 어우러지며, 설탕 또는 유제품(크림의 인기가 높지만 요구르트, 생치즈와 버터를 넣은 페이스트리도 좋다)을 더하면 타고난 제과 같은 성격이 살아난다.

딸기와 계피

딸기에서는 은은한 솜사탕 향이 난다. 계피는 설탕과 과일을 사랑한다. 같이 데우면 매혹적이고 탁한 장터 같은 공기가 퍼진다. 도저히 거부할 수 없는 달콤한 간식을 먹고 싶다면 바로 샌드위치 프레스를 꺼내자.

recipe

〔딸기잼과 계피 샌드위치〕
1. 흰 빵 2장을 준비해서 각각 한 면에 버터를 바른다.
2. 반대쪽 면에는 딸기 잼과 계핏가루를 각각 따로 바르거나 뿌린다.
3. 버터를 바른 면이 밖으로 가도록 겹친 다음, 샌드위치 프레스에 넣고 누른다.

빵이 바삭하고 노릇하며, 근본적으로 굽는다기보다 튀겨져서 평범한 구식 잼 토스트보다 도넛에 가까워질 정도로 굽는다. 용암처럼 뜨거운 잼이 조금 식기를 기다렸다가 먹지 않으면 누구에게도 이게 얼마나 맛있는지 말할 수 없게 될 것이다. 딸기와 계피 조합은 소르베나 밀크셰이크에도 쓸 수 있으며 스펀지케이크에 딸기 잼과 신선한 휘핑크림을 바르고 계피 설탕을 조금 뿌려서 층을 쌓는 것도 추천한다.

딸기와 라즈베리

검은색과 네이비블루 색깔 옷을 코디해 입는 느낌이다. 잘 어우러질 수도 있다. 라즈베리는 검은색으로, 품격 있고 세련된 고전이다. 초콜릿, 바닐라 등 다른 고전 재료와 잘 어우러진다. 딸기는 네이비블루로, 시원시원하다 못해 안전해 보이지만 실제로 짝지으려면 상당히 까다롭다. 라즈베리와 딸기를 조합할 때는 너무 한쪽으로 쏠리지 않았는지 확인, 또 확인해야 한다. 딸기와 라즈베리가 함께 쓰이는 경우는 대체로 타르트나 치즈케이크, 파블로바에 장식으로 올라갈 때이며 갈거나 즙을 짜 잼 및 얼음과자, 음료, 젤리를 만들 때는 보통 단독으로 쓰인다는 점을 생각하면 이 풍미 조합의 성격을 이해할 수 있을 것이다.

딸기와 루바브: 루바브와 딸기(370쪽) 참조.
딸기와 멜론: 멜론과 딸기(408쪽) 참조.

딸기와 민트

막 뜯어낸 민트와 레몬즙 약간, 설탕 몇 꼬집이면 딸기의 달콤한 맛을 제대로 증폭시킬 수 있다. 헤스턴 블루멘탈은 민트를 딸기의 고전적인 단짝으로 묘사하며 설탕에 절인 딸기에 블랙 올리브, 가죽 풍미의 퓌레, 피스타치오 스크램블드에그를 곁들인 요리를 개발할 당시 초기 개선 방안으로 코코넛, 검은 후추, 올리브 오일, 와인과 함께 민트를 생각하기도 했다.

딸기와 바닐라

훌륭한 동반자 관계다. 페이스트리 크림에 바닐라가 들어간 밀푀유millefeuille에서, 혹은 프랑스 제과점 창가에 앉은 깔끔하게 글레이즈를 바른 타르트에서 짝을 이룬다. 하지만 잘 생각해보면, 딸기는 순수한 유제품과 더 어울리지 않는가? 연노란색 휘핑크림과 함께 이튼 메스eton mess[46]나 파블로바pavlova에 넣거나 진한 치즈케이크 위에 예쁘게 앉아 있는 딸기, 스콘에 클로티드 크림과 함께 얹은 딸기를 생각해보자. 강렬한 사탕 풍미가 나는 딸기와 향긋한 바닐라는 너무 과한 조합이라 거의 합성 재료의 맛이 난다고 생각한다. 조금 더 긍정적인 면을 보자면 '고전' 나폴리식 아이스크림에서 소비자가 선택할 수 있는 세 가지 맛 중에서는 그나마 딸기와 바닐라가 낫다. 이제 나폴리식을 새롭게 해석할 때가 되지 않았을까? 원래는 피스타치오와 라즈베리, 커피를 포함해서 모든 종류의 풍미 조합으로 만들었다. 그러다가 초콜릿과 바닐라, 딸기라는 가장 성공을 거둔 지루한 조합에 정착했다. 초콜릿 대신 피스타치오를 넣으면 개선이 된다. 루바브와 딸기에 바닐라라면 즐겁기 그지없다.

딸기와 복숭아: 복숭아와 딸기(414쪽) 참조.
딸기와 아니스: 아니스와 딸기(262쪽) 참조.

딸기와 아몬드

다음 레시피를 따라 딸기 아마레토 소스를 만들어보자.

[46] 영국의 전통 디저트로 딸기 등 과일에 적당한 크기로 부순 머랭, 휘핑한 크림을 섞어 만든다.

> *recipe*
> **〔딸기 아마레토 소스〕**
> 1. 잘 익은 딸기 250g에 슈거 파우더 2큰술, 아마레토와 물을 3큰술씩 넣고 간다.
> 2. 아이스크림이나 마데이라 케이크Madeira cake에 곁들인다.

달콤하고 선명해서 제일 좋아하는 찬송가가 생생하게 들려오는 느낌이다.

딸기와 아보카도

프루 리스Prue Leith는 아보카도에 딸기 드레싱을 곁들이는 조합이 보기에 이상하게 느껴질지도 모르지만, 식물성 기름과 딸기를 섞으면 일반적으로 사용하는 와인 식초 대신 딸기를 사용한 일종의 비네그레트가 되는 것이라고 설명한다.

> *recipe*
> **〔아보카도와 딸기 비네그레트〕**
> 1. 딸기 250g, 올리브 오일 100ml, 해바라기씨 오일 100ml을 갈면서 균형이 맞을 때까지 기름을 조금씩 추가해 퓌레를 만든다.
> 2. 소금과 후추, 설탕을 한 꼬집씩 넣으며 간을 맞춘다. 이러면 아보카도 3개 분량(즉, 6인분)에 충분한 양이 나온다.
> 3. 아보카도는 껍질과 씨를 제거하고 반으로 가른 다음 깔끔하게 저민다.
> 4. 아보카도에 딸기 비네그레트를 뿌리고 세로로 쪼갠 아몬드 구운 것을 뿌린다.

딸기와 연질 치즈

딸기에는 버터와 크림 풍미가 다 있어 크림과 클로티드, 기타 유제품과 아주 잘 어울린다. 또한 독특한 치즈 풍미도 있다는 점을 생각하면 치즈케이크와 그 위에 장식으로 올린 딸기가 신비로울 정도로 서로 잘 어울리는 이유를 알 수 있다. 그러니 포도 대신 여름철 치즈보드에 딸기를 약간 올려보는 건 어떨까? 이상적인 궁합으로는 어린 브리 치즈나 딸기와 눈부시게 어울리는 트리플 크림치즈인 브리야 사바랭이 있다.

딸기와 오렌지: 오렌지와 딸기(429쪽) 참조.

딸기와 오이

프랑스 프로방스 지역의 신혼부부는 전통적으로 결혼식 날 아침에 사워크림과 설탕으로 농도를 조절한 딸기와 보리지borage(오이 풍미의 허브) 수프를 먹는다. 보리지는 서로 성장을 자극하는 효과가 있다는 믿음 때문에 정원에서 종종 딸기 옆에 심곤 하며, 아마 이 때문에 결혼식에 어울리게 되었을 것이다. 모든 지속적인 관계처럼 이들은 서로의 풍미를 향상시킨다. 딸기 약간을 신부의 잠옷 가운처럼 얇게 저미고 보리지 잎을 겹친 다음 크림치즈로 풍부한 맛을 더하여 섬세한 티 샌드위치를 만들어보자.

딸기와 초콜릿: 초콜릿과 딸기(15쪽) 참조.

딸기와 코코넛

프랑스 셰프 미셸 브라Michel Bras는 생딸기를 반으로 가르고 저며서 코코넛 크림과 함께 굳혀 우아한 테린을 만든다. 새하얀 배경 위에 저민 딸기가 올라가 있는 모습은 무늬가 들어간 일본산 부채처럼 아주 섬세하다. 이는 단짝 조합을 절제한 형태로 선보인 것이며, 화려한 컵케이크나 아이싱을 입힌 쿠키 및 젤리를 만들 수도 있다.

딸기와 토마토: 토마토와 딸기(375쪽) 참조.
딸기와 파인애플: 파인애플과 딸기(387쪽) 참조.
딸기와 포도: 포도와 딸기(367쪽) 참조.

딸기와 헤이즐넛

구운 헤이즐넛의 풍미는 압도적이지 않으면서 깊다. 딸기와 잘 어울리며, 초콜릿은 하기 힘든 방식으로 과일의 풍미를 살린다. 헤이즐넛 머랭처럼 설탕으로 딸기의 단맛을 강화하면 더 좋다.

---

recipe

〔딸기를 곁들인 헤이즐넛 머랭〕

1. 달걀흰자(대) 4개 분량을 부드러운 뿔이 서도록 거품 낸다. 설탕 225g을 천천히 넣으면서 계속 젓는다.
2. 구워서 간 헤이즐넛 100g을 넣고 접듯이 섞는다.
3. 유산지를 깐 25x35cm 크기의 스위스롤 틀에 붓는다. 190℃로 예열한 오븐에서 20분간 굽는다.
4. 오븐에서 꺼내어 식힌 다음 뒤집어서 유산지가 아직 머랭에 붙어 있다면 벗긴다.

5. 휘핑크림과 잘게 썬 딸기로 윗면을 덮는다.
6. 머랭이 아직 유연할 때 조심스럽게 만다.

완벽한 모양을 내기는 힘들다. 정 엉망진창이라면 언제든지 미친 척하고 이튼 메스로 만들어버리면 된다. 헤이즐넛은 딸기처럼 토피 향이 감도는 풍미를 사랑하므로, 캐러멜 소스를 두르면 훌륭한 디저트가 된다.

딸기와 화이트 초콜릿

화려한 초콜릿 가게에 가면 가끔 동결 건조한 딸기 조각을 뿌려서 총격전이 벌어진 하얀 벽처럼 보이는 화이트 판초콜릿을 볼 수 있다. 화이트 초콜릿은 밀크나 다크 초콜릿보다 딸기와 잘 어울리며, 이는 딸기처럼 약간 치즈 냄새가 나기 때문이다.

Pineapple
파인애플

존재 자체가 칵테일이다. 파인애플은 제대로 익으면 향신료, 술, 제과 향이 돌며 즙이 풍부한 과일 풍미를 갖추어 바닐라나 럼, 코코넛, 캐러멜 등 과일의 고전적인 동반자들과 잘 어우러진다. 일단 수확하고 나면 더 이상 익지 않으므로, 보통 우리 손에 들어오는 것은 신맛과 단맛이 이상적인 균형을 이루지 못할 정도로 심각하게 덜 익은 상태의 파인애플이다. 파인애플이 익었는지 확인하려면 제일 오래된 집합과가 모여서 가장 달고 향기로운 바닥 부분의 냄새를 맡아보자.

파인애플과 경질 치즈: 경질 치즈와 파인애플(96쪽) 참조.

파인애플과 계피
딸기처럼 파인애플도 설탕과 계피를 섞으면 천연 솜사탕과 크게 다르지 않은 풍미를 낸다. 계피와 파인애플로 타르트 타탱tarte tatin을 만들면 마찬가지로 매력적인 캐러멜 맛을 느낄 수 있다.

파인애플과 고수 잎
작가 리앤 키친Leanne Kitchen은 파인애플이 커리와 고수 잎 등 동양 요리 및 재료와 잘 어울린다는 점에 주목한다. 파인애플과 고수 잎은 둘 다 재배하는 멕시코에서는 흔한 조합이다. 파인애플과 돼지고기(387쪽)를 참조하거나, 개면 육수가 약간 있다면 근사한 검은콩 수프를 만들어보자.

recipe

〔파인애플과 고수 잎을 넣은 검은콩 수프〕

1. 검은콩 250g을 밤새 물에 물린 다음 건지고 씻는다.
2. 햄 육수 1L에 넣어 한소끔 끓인다.
3. 뚜껑을 덮고 콩이 부드러워질 때까지 45분~1시간 동안 뭉근하게 익힌다.
4. 1/4 분량을 덜어내서 곱게 간 다음 다시 수프에 넣어 걸쭉하게 만든다.
5. 고수 잎과 생파인애플을 섞어서 낸다(파인애플은 껍질을 벗기고 심을 제거한 다음 세로로 8등분하고 결 반대 방향으로 썬다). 원한다면 채 썬 햄을 약간 넣어도 된다.

양질의 햄 육수가 없다면 언제든지 수프 냄비에 콩과 물 1L를 붓기 전에 양파 1개와 훈제 베이컨 약간을 부드럽게 볶으면 된다.

파인애플과 고추

잘 익은 파인애플 사기는 살짝 복권에 가깝다. 잎을 당겼을 때 뚝 떨어져 나오는지 여부로 판단하는 것은 미신이다. 하지만 바닥 부분의 향기를 맡는 것은 정확한 선택이다. 바닥에 있는 과일의 즙이 훨씬 달콤한 경향이 있으며, 잘 익으면 향기로 갑옷 같은 껍질도 뚫을 수 있다. 오후 내내 술집에 박혀 있었던 것 같은 냄새가 난다면 피하자. 내가 알아낸 바에 따르면 중간 크기 과일이 큰 것보다 달고 풍미가 뛰어난 편이며, 적어도 영국에서는 겨울과 봄에 사면 대체로 안전하다. 그럼에도 결국 신맛 나는 파인애플을 고르고 말았다면 동남아시아와 멕시코에서 녹색 망고로 하듯이 고추와 소금을 넣고 딥 소스로 만들자. 달콤한 파인애플은 생홍고추와 잘 어우러지니 생선에 곁들이는 살사에 함께 넣기 좋으며, 파인애플을 아주 곱게 다져서 망고 소르베에 넣어도 좋다.

파인애플과 돼지고기

향신료를 가미한 돼지고기와 생파인애플을 꼬챙이에 끼워서 구운 길거리 간식 타코스 알 파스토르tacos al pastor를 먹기 위해서라도 멕시코로 여행을 떠날 가치가 있다. 파인애플이 익으면서 흘러나온 즙이 고기에 덮이면서 짙은 갈색으로 캐러멜화된 층을 만들며, 콜라겐을 분해하는 브로멜라인이라는 단백질 분해 효소의 도움으로 고기가 부드러워진다. 다 구워진 돼지고기는 썰어서 따뜻한 옥수수 타코에 넣은 다음 달콤한 양파, 파인애플, 라임즙, 수북한 고수를 얹어서 낸다.

파인애플과 딸기

미국 와인 평론가 리처드 올니는 산도를 기준 삼아 파인애플과 특히 잘 어울리는 과일로 라즈베리와 오렌지즙과 함께 딸기를 꼽았다. 이들 풍미는 겹치는 부분이 있으며, 최고의 딸기에서는 파인애플 느낌이 난다고 믿는 사람도 있다. 파인애플 풍미가 나는 딸기를 직접 길러보고 싶다면 에드워드 제임스 후퍼의 『서양 과일 도감Western Fruit Book』(1857)에 실린 클리블랜드와 버르스 뉴 파인 품종을 찾아보자.

파인애플과 라즈베리: 라즈베리와 파인애플(496쪽) 참조.
파인애플과 망고: 망고와 파인애플(426쪽) 참조.

파인애플과 바나나

그래니 스미스 사과와 아르마딜로의 혼종처럼 생긴 체리모야cherimoya(커스터드 애플)에서는 파인애플과 바나나, 딸기를 섞은 맛이 난다.

파인애플과 바닐라

파인애플 재배업자 돌Dole은 1920년대에 마케팅 캠페인의 일환으로 파인애플 업사이드다운 케이크 레시피를 출판해 즉각적인 성공을 거두었다. 가볍게 캐러멜화되어 토피 같은 맛이 나는 파인애플과 크림 같은 바닐라 스펀지케이크의 조합은 그야말로 맛있어 마땅히 그럴 만했다. 크랜베리와 복숭아, 메이플과 배, 오렌지와 카다멈 등 온갖 업사이드다운 케이크가 그 뒤를 이어 등장했지만 아무도 마법 같은 향기를 품은 원조에 대적하지 못했다.

파인애플과 베이컨: 베이컨과 파인애플(245쪽) 참조.
파인애플과 블루 치즈: 블루 치즈와 파인애플(89쪽) 참조.

파인애플과 사과

옥스포드 영어 사전에 따르면 파인애플이라는 영어 단어가 등장한 역사는 1398년까지 거슬러 올라가며, 처음에는 소나무의 열매, 솔방울을 묘사하는 단어로 사용되었다. 열대 과일 아나나스 코모서스를 통칭하는 용도로 '파인애플'이 처음 기록상에 나타난 것은 1664년 작가이자 식물학자 존 에블린John Evelyn의 글이다. 용어 자체는 솔방울pine cone을 닮은 과일을 발견한 유럽인 탐험가가 만들었다고 본다. '사과'라는 단어는 오랫동안 사과의 외견을 닮은 과일뿐만 아니라 온갖 종류의 과일과 채소를 묘사할 때 사용되어 왔다. 앵글로색슨인 시인인 앨프릭Aelfric은 에오르바에플라eorbaeppla(대지의 사과)를 큐커머러스cucumeres(오이)의 동의어로 썼다. 신선하고 달콤한 풋사과 풍미는 파인애플에서 감지할 수 있는 과일 향 중 하나이기도 하다. 알링턴 피핀Allington Pippin, 클레이게이트 퍼메인Claygate Permain과 피츠매스턴 파인 애플Pitmaston Pine Apple 등 깊은 파인애플 맛이 느껴지는 사과 품종도 있다.

파인애플과 세이지

파인애플 세이지Salvia elegans는 음료 또는 과일 샐러드에 풍미를 내기 위해 사용한다. 작가 돌프 드 로비라는 파인애플 세이지에서 파인애플 내지는 피나 콜라다와 비슷한 맛이 난다고 한다. 흰 스틸레토 힐을 신고 한 손에 파인애플 세이지 한 단을 든 채로 왬wham!의 '클럽 트로피카나'에 맞춰서 춤을 춘다고 생각해보자. 화려한 행보를 보여준 조지 마이클이라면 같이 흥겨워 할 것이다. 조용히 살고 있는 앤드루 리즐리는 정신이 좀 이상한 사람이라고 생각할 것이다.

파인애플과 아니스: 아니스와 파인애플(266쪽) 참조.

파인애플과 아보카도

1557년 브라질의 한 성직자는 파인애플은 '신의 엄청난 축복을 받았으므로' '비너스 여신의 성스러운 손으로만 따야 한다'고 기록했다. 스페인 역사학자 페르난데스 데 오비에도는 파인애플이 복숭아와 퀸스, 아주 맛있는 멜론과 비슷하며 맛은 '실로 입맛을 당기고 달콤하여 여기에 제대로 찬사를 던지려 해도 언어로는 실패를 거두고 만다'고 말했다. 1616년 인도를 여행한 모험가 에드워드 테리는 파인애플의 풍미를 '딸기와 클라렛claret 와인, 로즈워터, 설탕으로 이루어진 매혹적인 화합물'이라고 묘사했다. 18세기 독일의 철학자이자 시인인 하인리히 하이네는 파인애플에 신선한 캐비아와 부르고뉴산 송로 버섯과 같은 숨결이 깃들어 있다고 표현했다. 이러한 평가를 고려할 때, 파인애플이 그토록 까다로운 배우처럼 구는 것도 놀랄 일이 아니다. 조심하지 않으면 파인애플은 젤리가 굳지 않게 하고 크림을 응고시키며 다른 음식을 곤죽으로 만든다. 아 라 가르보à la Garbo, 즉 홀로 낼 때 제일 문제가 적다. 요리 작가 제인 그릭슨은 아보카도 비슷하게 취급하는데, 다만 아보카도의 '훌륭한 단짝'을 꼽으며 여기에 우연히도 파인애플을 넣었다. 둘 다 깍둑 썰어서 살사를 만들거나 얇게 저며서 튀긴 생선 샌드위치에 넣어보자.

파인애플과 안초비

베트남의 느억 맘nuoc mam은 피시 소스(주로 발효한 멸치로 만든 동남아시아 소스)와 라임즙, 고추, 설탕으로 만든 찍어 먹는 소스다. 거르는 과정을 거치지 않아서 훨씬 걸쭉한 피시 소스 맘 넴mam nem에 간 파인애플, 고추, 설탕, 마늘, 라임즙을 섞으면 느억 맘과 비슷하지만 훨씬 자극적이고 톡 쏘는 소스가 완성되며, 소고기나 생선 튀김에 주로 곁들여 낸다.

파인애플과 오렌지: 오렌지와 파인애플(434쪽) 참조.

파인애플과 자몽

파인애플과 자몽을 한 입 먹으면 열대 지방의 해먹으로 데려다준다. 최소한 코카콜라 사가 릴트Lilt 음료를 병입하는 억스브리지로는 데려가준다. 하지만 만약에 달이라면 어떨까? 1969년 아폴로 2호의 승무원은 우주에서의 첫 식사로 사각형 베이컨과 복숭아, 슈거쿠키, 그리고 파인애플과 자몽 주스를 먹었다. 릴트 출시까지는 아직 6년이나 남은 시점이었으니 당시 음료는 릴트가 아니었지만, 어차피 적절하지도 않았을 것이다. 우주 임무에서 마시는 음료는 재수화할 수 있는 것이어야 하며, 탄산 거품은 무중력 상태에서는 부력이 없어 거품 덩어리를 어떻게든 꿀꺽 삼킨다 하더라도 트림을 할 수 없으니, 다시 지구로 돌아와서 몸 밖으로 내보낼 때까지 계속 가스가 찬 상태로 있어야 한다. 또한 무중력 상태에서는 향을 감지하는 입자가 후각 구근까지 도착할 가능성이 낮으므로 풍미를 느끼기 힘들다고 한다. 그래도 잠재력이 뛰어난 파인애플과 자몽 풍미라면 매우 대환영일 것이다. 자몽 풍미의 특별한 잠재력에 대해서 더 알아보려면 자몽과 조개 및 갑각류(437쪽) 참조.

파인애플과 조개 및 갑각류: 조개 및 갑각류와 파인애플(206쪽) 참조.

파인애플과 초콜릿

퀘벡의 셰프이자 일본 음식 애호가인 데이비드 비롱은 초콜릿 클럽 샌드위치에 파인애플 '튀김'을 함께 낸다. 토마토와 양상추 대신 딸기와 바질을 사용한다.

파인애플과 코코넛: 코코넛과 파인애플(421쪽) 참조.
파인애플과 포도: 포도와 파인애플(369쪽) 참조.
파인애플과 프로슈토: 프로슈토와 파인애플(249쪽) 참조.
파인애플과 화이트 초콜릿: 화이트 초콜릿과 파인애플(517쪽) 참조.

Apple
사과

신선한 과일 풍미를 띠는 풋풋한 사과는 신맛과 단맛의 균형을 떼놓고 풍미를 논할 수 없다. 달콤한 품종부터 나열해보면 후지, 갈라로 시작하여 중간 수준의 골든 딜리셔스와 새콤한 브래번, 핑크 레이디, 그래니 스미스를 지나 새콤한 맛 영역의 끝부분에 자리한 요리용 브램리 사과로 이어진다. 또한 품종에 따라서 꽃(장미)이나 댐슨 자두, 배, 파인애플, 딸기, 루바브 과일 향 등 색다른 풍미를 감지할 수 있다. 넛멕이나 아니스 같은 향신료 풍미와 더불어 버터, 크림, 치즈 등의 유제품 향, 특히 아몬드 풍미를 지닌 씨가 붙은 심 근처 등에서 견과류, 약한 꿀, 와인, 풍선껌 등의 풍미가 느껴지기도 한다. 사과는 맛이 훌륭할 뿐만 아니라 매우 다재다능하므로 온화한 기후에서 가장 많이 재배하는 과일이다. 생으로 먹는 것은 물론 익혀서 케이크, 파이, 푸딩, 젤리, 톡 쏘는 소스, 주스, 사과주, 브랜디를 만들어도 좋다.

사과와 간: 간과 사과(57쪽) 참조.

사과와 경질 치즈

장엄한 조합이다. 플라우맨스 런치[47]란 홍보용 메뉴라며 상당히 코웃음을 치던 한 친구가 있었다. 하지만 누가 조금 저속한 이름을 붙였다고 해서 한 세기는 족히 넘은 조합인 치즈와 사과, 빵에 등을 돌릴 생각은 없다. 마치 가파른 언덕이 나올 것이라 경고하는 도로 표지판처럼 반달 모양으로 썬 톡 쏘는 숙성한 체다나 스틸턴 치즈 한 조각에 통사과 하나, 바삭한 호밀빵 반 덩어리, 수제 양파 피클과 처트니를 조금씩 곁들이자. 사과의 새콤한 풍미가 치즈의 짭짤하고 부드러운 느낌을 끊어서, 그저 좋은 맥주나 사과주만 곁들이면 충분하도록 맛을 다독인다. 또한 요크셔와 미국 일부 지방 관습처럼 사과 파이에 톡 쏘는 경질 치즈를 더할 수도 있다. 치즈를 곁들이는 사람도 있고, 페이스트리 껍질 아래에 넣어 굽기도 한다. 위스콘신에서는 한때 사과 파이를 치즈 없이 소비하는 행위를 금지하는 법이 통과되기도 했다. 유진 필드Eugene Feild(1850-1895)는 이 조합에 대한 시를 썼고, 영화 〈택시 드라이버〉에서 트래비스 비클은 커피숍에서 녹인 치즈를 곁들인 사과 파이를 주문했으며, 사이코패스 에드 게인이 경찰에 체포되었을 때 깨끗이 자백하는 대가로 비클과 같은 주문을 했다고들 한다.

---

47 술집에서 제공하는 간단한 식사. 치즈, 햄, 피클, 사과, 양파 등에 빵과 맥주를 같이 낸다.

사과와 계피

고전이다. 계피는 달콤하고 살짝 목질 풍미가 가미된 따뜻함으로 사과의 새콤한 맛을 아름답게 꾸민다. 롤링스톤스 음악에 입힌 시타르 선율처럼 너무 과하면 안 된다.

사과와 고수 씨: 고수 씨와 사과(509쪽) 참조.
사과와 넛멕: 넛멕과 사과(322쪽) 참조.
사과와 당근: 당근과 사과(330쪽) 참조.

사과와 돼지고기

사과를 먹인 돼지의 고기는 돼지를 과수원에 풀어두었을 때 얻는 많은 이점 중 고작 하나일 뿐이다. 돼지는 땅에 거름을 주어서 비옥하게 만들고, 알아서 잘 먹으며 건강하게 살찌고, 떨어진 과일을 깨끗하게 청소한다. 글로스터셔 지방의 올드 스폿 돼지는 사실 과수원 돼지로도 알려져 있으며, 전설에 따르면 검은 반점도 사과로 인한 타박상으로 생긴 멍이라고 한다. 요리에서는 서로를 위해 만들어진 조합이라고 할 수 있다. 적절하게 구워 돌돌 말린 껍데기가 바삭바삭해진 돼지고기 한 접시에 사과를 곁들이면 커튼 뒤에 숨어 있던 입맛의 창문이 활짝 열린다. 사과 소스를 필요한 양보다 많이 만들자. 훨씬 많이 만들어야 한다. 워낙 다재다능한 소스라 아무리 많아도 절대 과하지 않기 때문이다.

---

recipe
〔사과 소스〕

1. 브램리 사과 1kg 분량의 껍질과 심을 제거하고 잘게 썬다.
2. 설탕 75g, 물 1~2큰술과 함께 냄비에 담는다. 중불에 올린다.
3. 한소끔 끓으면 뚜껑을 덮고 자주 살펴 저어가며 원하는 질감이 될 때까지 약 5분간 익힌다.
4. 간을 보고 단맛을 조정한다. 사과와 아몬드(395쪽), 넛멕과 사과(322쪽) 참조.

사과와 땅콩: 땅콩과 사과(29쪽) 참조.
사과와 땅콩호박: 땅콩호박과 사과(337쪽) 참조.
사과와 망고: 망고와 사과(424쪽) 참조.
사과와 바닐라: 바닐라와 사과(512쪽) 참조.

사과와 배

사라 패스턴 윌리엄스는 배와 사과는 영국에서 최초로 재배한 과일인 만큼 아주 오래된 역사를 지닌 조합이라 말한다. 그리고 '나이트 셔츠를 입은 배'라는 다음 레시피를 소개한다.

> *recipe*
> **〔나이트 셔츠를 입은 배〕**
> 1. 향신료를 가미한 사과 퓌레를 바닥에 깔고, 사과주에 통째로 뭉근하게 익힌 배를 얹는다.
> 2. 그 위에 머랭을 덮어서 바삭하고 노릇하게 굽는다.

사과와 배처럼 이과(梨果)인 퀸스quince 퓌레를 대신 쓸 수 있다. 퀸스는 대략 1897년에 런던 지하철역 플랫폼에 퍼졌던 디올의 포이즌 향수처럼 가을철 농산물 시장 공기에 짙게 깔리는 묵직하고 관능적인 향으로 유명하다. 퀸스에서는 사과와 배, 장미, 꿀이 섞이고 사향과 열대 풍미로 깊이를 더한 향이 난다. 제인 그릭슨은 사과나 배 타르트에 더하는 향료로 퀸스를 이길 재료는 없다고 한다. 퀸스 1개를 갈거나 곱게 다져서 파이 또는 타르트 타탱에 섞는다. 풍미 화합물이 대부분 농축되어 있는 껍질도 반드시 같이 넣는다.

사과와 베이컨: 베이컨과 사과(241쪽) 참조.

사과와 블랙 푸딩

나는 이 간소한 조합을 파리 생 제르망 지구의 오 샤르팡티에Aux Charpentiers 음식점에서 처음 먹었다. 무거운 문을 통과해서 두텁고 빛바랜 벨벳 커튼을 열어야 식당 안으로 들어설 수 있다. 마치 옷장을 통과해서 나니아에 발을 디딘 에드먼드가 된 기분이었지만, 나는 겨울 나라 대신 1930년대의 파리 노동자가 오가는 카페에 도착해서 블랙 푸딩의 유혹에 푹 빠지고 말았다. 만족스럽고 말쑥한 음식이 간절해지는 쌀쌀한 가을밤에 만들기 좋은 요리다. 익혀도 모양을 유지하는 조리용 사과를 고르되, 가능하면 블랙 푸딩의 농후한 향신료 풍미를 상쇄할 수 있는 새콤한 품종이 좋다.

> *recipe*
> **〔사과와 블랙 푸딩 디저트〕**
> 1. 사과는 껍질을 벗기고 심을 제거한 다음 반달 모양으로 8등분한다.

2. 팬에 버터와 땅콩기름을 1큰술씩 둘러서 섞은 다음 사과를 넣고 부드럽고 살짝 노릇해질 정도로 익힌다.
3. 사과가 거의 다 익을 즈음 같은 팬에 블랙 푸딩을 넣어 데운다. 이미 익은 상태라 몇 분이면 충분히 따뜻해진다.

복숭아 향이 감도는 차가운 비오니에Viognier 와인 한 잔을 곁들여 내면 충분하다.

사과와 블랙베리

사이먼과 가펑클 같은 조합이다. 솔로 활동을 완벽하게 하면서, 함께 모이면 센트럴 파크의 티켓을 매진시킬 수 있다. 참고로 사이먼은 지배적인 쪽이니 사과다. 블랙베리는 고음을 담당한다. 블랙베리는 딱 꼬집어 특정할 수 없는 향신료 풍미를 지니고 있다.

recipe
〔과일 스튜〕
1. 생울타리에서 블랙베리를 한 봉지 가득히 딴다.
2. 조리용 사과 4개의 껍질을 벗기고 심을 제거한다. 잘게 썰어서 블랙베리와 함께 팬에 담고 설탕 약 4큰술을 더하여 잘 버무린다.
3. 사과가 부드러워지고 블랙베리 덕분에 전체적으로 반짝이는 진홍빛이 될 때까지 약 20분간 약불에 익힌다.
4. 당도를 확인하고 필요하면 설탕을 추가한다.

우리는 과일 스튜라고 부르지만, 슈퍼마켓에서는 훨씬 우아하되 달콤하고 소박하며 떠들썩한 느낌이 사라진 '콤포트'란 이름으로 부른다. 크림을 조금만 넣으면 훨씬 달콤해진다.

사과와 블루베리

이 관계에서 과업을 도맡은 쪽이 누구일지는 의심할 여지가 없다. 사과는 조금만 넣어도 소심한 블루베리의 과일 향에 박차를 가한다. 초콜릿을 씌운 땅콩 대신 먹으려고 샀지만, 좋은 마음으로 구입한 다른 물건들과 함께 냉장고에서 자리만 차지하고 있을 뿐인 블루베리를 꺼내서 타르트 또는 크럼블을 만들어 이 조합을 시험해보자.

사과와 비트

나는 원예용품점 냄새를 떠올리게 만드는 따뜻한 흙 향기 때문에 비트를 흠모한다. 하지만 혹시 그 점이 취향에 맞지 않는 것이라면, 새콤한 사과로 비트의 진한 풍미를 다독일 수 있다. 익혀서 깍둑 썬 비트와 깍둑 썬 브래번 사과를 2:1로 섞어보자. 질감의 대조를 위해서 사과 껍질은 벗기지 않는다. 시간이 지날수록 비트가 전체를 고르게 붉은색으로 물들인다. 비트의 부드러운 저항감을 기대하며 한 입 먹으면 달콤하고 아삭한 사과 조각이 느껴지며 뇌를 즐겁게 혼란시킨다. 둘 다 홀스래디시와 잘 어울리니, 마요네즈에 조금 섞어서 드레싱을 만들어도 좋다. 호두도 또 다른 좋은 궁합이다. 호두 오일로 드레싱을 만들어 사과와 비트를 버무려보자. 그릴에 구운 기름진 생선과 함께 먹으면 맛있다.

사과와 세이지: 세이지와 사과(472쪽) 참조.
사과와 세척 외피 치즈: 세척 외피 치즈와 사과(83쪽) 참조.
사과와 셀러리: 셀러리와 사과(136쪽) 참조.
사과와 아니스: 아니스와 사과(264쪽) 참조.

사과와 아몬드

아몬드 크로와상에 칼집을 깊게 낸 다음 펼쳐서 한쪽에는 크림치즈를 두껍게 바르고 반대쪽에는 사과 퓌레를 잔뜩 바른 다음 닫는다. 스트루델strudel보다 맛있다.

사과와 양배추

알싸한 생양배추로 코울슬로를 만들 때는 파인애플이나 오렌지를 더할지도 모르지만, 오래도록 천천히 익혀서 유황 향이 나는 양배추와 어울리는 과일은 사과가 유일하다. 즉 사과와 양파(베이컨, 밤 혹은 둘 다를 넣어도 된다)를 넣어서 조린 적양배추는 사람이 생각해낼 수 있는 메뉴 중에서 돼지고기에 곁들이기 제일 좋은 음식이라는 뜻이다. 양배추가 푸르게 변색되지 않도록 레몬즙이나 레드 와인 식초 등 산성 재료를 잊지 말고 조림용 국물에 더해야 한다.

사과와 연질 치즈: 연질 치즈와 사과(99쪽) 참조.

사과와 오렌지

서로 비교하기는 힘들지만, 절대 같이 요리할 수 없는 조합은 아니다. 나이젤 슬레이터는 다음 레시피를 소개한다.

> *recipe*
> 〔오렌지 소스를 곁들인 사과〕
> 1. 생식용 사과 몇 개의 껍질을 벗기고 8등분한다.
> 2. 버터 50g에 6~7분간 익힌 후, 따뜻한 후식용 그릇에 담는다.
> 3. 팬에 황설탕 2큰술을 뿌리고 사과 향이 나는 버터가 캐러멜화될 때까지 2~3분간 젓는다.
> 4. 오렌지(대) 1개 분량의 제스트와 즙, 더블 크림 150ml를 붓는다.
> 5. 거품이 올라오고 걸쭉해지자마자 사과에 부어서 접시 두 개에 나누어 낸다.

사과와 장미: 장미와 사과(502쪽) 참조.

사과와 조개 및 갑각류

차갑고 맛이 날카로운 사과를 갈아서 부드럽고 달콤한 게살 마요네즈에 넣으면 산뜻해진다.

사과와 클로브

로버트 캐리어는 클로브를 약간 가미하지 않으면 사과 파이가 완성되지 않는다고 주장한다. 한편 엘리자베스 데이비드에 따르면 클로브를 넣은 사과 파이는 먹을 수 있는 것이 못 된다. 중립을 고수할 생각은 아니지만, 단순히 일 년 중 시기와 사과 품종에 달린 문제일 수도 있다. 요리용 품종에도 다양한 풍미와 신맛이 있으므로 사과 하나면 다른 어떤 향에 기대지 않고도 부드러운 버터 풍미의 페이스트리나 크럼블, 스펀지케이크와 사랑스러운 대조를 이룰 수 있다. 생식용 사과에도 등급이 있다. 사이먼 홉킨슨은 사과 타르트에 골든 딜리셔스 품종을 추천한다. 하지만 생식용 사과는 대체로 산미가 충분하지 않으며 조리 과정을 거치면 화려하고 신선한 과일 맛이 많이 사라지므로, 날것으로 먹을 때 맛이 훨씬 좋다. 그래도 반드시 요리해야 한다면 레몬즙을 살짝 가미하고 클로브나 계피 등 달콤한 향신료를 더해 풍미를 개선할 수 있다. 사과를 직접 재배하거나 농산물 시장의 서늘한 가게에서 신선한 사과를 줄기차게 사는 사람이라면, 시간이 지날수록 요리용과 생식용 사과 모두 산미가 떨어지고 단맛이 늘어난다는 점을 눈치챌 수 있다. 주름진 브램리 사과마저도 3월이 되면 비록 날카로운 신맛이 나기는 하지만 생으로 먹을 수 있는 수준이 된다.

사과와 파인애플: 파인애플과 사과(388쪽) 참조.

사과와 헤이즐넛

헤이즐넛과 사과 조합은 여름이 빨리 지나가기를 바라게 만들기도 한다. 이들을 돼지고기 안심에 채우고,

사과 파이에 사용할 헤이즐넛 페이스트리를 만들고, 다음 가을 케이크를 만들어보자. 사과가 잔뜩 들어가는 케이크다. 제대로 된 레시피가 아니라는 생각이 들지도 모르지만 일단 믿음을 가져보자.

> *recipe*
> **〔사과와 헤이즐넛 케이크〕**
> 1. 대형 볼에 구워서(또는 그대로) 껍질을 벗기고 간 헤이즐넛 100g, 밀가루 125g, 아주 부드러운 버터 100g, 설탕 100g, 베이킹파우더 2작은술, 달걀 1개, 헤이즐넛 오일 1큰술, 코코아 파우더 1작은술을 섞는다.
> 2. 껍질을 벗기고 심을 제거한 요리용 사과(중) 3개를 4등분한 다음, 다시 반으로 썰고 재차 4등분한다.
> 3. 반죽에 넣어서 섞은 다음 유산지를 깐 20cm 크기의 바닥이 분리되는 케이크 틀에 붓는다.
> 4. 180℃로 예열한 오븐에서 약 45분간 굽는다.

이대로 소박한 디저트 삼아 내거나, 캐러멜 소스 또는 아이스크림을 곁들인다. 케이크를 식히면 헤이즐넛 풍미가 더욱 뚜렷해진다. 사과를 많이 넣어서 아주 촉촉하며, 이틀 안에 먹어야 맛있다는 점을 알아두자.

사과와 호두

사과와 호두는 거친 가을 풍미를 여럿 공유한다. 비트와 오렌지, 물냉이와 함께 섞으면 뉴잉글랜드에서 보내는 10월 같은 맛이 난다.

사과와 홀스래디시

청사과와 홀스래디시를 사용한 레시피를 소개한다.

> *recipe*
> **〔사워크림에 버무린 청사과와 홀스래디시〕**
> 1. 새콤한 청사과 1개를 간 다음, 간 생홀스래디시 1과 1/2큰술과 함께 섞는다.
> 2. 사워크림 3큰술, 소금과 케이엔 페퍼를 한 꼬집씩 넣고 레몬즙과 브랜디를 1/4작은술씩 더한다.

차가운 고기, 특히 소고기와 오리고기에 곁들여 낸다.

Pear
배

배는 친척뻘인 사과보다 신맛이 덜하고 딱딱하지 않은 편이지만, 생각만큼 얌전한 맛은 아니다. 배 특유의 풍미는 통조림 과정을 거치고도 살아남으며, 심지어 증류해서 오드비를 만들어도 거뜬하다. 윌리엄스Williams 배는 통조림과 오드비는 물론 많은 배 풍미 제품에 가장 흔히 사용하는 품종이며, 드와예네 뒤 코미스는 날것으로 먹기를 매우 권장하는 배다. 1849년 세상에 나온 이래로 코미스 배의 뛰어난 품질은 더없이 귀한 대접을 받고 있다. 보스크와 앙주 등 '버터 배'라고 불리는 배는 향기가 진하고 풍부하며 (이름만 봐도 알 수 있듯이) 질감이 버터 같다는 평을 듣는다. 특유의 달콤한 와인 같은 풍미 덕분에 배는 맛이 날카로운 치즈 또는 호두와 레드 와인처럼 타닌이 가미된 재료와 멋진 짝을 이룬다. 즙이 많고 아삭한 나시(또는 아시안) 배도 전체적인 풍미 조합은 비슷하지만 전체적으로 배와 멜론이 섞인 느낌에 더 가깝다.

배와 경질 치즈

피터 그레이엄은 오래된 프랑스 속담을 인용한다. '신이 창조한 결혼 중에 이 이상 가는 것은 없다. 그것은 배와 치즈다.' 이탈리아인은 더 공격적이다. '소작농에게 배와 치즈를 함께 먹으면 얼마나 맛있는지 알리지 말라.' 나는 공기 중으로 코를 잔뜩 쳐들고 아펜니노 골짜기를 활보하다가 이 속담을 시험해보았다. "거기 아저씨, 이리로 잠시 와보세요." 내가 말했다. "혹시 폰티나 치즈를 윌리엄스 배와 함께 먹으면 얼마나 맛이 좋은지 알고 있나요?" 그는 나를 막대기로 쫓아냈다. 이 원칙은 어디든 적용된다. 견과류 향이 나는 보스크 배와 숙성한 체다 치즈, 또는 코미스 배와 브리 치즈로 시도해보라. 정말로, 절대 실패하지 않는다.

배와 계피

아무 향도 넣지 않은 설탕 시럽에 배를 익혀보면 왜 일반적으로 계피와 와인 혼합물을 사용하는지 명확히 알 수 있다. 맛을 북돋우는 강렬한 풍미 없이 배를 익히면 과조리한 순무 같은 맛이 나기 십상이다. 같은 이유로 계피는 원기를 돋우는 뜨거운 배 푸딩이나 타르트 타탕, 업사이드다운 케이크, 클라푸티 등에서 첨가물로 열렬히 환영을 받는다. 다음은 전통적으로 사용하는 살구나 대추야자 및 말린 자두 대신 말린 배를 넣어서 만든 세파seffa 레시피로, 계피 설탕이 들어간 모로코식 달콤한 쿠스쿠스 요리다.

> *recipe*
> 〔세파〕
> 1. 아몬드 플레이크 한 줌을 노릇하게 볶아서 따로 둔다.
> 2. 말린 배를 완두콩만 한 크기로 잘게 부순다.
> 3. 쿠스쿠스 200g을 볼에 담고 황설탕 4큰술을 섞는다.
> 4. 끓는 물 250ml를 붓고 버터 25g을 더한 다음 뚜껑을 덮어 5분간 둔다.
> 5. 쿠스쿠스를 포크로 저어서 잘게 부순다.
> 6. 대부분의 배와 아몬드를 넣고 오렌지 꽃물 2작은술, 계핏가루 1/2작은술을 더해 잘 섞는다.
> 7. 작은 볼에 수북하게 담아서 남은 배와 아몬드를 한가운데에 장식해 낸다.

모로코에서는 세파에 종종 우유 또는 버터밀크를 한 잔 곁들인다. 나는 작은 모로코산 찻잔에 담은 차가운 메이플 시럽 라씨를 곁들이는 쪽을 선호한다.

배와 닭고기: 닭고기와 배(36쪽) 참조.

배와 돼지고기

사과와 돼지고기는 워낙 유명한 조합이라 배가 끼어들 틈이 없어 보인다. 하지만 배는 고기의 달콤한 맛과 잘 어우러진다. 사과와 돼지고기가 그토록 잘 어울리는 것은 신맛으로 기름진 풍미를 정리하기 때문이다. 따라서 배는 안심 등 담백한 부위와 함께 굽는 것이 더 좋다. 런던의 베이커리 콘디터 앤 쿡 Konditor&Cook에서는 맛이 아주 훌륭한 배 퓌레와 기름진 초리소 소시지 파이를 먹을 수 있다.

배와 바나나

바나나 풍미의 디저트와 배 사탕에는 과일 에스테르의 일종인 초산이소아밀이 들어 있는데, 이는 꿀벌의 침에서 방출되어 동료 벌에게 다른 물건 혹은 사람의 존재를 경고하는 공격 호르몬으로 기능하는 것과 같은 물질이다. 자칫하면 쏘이게 될 수도 있으니 벌집을 지나쳐서 산책할 때는 가져갈 제과 종류를 현명하게 고르는 것이 좋겠다.

배와 밤: 밤과 배(340쪽) 참조.
배와 블루 치즈: 블루 치즈와 배(87쪽) 참조.
배와 사과: 사과와 배(393쪽) 참조.

배와 세척 외피 치즈: 세척 외피 치즈와 배(83쪽) 참조.
배와 소고기: 소고기와 배(61쪽) 참조.

배와 아니스

아시안 또는 나시 배에서는 배 같은 맛이 나지만, 식감은 사과처럼 아삭하다. 덕분에 생으로 샐러드 삼아 즐기기 좋으며, 얇게 저민 회향 구근은 은은한 향기를 품은 완벽한 단짝이 된다. 또는 껍질과 심을 제거하고 팔각으로 풍미를 낸 시럽에 통째로 뭉근하게 익혀서 동양 느낌을 가미해보자. 자두 아이스크림과 끝내주게 어울리지만 바닐라 아이스크림도 괜찮다. 소고기와 배(61쪽) 또한 참조.

배와 아몬드

아주 자연스러운 단짝이다. 고상하고 절제되어 있다. 번지르르한 배와 아몬드 크로와상 푸딩을 만들어서 지나치게 고상한 조합에 생동감을 더해보자. 아르마니 양복을 입은 브래드 앤 버터 푸딩이라 할 수 있다. 지금 수중에 처분해야 할 아몬드 크로와상 세 개가 남아 있다면 좋겠지만, 사실상 그럴 일은 없을 테니 필요한 양보다 세 개를 더 구입해야 한다.

recipe
〔배와 아몬드 크로와상 푸딩〕
1. 아몬드 크로와상을 2cm 길이로 길게 썰고 버터를 바른 1L들이 얕은 그릇에 담는다.
2. 배 두어 개의 심을 제거하고 저며서 담는다.
3. 우유와 더블 크림 각각 500ml씩을 팬에 담아서 데운다.
4. 달걀 1개, 달걀흰자 4개 분량, 아몬드 익스트랙 1작은술, 설탕 3큰술을 잘 저은 다음 데운 우유를 부어서 섞는다.
5. 배 그릇에 부어서 10분간 재운 다음 180℃로 예열한 오븐에서 45분간 굽는다.

배와 염소 치즈: 염소 치즈와 배(79쪽) 참조.
배와 초콜릿: 초콜릿과 배(17쪽) 참조.

배와 카다멈

배와 카다멈을 섞어서 업사이드다운 케이크나 타르트 타탱을 만들 수도 있지만, 이들은 소르베처럼 배 풍미가 아삭한 과일다운 맛을 어느 정도 유지하면서 카다멈의 사랑스러운 꽃 풍미와 대조를 이룰 때 특히 잘 어울린다. 간단하게 카다멈 풍미를 가미한 설탕 시럽을 만들어서 간 배에 넣어보자. 배 리큐어인 푸아르 오드비를 조금 더하면 활기가 넘칠 것이다.

배와 프로슈토

피자와 파니니, 갖은 치장을 한 온갖 샐러드에서 배와 프로슈토의 조합을 보아왔지만, 이들이 진정 원하는 것은 둘만 내버려두는 것이다. 완벽한 한 쌍이다.

배와 헤이즐넛: 헤이즐넛과 배(351쪽) 참조.

배와 호두

전통적으로 샐러드에 넣어서 짜릿한 블루 치즈를 더해 생기를 얻는 그윽한 가을의 조합이다. 껍질을 벗겨야 할지 확인해보려면 한 조각을 우물우물 씹어본 다음, 너무 질기지 않을 경우 풍미와 질감을 살리기 위해 그대로 둔다.

---

recipe

〔배와 호두와 블루 치즈 드레싱 샐러드〕

1. 배 2개의 심을 제거하고 4등분하여 저민 다음 산성수(즉 레몬즙 1큰술을 더한 물)에 담근다.
2. 잎채소로는 물냉이, 라디키오, 치커리 등이 잘 어울리며, 필요하면 잘게 썬 다음 씻어서 건져둔다.
3. 블루 치즈 125g을 잘게 부수거나 썬다.
4. 호두는 넉넉하게 한 줌 준비해서 굵게 다지기 전에 먼저 볶으면 풍미가 살아나지만, 날것으로 사용해도 상관없다.
5. 호두 오일 3큰술, 올리브 오일 1큰술, 셰리 비니거 2큰술을 넣고 간을 하여 드레싱을 적당량 만든다.
6. 잎채소에 드레싱을 뿌린 다음 호두, 절반 분량의 블루 치즈, 물기를 제거한 배를 더하여 골고루 버무린다. 남은 치즈를 뿌려서 낸다.

배와 호두로 진한 케이크나 타르트를 만들 수도 있다.

THE *flavour* THESAURUS

CREAMYFRUITY
녹진한 과일 향

Banana
바나나

Melon
멜론

Apricot
살구

Peach
복숭아

Coconut
코코넛

Mango
망고

Banana
바나나

껍질이 아직 푸릇푸릇한 신선한 바나나에서는 살짝 풋내가 감도는 산뜻한 향과 함께 눈에 띄는 떫은맛이 느껴진다. 익을수록 클로브 향이 뚜렷해지면서 신선하고 과일 향이 감도는 익숙한 바나나 풍미가 발달한다. 껍질이 갈색으로 얼룩질 즈음이 되면 바나나빵으로 바뀌거나 팬에서 플랑베를 당할 미래를 예측이라도 한 것처럼 과일에서 바닐라와 꿀, 럼을 연상시키는 풍미가 올라온다. 바나나는 커피와 견과류, 초콜릿처럼 구수한 풍미 및 럼처럼 무거운 향신료 느낌을 주는 풍미와 탁월하게 어울린다.

바나나와 경질 치즈: 경질 치즈와 바나나(91쪽) 참조.

바나나와 계피

클로브 풍미를 내는 화합물인 유제놀은 바나나가 익을수록 늘어난다. 껍질이 얼룩덜룩한 바나나가 얼마나 향긋한지 생각해보자. 덕분에 특히 망가진 바나나의 위대한 구원자인 바나나빵에 들어가는 계피나 바닐라 등 다른 향신료와도 잘 어울리게 된다. 바나나가 한 개밖에 없다면, 다음 레시피를 시도해보자.

> *recipe*
> **〔계피 풍미를 더한 바나나빵〕**
> 1. 바나나는 껍질을 벗기고 길게 반으로 가른 다음 밀가루 1큰술, 계핏가루 1/4작은술을 뿌린다.
> 2. 버터와 땅콩기름을 2작은술씩 두르고 튀겨서 낸다.

접시에 담아서 아이스크림 한 덩이를 곁들이면 훨씬 보기 좋지만, 달콤하니까 이것만 내도 만족스럽다.

바나나와 달걀: 달걀과 바나나(192쪽) 참조.

바나나와 닭고기

바나나와 닭고기는 주로 튀김옷을 입혀서 튀긴 닭고기와 튀긴 바나나, 옥수수빵(또는 튀김)으로 구성하여 크림 같은 그레이비와 함께 내는 메릴랜드식 닭고기 요리에서 짝을 이룬다. 『리비에라 세트Riviera Set』를 떠올리는 사람도 있겠지만, 『밤은 부드러워』에서 니콜 다이버가 요리책을 휙휙 넘기며 찾던 레시피도 이 요리였다. 영화 〈타이타닉〉에서 배가 가라앉던 그날 일류 레스토랑에서 제공한 메뉴이기도 하다. 제이미 올리버는 바나나와 닭고기를 오븐에 구워서 내는 방식을 소개한다. 바나나를 채운 닭 가슴살에 베이컨을 말아서 신선하고 달콤한 옥수수 낱알과 카넬리니 콩과 함께 화이트 와인, 더블 크림, 버터에 익힌다.

바나나와 땅콩

땅콩버터와 바나나를 흰 빵에 넣고 튀긴 샌드위치는 엘비스 프레슬리가 제일 좋아한 음식이다. 베이컨도 넣어야 한다는 사람도 있지만, 엘비스 프레슬리 기념관에 문의한 결과 그렇지 않다는 확답을 들었다. 그들은 엘비스가 좋아한 다른 샌드위치 때문에 내용이 뒤섞여서 혼란이 야기되었다고 설명했다. 어느 날 그레이스랜드에서 추억의 맛이 그리워진 엘비스는 친구를 모아서 전용기를 타고 콜로라도 덴버까지 천여 마일을 날아가서, 빵 한 덩어리의 속을 모조리 파내서 땅콩버터와 포도 젤리, 튀기듯이 구운 베이컨을 가득 채운 현지 명물 요리를 마음껏 즐겼다.

바나나와 바닐라

우리는 애리조나주 툼스톤에서 북쪽으로 45km 떨어진 구 광산 마을인 벤슨에 멈춰 섰다. 내 카우보이는 정말로 영화처럼 스테트슨 모자를 눌러 쓰면서 차에서 내려 말발굽에 금이 가지 않도록 방지하는 기름 한 캔과 면도 거품으로 만든 것 같은 생일 케이크, 꽃을 냉동고에 들어간 시체처럼 차갑게 보관하는 상점에서 산 꽃다발을 들고 돌아왔다. 그동안 트럭에 남아 있었던 나는 버려진 애완동물 같은 기분이었다. 내가 얼마나 덥고 지쳤는지 인지한 그는 트럭 문을 열고 나를 데어리 퀸Dairy Queen으로 안내하더니 바나나와 바닐라 아이스크림을 한 컵 사주었다. 둘 다 꽃과 향신료 풍미를 내보이며, 거의 감귤류에 가까운 바나나의 신맛이 달콤한 크림 같은 바닐라로 아름답게 부드러워졌다. 나는 끝없이 긴 화물열차가 철도를 따라 덜커덕거리며 지나가는 동안 차가운 아이스크림을 한 입씩 즐기면서 먼지 낀 길섶에 발뒤꿈치를 탁탁 두들겼고, 내 카우보이는 요상한 잡일을 마무리했다.

바나나와 배: 배와 바나나(399쪽) 참조.

바나나와 베이컨

껍질 벗긴 바나나에 얇은 줄무늬 베이컨을 돌돌 감아서 이쑤시개로 고정한 다음 자주 뒤집으면서 그릴에 8~10분간 굽는다. 상상만으로도 맛이 느껴지지 않는가? 달콤한 바나나가 베이컨의 강렬한 짠맛을 덜어줄까? 조금도 세련되지 않지만, 재미있는 음식이다.

바나나와 아니스

조르지오 로카텔리는 티라미수에 바나나와 감초 아이스크림을 짝지어 낸다. 꽤 괜찮은 조합이다. 감초에는 바나나와 잘 어울리는 향긋하고 짭짤한 풍미가 있다. 못 믿겠다면 지금이라도 감초 토피를 집어 들고 바나나와 함께 먹어보자.

바나나와 아몬드

구운 아몬드 플레이크를 뿌리지 않은 바나나 스플릿? 목까지 얌전히 단추를 채운 비지스Bee Gees 멤버들 같다.

바나나와 체리

체리를 씨째 증류한 맑은 주정인 키르슈kirsch에서는 씁쓸한 아몬드의 강렬한 풍미가 난다(아몬드는 자두, 복숭아, 체리, 살구 등 핵과류 또는 '석과'의 씨와 밀접한 연관이 있다). 키르슈를 과일에 뿌리면 달콤새콤함에 맛있는 씁쓸함을 더해서 맛의 균형을 잡아준다. 만드는 법보다 이름이 더 거창한 바난 바로넷bananes baronnet은 프랑스에서 오래전부터 전해 내려온 음식이다. 1인분 분량을 소개한다.

> *recipe*
> ### 〔바난 바로넷〕
> 1. 바나나를 1개 저민 다음 레몬즙을 조금 짜서 뿌리고 설탕 약간, 키르슈 2작은술을 섞는다.
> 2. (거품내지 않은) 더블 크림 1큰술을 더한다. 잘 섞어서 낸다.

바나나와 초콜릿

구운 초콜릿과 바나나 레시피를 소개한다.

> *recipe*
> ### 〔구운 초콜릿 바나나〕
> 1. 통바나나의 속살에 상처를 입히지 않도록 주의하면서 껍질에 칼집을 거의 끝까지 길게 넣는다.
> 2. 칼집을 따라 껍질을 벌린 다음, 속살에 약 2.5cm 폭의 칼집을 몇 개 넣고 초콜릿 덩어리를 하나씩 밀어 넣는다.
> 3. 껍질의 칼집을 다시 오므린 다음 알루미늄 포일에 싸서 바비큐의 잔불에 집어넣고 5분간 익힌다.

4. 알루미늄 포일을 열어서 따끈하고 끈적이며 초콜릿이 녹아내리는 바나나를 숟가락으로 떠먹는다.

바나나와 카다멈: 카다멈과 바나나(460쪽) 참조.
바나나와 캐비어: 캐비어와 바나나(220쪽) 참조.

바나나와 커피

바노피, 즉 바나나와 토피는 그야말로 세기의 커플이다. 바노피 파이는 페이스트리나 비스킷 바닥에 캐러멜과 저민 바나나, 커피 풍미 크림을 얹어서 만든다. 그러니 바노피 중 'offee' 부분의 어원은 '토피'에서 따왔다고도, '커피'에서 따왔다고도 해석할 수 있다. 나는 패스트리 대신 짭짤한 맥아 풍미로 막 익은 바나나의 신선한 풋내를 잡아주는 다이제스티브 비스킷으로 파이 바닥을 만든다. 커피콩에는 강한 휘발성을 띠며 향긋한 꽃 풍미와 클로브 같은 달콤한 향신료 느낌을 주는 알데히드와 에스테르가 함유되어 있다. 바나나에도 꽃 향과 클로브 성분이 있어서 커피와 잘 어울리는 것이다. 다만 그저 서로의 맛을 빌리기만 하는 것은 아니라는 점에 유의하자. 커피와 바나나는 머리가 아플 만큼 달콤하고 끈적일 수 있는 파이에 씁쓸하고 새콤한 풍미를 더해 단맛을 잡아준다.

바나나와 코코넛: 코코넛과 바나나(419쪽) 참조.
바나나와 파스닙: 파스닙과 바나나(326쪽) 참조.
바나나와 파인애플: 파인애플과 바나나(387쪽) 참조.
바나나와 헤이즐넛: 헤이즐넛과 바나나(350쪽) 참조.
바나나와 호두: 호두와 바나나(344쪽) 참조.

Melon
멜론

여기에서는 캔터루프와 갈리아Galia, 샤랑테Charentais, 허니듀honeydew 멜론을 다루며, 멜론 품종의 친척 중 하나인 수박은 별도의 항목으로 알아본다(363쪽 참조). 푹 익으면 모든 멜론 품종은 달콤해지면서 기본 멜론 풍미 위에 풍미의 깊이가 더해지고 품종에 따라 배와 바나나 같은 과일 향, 꽃 향, 유황 풍미 등 특유의 풍미를 드러낸다. 캔터루프에서는 특히 꽃 향과 집요한 풍미가 발달한다. 갈리아는 단맛으로 유명하며, 살짝 접착제 느낌이 나기도 하는 가벼운 오이 향이 난다. 멜론은 다른 과일과 쉽게 조합할 수 있지만 물기가 많은 탓에 잘 어울리는 재료 종류가 한정적이다.

멜론과 딸기

내가 가장 신뢰하는 참고서 중 하나에 따르면, 멜론 튀김과 딸기 소스는 프랑스에서 인기 있는 궁합이라고 한다. 내가 샤랑테 멜론으로 튀김을 만드는 동안 부엌에는 절묘한 잼 도넛의 향기가 가득 찼지만, 먹는 순간 실망했다. 뜨거운 기름에 담갔다 뺀 이후에도 멜론 풍미는 거의 살아남았지만 질감이 상당히 불쾌했다. 엘리자베스 데이비드의 제안을 따라 캔터루프 멜론과 야생 딸기처럼 열을 가하지 않는 간단한 조합을 고수하는 편이 나을지도 모른다. 반면 안나 드 콘테Anna dle Conte는 단호하게 멜론과 딸기는 어울리지 않는다고 주장하지만, 개별적으로 흰 설탕과 발사믹 식초를 뿌리면 정말 맛있다고도 언급한 바 있다. 키위를 더하면 멜론과 딸기의 풍미가 잘 어우러진다는 사람도 있다. 과연 그러한지 직접 확인해보자.

멜론과 민트

생강은 잊어버려라. 멜론의 진정한 최고의 친구는 민트다. 시리아에서는 멜론과 민트에 우유, 요구르트와 설탕 약간을 섞어서 음료를 만든다. 또는 몇몇 멜론 품종을 섞어서 수프를 만들어볼 수도 있다. 멜론 일부를 장식용으로 떼어놓고 남은 과육을 갈아서 단맛을 살짝 가미한 다음, 장식용 멜론을 깔끔하게 또는 공 모양으로 잘라서 얹고 찢은 민트 잎을 뿌린다.

멜론과 생강

정략적으로 이루어진 결혼이다. 예부터 생강은 따뜻하고 속을 편안하게 만들기 때문에 차갑고 소화가 잘 되지 않는 멜론을 보완한다고 생각하여 이 둘을 짝지어왔다. 간 생강, 절인 생강, 날생강, 설탕에 절인 생강, 생강 리큐어와 멜론 품종 다섯 가지를 실험해보았지만, 모든 조합이 생강 없이 먹을 때보다 상당히 맛이 나쁘다는 사실을 알 수 있었다. 항상 포장지는 매력적이지만 한 번 씹기만 하면 풍미가 사라져버리는 유럽산 풍선껌을 떠올리게 하는 허무한 허니듀 멜론마저도 생강과 함께 먹으면 맛이 좋지 않았으니, 상황이 어땠는지 알 만할 것이다. 따라서 결혼은 취소다. 적어도 우리 지붕 아래에서는.

멜론과 수박: 수박과 멜론(364쪽) 참조.

멜론과 아니스

요리사들은 조리법이 한정적인 멜론을 주로 반으로 자른 다음 술을 부어서 내며, 이때 포트와인이나 카시스 또는 샴페인을 주로 사용한다. 스카이 진젤Skye Gyngell은 피터샴 묘목장에서 샤랑테 멜론 조각에 구워서 잘게 부순 회향 씨와 아니스 향의 리큐어인 삼부카sambuca 약간을 둘러서 낸다.

멜론과 아몬드: 아몬드와 멜론(355쪽) 참조.

멜론과 오렌지

멜론 드 카바용 협회는 샤랑테 멜론을 오렌지 리큐어에 플랑베한 다음 다크 초콜릿 탈리아텔레로 만든 둥지에 담아 내라고 제안한다. 간단하게 쿠앵트로를 둘러서 낼 수도 있지만, 사실 카바용 멜론의 과일 아이스크림 같은 인동덩굴 풍미가 실로 천국 같아서 그대로 먹는 편을 선호할 수도 있다. 카바용 멜론은 오랜 세월 동안 사랑받아왔으며, 카바용 시장이 알렉상드르 뒤마에게 지역 도서관에 책을 기부해줄 수 있을지 물었을 때 그는 매년 카바용 멜론 12개를 받는 조건으로 본인의 전 작품을 선사했다. 제일 맛있는 카바용 멜론을 먹고 싶다면 반드시 한여름에 프로방스로 떠나야 하며, 도멘 에그벨Domaine Eyguebelle에서 생산한 카바용 멜론 시럽 한 병이면 깊고 아름다운 풍미를 일년 내내 느낄 수 있다는 점을 기억해두자.

멜론과 오이

같은 가족이다. 멜론, 특히 갈리아 품종은 오이의 매끄러운 풋내를 공유한다. 해롤드 맥기의 기록에 따르면 갈리아는 풍미에 깊이와 짭짤함을 더하는 황 화합물도 지니고 있다. 살사나 차가운 수프, 민트 드레싱을 두른 샐러드에 같이 넣는다.

멜론과 장미

인도의 전통 디저트 굴랍 자문을 과일 향 가득하게 변주해보자. 가급적 사향과 과일 향이 제일 뛰어난 캔터루프 멜론을 찾은 다음 반으로 갈라서 씨를 제거한다. 멜론 볼러로 공 모양을 가능한 많이 파낸 다음 차가운 장미 향 시럽을 뿌린다. 풍미가 제대로 스며든 다음에 낸다. 장미와 카다멈(504쪽) 또한 참조.

멜론과 포도

멜론은 모둠 과일 샐러드에 넣어도 좋지만, 포도와 특히 행복한 사이다. 두 과일을 단순하게 함께 곁들여 내면 포도의 다소 평범하고 아삭한 풍미가 멜론의 독특하고 살짝 열대 과일 같은 알칼리성 과일 풍미와 좋은 대조를 이룬다. 톡 터지는 젤리 같은 포도와 부드러운 알갱이 같은 질감의 멜론이 대조적인 느낌을 주며 즐거움을 배가시킨다. 참고로 멜론 풍미는 샤르도네 포도를 100% 사용하여 만드는 블랑 데 블랑 샴페인을 포함한 샤르도네 와인에서 종종 느껴진다. 멜론즙으로 칵테일을 만들 생각이라면 탄산과 섞기 전에 반드시 맛을 보자. 갈아서 즙을 만들면 오이 맛이 너무 심하게 느껴지는 경우가 있다.

멜론과 프로슈토: 프로슈토와 멜론(246쪽) 참조.

Apricot
살구

살구는 새콤달콤하고, 크림과 꽃 풍미와 함께 신선한 과일과 열대 과일을 혼합한 향이 난다. 말리면 향을 일부 잃는 대신 단맛이 늘어나고 치즈와 비슷한 풍미를 띤다. 이산화황을 더하여 말리면 특히 톡 쏘는 풍미가 난다. 그렇지 않으면 토피 및 과일 느낌이 나는 편이다. 살구는 다른 꽃 향 과일 풍미 재료처럼 유제품 풍미와 궁합이 좋다.

살구와 경질 치즈

토마스 그레이브스Tomas Graves는 메노르카에서 마요르카로 수입하는 저온살균을 하지 않는 소젖 치즈 마혼을 과일과 함께 먹는 전통적인 방법을 설명하면서, 치즈가 숙성되는 각 단계에 맞춰서 이상적으로 보완 역할을 하는 과일이 차례차례 제철을 맞이한다고 한다. 니프로스 또는 비파(사과에 비교되는 풍미를 지닌 오렌지색 과일)가 제일 처음 나타나고 이어서 살구와 포도, 무화과가 등장한다. 덜 숙성된 부드러운 치즈는 만물 과일의 신맛에 잘 맞으며, 가을과 겨울에 접어들수록 소비량이 늘어나는 말린 살구와 말린 자두, 건포도 등 당 함량이 높은 과일은 숙성을 거치며 풍미가 풍성해진 치즈와 잘 어울린다.

살구와 계피: 계피와 살구(315쪽) 참조.

살구와 돼지고기

슈롭셔 지방의 러들로에서 매년 열리는 음식 축제의 '소시지 열차sausage trail'에서 내 표를 얻은 조합이다. 참가비를 조금 내면 현지 정육업자의 피땀 어린 결실을 맛보고 곧 겨자와 기름기로 얼룩지게 될 종이에 점수를 기록할 수 있다. 스카우트 캠프 냄새가 진동하는 마을의 길거리마다 얼빠진 표정으로 온갖 소시지를 우물거리는 임시 감독관이 넘쳐난다. 그러다 마침내 살구를 얹은 소시지와 조우했다. 매력적인 글로스터 올드 스폿 돼지고기에 세이지로 은은한 유칼립투스 향을 가미한 포슬포슬한 소시지에서 느껴지는 짭짤하고 기름진 돼지고기 맛을 살구의 새콤한 단맛이 씻어내리는 조합이었다.

살구와 라즈베리: 라즈베리와 살구(495쪽) 참조.
살구와 로즈메리: 로즈메리와 살구(465쪽) 참조.
살구와 망고: 망고와 살구(425쪽) 참조.

살구와 바닐라

살구는 대부분 말리면 훨씬 달콤하고 새콤해져서, 하리보 젤리를 대체할 만한 보수적이지만 더없이 사랑스러운 간식이 된다. 하지만 살구의 선명하고 산뜻한 맛은 건조 과정에서 밝은 오렌지색을 유지하기 위하여 넣는 이산화황 때문에 둔해지고 만다. 이산화황을 넣으면 과일을 훨씬 달콤하게 만들고 갈색으로 변하게 하는 자연 산화 과정이 중단된다. 달콤한 말린 살구로 유명한 파키스탄의 훈자산 살구는 요리하기 전에 반드시 불려야 하지만, 그만한 가치가 있는 강렬한 꿀과 토피 풍미를 지닌다. 바닐라와 접목하면 절묘한 맛이 나므로 양질의 수제 커스터드나 우아한 아이스크림과 함께 내자. 훈자 살구를 구할 수 없다고? 커스터드를 만들 기분이 아니라고? 어떤 이들은 감에서 달콤한 살구 및 바닐라 풍미가 느껴진다고 한다.

살구와 버섯: 버섯과 살구(110쪽) 참조.

살구와 복숭아

적당히 잘 어울리지만 매력적인 조합이라 하기에는 서로 너무 비슷하다. 둘 다 크림과 꽃, 과일 향이 나며 은은한 아몬드 풍미가 느껴진다. 다만 살구에서는 꽃과 라벤더 향이 강한 반면 복숭아는 크림 풍미가 더 강하고 과일 향이 복합적이다.

살구와 생강

달콤한 살구와 매콤한 생강은 짜릿한 처트니와 돼지고기용 소스 또는 오리 스터핑 등에서 성공적인 궁합을 선보인다. 또한 수플레나 케이크, 비스킷 등 달콤한 음식에도 넣어볼 만하다. 파리의 홍차 살롱 라뒤레 Ladurée는 딸기와 양귀비, 오렌지와 사프란, 재스민과 망고에 더불어 살구와 생강 마카롱을 선보인다. 하지만 나는 마카롱을 보면 브래드 피트가 떠오른다. 부정할 수 없을 정도로 잘생겼고 거친 매력도 있지만 전혀 마음이 동하지 않는다.

살구와 아몬드: 아몬드와 살구(357쪽) 참조.
살구와 양고기: 양고기와 살구(69쪽) 참조.
살구와 염소 치즈: 염소 치즈와 살구(79쪽) 참조.

살구와 오렌지

'오믈렛 로스차일드'는 35년간 런던의 레스토랑 르 가브로슈 Le Gavroche의 메뉴판에 올라 있었다. 기본적으로 살구와 쿠앵트로가 들어간 수플레이며, 달콤하고 벨벳처럼 부드럽지만 이름에서 느껴지는 것보다 반도 진하지 않다.

살구와 장미

엘리자베스 데이비드는 말린 살구의 풍미를 모조리 끌어내고 싶다면 굽지 말고 국물에 뭉근하게 익히라고 조언한다. 필요하면 불린 다음 뚜껑이 달린 접시에 담고 딱 잠길 정도로만 물을 부어서 180℃로 예열한 오븐에 넣고 1시간 동안 굽는다. 그러면 구수한 훈연 풍미가 난다고 한다. 사향 풍미가 나는 로즈워터 몇 방울을 더해서 만들면 더없이 뇌쇄적이다. 나일 강 유역에서 먹고 싶은 맛이다.

살구와 초콜릿

아무리 달콤하게 만들어도 날카로운 살구는 씁쓸한 다크 초콜릿에 고집스럽게 톡 쏘는 과일 풍미를 더한다. 이들이 잘 어울린다는 사실은 부정할 수 없다. 하지만 어떻게 조합하느냐가 문제다. 초콜릿과 살구 풍미를 합친 저 악명 높은 자허토르테Sachertorte를 생각해보자. 비엔나의 자허Sacher 호텔과 데멜 베이커리는 원조 레시피의 소유권을 두고 전면전을 펼쳤다. 주요 논점은 살구 잼의 올바른 배치인 듯했다. 데멜 베이커리에서는 초콜릿 스펀지케이크에 씌우는 초콜릿 아이싱 아래에만 발랐다. 자허 호텔은 케이크 두 장을 겹쳐 층을 쌓을 때도 그 사이에 살구 잼을 발랐다. 결국 원조 자허토르테의 이름은 자허 호텔에 돌아갔다.

살구와 카다멈: 카다멈과 살구(461쪽) 참조.
살구와 쿠민: 쿠민과 살구(119쪽) 참조.

Peach
복숭아

복숭아는 크림부터 대담한 풍미의 블루 치즈까지 폭넓은 유제품과 잘 어울린다. 견과류의 농후한 기름진 맛과도 잘 어우러지며, 코코넛과 아몬드와는 특히 조화로운 궁합을 이룬다. 복숭아 풍미는 라즈베리를 포함하여 일련의 열대 과일과 핵과를 결합한 복합적인 과일 향이다. 천도복숭아도 풍미는 크게 다르지 않은데, 창의적인 식품 첨가물 전문가는 합성 복숭아 향료를 만들 때 솜털이 보송보송한 느낌을 더해서 껍질이 매끈한 친척과 구분되게 한다.

복숭아와 딸기

복숭아와 딸기, 둘 중 누가 크림과 제일가는 단짝일까? 둘 다 크림과 잘 맞는 유제품 풍미가 있다. 어느 쪽이든 휘핑크림에 섞으면 간단하고 맛있는 디저트가 된다. 커피와 블랙커런트(22쪽)의 레시피를 참조해서 아이스크림 대신 신선한 과일인 복숭아와 딸기를 사용하면 맛있는 재료가 켜켜이 쌓인 멋진 바슈랭 vacherin을 만들 수 있다.

복숭아와 라즈베리: 라즈베리와 복숭아(495쪽) 참조.
복숭아와 망고: 망고와 복숭아(424쪽) 참조.

복숭아와 바닐라

20세기로 나아가는 전환기를 맞이한 사회 여성으로서, 본인의 이름을 딴 복숭아 디저트가 없다면 당신은 무명 인사일 뿐이다. 에스코피에는 배우 사라 베르나르를 위해서 바닐라 시럽에 뭉근하게 익힌 복숭아를 바닐라 아이스크림에 곁들이고 설탕에 절인 제비꽃과 솜사탕을 올린 페체 아글롱 peches aiglon을 만들어냈다. 에밀 졸라의 소설 『나나』의 모델이자 배우 겸 가수인 블랑슈 당티니에게는 반으로 자른 복숭아를 바닐라 시럽에 뭉근하게 익혀서 알파인 딸기 아이스크림에 얹고 농후한 비살균 크림을 더한 쿠프 당티니 coupe d'Antigny가 있다. 에드워드 7세의 아내 알렉산드라 왕비는 껍질 벗긴 복숭아와 키르슈, 마라치노 체리로 불후의 명성을 얻었으며, 나폴레옹 3세의 아내 유진 황후의 이름을 딴 디저트는 여기에서 더 나아가 야생 딸기를 장식하고 샴페인 사바용을 함께 낸다. 반으로 가른 복숭아에 체리를 암시하듯이 얹은 과자 쿠페 비너스 coupe Venus에 영감을 준 이가 누구인지는 역사가 미처 기록을 남기지 못하고 말았다. 라즈베리와 복숭아(495쪽) 또한 참조.

복숭아와 블랙베리

늦여름의 복숭아를 익히면 블랙베리 등 더욱 묵직하고 향긋한 가을 풍미에 충분히 어울릴 정도로 농후해진다. 복숭아와 블랙베리를 섞은 다음 그 위에 스콘과 비슷한 반죽을 포장도로처럼 얹어서 구운 과일 푸딩인 코블러cobbler를 만들자. 다른 말로 표현하면 포부 넘치는 크럼블이다.

recipe
〔복숭아 블랙베리 코블러〕

1. 복숭아 4개의 껍질과 씨를 제거한 다음 적당히 썰어서 오븐용 그릇에 담고 블랙베리 한두 줌을 더하여 섞는다.
2. 설탕 3큰술을 뿌리고 버터를 군데군데 조금 얹는다.
3. 푸드 프로세서에 밀가루 200g, 설탕 4작은술, 베이킹파우더 1작은술, 버터 60g을 담고 빵가루 형태가 될 때까지 돌린다.
4. 투입구를 통하여 우유 60ml와 살짝 푼 달걀물을 붓는다. 한 덩어리로 뭉칠 때까지 돌린다.
5. 꺼내서 가볍게 반죽한다. 1cm 두께로 밀어서 4~5cm 크기의 원형으로 최대한 많이 찍어내어 과일 위에 얹는다.
6. 200℃로 예열한 오븐에서 약 30분간 굽는다.

블랙베리에서 고유의 향신료 풍미가 드러나지만, 간 올스파이스 1작은술(또는 혼합 향신료)을 반죽에 더하면 향이 더 깊어진다.

복숭아와 블루 치즈: 블루 치즈와 복숭아(87쪽) 참조.

복숭아와 블루베리

사과 파이보다 더 미국적인 조합이다. 이들을 짝지어 코블러(복숭아와 블랙베리 참조)나 타르트를 만든다. 과육이 흰색인 복숭아는 황도보다 매우 달콤하고 신맛이 덜하다. 또한 향이 더 진하며 섬세한 재스민과 차 풍미가 은은하게 느껴지므로 꽃 향이 나지만 떫은 면이 있는 블루베리와 절묘하게 어우러진다.

복숭아와 살구: 살구와 복숭아(412쪽) 참조.
복숭아와 아몬드: 아몬드와 복숭아(356쪽) 참조.

복숭아와 오렌지

오렌지 주스를 피치 슈냅스peach schnapps와 짝지어서 만든 퍼지 네이블Fuzzy Navel처럼, 오렌지를 조금 더하면 복숭아의 풍미가 훨씬 살아난다.

복숭아와 체리

에두아르 마네의 작품 〈풀밭 위의 점심〉 속에서 흥이 오를 때쯤 남은 음식이라고는 바삭한 빵뿐이다. 마네가 정확히 무엇을 묘사했는지는 다양한 해석이 존재하지만, 내가 보기에는 왼쪽의 벌거벗은 여인이 두 남자와 깊은 대화를 나누는 도중 배고픈 예술가가 끼어들어서 옆에 치즈나 햄, 아니면 셀러리악 레물라드라도 조금 남아 있는지 물어본 듯하다. 그렇다면 여인의 단조로운 표정에 깃든 가벼운 공격성을 어느 정도 설명할 수 있다. 앞서 맛있는 음식을 싹싹 먹어버린 여인의 당황스러운 기분을 감추기 위해서, 그리고 누가 봐도 뒤늦게 나타난 예술가를 질책하려는 뜻으로 순식간에 꾸며낸 표정인 것이다. 가운데 앉은 남자는 아무것도 모른다는 얼굴이다. 뒤쪽에 있는 여인은 차갑게 식히기 위해서 강물에 담가둔 로제 와인 병을 찾는 중이다.

복숭아와 클로브: 클로브와 복숭아(319쪽) 참조.

복숭아와 포도

복숭아나 천도복숭아에서 와인 풍미가 뚜렷하게 느껴질 때가 있다. 반대로 복숭아는 특히 샤르도네, 리슬링, 세미용, 이탈리아 스파클링 와인 프로세코 같은 와인의 풍미를 묘사할 때 수시로 등장한다. 복숭아와 포도 조합 중 제일 유명한 것은 베네치아 지방에 자리한 해리스 바의 대표 칵테일인 벨리니. 참고로 베네치아의 다른 구역인 캄포 산타 마르게리타에 있는 바에서는 고전적으로 프로세코 와인과 광천수, 캄파리를 섞어 만드는 스프리츠 알 비터spritz al bitter를 마셔봐야 한다. 처음 한두 모금을 마시고 나서 씁쓸한 맛을 이 이상 감당할 수 있을지 갈등하기 시작할 즈음 그린 올리브 접시가 도착하면서 가능하다는 사실을 입증한다.

복숭아와 프로슈토: 프로슈토와 복숭아(247쪽) 참조.

Coconut
코코넛

다른 견과류처럼 코코넛은 날것일 때는 부드럽고 우유 및 과일 풍미를 띠지만, 굽거나 볶으면 풍미가 한층 강화되며 크림과 견과류 같은 단맛이 더해진다. 달콤한 아몬드처럼 코코넛 풍미도 달콤한 맛과 짭짤한 맛에 다 잘 어울린다. 코코넛 밀크는 단순하게 간 코코넛 과육과 코코넛 워터로 만들지만 통조림 브랜드는 놀랄 만큼 다양하며, 특히 당 함량이 저마다 다르다. 타이 브랜드 카오코Chaokoh는 풍미와 낮은 설탕 함량으로 평판이 좋으며, 짭짤한 요리에 특히 쓰기 좋다. 코코넛 밀크에서 분리한 코코넛 크림 및 코코넛 밀크 파우더, 말리거나 잘게 간 코코넛(가당과 무가당), 코코넛 가루, 코코넛 익스트랙, 에센스와 워터, 코코넛 풍미 럼인 말리부도 널리 구할 수 있다.

코코넛과 계피

쿠바에서 인기를 누리는 조합으로, 아로즈 콘 코코arroz con coco라고 불리는 쌀 푸딩 및 스페인에서 인기인 플랑과 비슷한 구운 커스터드 푸딩 코코 퀘마도coco quemado에서 짝을 이룬다.

recipe
〔코코 퀘마도〕

1. 냄비에 막대 계피 1개와 클로브 2개, 물 125ml, 더블 크림 150ml를 담아서 데운다.
2. 불을 끄고 5분간 재워서 향을 우려낸 다음 코코넛 밀크 150ml, 황설탕 3큰술을 더한다.
3. 약불에서 저으며 설탕을 녹인다.
4. 달걀 2개와 달걀노른자 1개를 섞은 다음 우유 혼합물을 천천히 부으면서 잘 젓는다.
5. 고운체에 걸러서 라메킨 4개에 나누어 담는다.
6. 뜨거운 물을 부은 로스팅용 팬에 담고 160°C로 예열한 오븐에서 45분간 굽는다.

차갑게 또는 뜨겁게 먹는다.

코코넛과 고수 잎: 고수 잎과 코코넛(284쪽) 참조.
코코넛과 고추: 고추와 코코넛(305쪽) 참조.
코코넛과 달걀: 달걀과 코코넛(196쪽) 참조.

코코넛과 닭고기

1940년에 캐나다의 작곡가 콜린 맥피Colin Mcphee가 발리로 건너가 현지 음악에 대한 글을 쓸 당시, 그는 일상생활을 계속 기록하며 정기적으로 요리를 해준 매이드라는 이름의 여성이 준비한 식사에 특히 관심을 기울였다.

> *recipe*
> **〔코코넛에 버무린 닭고기 요리〕**
> 1. 숯불에 바비큐한 닭고기를 잘게 썰어서 코코넛 간 것과 함께 으깬다. 코코넛에서 배어나온 기름이 고기에 골고루 버무려지도록 한다.
> 2. 양파에 생강과 홍고추, 향신료, 피시 페이스트를 섞어서 코코넛 오일에 익힌 다음 빻아서 닭고기 혼합물에 넣는다.
> 3. 잘 섞은 후 걸쭉한 코코넛 밀크와 라임즙을 붓는다.

매이드는 식사로 밥과 함께 이 닭고기 요리를 내면서 손으로 먹어야 음식을 더 맛있게 먹을 수 있다고 주장했다. 차가운 금속성 식기는 요리의 맛을 저해할 뿐이다.

코코넛과 당근: 당근과 코코넛(333쪽) 참조.
코코넛과 돼지고기: 돼지고기와 코코넛(49쪽) 참조.
코코넛과 딜: 딜과 코코넛(276쪽) 참조.
코코넛과 딸기: 딸기와 코코넛(384쪽) 참조.
코코넛과 땅콩: 땅콩과 코코넛(31쪽) 참조.
코코넛과 라임: 라임과 코코넛(441쪽) 참조.

코코넛과 라즈베리

어린 시절에 먹은 마들렌은 뒤집은 화분 모양 스펀지케이크에 라즈베리 잼을 바르고 코코넛에 굴린 다음 설탕에 절인 체리를 얹은 것이었다. 린덴 꽃차 한 잔에 녹여서 먹어보자. 장식을 덕지덕지 얹은 컵케이크에 싫증이 났다면, 단순한 바닐라 컵케이크를 만들어보자. 씨 없는 라즈베리 잼을 따뜻하게 데워서 가장자리를 조금 남기고 찻숟가락으로 케이크 위에 펴 바른다. 케이크가 과하게 부풀지 않아야 쉽게 깔끔하고 둥글게 바를 수 있다. 말린 코코넛을 뿌린다.

코코넛과 레몬

코코넛에 레몬그라스를 더하면 상쾌한 감귤류의 생기를 더할 수 있다. 코코넛에 레몬그라스를 더하면 비록 레몬의 날카로운 산미는 없을지언정 선명한 감귤류와 꽃향기가 가미되어 코코넛 특유의 묵직한 기름기가 상쾌하고 가벼워진다. 레몬의 풍미는 두 화합물의 조합인 시트랄에 기인한다. 시트랄은 레몬그라스의 주요 성분이며, 레몬 방향유도 약간 함유되어 있다. 레몬 버베나와 레몬 머틀 또한 시트랄 함량이 높아서 때때로 레몬그라스 대신 사용한다. 동남아시아가 원산지인 카피르 라임은 시트로넬랄 화합물의 강력한 감귤류 및 허브 느낌 때문에 일반 라임보다 레몬에 가까운 풍미와 향이 난다. 배의 풍미 또한 은은하게 감지되며 반짝반짝 빛나는 유명한 카피르 라임 잎에서는 가죽과 비슷한 밀랍 느낌이 나기도 한다. 때때로 비슷한 풍미가 나는 카피르 라임의 제스트에 톡 쏘는 향긋하고 새콤한 즙을 소량 더하여 커리 페이스트를 만들기도 한다. 시트로넬랄 함량이 비교적 높은 레몬밤을 카피르 라임 잎 대신 사용할 수 있다. 레몬그라스와 카피르 라임은 둘 다 커리, 해산물 수프와 섬세하게 향신료를 가미한 닭고기 요리에서 코코넛과 짝을 이룬다. 하지만 맛있는 판나코타와 아이스크림을 만들 수 있고 코코넛 밀크에 레몬그라스를 재워서 망고와 코코넛(425쪽)에 실린 레시피에 활용하는 등 달콤하게 응용할 수도 있음을 간과하지 말자.

코코넛과 망고: 망고와 코코넛(425쪽) 참조.

코코넛과 바나나

바나나를 코코넛 밀크에 익힌 클루아이 부앗 치Kluay buat chii는 태국에서 인기 있는 디저트이다. 이름은 '수녀로 성임하는 바나나'라는 뜻으로, 태국 수녀는 흰 예복을 입으며 서품 중에는 머리와 눈썹을 민다.

---

recipe

〔클루아이 부앗 치〕

1. 코코넛 밀크 400ml에 설탕 100g을 넣어 녹인다.
2. 소금 한 꼬집과 한 입 크기로 자른 바나나 4개 분량을 더해서 전체적으로 따뜻하게 데우며 뭉근하게 익힌다.

코코넛과 바닐라

산들바람이 머리카락을 흔드는 데번의 남서 해안로를 따라 걸으면서 이렇게 좋은 공기라면 평생 맡을 수 있겠다는 기분에 들떠 있다 보면 무의식중에 코코넛 크림 파이를 연상시키는 향기가 느껴진다. 쿵쿵거리며 미심적게 주변을 둘러본다. 범인은 바로 가시금작화다. 노란 꽃이 핀 가시 덤불은 불친절해 보이지만,

깊은 코코넛과 바닐라 커스터드 향을 뿜어낸다. 나는 코코넛 크림 파이에, 바닐라 휘핑크림과 뜨겁고 달콤한 버터를 입혀 팝콘 같은 향이 나는 구운 코코넛을 갈아서 즐겨 얹는다.

코코넛과 바질: 바질과 코코넛(311쪽) 참조.

코코넛과 비트

고전적으로 북유럽 풍미에 가까운 비트를 코코넛처럼 더운 나라 재료와 짝지어서 간절히 바라는 휴가를 보내주자. 비트는 많은 뿌리채소처럼 코코넛 밀크와 수프에 넣을 수 있지만, 셰프 겸 레스토랑 경영인인 사이러스 토디왈라는 훨씬 더 식욕을 돋우는 요리를 제안한다. 깍둑 썬 비트와 생코코넛 간 것에 겨자 씨, 커리 잎, 쿠민, 고추로 양념을 한 다음 감자를 조금 더해 뭉쳐서 사모사에 채워 넣는 요리다.

코코넛과 소고기: 소고기와 코코넛(65쪽) 참조.
코코넛과 아니스: 아니스와 코코넛(266쪽) 참조.
코코넛과 아몬드: 아몬드와 코코넛(358쪽) 참조.

코코넛과 안초비

동남아시아 요리에서는 코코넛 밀크에 피시 소스를 넣는데, 이는 현지의 스튜나 커리를 관통하는 핵심적인 풍미다. 코코넛과 안초비는 말레이시아에서 가장 사랑받는 요리로 이칸 빌리스ikan bilis(작은 말린 안초비), 오이, 땅콩, 삶은 달걀과 매콤한 소스를 곁들여 내는 크림 같은 코코넛 라이스인 나시 르막nasi lemak에서 짝을 이룬다. 나시 르막보다 맛이 옅은 케저리kedgeree처럼, 주로 아침 식사로 먹는다.

코코넛과 조개 및 갑각류: 조개 및 갑각류와 코코넛(206쪽) 참조.

코코넛과 체리

1980년대에 카바나cabana라는 이름의 초콜릿 바가 나타났다 사라졌다. 설탕에 절인 체리를 박은 코코넛에 캐러멜을 얹고 밀크 초콜릿을 씌운 제품이었다. 심하게 달아서 디스코 클럽에서 헤매다가 스피커에 너무 가까이 갔을 때처럼 치아 전체가 일제히 욱신거리게 만든다. 코코넛은 체리와 아몬드처럼 석과(또는 핵과)이며, 크림과 견과류 풍미가 지배적인 가운데 가벼운 과일 향이 느껴진다. 체리도 견과류 풍미와 과일 향이 있어 특히 잘 어울리며, 둘 다 초콜릿과 잘 맞는다. 다음은 내 나름대로 고안한 레시피다. 딱 좋은 바 모양이 나오는 8×3×2cm 크기의 실리콘 틀을 사용한다.

> *recipe*
>
> 〔코코넛과 체리 및 캐러멜 초콜릿 바〕
>
> 1. 달걀 1개에 설탕 50g을 넣고 단단히 거품을 낸 다음 말린 코코넛 125g, 4등분한 설탕 절임 체리 15개 분량을 섞는다.
> 2. 틀에 넣어서 바 10개를 만든 다음 180℃로 예열한 오븐에서 15분간 굽는다.
> 3. 식히는 동안에 연유 100ml에 설탕 30g, 버터 30g, 골든 시럽 2작은술을 넣고 약불에 녹여서 토피를 만든다.
> 4. 불 세기를 높여서 한소끔 끓인 다음 4~5분간 익히면 혼합물이 캐러멜 색으로 변한다.
> 5. 1분 정도 식힌 다음 아직 틀에서 빼지 않은 코코넛 바에 펴 바른다.
> 6. 식으면 초콜릿을 입히되, 정통으로 만들려면 밀크 초콜릿을 사용한다.

코코넛과 초콜릿: 초콜릿과 코코넛(19쪽) 참조.

코코넛과 카다멈

방심하면 안 되는 조합이다. 인도의 쌀 푸딩, 퍼지 같은 당과인 바피barfi에서는 은은한 감귤류와 유칼립투스 향에 카다멈의 복합적 풍미가 더해져 코코넛의 유치한 단맛을 세련되게 덮어준다. 간신히 정신을 차리고 눈을 떠보면 맛있는 코코넛과 카다멈 조합에 속아 넘어가서 엄청난 양의 지방과 설탕, 백색 탄수화물을 입에 넣고 말았다는 사실을 깨닫게 된다.

코코넛과 파인애플

피나 콜라다를 깎아내리지 말자. 유행에 뒤떨어졌을지언정, 진정한 풍미 궁합에 충실한 음료다. 잘 익은 파인애플을 반으로 가르고 과육에 코를 박아 향기를 들이마시면 강한 럼과 코코넛 풍미를 감지할 수 있다. 피나 콜라다는 특히 파인애플 주스와 화이트 럼, 얼음, 신선한 물에 녹색(미성숙한) 코코넛 젤리를 넣어서 만들면 맛이 좋다. 녹색 코코넛의 점성과 코코넛 커스터드 같은 풍미 덕분에 흔히 사용하는 코코넛 크림이나 밀크를 넣을 필요가 없다.

코코넛과 화이트 초콜릿: 화이트 초콜릿과 코코넛(517쪽) 참조.
코코넛과 훈제 생선: 훈제 생선과 코코넛(238쪽) 참조.

코코넛과 흰살 생선

흰살 생선과 코코넛은 태국의 유명한 커리 및 말레이시아의 락사laksa에서 짝을 짓는다. 잘 알려지지 않은 메뉴로는 캄보디아를 대표하는 음식 중 하나로 생선을 향기로운 코코넛 밀크에 익혀서 바나나 잎에 싼 아목amok 및 케랄라 지역의 기독교 요리로 생선에 터메릭과 소금을 묻힌 다음 코코넛 오일에 볶은 커리 잎, 마늘, 고추, 양파와 함께 코코넛 그레이비에 익히는 몰리molee가 있다.

Mango
망고

열대 상록수의 과일인 망고에서는 일반적으로 단맛이 나며 크림과 과일 및 꽃 풍미에 가끔 송진 향이 가볍게 느껴진다. 하지만 매우 다양한 원산지와 품종, 또 각 품종에서도 익은 정도에 따라 테레빈에 절인 끈적끈적한 복숭아 통조림 또는 게뷔르츠트라미너와 바닐라 크림에 재운 매끈한 과일 맛이 날 수도 있다. 과일과 향신료 풍미가 나는 기타 크림 풍미 재료와 조화롭게 어우러지지만, 망고 향이 압도하지 않도록 주의해야 한다. 고전적인 조합은 과일 및 향신료 향이 나고 풍미가 강렬한 라임이다. 라임과 망고로 간단한 디저트를 만들 수 있다. 암쵸Amchoor는 인도 요리에서 귀하게 여기는 망고 가루로, 요리에 신맛을 가미한다.

망고와 고수 잎
솔 향 및 감귤류, 꽃향기를 공유하는 망고와 고수 잎은 서로 매우 잘 어울리며, 아시아와 멕시코 요리에서 빈번하게 짝을 이룬다. 망고와 고수의 풍미에 대한 반응이 얼마나 극단적인지 생각해보면, 이들이 지난 10여 년간 점점 인기를 얻기 시작한 것은 인상적인 일이다. 풍미에서 '비누 냄새' 혹은 (반대로) '지저분한 느낌'이 난다고 생각하는 사람이 많은데도 불구하고, 고수는 이제 영국에서 제일 잘 팔리는 허브가 되었다. 요리사이자 작가인 줄리아 차일드는 고수에서 죽은 맛이 난다고 생각했다. 나일론, 인형 머리칼 같은 느낌을 받는 사람도 있다. 망고에서는 수지 향이 나는 테레빈유 풍미가 나기도 하며, 원래 미량의 천연 등유를 함유하고 있다. 쿠민과 기름진 생선(118쪽) 또한 참조.

망고와 고추
동남아시아와 멕시코에서는 정백당과 소금을 동량으로 넣고 홍고추와 함께 빻아서 만든 딥 소스에 녹색 망고를 찍어 먹는다. 가끔 과육을 소금 딥에 넣기 전에 라임즙에 담그기도 한다. 만일 입에 침이 고이는 새콤한 셔벗을 아이처럼 좋아한다면, 이 요리도 사랑하게 될 것이다. 같은 딥을 새콤한 사과와 파인애플 또는 구아바와 함께 먹어보자.

망고와 라임
신선한 라임즙을 뿌린 잘 익은 망고는 세상에서 제일 멋진 음식 궁합 중 하나다. 둘 다 호전적인 풍미를 띠지만, 라임의 살짝 거친 약용 향기는 망고와 공유하는 꽃향기로 상쇄된다. 라임보다 부드럽고 달콤한 장미와 과일 향을 지닌 레몬은 망고를 같은 수준까지 끌어올리지 못한다.

망고와 루바브: 루바브와 망고(371쪽) 참조.

망고와 민트: 민트와 망고(484쪽) 참조.

망고와 복숭아

적어도 유럽과 북미 지역에서는 샤르도네 와인의 풍미를 묘사하는 용어로 자주 등장하는 조합이다. 한국 최초의 마스터 오브 와인MW 지니 조 리Jeannie Cho Lee는 서로 다른 문화권에서 풍미에 관해 논할 때 드러나는 소통의 어려움을 밝히고, 색다른 방식으로 생각하는 기회가 될 수 있다는 가능성을 제시하며 새로운 관점을 선보인다. 동양에서는 샤르도네 와인을 표현할 때 포멜로와 말린 망고, 달걀찜, 미역 등 해조류를 들며, 특히 미역은 비교적 거칠고 단단한 광물 풍미 와인을 표현할 때 사용한다.

망고와 사과

아삭하고 새콤한 청사과는 망고의 어린 시절을 떠올리게 한다. 채썬 그린 파파야 또는 망고는 매콤한 태국 샐러드 솜 땀som tam에 만족스러운 아삭한 질감을 더하지만, 둘 다 구할 수 없다면 대신 그래니 스미스 사과를 사용하자. 녹색 망고보다 다공성인 편이라 갈변을 막으려면 재빨리 라임즙을 뿌려야 하지만 신선하고 아삭한 질감은 물론 기분 좋은 맛을 더해주어 충분히 뛰어난 대체제가 된다. 고추의 매운맛, 단맛(설탕, 다만 고전적으로 종려당을 사용한다), 신맛(라임), 그리고 강렬한 피시 소스가 내는 짠맛이라는 태국 요리의 4가지 주요 요소 간 균형도 완벽하게 잡아준다. 솜 땀이 얼마나 만들기 쉬운 음식인지 깨달은 순간 나는 아무도 보지 않을 때 아이가 토마토케첩을 먹어치우는 속도보다 빠르게 피시 소스 한 병을 해치웠다.

> *recipe*
> 〔사과 솜 땀〕
> 1. 깍지콩 한 줌을 반으로 자르고 데쳐서 식힌다.
> 2. 라임과 안초비(440쪽)에 소개한 드레싱을 만든다.
> 3. 땅콩 몇 큰술을 으깬다. 그래니 스미스 사과 1~2개의 심을 제거하고 굵게 간다. 방울토마토 약 10개를 반으로 가른다.
> 4. 간 사과를 볼에 담고 라임즙에 버무려서 갈변을 막는다.
> 5. 모든 재료를 더하고 드레싱에 버무려서 바로 낸다.

잘 익은 망고와 사과는 자기들끼리도 아주 사이가 좋다. 조심하지 않으면 사과를 지배하지만 균형을 맞추면 사과의 신선한 풍미를 깊고 자극적인 크림 같은 질감으로 감싸면서 새콤달콤한 즙을 만들어내는 망고가 틀림없이 손위 형제다.

망고와 살구

온타리오 주의 나이아가라 온 더 레이크Niagara-on-the-Lake에서 생산한 아이스와인의 특징적인 풍미로 손꼽히는 조합이다. 아이스와인의 생산 과정은 믿을 수 없을 정도로 낭만적이다(포도 수확업자는 그렇게 생각하지 않겠지만). 포도는 가을 내내 가지에 그대로 남겨두었다가 기온이 영하로 떨어지는 깊은 겨울이 찾아오면 달빛 아래에서 수확한다. 꽁꽁 언 포도를 압착하면 수분보다 동결 온도가 낮은 당 및 풍미 화합물이 고농축되어 물과 껍질에서 분리된다. 그 결과 뚜렷한 과일 향을 띠며 달콤하고 쨍 소리 나게 새콤한 와인이 완성된다. 귀부병에 걸린 리즐링 와인에서도 망고와 살구 향이 날 수 있으며, 여기에도 라인 강둑에서 흘러온 안개에 푹 잠긴 포도원에서 자라난 포도라는 낭만이 존재한다.

망고와 생강: 생강과 망고(454쪽) 참조.
망고와 아보카도: 아보카도와 망고(287쪽) 참조.

망고와 오렌지

망고와 오렌지는 둘 다 감귤류와 꽃 향을 지니고 있지만, 섞으면 망고의 과일 느낌이 가미된 수지 향과 상록수 풍미에 오렌지가 압도되고 만다. 마치 오렌지를 전혀 넣지 않은 것 같다.

망고와 조개 및 갑각류

매혹적이고 자연스러운 동지다. 망고의 청량한 감귤류 향은 조개 및 갑각류와 실로 멋지게 어우러지며, 또한 특유의 코코넛 향이 새우와 가리비가 지닌 견과류 풍미와 잘 맞는다. 절인 새우를 꼬챙이에 조금 끼우고 그릴 또는 바비큐로 주황빛 도는 분홍색이 될 때까지 한 번 뒤집으면서 몇 분간 굽는다. 반짝이는 망고 살사를 단정하게 산처럼 수북히 쌓아 곁들여 낸다. 아보카도와 망고(287쪽) 또한 참조.

망고와 카다멈: 카다멈과 망고(460쪽) 참조.

망고와 코코넛

잘 익은 망고 풍미의 주요 요소는 입천장 뒤쪽에 은은한 코코넛 향을 남기는 감미로운 락톤류luscious lactones에서 온다. 태국 전역에서는 시장 곳곳의 노점상과 길가 오두막 등에서 끈적한 코코넛 쌀 요리와 망고를 판매한다. 집에서도 만들어볼 수 있다.

> *recipe*
> 〔망고와 끈적한 코코넛 쌀 요리〕
> 1. 찹쌀 175g을 최소 몇 시간에서 하룻밤 동안 불린다.
> 2. 건져서 찜기에 면보를 깔고 쌀을 넣은 다음 20~25분간 쪄서 익힌다.
> 3. 그동안 약불에 코코넛 밀크와 설탕, 소금을 올려서 녹인다. 코코넛 밀크 250ml당 대략 설탕 2큰술과 소금 몇 꼬집으로 시작한다.
> 4. 익은 쌀을 볼에 담고 살짝 식힌 다음 코코넛 밀크를 천천히 부으면서 형태를 잃을 때까지 섞는다.
> 5. 망고 1개의 껍질을 벗기고 곤죽이 되지 않도록 주의하며 저민다.
> 6. 쌀 옆에 얹고 가능하면 검은 깨를 뿌려서 마무리한다.

망고와 쿠민

인도와 멕시코에서는 망고와 고수만큼 흔한 궁합이다. 인도에서는 쿠민으로 향을 낸 달 요리에 녹색 망고를 섞기도 한다. 검은 콩, 적양파, 망고로 만든 멕시코식 살사에 흙냄새 나는 쿠민을 한 꼬집 넣으면 맛이 훨씬 좋아진다. 런던 첼시 지역의 고급 인도 레스토랑 라소이 비닛 바티아Rasoi Vineet Bhatia에서는 종종 메뉴에 코코넛과 퍼지 아이스크림을 더한 망고 쿠민 라씨를 올리며, 이것을 먹기 위해서라면 식사 순서를 뒤집을 가치도 충분히 있다.

망고와 파인애플

과일 풍미를 집약한 도서관 같은 조합이다. 망고에서는 전 품종에 걸쳐 복숭아, 파인애플, 귤, 바나나, 수박, 배, 블랙커런트, 구아바, 살구, 청사과, 체리, 무화과, 달콤한 자몽, 적포도, 잘 익은 멜론, 자두, 레몬 껍질 또는 백향과 풍미가 난다. 파인애플 풍미는 딸기, 오렌지, 복숭아, 사과, 바나나, 라즈베리, 잭프루트와 배 등을 연상시킨다.

망고와 흰살 생선: 흰살 생선과 망고(210쪽) 참조.

THE *flavour* THESAURUS

CITRUSSY
감귤류

Orange
오렌지

Grapefruit
자몽

Lime
라임

Lemon
레몬

Ginger
생강

Cardamom
카다멈

Orange
오렌지

모든 감귤류 과일은 즙과 껍질의 풍미가 상당히 다르다. 주스 및 기타 오렌지 관련 제품을 생산하는 과정에서는 일단 완숙한 과일에서 즙을 짜낸 다음 껍질을 따로 압착하여 지방 분비선에서 향기로운 액체를 추출한다. 과즙을 농축할 때 또 다른 특성을 띠는 다른 오일도 부산물로 증류되어 생성된다. 이 오일은 합성 첨가물에 의존하지 않고 풍미를 향상시키기 위해 청량음료에 넣거나 오렌지 주스에 다시 섞는다. 모든 갓 짜낸 과일 주스는 매우 빠르게 질이 저하되므로 언제나 필요할 때 압착하는 것이 제일 좋다. 제일 유명한 감귤류 과일은 오렌지이며, 달콤한 오렌지부터 만다린, 감귤, 블러드 오렌지와 비터 오렌지까지 '오렌지'라고 지칭하기도 한다. 오렌지가 다른 풍미와 뛰어난 양립성을 보이는 것은 풍미 특성의 폭이 넓기 때문이다. 달콤한 오렌지는 모든 감귤류 중에서도 망고와 파인애플 향을 포함하여 과일 풍미가 가장 뛰어나며, 일반 감귤류 풍미 사이에 향신료와 허브가 가볍게 가미되어 있다. 만다린은 달콤한 오렌지의 기분 좋은 새콤달콤한 맛을 공유하지만, 제스트에서는 허브 향이 두드러진다. 블러드 오렌지는 주로 달콤한 맛에 베리류, 특히 라즈베리 향이 난다. 비터 오렌지와 세빌 오렌지 등의 제스트에서는 강렬하고 밀랍 같은 풍미가 나며, 라벤더가 살짝 가미되어 있다. 극단적인 쌉쌀함과 새콤함 덕분에 설탕을 듬뿍 첨가하면 풍미가 풍성하고 흥미로운 마멀레이드가 완성된다. 또한 비터 오렌지는 쿠앵트로와 그랑 마니에르, 큐라소 등 오렌지 풍미 리큐어 대부분에 사용되며, 꽃으로는 오렌지 꽃물을 만든다. 향료로 사용하는 말린 오렌지 껍질은 중국과 중동 슈퍼마켓에서 구입할 수 있다.

오렌지와 경질 치즈

포도, 사과, 배, 퀸스 등 모든 종류의 과일과 치즈를 짝지은 조합은 치즈케이크에 감귤류 과일을 올리는 관습처럼 잘 어울린다는 점에 있어서 전혀 논쟁의 여지가 없지만, 유난히 체다 치즈와 마멀레이드를 곁들인다는 말을 들으면 쉽게 눈썹을 휙 추어올리고들 한다. 하지만 숙성한 체다의 진하고 짭짤한 맛이 달콤 쌉쌀한 마멀레이드로 끊어지면 얼마나 맛있을지 생각해보자. 그야말로 진정한 균형 잡힌 풍미다. 샌드위치를 만들 때는 오렌지가 너무 굵으면 풍미를 지배해버릴 수 있으니 곱게 갈아서 입자가 작은 마멀레이드를 사용하자. 호두빵으로 만들면 맛이 끝내줄 것이다. 체다 치즈를 갈아서 마멀레이드에 섞어 잼 타르트를 만드는 것도 괜찮다.

> *recipe*
> **[마멀레이드와 체다 치즈 타르트]**
> 1. 작은 타르트 틀에 치즈 페이스트리 반죽을 채우고, 마멀레이드와 체다 치즈를 섞어서 뿌린다.
> 2. 태우지 않도록 주의하면서 220°C로 예열한 오븐에서 약 15분간 굽는다.

오렌지와 계피: 계피와 오렌지(316쪽) 참조.

오렌지와 고수 씨

고수 씨를 자세히 들여다보자. 인형의 집 안의 주방 식탁 위에 올려놓은 껍질 벗긴 만다린처럼 보이기도 한다. 깨물어보면 오렌지 풍미도 난다는 사실을 깨닫게 된다. 삼나무 느낌이 깔린 마멀레이드나 세빌 오렌지 껍질 같은 향이다. 과육만 잘라낸 세빌 오렌지를 고수 씨로 향을 낸 시럽에 담가서 오렌지 풍미를 켜켜이 쌓아보자(고전적인 캐러멜에 담근 오렌지의 업그레이드 버전이기도 하다). 또는 계피나 오리, 레몬, 크랜베리 등 오렌지와 고전적으로 잘 어울리는 풍미와 함께 짝을 지어서 고수 특유의 쌉싸름한 오렌지 향을 만끽해보자.

오렌지와 고수 잎: 고수 잎과 오렌지(283쪽) 참조.

오렌지와 고추

릭 베일리스는 잘 익은 오렌지색 하바네로 고추에서는 백향과와 살구, 오렌지 꽃, 허브 향이 나며 톡 쏘는 맛이 눈에 띈다고 말했다. 향과 비슷한 풍미에서는 새콤달콤한 탄제린 느낌이 나기도 한다. 고추들 중에서도 제일 무시무시하게 매운 품종인 만큼 하바네로를 먹다가 흘린 눈물을 찻잔에 받으면 거기서도 이 풍미가 감지될지도 모른다. 하바네로뿐만 아니라 다른 말린 고추에서도 과일 풍미가 느껴지며, 주로 말린 자두와 건포도 등이 흔하게 언급된다. 하바네로가 너무 매우면 올리브 오일을 약한 불에 올리고 오렌지 껍질 한 조각, 말린 하바네로 한두 개를 넣어서 약 30분간 향을 우려낸다. 껍질과 고추를 건지고 오일만 생선에 두른다.

오렌지와 당근: 당근과 오렌지(332쪽) 참조.

오렌지와 딸기

딸기 로마노프는 전설적인 셰프 마리 앙투안 카렘Marie-Antoine Carême이 알렉산더 황제 1세를 위해 만들어

낸 것이다. 실로 생기 넘치는 조합이다.

> *recipe*
> **〔딸기 로마노프〕**
> 1. 약간의 딸기 꼭지를 딴 다음 오렌지 주스와 오렌지 리큐어를 50:50으로 섞은 혼합물에 재운다.
> 2. 샹티이 크림을 적당히 넣고 섞는다. 바닐라와 라즈베리(511쪽) 참조.

오렌지와 라임: 라임과 오렌지(441쪽) 참조.

오렌지와 레몬

술자리에서 귀갓길 운전을 담당하는 사람의 수호성인 성 클레멘스는 오렌지 주스와 비터 레몬을 혼합한 음료에 이름을 빌려주었다. 비터 레몬의 쓴맛은 레몬뿐만 아니라 토닉 워터에 심술궂은 매력을 가미하는 무색무취의 알칼로이드 퀴닌에서 온다. 보통 성인의 미각은 달콤한 음료를 너무 많이 마시면 질리기 쉽다. 하지만 알코올성 음료에서는 쓴맛으로 균형을 잡기 때문에 어지간해서는 이러한 문제가 발생하지 않는다. 오렌지와 레몬 제스트(또는 단단하고 두꺼운 껍질 설탕 절임) 또한 푸딩과 케이크에 넣어서 단맛과 균형을 잡고 풍미를 더하는 용도로 사용한다. 메이어 레몬은 꽃 향과 풍미가 뚜렷한 레몬과 오렌지의 교배종이다. 세빌 오렌지가 새콤한 오렌지 종류에 해당하듯이(오렌지와 흰살 생선 참조, 435쪽) 산도가 낮은 메이어 레몬은 달콤한 레몬 종류에 속한다.

오렌지와 로즈메리: 로즈메리와 오렌지(468쪽) 참조.

오렌지와 루바브

오렌지 제스트와 루바브는 특히 크럼블에서 자주 짝을 이루지만, 내 주방에서는 그렇지 않다. 나는 유달리 새콤한 루바브의 궁핍한 맛과 오렌지 제스트의 호전적인 풍미가 서로 엇나간다고 보기 때문이다. 왼손으로는 머리를 두드리고 오른손으로는 배를 문지르는 것 같은 풍미다. 자기주장이 강한 제스트를 빼고 부드러운 오렌지즙만 사용해서 루바브를 익혀보았지만, 그다지 만족스럽지도 조화롭지도 않은 대조적인 풍미가 느껴질 뿐이었다.

오렌지와 망고: 망고와 오렌지(425쪽) 참조.
오렌지와 멜론: 멜론과 오렌지(409쪽) 참조.

오렌지와 무화과: 무화과와 오렌지(500쪽) 참조.

오렌지와 물냉이

단맛과 신맛, 쓴맛을 모두 갖췄다. 여기에 짭짤한 재료(올리브 등)만 곁들이면 완벽한 샐러드가 된다. 오리고기와 잘 어울린다. 사과와 호두(397쪽) 또한 참조.

오렌지와 민트: 민트와 오렌지(486쪽) 참조.
오렌지와 바닐라: 바닐라와 오렌지(512쪽) 참조.

오렌지와 베이컨

마멀레이드를 바른 햄은 경이로운 음식이다. 세빌 오렌지를 넉넉히 넣은 마멀레이드를 사용하자. 설탕을 너무 과하게 사용하면 잼을 바른 햄처럼 느껴질 위험이 있으며 그걸 좋아할 사람은 동화 작가 닥터 수스 Dr. Seuss밖에 없을 테니 주의한다. 세빌 오렌지 마멀레이드에는 개먼의 짠맛에 대응하는 깊고 씁쓸하며 톡 쏘는 맛이 있다. 이 요리의 재미는 단지 먹을 때 맛있다는 것만이 아니다. 거대한 고깃덩어리에 마멀레이드 한 통을 문지르는 조리 과정에서 경험하기 힘든 감각적인 즐거움을 느낄 수 있다.

오렌지와 복숭아: 복숭아와 오렌지(416쪽) 참조.

오렌지와 비트

헤스턴 블루멘탈은 레스토랑 팻 덕The Fat Duck에서 비트 풍미의 오렌지색 젤리와 오렌지 풍미의 진홍색 젤리를 제공하여 손님에게 장난을 친다. 비트 젤리는 금색 비트로, 오렌지 젤리는 다크 레드 블러드 오렌지로 만든다. 종업원은 농담처럼 오렌지색부터 먹어보라고 권한다.

오렌지와 사과: 사과와 오렌지(395쪽) 참조.

오렌지와 사프란

감귤류 풍미는 사프란과 잘 어울린다. 오렌지와 사프란은 지중해식 생선 스튜와 북아프리카의 타진 요리에 등장하지만, 케이크와 비스킷에서도 좋은 짝을 이룬다. 사프란 한 꼬집을 따뜻한 우유 1큰술에 불려서 빅토리아 스펀지케이크 반죽에 넣는다. 완성한 케이크에 마멀레이드를 바르고 서로 겹쳐 쌓는다. 매우 무어인다운 요리다.

오렌지와 살구: 살구와 오렌지(412쪽) 참조.
오렌지와 생강: 생강과 오렌지(455쪽) 참조.

오렌지와 소고기

벗겨낸 오렌지 껍질과 월계수 잎, 타임, 파슬리로 만든 부케가르니는 엘리자베스 데이비드가 고안한 블랙 올리브를 넣은 소고기 와인 스튜 등 천천히 익히는 소고기 요리에 주로 추천하는 향미 재료다. 이것을 써볼 만한 핑계가 하나 더 필요하다면, 말린 오렌지 껍질을 같은 방식으로 사용하면 미디엄 바디의 레드 와인을 훨씬 농후하게 만들 수 있다는 피오나 베켓의 조언을 생각해보자.

오렌지와 아니스: 아니스와 오렌지(265쪽) 참조.

오렌지와 아몬드

클라우디아 로덴의 전설적인 오렌지 아몬드 케이크는 오렌지를 거의 통째로 넣는다는 점에서 이례적인 레시피이다. 지방샘을 포함한 껍질과 중과피, 속껍질, 맛있는 즙이 터져 나오는 안약처럼 생긴 과육까지 모조리 들어간다. 그러면 깊은 사향과 향신료 풍미를 가미하는 과일의 잠재력을 케이크에 온전히 주입하면서 끈적이는 단맛 없이도 마멀레이드를 떠올리게 만드는 맛을 낼 수 있다. 아몬드를 넣으면 애프터눈 티의 푸딩용 접시에 크림이나 콤포트와 함께 담아낼 수 있을 정도로 치밀한 질감을 지닌 케이크가 된다.

recipe
〔오렌지 아몬드 케이크〕
1. 오렌지 2개를 물에 거의 2시간 정도 완전히 부드러워지도록 삶는다.
2. 일단 식혀서 4등분한 다음 씨를 제거하고 걸쭉하게 간다.
3. 대형 볼에 달걀 6개를 넣고 거품기로 휘저은 다음 아몬드 가루 250g, 설탕 250g, 베이킹파우더 1작은술, 오렌지 간 것을 더하여 섞는다.
4. 23cm 크기의 원형 케이크 틀에 기름을 바르고 유산지를 깐 다음 반죽을 붓는다.
5. 190℃로 예열한 오븐에서 1시간 동안 굽는다.

우리 사이니까 하는 말이지만, 시간이 부족하면 오렌지를 전자레인지에 몇 분 정도 돌려도 된다.

오렌지와 아스파라거스

키가 껑충한 아스파라거스와 육감적인 오렌지는 예상 밖의 조합일지도 모르지만, 실제로는 잘 어울린다. 홀랜다이즈 소스에 블러드 오렌지로 향을 더하면 특별히 아스파라거스를 찍어 먹는 용도로 쓰이는 말타이즈 소스가 된다.

> *recipe*
> 〔**말타이즈 소스**〕
> 1. 블러드 오렌지즙 100ml가 2큰술 정도로 줄어들 때까지 졸인 다음 오렌지 제스트 1개 분량을 넣고 1분간 끓인다.
> 2. 달걀노른자 4개로 만든 홀랜다이즈 소스에 섞어서 바로 낸다.

오렌지와 양파: 양파와 오렌지(156쪽) 참조.

오렌지와 올리브

1932년 시인 마리네티는 몇 년간 유럽을 여행한 다음 '흥분한 돼지', '엘라스티 케이크', '강철 닭고기'와 '짜릿한 공항' 등의 이름을 붙인 레시피와 야생 풍미 조합을 선보이는 만찬을 연 후『라 쿠치나 푸투리스타La Cucina Futurista』를 출간했다. 가장 내 마음에 들었던 것은 에어로푸드Aerofood다. 주방에서는 비행기 모터와 바흐에 어울리는 소리가 시끄럽게 들려오고, 손님 오른쪽으로 금귤, 블랙 올리브, 회향 요리를 제공한다. 왼쪽으로는 사각형 실크와 사포, 벨벳 조각을 건네주고 손님은 반드시 오른손으로 음식을 먹으며 동시에 왼손으로 천을 쓰다듬어야 한다. 그 사이 종업원은 손님의 목덜미에 카네이션 향수를 뿌린다. 산타 마리아 노벨라의 가로파노 향수에서 시험해볼 수 있듯이, 카네이션에서는 장미와 클로브 풍미가 난다. 모든 재료 중에서 제일 구하기 까다로운 것은 비행기다.

오렌지와 자몽: 자몽과 오렌지(436쪽) 참조.

오렌지와 장미

오렌지 꽃물과 로즈워터는 종종 요리에서 서로 대체 가능한 재료로 취급한다. 당연히 둘 다 꽃 향이 지배적이나, 씁쓸한(세빌) 오렌지나무의 꽃송이에서 추출한 오렌지 꽃물에서는 감귤류 풍미가 느껴진다. 이란산 꽃물의 품질이 뛰어나며, 레바논의 마이몬Mymoune이라는 장인 정신을 갖춘 회사는 전통 증류법을 이용해서 인공 재료를 일절 넣지 않고 꽃물을 제조한다. 꽃물을 요리에 사용할 때는 둥둥거리는 북소리처럼 강렬하지 않고 은은히 전율하는 악기 치터zither처럼 은은하고 신비로운 향을 낼 수 있도록 찻숟가락으로 들이붓지 않고 한 방울씩 천천히 떨어뜨리며 양을 조절해야 한다. 북아프리카 요리에서는 전통적으로 양고기 및 닭고기 타진, 그리고 특히 아몬드 푸딩 및 케이크에 꽃물이 빠짐없이 들어가며 프랑스에서는 마들렌에 풍미를 내거나 갈아낸 당근 샐러드 또는 과일 주스(특히 오렌지)에 꽃 풍미를 가미하는 용도로 사용한다. 계피와 오렌지 또한 참조(316쪽).

오렌지와 주니퍼: 주니퍼와 오렌지(475쪽) 참조.

오렌지와 초콜릿

오렌지 제스트와 오렌지 꽃물은 둘 다 최소한 17세기부터 초콜릿에 풍미를 더하는 용도로 사용되어 왔다. 오렌지와 초콜릿 조합은 검은 후추나 아니스처럼 한때 흔하게 쓰이던 다른 향신료가 차례로 기억에서 사라지는 동안 무사히 버텼다. 테리 사의 저 유명한 '초콜릿 오렌지' 과자가 원래 사과였다는 사실을 알면 놀랄 것이다. 1926년 출시 당시 초콜릿 사과가 워낙 높은 인기를 누린 덕분에 4년 후 오렌지로 만든 제품도 출시하게 되었다. 전쟁 이후 두 제품을 다시 생산하기 시작했을 때 오렌지는 사과의 인기를 빠르게 추월했으며, 결국 사과는 1954년 생산이 중단되고 말았다. 이후 초콜릿 오렌지는 1975년 마침내 다크 오렌지 제품이 등장할 정도로 성장했다. 다크 초콜릿 오렌지는 씁쓸하고 떫은맛으로 오렌지 오일의 달콤한 사향 풍미를 보완하여 경박하고 끈적한 밀크보다 훨씬 맛이 좋다.

오렌지와 커피: 커피와 오렌지(23쪽) 참조.

오렌지와 클로브

니콜슨 베이커Nicholson Baker는 『생각의 크기The Size of Thoughts』에서 볼펜과 지우개로 글을 쓰는 과정에서 느끼는 감각적인 기쁨에 대해 논한다. 나는 단단한 오렌지에 클로브를 박아 넣을 때 비슷한 자극을 받는다. 방향제로 사용하는 사람도 있지만 나는 멀드 와인 바다 속에서 굴러다니게 놔둔다. 신선한 감귤류와 훈연 향으로 제일 둔탁한 술에도 생기를 불어넣는다.

오렌지와 타임: 타임과 오렌지(479쪽) 참조.

오렌지와 파인애플

입기에는 조금 부끄러운 하와이안 셔츠에 가득 담긴 '삶의 환희'를 느끼게 해주는 조합이다. 쓴맛이나 복합적이지만 은은하게 느껴지는 가벼운 유황 풍미 등 오렌지가 지닌 소소한 단점을 파인애플이 감추어준다. 탄제린과 과일, 풋내를 공유하는 조합으로, 오렌지 주스에 파인애플 주스를 더해서 훨씬 자연스러운 오렌지 풍미를 내기도 한다.

오렌지와 호두

크리스마스 양말의 발바닥 부분에 넣어둔 호두와 클레멘타인 오렌지에 크랜베리를 더해서 렐리시나 씁쓸한 녹색 잎채소 샐러드를 완성할 수 있으며, 걸쭉한 요구르트에 섞어서 메이플 시럽을 두르면 크리스마스 다음 날 아침으로 먹어도 좋다.

오렌지와 흰살 생선

18세기 전까지 오렌지는 오늘날의 레몬만큼이나 생선에 많이 곁들였다. 달콤한 품종이 시장을 지배하는 요즈음과 달리 당시에는 대부분 새콤한 세빌 품종을 사용했다. 세빌 오렌지를 구하기 어려운 요즘 시대에 정통 18세기다운 경험을 하고 싶다면 달콤한 오렌지 2개에 레몬 1개를 섞어서 대체할 수 있다. 풍미가 완전히 똑같지는 않지만 어느 정도 효과적이다. 비슷한 맥락에서 마크 힉스는 씁쓸한 오렌지 풍미의 큐라소를 약간 넣어서 솔 베로니크^{sole Veronique}를 만든다. 앨런 데이비슨은 달콤한 오렌지는 농어와 바다 생선(그루퍼) 등 단단하고 풍미가 강한 생선과 매우 잘 맞는다고 지적하며, 다음 소스 레시피를 소개한다.

> *recipe*
> 〔블러드 오렌지로 풍미를 낸 말타이즈 소스〕
> 1. 버터와 밀가루를 각각 40g씩 넣고 고기 육수나 부이용 280ml, 오렌지 주스 140ml, 소금 한 꼬집을 더해서 섞는다.
> 2. 단단한 흰살 생선에 곁들여 낸다. 오렌지와 아스파라거스(433쪽) 참조.

Grapefruit
자몽

감귤류 식구들 사이에서 나이 든 삼촌 같은 느낌이다. 자몽은 일반적인 감귤류 풍미와 가벼운 열대 과일 느낌을 공유하는 오렌지에 비해서 허브와 목질 풍미가 더욱 뚜렷하지만, 무엇보다도 사향과 유향 풍미가 난다는 특징이 있다. 해산물 등 전형적인 감귤류 가족의 동료들과 잘 어울리지만 블루 치즈와 푸른 잎채소처럼 쓴맛을 공유하는 재료와 특히 친밀하다. 노란 자몽보다 루비색 자몽이 대체로 더 달다.

자몽과 계피: 계피와 자몽(316쪽) 참조.
자몽과 돼지고기: 돼지고기와 자몽(48쪽) 참조.

자몽과 물냉이
맛이 풍성하고 기름진 단백질을 상쇄하는 강렬한 광물성 풍미와 쓴맛을 공유한다. 블루 치즈와의 궁합은 최고인데, 특히 달콤 짭짤한 로크포르라면 치즈 자체에 광물성 느낌이 있어 잘 맞는다. 물냉이는 미리 질긴 줄기를 전부 손질해야 하며, 그런 다음 껍질을 제거한 자몽 과육과 함께 버무려서 치즈를 뿌려 먹는다. 호두를 조금 뿌려도 좋다. 치즈 대신 오리고기를 넣어도 끝내준다.

자몽과 블루 치즈: 블루 치즈와 자몽(89쪽) 참조.

자몽과 아보카도
바닷가재와 통통한 새우 혹은 신선한 게를 넣은 샐러드로 현대식 고전이 된 조합이다. 몽펠리에에 자리한 한 카페에서는 이러한 샐러드를 살라드 프레셔salade fraicheur라고 부르며 가스파초를 담은 샷 잔을 곁들여 낸다. 몸이 녹아내리는 뜨거운 오후에 정신과 육체를 충분히 동시에 회복시킬 수 있는 메뉴다. 풍미가 산뜻할 뿐더러 파도가 지나가고 난 후의 젖은 모래처럼 탱탱한 파문을 만들어내며 톡톡 터지는 자몽과 버터처럼 부드러운 아보카도의 풍미가 대조적으로 어우러져 먹는 기쁨을 선사한다.

자몽과 오렌지
자몽은 달콤한 오렌지와 잔뜩 부푼 배처럼 생긴 큼직한 황록색 감귤류인 포멜로의 교배종이다. 물론 풍미와 외형 모두 포멜로에 가깝지만, 오렌지처럼 캄파리와 잘 어울린다. 오렌지와 자몽 모두 캄파리에 섞으면 상쾌한 (그리고 때로 쓴맛이 나는) 소르베가 되지만, 음료에 각각 어떠한 영향을 미치는지 여부는 하이볼 잔에 담았을 때 더욱 이해하기 쉽다. 오렌지 주스는 몇 모금만 마셔도 유독성 물질을 삼켰다는 뇌내 경보가 울릴 정도로 가혹한 캄파리의 묘한 허브 향과 쓴맛을 눌러주면서, 캄파리를 탐험하는 공포스러운 여행에 안정제가 되어준다. 반면 이미 상당히 씁쓸한 자몽과 캄파리를 섞으면 본연의 특별한 허브 및 꽃 향이 함께 어우러지면서 근사하고 복합적인 음료가 탄생한다.

자몽과 조개 및 갑각류

자몽의 주요 특징 풍미 화합물인 눅카톤nootkatone과 메르캅탄mercaptan, 나린진naringin은 꼭 인터넷상에서 〈스타 트렉: 딥 스페이스 나인〉과 〈스타 트렉: 보이저〉의 우열에 대한 논쟁을 벌이는 네티즌 아이디 같다. 마침 모든 감귤류 중에서도 자몽은 특히 제일 외계인처럼 독특한 풍미를 낸다. 제일 중요한(즉 '자몽다운' 맛을 내는) 화합물인 눅카톤은 다른 감귤류 과일에도 함유되어 있으나 다른 지배적인 화합물에 눌려서 미처 드러나지 못하는 존재로, 따뜻한 목질 풍미를 낸다. 자몽의 향을 주로 담당하며 사향과 열대 풍미를 가미하는 메르캅탄은 과학적으로 아로마 자각 기준치가 매우 낮은 것으로 알려져 있다. 즉 극도로 미량인 0.0001ppb로도 정확히 검출해낼 수 있을 정도로 풍미가 강력하다. 자몽의 기이하고 어색한 풍미는 오트 퀴진에서 특별한 위치를 얻는다. 길레이주Gillaizeau 쌍둥이가 운영하는 파리의 레스토랑 레 쥘루Les Jumeaux에서는 가리비에 말린 완두콩 퓌레와 핑크 자몽 소스를 곁들여 낸다. 셰 장Chez Jean에서는 살구 버섯을 중국식 면과 저민 핑크 자몽과 함께 볶는다. 최근 들어 자몽의 유행에 도전장을 던지는 감귤류는 일본에서 많이 사용하는 작고 주름진 유자다. 가벼운 탄제린과 자몽, 잣, 레몬, 라임 풍미가 있는 과일로 즙도 사용하지만 향기로운 껍질 쪽의 평이 더 높다. 라임과 자몽즙을 동량으로 섞으면 거칠긴 하지만 유자를 대체할 수 있다. 뉴욕의 장 조지 레스토랑에서는 종업원이 가리비 접시에 유자즙을 분사할 수도 있다. 그런다고 때리지는 말자.

자몽과 주니퍼: 주니퍼와 자몽(476쪽) 참조.
자몽과 파인애플: 파인애플과 자몽(389쪽) 참조.

Lime
라임

감귤류 중에서 제일 거칠고 날카롭다. 라임 껍질에서 배출되는 오일은 솔, 라일락, 유칼립투스 향을 띠며 강렬하고 짜릿하다. 이 오일은 주로 콜라의 풍미를 낼 때 쓴다. 라임즙은 특히 산성이 강한 덕분에 미각을 정화하며, 살사에 넣으면 상당히 짭짤하게 느껴지기도 한다. 라임의 신맛과 쓴맛은 콜라의 캐러멜이나 땅콩호박, 키 라임 파이에 들어간 연유 등 단호한 단맛과 대조를 이루면서 놀랍도록 잘 어우러진다. 영국에서 가장 널리 재배되는 품종은 시트론과 키 라임에서 유래되었다는 페르시안 라임이다. 키 라임은 크기가 작고 껍질이 두꺼우며 상당수 페르시안 라임과 달리 씨가 들어 있다. 풍미가 독특하다고들 하지만, 정통 키 라임 파이를 만들기 위해서 무거운 가방을 미국에서부터 질질 끌고 온 나로서는 큰 차이를 발견할 수 없었다. 라임 풍미는 또한 사향 풍미의 말린 라임(통째로 혹은 분말), 향신료를 가미한 라임 피클, 라임 마멀레이드, 라임 코디얼 등에서도 느낄 수 있다. 카피르 라임은 코코넛과 레몬(419쪽) 참조.

라임과 계피

콜라 풍미의 주춧돌인 조합으로, 콜라에 넣을 때는 계피보다 거칠고 풍미가 강하며 라임 고유의 호전적인 성격과 잘 맞는 친척 향신료 육계를 주로 쓴다. 콜라에 넣는 또 다른 전형적인 재료는 바닐라이며 그 외에도 캐러멜, 넛멕, 오렌지, 레몬, 고수, 코카 잎 추출물 등이 있다. 나는 라임과 계피를 같이 넣어서 소르베를 만든다.

recipe
〔라임 계피 소르베〕
1. 물 250ml에 바닐라 설탕 200g, 육계(또는 막대 계피) 여러 개를 넣고 서서히 데우면서 설탕을 녹여서 간단한 시럽을 만든다.
2. 한소끔 끓인 다음 식힌다. 시럽에 강렬한 계피 풍미가 밸 때까지 냉장고에 넣어둔다.
3. 라임 3개의 즙을 짜서 체에 거른 계피 시럽 200ml, 레몬즙 2작은술, 물 125ml를 더한다.
4. 아주 차갑게 식힌 다음 평소대로 소르베를 만든다.

그릇 모양으로 만든 캐러멜에 담아내면 모든 재료의 풍미가 쌓여서 콜라 맛이 느껴진다.

라임과 고수 잎: 고수 잎과 라임(281쪽) 참조.

라임과 고추

디에고 리베라와 프리다 칼로다. 이 격렬한 만남은 메뚜기를 라임즙과 고춧가루에 볶아 먹는 간식인 차풀리네스chapulines를 포함하여 수많은 멕시코 요리에 풍미를 선사한다. 메뚜기를 잡을 의향이나 인내심이 없는 사람이라면 껍질을 벗기지 않은 땅콩이나 튀긴 플랜틴, 통옥수수, 수박, 그릴에 구운 새우, 도리토스 Doritos 등을 같은 방법으로 조리해 먹을 수 있다. 고추와 라임 중독자라면 기쁘게도 미리 혼합하여 통에 담아 파는 것을 구입할 수 있으니, 원한다면 콘플레이크에도 뿌려 먹을 수 있다. 인도에서는 라임과 고추를 짝지어서 라임 피클(치즈 샌드위치에 마멀레이드 다음으로 어울리는 재료. 오렌지와 경질 치즈 참조, 428쪽)을 만든다. 시판 칠리소스의 단맛이 질린다 싶어지면 라임즙으로 상쾌함을 더하여 다용도로 쓸 수 있는 소스를 만들 수 있다.

라임과 기름진 생선: 기름진 생선과 라임(224쪽) 참조.
라임과 닭고기: 닭고기와 라임(36쪽) 참조.
라임과 땅콩: 땅콩과 라임(29쪽) 참조.

라임과 땅콩호박

묵직한 단맛이 나는 땅콩호박은 라임처럼 새콤하고 톡 쏘는 재료와 잘 어울린다. 이들을 넣어서 차우더를 만들거나 호박 덩어리에 올리브 오일과 라임즙을 버무려서 굽고 단호박 튀김에 간장과 라임, 참깨 소스를 곁들여보자. 태국식으로 둘을 조합하려면 적당히 썬 호박을 향신료를 가미한 코코넛 밀크에 뭉근하게 익힌다. 다 익으면 라임즙과 피시 소스, 종려당을 섞어서 버무린다. 땅콩호박과 베이컨(337쪽) 또한 참조.

라임과 레몬: 레몬과 라임(445쪽) 참조.
라임과 망고: 망고와 라임(423쪽) 참조.

라임과 민트

쿠바에서는 민트와 라임, 럼으로 지난 10년간 제일 흔하게 눈에 띄던 칵테일인 모히토를 만든다. 그 성공의 비결은 무엇일까? 내가 생각하는 이론은 새콤한 라임과 상쾌한 민트의 만남에 럼과 설탕의 자극적인 맛이 더해지면서 암페타민과 아로마 테라피가 만난 듯한 무언가가 창조되었다는 것이다.

> *recipe*
> 〔모히토〕
> 1. 하이볼 잔에 설탕 1큰술, 라임즙 2~3큰술을 넣는다.
> 2. 잎이 잔뜩 달린 민트 1줄기를 넣고 탄산수를 3분의 1 정도 붓는다.
> 3. 휘저어서 설탕을 녹이고 민트의 방향유를 풀어낸다.
> 4. 하바나 클럽 50ml를 붓고 얼음을 한 줌 넣는다. 얼음이 지진처럼 삐걱대는 소리를 듣는다.
> 5. 저어서 여분의 민트와 빨대로 장식한다.

제대로 만들면 모히토는 예리한 지각을 자극해서 즐거운 고통을 선사한다. 마치 콘택트렌즈를 낀 채로 안경을 쓰는 것 같다. 또는 민트 잎을 장식한 라임 소르베에 럼 한 샷을 곁들여서 먹어보자.

라임과 바질

꽤 널리 구할 수 있는 라임 바질 종자를 사면 이 조합을 집에서 직접 재배할 수 있다. 다양한 바질 품종이 존재하는 태국에서는 생선에 라임 바질을 제일 많이 사용한다.

라임과 생강: 생강과 라임(453쪽) 참조.

라임과 소고기

새콤달콤하고 약간 쌉쌀한 라임은 어떤 문화권에서는 소금을 대체하여 사용하기도 하며, 모든 강렬한 풍미 중에서도 열대 과일 느낌이 제일 뚜렷하다. 함께 요리하면 소고기는 라임의 산미에 짜릿한 쇠 맛으로 대응한다. 라임과 안초비에서 소개한 드레싱은 종종 고추를 듬뿍 넣은 샐러드와 재빨리 구운 소고기에 곁들여서 '호랑이의 눈물'이라는 요리로 내기도 한다. 베트남에서는 소고기 쌀국수pho에 라임 조각을 곁들여 내기도 하고, 마늘과 간장에 재워서 양상추 잎과 함께 내는 '볶은 소고기shaking beef'에 찍어 먹는 소스에 라임을 넣는다.

라임과 수박: 수박과 라임(364쪽) 참조.
라임과 아보카도: 아보카도와 라임(287쪽) 참조.

라임과 안초비

라임즙과 피시 소스로 만든 태국식 샐러드 드레싱, 스프링롤 내지는 서머롤과 함께 내는 베트남식 딥 소스 느억 참Nuoc Cham에서 볼 수 있는 조합이다. 깍둑 썬 생선과 감귤류를 좋아하게 만들어준다. 가벼운 피시 소스와 섞어도 라임은 언제나 피시 소스의 어두운 면을 살리려 애쓰다가 깊이를 더해주고는 아름답게 진다. 비율은 정말로 취향에 달린 문제이니, 레시피에 사용한 다른 풍미와 균형을 맞춰서 만들어보자. 나는 마늘 2쪽과 고추 1개를 빻은 다음 라임즙 2큰술, 피시 소스 2큰술, 설탕 한 꼬집을 더한다. 수제 솜 땀 샐러드에 넣으면 중독적으로 맛있다(망고와 사과 참조, 424쪽). 채식주의자라면 대두로 만든 '피시 소스'를 구입할 수 있다. 파인애플과 안초비(389쪽) 또한 참조.

라임과 오렌지

미국에서 가장 인기 있는 칵테일인 마가리타에서 아슬아슬하게 줄타기를 하며 데킬라를 팽팽하게 뒷받침한다. 좋은 마가리타는 단맛과 신맛, 쓴맛, 극단적인 소금 맛이 황홀할 정도로 아슬아슬하게 균형을 이룬다. 숨을 헉 들이마시며 눈을 번쩍 뜨게 만든다. 좋은 데킬라에는 원래 염분이 들어 있다며 소금을 넣지 않는 사람도 있지만, 나는 소금을 거부할 수 없다. 소금은 새콤달콤한 맛을 강화하며 술을 마시는 내내 목이 타게 만들어서 사람을 괴롭히는 효과가 있다.

라임과 조개 및 갑각류: 조개 및 갑각류와 라임(202쪽) 참조.
라임과 초콜릿: 초콜릿과 라임(16쪽) 참조.

라임과 코코넛

열대 지방의 나른하고 느긋한 낮잠 같은 것이 코코넛이라면 해먹에서 나와 몸을 움직이라고 살짝살짝 찌르는 것이 라임이다. 코코넛 케이크에 라임 프로스팅을 씌우면 칼처럼 날카로운 강렬함으로 졸음을 부르는 달콤한 맛을 상쇄한다. 생코코넛 간 것과 라임즙을 파인애플에 넣으면 더욱 달콤하고 촉촉한 맛이 나며, 익히거나 날것인 생선에 더해도 같은 효과를 누릴 수 있다. 인기 요리인 세비체ceviche에도 같이 들어가는 조합이다(라임과 흰살 생선 참조, 442쪽). 인도에서는 생코코넛 조각에 라임즙, 으깬 마늘, 고추를 섞어서 커리와 함께 낸다.

라임과 쿠민

엄청난 권력 투쟁을 벌인다. 바비큐한 고기나 구운 옥수수, 토마토 살사 등에서 싸우게 만들자. 이들 조합에 민트를 추가하면 인도에서 인기가 많은 시원한 음료 잘 지라jal jeera를 만들 수 있다. 구워서 빻은 쿠민씨에 빻은 민트와 소금, 라임즙, 물을 섞으면 된다.

라임과 토마토

멕시코의 인기 음료 상그리타Sangrita는 토마토와 라임, 오렌지 주스에 고추를 약간 더하여 만든다. 데킬라와 번갈아 홀짝이며 마신다. 오렌지 주스를 빼고 만들면 내가 좋아하는 기본 살사의 액체 버전이 된다. 라임즙을 다진 토마토에 더하면 살사로 간주할 수 있을 만큼 충분히 복합적인 풍미가 난다. 1/2개 분량의 라임즙을 잘게 썬 토마토 2개 분량 위에 뿌려서 얼마나 짭짤하고 맛이 입에 꽉 차는지 확인해보자. 칠리소스 몇 방울과 다진 양파 약간을 더하면 톡 쏘는 맛을 가미할 수 있다. 토르티야 칩 한 줌과 함께 낸다.

라임과 흰살 생선

세비체를 내는 것만큼 생선 장수와 친밀한 사이라는 증거도 없다. 세비체는 가늘게 썬 날생선에 주로 다진 양파와 피망, 고추, 고수를 섞어서 라임(또는 레몬)즙에 절여 만든다. 일단 생선이 라임즙에서 '익으면' 코코넛 밀크를 더해서 훨씬 부드러운 맛을 내기도 한다. 에콰도르에서는 세비체에 주로 구운 옥수수나 팝콘을 곁들이고, 페루에서는 고구마가 더 일반적이다. 세비체는 스페인인이 과일을 요리에 넣는 아랍의 관습을 남미에 도입한 결과 생겨난 요리로 알려져 있다. 귓속말로 전달할수록 내용이 바뀌는 '말 전하기 놀이'의 요리 버전 같은 결과물로, 이보다 더 놀라운 변화를 보여주는 대상은 찾아보기 힘들 것이다.

Lemon
레몬

레몬 제스트에는 즉시 레몬이라고 인지할 수 있는 시트랄이라는 화합물이 함유되어 있다. 장미와 라벤더, 잣 및 약한 풀 향도 존재하며, 레몬 제스트를 갈면 이 모든 풍미가 터져 나온다. 구연산이 지배적인 즙에서는 깨끗하고 상쾌한 풍미가 난다. 적당히 사용하면 요리에 은은히 활기를 불어넣고, 많이 넣으면 레몬 풍미를 제대로 더할 수 있다. 레몬은 조합의 폭이 매우 넓고 다양하게 쓰기 좋은 재료다. 달콤한 요리와 짭짤한 요리, 양념이나 주재료, 식전주부터 후식용 프티트 포까지 모든 분야에서 활약한다. 달콤한 레몬 타르트, 새콤한 레몬 캔디, 비터 레몬을 넣은 탄산음료, 중동의 레몬 소금 절임은 레몬의 풍미를 극한까지 끌어올린다. 이탈리아 리큐어 리몬첼로의 지배적인 풍미도 레몬이며 레몬 커드, 레몬 머틀myrtle과 비슷한 향이 나는 정교한 레몬 셔벗 과자도 마찬가지다. 레몬 풍미가 나는 허브에 대해 더 알아보고 싶다면 코코넛과 레몬(419쪽)을 참조하자.

레몬과 감자

한 요리 경연에서 셰프가 레몬과 감자를 요리한 참가자를 질책하는 장면을 본 적이 있다. 확실히 해당 참가자의 요리는 그리 식욕을 돋우는 모양새는 아니었지만, 그렇다고 감자와 레몬을 같이 쓰면 안 된다고 주장한다면 레몬 소스 요리에 종종 감자를 넣는 그리스인은 당황을 금치 못할 것이다. 인도에서는 굵게 으깬 감자에 레몬즙, 빵가루, 고수, 고추를 섞어서 팬케이크 모양으로 빚은 다음 기름에 튀겨서 처트니와 요구르트를 곁들여 간식으로 낸다. 햇감자에 레몬을 가미한 올리브 오일이나 레몬을 듬뿍 넣은 비네그레트 소스를 뿌리기도 한다. 또한 레몬과 검은 후추를 넣고 으깬 감자는 생선과 아주 잘 어울린다. 영국의 허브 전문가 레이엘Leyel 부인은 간 감자, 레몬즙과 제스트 1개 분량, 설탕 1컵, 물 1컵을 섞은 다음 파이 반죽을 위아래로 깔아서 굽는 레몬 크림 파이 레시피를 선보인다.

레몬과 고수 씨: 고수 씨와 레몬(508쪽) 참조.

레몬과 고수 잎

다음 레시피는 소문보다 더 빨리 퍼진다. 내게서 이 레시피를 배운 사람이 또 다른 사람에게 알려주고 그렇게 배운 사람이 나에게 이 요리를 만들어주면서 레시피가 필요하냐고 물어보았을 정도였다. 순간 뻔뻔하다고 생각했지만, 곧 나도 슈퍼마켓 레시피 카드에서 얻은 거라는 사실이 기억났다. 원래 대구로 만들라고 적혀 있지만, 나는 레몬과 고수의 조합을 더했을 때 맛이 깨어나지 않는 흰살 생선을 아직까지 본

적이 없다.

> *recipe*
> 〔레몬과 고수 잎 크러스트를 뿌린 생선〕
> 1. 빵가루 100g에 레몬 제스트 1개 분량과 곱게 다진 고수 1줌(가느다란 줄기 부분도 사용한다), 녹인 버터 50g, 고춧가루 한 꼬집, 소금, 후추를 섞는다.
> 2. 껍질 벗긴 흰살 생선 필레 4개에 두드려서 묻히고, 기름을 바른 오븐용 팬에 나란히 얹는다.
> 3. 대구와 비슷한 질감의 생선이라면 200℃로 예열한 오븐에서 20~25분 동안 굽는다.

다른 흰살 생선을 사용할 경우에는 조리 시간과 온도를 조절한다.

레몬과 고추: 고추와 레몬(301쪽) 참조.
레몬과 굴: 굴과 레몬(216쪽) 참조.
레몬과 기름진 생선: 기름진 생선과 레몬(224쪽) 참조.
레몬과 달걀: 달걀과 레몬(191쪽) 참조.

레몬과 닭고기

이상적인 세상에서는 레몬과 닭고기 풍미가 얼마나 뚜렷한가에 따라 음식을 '레몬 치킨 지수'로 분류할 수 있을 것이다. 레몬그라스로 섬세하게 향을 낸 부드러운 태국식 닭고기 국물은 2다. 껍질에 레몬을 골고루 문지르고 배 속에도 레몬을 넣어 구운 닭 요리는 4다. 새콤한 레몬 마요네즈를 더한 로스트 치킨 바게트는 5다. 닭 허벅지살과 절인 레몬을 천천히 익혀 향긋하고 걸쭉하게 만든 모로코식 타진은 9다. 서양식 중국 요리점에서 판매하는 튀김옷을 입힌 닭고기 튀김에 주문하기 조금 부끄러울 정도로 샛노란 소스를 곁들인 닭 요리는 10이다.

레몬과 딜

딜의 감귤류 풍미는 레몬에도 들어 있는 D-리모넨 때문이지만, 꼭 레몬 향이 나지는 않는다. 오렌지나 일반 감귤류 향을 감지하는 사람도 있다. 레몬과 딜은 무릎 자동 반사처럼 생선에 더하곤 하지만, 이들 조합이 매우 인기 있는 그리스에서는 양고기나 채소, 또는 양파와 잣을 더해서 페타와 함께 쌀에 섞는 등 더욱 널리 사용한다. 음식을 신선하게 만들고 다른 재료의 단맛을 살리는 효과로 좋은 평을 받는 조합이다.

레몬과 라임

레몬과 라임은 둘 다 런던 토박이가 쓰는 속어로, 주로 범죄에 관한 이야기를 할 때 압운을 맞추는 용도로 사용한다('세기의 레몬이었어, 친구' 같은 식이다). 너무나 적절한 속어다. 라임은 조금만 기회를 줘도 레몬을 두들겨 패서 죽이기 때문이다. 같은 과에 속하는 레몬과 라임은 즙에서 많은 풍미 성분을 공유하지만 라임에는 압도적으로 짜릿한 솔 향과 라일락 느낌이 있다. 따라서 라임즙을 희석할 때 레몬즙을 유용하게 쓸 수 있지만, 라임과 레몬 맛을 동시에 다 느끼려면 제스트를 사용해야 한다. 레몬과 장미, 허브 향은 껍질에서 훨씬 뚜렷하게 드러난다.

레몬과 로즈메리

레몬 타르트에 고전적으로 곁들이는 살짝 새콤한 크렘 프레시는, 달지만 여전히 마음속 깊이 신 레몬 커드와 잘 어울린다. 하지만 지금껏 시험해본 것 중 최고의 짝꿍은 경쾌한 레몬 타르트와 로즈메리 아이스크림이었다. 로즈메리를 크림이나 우유에 재우며 수많은 실험을 거듭한 끝에, 효과적이기는 하지만 사전 준비가 너무 번거로운 방법이라는 점을 깨닫게 되었다. 그래서 지금은 켄트의 더 홉 팜the hop farm에서 판매하는 로즈메리 에센스를 사용한다.

recipe

〔로즈메리 아이스크림〕

1. 달걀노른자 2개에 정백당 50g, 옥수수 전분 2작은술을 넣고 부드럽게 섞는다.
2. 휘핑크림 275ml를 데워서 불에서 내린 다음 액상 포도당 2작은술을 넣고 섞는다.
3. 달걀 혼합물에 크림 혼합물을 천천히 부으면서 잘 저은 다음 다시 팬에 부어서 불에 올린다.
4. 커스터드 농도가 될 때까지 계속 젓다가 불에서 내려서 깨끗한 볼에 붓는다. 랩을 표면에 닿도록 씌우고 식힌다.
5. 로즈메리 에센스 약 20방울을 넣고 섞어서 냉장고에서 차갑게 식힌 다음 아이스크림을 만든다.

레몬과 민트: 라임과 민트(483쪽) 참조.

레몬과 바질

모래 놀이용 양동이와 삽만큼이나 여름을 연상시키는 궁합이다. 분위기를 확 끌어올리는 감귤류와 감초 풍미를 활용해서 간단한 파스타를 만들어보자. 간단함의 기준은 상대적이다. 언젠가 한 번은 이 파스타를 제대로 만드는 정확한 방법에 대해서 이탈리아 남자 네 명이 1시간 넘게 격론을 벌이는 광경을 본 적이 있다. 다음은 2인분을 만드는 레시피이다.

> *recipe*
> 〔레몬 바질 스파게티〕
> 1. 스파게티 200g을 알 덴테로 삶는다.
> 2. 그동안 소형 팬에 올리브 오일 2큰술을 넣어 달구고 곱게 다진 셜롯 1개 분량을 부드럽게 볶는다.
> 3. 화이트 와인 2큰술을 두르고 몇 분간 뭉근하게 익힌 다음 무왁스 레몬 1개의 즙과 제스트를 넣는다. 간을 하고 불 세기를 낮춘다.
> 4. 파스타가 익으면 건져서 간 파르메산 몇 줌, 적당히 뜯은 바질 잎 약 한 줌, 버터 2작은술과 함께 레몬 소스에 버무려 낸다.

레몬과 브로콜리: 브로콜리와 레몬(180쪽) 참조.

레몬과 블루베리

불쌍한 블루베리. 과실을 깨물 때 터져 나오는 시큼한 즙이 귀여운 꽃향기를 가린다. 마찬가지로 레몬의 신맛도 블루베리의 꽃향기를 망가뜨린다. 하지만 고통은 나누면 줄어드는 법. 설탕이나 꿀의 단맛이 구원의 손을 뻗으면 레몬과 블루베리의 풍미는 살아나며, 케이크와 푸딩에서 진하고 향긋한 궁합을 선보인다.

레몬과 사프란

닭, 토끼, 달팽이, 깍지콩, 피망, 홍합, 새우, 버터콩, 아티초크, 쌀 등 파에야에 들어가는 이질적인 재료를 하나로 모으려 동분서주하는 한 쌍의 일꾼이다. 사프란은 쌀에 퍼지면서 희미하지만 일관성 있는 풍미를 더한다. 플라멩코 댄서처럼 손목을 돌려가며 레몬을 짜서 전체적으로 뿌린 다음 낸다. 그러면 여기서는 감귤류의 쨍한 풍미로 신선한 맛이 나고 저기서는 조용하고 편안한 단맛이 느껴지는 파에야가 완성된다. 이렇듯 맛의 균형이 잘 잡혀 있는 덕분에 파에야는 비교적 단조로운 요리에 비해서 위험할 정도로 과식하기 쉬우며, 스페인 주방용품점에서 군힐리 다운스의 위성 접시만큼 커다란 파에야 팬을 파는 이유도 그 때문이다.

레몬과 생강

날생강은 주로 풍미가 자극적이고 감귤류 향이 난다는 평을 들으며, 레몬과 아주 조화로운 궁합을 선보인다. 레몬 소스는 생강 푸딩의 공인된 단짝이며 레몬 아이싱은 생강 케이크와 잘 어울리고, 감기에 좋은 음료인 만큼 정작 제일 필요할 때는 불행히도 맛을 느낄 수 없는 핫 토디hot toddy[48]에 같이 들어간다. 코가 막히는 것은 반갑지 않지만 후각이 풍미 자각에 얼마나 기여하는지 알 수 있으니 좋은 일이기도 하다. 혀의 맛 수용체는 단맛, 짠맛, 쓴맛, 신맛과 '감칠맛'을 감지하지만, 레몬에 생강 풍미를 입힌 것과 생강에 레몬 풍미를 입힌 것 사이의 미묘한 맛을 잡아내는 것은 후각신경이다. 후각이 멀쩡할 때 핫 토디를 만들어보자.

> *recipe*
> 〔핫 토디〕
> 1. 잔에 날생강 1개(5mm 크기)와 레몬즙 1/4개 분량, 꿀 1~2큰술, 위스키나 럼 또는 오드비 1큰술을 넣는다.
> 2. 끓는 물을 붓고 저어서 한동안 재운다.
> 3. 마실 수 있을 정도로 식으면 낸다.

레몬과 소고기

레몬이 맛있기로 유명한 이탈리아에서 인기 있는 조합이다. 소고기를 염장 및 공기 건조시켜 파르마 햄처럼 얇게 저며 내는 브레사올라bresaola에 레몬을 짜서 뿌린다. 실크처럼 부드럽고 야생 고기의 풍미가 나며, 때때로 곰팡내가 느껴지기도 한다. 날소고기를 브레사올라보다 조금 두껍게 저민 것은 카르파치오라고 부르고, 똑같이 레몬을 뿌려 먹는다. 피렌체 지방에서는 나무 또는 숯에 그을려 구운 두꺼운 티본 스테이크 비스테카 알라 피오렌티나bistecca alla fiorentina에 소고기의 풍미를 끌어올릴 뿐만 아니라 현지 키안티 와인과의 가교 역할을 하는 레몬 조각을 곁들이는 일이 많다. 레몬을 더하면 저급 키안티 와인의 과일 향이 진해지고 거친 맛이 덜해진다는 사람도 있다.

레몬과 아니스: 아니스와 레몬(263쪽) 참조.
레몬과 아몬드: 아몬드와 레몬(354쪽) 참조.

레몬과 아스파라거스

앤드류 카멜리니와 그웬 하이먼 부부는 저서 『이탈리아의 도시인Unban Italian』에서 이 조합에 대해 열변을 토하며 리소토 페이지에서 '레몬은 요리의 기름진 맛을 씻어내고 아스파라거스의 풍미를 열어 전체적으로 신선한 맛을 유지한다'고 썼다. 내가 이 부부의 레시피를 좋아하는 이유는 집안 살림에 유용해서다. 버릴 것이 하나도 없다. 아스파라거스 줄기 아래쪽의 질긴 부분은 육수에 풍미를 내는 용도로 사용하며, 가

---

[48] 위스키에 설탕과 레몬 등을 넣은 음료로 감기에 걸렸을 때 자주 마신다.

운데 부분은 익혀서 갈아 다 익은 쌀에 섞고, 뾰족한 포엽 부분은 통째로 데쳐서 마무리할 때 넣는다. 리시에 비시risi e bisi를 떠올리게 하는 요리다(완두콩과 경질 치즈 참조, 291쪽).

레몬과 아티초크: 아티초크와 레몬(184쪽) 참조.
레몬과 안초비: 안초비와 레몬(231쪽) 참조.

레몬과 양고기

천천히 익혀서 만드는 모로코식 타진 요리에는 양고기와 함께 촉촉한 절인 레몬이 들어간다. 그리스에서는 새콤한 레몬과 기름진 양고기를 함께 요리한다.

---

recipe

〔레몬 풍미의 양고기 요리〕

1. 1.5kg들이 양고기 덩어리를 마늘과 함께 올리브 오일에 노릇하게 지진다.
2. 레몬즙 1~2개 분량, 오레가노 약간과 함께 냄비에 넣고 뚜껑을 단단히 닫아서 뭉근하게 조린다.
3. 국물이 거의 다 졸아들면 물을 약간 더하되 너무 많이 붓지 않도록 조심한다. 저민 양고기에 레몬을 가미한 농축된 즙을 곁들이는 것이 포인트라는 점을 기억하자.

전통적으로 양고기는 레어보다 조금 더 익혀서 구운 감자, 쌀 또는 흰콩을 곁들여 낸다.

레몬과 염소 치즈

수상 경력이 있는 글로스터셔 주의 체르니 치즈와 스태퍼드셔의 귀여운 이네스 버튼을 포함한 많은 염소 치즈에 감귤류 특성이 내재되어 있다. 줄리엣 하버트는 이네스 버튼에 대해 '입천장에서 녹으며 아몬드와 야생 꿀, 레몬, 화이트 와인, 탄제린의 흔적을 남긴다'고 표현했는데, 그 말이 내 마음속 버튼도 눌러버렸다.

레몬과 오렌지: 오렌지와 레몬(430쪽) 참조.

레몬과 올리브

모로코에서는 부드러운 소금 절임 레몬을 두껍게 썰어서 국방색을 띠는 그린 올리브와 함께 닭고기에 넣어 흥미로운 맛을 낸다. 씁쓸하면서 강렬하고 톡 쏘는 조합으로, 타진이나 과일 풍미를 낸 쿠스쿠스 요리에 넣으면 단맛과 멋지게 대조된다. 또한 염소 치즈 타르트에 곁들이는 살사와 기름진 생선과 함께 내는 샐러드에서 짝을 이룬다.

레몬과 장미: 장미와 레몬(502쪽) 참조.
레몬과 조개 및 갑각류: 조개 및 갑각류와 레몬(202쪽) 참조.
레몬과 주니퍼: 주니퍼와 레몬(474쪽) 참조.

레몬과 초콜릿

성사시키기 쉽지 않지만, 성공하면 절묘한 결과물을 만들어낼 수 있다. 나는 유리잔에 향기롭고 싱그러운 레몬 커스터드와 다크 초콜릿 가나슈를 번갈아 담아서 꿀벌 같은 줄무늬를 낸 디저트에 길쭉한 숟가락을 푹 담그면 소원이 없을 것 같다. 조엘 로부숑은 레몬 향 마들렌과 작은 초콜릿 단지를 함께 낸다.

레몬과 캐비어: 캐비어와 레몬(220쪽) 참조.
레몬과 케이퍼: 케이퍼와 레몬(144쪽) 참조.
레몬과 코코넛: 코코넛과 레몬(419쪽) 참조.
레몬과 쿠민: 쿠민과 레몬(118쪽) 참조.

레몬과 타임

높은 인기를 누리는 조합으로, 원하는 풍미의 강도에 따라 다음 세 가지 스타일로 조리할 수 있다. 두 재료의 풍미를 최고로 끌어올리려면 다진 타임을 레몬즙과 제스트 1개 분량과 섞는 것이 좋으며, 그러면 생선이나 양고기 또는 닭고기와 잘 어울리고 튀긴 아티초크에 곁들이는 드레싱으로 쓸 수 있다. 그다음은 잎이 부드러운 레몬 타임이다. 아름답고 부드러운 레몬 향 아래로 잔잔한 허브 풍미가 깔리며, 레몬과 타임 풍미를 부드럽게 살리는 요리라면 어디서든 좋은 맛을 낸다. 제일 은은한 풍미는 레몬과 만다린의 교배종이라 보는 메이어 레몬으로, 만다린 특유의 부드러운 타임 풍미와 더불어 진품 시트론 리몬citron limon보다 단맛은 더하고 신맛은 덜하며 신선한 느낌이 난다. 레몬과 타임 조합은 달콤한 음식에도 상당히 흔해졌다. 최근에는 레몬 드리즐 케이크와 치즈케이크, 아이스크림 레시피에서도 볼 수 있다. 오렌지와 레몬(430쪽) 또한 참조.

레몬과 토마토: 토마토와 레몬(375쪽) 참조.

레몬과 파슬리

단순하고 산뜻하며 야단스럽지 않은 한 쌍으로 전문가의 주방에서 언제나 든든하게 활약한다. 메트로도 텔 버터beurre maitre d'hotel(파슬리를 섞은 버터)나 보통 서대기 등의 생선에 밀가루를 묻히고 정제 버터에 튀긴 다음 브라운 버터와 레몬즙, 다진 파슬리를 함께 내는 아 라 뫼니에르à la Meunière 레시피 등이 좋은 예다. 파슬리와 마늘(278쪽) 또한 참조.

레몬과 화이트 초콜릿: 화이트 초콜릿과 레몬(517쪽) 참조.
레몬과 훈제 생선: 훈제 생선과 레몬(237쪽) 참조.
레몬과 흰살 생선: 흰살 생선과 레몬(210쪽) 참조.

Ginger
생강

원산지는 동남아시아지만 이제는 널리 재배되는 생강은 성장한 지역에 따라 풍미가 상당히 달라진다. 일반적으로 신선한 생강에서는 레몬과 목질, 흙냄새와 함께 매운맛이 약간 난다. 자메이카에서 생산하는 자메이칸 생강은 훌륭한 품질로 유명하다. 나이지리아와 시에라리온에서 재배한 자메이칸 생강은 농후한 맛과 톡 쏘는 풍미, 그리고 장뇌와 유사한 성분이 있다는 점에서 레몬 향이 더 강한 품종과 구분되며, 카다멈과의 연관성에 선을 긋는다. 호주산 생강은 레몬 향이 가장 강하다는 평을 들으며, 오일에는 전 품종 중에서도 제일 레몬 같은 풍미를 띠는 시트럴이 함유되어 있다. 전 세계에 걸쳐 달콤하고 짭짤한 재료 양쪽에서 인기를 누리는 생강은 날생강, 말린 생강, 생강 가루, 생강 설탕 절임, 생강 피클, 시럽에 재운 생강, 생강즙, 비알코올 및 알코올성 음료 등으로 두루 사용한다.

생강과 가지: 가지와 생강(115쪽) 참조.

생강과 계피

사람 모양 진저브레드 쿠키의 심장이자 영혼이다. 역사적으로 진저브레드 반죽은 꿀과 후추를 넣어 풍미를 강화했으며, 요즈음에는 당밀과 클로브 한 꼬집을 주로 더한다. 커피용 진저브레드 향 시럽을 만들려면 생강과 카다멈(456쪽)에 소개한 시럽에 막대 계피 2개, 바닐라 익스트랙 1작은술을 더한다.

생강과 고추

고추는 생강에게 매운맛이란 어떤 것인지 보여주기 때문에, 제조사들은 가끔 진저에일에 고추를 조금 넣어서 강렬한 맛을 더한다. 고추와 생강은 원래 중국 남해안 가까이에 자리한 하이난 주에서 탄생했지만 말레이시아와 타이완, 싱가포르에서 거의 자국 요리처럼 받아들여질 정도로 엄청난 인기를 얻고 전문 레스토랑 체인까지 여럿 생긴 하이난 치킨 라이스 소스에서 짝을 이룬다. 그 정도로 인기라면 한 번 시도해 보고 싶을 만하다. 소스는 간단하게 만들 수 있다.

> *recipe*
> **[하이난 치킨 라이스]**
> 1. 생고추를 날생강 및 마늘과 함께 빻은 다음, 취향에 따라 식초나 라임즙, 육수를 조금 섞어 희석

> 한다.
> 2. 닭고기는 생강과 잔파를 더한 소금물에 통째로 삶는다.
> 3. 기름기를 약간 섞어서 닭 배 속의 빈 공간에 넣은 쌀은 이제 향기로운 육수가 된 닭 삶은 물을 빨아들이며 익는다.
> 4. 실온으로 식힌 닭고기는 조각조각 잘라서 간장과 참기름을 두른 다음 생강과 고추로 만든 소스를 찍어 먹을 수 있게 곁들여서 낸다.

껍질을 벗기고 잘게 찢은 닭고기는 다시 닭 원래 모양에 가깝게 모아 접시에 깔끔하게 담아 낸다. 듣기에는 쉽지만 기술이 필요한 작업이다.

생강과 기름진 생선

초밥과 사시미에는 가리, 즉 생강 피클을 곁들여서 미각을 산뜻하게 만들어 신선한 생선의 제각기 다른 풍미를 제대로 음미할 수 있게 한다. 같은 이유로 순수주의자들은 초밥을 먹는 도구로 젓가락을 선호하며, 손가락(사용해도 전혀 상관없다)으로 먹으면 한 생선의 풍미가 다른 생선에 묻어버린다고 한다. 초밥을 간장에 찍을 때는 생선이 아래로 가도록 잡고 담가야 한다. 그래야 간장을 가볍게 간만 될 만큼 묻힐 수 있고, 입에 넣었을 때 생선이 바로 혀에 닿아서 맛을 더욱 느낄 수 있게 된다. 밥이 아래로 가게 잡고 간장을 찍으면 입에 닿기 전에 간장에 젖은 밥이 부서지기 쉽다. 고급 초밥집에서는 셰프가 초밥을 만들면서 직접 간장으로 만든 소스를 두르고 적당한 분량의 고추냉이를 넣어서 고객이 맛에 아무런 책임을 질 일이 없도록 한다. 초밥을 들어서 간장과 고추냉이에 다시 찍으면 눈살을 찌푸릴 수도 있다. 생강을 초밥과 같이 입에 넣거나 돌돌 말아서 전채 삼아 먹는 것 또한 좋지 않은 행동으로 간주하므로 아무도 보지 않는지 살핀 다음에 하도록 하자.

생강과 달걀

중국에서는 날달걀이나 오리알에 라임과 소금, 소나무 재, 물로 만든 진흙 같은 반죽을 바르고 도기 항아리나 대지에 묻어서 몇 주간(또는 더 오래) 보관하여 '피딴'을 만든다. 껍질을 벗겨보면 굳어서 차가운 홍차 젤리처럼 호박색으로 변한 흰자와 진한 회녹색의 노른자가 보인다. 유향 냄새가 나고 자극적인 암모니아 향을 풍기는 피딴에 저민 생강 피클을 곁들여서 일상적인 간식으로 먹는다. 삶아서 껍질을 벗긴 다음 식초에 절여서 만든 영국의 달걀 피클은 일반적으로 피시 앤 칩스 가게나 술집에서 판다. 술집에서는 끈질기게 전통에 따라서 잘게 부순 감자 칩 한 봉에 달걀 피클을 묻어 낸다(좋은 바텐더라면 직접 만들어줄 것이다). 주로 솔트 앤 비니거 감자 칩을 사용하지만, 새콤달콤하고 향신료 풍미가 감도는 우스터소스 맛 감자

칩도 탁월한 선택이다.

생강과 돼지고기

간단한 일본 요리인 쇼가야키(생강 구이)에서 짝을 이룬다. 생강 구이는 소고기와 오징어(기타 다른 재료)로도 만들 수 있지만, 메뉴에 별도의 언급이 없다면 제일 유명한 조합인 돼지고기가 나온다.

> *recipe*
> **〔돼지고기 생강 구이〕**
> 1. 얇게 저민 돼지고기 필레 200g을 곱게 간 날생강 2큰술, 간장 2큰술, 맛술 2큰술에 15분간 재운다.
> 2. 돼지고기를 건져서 식물성 기름에 재빨리 볶은 다음 접시 두 개에 나누어 담는다.
> 3. 남은 절임액을 팬에 부어서 골고루 데운 다음 돼지고기 위에 붓는다.

밥과 일본식 된장국 한 그릇을 함께 낸다.

생강과 땅콩호박

땅콩호박과 호박은 대부분의 레시피에 서로 대체하여 사용할 수 있으며, 일단 호박 파이에 향신료와 설탕을 더하고 나면 둘 사이의 차이를 구분할 수 있는 사람은 얼마 없다. 호박 파이 스파이스는 생강과 계피, 클로브, 넛멕, 올스파이스를 섞은 제품이다. 영국에서는 같은 재료로 비교적 무미건조하게 '믹스 스파이스'라고 부르는 인기 향신료 제품을 생산한다. 예전에는 주로 완전히 다른 존재인 '올스파이스'와 혼동하지 않도록 훨씬 나은 이름인 '푸딩 스파이스'라고 불렀다. 참고로 올스파이스는 혼합이 아니라 검은 통후추처럼 생긴 개별 향신료로, 클로브 특유의 풍미를 만들어내는 화합물인 유제놀의 풍미가 강하다. 계피와 넛멕 풍미 또한 함유하고 있어서 올스파이스라고 부른다. 땅콩호박과 로즈메리(336쪽) 또한 참조.

생강과 라임

모스크바 뮬Moscow Mule은 보드카와 라임, 진저비어를 섞어서 만들며, 진저에일로 만들면 레임 동키lame donkey가 된다. 앙고스투라 비터스를 몇 방울 넣으면 씁쓸한 쇠 맛을 뚜렷하게 더할 수 있다. 진저비어는 더 맵고 풍미가 풍부하며 탁하고, 진저에일은 맑은 호박색으로 풍미가 은은해 럼이나 위스키('whisky'가 아니라 'e'가 붙어 'whiskey'로 표기하는 북미 아일랜드 위스키 종류) 같은 어두운 영혼과 잘 어울린다.

생강과 레몬: 레몬과 생강(446쪽) 참조.

생강과 루바브

내가 보기에는 서로 조금 거슬리는 풍미인데도 아직 짝을 이루는 이유는 생강과 루바브의 조합이 배변에 좋다고 알려져 있기 때문인 것 같다. 셰프 제이슨 애서턴Jason Atherton은 압착한 푸아그라 훈제 장어 테린과 생강 브리오슈에 루바브 피클을 곁들여 낸다. 델리아 스미스는 평소처럼 물 대신 진저비어로 만든 오렌지 젤리에 익힌 루바브를 섞는다. 그리고 노스 요크셔 지방의 헴슬리 근처 더 스타 인의 요리사 겸 홍보 대사 앤드루 펀은 생강 파킨parkin을 곁들인 루바브 아이스크림 레시피를 제공하며, 직접 만들 생각이 없다면 먹고 갈 수도 있다.

생강과 마늘: 마늘과 생강(160쪽) 참조.

생강과 망고

제도어리 뿌리라고도 불리는 망고 생강은 망고와 생강 모두와 전혀 연관이 없지만, 생강과 마찬가지로 줄기뿌리다. 인도와 인도네시아가 원산지로, 처음에는 씁쓸한 맛이 나다가 달콤하고 새콤하며 향긋한 사향 풍미가 나서 녹색 망고를 떠올리게 한다. 피클과 커리에 주로 사용한다. 생강과 망고는 조개 및 갑각류와도 잘 어울리지만 그만큼 크렘 브륄레에서도 매우 좋은 궁합을 선보이며, 셰프 장 조지 본저리튼Jean-Georges Vongerichten의 대표 요리 중에는 생강과 망고를 푸아그라와 짝지은 음식도 있다.

생강과 멜론: 멜론과 생강(408쪽) 참조.

생강과 민트

진저 민트는 페퍼민트와 비슷한 풍미에 약한 생강 느낌이 난다. 생강과 민트로 풍미를 낸 사탕과 소다는 미국에서 인기를 누리며, 생민트 한 줄기나 민트 시럽 한 모금이면 여름철의 맛없는 진저에일에 생기를 불어넣을 수 있다.

생강과 바닐라

평소처럼 콜라 대신 진저에일에 바닐라 아이스크림을 한 덩이 띄우면 보스턴 쿨러Boston Cooler가 된다. 생강과 계피(451쪽) 또한 참조.

생강과 살구: 살구와 생강(412쪽) 참조.

생강과 소고기

소고기는 톡 쏘는 풍미를 사랑한다. 생강과 소고기로 만든 태국과 중국식 볶음 요리 및 캘거리의 두 중국 자매가 만들어낸 이후 그 지역의 명물이 된 바삭한 생강 소고기 요리 등에서 서로 짝을 이룬다. 잘게 부순 생강 쿠키 옷을 입힌 소고기 크로켓과 에스칼로프 같은 특이한 요리도 있다.

생강과 아몬드: 아몬드와 생강(357쪽) 참조.

생강과 양배추

날생강과 양배추를 함께 볶으면 양배추가 익으면서 잃어버리는 아삭한 알싸한 맛을 보완해준다. 어린 양배추는 잎이 치밀해서 데워도 심하게 지저분하거나 축 처지지 않으며, 달콤 씁쓸하고 자극적이며 강한 풍미를 지니고 있어서 이렇게 익히면 특히 맛있다.

생강과 양파: 양파와 생강(154쪽) 참조.

생강과 오렌지

둘 다 짜릿한 감귤류 향이 난다. 핀란드에서는 진저브레드용 혼합 향신료에 계피, 클로브, 생강과 함께 세빌 오렌지 가루를 넣는다. 다음 끈적한 생강 오렌지 케이크를 시험 삼아 만들어보자.

recipe
〔생강 오렌지 케이크〕

1. 버터 170g에 라이트 머스코바도 설탕 150g을 더하여 연한 색을 띠고 부풀어 오를 때까지 크림화한다.
2. 달걀 2개를 한 번에 하나씩 넣으면서 잘 섞는다.
3. 오렌지(대) 1개 분량의 제스트를 넣고 셀프 라이징 밀가루 170g과 베이킹파우더 1작은술, 소금 한 꼬집을 체에 내려 더한 다음 조심스럽게 접듯이 섞는다.
4. 반죽에 우유 3큰술과 곱게 다진 생강 설탕 절임 4개 분량을 넣어 섞는다.
5. 기름을 바르고 유산지를 깐 18cm 크기의 원형 케이크 틀에 붓고 표면을 고른 다음 180°C로 예열한 오븐에서 40~50분간 굽는다.
6. 녹인 마멀레이드 125ml 정도를 케이크에 발라 표면에 윤기를 더하고 식힌다.

생강과 초콜릿

양질의 초콜릿을 씌운 생강 설탕 절임을 한 입 깨물면 다크 초콜릿이 깨지면서 치아가 달콤한 강판처럼 촉촉하고 까끌한 생강의 섬유질을 끊으며 파고든다. 다크 초콜릿의 쌉쌀하고 복합적인 풍미와 거의 멘톨에 가까운 차가운 성격은 달콤하고 매운 생강과 완벽한 대조를 이룬다. 나는 생강과 초콜릿을 짝지어서 플로랑틴식 비스킷을 만든다. 알록달록한 보석 상자 같은 과일 설탕 절임을 올린 것만큼 예쁘지는 않지만 풍미는 훨씬 깊다.

> *recipe*
> **〔생강과 초콜릿 아몬드 플로랑틴〕**
> 1. 냄비에 무염 버터 15g을 담고 약불에서 녹인다.
> 2. 정백당 40g, 밀가루 2작은술, 더블 크림 2큰술을 더하여 천천히 한소끔 끓인다.
> 3. 1분간 익힌 다음 다진 생강 설탕 절임 50g, 아몬드 플레이크 50g을 섞은 후 불에서 내린다.
> 4. 실온으로 식으면 유산지를 깐 오븐용 팬에 몇 작은술 분량씩 덜어서 올린 다음 두드려서 납작하고 깔끔한 원형으로 빚는다. 반드시 서로 몇 센티미터씩 간격을 두어서 오븐에 들어간 순간 끈적이는 하나의 거대한 덩어리가 되어버리지 않도록 한다.
> 5. 190℃로 예열한 오븐에서 약 12분간 굽는다. 조금 내버려두어서 굳힌 다음 식힘망으로 옮긴다.
> 6. 양질의 다크 초콜릿 75g을 녹여서 플로랑틴의 매끄러운 쪽에 바른 다음 따뜻할 때 포크를 이용해 물결무늬를 그린다.

생강과 카다멈

카다멈은 생강 일족의 구성원으로, 이들의 관계성은 눈보다 코와 입으로 더 잘 느껴진다. 둘 다 뚜렷한 감귤류 느낌이 가미된 따뜻한 속성을 지닌다. 인도에서는 생강과 카다멈이 소화를 돕는 것으로 유명하다. 뜨거운 물에 재거리jaggery(비정제 설탕)와 말린 생강, 간 카다멈을 녹인 다음 걸러서 식힌 음료 파나캄panakam에서 짝을 이룬다. 고전 굴랍 자문(장미와 카다멈 참조, 504쪽)에 이 조합을 적용하여, 작은 케이크처럼 빚은 자문에 원래 들어가던 카다멈은 빼고 일반 장미 시럽 대신 수제 생강 시럽으로 풍미를 내면 인지 자문이 된다.

> *recipe*
> **〔인지 자문〕**
> 1. 푸드 프로세서에 밀크 파우더 125g, 밀가루 6큰술, 베이킹파우더 1작은술, 간 카다멈 1작은술, 잘게

썬 버터 20g를 갈아서 섞은 다음 매끄러운 반죽이 될 때까지 물을 1큰술씩 더하면서 섞어 자문을 만든다.
2. 과일 '리치' 크기로 둥글게 빚어서 약 18개를 만든다.
4. 물 650ml에 설탕 400g, 탕탕 두드려서 두껍게 저민 날생강 4~5장을 넣고 천천히 섞는다.
5. 기름을 뜨겁게 달구고, 자문을 여러 개씩 넣은 다음 기름 속에 잠긴 자문이 천천히 노릇하게 변하면 중불로 낮춰서 마저 튀긴다.
6. 건져서 종이 타월에 얹어 여분의 기름기를 제거한다.
7. 그대로 식혀서 생강 시럽에 넣고 가능하면 하룻밤 동안 재운다.
8. 생강 조각을 제거하고 차갑게 또는 실온으로 낸다.

생강과 커피: 커피와 생강(23쪽) 참조.
생강과 클로브: 클로브와 생강(320쪽) 참조.

생강과 토마토

이자벨라 비튼의 설명에 따르면 짜릿한 생강 향 토마토소스는 다음과 같이 만든다.

recipe
〔생강을 넣은 토마토소스〕
1. 잘 익은 토마토 약 1kg을 도기 그릇에 담고 120℃로 예열한 오븐에서 약 4~5시간 익힌다.
2. 실온으로 식힌 다음 껍질을 벗기고 과육과 도기 그릇에 남은 모든 즙을 잘 섞는다.
3. 생강가루 2작은술, 소금 2작은술, 곱게 다진 마늘 1통 분량, 식초 2큰술, 케이엔 가루 한 꼬집을 더한다.
4. 병에 담아서 서늘한 곳에 보관한다.

바로 먹을 수 있지만 몇 주 놓아두면 풍미가 눈에 띄게 좋아진다. 생강가루를 직접 만들면 훨씬 맛있다. 신선한 생강을 적당량 준비해서 간 다음 오븐용 팬에 펴고 3~4일간 말리면 간단하게 만들 수 있으며, 햇살 좋은 날이 이어질 때 야외에 내놓으면 훨씬 빨리 마른다. 말린 생강을 병에 보관하다가 필요할 때 향신료 전용 그라인더에 간다. 더 고소한 풍미와 흙냄새를 내고 싶다면 껍질을 남겨두고, 가벼운 맛을 내려면 벗겨서 만든다.

생강과 흰살 생선

감귤류 느낌이 나는 날생강은 명백한 생선의 단짝이다. 도나 헤이Donna Hay는 대나무 찜기 바닥에 저민 생강을 깔아서 생선찜에 풍미를 더하라고 조언한다. 다른 요리에서는 채 썬 생강을 기름에 튀겨 장식으로 사용한다. 양파와 생강(154쪽) 또한 참조.

Cardamom
카다멈

카다멈 깍지를 담은 병을 열면 막힌 코를 뻥 뚫어주는 스틱 제품을 코끝에 문지른 듯한 기분이 든다. 월계수 잎과 로즈메리처럼 카다멈에서는 장뇌와 유칼립투스의 깔끔한 풍미가 난다. 생강과의 일원으로서 감귤류와 꽃 향 풍미도 지닌다. 원산국에 따라서 유칼립투스 향이 강하기도 하고 꽃 및 감귤류 풍미가 강하기도 하다. 어느 풍미가 지배적이든 신선한 느낌으로 기름진 맛을 끊어주며, 특히 크림이나 초콜릿, 견과류, 버터를 더한 쌀 요리 등 향신료의 복합적인 풍미를 살려주는 재료와 함께 사용하면 좋다.

카다멈과 계피

크리슈나와 운명의 배우자 라다Radha처럼 전설적인 연인 같은 조합이다. 인도와 파키스탄에서는 우유로 만든 디저트에 카다멈과 계피를 섞어서 달콤하고 향긋한 느낌을 가미한다. 나는 카다멈과 계피를 넣어서 차이 티와 비슷한 뜨거운 음료를 만든다. 코코아도 사먹고 싶어질 맛이다.

recipe

〔카다멈과 계피 음료〕
1. 머그잔 한 잔 분량의 우유를 팬에 붓고 막대 계피 1개와 으깬 카다멈 깍지 2~3개를 더해서 천천히 한소끔 끓인다.
2. 불에서 내리고 걸러서 다시 머그잔에 부은 다음 취향에 따라 설탕을 더한다.

차갑게 식혀서 향기로운 바나나 밀크셰이크를 만들 수도 있다.

카다멈과 고수 씨

둘 다 뚜렷한 감귤류 느낌이 나는 향신료다. 달콤한 요리에 쓰기에는 카다멈에서 장뇌 향이 너무 강하다 싶을 경우 고수 씨를 조금 더해서 같이 으깨어 '희석'하자. 고수의 귀여운 꽃향기가 카다멈의 달콤한 면과 조화롭게 어우러진다.

카다멈과 당근: 당근과 카다멈(333쪽) 참조.

카다멈과 망고

인도에서 매우 인기 있는 조합이다. 심하게 푹 익은 망고에 화사한 카다멈과 새콤한 요구르트를 더하면 풍미가 살아나서 맛있는 라씨를 만들 수 있다.

recipe

〔카다멈 망고 라씨〕

1. 망고 과육 1개 분량에 요구르트 250g, 우유 125ml, 간 카다멈 한 꼬집과 얼음 한두 개를 더해서 믹서에 간다.
2. 맛을 봐서 카다멈 향이 적당한지 확인한 다음 설탕이나 꿀을 더한다.

정통에서는 멀어지지만 망고의 수지질 향기와 기분 좋게 어울리는 메이플 시럽으로 단맛을 더할 수도 있다.

카다멈과 바나나

바나나와 카다멈을 섞으면 맛이 부드러운 라이타raita[49]를 만들 수 있다.

recipe

〔바나나 카다멈 라이타〕

1. 바나나 여러 개를 으깬다(얇게 저미는 사람도 있지만, 나는 언제나 잘 익은 바나나와 덜 익은 바나나를 섞어서 으깨는 편을 선호한다).
2. 간 카다멈 1/4작은술, 말린 고춧가루 한 꼬집을 더하고 요구르트를 150~250g 섞어 주 요리에 필요한 정도의 농도를 맞춘다.

강렬하게 매콤하고 톡 쏘는 양고기 커리와 훌륭한 궁합을 이룬다.

카다멈과 바닐라: 바닐라와 카다멈(513쪽) 참조.
카다멈과 배: 배와 카다멈(400쪽) 참조.

49 다진 생채소에 요구르트를 섞은 남아시아 음식.

카다멈과 베이컨

검은색 카다멈은 녹색 카다멈과 가까운 사이로, 따뜻하고 향기로운 풍미를 공유하지만 검은색 카다멈을 불에 구운 다음 말리면 훨씬 자극적인 쓴맛이 나며, 녹색 카다멈이 라프로익 위스키를 진탕 마시고 취한 듯한 훈연 풍미가 물씬 풍긴다. 스튜 또는 수프에 깍지 여러 개를 넣어서 미묘하게 베이컨을 연상시키는 풍미를 내보자.

카다멈과 사프란

사프란은 카다멈과 마찬가지로 싱싱하고 부드러운 재료와 잘 어울리며, 카다멈의 레몬 풍미를 완벽하게 보완한다. 이들을 짝지어 아이스크림이나 커스터드, 케이크를 만들거나 짭짤한 쌀 요리에 조금씩 넣는다.

카다멈과 살구

카다멈과 살구는 살구 대니시 페이스트리 등의 케이크와 크럼블, 잼에서 짝을 이룬다. 카다멈을 가미한 시럽에 절인 말린 살구는 카슈미르 지방의 명물이다. 또는 호화로운 카다멈 크렘 파티시에르를 곁들인 살구 타르트를 만들어보자.

recipe

〔카다멈 크렘 파티시에르 살구 타르트〕

1. 정백당 50g과 달걀노른자 3개를 잘 섞는다. 밀가루와 옥수수 전분을 각각 20g씩 넣고 계속 섞는다.
2. 우유 300ml에 두들겨 부순 카다멈 3개 분량과 바닐라 익스트랙 1/2작은술을 넣어 데운다.
3. 카다멈 깍지를 제거하고 우유를 달걀 혼합물에 천천히 부으면서 섞는다.
4. 팬에 옮기고 큼직한 거품이 부글부글 올라올 정도로 한소끔 끓인다.
5. 불 세기를 낮추고 아주 걸쭉해질 때까지 약 5분간 익힌다.
6. 식힌 다음 23cm 크기의 구운 스위트 페이스트리 틀에 채운다.
7. 뭉근하게 익혀서 껍질을 벗기고 반으로 자른 살구 약 15개 분량을 얹고 살구 잼을 발라 윤기를 더한다.

카다멈과 생강: 생강과 카다멈(456쪽) 참조.

카다멈과 아몬드

다른 나라에 비해 카다멈 소비량이 월등히 높은 북유럽 국가에서는 전 세계에서 수확한 카다멈을 케이크, 빵, 페이스트리에 자유롭게 넣어 먹는다. 핀란드의 풀라pulla는 카다멈으로 향을 내고 땋아서 만든 달콤한 빵이며, 오래된 성경 표지처럼 생긴 노르웨이의 고로goro는 카다멈 풍미의 얇고 바삭한 웨이퍼 과자다. 고로와 같은 반죽을 전용 도구로 찍어내서 기름에 튀기면 패티그만Fattigman이 된다. 스웨덴에서는 참회의 화요일에 카다멈으로 향을 낸 셈라semla 번을 만들어서 윗부분을 잘라내고 속을 파내어 아몬드 페이스트와 크림 한 덩이를 채운다. 그다음 잘라낸 빵 윗부분을 다시 얹고 설탕을 뿌린다. 직접 굽지 않더라도 이 시기에 이케아에 가면 구입할 수 있다.

카다멈과 양고기

카슈미르에서는 잘게 다진 양고기를 수이트와 함께 공들여 빻아서 캐시미어 질감에 비유할 정도로 엄청나게 부드러운 반죽을 만드는 고스타바goshtaba 요리에 카다멈을 넣어서 풍부한 맛을 낸다. 시간이 덜 걸리는 요리로는 양고기에 카다멈을 드물게 많이 넣는 엘라이시 고트elaichi gosht가 있다. 다음은 마두르 재프리의 레시피이다.

recipe

〔엘라이시 고트〕

1. 대형 팬에 기름 3큰술을 달구고 곱게 간 카다멈 2큰술(껍질을 벗기기 귀찮다면 씨와 함께 껍질을 갈아도 되며, 그러면 소스에 섬유질이 약간 섞이게 된다)을 넣는다. 한 번 저은 다음 깍둑 썬 양 어깨살 900g을 넣는다.
2. 센불에서 2분 정도 계속 볶은 다음 다진 토마토 2개 분량과 곱게 다진 적양파(소) 1개 분량을 더한다. 3분간 더 볶는다.
3. 가람 마살라 1과 1/2작은술, 토마토 페이스트 1큰술, 소금 1과 1/2작은술, 물 625ml을 더한다.
4. 뚜껑을 덮고 1시간~1시간 30분 동안 뭉근하게 익힌다. 흑후추를 갈아서 아주 넉넉히 넣고 빵 또는 밥을 곁들여 낸다.

카다멈과 장미: 장미와 카다멈(504쪽) 참조.
카다멈과 초콜릿: 초콜릿과 카다멈(19쪽) 참조.
카다멈과 커피: 커피와 카다멈(25쪽) 참조.
카다멈과 코코넛: 코코넛과 카다멈(421쪽) 참조.
카다멈과 화이트 초콜릿: 화이트 초콜릿과 카다멈(516쪽) 참조.

THE *flavour* THESAURUS

BRAMBLE&HEDGE
울타리와 덤불

Rosemary
로즈메리

Sage
세이지

Juniper
주니퍼

Thyme
타임

Mint
민트

Blackcurrant
블랙커런트

Blackberry
블랙베리

Rosemary
로즈메리

로즈메리는 세이지에 가까운 유칼립투스 느낌이 있지만, 그보다 달고 솔과 꽃 향이 더 강하다. 로즈메리에는 다양한 품종이 있는데, 특히 풍미가 뛰어난 것으로는 부드러운 레몬과 솔 향을 풍기는 투스칸 블루와 가벼운 클로브 및 넛멕 향이 나는 스파이스 아일랜드, 훈연 향이 선명해 바비큐에 최적인 시싱허스트 블루가 있다. 조심해서 말리면 맛이 좋긴 하나 말린 허브들에서 전형적으로 나는 지푸라기 같은 풍미를 띠며 생허브의 복합적인 향을 눈에 띄게 잃어버린다. 양고기와 염소 치즈의 고전적인 단짝이지만, 달콤한 요리에서도 초콜릿과 오렌지, 레몬 등과 뛰어난 궁합을 선보인다.

로즈메리와 감자: 감자와 로즈메리(128쪽) 참조.

로즈메리와 기름진 생선

거친 로즈메리와 정어리와 고등어처럼 사납고 기름진 생선이 만나면 정제까지는 못해도 날카로운 면을 서로 다독이며 확실히 매혹적인 궁합을 만들어낸다.

---

recipe

〔로즈메리 풍미의 생선 그릴 구이〕
1. 로즈메리와 파슬리를 조금씩 곱게 다지고 빵가루, 간 파르메산 치즈 약간을 섞는다.
2. 내장을 꺼내고 손질한 생선에 채운 다음 그릴에 구워서 레몬과 함께 낸다.

로즈메리와 돼지고기

피렌체에는 친기알레 비안코Cinghiale bianco라는 작고 멋진 레스토랑이 있다. 강 북부에서 베키오 다리를 건너서 오른쪽으로 꺾으면 왼쪽에 보이는 보르고 산 라코포Borgo San Iacopo 아래다. (다리에서 왼쪽으로 꺾으면 식탁의 지저분한 그림과 꽃으로 정신 없는 분위기의 환상적인 술집이 있다. 하지만 이 책에서 다룰 내용은 아니다.) 이곳에서는 마법처럼 부드럽게 구운 돼지고기에 톡 쏘는 캐러멜 같은 그레이비와 로즈메리를 더하여 구운 감자를 곁들인 아리스타 알 포르노 콘 파타테arista al forno con patate를 먹어보아야 하며, 이 자극적인 피렌체 스타일에 로즈메리를 더한 식사는 너무 맛있어서 장엄한 교회에는 아직 발끝도 들여놓지 않았는데 스탕달 증후군[50]에 빠지도록 만든다. 아니, 절대 레스토랑을 떠나고 싶지 않게 될 테니 스탕달보다는 스톡홀름 증후군이라고 해야 할 것이다. 더 남쪽으로 내려가면 라치오에서 뼈를 발라내고 로즈메리와 마늘에 (때때로) 회향을 섞어서 속을 채운 돼지고기를 쇠꼬챙이에 끼워서 구운 포르케타를 먹을 수 있다. 특히 축제가 열리면 포르케타를 저며서 쫄깃한 흰 빵에 끼워 샌드위치를 만든 다음 브로콜리 등을 곁들여 판매한다.

로즈메리와 땅콩호박: 땅콩호박과 로즈메리(336쪽) 참조.
로즈메리와 레몬: 레몬과 로즈메리(445쪽) 참조.

로즈메리와 루바브

헬렌 레니가 웹사이트 'culinate.com'에서 말했듯이 집에서 레스토랑 요리를 재현하는 작업은 지그소 퍼즐 조각을 맞추는 것과 같다. 레니는 매사추세츠에 자리한 스티브 존슨의 랑데부 레스토랑에서 말린 살구와 말린 크랜베리 콤포트를 먹었지만, 이를 재구성하는 작업은 초반부터 막히고 말았다. 알고 보니 과일을 꿀과 로즈메리에 며칠간 재우는 것이 비결이었다. 로즈메리 향은 오렌지와 레몬의 날카로운 과일 풍미와 잘 어우러지며, 따라서 루바브에도 같은 방식으로 적용할 수 있다.

로즈메리와 마늘: 마늘과 로즈메리(159쪽) 참조.
로즈메리와 밤: 밤과 로즈메리(340쪽) 참조.

로즈메리와 버섯

시카고 알리니아Alinea에서 그랜드 애커츠는 송이버섯 케이크와 송이버섯 캐러멜에 사각형으로 자른 로즈메리와 셰리 식초 젤리를 하나씩 올리고 잣과 소금, 유향 크림을 뿌려 낸다. 상록수 풍미가 강렬한 가을의 조합이다. 로즈메리는 그리스에서 껌에 잘 넣는 풍미 중 하나인 향기로운 수지, 유향을 만들어내는 양유향Pistacio lentiscus처럼 상록수 관목이다. 잣은 따로 설명할 필요가 없다. 귀한 취급을 받는 송이버섯은 상록수 풍미가 나지는 않지만 일본에서는 잣나무 아래서 자라난다. 일본 이름인 마츠타케를 번역하면 '소나무 버섯'이 된다. 계피 느낌이 나는 향기가 강렬하지만 풍미는 그렇게 뚜렷하지 않다. 일본에서는 채집한 송이버섯을 야외에서 소나무 불에 구워 간장과 함께 낸다. 소고기와 버섯(62쪽) 또한 참조.

로즈메리와 살구

중동 및 북아프리카 전역에서 찾아볼 수 있는 사탕과자 마물Ma'mool은 보통 계피로 양념한 대추야자와 견

---

[50] 뛰어난 예술 작품을 보고 순간적으로 흥분 상태에 빠지거나 호흡곤란 등 이상 증세를 보이는 증상.

과류를 섞어 속을 통통하게 채워서 만든다. 포슬포슬한 페이스트리가 진하고 쫀득한 속 재료와 어우러지며 즐거운 대조를 선사한다. 온갖 종류의 말린 과일과 견과류 조합으로 만들 수 있다. 살구를 말리면 과일과 라벤더 향을 조금 잃으면서 약간 새콤해지는데, 라벤더를 연상시키는 로즈메리가 살구에 은은한 향기를 되찾아준다.

recipe
〔로즈메리와 살구 마물〕

1. 푸드 프로세서에 밀가루 225g, 1cm 크기로 깍둑 썬 무염버터 100g을 넣고 빵가루 상태가 되도록 간다.
2. 로즈메리 물 1큰술을 더하고 우유 3~4큰술을 조금씩 넣으면서 반죽 형태가 될 때까지 돌린다. 반죽이 완성되면 냉장고에 넣어 휴지시킨다.
3. 말린 살구 120g을 다져서 팬에 넣고, 다진 견과류 혼합물 100g, 잘게 다진 로즈메리 1큰술, 설탕 50g, 물 4큰술을 더한다.
4. 중불에 올려서 수분이 날아갈 때까지 익힌 다음 아몬드 가루 75g을 넣고 한 덩어리로 잘 섞는다.
5. 혼합물이 한 김 식으면 20등분해서 각각 공 모양으로 빚는다.
6. 엄지손가락으로 가운데를 눌러서 오목한 그릇처럼 만든 다음 살구 혼합물을 채우고, 조심스럽게 반죽을 완전히 봉한다.
7. 기름을 바른 오븐용 팬에 올리고 포크 등으로 가볍게 눌러서 평평하게 만든다.
8. 160°C로 예열한 오븐에서 20분간 굽는다. 식으면 슈거 파우더를 뿌린다.

로즈메리와 수박

로즈메리는 바비큐를 하는 사람의 충실한 친구다. 줄기를 경사각과 반대되는 방향으로 쓸어서 바늘잎을 제거한 다음 깍둑 썬 고기를 끼우면 천연 풍미가 더해진 꼬치가 된다. 또는 고기나 채소가 거의 익었을 때 로즈메리 가지를 석탄에 한 줌 던져 넣으면 연기에 향을 가미할 수 있다. 미국의 요리 작가 마크 비트먼은 수박 스테이크를 로즈메리와 함께 그릴에 구워보라고 조언한다.

recipe
〔로즈메리 향 수박 스테이크〕

1. 작은 수박을 5cm 두께의 '스테이크' 모양으로(껍질째) 잘라낸다.
2. 포크를 이용해 과육이 상하지 않도록 주의하면서 씨를 가급적 많이 제거한다.

3. 올리브 오일 4큰술, 곱게 다진 로즈메리 1큰술, 소금, 후추를 섞어서 수박 스테이크에 솔로 바른 다음 한 면당 5분씩 그릴에 굽는다.
4. 레몬 조각과 함께 낸다.

바비큐한 돼지고기에 곁들이기 더없이 좋은 음식이다.

로즈메리와 아몬드: 아몬드와 로즈메리(355쪽) 참조.
로즈메리와 안초비: 안초비와 로즈메리(231쪽) 참조.

로즈메리와 양고기

로즈메리는 달콤 씁쓸하고 푸른 풀 향으로 양고기의 기름진 맛을 완화하고, 신선한 소나무 및 유칼립투스 향으로 고기의 야생 누린내를 산뜻하게 만든다. 그 덕분에 로즈메리는 기름진 고기 또는 오래 묵었거나 공기 중에 걸어서 숙성한 양고기와 함께 먹을 때 진가를 발휘한다. 이탈리아에서는 부활절에 생후 몇 주일 안 된 젖먹이 양을 통째로 구워 먹는 요리 아바치오abbacchio에도 로즈메리를 넣는다. 다진 양고기에 로즈메리로 양념을 하면 좋은 소시지를 만들 수 있으며, 두껍고 넓적한 파스타에 버무리기 좋은 농후한 소스가 되기도 한다. 미국의 셰프 더글라스 로드리게스는 다진 양고기와 로즈메리를 조합해서 그을린 양고기 안심과 건포도, 잣, 염소 치즈를 채운 플랫브레드를 내기로 유명하다.

로즈메리와 양파

바삭하고 고소한 병아리콩 빵(관점에 따라서는 팬케이크에 가까운) 소카socca는 니스의 구 시장에서 판매하며, 이탈리아 국경을 넘어 리구리아로 가면 주로 곱게 다진 로즈메리와 양파를 뿌려서 파리나타farinata라는 이름으로 판매한다. 소카든 파리나티스타스든 다른 어떤 이름으로 부르든 간에 특별한 뜨거운 열판이 있어야 만들 수 있으므로 집에서 비슷하게 따라하기는 꽤 힘들다. 그래도 여전히 맛있으니 상관은 없다.

recipe

〔**로즈메리와 양파를 토핑한 파리나타**〕

1. 병아리콩 가루(인도식품 전문점에서는 그램 가루gram flour라고 부른다) 200g에 미지근한 물 300ml, 소금 2작은술과 올리브 오일 3큰술을 섞고 몇 시간 동안 재운다.
2. 바닥이 두꺼운 25cm 크기의 원형 오븐용 틀(또는 20~23cm 크기의 사각형 틀)에 올리브 오일을

넉넉히 바른다.
3. 220℃로 예열한 오븐에 틀을 넣어서 달군 다음 다시 꺼내어 절반 분량의 반죽을 틀 바닥에 얇게 편다.
4. 다시 오븐에 넣고 10~15분간 굽는다. 타지 않는지 계속 지켜보아야 한다.
5. 꺼내서 아주 곱게 다진 로즈메리와 양파를 뿌린다.

두 번째 소카를 만드는 사이에 먼저 만든 소카를 따뜻할 때 먹는다.

로즈메리와 염소 치즈: 염소 치즈와 로즈메리(77쪽) 참조.

로즈메리와 오렌지

19세기 당시 오렌지 꽃은 케이크를 장식하고 꽃다발에 섞어 넣거나 모양을 본따서 신부 베일에 수를 놓는 등 결혼식의 상징으로 인기를 누렸다. 오렌지 꽃은 행운과 순결, 행복, 다산을 상징한다. 로즈메리는 오렌지보다 결혼과 더 오래 관계를 맺어온 사이다. 클레브의 앤은 헨리 8세와의 결혼식에서 머리에 로즈메리를 장식했고, 서민들도 정절을 맹세하고 기념으로 삼기 위해 로즈메리를 들었다. 오렌지 꽃과 로즈메리는 그 자체로도 행복한 커플이 된다. 셰프 알레그라 맥에브디는 간 캐슈와 세몰리나로 만들어서 (일단 구운 다음) 오렌지 꽃물을 뿌리고 로즈메리 풍미 시럽을 바른 오렌지 풍미 케이크 레시피를 선보인다. 신혼여행에서 방금 돌아온 친구에게 더 이상 드레스를 입으려고 몸매 관리를 할 필요가 없다는 뜻으로 만들어 주는 케이크다.

로즈메리와 올리브: 올리브와 로즈메리(252쪽) 참조.
로즈메리와 완두콩: 완두콩과 로즈메리(292쪽) 참조.

로즈메리와 초콜릿

로즈메리가 다크 초콜릿을 배경 삼아 시원한 상록수 풍미를 한껏 드러낸다. 여기에서 사랑스러운 초콜릿과 카다멈(19쪽) 조합이 연상된다면 이는 로즈메리와 카다멈, 월계수 잎이 시네올이라는 주요 풍미 화합물을 공유하기 때문이다(이 세 가지 재료가 우유를 베이스로 한 디저트에서 얼마나 뛰어난 실력을 발휘하는지 생각해보자). 시네올은 목질과 유칼립투스 및 가벼운 민트 향을 낸다. 여기에 로즈메리는 후추와 장뇌 느낌이 더해지고 카다멈에서는 감귤류와 꽃 향이 더 드러나므로, 로즈메리를 더한 초콜릿은 겨울 느낌으로 변주한 초콜릿과 카다멈이라고 볼 수 있다. 다음 '작은 초콜릿과 로즈메리 크림'은 셰프 데이비드 윌슨이 고안한 레시피이다.

> *recipe*
> **〔작은 초콜릿과 로즈메리 크림〕**
>
> 1. 바닥이 무거운 스테인리스 스틸 팬에 정백당 250g, 드라이 화이트 와인 250ml, 레몬즙 1/2개 분량을 섞는다. 약불에서 가끔 저으면서 설탕이 녹을 때까지 서서히 데운다.
> 2. 더블 크림 600ml를 넣고 계속 저으면서 걸쭉해질 때까지 천천히 데운다.
> 3. 로즈메리 줄기 1개(또는 말린 로즈메리 1작은술)와 간 다크 초콜릿 165g을 더한다.
> 4. 한소끔 끓인 다음 저어서 초콜릿을 녹이고 불을 낮춰서 색이 어둡고 걸쭉해질 때까지 20분간 뭉근하게 익힌다.
> 5. 식혀서 체에 내려 작은 병 8개(매우 진한 디저트이므로 10개로 나눠도 좋다)에 나누어 담고 덮개를 씌워서 내기 전까지 냉장고에 보관한다.

로즈메리와 포도: 포도와 로즈메리(368쪽) 참조.
로즈메리와 헤이즐넛: 헤이즐넛과 로즈메리(349쪽) 참조.

Sage
세이지

모든 취향에 맞지는 않는 거친 허브다. 너무 강하거나 씁쓸하며 장뇌와 유칼립투스 및 약 풍미가 난다고 먹지 않는 사람도 있다. 생세이지에서는 비교적 가벼운 레몬 풍미가 나지만, 말리면 사라지면서 더 강렬하고 퀴퀴한 건초 같은 느낌이 난다. 날것이든 말린 것이든 세이지는 뚜렷한 풍미와 씁쓸한 뒷맛 덕분에 특히 땅콩호박, 흰콩, 익힌 양파, 돼지고기, 닭고기 등 질감이 치밀하고 달콤 짭짤한 음식과 잘 맞는다.

세이지와 간

전설적인 풍미 조합이다. 간과 세이지에는 피비린내가 있는데, 세이지는 간에 신선한 솔과 삼나무 풍미를 더해 이를 상쇄한다. 그런데 잠깐, 이들의 질감을 고려해보자. 나는 닭 간과 세이지 브루스케타를 만들 때면 꼭 한 번 양가죽 같은 세이지 잎으로 볼을 살살 쓸어본다. 익힌 간은 스웨이드와 비슷한 질감이 나기도 한다. 덕분에 세이지와 간 조합에서는 거칠거칠한 시골 옷이나 축축한 골짜기, 테드 휴스[51]의 작품을 막 읽기 시작한 순간이 연상된다.

세이지와 경질 치즈: 경질 치즈와 세이지(93쪽) 참조.

세이지와 달걀

세이지는 고전 영국식 아침 식사에 들어가는 모든 재료와 행복하게 어우러지지만, 호주의 셰프 닐 페리가 터키에서 영감을 받아 만든 다음 레시피는 특히 달걀과 세이지의 조합을 신나게 변주한 요리다.

recipe
〔수란과 튀긴 세이지를 올린 요구르트〕
1. 마늘 1쪽에 소금 1작은술을 더해서 으깬 다음 그리스식 요구르트 90g에 섞고, 즉석에서 간 후추를 조금 더한다. 따로 둔다.
2. 수란 4개를 만든다.
3. 달걀을 익히는 동안 다른 팬에 무염 버터 100g을 녹여서 세이지 잎 16장을 더한 다음 세이지가 바삭해지고 버터가 갈색을 띨 때까지 익힌다.

[51] 영국의 시인이자 아동문학가.

4. 접시에 각각 요구르트를 한 덩어리씩 떠 담은 다음 수란을 올리고 소금, 후추, 고춧가루 한 꼬집을 뿌려서 간을 하고 세이지 버터를 둘러서 마무리한다.

페리는 다진 생고추를 조금 곁들여 내라고 덧붙인다. 원한다면 수란은 언제든지 달걀 프라이로 대체할 수 있다.

세이지와 닭고기: 닭고기와 세이지(37쪽) 참조.

세이지와 돼지고기

엘리자베스 데이비드는 세이지에 마른 피 같은 풍미가 너무 강하다며 세이지를 싫어했다. 그녀는 세이지와 양파가 특히 스터핑의 형태로 거위 및 오리와 흔하게 짝을 이룬 탓에 영국인이 세이지에 익숙해지고 말았다고 주장한다. 오늘날에는 대부분 소시지에 많이 넣다 보니 세이지 풍미와 돼지고기를 엮어서 떠올리는 영국인이 많다. 이탈리아에서는 세이지와 레몬으로 향을 낸 우유에 돼지고기 안심을 넣어서 천천히 익히기도 한다. 집에서 만들어보았지만, 우유에 익힌 돼지고기는 나를 볼로냐의 녹슨 붉은빛 옥상과 그늘진 포르티코로 데려가는 대신, 절대 끊어지지 않는 질긴 소시지를 자르려고 끔찍한 침묵 속에서 접시를 박박 긁어대던 스코틀랜드 호숫가의 음침한 여관 식당의 기억을 되새겨줄 뿐이었다.

세이지와 땅콩호박

날땅콩호박을 먹어보면 밀짚 향이 나는 축축한 채소 맛이라 마치 허수아비와 깊은 키스를 나누는 기분이 든다. 익히면 달콤하고 부드러운 풍미가 나오는데, 세이지와 짝을 이루면 성격이 바뀐다. 세이지의 강렬한 풍미가 호박으로 옮겨가면서 고기와 비슷하게 정력 넘치는 면이 드러나는 탓에 강성 육식주의자까지 유혹할 수 있을 정도다. 셰 파니스Chez Panisse 카페에서는 땅콩호박과 세이지를 넣어서 아시아고 치즈 피자를 만들고, 러스 파슨스는 튀긴 세이지 잎과 구운 호두로 장식한 땅콩호박 리소토 레시피를 선보인다.

세이지와 베이컨

한 친구가 요리 대회를 열었다. 그날 밤 경쟁자들이 부엌에 옹기종기 모여들었다. 우리는 다지고 갈고 데치고 채를 썰었다. 얼마 지나지 않아 침략자가 하나 나타나서는 갈겨쓴 레시피 하나를 펼치더니 5분간 바쁘게 움직이면서 접시 하나를 오븐에 밀어 넣고, 와인 한 잔을 들고 파티장으로 사라졌다. 물론 우승은 그의 몫이었다. 나는 작업대에서 레시피 종이를 뜯어내는 것으로 위로를 삼았다. 델리아 스미스의 구운 판체타와 리크, 세이지 리소토를 수정한 요리였다. 오븐에 구우면 정통과는 다른 질감으로 완성될지도 모르지만, 그래도 손님들과 함께 노닥거릴 수 있게 된다. 다음은 그날의 레시피이다.

recipe

〔판체타와 세이지 리소토〕

1. 모든 재료를 담을 수 있을 정도로 크고 가스레인지와 오븐에서 다 사용 가능한 팬을 꺼낸다.
2. 올리브 오일을 약간 두르고 달군 다음 송송 썬 훈제 베이컨 200g, 아주 곱게 다진 양파 1개 분량을 넣고 부드러워지도록 볶는다.
3. 리소토용 쌀 175g을 더하고 저어서 낟알에 기름을 골고루 버무린다.
4. 화이트 와인 75ml, 육수 500ml, 다진 세이지 2작은술을 더하고 간을 약간 한다.
5. 한소끔 끓인 후 150℃로 예열한 오븐에 넣고 20분간 굽는다.
6. 꺼내서 간 파르메산 치즈 2큰술을 더하여 섞은 후 다시 오븐에서 15분간 굽는다.
7. 간 파르메산 치즈 50g을 뿌려서 낸다.

세이지와 블루 치즈: 블루 치즈와 세이지(87쪽) 참조.

세이지와 사과

세이지는 농후하고 지배적인 녀석으로, 거대한 맥주잔을 쾅쾅 내리치면서 묵직한 고기 요리를 내오라고 요구한다. 산뜻하고 과일 향을 풍기는 사과가 세이지와 돼지고기 조합에 상큼한 매력을 가미할 것 같지만, 그렇지 않다. 세이지는 너무나 완강하게 세이지다워서, 사과가 아무리 노력해도 퀴퀴한 어둠이 퍼지고 만다. 그렇다 해도 추운 날씨에 잘 맞는 사랑스러운 조합인 점에는 변함이 없다. 맛이 깊고 만족스러운 스터핑으로 가금류를 꾸미거나 세이지와 사과 경단을 넣은 돼지고기 스튜를 만들어보자.

recipe

〔세이지와 사과 경단〕

1. 볼에 셀프 라이징 밀가루 175g, 수이트 75g, 곱게 다진 세이지 잎 8~10장 분량, 껍질과 심을 제거하고 곱게 다진 조리용 사과(소) 1개 분량을 담는다.
2. 끈적하지만 작업할 수 있을 정도의 반죽이 될 때까지 찬물을 조금씩 넣으면서 섞는다.
3. 작업용 숟가락을 두어 개 들고 완자를 만들듯이 경단 모양으로 빚는다.
4. 스튜에 떨어뜨려서 넣고 뚜껑을 닫은 다음 15~20분간 뭉근하게 익힌다.

할아버지의 시계가 똑딱거리는 소리만 들려오는 조용하고 눅눅한 식당에서 먹는다.

세이지와 안초비: 안초비와 세이지(233쪽) 참조.
세이지와 양파: 양파와 세이지(154쪽) 참조.
세이지와 주니퍼: 주니퍼와 세이지(475쪽) 참조.

세이지와 토마토

이탈리아에서는 간소하게 토마토와 세이지에 익힌 카넬리니 콩인 파졸리 알 우첼레토fagioli all'uccelletto('작은 새 콩 요리') 등 토마토 바탕의 요리에 간을 할 때 세이지를 사용한다. 펠레그리노 아르투시의 설명에 따르면 전통적으로 작은 새를 요리할 때 동일한 재료를 사용했기 때문에 위와 같은 이름이 붙었다고 한다. 샌프란시스코의 주니 카페The Zuni Café에서는 따뜻한 올리브 오일에 허브를 잠깐 재웠다가 여분의 올리브 오일과 마늘, 호두, 파르메산 치즈와 함께 찧어서 세이지 페스토를 만든다. 그들은 여기에 그릴이나 오븐에 구운 토마토 요리를 함께 내라고 강력 추천한다.

세이지와 파인애플: 파인애플과 세이지(388쪽) 참조.

세이지와 프로슈토

짭짤한 프로슈토는 진지한 세이지를 놀리면서 재미있는 면을 끌어낼 수 있는 몇 안 되는 재료다. 살팀보카saltimbocca('입 안에서 뛴다'는 뜻의 이탈리아어)는 얇게 펼친 송아지나 칠면조, 돼지고기, 닭고기 또는 심지어 가자미 등 편평어 필레에 밀가루를 묻힌 다음 프로슈토를 한 장 깔고 세이지를 올려서 브로치처럼 이쑤시개로 고정하여 만든다. 세이지가 붙은 부분이 아래로 가도록 팬에 올려서 양면을 빠르게 구우면 버터에 향이 더해진다. 구운 살팀보카를 따뜻하게 보관하는 동안 송아지 혹은 닭에는 마살라 와인, 가자미에는 생선 육수나 화이트 와인 등 주재료에 어울리는 액상 재료를 팬에 부어서 바닥에 붙은 것을 긁어낸다.

Juniper
주니퍼

시골 야산의 풍미다. 주니퍼는 진의 주요 향료로, 야생 고기와 수시로 짝을 이룬다. 쏩쏠한 재료는 주로 달콤한 맛과 균형을 잡지만, 주니퍼는 블랙커런트, 토닉 워터, 자몽, 레어로 구운 고기 등 본인처럼 쏩쏠한 풍미와 주로 조합한다. 진한 상록수 풍미를 내려면 으깨서 써야 한다.

주니퍼와 경질 치즈
암양젖으로 만들어서 주니퍼와 발사믹 식초에 담근 세미 경질 치즈 페코리노 지네프로는 이탈리아에서 인기가 좋다. 페코리노 특유의 견과류 향에 톡 쏘는 풍미를 갖추고 있으며, 주니퍼 향이 치즈의 야생 고기 느낌과 잘 어우러진다.

주니퍼와 돼지고기
주니퍼의 강렬하고 신선한 풍미는 기름진 맛을 끊어낸다. 주니퍼와 돼지고기는 파테와 테린에 사용하는 고전적인 조합이지만, 이들의 풍미를 즐기기 위해서 그리 먼 길을 가야 할 필요는 없다. 엘리자베스는 말린 주니퍼를 으깬 다음, 잘게 썬 회향 구근, 소금, 올리브 오일, 마늘을 섞어서 돼지갈비에 양념을 해보라고 조언한다.

주니퍼와 레몬
주니퍼는 다른 향기를 지배하며, 따라서 고수와 안젤리카, 아니스, 회향 씨, 카다멈, 오렌지 등 다양한 풍미를 혼합하여 만든 진에서 무엇보다도 주니퍼의 특징이 두드러지게 만든다. 레몬은 두 번째로 눈에 띄는 풍미일 텐데, 주니퍼에도 감귤류 중 특히 레몬 향이 들어 있다. 그렇기에 레몬은 진과 더없이 고전적인 단짝이 되어, 진 앤 토닉에 띄우고 톰 콜린스에 짜 넣고 고전적인 진피즈(설탕, 소다, 얼음으로 만든 것)에 섞으며 토닉 워터처럼 퀴닌으로 쓴맛을 낸 비터 레몬을 희석한 음료를 만들 때도 넣는다.

주니퍼와 루바브: 루바브와 주니퍼(373쪽) 참조.
주니퍼와 블랙커런트: 블랙커런트와 주니퍼(490쪽) 참조.

주니퍼와 세이지

주니퍼에서는 침엽수림을 걷는 동안 콧속을 깨끗하게 씻어내리는 듯한, 기름기가 돌지만 신선한 상록수 향이 난다. 사실 주니퍼 열매는 침엽수에서 얻어낸 과실 중에서 유일하게 먹을 수 있는 향신료다. 또한 세이지에는 솔 향과 삼나무, 후추 및 유칼립투스 풍미가 있어서 주니퍼와 짝을 이루면 오리고기에 끝내주게 어울리는 스터핑을 만들 수 있다.

> *recipe*
> **〔오리용 세이지 주니퍼 스터핑〕**
> 1. 생빵가루 125g에 다진 세이지 2큰술, 으깬 주니퍼 베리 10개 분량, 익혀서 다진 양파 약간을 섞는다.
> 2. 간을 하고 레몬이나 오렌지 제스트를 조금 더한다.

주니퍼와 소고기: 소고기와 주니퍼(64쪽) 참조.

주니퍼와 양배추

주니퍼와 양배추는 탱글탱글 흔들리는 덩어리 삼겹살과 탄력 있는 프랑크푸르트 소시지, 창백하고 사악한 맛의 부댕 블랑boudin blanc, 훈제한 정강이 부위, 식초에 절인 족발, 염장한 허벅지살까지 농후한 고기를 가득 넣은 진미로 마치 육식 동물을 위한 경품 뽑기 놀이 같은 요리인 슈크르트 가르니choucroute garnie에 들어가기로 제일 유명한 조합이다. 하지만 흔히들 생각하는 것과 달리 사우어크라우트는 슈크르트 가르니에서 단순한 장식 이상의 역할을 한다. 나는 가느다란 리본 모양으로 썰어 나무통에서 발효하여 주니퍼 특유의 발사믹 향이 나는 창백한 사우어크라우트를 사랑한다. 예리한 맛으로 요리를 압도하는 고기의 달콤하고 기름진 풍미를 잘라낸다. 지루한 뚱뚱보들로 빼곡한 방에 냉소주의자 하나가 톡 떨어진 꼴이다.

주니퍼와 오렌지

진과 오렌지는 어느새 유행에 뒤처진 조합일지도 모르지만, 겨울에 잘 맞는 이 단짝 사이는 여전히 접시 위에서 할 수 있는 일들을 엄청나게 많이 찾아낸다. 주니퍼와 오렌지는 종종 사슴과 오리 등 풍미가 강한 요리에 양념으로 쓰며 양배추와 치커리, 다크 초콜릿 등 강하고 씁쓸한 재료를 선호하기도 한다. 벨기에의 브루트쿠렌 브루어리Brootcoorens Brewery의 라 삼브레스La Sambresse는 비터 오렌지 껍질과 주니퍼로 풍미를 더한 맥주다.

주니퍼와 올리브

비행기 여행은 신체에 부담이 된다. 트위글렛Twiglets 잔뜩, 올리브 한 줌, 블러디 메리, 아주 작은 샌드위치와 국적 불명의 바삭한 과자 두 상자, 샴페인 한 잔, 의심스러울 정도로 부드러운 파테와 롤빵, 레드 와인 한 잔, 씹다가 펑 터질 정도로 질긴 방울토마토 샐러드, 이상하리만치 비현실적인 고기 맛을 강화하기 위해서 삶은 당근과 으깬 감자를 곁들인 비프 부르기뇽, 레드 와인 또 한 잔, 끔찍한 초콜릿 무스, 베일리스, 인형의 집처럼 자그마한 실리콘 치즈를 곁들인 크래커들, (양질의) 포트와인 한 잔, (그렇지 않은) 커피 두 잔, 자파 케이크 한 봉, 비행이 4분의 3쯤 지났을 때 나온 샌드위치들, 수치스러워 해야 마땅한 차 한 잔, 라즈베리 잼과 크림을 곁들인 스콘, 그리고 멍해진 고막을 다시 틔우기 위해서 핸드백 바닥에서 모양이 이상해진 폭스 글라시에 프루트 사탕을 먹고 나서 JFK 공항에 도착할 때쯤이면 속이 조금 더부룩해지곤 한다. 이럴 때는 더티 마티니보다 더 나은 해결책이 없다. 일반 마티니에 올리브를 절여놓은 절임액을 더한 것이다. 절임액의 탁하고 짭짤한 기름진 맛이 진의 향을 생생하게 살린다. 그리고 세상에, 식욕을 제대로 되살려준다.

주니퍼와 자몽

영국의 소설가 킹슬리 에이미스는 테네시 내슈빌을 여행하는 동안 솔티 독 칵테일을 즐겨 마셨다고 쓴 적이 있다. 잔 가장자리를 물에 담갔다가 소금을 찍은 다음 진과 생자몽즙을 1:2 비율로 조심스럽게 붓고 얼음을 더해서 젓는다. 에이미스는 진 앤 토닉이란 '수상쩍으며' 여성과 젊은이, 위스키에 물을 타 마시는 위인을 위해 남겨두는 게 제격인, 가치 없는 감상적인 음료'라고 말한다. 또한 진과 물은 얼음 없이, 그리고 말번 워터Malvern water만 약간 더했을 때 브랜드마다 조금씩 달라지는 풍미를 만끽하면서 식물의 풍미를 훼손하지 않고 맛볼 수 있는 탁월한 조합이라고 했다. 그리고 '우리 시대의 위대한 롱 드링크[52] 중 하나'로 진저비어와 얼음을 듬뿍 더한 진을 꼽았다.

주니퍼와 프로슈토: 프로슈토와 주니퍼(249쪽) 참조.

---

[52] 긴 유리잔에 담아 나오는 시원한 음료의 총칭.

Thyme
타임

여기에서는 커먼 타임Thymus vulgaris을 주로 다루지만 레몬 타임이나 오렌지 타임 등 다른 품종도 포함한다. 커먼 타임은 지중해 산길과 해안길을 걸을 때 만나는 종류로 강하고 달콤하며 허브 향이 감도는 따뜻한 풍미를 지니고 있으며, 훈제 또는 약 향기가 나기도 한다. 나에게 타임이란 어느 한쪽으로 치우치지 않는 풍미를 가진, '허브'라는 단어의 본질이자 부케 가르니나 프로방스 허브의 중심을 이루는 존재다. 타임의 달콤 쌉쌀한 향신료 풍미는 천천히 익힌 토마토소스와 고기 조림, 콩 스튜 등에서 풍성하게 발달한다. 또한 유제품에 우거진 초원 느낌을 더하며, 갈수록 달콤한 요리에 등장하는 빈도가 늘어나고 있다.

타임과 계피: 계피와 타임(318쪽) 참조.
타임과 기름진 생선: 기름진 생선과 타임(227쪽) 참조.
타임과 닭고기: 닭고기와 타임(39쪽) 참조.

타임과 돼지고기

다행히 비바람에도 잘 견디는 조합이다. 도르도뉴 지방으로 여행을 떠난 날, 아침 내내 오던 비가 오후까지 이어져 밤새 격렬하게 쏟아졌다. 그러다 빗방울이 차차 누그러지기 시작했다. 바비큐 그릴을 향해 발끝을 세우고 살금살금 걸어가는 사람을 울게 만드는 굵은 빗방울을 떨구며 미소 짓는 구름만 남았다. 나는 원래 마늘을 넣은 돼지고기 소시지를 구워서 디종 머스터드를 바른 바게트에 타임을 가미하여 볶은 양파와 함께 끼워 먹겠다는 희망찬 계획을 세웠다. 그 계획은 보기 좋게도 비 때문에 취소되었고, 나는 두 번째 계획을 행동에 옮겼다. 작업복을 몇 겹으로 두르고 용기를 내서 차갑고 눅눅한 주방에 들어선 다음, 레인지에 가스를 연결하고 상자를 뒤져서 찾아낸 질척한 성냥 반 통으로 점화를 하려고 노력했다. 불꽃이 피어오르자 나는 무쇠 냄비를 찾아서 거미를 걷어내 깨끗하게 손질한 다음 기름, 소시지, 굵게 썬 양파 약간, 불길해 보이는 콩 한 병을 넣었다. 그리고 잔뜩 웃자란 정원에서 선명한 녹색을 띤 타임 줄기를 하나 꺾어서 소금, 후추와 함께 냄비에 던져 넣고 와인을 한참 부었다. 이를 오븐에 넣고 부탄가스의 영혼을 통솔하는 기도를 한 다음, 나는 남편이 이상주의에 빠진 영국인이 프랑스나 토스카나로 이주하여 궁극적으로 식사에서 보상을 얻는다는 내용으로 '툴루즈만 한 곳은 없다' 내지는 '아티초크에 빠지다'는 식의 이름이 붙은 누더기 같은 책 한 더미로 피운 불 옆에 다가가 앉았다. 고어텍스와 양털 스웨터를 몇 겹 벗었다. 오랫동안 비어 있던 별장의 곰팡내 틈새로 돼지고기와 타임, 마늘 향이 서서히 퍼지기 시작했다. 콩은 요리의 향과 풍미를 증폭하는 효과를 발휘한다. 드디어 조금 아늑한 기분이 들기 시작했다. 내가 프랑스에서 보낸 5일간을 휴가라고 부를 수 있다면, 이 요리도 카술레cassoulet[53]라고 미화할 수 있을 것이다.

타임과 레몬: 레몬과 타임(449쪽) 참조.
타임과 마늘: 마늘과 타임(163쪽) 참조.
타임과 버섯: 버섯과 타임(112쪽) 참조.
타임과 베이컨: 베이컨과 타임(244쪽) 참조.

타임과 소고기

델리아 스미스는 소고기 스튜에 언제나 타임을 약간 넣는다고 한다. 말린 타임이 더 맛있을 수도 있으니 생타임을 구하지 못했어도 걱정하지 말자. 타임은 말리면 풍미가 강화되는 몇 안 되는 허브 중 하나로, 최상으로 말릴 경우 허브 향을 보완하는 맵싸하고 훈연한 느낌이 선명해져서 농후한 고기 요리에 깊고 복잡한 풍미를 더한다. 오렌지 타임과 캐러웨이 타임은 로스트비프와도 잘 어울린다.

타임과 양고기

양고기와 함께하기로 유명한 허브는 로즈메리와 민트지만, 타임도 고전적인 조합이다. 퀘벡의 소믈리에 프랑수아 샤르티에Francois Chartier는 『미뢰와 분자Papilles et Molecules』에서 음식을 분자 단위로 분석하여 와인과 짝을 짓는다. 그의 설명에 따르면 타임 풍미의 핵심인 티몰은 양고기의 구성 성분이기도 하며, 프랑스 랑그독 남부에서 생산하는 한 레드 와인과 같은 풍미를 공유하는 덕분에 셋을 조합하면 매우 잘 어울린다고 한다.

타임과 양파

타임은 크림 풍미의 양파 수프에 깊이와 신선함을 동시에 가미한다.

---

recipe

〔양파와 타임 크림 수프〕

1. 굵게 다진 양파 3~4개 분량을 타임 몇 줄기와 함께 버터 약간과 기름에 아주 부드럽지만 색은 나지 않을 정도로 천천히 볶는다.
2. 채소 국물 또는 닭 육수 500ml와 우유 250ml를 붓는다.
3. 간을 하고 한소끔 끓여서 약 15분간 익힌다.

---

53 프랑스 지방의 전통 요리로 콩과 염장 돼지고기 등을 넣은 스튜.

4. 약간 식혀서 타임을 제거하고 간 다음 다시 데워서 낸다.

마음이 내키면 크림을 넣고 살짝 휘저은 다음 작은 타임 잎을 장식한다.

타임과 염소 치즈

치즈에 타임으로 풍미를 내는 기법은 로마 시대까지 거슬러 올라간다. 분명 허브를 먹고 자란 동물의 젖에서 천연 타임 풍미가 난다는 발견에서 시작되었을 것이다. 프로방스 지방의 로브 염소에서 짜낸 생염소 젖으로 만든 로브 데 가리그 치즈는 일부 그리스 페타 치즈와 코르시카의 양젖 치즈 플뢰르 뒤 마키처럼 타임 풍미를 지니고 있다(가리그와 마키는 거칠게 번역하면 '관목지'라는 뜻이니 염소가 가시투성이의 향긋한 잡목을 먹고 자랐을 거라는 감을 잡을 수 있다). 벌은 타임에 환장하며, 타임 꿀은 그리스에서 독특하고 뚜렷한 풍미로 높은 평가를 받는다. 즐기는 방법은 물론 치즈에 뿌려 먹는 것이다.

타임과 오렌지

타임의 독특한 풍미를 형성하는 화합물 티몰은 감귤류 중에서 유일하게 만다린에만 들어 있는 요소이기도 하다. 만다린 껍질을 벗길 때 터져 나오는 물질의 향을 맡아보면 활기찬 감귤류 풍미에 에워싸인 가운데 아름다운 허브 풍미가 느껴진다. 오렌지와 타임은 레몬과 타임에 비해 짝을 이루는 일이 드물지만, 일단 만나면 주로 칠면조나 뿔닭 등 야생 고기 풍미가 진한 가금류와 함께 등장한다. 타임과 오렌지 풍미를 타고난 오렌지 발삼 타임은 구하기 힘들기는 하나 인도 서부 요리에서 인기인 허브로 소고기의 기본 양념으로 들어가며, 향긋하고 사향이 가미된 오렌지 껍질 느낌이 난다. 오렌지 타임과 45kg들이 거북이, 송로 버섯 약간, 그리고 구명보트 크기의 냄비를 지닌 사람이 있다면 이 모든 재료를 함께 요리하는 법을 알려줄 다니엘 디포의 『로빈슨 크루소』에 달린 엄청난 각주를 참고하라고 말하고 싶다.

타임과 올리브

지중해의 돌이 많고 바싹 마른 토양을 견디고 살아남는 식물들이다. 타임의 야성적인 향긋한 풍미는 묵직하고 복합적인 풍미를 띠며 정오에 울리는 그리스 교회의 종처럼 거무스름한 올리브와 아름다운 대조를 이룬다.

타임과 조개 및 갑각류

바질이나 타라곤을 곁들이는 쪽을 더 편안하게 여길 섬세한 조개 및 갑각류에게 타임은 약간 과할 수도 있다. 하지만 진한 조개 및 갑각류 스튜(또는 맨해튼과 뉴잉글랜드식 차우더)에는 맛있고 향긋하며 민트 느낌이 나는 허브 향을 은은히 깔아주는 역할을 한다. 간단한 다음 요리에서 맛을 보자.

> *recipe*
> **〔새우를 올린 콩 타임 조림〕**
> 1. 올리브 오일에 잘게 썬 양파 1/2개 분량을 부드러워지도록 볶은 다음, 건져서 씻은 카넬리니 콩 1캔 분량과 생타임 1줄기를 더한다.
> 2. 간을 하고 아주 잔잔하고 뭉근하게 익힌다.
> 3. 그동안 새우를 버터와 마늘에 볶는다.
> 4. 콩에서 타임 줄기를 제거하고 새우를 수북하게 얹어 낸다.

타임과 초콜릿

새로운 단짝이다. 토마스 켈러가 운영하는 캘리포니아 나파 벨리Napa Vally의 프렌치 런드리와 뉴욕의 퍼세Per Se 레스토랑에서는 말든 천일염을 뿌린 짙은 초콜릿 뚜껑을 즉석에서 뜨거운 올리브 오일로 녹여 숨겨진 타임 아이스크림을 드러내는 타임과 초콜릿을 접목한 디저트를 선보인다. 켈러가 한때 근무했던 파리의 레스토랑 타이유방Taillevent은 타임 아이스크림을 물레 오 쇼콜라(몰튼 초콜릿 케이크)와 함께 내기로 유명하며, 집에서 따라 하기에는 이쪽이 조금 더 쉽다. 타임 커스터드를 다시 데우기 전에 맛을 보면 왜 이 조합이 그토록 잘 어울리는지 이해할 수 있을 것이다. 타임은 크림에 마치 저온 살균을 거치지 않고 목장에서 방금 짜내 교반한 것처럼 신선한 맛을 더하고, 다크 초콜릿에서 더없이 신선한 밀크 초콜릿 맛이 나도록 한다.

> *recipe*
> **〔타임 아이스크림〕**
> 1. 팬에 잎이 무성한 타임 줄기 약 10개와 전지유 275ml를 넣고 데운 후 식힌다. 뚜껑을 덮고 냉장고에서 밤새 향을 우려낸다.
> 2. 다음 날에 우유와 타임을 다시 데운 다음 체에 거른다.
> 3. 볼에 달걀노른자 4개와 정백당 90g을 잘 푼 다음 따끈한 타임 향 우유를 천천히 부으면서 쉬지 않고 젓는다.
> 4. 깨끗한 팬에 옮겨서 약불에 올리고 끓지 않도록 주의하면서 숟가락 뒷면에 묻어날 정도로 걸쭉해질 때까지 저으면서 익힌다.

5. 고운체에 거른 다음 더블 크림 300ml를 부어서 섞고, 평소대로 식히고 냉동해 아이스크림을 만든다.

그동안 케이크를 만든다. 델리아 스미스가 웹사이트 및 여러 저서에서 소개하는 갈톤 블랙스톤galton blackiston의 살살 녹는 초콜릿 푸딩 레시피를 따르면 실패할 수가 없다.

타임과 토마토

토마토와 타임은 토마토와 오레가노 조합의 아류라 할 수 있다. 티몰이라는 페놀화합물에서 나오는 타임의 풍미는 오레가노의 주요 풍미 화합물인 카르바크롤carvacrol보다 부드럽고 친근한 맛이 난다. 오레가노의 두 번째 풍미 화합물은 티몰이며 타임의 두 번째 풍미 화합물은 카르바크롤이니, 타임과 오레가노는 공통점이 많다고 할 수 있다. 양고기나 염소 치즈, 마늘 등 짝을 이루는 풍미도 비슷하지만 오레가노는 달콤한 요리에는 비교적 덜 쓰이는 편이다(다만 셰프 클로드 보시Claude Bosi는 차가운 자파 오렌지와 요구르트 수프에 오레가노 아이스크림을 곁들인다). 또한 미국에서는 20세기 중반까지 허브 재배 시장이 소규모에 불과했지만, 제2차 세계대전 이후 한 미군이 귀향길에서 오레가노를 넣은 피자를 맛보고 나서 본격적으로 창설했다고 한다.

타임과 흰살 생선: 흰살 생선과 타임(213쪽) 참조.

Mint
민트

민트는 변덕스럽다. 칼로 다지면 검게 변색된다. 영국에서는 스피어민트를 햇감자, 무른 과일, 어린 당근, 완두콩 등 여름 농산물과 함께 먹지만 조심하지 않으면 채소의 섬세한 맛이 달콤하면서 울적한 맛이 되어버린다. 민트는 소고기 풍미가 농후한 베트남의 쌀국수 또는 숯불에 구운 양고기 케밥, 페타 치즈나 다크 초콜릿 등 강렬한 풍미와 짝을 지을 때 실로 기운이 넘친다. 중동에서는 때때로 페퍼민트를 레몬 버베나와 섞어서 마음을 진정시키는 차를 만든다. 페퍼민트의 풍미가 색다른 것은 일부 냉각 효과가 있는 멘톨 함량 때문이다. 페퍼민트는 대체로 제과와 아이스크림, 치과 관련 제품, 민트 풍미 리큐어인 크렘 드 멘테Créme de menthe 등에 사용하는 에센셜 오일을 얻기 위해서 재배한다.

민트와 감자

로마에서는 라비올리에 섞어 넣는 조합이다. 영국 감자 칩에 존재하는 수많은 풍미에 비하여 달콤하고 부드러운 민트 풍미의 감자 간식은 인도에서도 인기가 있다. 조금 더 영국에 가까운 곳으로는 아일랜드의 셰프 다리나 알렌Darina Allen이 다진 민트를 섞은 다음 갈아서 크림과 여분의 민트로 장식해 내는 감자 수프를 만든다. 하지만 민트와 함께 삶아서 버터에 버무린 햇감자만 한 레시피는 없으며, 이는 조지 오웰이 에세이 『영국 요리 두둔하기In Defence of English Cooking』에서 선언했듯이 대다수의 다른 나라에서 전통적으로 먹는 튀긴 감자보다 우월한 음식이다.

민트와 계피: 계피와 민트(314쪽) 참조.

민트와 고수 잎

살짝 비누처럼 느껴지기도 하는 고수 풍미를 청량감 가득한 생민트와 조합하면 주방보다 욕실에 더 어울릴 것 같을 수도 있다. 이러한 특징을 역으로 이용해서 셜롯과 고추를 빻아서 만든 혼합물에 더하고 라임 즙이나 코코넛 밀크로 희석해서 정원처럼 화사한 삼발Sambal을 만든다. 삼발은 기본적으로 동남아시아에서 인기를 누리는 양념으로 밥이나 면 요리에 주로 곁들이거나 간소하게 익힌 생선 또는 고기와 함께 먹으며, 샌드위치에 바르기도 한다. 어떤 삼발은 재료를 빻아서 페이스트로 만들고, 파인애플이나 당근 및 오이 등 과일이나 채소를 갈아서 더할 때도 있다.

민트와 고추: 고추와 민트(302쪽) 참조.

민트와 기름진 생선: 기름진 생선과 민트(225쪽) 참조.
민트와 딜: 딜과 민트(274쪽) 참조.
민트와 딸기: 딸기와 민트(382쪽) 참조.

민트와 땅콩

민트 젤리나 뜯어낸 민트 잎은 때때로 땅콩버터와 함께 샌드위치에 들어가기도 한다. 도매금으로 넘기기 전에 일단 한번 먹어보자. 수많은 베트남 요리에 올라가는 다진 민트와 구운 땅콩 고명에 익숙하다면 얼마나 성공적인 맛이 날지 상상할 수 있을 것이다. 뉴질랜드의 셰프 피터 고든Peter Gordon은 민트와 땅콩 조합을 활용해서 라임에 절인 오이 샐러드의 물기를 충분히 거른 다음 땅콩버터와 함께 반미 스타일로 매우 맛있는 프랑스 빵 샌드위치를 만든다. 이렇듯 훌륭한 베트남 간식에 대해 더 알고 싶다면 오이와 당근(268쪽)을 참조하자.

민트와 라임: 라임과 민트(439쪽) 참조.
민트와 라즈베리: 라즈베리와 민트(494쪽) 참조.

민트와 레몬

페퍼민트의 겨울처럼 차가운 멘톨 성분이 없는 스피어민트는 따뜻하고 달콤한 맛이 나는 변종으로, 씁쓸하거나 새콤한 풍미와 대조시키면 특징이 더더욱 두드러진다. 레모네이드를 만들어서 시험해보자.

recipe

〔민트 레모네이드〕

1. 최소한 2~4개 분량의 레몬에서 흰 속껍질을 최대한 피해가며 껍질을 길게 벗겨낸다.
2. 팬에 설탕 200g, 물 200ml을 넣고 한소끔 끓인 다음 저어서 설탕을 녹인다.
3. 불에서 내리고 레몬 껍질을 넣은 후 가볍게 으깨서 향미 오일을 풀어낸다.
4. 레몬즙 4개 분량을 주전자에 담는다.
5. 설탕 시럽이 완전히 식으면 걸러서 레몬즙을 더하여 잘 섞는다.
6. 물(탄산수 또는 생수)을 더하여 맛을 조절한다.
7. 민트 몇 줄기를 더해서 향을 살짝 우려내어 낸다.

민트와 마늘

입 냄새 전쟁에서 불구대천의 원수지간이다. 프랑스 셰프들은 이들을 멀리 떨어뜨려 놓지만, 터키에서는 소금 간을 한 걸쭉한 요구르트에 말린 민트와 마늘을 섞어서 구운 채소와 함께 낸다. 또한 민트와 마늘 조합은 마두르 재프리의 독특한 다음 붉은 렌틸콩 달 레시피에 사용된다.

recipe

〔민트와 마늘 달〕

1. 식물성 기름 또는 기 2큰술에 으깬 마늘 2쪽 분량과 카이엔 페퍼 3/4작은술을 넣고 익힌다.
2. 마늘이 지글거리기 시작하면 붉은 렌틸콩 185g과 터메릭 1/2작은술, 물 750ml를 더한다. 잘 저어서 한소끔 끓인다.
3. 렌틸콩이 부드러워질 때까지 뭉근하게 익힌다.
4. 다진 민트 3~4큰술, 저민 녹색 고추 3~4개 분량과 소금 1작은술을 더한다.
5. 잔잔하게 익히는 동안 다른 팬에 식물성 기름 2작은술을 두르고 여분의 저민 마늘 2쪽 분량을 더해서 노릇노릇하게 익힌다.
6. 익은 마늘을 렌틸콩에 넣고 잘 저은 다음 뚜껑을 덮어서 1~2분 더 익힌다. 아티초크와 민트(184쪽) 또한 참조.

민트와 망고

병아리콩 커리, 쿠스쿠스, 게살을 넣고 채 썰어 만드는 베트남식 샐러드 등에 곁들이는 과일 풍미의 라이타에서 짝을 이룬다. 망고의 단짝으로 민트는 라임을 따라갈 수 없지만, 뜨거운 포파덤poppadom 빵과 수북히 담은 각종 피클이 나오는 인도 레스토랑이라면 이야기가 다르다. 망고 처트니와 민트 향 라이타를 얹은 포파덤은 드물게도 망고 처트니와 라임 피클보다 훨씬 뛰어난 조합이 된다.

민트와 멜론: 멜론과 민트(408쪽) 참조.
민트와 무화과: 무화과와 민트(498쪽) 참조.
민트와 바질: 바질과 민트(309쪽) 참조.
민트와 버섯: 버섯과 민트(108쪽) 참조.
민트와 블랙 푸딩: 블랙 푸딩과 민트(53쪽) 참조.

민트와 블랙커런트

깊고 어두운 허브 향이 나는 조합으로, 인기 좋은 기침약의 냄새가 난다. 블랙커런트와 민트 턴오버turnover를 만들어서 짝지어보자.

> *recipe*
> 〔민트와 블랙커런트 턴오버〕
> 1. 10cm 크기의 사각형으로 자른 퍼프 페이스트리에 블랙커런트 잼을 수북하게 한 큰술 얹고 뜯은 민트 잎을 약간 더한다.
> 2. 가장자리에 우유를 발라서 적시고 페이스트리를 대각선으로 반 접은 후 가장자리를 눌러서 여민다.
> 3. 윗면에 칼로 작은 칼집을 두어 개 낸 다음 솔로 우유를 바르고 원한다면 설탕을 뿌린다.
> 4. 220℃로 예열한 오븐에서 12~15분간 굽는다.

잼이 페이스트리에서 흘러나와 타버릴 수 있으니, 괜히 잼 양을 늘릴 생각은 하지 말자.

민트와 생강: 생강과 민트(454쪽) 참조.

민트와 소고기

《르 파리지앵》의 한 기자는 삶은 소고기와 민트를 함께 내는 영국은 농업 정책에 관해서 뭐라도 언급할 권리가 없다고 말했다. 기사에서 암시했듯이 우리 영국은 전 세계 요리가 올라탄 수학여행에 엄마가 냄새 나는 달걀 샌드위치를 싸주는 바람에 다른 유럽 애들이 가방에다 구역질을 하는 척하면서 놀리는 불행한 동네북 꼬마나 마찬가지다. 우리가 민트와 함께 먹는 고기는 삶은 소고기가 아니라 구운 양고기라는 점은 차치하고, 《르 파리지앵》의 기자는 베트남에서는 향기로운 수프와 샐러드, 스프링롤에 소고기와 민트를 같이 넣는다는 사실도 언급했어야 한다. 포르투갈에서는 성령을 기리는 축제 기간 동안 소고기 한 덩어리와 양배추, 두껍게 썬 빵을 담은 그릇에 향신료를 넣고 천천히 뭉근하게 익힌 소고기 국물을 붓고 민트 한 줄기를 장식하여 내는 음식을 모두 함께 나누어 먹는다.

민트와 수박

화려하게 변신한 모히토를 만들어보자.

> *recipe*
> 〔**수박 모히토**〕
> 1. 민트 시럽을 만든다. 설탕 200g에 물 250ml를 섞어서 약불에 녹인다.
> 2. 큼직하게 뜯은 민트 잎 20장 분량(찢어야 방향유를 끌어낼 수 있다)을 더하여 시럽에서 기분 좋은 민트 풍미가 날 때까지 우려낸 다음 체에 걸러서 차갑게 식힌다.
> 3. 수박 과육 적당량을 갈아서 체에 거른 다음 하이볼 잔에 붓는다.
> 4. 민트 시럽 몇 큰술과 화이트 럼 한 모금 분량, 얼음 약간을 섞는다.

민트와 아니스: 아니스와 민트(263쪽) 참조.
민트와 아보카도: 아보카도와 민트(288쪽) 참조.
민트와 아스파라거스: 아스파라거스와 민트(188쪽) 참조.
민트와 아티초크: 아티초크와 민트(184쪽) 참조.
민트와 양고기: 양고기와 민트(68쪽) 참조.
민트와 양파: 양파와 민트(153쪽) 참조.
민트와 염소 치즈: 염소 치즈와 민트(78쪽) 참조.

민트와 오렌지

대체 어떻게 이 조합을 즐기는 사람이 있을 수가 있는지, 그들은 양치한 다음에 오렌지 주스를 마셔본 적이 없단 말인가?

민트와 오이: 오이와 민트(270쪽) 참조.

민트와 완두콩

민트를 더한 완두콩에서는 영국의 6월 같은 맛이 난다. 햇살처럼 밝고 단순한 완두콩 풍미에 민트가 타고난 여름철의 축축하고 우울한 느낌을 덧씌운다.

민트와 초콜릿

밀크 초콜릿으로 만든 민트 크리스프 과자는 지옥이다. 저녁 식사 이후에 너무 취한 사람들이 다시 껍질에 뱉어내기를 바라고 만든 게 틀림없는 양치질 맛 모래다. 퍼지 같은 사카린 덩어리인 밀크 초콜릿과 콧속을 확장시키는 멘톨의 만남이라니. 차라리 식기세척기 필터에 모인 찌꺼기가 입맛을 돋운다. 반면 민트와 쌉쌀한 다크 초콜릿이면 나는 치통도 감당할 수 있다. 애프터 에잇After Eight 민트에게 무한대의 상징이 될 만한 잠재력이 있다는 사실을 깨달은 것은 1978년 크리스마스 즈음이었다. 첫째, 초콜릿이 먹고 싶어지는 건 언제나 밤 여덟 시 이후다. 둘째, 이름에 미묘한 단서가 숨어 있다. 8 이후, ∞(무한대) 이후……. 무한대가 지나가고 나면 무엇이 남는가? 아무것도 남지 않는다. 바로 그거다. 종잇장처럼 얇은 민트가 모습을 드러낸다. 먼저 자두 껍질처럼 쌉쌀한 다크 초콜릿이 섬세하게 톡 끊어진다. 그리고 귀가 뒤로 당겨질 정도로 달콤하며 부드러운 퐁당 맛이 나다가 페퍼민트가 비강을 통해서 마치 흡입되듯이 침공하여 미각을 드라이 클리닝하듯이 상쾌하게 만든다. 입천장에 남은 퐁당의 마지막 흔적을 혀로 쓸면, 다시금 초콜릿이 치고 올라온다. 모두 쉬지 않고 먹게 만드는 강력한 매력이다. 또한 포장지의 향이 심히 좋다. 벤딕스Bendicks 초콜릿 민트의 파삭파삭한 포일은 애프터 에잇의 사향 향이 나는 까만 봉지에 비할 것이 못된다. 패션 잡지에 부록으로 따라온 향수 샘플처럼 찢어내서 애프터 에잇의 제조사 라운트리의 초콜릿 향수라도 된 것처럼 귀 뒤에 문질러 바를 수도 있을 것 같다

민트와 쿠민: 쿠민과 민트(119쪽) 참조.
민트와 파슬리: 파슬리와 민트(278쪽) 참조.

Blackcurrant
블랙커런트

산미와 더불어 과일과 허브, 사향이 섞여서 좋은 기억을 떠올리게 하는 풍미다. 블랙커런트는 늦여름 저녁 시골길에서 만나는 풍미가 화려하고 풍성한 관목 같은 독특한 향을 지니고 있다. 설탕이나 꿀을 충분히 더해서 더없이 달콤하게 만들어야 제대로 맛이 난다. 모든 짙은 색 베리처럼 블랙커런트는 사과를 사랑하지만, 얼마나 재미있는 풍미가 될 수 있는지 확인하려면 주니퍼나 땅콩, 커피 등 대담한 풍미와 조합해야 한다.

블랙커런트와 땅콩

처음 미국에 가서 살게 되었을 때 문화 충격을 어느 정도 받을 거라고 예상했지만, 나를 제대로 무장 해제시킨 것은 포도 잼이나 심지어 딸기 잼으로 만들기도 하는 땅콩버터와 젤리 샌드위치였다. 블랙커런트 잼이 아니라니, 지금 장난치는 건가? 그렇다고 불평하는 한 명의 영국인인 나는 또 뭐지? 미국 시장을 선도하는 지프 땅콩버터 제조업자 스머커스 사는 미군이 땅콩버터와 젤리를 배급 식품으로 조달한 제2차 세계대전 당시에 땅콩버터와 젤리 샌드위치가 만들어졌다고 주장한다. 진짜 버터가 없었던 시기이니 땅콩버터가 인기를 얻은 이유를 이해할 수 있다. 전쟁 이후 땅콩버터와 젤리 샌드위치의 인기는 하늘을 찌를 듯이 치솟았다. 애플파이만큼이나 미국적인 요리에 시비를 걸 마음은 전혀 없지만, 그래도 나는 어떻게 기름지고 짭짤한 땅콩버터에 새콤하고 복합적인 블랙커런트보다 달달한 딸기나 포도가 더 잘 어울린다고 생각할 수 있는지 이해할 수 없었다. 당시에는 미국에서 블랙커런트를 거의 먹지 않는다는 사실을 몰랐다. 20세기에 들어서면서 블랙커런트 모종 리베스 니그룸이, 호황을 누리던 건설 사업에 필수인 스트로부스 소나무에 피해를 입히는 질병의 매개체라는 사실이 밝혀졌다. 얼마 지나지 않아 연방법에 의하여 블랙커런트 재배는 범죄로 규정되었고, 이후 금지 시행처가 주 관할로 옮겨지면서 몇몇 주에서만 해제되었다. 그러니 유럽에 비해 미국 미각에는 블랙커런트 풍미가 덜 친숙할 수밖에 없다. 영국에서 판매하는 보라색 사탕과자는 거의 언제나 블랙커런트 맛이지만 미국의 보라색 과자는 포도, 정확히는 원산지가 북미인 품종에서 유래된 콩코드 포도 맛이다. 맛을 보면 블랙커런트와 콩코드 포도를 쉽게 구분할 수 있지만, 둘 다 쇼비뇽 블랑 와인과 구즈베리 및 녹차에 흔한 '심술궂은' 성격을 공유한다.

블랙커런트와 민트: 민트와 블랙커런트(485쪽) 참조.

블랙커런트와 아니스

주류 업계가 알코올음료에 코디얼Cordial로 당도를 높여 십 대에게 판매할 생각을 하기 전 시대의 사람들은 스스로 길을 개척해야 했다. 우리는 라거에 라임을, 진에 오렌지를, 포트와인에 레모네이드를, 그리고 그야말로 어디에든 블랙커런트를 넣었다. 라거와 블랙커런트, 사과주와 블랙커런트, 기네스 맥주와 블랙커런트, 비터스와 블랙커런트(프랑스인이 키르를 만들듯이 화이트 와인에 넣거나 덜 유명한 코뮈나르communard 또는 카르디날레cardinale처럼 레드 와인에 넣을 수도 있으며, 카베르네 쇼비뇽과 피노 누아의 블랙커런트 풍미를 생각하면 그리 이상한 일도 아니다. 하지만 당시에는 술집에서 와인을 별로 많이 팔지 않았다). 블랙커런트를 맥주보다 얌전한 술에 넣어보고 싶다면 페르노와 블랙커런트를 주문하자. 과일 맛 코팅이 깨질 때까지 빨면 부드럽고 약간 짭짤한 감초 맛 속이 드러나는 블랙커런트 과자 맛이 난다. 나는 톡 쏘는 블랙커런트 소르베와 파스티스 아이스크림을 조합해서 위 풍미를 되살려보았다.

recipe
〔블랙커런트 소르베와 파스티스 아이스크림〕

1. 파스티스 아이스크림을 만들려면 바닥이 두꺼운 냄비에 더블 크림 250ml, 우유 250ml, 달걀노른자 4개, 정백당 150g을 섞는다. 약한 불에서 계속 저으며 커스터드가 크림보다 걸쭉해질 때까지 익힌다.
2. 커스터드를 바로 체에 내려서 볼에 담고 1분 이상 젓는다. 식으면 냉장고에 넣어 적당한 질감으로 차갑게 식힌다.
3. 페르노나 리카드Ricard를 3큰술 더한 다음 평소처럼 아이스크림을 만든다.
4. 블랙커런트 소르베를 만들려면 팬에 물 325ml와 정백당 200g을 담고 자주 저으면서 설탕이 녹을 때까지 서서히 데운다.
5. 블랙커런트 450g을 넣고 뚜껑을 닫은 다음 약 5분간 잔잔하게 익힌다.
6. 불에서 내리고 식혀서 고운체에 내린다.
7. 차갑게 식힌 다음 평소처럼 소르베를 만든다.

블랙커런트와 아몬드

사라 레이븐Sarah Raven은 푸딩으로도, 애프터눈 티로도 내기 좋은 블랙커런트 아몬드 케이크 레시피를 소개한다. 들어가는 블랙커런트 분량이 너무 적은 것 아닌가 싶다면, 풍미가 너무 강렬해서 추가할수록 역효과가 된다는 점을 알아두자. 케이크에 마지판 같은 풍미를 더하는 아몬드 익스트랙으로 견과류 맛을 강화할 수 있다.

> *recipe*
> **〔블랙커런트와 아몬드 케이크〕**
> 1. 버터 200g과 동량의 정백당을 함께 크림화한다. 색이 연해지면 달걀 3개를 한 번에 하나씩 넣으며 잘 섞는다.
> 2. 아몬드 가루 200g과 아몬드 익스트랙 1작은술을 넣고 접듯이 섞는다.
> 3. 25cm 크기의 바닥이 분리되는 틀에 기름을 바르고 유산지를 깐 다음, 반죽을 붓고 블랙커런트 200g을 뿌린다.
> 4. 180°C로 예열한 오븐에서 노릇노릇하고 만지면 단단하게 느껴질 정도로 30분간 굽는다.
> 5. 슈거 파우더를 약간 뿌리고 크림이나 크렘 프레시 또는 그리스식 요구르트와 함께 낸다.

블랙커런트와 연질 치즈: 연질 치즈와 블랙커런트(99쪽) 참조.

블랙커런트와 주니퍼

블랙커런트와 주니퍼는 둘 다 풍미가 강렬한 북유럽산 열매로, 일반적으로 짙은 색 야생 고기에 곁들이는 소스를 만들 때 함께 사용한다. 또한 짙은 색 고기, 숙성한 경질 치즈와 함께 내는 풍미 좋은 젤리를 만들어도 좋다. 진에 블랙커런트와 설탕을 더하면 강력한 리큐어가 되기도 한다. 부드러운 느낌의 조합을 맛보고 싶다면 린트 사에서 생산하는 초콜릿 무스와 블랙커런트, 주니퍼 젤리를 채운 밀크 초콜릿 바를 먹어보자.

블랙커런트와 초콜릿: 초콜릿과 블랙커런트(18쪽) 참조.
블랙커런트와 커피: 커피와 블랙커런트(22쪽) 참조.

Blackberry
블랙베리

상점에서 구입하거나 재배한 블랙베리는 키가 크고 광택을 낸 구두 앞코처럼 반짝이며 가끔 기분 좋은 단맛이 나기도 하지만, 절대 야생 블랙베리처럼 곰팡내 감도는 날카롭고 짙은 향신료 풍미의 강렬한 매력을 선보이지 못한다. 야생 블랙베리에는 수백 가지 품종이 있으며, 몇 미터만 떨어져 자라도 상당히 다른 맛이 날 수 있다. 일반적인 베리 풍미 아래 숨은 장미와 민트, 삼나무, 클로브 느낌을 찾아보자. 심지어 열대 과일처럼 반짝이는 맛이 나는 블랙베리도 있다. 온갖 블랙베리가 무르익는 8월이 되면 무료 견본품을 살피는 점원처럼 관목 풀숲을 헤집다가, 즙이 가득하고 풍미가 뛰어난 품종을 발견하면 상자가 가득 찰 때까지 잔뜩 따자. 아직 까맣게 반짝이는 블랙베리는 완전히 익어서 검푸른 무광을 띠는 것만큼 달지는 않지만, 달리 생각해보면 손으로 잡아도 뭉개지지 않고 식감이 탱탱할 것이다. 블랙베리는 달콤한 바닐라 케이크나 야생 고기에 곁들이는 소스 등에 과일과 향신료 풍미를 더하는 용도로도 쓰이지만, 거의 일부일처제에 가까울 정도로 사과와 매우 잘 어울린다.

블랙베리와 라즈베리

같은 속에 속하는 블랙베리와 라즈베리는 일부 풍미 특징을 공유한다. 하지만 블랙베리는 사향 및 맛있는 삼나무 느낌이 있다는 점에서 차이가 난다. 세상에는 검은 라즈베리와 붉은 블랙베리가 있어서 더욱 혼동을 야기한다. 두 베리를 제대로 구분하는 확실한 방법은 땄을 때 과일 속대가 베리 안쪽에 그대로 있는지 확인하는 것으로, 라즈베리는 속대가 깔끔하게 떨어져서 내가 종종 아이처럼 빼꼼 들여다보곤 하는 특유의 빈속을 남기는 반면 블랙베리는 줄기 같은 꽃대를 그대로 유지한다. 그리고 세상에는 수많은 라즈베리와 블랙베리의 교배종이 있다. 제일 오래된 로건베리는 우연히 탄생한 것이라 한다. 캘리포니아의 변호사이자 원예사 하비 로건은 1880년도에 미국의 블랙베리 품종 두 가지를 교배하려다가 우연히 고대 유럽 라즈베리 옆에 심으면서 로건베리를 만들어냈다. 로건베리는 다른 우연히 발생한 베리들처럼 정체성의 혼란을 겪는 맛이 나며, 산미가 강하다. 하지만 라즈베리보다 요리에 쓰기 좋다. 테이베리, 터멀베리, 보이젠베리 등의 교배종은 정확한 유래가 더욱 불분명하지만 향만큼은 오해의 여지없는 뚜렷한 딸기 풍미다.

블랙베리와 바닐라: 바닐라와 블랙베리(511쪽) 참조.
블랙베리와 복숭아: 복숭아와 블랙베리(415쪽) 참조.
블랙베리와 사과: 사과와 블랙베리(394쪽) 참조.

블랙베리와 소고기

블랙베리 소스는 종종 오리와 사슴 고기에 곁들여 내지만, 소고기와 다른 고기에도 쓸 수 있다. 블랙베리는 기분 좋은 새콤한 맛과 동시에 풀 향과 가벼운 향신료 풍미를 더해 고기 본연의 단맛을 보완한다.

블랙베리와 아몬드: 아몬드와 블랙베리(356쪽) 참조.
블랙베리와 염소 치즈: 염소 치즈와 블랙베리(79쪽) 참조.

블랙베리와 화이트 초콜릿

햇살 가득한 늦여름 오후에 블랙베리를 따러 나설 때는 주머니에 작은 화이트 초콜릿 바를 하나 챙기자. 채집용 봉투에서 진홍빛 즙이 배어나올 때쯤 따뜻한 풀숲을 찾아서 이미 잘 녹았을 초콜릿의 껍질을 조심스럽게 벗긴다. 제일 잘 익은 블랙베리 한 줌을 골라서 벌레가 없는지 확인한 다음, 한 봉지를 죄다 먹어 치워도 다시 따면 된다는 사실에 안도하면서 초콜릿에 푹 찍어 먹는다.

THE *flavour* THESAURUS

FLORAL FRUITY
꽃 향 과일

Raspberry
라즈베리

Fig
무화과

Rose
장미

Blueberry
블루베리

Coriander Seed
고수 씨

Vanilla
바닐라

White Chocolate
화이트 초콜릿

Raspberry
라즈베리

라즈베리는 새콤달콤한 맛과 과일 및 꽃(특히 제비꽃), 녹음의 풍미를 낸다. 씨앗에는 따뜻한 목질 풍미도 있다. 완전히 익으면 라즈베리 잼에서 느껴지는 강렬하고 향긋한 내음과 달콤한 맛을 지닌다. 워낙 흔한 탓에 라즈베리 풍미의 매력을 미처 깨닫지 못할 수도 있지만, 맛있는 라즈베리 잼과 버터를 바른 토스트는 하루를 즐겁게 시작하는 최고의 아침 식사다. 라즈베리 풍미는 살구나 블랙베리, 파인애플 등 다른 새콤달콤한 과일 및 가볍고 은은한 허브 향과 조화롭게 어우러진다. 딸기처럼 라즈베리에도 유제품 풍미가 들어 있어서, 크림이나 요구르트, 연질 치즈를 더하면 특히 맛이 좋다.

라즈베리와 딸기: 딸기와 라즈베리(381쪽) 참조.

라즈베리와 무화과
라즈베리와 무화과는 조화로운 궁합으로 무화과 품종 중에는 어텀 허니, 이탈리안 허니, 피터스 허니 등 꿀이 들어간 이름이 많고, 좋은 무화과의 풍미를 표현할 때 흔히 '베리 잼' 향이 난다고 말하기도 한다(유명한 비올레트 드 보르도 품종에서 뚜렷하게 드러난다). 주니 카페의 주디 로저스는 무화과를 버터밀크에 담갔다가 밀가루를 묻혀서 땅콩기름에 담가 튀긴 다음 휘핑크림과 라즈베리, 라벤더 꿀과 함께 내는 디저트를 제일 좋아한다고 말한 적이 있다.

라즈베리와 민트
미셸 루는 민트 향 크렘 앙글레즈(커스터드)를 베리류와 함께 내라고 조언한다. 또한 라즈베리와 민트로 특히 염소 치즈 샐러드에 넣기 좋은 드레싱을 만들 수 있다.

recipe
〔라즈베리 식초와 민트 드레싱〕
1. 엑스트라 버진 올리브 오일 4큰술당 라즈베리 식초와 방금 짠 레몬즙을 1큰술씩 더한다.
2. 소금과 후추로 간을 하고 다진 민트 1큰술을 더하여 잘 흔들어 섞는다.

라즈베리와 바닐라: 바닐라와 라즈베리(511쪽) 참조.

라즈베리와 바질

소피 그릭슨은 바질과 라즈베리의 단짝 조합을 추천한다. 아이스크림에 섞어 넣거나 바질 잎을 적당히 뜯어서 라즈베리와 함께 설탕과 진 1샷(또는 레몬즙이나 라임즙 약간)에 절여 먹는다.

라즈베리와 복숭아

위대한 프랑스 셰프 오귀스트 에스코피에는 호주의 오페라 가수 넬리 멜바 여사를 위해 피치 멜바를 만들어냈다. 분명 이 뛰어난 여가수가 요청한 라즈베리 쿨리를 곁들인 피치 카디널peches cardinal au coulis de framboise 레시피를 쓰다가 떠오른 발상일 것이다. 복숭아와 라즈베리 소스에 제철이라면 생아몬드를 뿌린다는 점에서 피치 멜바도 같은 디저트지만, 피치 멜바는 여기에 바닐라 아이스크림을 곁들인다. 복숭아와 바닐라(414쪽) 또한 참조.

라즈베리와 블랙베리: 블랙베리와 라즈베리(491쪽) 참조.

라즈베리와 살구

확장된 장미과 일족인 라즈베리와 살구는 달콤함과 새콤함 사이를 위태롭게 오가는 우아하고 향긋한 풍미로 유명하다. 살구는 핵과, 즉 속에 씨를 함유한 다육질 과일이다. 라즈베리는 소핵과의 집합체로, 각각의 작은 구체는 깜찍한 씨를 함유한 개별적인 과일이다. 그릇에 같이 담아서 실온으로 내는 것이 제일이다. 그보다 질이 조금 떨어진다면 굽는 것으로 맛을 보완할 수 있으며, 살구가 다 익기 5분 전에 라즈베리를 넣으면 된다. 또는 아래의 예쁜 시골풍 타르트를 만들 수 있다.

recipe

〔살구와 라즈베리 타르트〕

1. 시판 퍼프 페이스트리 약간을 약 5mm 두께로 밀어서 23cm 크기로 둥글게 잘라낸 다음 유산지를 깐 오븐용 팬에 얹는다.
2. 1cm 두께로 썬 살구를 가장자리에 1cm 너비만 남기고 페이스트리에 골고루 얹은 다음 라즈베리를 점점이 올리고 정백당을 1~2큰술 뿌린다.
3. 200℃로 예열한 오븐에서 약 25분간 노릇노릇하게 굽는다.
4. 꺼내서 체에 내린 따뜻한 살구 잼 약간을 바른다.
5. 조금 식혀서 크림 약간이나 바닐라 아이스크림과 함께 낸다.

라즈베리와 아몬드

라즈베리는 부드럽고 달콤한 아몬드 풍미와 만날 때 제대로 맛이 살아난다. 견과류는 과일의 날카로운 맛을 다독이지만 탁월한 풍미는 절대 방해하지 않는다. 라즈베리 소스를 곁들인 아몬드 판나코타나 다음 레시피에 따라 라즈베리와 아몬드를 조합해서 잼을 잔뜩 넣은 베이크웰 타르트Bakewell tart[54]를 만들어보자.

> *recipe*
> 〔베이크웰 타르트〕
> 1. 20cm 크기의 타르트 틀에 스위트 페이스트리를 깔고 바닥에 잼을 3큰술가량 펴 바른다.
> 2. 버터 100g과 정백당 125g을 크림화한 다음 달걀물 3개 분량을 계속 저으면서 서서히 넣는다.
> 3. 아몬드 익스트랙 1작은술과 아몬드 가루 150g을 더한다.
> 4. 혼합물을 잼 위에 조심스럽게 펴 바르고 200℃로 예열한 오븐에서 약 35분간 굽는다.
> 5. 완성하기 15분 전에 아몬드 플레이크 1큰술을 타르트 위에 뿌린다.

시판 잼을 사용한다면 무릎에서 힘이 탁 풀릴 정도로 과일의 풍미를 멋지게 가둔 윌킨앤손스Wilkin & Son's의 팁트리Tiptree 라즈베리(특히 스위트 팁Sweet Tip보다 과실 함유량이 높은 타이니 팁Tiny Tip 종류) 잼을 사용하자. 하루 종일 손톱으로 어금니 틈새를 파내고 싶지 않다면 팁트리에서 씨 없는 잼도 만든다는 소식이 반갑게 들리겠지만, 여기에는 아몬드와 정말 잘 어울리는 씨의 목질 풍미가 부족하다.

라즈베리와 염소 치즈: 염소 치즈와 라즈베리(77쪽) 참조.
라즈베리와 초콜릿: 초콜릿과 라즈베리(16쪽) 참조.
라즈베리와 코코넛: 코코넛과 라즈베리(418쪽) 참조.

라즈베리와 파인애플

과자계의 걸작인 바렛 과일 샐러드 과자에는 라즈베리와 파인애플 풍미 조합이 가미되어 있다. 제임스 비어드는 두 과일의 놀라운 궁합에 대한 글을 쓰기도 했다. 1903년에 태어난 미국인으로서 제임스 비어드가 과일 샐러드 과자를 먹어보았을 것 같지 않지만, 파인애플 및 라즈베리에 바닐라를 섞은 '퀸스 페이버릿' Queen's Favorite 소다는 분명히 마셔보았을 것이다. 또한 라즈베리와 파인애플은 검은 라즈베리와 허브, 꿀을 함유한 리큐어인 샹보르로 만드는 프렌치 마티니의 중심 조합이다.

---

[54] 잼과 아몬드 맛 재료를 채워 위에 밀가루 반죽을 씌우지 않고 만든 파이.

> *recipe*
> 〔샹보르 프렌치 마티니〕
> 1. 칵테일 셰이커에 보드카 40ml, 샹보르 20ml, 파인애플 주스 30ml, 얼음을 넣고 셰이크한다.
> 2. 걸러서 차가운 마티니 잔에 붓는다.

라즈베리와 헤이즐넛

9월의 돌로마이트를 걷다 보면 헤이즐넛 케이크와 라즈베리 필링을 만들기에 충분한 양의 과실을 수확할 수 있다. 기록에 남은 가장 오래된(1696년) 케이크 레시피인 오스트리아의 린저토르테Linzertorte는 헤이즐넛(때때로 아몬드) 페이스트리에 잼(주로 라즈베리지만 살구와 자두도 사용한다)을 듬뿍 바르고 레이더호젠 스타일로 십자 무늬 페이스트리 반죽을 얹어 만든다.

라즈베리와 화이트 초콜릿

타고나길 시큼한 맛이 나는 라즈베리는 화이트 초콜릿의 달콤한 유제품 풍미와 멋진 짝을 이룬다. 더 아이비The Ivy 레스토랑에서 선보이는 스칸디나비아 아이스 베리와 뜨거운 화이트 초콜릿 소스는 냉동고에서 막 꺼낸 작은 베리류와 더블 크림을 섞은 따뜻한 화이트 초콜릿 소스를 짝지은 메뉴다. 화이트 초콜릿은 베리 맛을 압도하기 쉽지만, 크림으로 단맛을 조절하고 풍미와 온도가 즐거운 대조를 이룬 덕분에 베리의 날카롭고 향긋한 맛이 두드러지는 음식이다.

Fig
무화과

생무화과에서는 달콤하고 가벼운 베리 풍미가 나는데, 적절히 익으면 자극적인 향이 발달하면서 이 풍미는 묻히게 된다. 잘 익은 무화과는 운송하기 매우 어려우므로, 최상의 맛을 접하려면 농장 가까이 살거나 믿을 만한 공급업자를 알고 지내거나 직접 길러야 한다. 말린 무화과는 말린 살구처럼 새콤달콤한 균형이 강화되어 더욱 뚜렷한 맛이 난다. 어떤 말린 무화과에서는 설탕 맛과 강화 와인처럼 호화롭고 발효한 풍미가 나기도 하고, 견과류 향이 강한 것도 있다. 갈색 껍질이 비교적 두꺼운 말린 무화과에서는 약 냄새가 나기도 한다. 날것과 말린 무화과는 모두 달콤한 향신료 및 블루 치즈나 프로슈토 등 기름지고 짭짤한 재료와 매우 잘 어울린다.

무화과와 간

고대 로마 선구자들은 푸아그라를 이에쿠르 피카툼 iecur ficatum이라고 불렀으며, 이에쿠르는 간, 피카툼은 새들에게 먹이던 무화과를 뜻하는 피커스에서 유래했다. 많은 현대 유럽어가 피카툼을 간을 뜻하는 어원으로 잘못 받아들인 탓에 이탈리아어로는 간을 페가토 fegato, 스페인어로는 이가도 higado, 포르투갈어로는 피가도 figado라고 부른다(영어 단어인 리버 liver는 생기를 뜻하는 웨스트 색슨 왕국의 리반 libban에서 유래하였으며, 이는 과음하는 북유럽인이 간을 얼마나 중요하게 생각하는지 보여준다). 오늘날 푸아그라용 거위는 옥수수를 먹으면서 살을 찌우고, 무화과는 마지막 순간에 콤포트나 처트니 등으로 접시에 함께 오를 뿐이다.

무화과와 경질 치즈: 경질 치즈와 무화과(91쪽) 참조.
무화과와 계피: 계피와 무화과(314쪽) 참조.
무화과와 라즈베리: 라즈베리와 무화과(494쪽) 참조.

무화과와 민트

조르지오 로카텔리는 무화과에 민트 소르베와 다진 민트를 조금씩 더해서 내라고 권한다. 만일 늦여름에 그리스 또는 터키에서 따뜻하게 잘 익은 무화과를 나무에서 갓 따 뜯어 달콤한 굴처럼 꿀꺽꿀꺽 삼키는 데 질렸다면, 저며서 최고의 발사믹 식초와 생민트 약간을 곁들여 내거나 페타 치즈 또는 그릴에 구운 할루미 치즈에 섞어서 샐러드를 만든다.

무화과와 바닐라

세월은 유수와 같다. 우리는 언젠가 모두 틀니를 끼게 될 것이고, 아무리 술 같은 꽃향기를 풍긴다 하더라도 씨가 한가득인 무화과와 바닐라의 매력이란 제 눈을 길쭉한 빵으로 찌르는 짓처럼 느껴지게 될 것이다. 무화과와 바닐라 잼 및 아이스크림, 또는 로즈메리와 살구(465쪽)에 실은 레시피 반죽에 로즈워터 대신 바닐라를 넣고 로즈메리 대신 무화과 과일 필링을 더해서 바삭바삭한 마물을 만들어 아직 젊을 때 마음껏 먹어치우자.

무화과와 블루 치즈: 블루 치즈와 무화과(86쪽) 참조.

무화과와 아니스

아니스 씨를 말린 무화과처럼 달콤하고 끈적한 재료와 조합하면 작은 감초 불꽃놀이처럼 탁탁 터진다. 색이 짙은 말린 무화과 4~5개를 굵게 다져서 크림치즈 1통, 으깬 아니스 씨 1작은술, 소금 한 꼬집을 더하여 섞는다. 건강식품 전문점에서 판매하는 색이 어둡고 섬유질이 풍부한 크래커와 함께 낸다.

무화과와 아몬드

말벌은 채 기다리지 못하고 성급하게 과실 속으로 파고들곤 하지만, 무화과의 벌어진 부분에서 꿀처럼 과일즙이 고여 떨어지면 잘 익어서 먹을 준비가 되었다는 표시다. 이는 또한 무화과의 꿀 풍미가 아몬드와 잘 어울린다는 점도 상기시킨다. 무화과와 아몬드의 조합은 가벼운 누가와 비슷하다. 신선한 무화과를 구할 수 없거나 말벌이 죄다 망쳐버렸다면, 말린 무화과를 조금 구해서 무화과와 향신료와 씨앗류, 아몬드와 함께 갈아서 조직이 치밀한 케이크의 일종으로 널리 알려진 스페인의 판 데 이고pan de higo를 만들자. 썰어서 만체고 치즈와 함께 낸다.

무화과와 연질 치즈: 연질 치즈와 무화과(98쪽) 참조.

무화과와 염소 치즈

셰프 에릭 리퍼트Eric Ripert는 무화과, 염소 치즈, 프로슈토라는 삼총사로 염소 치즈 파르페와 베이컨 아이스크림을 만들어서 구운 무화과와 헤이즐넛, 레드 와인 캐러멜을 곁들여 낸다.

recipe
〔염소 치즈 무화과 구이〕
1. 잘 익은 와인 색 무화과를 갈라서 염소 치즈를 각각 1작은술씩 채운다.
2. 다시 오므라들게 눌러서 180℃로 예열한 오븐에 넣고 10~15분간 굽는다.
3. 충분히 식으면 손으로 집어 먹는다.

무화과에 프로슈토를 약간 말아 먹기를 즐기는 사람도 있다.

무화과와 오렌지

과수 재배(학)자 에드워드 번야드는 말린 무화과가 자극적이고 싫증나는 맛이라 '오직 젊은 입맛'에만 맞는다고 말했다. 경이적으로 달달한 맛이 난다는 점은 부정할 수 없지만, 무화과 입장을 대변하자면 절대 단조롭지 않은 달콤함을 보장하는 복합성을 지니고 있다. 오렌지와 무화과는 서로 제철이 같으며 오렌지의 신맛이 무화과의 단맛을 잘 다독여 자주 짝을 이룬다. 크리스마스가 다가오면 나는 다음 무화과 오렌지 바를 만들어서 멀드 와인과 함께 낸다.

recipe
〔무화과 오렌지 바〕
1. 다진 말린 무화과 250g에 오렌지즙, 오렌지 제스트 1개 분량을 냄비에 넣고 부드러워질 때까지 약 20분간 뭉근하게 익힌다.
2. 버터 1큰술을 넣고 섞어서 불을 끄고 옆에 둔다.
3. 푸드 프로세서에 셀프 라이징 밀가루 75g, 설탕 75g, 베이킹소다 1/4작은술, 소금 한 꼬집을 넣어 돌린다.
4. 1cm 크기로 깍둑 썬 차가운 버터 100g을 더하여 빵가루 질감이 될 때까지 돌린다.
5. 압착 귀리 100g을 넣고 섞는다.
6. 20cm 크기의 원형 틀에 버터를 바른 다음 절반 분량의 반죽을 넣어 골고루 채운다. 무화과 혼합물(다지거나 푸드 프로세서에 재빨리 갈아서 사용한다)을 올리고, 나머지 반죽을 위에 얹는다.
7. 190℃로 예열한 오븐에서 윗부분이 연하게 노릇해질 때까지 30분간 굽는다.

무화과와 초콜릿

말린 무화과 애호가 중에서는 초콜릿 맛이 난다고 주장하는 사람도 있다. 내 귀에는 약간 희망사항에 가깝게 들린다. 최고로 맛있는 말린 무화과에서는 흑당밀이나 메이플 시럽, 온갖 꿀에 가끔 가염 캐러멜까지 달콤한 풍미의 향연을 즐길 수 있지만, 이것들은 초콜릿에 있는 풍미는 아니다. 내가 비슷하다고 감지하는 유일한 풍미는 잘 익은 무화과와 코코아를 듬뿍 넣은 다크 초콜릿에서 느껴지는 새콤한 붉은 베리류 향이다. 칼라브리아의 세기아노Seggiano에서 만드는 달콤한 '살라미'는 초콜릿에 아몬드, 사과, 배와 함께 말린 도타토dottato 무화과가 잔뜩 들어가며, 풍미가 장엄하고 식감이 거칠지 않기로 유명하다. 구할 수 있다면 흰 빵 사이에 끼워서 진짜 살라미처럼 먹어보자. 칼라브리아 외에도 이탈리아의 제과 전문가 니콜라 콜라볼프Nicola Colavolpe는 설탕 헤이즐넛 크러스트를 입힌 무화과와 초콜릿 파네토네를 만든다. 집으로 돌아가면 좋은 이탈리아 델리를 찾아가보자. 호두와 오렌지, 라임 제스트를 채우고 다크 초콜릿을 입힌 무화과를 담은 나무 상자를 팔 것이다. 시애틀에서 그릭 갓The Greek Gods 회사가 무화과 초콜릿 아이스크림을 만드는 동안 스페인에서는 작은 무화과에 브랜디와 초콜릿 가나슈를 채우고 초콜릿을 입힌 라비토스 로얄rabitos royale을 만들었다.

무화과와 프로슈토: 프로슈토와 무화과(247쪽) 참조.
무화과와 헤이즐넛: 헤이즐넛과 무화과(350쪽) 참조.

무화과와 호두

말린 무화과와 호두는 어떤 종류의 비스킷에도 넣을 수 있지만, 나는 신선한 무화과를 벌려서 속에 껍질을 벗긴 통호두를 넣은 다음 끝을 여며서 원래처럼 되돌린 후 햇볕에 말린다는 제인 그릭슨의 발상이 훨씬 낭만적으로 들린다. 프로방스에서는 이것을 가난한 이의 누가nougat du pauvre라고 부르기도 한다.

Rose
장미

오 장미여, 연약한 이여. 장미의 타고난 떫은맛을 상쇄하려면 설탕이 너무 많이 필요하기 때문에 장미가 들어간 음식은 질릴 정도로 들큰해지기 쉽다. 그리고 주의하지 않으면 꽃과 사향 풍미 때문에 숙모의 가슴팍에서 나는 향수 냄새를 맡고 있는 것 같은 기분이 들 수도 있다. 장미는 초콜릿과 커피, 감귤류 껍질, 클로브 등 쌉쌀한 자극이 있는 재료와 조합해 균형을 맞춰야 한다. 또는 바닐라 익스트랙처럼 장미 대신 로즈워터를 아주 조금 넣어서 드러나지 않게 은은한 느낌을 더할 수도 있다. 장미는 대부분 로즈워터 형태로 사용하지만, 중동 슈퍼마켓에 가면 말린 장미 꽃잎과 장미 잼을 구입할 수 있다. 주로 케이크 장식에 사용하는 설탕에 절인 장미 꽃잎은 화려한 델리 가게에서 판매한다. 농약 등 몸에 해로운 화학물질을 뿌리지만 않았다면 정원에서 따온 장미 꽃잎도 재료로 사용할 수 있다. 적당한 품종 목록은 앨런 데이비슨이 편집한 『옥스포드 음식 백과』에 실려 있다.

장미와 닭고기: 닭고기와 장미(38쪽) 참조.

장미와 레몬
흰 옥수수 전분과 설탕을 너무나 철저하게 묻혀놔서 어느 맛이 어느 것인지 구분하려면 조명 밑에 가져가봐야 하는 터키시 딜라이트 상자들 사이에 아늑하게 자리 잡은 조합이다. 미각적으로는 매우 다르게 느껴지지만, 둘 다 게라니올과 네롤, 시트로넬롤 방향유를 함유하고 있다. 구연산 특유의 움찔하게 만드는 맛이 빠진 레몬 풍미가 어떨지 생각해보자. 섬세하고 향긋한 꽃 풍미를 감지할 수 있다. 얼린 디저트에 대한 기록을 보면 장미와 레몬은 매우 초기에 등장하는데, 적어도 기원전 400년 전까지 거슬러 올라가는 페르시아 요리 팔루데faludeh가 그 하나의 예다. 산에서 얼음을 가지고 내려와 주로 장미 시럽과 레몬즙으로 풍미를 낸 매우 고운 국수에 넣어 만들었다.

장미와 멜론: 멜론과 장미(409쪽) 참조.

장미와 사과
로즈워터 몇 방울은 사과 주스에 이국적인 풍미를 더한다. 여기에 바닐라 보드카를 두 손가락 분량만큼 더하면 셰에라자드scheherazade가 된다.

장미와 사프란

마스티 말로네Mashti Malone는 몇몇 이란계 형제가 소유하고 있는 로스앤젤레스의 전설적인 아이스크림 가게다. 거의 모든 아이스크림에 로즈워터를 넣는다. 그러면 풍미 가짓수가 한정되지 않을까 싶겠지만, 중동 요리에서 장미는 바닐라처럼 흔하고 다용도로 쓰이는 향신료다. 마스티의 대표 아이스크림은 얼린 크림을 잘게 부숴서 만든 크림 칩과 장미를 섞은 맛이며, 마법 같은 맛이 나는 로즈워터 사프란과 피스타치오 아이스크림 등도 있다. 더블 크림 150ml를 틀에 얇게 부어서 두어 시간 얼린 다음 작게 부숴서 수제 아이스크림에 섞으면 비슷한 효과를 낼 수 있다.

장미와 살구: 살구와 장미(413쪽) 참조.
장미와 아몬드: 아몬드와 장미(358쪽) 참조.
장미와 오렌지: 오렌지와 장미(433쪽) 참조.
장미와 오이: 오이와 장미(271쪽) 참조.

장미와 초콜릿

달콤한 장미 풍미에는 밀크 초콜릿보다 씁쓸한 다크 초콜릿이 더 잘 어울리지만, 내 평생의 사랑인 프라이스Fry's의 터키시 딜라이트라면 이야기가 다르다. 두껍고 부드러운 밀크 초콜릿을 베어 무는 순간 치아가 장미 풍미의 젤리로 파고드는 더없이 이국적인 초콜릿이다. 브리스톨 근교에서 만든 초콜릿 바인 만큼 '가득한 동양의 희망'이라는 광고 문구에는 편리한 대로 지어낸 왜곡이 조금 들어가 있지만, 나는 신경 쓰지 않는다. 텔레비전 광고를 보면 눈 화장을 진하게 한 짙은 색 머리의 아름다운 여성이 초콜릿 바를 고작 한 입 깨물어 먹으면서 흰 아랍 종마를 타고 나타난 깎아지른 듯한 턱선의 아랍 왕자를 훑어본다. 아직도 매우 좋아하는 초콜릿이지만, 요즈음에는 밀크 초콜릿 조각을 넣어서 장미 아이스크림을 만드는 것으로 장미와 초콜릿 조합에 대한 내 사랑을 충족시킬 수 있다.

recipe
〔장미와 초콜릿 칩 아이스크림〕

1. 바닥이 두꺼운 팬에 더블 크림 250ml, 우유 250ml, 달걀노른자 4개, 설탕 150g을 넣고 서서히 데운다.
2. 걸쭉해질 때까지 저은 다음 체에 내려서 볼에 담고 1~2분 더 젓는다.
3. 차갑게 식힌 다음 로즈워터 2작은술을 섞는다. 냉동 과정을 거치면 풍미가 살짝 약해진다는 점을 고려하면서 맛을 보고 적절한 정도로 장미 향이 날 때까지 몇 방울씩 더한다.
4. 아이스크림 기계로 얼리다가 커스터드가 교반되었지만 아직 부드러울 때 초콜릿 칩 한 줌을 섞

고, 냉동고에 넣는다.

장미와 카다멈

인도의 굴랍 자문은 바클라바baklava나 루카데스loukades, 럼 바바 등 시럽에 절인 다른 사랑스러운 음식과 세상에서 제일 달콤한 디저트라는 이름을 놓고 경쟁한다. 주로 우유로 만들어서 자문이라는 과일 크기로 빚은 반죽 경단을 기름에 튀겨서 만든다. 풍미는 보통 카다멈으로 낸다. 한가운데에 씨를 몇 알 넣거나 혼합 향신료를 갈아서 반죽에 더하는 식이다. 굴랍은 장미라는 뜻으로, 장미로 풍미를 낸 시럽에 경단을 재운다. 생강과 카다멈(456쪽)을 보면 생강 시럽으로 응용한 레시피를 확인할 수 있다.

장미와 커피: 커피와 장미(24쪽) 참조.

Blueberry
블루베리

블루베리는 나를 초조하게 만든다. 블루베리의 잘못만은 아니다. 그저 항산화물질과 피토케미컬을 운운하는 사람들과 소년 성가대원의 카속cassock에 달린 깃처럼 생긴 블루베리 꼭대기의 작고 주름진 왕관 때문에 갈수록 경건한 분위기가 맴돌기 때문이다. 그리고 피부에 묻은 과분(果粉)이 오래 묵어 표면에 하얗게 가루가 앉은 슬픈 킷캣의 파리한 느낌을 연상시킨다(다만 베리가 너무 많은 손을 거치지 않았다는 증거이기는 하다). 블루베리의 풍미는 대체로 껍질에 있으므로 크기는 작을수록 좋다. 광택이 조금 부족하다면 노란 건포도와 함께 요리하는 올바른 길로 유혹해서 향기로운 잠재력을 풀어내자.

블루베리와 계피
블루베리를 익혀서 풍미를 끌어내자. 계피를 조금 더하면 맛이 더욱 개선된다. 마리온 커닝엄Marion Cunningham은 따뜻한 블루베리 머핀을 녹인 버터에 담갔다가 계피 설탕에 찍으라고 조언한다.

블루베리와 고수 씨: 고수 씨와 블루베리(508쪽) 참조.
블루베리와 레몬: 레몬과 블루베리(446쪽) 참조.

블루베리와 바닐라
좋은 블루베리에서는 우선 꽃 향이 퍼진 다음 마무리로 크림과 과일 풍미가 느껴져야 한다. 모두의 친구인 바닐라는 이러한 풍미를 모두 지니고 있으므로, 블루베리와 섞어서 과일을 구원하는 블루베리 바닐라 케이크를 만들어보자.

---

recipe
〔블루베리 바닐라 케이크〕
1. 볼에 부드러운 버터 175g, 정백당 175g, 달걀(대) 3개, 셀프 라이징 밀가루 225g, 베이킹파우더 1작은술, 우유 3큰술, 바닐라 익스트랙 2작은술을 담고 전동 믹서로 2~3분간 돌려 잘 섞는다.
2. 블루베리 125g을 넣고 접듯이 섞는다.
3. 23cm 크기의 깊은 원형 케이크 틀에 기름을 바르고 유산지를 깐 다음 반죽을 붓고, 잘 부풀고 노릇해질 때까지 180℃로 예열한 오븐에서 45분간 굽는다.

4. 10분간 식힌 다음 틀에서 꺼내 완전히 식힌다.
5. 크림치즈 200g에 슈거 파우더 100g과 사워크림 5큰술을 더하여 잘 섞은 다음 케이크 위에 바른다.
6. 위에 블루베리 125g을 뿌린다.

블루베리와 버섯

과일과 버섯은 이탈리아 북부에서 사랑받는 흔한 조합이다. 포르치니 버섯과 블루베리를 섞어서 라자냐를 만드는 마크 베트리Marc Vetri 셰프는 블루베리를 군데군데 현명하게 배치해서 톡톡 터지는 식감을 즐기게 한다. 과일 풍미가 버섯의 고기 풍미와 대조를 이루는 요리다. 주로 소고기 육수를 넣어 만드는 블루베리와 버섯 리소토도 인기 메뉴다.

블루베리와 복숭아: 복숭아와 블루베리(415쪽) 참조.

블루베리와 블루 치즈

블루베리의 날카로운 맛은 특히 샐러드에서 블루 치즈와 잘 어우러진다. 밴쿠버 웨스트의 셰프 워런 게라티Warren Geraghty는 계피와 버터를 발라서 구운 원형 브리오슈 위에 구운 블루 치즈 케이크를 올리고 포트 와인과 바닐라, 황설탕에 뭉근하게 익힌 블루베리를 얹어서 낸다.

블루베리와 사과: 사과와 블루베리(394쪽) 참조.
블루베리와 아몬드: 아몬드와 블루베리(356쪽) 참조.

Coriander Seed
고수 씨

고수 씨에서는 탈취용으로 속옷 서랍에 넣어두는 가향 나무 공에서 풍기는 좋은 향기와 비슷한 맛있는 감귤류와 발사믹 풍미가 난다. 달콤한 비스킷에 유일한 향료로 사용하거나 멀드 와인에 넣어서 와인의 쓴맛을 상쇄할 때 깜짝 놀랄 만큼 탁월한 풍미를 내며, 이미 고유의 풍미 자체에서 고전적인 멀드 와인 재료인 오렌지와 계피, 클로브가 느껴진다. 고수 씨는 향신료를 혼합한 커리 파우더나 페이스트, 피클용 스파이스 등에 향긋하고 여성스러운 느낌을 가미한다. 또한 진에 들어가는 주요 식물 재료 중 하나다. 여분의 후추갈이 통에 볶은 고수 씨를 채워서 요리에 쓰기 시작하면 쉽게 중독될 수 있다.

고수 씨와 고수 잎
열심히 집중하면 조용하고 안정적인 고수 씨에서 약한 고수 잎 풍미를 감지할 수 있다. 전체적으로 아주 달라서 생스피어민트와 민트 과자 수준으로 서로 대체하기 힘든 조합이다.

고수 씨와 돼지고기
고수 씨는 향미 세계의 숨은 영웅이다. 다른 향미 재료와 조합해서 커리, 케첩, 피클 및 프랑크푸르트 소시지와 모르타델라, 프랑스식 소시지와 부댕 누아르 등 돼지고기 제품에 사용하며, 키프로스와 그리스에서 인기인 돼지고기 스튜 아펠리아afelia에서 드물게 주인공이 된다. 고수 씨에 대해 더 잘 알고 싶다면 아펠리아를 만들어보는 것이 제일이다.

recipe
〔아펠리아〕
1. 깍둑 썬 돼지고기 안심 1kg 분량을 레드 와인 250ml와 으깬 고수 씨 2큰술, 약간의 소금과 후추에 4~24시간 절인다.
2. 절임액은 따로 두고 고기만 건져서 종이 타월로 두드려 말린 다음 밀가루를 넉넉히 묻힌다.
3. 올리브 오일에 노릇하게 익힌 다음 절임액을 붓고, 고기가 잠길 정도로 물을 더한다.
4. 뚜껑을 덮고 45~60분간 익힌다. 소스를 졸여야 한다면 완성될 즈음 뚜껑을 연다.

멀드 와인에 뭉근히 익힌 고기 향이 퍼지니 미리 마음의 준비를 하자.

고수 씨와 레몬

해롤드 맥기는 고수 씨에서 레몬과 꽃 느낌이 난다고 한다. 다른 이들은 오렌지에 조금 더 가까운 감귤류 향이라고 표현한다. 어느 쪽이든지 고수 씨는 레몬과 효과적인 궁합을 선보인다. 올리브를 절일 때 종종 같이 사용하며, 생선과도 잘 어울린다. 19세기에는 수시로 계피와 함께 아몬드 밀크나 크림 푸딩에 양념으로 쓰였다. 다음은 리 부인이 소개한 시트로넬레 라타피아citronelle ratafia라는 음료 레시피이다.

> *recipe*
>
> **〔시트로넬레 라타피아〕**
>
> 1. 브랜디 2L에 레몬 껍질 12개 분량, 고수 씨 28g, 으깬 계피 10g, 물 700ml에 설탕 900g을 녹여서 만든 설탕 시럽을 섞는다.
> 2. 그늘진 곳에서 한 달간 숙성시킨 다음 걸러서 병에 담는다.

고수 씨와 마늘

미녀와 야수다. 고수 씨는 부드럽고 예쁜 풍미로, 대량의 마늘과 섞어서 소금과 기름만 약간 더해 부드럽게 만들면 문신 가게에서 성실한 학생회장을 발견한 것처럼 어색한 맛이 날 것 같지만, 실제로는 이집트와 터키에서 널리 쓰이는 타클리아taklia라는 혼합 양념이 된다.

> *recipe*
>
> **〔타클리아〕**
>
> 1. 저민 마늘 3쪽 분량을 올리브 오일이나 버터를 약간 두른 팬에서 부드럽게 볶는다.
> 2. 고수 씨 1작은술과 소금 몇 꼬집, 취향에 따라 케이엔 페퍼 한 꼬집과 함께 절구에 빻는다.

시금치나 렌틸 수프에 넣거나 크림치즈에 풍미를 더하는 용도로 쓴다.

고수 씨와 블루베리

고수 씨는 나무, 꽃, 은은한 감귤류 풍미를 지닌 화합물이자 합성 블루베리 풍미의 핵심 구성요소인 리날롤을 86%까지 함유하고 있다. 수제 블루베리 머핀에 즉석에서 간 고수 씨를 더하면 바탕에 향긋한 풍미를 더할 수 있다. 더욱 모험적인 도전으로는 런던의 오토렝기Ottolenghi처럼 피망과 적양파, 야생 블루베리,

분홍 후추와 고수 씨를 넣어서 쿠스쿠스 샐러드를 만들 수 있다.

고수 씨와 사과

고수 씨의 꽃향기가 사과의 날카로운 과일 향과 섞이면 살구와 상당히 비슷하며 특별히 매혹적인 조합이 된다. 이들을 넣어서 아이스크림을 만들어보자.

recipe
〔고수 씨와 사과 아이스크림〕
1. 새콤한 사과(그래니 스미스 품종 등) 500g의 껍질과 심을 제거하고 잘게 썬다.
2. 레몬즙 2큰술, 설탕 75g과 함께 팬에 담는다. 뚜껑을 닫고 부드러워질 때까지 서서히 익힌다.
3. 라벤더 젤리 2작은술, 살짝 구운 다음 즉석에서 간 고수 씨 1작은술을 섞은 다음 식힌다.
4. 크림 300ml을 꽤 단단하게 거품 낸 다음 사과 혼합물에 넣고 접듯이 섞는다.
5. 평소처럼 아이스크림을 만든다.

라벤더가 없다면 레드커런트 젤리를 넣어도 좋지만, 라벤더와 고수 씨는 풍미가 아주 잘 어우러진다.

고수 씨와 염소 치즈

향신료 전문가는 달콤하고 크림 같은 느낌이 나는 인도의 달걀 모양 고수 씨와 유럽과 모로코에 흔하며 짜릿한 맛이 강한 둥근 모양 고수 씨 간의 차이점을 감지해낸다. 둘 다 꽃과 감귤류 풍미가 있어 염소 치즈와 잘 어울린다.

고수 씨와 오렌지: 오렌지와 고수 씨(429쪽) 참조.
고수 씨와 올리브: 올리브와 고수 씨(251쪽) 참조.
고수 씨와 카다멈: 카다멈과 고수 씨(459쪽) 참조.

고수 씨와 커피

모로코는 고수의 주요 재배지이자 소비국이다. 고수 씨는 에스프레소식 커피에 꽃(장미, 라벤더)과 감귤류 풍미를 더한다. 커피콩 6큰술당 고수 씨를 1작은술 더해서 가는 것으로 시작해보자.

고수 씨와 쿠민: 쿠민과 고수 씨(117쪽) 참조.

Vanilla
바닐라

어디에서나 인기 있는 향기이자 맛이다. 바닐라는 씨가 든 난초의 꼬투리를 발효하고 보존하여 풍미를 만들어낸 향신료다. 원산지는 멕시코지만 타히티, 마다가스카르와 인도네시아에서도 재배한다. 타히티산 바닐라는 과일과 향신료 풍미로 명성이 높으며, 특히 체리와 아니스를 떠올리게 한다고 표현하는 사람도 있다. 마다가스카르산 바닐라는 대다수 사람들에게 익숙한 종류이며, 멕시코산은 더 짜릿하고 농후하며 흙냄새가 난다. 잉카에서는 초콜릿에 바닐라로 향을 냈는데, 엘리자베스 1세의 약제상인 휴 모건이 다양하게 응용하기를 권하기 전까지는 요리 쪽에서 바닐라는 그렇게만 쓰였다. 여전히 대부분의 초콜릿 제조에 필수적으로 쓰이지만 동시에 전 세계가 사랑하는 아이스크림 맛이기도 하고 짭짤한 요리에 쓰이는 첨가물로 인기를 끌기 시작하였으며, 디저트와 리큐어에 은은한 풍미를 더하기도 한다. 꼬투리가 가장 순수한 풍미를 내지만 바닐라 익스트랙, 분말, 사랑스러운 씨를 모은 페이스트도 전부 매우 쓰기 좋다. 천연 바닐라는 생산에 드는 노동을 반영하여 가격이 매우 높기 때문에 케이크, 비스킷, 아이스크림, 당과류, 비알코올 및 알코올음료 제조로 생성된 거대한 수요를 충족하기 위해서 바닐라 자체보다 합성물을 훨씬 막대한 양으로 생산하고 있으며, 사실 소비되는 바닐라 향료의 97%는 합성이다. 바닐라 에센스와 익스트랙의 주 구성 성분인 바닐린은 바닐라에 특유의 향을 가미하는 화합물로, 1858년에 처음으로 분리 추출에 성공했다. 1874년에는 침엽수림에서 얻은 재료로 만들기에 성공하며 최초로 합성한 풍미 중 하나가 되었다. 오늘날 바닐린은 종이와 목재 펄프 산업, 석유 화학 제품의 폐기물인 클로브 오일에서 추출한다. 바닐라 에센스를 요리에 넣을 생각은 추호도 하지 않는 사람이 많지만, 미국 잡지 《쿡스 일러스트레이티드》가 실시한 블라인드 테스트에서 전문 요리사와 제빵사 참가자들은 일련의 익스트랙과 에센스로 만든 커스터드와 스펀지케이크에서 별다른 차이점을 감지하지 못했다. 바닐라 에센스로 만든 커스터드는 미세하게 떨어진다는 판정을 받았지만 전문가들은 풍미가 뛰어나게 강렬하다는 이유로 에센스를 쓴 케이크를 선호하였으며, 아마 이는 익스트랙보다 에센스가 밀리리터당 바닐린 비율이 높기 때문일 것이다.

바닐라와 넛멕

엘리자베스 데이비드는 생월계수 잎의 풍미는 넛멕과 바닐라를 떠올리게 하며, 달콤한 크림에 더하면 매우 잘 어울린다고 말했다. 요즘에는 현명한 레스토랑의 메뉴판에서 월계수 잎 판나코타를 드물지 않게 발견할 수 있다. 넛멕과 바닐라는 자극적이라 거의 과도한 수준으로 향긋한 단맛을 자아내며, 특히 수제 커스터드 타르트에 쓰면 더없이 매력적이다. 레이스 가득한 마카롱과 예쁜 컵케이크는 잊어버리자. 커스터드 타르트는 깊고 정직하며 중독적이다.

바닐라와 달걀: 달걀과 바닐라(192쪽) 참조.
바닐라와 딸기: 딸기와 바닐라(382쪽) 참조.
바닐라와 땅콩: 땅콩과 바닐라(29쪽) 참조.

바닐라와 라즈베리

6살 때 즈음, 나는 어머니에게 매번 아틱 롤케이크Arctic Roll를 사달라고 졸랐다. 나는 이음새 없이 바닐라 스펀지로 라즈베리 잼과 아이스크림을 둘러싼 원통형으로 모형 배를 넣은 유리병처럼 도저히 불가능해 보이는 아틱 롤케이크를 정말 좋아했다. 버드 아이 사는 이 모양을 어떻게 만든 걸까? 우랄 산맥을 통과하는 수송용 파이프처럼 어마어마하게 긴 아틱 롤케이크에 아이스크림을 상상할 수 없는 규모의 압력으로 밀어 넣은 다음 토막토막 자르는 걸까? 그리고 어떻게 아이스크림이 해동되면서 스펀지를 축축하게 만들지 않는 걸까? 하지만 요즘에는 아주 간소하고 매우 비싼 재료의 장점을 만끽하는 정교한 당과를 즐길 정도로 입맛이 성장했다고 생각했다. 요컨대 생라즈베리에 샹티이 크림을 약간 더해서 우아한 제비꽃 향을 강화한 다음 슈거 파우더와 바닐라 익스트랙 말고는 아무것도 뿌리지 않은 디저트 같은 식이다. 그러다 남편과 함께 코벤트 가든의 라 퀴진 드 조엘 로부숑에 갔을 때, 나는 디저트로 르 수크레le Sucre를 주문했다. 르 수크레는 설탕으로 만든 반투명한 무지갯빛의 구슬로, 유리를 불듯이 구형으로 부풀려 브랜디 풍선을 만든 다음 마스카르포네와 라즈베리 무스를 채운다. 금박 잎사귀를 뿌린 분홍색 머랭을 고리 모양으로 접시에 올리고 그 위에 구슬을 얹어 고정한 다음 베리들을 섞은 쿨리coulis와 피스타치오 더스트를 뿌려서 완벽한 바닐라 아이스크림 크넬을 곁들인다. 나는 둥근 구슬을 숟가락 뒷면으로 두드려 부수면서 단순한 건 역시 싫다고 생각했다. 이게 바로 제대로 먹는다는 거야.

바닐라와 루바브: 루바브와 바닐라(371쪽) 참조.
바닐라와 무화과: 무화과와 바닐라(499쪽) 참조.
바닐라와 바나나: 바나나와 바닐라(405쪽) 참조.
바닐라와 밤: 밤과 바닐라(340쪽) 참조.
바닐라와 복숭아: 복숭아와 바닐라(414쪽) 참조.

바닐라와 블랙베리

늦여름 오후 내내 블랙베리를 따다가 아직 해가 떠 있을 때 집에 돌아간다. 블랙베리를 잘 씻어서 설탕을 너무 달지 않도록 적당히 넣은 후 천천히 뭉근하게 익힌다. 차갑게 식힌 다음 해가 완전히 떨어져 하늘이 푸르스름해질 즈음 바닐라 아이스크림과 함께 낸다. 벌집을 살짝 부숴서 조금씩 뿌리면 좋은 고명이 된다.

바닐라와 블루베리: 블루베리와 바닐라(505쪽) 참조.

바닐라와 사과

바닐라 아이스크림 또는 양질의 바닐라 풍미 커스터드가 사과 파이 또는 크럼블과 성공적으로 어우러진다는 사실은 잘 알려져 있다. 그런데 뜨겁고 바삭한 사과 튀김에 곱게 빻은 바닐라 설탕을 뿌려보는 건 어떨까?

---

recipe

〔바닐라 설탕을 뿌린 사과 튀김〕

1. 밀가루 100g과 소금 한 꼬집을 체에 내려 볼에 담은 다음 가운데에 우물을 파고 달걀 1개를 떨어뜨린다. 잘 섞는다.
2. 우유 100ml와 얼음물 3큰술을 따로 섞은 다음, 여기에 서서히 부으면서 잘 저어 매끄럽지만 너무 줄줄 흐르지는 않는 반죽을 만든다.
3. 반죽을 냉장고에 넣어둔다.
4. 그동안 사과 3~4개의 껍질을 벗기고 심을 제거한 다음 1cm 두께의 고리 모양으로 썬다.
5. 사과를 반죽에 담가서 골고루 묻힌 다음 3~4cm 깊이의 기름에 한 면당 1분씩 튀긴다.
6. 간 바닐라 설탕을 뿌려서 낸다.

우유 대신 사과주를 사용해도 좋다.

바닐라와 살구: 살구와 바닐라(412쪽) 참조.
바닐라와 생강: 생강과 바닐라(454쪽) 참조.
바닐라와 아니스: 아니스와 바닐라(264쪽) 참조.

바닐라와 오렌지

바닐라와 오렌지는 영국에서 미브비Mivvi라고 부르는 얼음과자의 미국판인 전설적인 '크림시클'로 미국 시장에 등장한다. 둘 다 막대기에 고정한 바닐라 아이스크림에 과일 풍미의 얼음옷을 입힌 형태다. 차가운 오렌지 과육을 곁들인 바닐라 판나코타 혹은 피오리 디 시실리아Fiori di Sicilia 에센스 한 병이 있으면 머랭이나 파네토네 같은 케이크에 꽃과 오렌지, 바닐라 향을 뚜렷하게 가미하여 어른스러운 조합을 만들어낼 수 있다.

바닐라와 조개 및 갑각류

실패할까 봐 덜덜 떨면서 접근하게 되는 조합이다. 하지만 프랑스 누벨 퀴진의 선구자 알랭 상드랑Alain Senderens의 손에서는 의심할 여지 없이 뛰어난 맛을 내는 요리가 되며, 애초에 그가 명성을 얻게 된 것도 이 조합 덕분이었다. 그는 당시 근무하던 레스토랑 셀러에 있던 양질의 화이트 부르고뉴 와인에 곁들일 수 있는 요리를 만들기 위해서 바닐라 뵈르 블랑 소스를 더한 바닷가재 요리를 만들었다. 소스에 들어간 바닐라가, 오크통에서 숙성하며 버터 풍미와 달콤한 구운 캐러멜 향을 얻은 와인과 맛있게 어우러진다.

바닐라와 체리: 체리와 바닐라(360쪽) 참조.

바닐라와 초콜릿

둘 다 멕시코가 원산지다. 멕시코에서는 초콜릿에 바닐라로 풍미를 내는 관행이 아즈텍 시대까지 거슬러 올라간다. 오늘날에는 대부분의 초콜릿 바에 어떤 방식으로든 바닐라로 풍미를 낸다. 캘리포니아의 쇼콜라티에 샤펜 버거Scharffen Berger에서는 바닐라가 초콜릿을 훨씬 강화한다고 믿는 창립자 존 샤펜버거의 가치관에 따라 코코아닙스와 함께 통바닐라 깍지를 갈아서 사용한다. 값싼 초콜릿은 부족한 코코아 풍미를 보완하기 위해서 종종 바닐라 에센스를 압도적으로 들이부어 향을 낸다. 바닐라 없는 초콜릿에서 어떤 맛이 날지 궁금하다면 프랑스 쇼콜라티에 보나Bonnat가 만든 바를 먹어보자. 화이트 초콜릿과 초콜릿(516쪽) 또한 참조.

바닐라와 카다멈

향신료의 가격 순위에서 사프란에 이어 2위와 3위를 차지한다. 과일을 얹은 타르트(카다멈과 살구 참조, 461쪽)에 사용하는 크렘 파티시에르나 달콤한 향신료 및 꽃 풍미가 아주 예쁘게 드러나는 아이스크림에서 호화롭게 짝을 이룬다. 많은 셰프들이 이러한 레시피에는 마다가스카르나 멕시코산보다 달고 과일 향이 나는 타히티산 바닐라를 선호한다. 또한 타히티산 바닐라에는 주요 풍미 화합물인 바닐린 함유량이 비교적 낮으며, 꽃 향이 강하다.

바닐라와 커피

양질의 바닐라 아이스크림 적당량에 막 뽑은 에스프레소를 붓는다. 이탈리아인이 아포가토라고 부르는 음료로, 로마에서 한 재치 있는 종업원은 '신발 끈을 묶는 걸 깜박했다[55]'는 말에서 유래한 이름이라고 설명했다. 우연히 만들어진 것이건 아니건, 효과적인 조합이다. 커피 풍미가 살짝 약해지기는 하지만 유제

---

[55] "I forgot to tie my shoelaces"라고 말하려다 "Affogato tie my shoelaces"라고 발음했다는 말장난.

품의 단백질이 커피의 타닌과 결합하여 쓴맛을 덜고 먹기 쉽게 만든다.

바닐라와 코코넛: 코코넛과 바닐라(419쪽) 참조.

바닐라와 클로브

일명 '제과용 향신료'인 바닐라와 클로브 풍미는 와인을 숙성시킬 때 일반적으로 사용하는 나무통에 함유된 바닐린과 유제놀 화합물을 통하여 와인에 가미된다. 결이 촘촘한 프랑스 오크통에서는 은은한 풍미가 나며, 결이 굵은 미국 오크통은 특히 구우면 코코넛과 풀 향이 더욱 확연하게 드러난다고들 한다(딜과 코코넛 참조, 276쪽). 내가 이 책을 쓰던 당시 300병들이 신품 프랑스 오크통은 약 700달러, 미국 오크통은 대략 절반 정도의 가격이었다. 와인 양조업자들은 비용을 절약하기 위하여 때때로 풍미가 달아난 오래된 나무통에 새통널을 꽂아 넣거나, 더 경제적인 방법으로는 나무 칩을 그물에 담아서 대형 티백처럼 만든 다음 많은 현대 와인을 보관할 때 사용하는 거대한 스테인리스 스틸 탱크에 넣는다. 술꾼 중에서는 나무 칩이 메스꺼운 특정 샤르도네 와인에서 감지되는 일차원적인 바닐라 풍미를 낸다고 말하는 이가 많지만, 심지어 고급 와인 양조업자들도 이러한 비용 절감 조치에 의존하거나 부분적으로 받아들이는 중이다.

바닐라와 토마토

향신료 풍미가 나는 멕시코산 바닐라는 제대로 사용하면 토마토 바탕의 요리에서 날카로운 산미를 깎아내고 비슷한 향신료 풍미를 끌어낼 수 있다. 토마토를 넣은 칠리 콘 카르네에 멕시코산 바닐라로 향을 내보라고 권하는 사람도 있지만, 대담한 요리사는 달랑 이 두 가지 풍미로 수프의 맛을 내기도 한다. 런던 히비스커스의 클로드 보시는 바닐라와 토마토에 잘게 부순 냉동 라즈베리를 더해서 디저트를 만든다.

바닐라와 파인애플: 파인애플과 바닐라(388쪽) 참조.
바닐라와 헤이즐넛: 헤이즐넛과 바닐라(350쪽) 참조.
바닐라와 호두: 호두와 바닐라(344쪽) 참조.

White Chocolate
화이트 초콜릿

화이트 초콜릿은 코코아 버터와 우유, 설탕, 바닐라로 만들며, 다양한 초콜릿 바 제품은 이 네 가지 재료의 양과 질을 변형해서 차이를 만들어낸다. 바닐라는 거의 언제나 제일 강한 풍미가 된다. 저명한 쇼콜라티에의 말에 따르면, 화이트 초콜릿의 풍미를 다양하게 만들 수 있는 가능성은 너무 한정적이라 아무리 좋은 브랜드라도 순수한 화이트 초콜릿 바는 하나 이상 선보이지 않는다. 코코아 버터는 맛이 강하지만 반드시 유쾌한 맛은 아니기 때문에 거의 모든 초콜릿 제조업체는 버터 향을 탈취하는 과정을 거친다. 저온 살균처럼 좋은 풍미를 어느 정도 잃게 되더라도 코코아 빈을 가볍게 로스팅하면 문제를 해결할 수 있다. 하지만 베네수엘라 초콜릿 제조사인 엘 레이El Rey는 탈취를 하지 않으며, 코코아 버터를 34% 함유한 엘 레이의 화이트 초콜릿 바는 종종 시장에서 제일 맛이 좋은 제품이라는 평을 듣는다. 대부분의 화이트 초콜릿보다 단맛이 덜하고 초콜릿 풍미가 강렬하다. 그린 앤 블랙스의 화이트 초콜릿에는 바닐라 씨가 가득하며 달콤하지만 고급스러운 바닐라 아이스크림 맛과 더불어 가벼운 딸기와 살구 브랜디 풍미가 나서, 화이트 초콜릿이 균형 잡힌 새콤한 풍미와 얼마나 잘 어울리는지 알 수 있다.

화이트 초콜릿과 딸기: 딸기와 화이트 초콜릿(385쪽) 참조.
화이트 초콜릿과 라즈베리: 라즈베리와 화이트 초콜릿(497쪽) 참조.

화이트 초콜릿과 레몬
속에 농후한 레몬 커드를 채우고 위에 부드러운 화이트 초콜릿과 레몬 커드 버터 크림을 발라 레몬을 잔뜩 가미한 로즈 레비 베란바움Rose Beranbaum의 화이트 초콜릿 케이크처럼 레몬과 화이트 초콜릿을 이용해서 케이크를 만들어보는 것도 좋다. 로즈는 이 케이크를 우디스 레몬 럭셔리 레이어 케이크Woody's Lemon Luxury Layer Cake라고 부르며, 한 입만 먹어보면 매우 납득이 가는 이름이다.

화이트 초콜릿과 블랙베리: 블랙베리와 화이트 초콜릿(492쪽) 참조.

화이트 초콜릿과 사프란
아티잔 뒤 쇼콜라Artisan du ChoColat는 우아한 핑크골드 색을 띤 사프란 풍미의 화이트 초콜릿 바를 만든다. 화이트 초콜릿이 사프란의 건초 풍미를 돋운다고 한다. 나는 화이트 초콜릿의 달콤한 바닐라 풍미가 사프란의 꽃 향 풍성한 복합적인 맛에 빛을 비춘다고 덧붙이고 싶다.

화이트 초콜릿과 아몬드

화이트 초콜릿에는 밀크 초콜릿과 특히 다크 초콜릿에서 쓴맛으로 균형을 잡는 코코아 고형분이 부족해, 매우 단맛이 난다. 아몬드, 특히 구운 아몬드는 화이트 초콜릿의 단맛을 분산시키며, 1940년도에 네슬레 사가 북미 지역에 아몬드를 섞은 첫 화이트 초콜릿 바를 선보일 때 이 점을 염두에 두었을 것이다. 취향에 맞게 화이트 초콜릿 종류와 견과류 함량을 조절해 바크bark를 만들어보자.

> *recipe*
> **〔화이트 초콜릿과 아몬드 바크〕**
> 1. 껍질 벗긴 아몬드 150g을 180℃의 오븐에서 살짝 노릇해질 때까지 8~10분간 구운 다음 따로 둔다.
> 2. 오븐용 팬에 유산지를 깐다.
> 3. 화이트 초콜릿 200g을 볼에 담고, 잔잔하게 물이 끓는 팬 위에 (볼 바닥이 닿지 않도록) 얹는다.
> 4. 초콜릿이 완전히 녹으면 아몬드를 넣어 섞은 다음 유산지 위에 부어서 편다. 큼직큼직하게 부술 거라는 점을 염두에 두고 너무 얇게 펴지 않도록 한다.
> 5. 약간 식힌 다음 냉장고에 넣어서 차갑게 굳힌다.

말린 사워 체리를 조금 섞으면 바크에 식감을 더할 수 있다.

화이트 초콜릿과 올리브: 올리브와 화이트 초콜릿(256쪽) 참조.

화이트 초콜릿과 초콜릿

다크와 밀크, 화이트 등 거의 모든 초콜릿 바는 어떤 형태로든 바닐라로 풍미를 낸다. 저렴한 제품은 초콜릿다운 맛이 근본적으로 부족한 점을 만회하기 위해 바닐라를 과도하게 넣는다. 바닐라는 화이트 초콜릿의 주요 풍미이기도 하다. 따라서 나는 쓸 만한 다크 혹은 밀크 초콜릿에 화이트 초콜릿을 섞으면(다크 초콜릿에 송로 버섯을 섞고 화이트 초콜릿을 입히듯이) 바닐라 함량이 높아져 코코아 고형분은 희석되고 다크 초콜릿이 저렴해진다고 생각한다. 싱글 몰트 위스키에 블랜디드 제품을 더하는 것이나 마찬가지다.

화이트 초콜릿과 카다멈

로코코 사는 카다멈 풍미를 낸 화이트 초콜릿 바를 판매한다. 키르kheer나 쿨피 등 달콤하고 향신료와 우유 풍미가 나며 매력적이면서 동시에 숨이 턱 막히게 만드는 인도식 디저트를 연상시키는 조합이다.

화이트 초콜릿과 캐비어: 캐비어와 화이트 초콜릿(221쪽) 참조.

화이트 초콜릿과 커피

커피와 유제품 풍미가 농후한 화이트 초콜릿이라는 조합은 프랑스에서 가끔 마시는 고온 살균 우유로 만든 퍼지 같은 카페오레를 조금 많이 떠올리게 한다. 고온 살균 우유는 고온에서 마이야르 반응을 일으켜 생우유에 없는 달콤한 캐러멜 특징을 생성한 것이다. 화이트 초콜릿과 커피의 조합으로는 화이트 초콜릿에 뚜렷하게 씁쓸한 대조를 선사하는 간 커피콩을 첨가한 카페 타스의 블랑 카페 바Blanc Café bar가 최고라고 본다.

화이트 초콜릿과 코코넛

어서 코코넛 케이크를 만들고 화이트 초콜릿 아이싱을 두껍게 바르자. 하지만 경고하건대 마치 케이크를 산 채로 아이싱에 파묻은 기분이 들 것이다. 이때 라즈베리가 세인트 버나드가 되어준다.

화이트 초콜릿과 파인애플

화이트 초콜릿은 붉은 베리 종류의 단단한 친구지만, 열대 과일과도 잘 어울린다. 파인애플과 백향과 풍미가 오크통에서 숙성한 샤르도네 와인에 함유된 바닐라 풍미를 얼마나 보완하는지 생각해보자. 맛이 강렬하므로 과식하지 않도록 주의한다.

Bibliography
참고문헌

Achatz, Grant. *Alinea*. Ten Speed Press, 2008.

Acton, Eliza. *Modern Cookery for Private Families*. Longman, Brown, Green & Longmans, 1845.

Allen, Darina. *Darina Allen's Ballymaloe Cookery Course*. Kyle Cathie, 2001.

Allen, Gary. *The Herbalist in the Kitchen*. University of Illinois, 2007.

Amis, Kingsley. *Everyday Drinking*. Bloomsbury, 2008.

Ansel, David. *The Soup Peddler's Slow and Difficult Soups: Recipes and Reveries*. Ten Speed Press, 2005.

Apicius. *Cookery and Dining in Imperial Rome*. Edited and translated by J. Dommers Vehling. Dover, 1977.

Arndt, Alice. *Seasoning Savvy*. Haworth Herbal Press, 1999.

Artusi, Pellegrino. *The Art of Eating Well* (1891). Translated by Kyle M. Phillips III. Random House, 1996.

Audot, Louis Eustache. *French Domestic Cookery*. Harper & Brothers, 1846.

Baljekar, Mridula. *Real Fast Indian Food*. Metro, 2000.

Bayless, Rick. *Rick Bayless's Mexican Kitchen*. Scribner, 1996.

Beard, James. *Theory & Practice of Good Cooking*. Knopf, 1977.

Beeton, Isabella. *Mrs Beeton's Book of Household Management*. S.O. Beeton, 1861.

Beranbaum, Rose. *Rose's Heavenly Cakes*. Wiley, 2009.

Bittman, Mark. *How to Cook Everything Vegetarian*. Wiley, 2007.

Blumenthal, Heston. *The Big Fat Duck Cookbook*. Bloomsbury, 2008.

Boswell, James. *A Journey to the Western Islands of Scotland*. J. Pope, 1775.

Brillat-Savarin, J.A., & Simpson, L. Francis. *The Handbook of Dining*. Longman, Brown, Green, Longmans & Roberts, 1859.

Bunyard, Edward A. *The Anatomy of Dessert*. Dulau & Co., 1929.

Burbidge, F.W. *The Gardens of the Sun*. John Murray, 1880.

Burnett, John. *Plenty and Want: A Social History of Food in England from 1815 to the Present Day*. Nelson, 1966.

Byrne, Aiden. *Made in Great Britain*. New Holland, 2008.

Campion, Charles. *Fifty Recipes to Stake Your Life On*. Timewell Press, 2004.

Cannas, Pulina & Francesconi. *Dairy Goats Feeding & Nutrition*. CABI, 2008.

Careme, Marie-Antoine. *L'Art de la Cuisine*. 1833.

Carluccio, Antonio. *The Complete Mushroom Book*. Quadrille, 2003.

Carmellini, Andrew, & Hyman, Gwen. *Urban Italian*. Bloomsbury, 2008.

Castelvetro, Giacomo. *The Fruit, Herbs and Vegetables of Italy* (1614). Translated by Gillian Riley. Viking,

1989.

Chartier, Francois. *Papilles et Molecules*. La Presse, 2009.

Chiba, Machiko. *Japanese Dishes for Wine Lovers*. Kodansha International, 2005.

Christian, Glynn. *How to Cook Without Recipes*. Portico, 2008.

Clark, Sam & Sam. *The Moro Cookbook*. Ebury, 2001.

Clifford, Sue, & King, Angela. *The Apple Source Book: Particular Uses for Diverse Apples*. Hodder & Stoughton, 2007.

Coates, Peter. *Salmon*. Reaktion, 2006.

Cook's Illustrated (www.cooksillustrated.com).

Corrigan, Richard. *The Clatter of Forks and Spoons*. Fourth Estate, 2008.

Cunningham, Marion. *The Breakfast Book*. Knopf, 1987.

David, Elizabeth. *A Book of Mediterranean Food*. Lehmann, 1950.

David, Elizabeth. *An Omelette and a Glass of Wine*. Penguin, 1986.

David, Elizabeth. *French Provincial Cooking*. Michael Joseph, 1960.

David, Elizabeth. *Italian Food*. Macdonald, 1954.

David, Elizabeth. *Spices, Salt and Aromatics in the English Kitchen*. Penguin, 1970.

Davidson, Alan & Jane. *Dumas on Food*. Folio Society, 1978.

Davidson, Alan. *Mediterranean Seafood*. Penguin, 1972.

Davidson, Alan. *North Atlantic Seafood*. Macmillan, 1979.

Davidson, Alan. *The Oxford Companion to Food*. OUP, 1999.

de Rovira Sr, Dolf. *Dictionary of Flavors*. Wiley Blackwell, 2008.

del Conte, Anna. *The Classic Food of Northern Italy*. Pavilion, 1995.

Dolby, Richard. *The Cook's Dictionary and Housekeeper's Directory*. H. Colburn & R. Bentley, 1830.

Douglas, Norman. *Venus in the Kitchen*. Heinemann, 1952.

Dumas, Alexandre. See Davidson, Alan & Jane.

Dunlop, Fuchsia. *Shark's Fin and Sichuan Pepper*. Ebury, 2008.

Esquire Handbook for Hosts. Edited by P. Howarth. Thorsons, 1999.

Farley, John. *The London Art of Cookery*. Fielding, 1783.

Fearnley-Whittingstall, Hugh. *River Cottage Every Day*. Bloomsbury, 2009.

Fearnley-Whittingstall, Hugh, & Fisher, Nick. *The River Cottage Fish Book*. Bloomsbury, 2007.

Fearnley-Whittingstall, Hugh. *The River Cottage Meat Book*. Hodder & Stoughton, 2004.

Field, Eugene. *The Writings in Prose and Verse of Eugene Field*. C. Scribner's Sons, 1896.

Fisher, M. F. K. *Consider the Oyster*. Duell, Sloan & Pearce, 1941.

Floyd, Keith. *Floyd on Britain and Ireland*. BBC, 1988.

Gill, A. A. *The Ivy: The Restaurant and its Recipes*. Hodder & Stoughton, 1997.

Gladwin, Peter. *The City of London Cook Book*. Accent, 2006. S

Glass, Leonie. *Fine Cheese*. Duncan Petersen, 2005.

Glasse, Hannah. *The Art of Cookery Made Plain and Easy*. 1747.

Graham, Peter. *Classic Cheese Cookery*. Penguin, 1988.

Graves, Tomás. *Bread and Oil: Majorcan Culture's Last Stand*. Prospect, 2001.

Grigson, Jane. *English Food*. Macmillan, 1974.

Grigson, Jane. *Fish Cookery*. Penguin, 1975.

Grigson, Jane. *Jane Grigson's Fruit Book*. Michael Joseph, 1982.

Grigson, Jane. *Jane Grigson's Vegetable Book*. Michael Joseph, 1978.

Grigson, Sophie. *Sophie Grigson's Herbs*. BBC, 1999.

Harbutt, Juliet. *Cheese: A Complete Guide to over 300 Cheeses of Distinction*. Mitchell Beazley, 1999.

Hay, Donna. *Flavours*. Murdoch, 2000.

Hay, Donna. *Marie Claire Cooking*. Murdoch, 1997.

Henderson, Fergus, & Gellatly, Justin Piers. *Beyond Nose to Tail*. Bloomsbury, 2007.

Henderson, Fergus. *Nose to Tail Eating*. Macmillan, 1999.

Hieatt, Constance B., Hosington, Brenda, & Butler, Sharon. *Pleyn Delit: Medieval Cookery for Modern Cooks*. University of Toronto, 1996.

Hill, Tony. *The Spice Lover's Guide to Herbs and Spices*. Wiley, 2005.

Hirsch, Dr Alan. *Scentsational Sex*. Element, 1998.

Hollingworth, H. L., & Poffenberger, A. D. *The Sense of Taste*. Moffat Yard & Co., 1917.

Hom, Ken. *A Taste of China*. Pavilion, 1990.

Hooper, Edward James. *Western Fruit Book*. Moore, Wilstach, Keys & Co., 1857.

Hopkinson, Simon, & Bareham, Lindsey. *Roast Chicken and Other Stories*. Ebury, 1994.

Hopkinson, Simon, & Bareham, Lindsey. *The Prawn Cocktail Years*. Macmillan, 1997.

Jaffrey, Madhur. *Madhur Jaffrey's Quick and Easy Indian Cookery*. BBC, 1993.

Jaffrey, Madhur. *Madhur Jaffrey's Ultimate Curry Bible*. Ebury, 2003.

James, Kenneth. *Escoffier: The King of Chefs*. Continuum, 2002.

Kamp, David. *The United States of Arugula*. Broadway, 2006.

Kapoor, Sybil. *Taste: A New Way to Cook*. Mitchell Beazley, 2003.

Katzen, Mollie. *Still Life with Menu Cookbook*. Ten Speed Press, 1994.

Kaufelt, Rob, & Thorpe, Liz. *The Murray's Cheese Handbook*. Broadway, 2006.

Keller, Thomas. *The French Laundry Cookbook*. Workman, 1999.

Kennedy, Diana. *Recipes from the Regional Cooks of Mexico*. Harper & Row, 1978.

Kitchen, Leanne. *Grower's Market: Cooking with Seasonal Produce*. Murdoch, 2006.

Lanchester, John. *The Debt to Pleasure*. Picador, 1996.

Lang, Jenifer Harvey. *Tastings*. Crown, 1986.

Larkcom, Joy. *Oriental Vegetables*. John Murray, 1991.

Lawson, Nigella. *Forever Summer*. Chatto & Windus, 2002.

Lawson, Nigella. *How to be a Domestic Goddess*. Chatto & Windus, 2000.

Lawson, Nigella. *How to Eat*. Chatto & Windus, 1998.

Levene, Peter. *Aphrodisiacs*. Blandford, 1985.

Lewis, Elisha Jarrett. *The American Sportsman*. Lippincott, Grambo & Co., 1855.

Leyel, Mrs C. F., & Hartley, Miss O. *The Gentle Art of Cookery*. Chatto & Windus, 1925.

Locatelli, Giorgio. *Made in Italy*. Fourth Estate, 2006.

Luard, Elisabeth. *Truffles*. Frances Lincoln, 2006.

Maarse, H. *Volatile Compounds in Foods and Beverages*. CRC Press, 1991.

Mabey, Richard. *The Full English Cassoulet*. Chatto & Windus, 2008.

Marinetti. *The Futurist Cookbook* (1932). Translated by Suzanne Brill. Trefoil, 1989.

Marsili, Ray. *Sensory-Directed Flavor Analysis*. CRC Press, 2006.

McGee, Harold. *McGee on Food and Cooking*. Hodder & Stoughton, 2004.

Michelson, Patricia. *The Cheese Room*. Michael Joseph, 2001.

Miller, Mark, with McLauchlan, Andrew. *Flavored Breads*. Ten Speed Press, 1996.

Miller, Mark. *Coyote Café*. Ten Speed Press, 2002.

Ojakangas, Beatrice A. *Scandinavian Feasts*. University of Minnesota, 2001.

Oliver, Jamie. *Jamie's Dinners*. Michael Joseph, 2004.

Olney, Richard. *The French Menu Cookbook*. Collins, 1975.

Parsons, Russ. *How to Pick a Peach*. Houghton Mifflin Harcourt, 2007.

Paston-Williams, Sara. *The National Trust Book of Traditional Puddings*. David & Charles, 1983.

Pern, Andrew. *Black Pudding and Foie Gras*. Face, 2008.

Perry, Neil. *The Food I Love*. Murdoch, 2005.

Phillips, Henry. *History of Cultivated Vegetables*. Henry Colburn & Co., 1822.

Plath, Sylvia. *The Bell Jar*. Heinemann, 1963.

Pomés, Leopold. *Teoria i práctica del pa amb tomáquet*. Tusquets, 1985.

Puck, Wolfgang (www.wolfgangpuck.com).

Puck, Wolfgang. *Wolfgang Puck's Modern French Cooking for the American Kitchen*. Houghton Mifflin, 1981.

Purner, John F. The $100 Hamburger: *A Guide to Pilots' Favorite Fly-in Restaurants*. McGraw-Hill, 1998.

Raven, Sarah. *Sarah Raven's Garden Cookbook*. Bloomsbury, 2007.

Reboux, Paul. *Book of New French Cooking*. Translated by Elizabeth Lucas Thornton. Butterworth, 1927.

Renowden, Gareth. *The Truffle Book*. Limestone Hills, 2005.

Robuchon, Joel. *The Complete Robuchon*. Grub Street, 2008.

Roden, Claudia. *A New Book of Middle Eastern Food*. Penguin, 1985.

Roden, Claudia. *The Book of Jewish Food*. Viking, 1997.

Rodgers, Judy. *The Zuni Café Cookbook*. Norton, 2002.

Rose, Evelyn. *The New Complete International Jewish Cookbook*. Robson, 2004.

Rosengarten, David. *Taste*. Random House, 1998.

Round, Jeremy. *The Independent Cook*. Barrie & Jenkins, 1988.

Roux, Michel. *Eggs*. Quadrille, 2005.

Saint-Ange, Madame E. *La Bonne Cuisine de Madame E. Saint-Ange*. Translated by Paul Aratow. Ten Speed Press, 2005.

Saulnier, Louis. *Le Répertoire de La Cuisine*. Barron's Educational Series, 1914.

Saveur Editors. *Saveur Cooks Authentic Italian*. Chronicle, 2008.

Schehr, Lawrence R., &Weiss, Allen S. *French Food: on the table, on the page, and in French Culture*. Routledge, 2001.

The Silver Spoon. Phaidon, 2005.

Slater, Nigel. *Real Fast Food*. Michael Joseph, 1992.

Smith, Delia (www.deliaonline.com).

Smith, Delia. *Delia's How to Cook Book One*. BBC, 1998.

Smith, Delia. *Delia Smith's Complete Cookery Course*. BBC, 1982.

Smith, Delia. *Delia Smith's Summer Collection*. BBC, 1993.

Smith, Delia. *Delia Smith's Winter Collection*. BBC, 1995.

Tan, Christopher. *Slurp: Soups to Lap Up and Love*. Marshall Cavendish, 2007.

Thompson, David. *Thai Food*. Pavilion, 2002.

Toussaint-Samat, Maguelonne. *A History of Food*. Blackwell, 1992.

Uhlemann, Karl. *Uhlemann's Chef's Companion*. Eyre & Spottiswoode, 1953.

Vetri, Marc, & Joachim, David. *Il Viaggio di Vetri: A Culinary Journey*. Ten Speed Press, 2008.

Waltuck, David, & Friedman, Andrew. *Chanterelle: The Story and Recipes of a Restaurant Classic*. Taunton, 2008.

Weinzweig, Ari. *Zingerman's Guide to Good Eating*. Houghton Mifflin Harcourt, 2003.

Weiss, E.A. *Spice Crops*. CABI, 2002.

Wells, Patricia. *Bistro Cooking*. Kyle Cathie, 1989.

Wells, Patricia. *Patricia Wells at Home in Provence*. Scribner, 1996.

White, Florence. *Good Things in England*. Jonathan Cape, 1932.

Willan, Anne. *Reader's Digest Complete Guide to Cookery*. Dorling Kindersley, 1989.

Wolfert, Paula. *The Slow Mediterranean Kitchen*. Wiley, 2003.

Wright, John. *Flavor Creation*. Allured, 2004.

Wright, John. *Mushrooms: River Cottage Handbook No. 1*. Bloomsbury, 2007.

Wybauw, Jean-Pierre. *Fine Chocolates: Great Experience*. Lannoo, 2006.

Zieglar, Herta. *Flavourings: Production, composition, applications*. Wiley-VCH, 2007.

기타

Buttery, Ron G.; Takeoka, Gary R.; Naim, Michael; Rabinowich, Haim; & Nam, Youngla. *Analysis of Furaneol in Tomato Using Dynamic Headspace Sampling with Sodium Sulfate*. J. Agric. Food Chem., 2001, 49 (9) pp.4349–51.

Claps, S.; Sepe, L.; Morone, G.; & Fedele, V. *Differenziazione sensoriale del latte e della caciotta caprina in rapporto al contenuto d'erba della razione. In: Proceedings of I formaggi d'alpeggio e loro tracciabilitá.* Agenzia Lucana per lo Sviluppo-Associazione Nazionale Formaggi Sotto il Cielo, 2001, pp.191–9.

Kurobayashi, Yoshiko; Katsumi, Yuko; Fujita, Akira; Morimitsu; Yasujiro; & Kubota, Kikue. *Flavor Enhancement of Chicken Broth from Boiled Celery Constituents.* J. Agric. Food. Chem., 2008, 56 (2) pp.512–16.

Simons, Christopher T.; O'Mahony, Michael; & Carstens E. UC Davis. *Taste Suppression Following Lingual Capsaicin Pre-treatment in Humans.* Chemical Senses, 2002, 27 (4) pp.353–365.

Recipe Index
레시피 인덱스

가도 가도 드레싱 31
가을 판자넬라 170
갈리나 앙 페피토리아 354
감자 쿠민 조림 117
감자와 고추를 채운 피망구이 306
감자와 로즈메리 피자 비앙카 128
게으른 푸타네스카 255
계피 풍미를 더한 바나나빵 404
계피와 무화과 시럽 314
계피와 자몽 치즈케이크 316
고수 씨에 절인 올리브 252
고수 씨와 사과 아이스크림 509
고수 잎과 마늘 소프리토 282
고수 잎과 코코넛 플랫브레드 284
고수를 듬뿍 넣은 사그 고스트 283
고수와 땅콩 국수 281
고추와 베이컨 옥수수빵 303
과일 스튜 394
구운 초콜릿 바나나 406-407
군밤 247
굴 따는 빌리에 나온 굴과 셀러리 217
굴 빵 321-322
나이트 셔츠를 입은 배 393
다크 초콜릿과 카다멈 타르트 19
달걀 볶음밥 195
닭고기 타임 구이 39
닭고기에 곁들이는 물냉이 소스 141
닭고기와 피망 40
당근 땅콩 샐러드 28
당근 라페 330
당근 아 라 니베르네즈 332
당근과 오렌지 풍미를 입힌 샐러드 332

돼지고기 생강 구이 453
돼지고기 소시지에 곁들이는 밤 퓌레 339
돼지고기 쿠민 소스 구이 49
돼지고기와 아니스 조림 48
드레싱을 얹은 게살 196
딜과 돼지고기 만두 274
딜과 완두콩을 넣은 러시아식 샐러드 276
딸기 로마노프 430
딸기 아마레토 소스 383
딸기를 곁들인 헤이즐넛 머랭 384-385
딸기잼과 계피 샌드위치 381
땅콩버터와 젤리 샌드위치 선디 367
땅콩호박, 콩, 로즈메리 스튜 336
라임 계피 소르베 438
라즈베리 식초와 민트 드레싱 494
라타투이 163
레몬 바질 스파게티 446
레몬 풍미의 양고기 요리 448
레몬과 고수 잎 크러스트를 뿌린 생선 444
로즈메리 아이스크림 445
로즈메리 풍미의 생선 그릴 구이 464
로즈메리 향 수박 스테이크 466-467
로즈메리와 살구 마늘 466
로즈메리와 양파를 토핑한 파리나타 467-468
루바브 소스를 곁들인 고등어 370
루바브와 아몬드 크라나칸 372
링컨셔 포셔 포트 96
마늘 듬뿍 참치 224-225

마늘 로즈메리 파스타 159
마늘과 바질 향 토마토소스 160
마리 소스 289
마멀레이드와 체다 치즈 타르트 429
마페 32
말타이즈 소스 433
망고와 끈적한 코코넛 쌀 요리 426
매콤한 돼지고기와 땅콩 국수 44
매콤한 땅콩호박 퀘사디야 335
맨해튼 361
모히토 440
무화과 오렌지 바 500
무화과 쿠르 아 라 크렘 98-99
미니 캐비어 치즈케이크 220
민트 레모네이드 483
민트와 마늘 달 484
민트와 블랙커런트 턴오버 485
밀크 초콜릿과 넛멕 타르트 15
바나나 오믈렛 192
바나나 카다멈 라이타 460
바난 바로넷 406
바냐 카우더 232
바닐라 설탕을 뿌린 사과 튀김 512
바닷가재 롤 138
바르셰즈(보르시치) 122-123
바비큐 콩 244
바이 카프로우(태국의 닭고기 바질 볶음) 311-312
바질, 민트, 애호박 파스타 309-310
반미 269
배와 아몬드 크로와상 푸딩 400
배와 호두와 블루 치즈 드레싱 샐러드

401

버섯과 밤 수프 109
버팔로 치킨 샐러드 85
베이컨 기름 육수 211
베이크웰 타르트 496
복숭아 블랙베리 코블러 415
브로콜리, 판체타, 잣, 선드라이드 토마토 링귀니 181-182
브로콜리와 마늘 볶음 국수 181
블랙 푸딩과 양고기 로스트 54
블랙 푸딩과 양파 패티 54
블랙커런트 소르베와 파스티스 아이스크림 489
블랙커런트와 아몬드 케이크 490
블러드 오렌지로 풍미를 낸 말타이즈 소스 435
블루 치즈와 무화과 스트로 86
블루 치즈와 세이지 소스 88
블루베리 바닐라 케이크 505-506
비트 양파 처트니 153
비트와 염소 치즈 리소토 124-125
빅맥 파이 275
사과 소스 392
사과 솜 땀 424
사과와 블랙 푸딩 디저트 393-394
사과와 헤이즐넛 케이크 397
사워크림과 딜 소스를 곁들인 연어 스테이크 223
사워크림과 버섯과 타라곤 소스 111
사워크림에 버무린 청사과와 홀스래디시 397
사프란 버터 68-69
사프란 유도 케이크 259-260
살구와 라즈베리 타르트 495
새우를 넣은 완두콩 퓌레 205
새우를 올린 콩 타임 조림 480
생강 오렌지 케이크 455

생강 풍미를 더한 일본식 가지 조림 115-116
생강과 초콜릿 아몬드 플로랑틴 456
생강을 넣은 토마토소스 457
샤 크 313
샬티바르시체이 123
샹보르 프렌치 마티니 497
세이지와 사과 경단 472
세파 399
셀러리악 레물라드 331
소시지 포도 볶음 367
소시지와 브로콜리 파스타 소스 46
소시지와 토마토 라구 50
송로 버섯과 베이컨 166
송어 물냉이 소스 140
수란과 튀긴 세이지를 올린 요구르트 470-471
수박 모히토 486
슈 파르시(고기를 채운 양배추) 169
스코치 에그 43
스파게티 알리오 올리오 에 페페론치노 302
스파게티 코르피오테(코르푸식 스파게티) 323
시저 샐러드 231
시트로넬레 라타피아 508
아니스 씨 크럼블 263
아니스와 아몬드 비스킷 265
아르메니아 쿠민 살구 수프 120
아몬드 블랙베리 크럼블 356
아몬드 아스파라거스 무침 357-358
아몬드와 블루베리를 넣은 휘핑크림 356-357
아바스 콘 모르시야 53
아보카도와 딸기 비네그레트 383
아보카도와 망고와 게살 무침 287
아보카도와 치폴레 칠리 수프 286

아브고레모노 수프 192
아스파라거스 땅콩 드레싱 무침 188
아야드 소스 343
아티초크 완두콩 파이 294-295
아티초크 파르메산 치즈 94
아티초크와 돼지고기 피크닉 파이 184
아티초크와 완두콩 스튜 295
아티초크와 판체타 그라탕 185
아펠리아 507
아호 블랑코 161
안초비 소스와 브로콜리 파스타 232-233
안초비를 올려 구운 토마토 234-235
알루 고비 175
야생 버섯 수프 129
얀손의 유혹 230
양고기와 아몬드와 쌀 수프 70-71
양파 세이지 콩 브루스케타 154
양파와 안초비 비골리 155
양파와 타임 크림 수프 478-479
어향 가지 114
에그노그 타르트 190-191
엘라이시 고트 462
연어와 캐비어 피자 238
연질 치즈와 사과 100
염소 치즈 로즈메리 타르트 77
염소 치즈 무화과 구이 500
염소 치즈를 채운 포르타벨라 112
염소 치즈와 라즈베리 풀 77
염소 치즈와 마늘 피자 78
오두 치즈 82-83
오렌지 소스를 곁들인 사과 396
오렌지 아몬드 케이크 432
오리용 세이지 주니퍼 스터핑 475
오이 당근 피클 268
오이 피클을 넣은 참깨 새우 토스트 271-272

오코노미야키 194-195
완두콩과 로즈메리 수프 293
월도프 샐러드 137
이탈리아 피에몬테식 로스트 피망 요리 380
인지 자문 456-457
자고새와 배 조림 36
작은 초콜릿과 로즈메리 크림 469
장미와 초콜릿 칩 아이스크림 503-504
짭짤한 아몬드를 넣은 초콜릿 수프 18-19
차가운 파슬리 소스 278
차치키 162
참치 쿠민 구이 118
체리 바닐라 클라푸티 360-361
치미추리 소스 66
카다멈 망고 라씨 460
카다멈 크렘 파티시에르 살구 타르트 461
카다멈과 계피 음료 459
카볼로 네로 브루스케타 170
카스타나치오 340
칼도 드 파파 280
칼도 베르데 132
커피 아이싱을 입힌 카다멈 케이크 25
커피와 오렌지 리큐어 24
케이퍼 소스를 부은 양고기 145-146
케이퍼 안초비 레몬 버터 145
케이퍼 풍미를 더한 콜리플라워 178
케이퍼를 넣은 버터 소스 147
코레쉬 373
코코 퀘마도 417
코코넛 커스터드 푸딩 196
코코넛과 체리 및 캐러멜 초콜릿 바 421
코코넛에 버무린 닭고기 요리 418
콜리플라워 소금 후추 튀김과 칠리소스 176

콜리플라워와 호두와 대추야자 샐러드 179
콩테 치즈와 바나나 92
쿠민 콜리플라워 구이 121
쿠민과 레몬 달 118-119
쿵 파오 치킨 27-28
크루트 바롱 109
클램 카지노 243
클로브 풍미의 닭고기 양파 샌드위치 157
클루아이 부앗 치 419
타라곤 소스를 곁들인 완두콩 튀김 294
타라곤 풍미의 닭고기 요리 262
타라곤 풍미의 통닭구이 262
타임 아이스크림 480-481
타클리아 508
타프나드 255
탄탄면 44
태국식 셀러리 샐러드 136
터메릭으로 물들인 생선 딜 볶음 210
토마토 감자 크림수프 134
토마토 오르조를 곁들인 그리스식 양 구이 377
파바다 52
파스닙과 완두콩 수프 327
파인애플과 고수 잎을 넣은 검은콩 수프 386
파프리카 풍미를 입힌 감자튀김 126
판체타와 세이지 리소토 472
팔각 스톡 / 소스 267
페스토 스콘 310-311
페타 치즈와 올리브 샐러드 254
풀레 아 라 클라마트 292
풀레 오 콩테 35
풋내기 선원의 게살 케이크 337
프로방스식 양고기와 페르노 70
프티트 포 아 랑 프랑세즈 295

피망과 달걀 샌드위치 297
피츠로비아식 닭튀김 318
피카다 349-350
필리핀 스튜 아도보 45
하이난 치킨 라이스 451-452
핫 토디 447
헝가리식 체리 수프 317
헤이즐넛 로즈메리 쿠스쿠스 349
헤이즐넛 무화과 타르트 350
호두 셀러리 수프 345
호두 파슬리 소스 347
호두와 꿀을 곁들인 라브나 102
호두와 바나나 카르파초 344
홀스래디시 소스와 베이컨 오픈 샌드위치 149
화이트 초콜릿과 아몬드 바크 516
회향 씨 크래커 84
흰살 생선 그릴 구이 250

General Index
일반 인덱스

가레스 리나우던 167
가룸 233
가리비 54, 108, 143, 147, 171, 177, 203, 327, 437
가스파초 378, 436
가시금작화 419
가을 이야기 368
가을 케이크 397
가이 사보이 186, 331
가이란(중국 브로콜리) 180
가자르 할바 333
가자미 213
가재 276
가짜 게 231
갈라 파이 43
갈리시아 94
갈리시아 양배추 131
갈리아 멜론 246, 364
갈리아노 264
갈매기 알 190, 193
갈산 319
갈톤 블랙스톤 481
감자개발나물 325
감자탕 42
감자튀김 126, 127, 208, 209, 216, 222
감초 225, 253, 261, 406
강꼬치고기 165
개먼 137, 171, 279
갤빈 앳 윈도, 런던 120
거북손 133
거위 37, 251
검보 201, 216

게라니올 502
게르킨 268, 272
게리 앨런 260
게뷔르츠트라미너 와인 120
게필트 생선 요리 149
고기 경단 faggot 292
고다 치즈 342
고등어 107, 222, 223, 231, 233, 239, 277, 370, 464
고로 462
고르곤졸라 86, 87, 110
고메 버거 키친 체인 193
고쉬트 알루 131
고스타바 462
고아 35
고추냉이 149, 150, 452
과이어콜 236
과카몰리 282, 284, 287
광어 214
구구 클러스터 15
구즈베리 222, 370
굴 소스 28, 180, 182, 215, 218
굴랍 자문 409, 456, 504
규동 64
그라브락스 223
그라잘레마 79
그랑 마니에르 428
그래니 스미스 사과 30
그랜드 애커츠 7, 373, 465
그레몰라타 278
그뤼에르 34, 90, 95, 106, 176, 209
그리비슈 소스 146

그리오트(모렐로 체리) 72
그릭 갓 501
그린 앤 블랙스 95, 515
그릴라드 데 마리니에르 64
그물버섯 107
그웬 하이먼 447
글라모건 소시지 95
글로스터셔 올드 스폿 돼지 392, 411
글루타민산 208
글리신 208
글린 크리스천 117
기네스 489
기드레이 파크, 데본 296
김치 304

나디아 산티니 338
나린진 437
나시 르막 194, 420
나시 배 398, 400
나이아가라 온 더 레이크, 온타리오 425
나이젤 슬레이터 17, 223, 395
나이젤라 로슨 28, 29, 100, 362
나파 양배추 168
나폴레옹 1세 201
나폴레옹 3세 식당, 파리 271
나폴리식 아이스크림 382
난도스 레스토랑 35
남 프릭 엉 50
남 프릭 카피 201
내슈빌, 테네시 476
낸시 시나트라 287

냄비 요리 131
넙치 207, 212, 214, 296
네롤 502
네슬레 317, 516
네피텔라 108
넬리 멜바 여사 495
노랑촉수 56, 106, 225
노르망드 소스 112
노르망디 83
노마, 코펜하겐 219
노먼 더글라스 43
노부 레스토랑 143
농어 208, 209, 211, 250, 435
뇨키 88, 96, 108, 130, 212, 258, 347
누가 499, 501
누른도요새 56
누텔라 20, 21
눅카톤 437
뉴올리언스 148, 215, 218
뉴잉글랜드 62, 138, 291, 397
뉴잉글랜드 바닷가재 롤 138
뉴잉글랜드식 차우더 480
뉴질랜드 193, 224
느억 맘 389
느억 참 441
느타리버섯 111, 217
느티만가닥 버섯 113
니스 92, 223, 234
니코틴 26
니콜라 콜라볼프 501
니콜슨 베이커 434
니키스 베트남 샌드위치, 뉴욕 268
닐 페리 470

다니엘 불뤼 164, 188
다닥냉이 141

다리나 알렌 482
다마고야키 192
다이아나 케네디 290
닥터 브라운스 셀 래이 소다 137
달 284, 313, 484
달걀 샌드위치 56, 297, 485
달고기 207, 209, 212
닭 간 56, 58, 470
담배 19, 26, 259, 319, 362
대(大)플리니우스 227
대구 208, 212, 279, 296, 443
대두 266, 441
대합 112, 200, 201, 202, 207, 243
댕구알버섯 107
더 스퀘어, 런던 108
더 스타 인, 요크셔 51, 454
더 아이비 레스토랑, 런던 165, 497
더 캔틴, 샌프란시스코 241
더 홉 팜, 켄트 445
더글라스 로드리게즈 467
더블 글로스터 치즈 176
덕다리버섯 37
데니스 리어리 241
데렉 자만 258
데이비드 로젠가튼 177, 219, 223, 260
데이비드 린치 24
데이비드 버크 148
데이비드 비롱 390
데이비드 앙셀 119
데이비드 윌슨 468
데이비드 캄프 226
데이비드 톰슨 30, 107, 238
데이빗 월턱 188
데킬라 441, 442
델리아 스미스 267, 326, 379, 454, 471, 478, 481
도나 헤이 265, 458

도르도뉴 477
도멘 에그벨 409
도모리 256
도미 213, 250
도미니크 르 스탕 92
도버 서대기 213
도쿄 카이칸, 로스앤젤러스 226
도타토 무화과 501
돈가스 168
돌 388
돌로마이트 497
돌프 드 로비라 388
돔프롱테 83
돼지 간 57, 58
돼지 귀 42, 233
돼지감자(예루살렘 아티초크) 183
두리안 87
두부 31, 154
두쉬바라 68
뒥셀 111
듀크 감자 128
드와예네 뒤 코미스 배 398
등명제 333
디비니티 사탕 344
딸기 로마노프 429, 430
땅콩버터 27, 29, 30, 32, 136, 367, 405, 483, 488

라 라테 감자 128
라 메렌다, 니스 92
라 메종 뒤 쇼콜라 266
라 베라 계곡 301
라 삼브레스 맥주 475
라 퀴진 드 조엘 로부숑, 런던 511
라거 맥주 128, 489
라구 49, 50, 59, 324

라귀올 치즈 90
라그레인 적포도 22
라뒤레, 파리 412
라드 47
라러우(중국식 베이컨) 242
라벤더 336, 509
라비올리 51, 68, 86, 482
라비토스 로얄 501
라소이 비닛 바티아, 런던 426
라씨 119, 399, 426, 460
라오스 209, 276
라우 람(매운 민트) 35
라우라 에스키벨 38
라운트리 487
라이타 460, 484
라임 바질 440
라자냐 506
라치오 185, 252
라카마르그 253
라클레트 90
라키 261
라타투이 96, 163, 379
라프로익 461
락사 422
락사 레막 35
락스 102, 157
란투라티코 173
람바사드 도베르뉴, 파리 90
랍 플라 225
랍스카우스 63
랍스커스 62, 145
랑그독 343, 478
랑그르 치즈 82, 83
랑데부 레스토랑 465
랑드식 로스트치킨 165
랑엔 레스토랑 137
랭커셔 냄비 요리 131

랭커스터 레몬 타르트 355
러스 앤 도터스, 뉴욕 157
러스 파슨스 268, 471
러시아식 샐러드 275
러우쟈모(매운 고기 샌드위치) 42
럼 190, 191, 358, 417, 439, 440, 486
럼 바바 504
레 모에트 다보 222
레 줄루, 파리 437
레드 플란넬 해시 62, 145
레모네이드 483, 489
레몬 머틀 419, 443
레몬 버베나 419
레몬 타임 449, 477
레몬그라스 50, 65, 112, 203, 419, 444
레몬밤 419
레바논 102, 282, 342
레오니 글래스 93
레오폴드 포메스 375
레이 마실리 60
레이먼드 카팔디 49
레이엘 부인 443
레인보 룸 샐러드 28, 29
렌티오닌 108
렌틸콩 120, 244, 293, 484
렘페약 카캉 31
로건베리 491
로그 리버 블루 치즈 85
로그 크리머리, 오리건 241
로마냐 123
로마네스코 182
로메리호 레스토랑, 엘 푸에르토 데 산 타 마리아 133
로메스코 소스 303
로바지 137, 206, 345
로버트 레이드 40
로버트 캐리어 396

로브 데 가리그 염소 치즈 479
로빈슨 가족의 모험 165
로스티 132
로졸레 122
로즈 레비 베란바움 515
로즈워터 358, 413, 502, 503
로켓 231
로코코 516
로크포르 치즈 85, 89, 242, 368, 436
로트부어스트 51
로푸드 운동 289
론 G. 버터리 375
론 알프스 201
롤라덴 62
롤랜드 메스니에 357
롤링스톤스 281, 392
루앙 254
루이 56
루이 에스타슈 외도 122
루이지애나 183, 201, 216
루카데스 504
루켄카스 소시지 216
르 가브로슈, 런던 412
르 파리지앵 485
르네 레드제피 219
르블로숑 치즈 130
리 부인 508
리 헤이즐우드 287
리구리아 467
리글리 컴퍼니의 더블 민트 153
리날롤 508
리몬첼로 443
리바로 치즈 82, 83, 84
리버풀 62
리세스 16
리소토 108, 110, 124, 148, 177, 178, 237, 260, 447, 471, 472, 506

리스본 277
리시 에 비시 291, 448
리앤 키친 386
리예트 269
리오하 와인 133, 305
리옹 165
리처드 돌비 166
리처드 마비 108
리처드 올니 37, 163, 387
리처드 코리건 148, 371
리츠 호텔, 런던 141
리크 38, 54, 77, 95, 108, 110, 152, 162, 242, 273
리투아니아 123
릭 베일리스 14, 429
린저토르테 497
린트 490
림버거 치즈 95
립타우어 치즈 146
릿지 릿톤 스프링 와인 276
링귀니 알라 봉골레 378
링컨셔 포셔 치즈 90, 95, 96

마가리타 441
마귈론 투생-사마 164
마늘잎쇠채 325
마다가스카르산 바닐라 510
마담 E.생 탕쥬 341
마데이라 너트 342
마데이라 와인 165, 342
마두르 재프리 462, 484
마들렌 418, 449
마라치노 체리 361, 414
마라케시 315
마롱글라세 339, 340
마르 이 문타냐 201

마르코 피에르 화이트 167, 205
마르코, 런던 205
마르코나 아몬드 94
마리 소스 288, 289
마리 앙투안 카렘 213, 429
마리 콘티니 251
마리네티 433
마리아 그라치아 인벤타토 296
마리오 바탈리 68, 265
마리온 커닝엄 505
마멀레이드 428, 429, 431
마물 465, 466, 499
마사만 커리 30
마셀라 헤이즌 60
마쉬 삼피어 226
마스 16
마스티 말로네, 로스앤젤레스 503
마시멜로 플러프 29
마얀 골드 감자 126
마요르카 411
마이몬 433
마이클 케인스 296
마지판 357
마치코 치바 177
마카로니 치즈 321
마카롱 412
마카오 201
마크 밀러 143, 263
마크 베트리 506
마크 비트먼 96, 371, 466
마크 트웨인 169, 363
마크 힉스 435
마크릴소파 223
마타리 커피콩 24
마티니 253, 285, 298, 299, 476, 496
마틴 레쉬 89
마페 32

마호레로 치즈 76
마혼 치즈 90, 93
만다린 오렌지 428, 449, 479
만체고 치즈 76, 90, 94, 499
말리부 417
말린 자두 217
말을 탄 천사 217
말타이즈 소스 212, 433, 435
맘 넴 389
맛조개 206
망가로 레 50% 20
망고 생강 454
매기 육수 137
매로우팻 완두콩 291
매사추세츠 321
매치메이커스 18
맥도날드 193, 209, 274
맨해튼 차우더 480
맨해튼(칵테일) 361
머랭 384
머튼 67, 71, 72, 79, 131, 155, 205
머핀 505, 508
멀드 와인 317, 434, 500, 507
메노르카 93, 411
메뚜기 439
메르캅탄 437
메릴랜드식 닭고기 404
메이스 322, 324
메이어 레몬 430, 449
메이플 시럽 30, 342, 345, 350, 370, 399, 435, 460, 501
메추라기 34, 38, 110, 216, 366
메트로도텔 버터 450
메틸이소티오시아네이트 144
멕 라이언 25
멘톨 456, 483
멜란자네 파르미지아나 374

멜러니 그리피스 25
멧돼지 165
모네이 소스 209
모렐 버섯 37, 106, 109, 188
모렐로 체리 72, 317, 362
모르시야 51, 52, 53
모르시판 52, 53
모르타델라 507
모모푸쿠 베이커리, 뉴욕 89
모스크바 뮬 453
모차렐라 인 카로차 101
모차렐라 치즈 98, 101, 116, 249, 286, 288, 310
모카 커피콩 24
모토레일 248
모티 마할 레스토랑, 런던 113
모히토 439, 440, 485, 486
목이버섯 107
몬터레이 잭 76
몬테카를로, 미니애폴리스 285
몬트세라트 48
몰 드 카카후테 301
몰 소스 14, 313, 317, 348
몰리 422
몰리 캐츤 195
몰티저스 63
몽고메리 체다 94
몽벨리야르 소시지 45
몽블랑 17
몽펠리에 436
묑스테르 치즈 82, 84, 120
무굴 요리 38
무사카 59, 67, 72, 323
무슈 107
무어 요리 38, 354
문어 202, 203
물라토 고추 14

물레 오 쇼콜라(몰튼 초콜릿 케이크) 480
물소젖 치즈 88
뭄바이 302
뮈스카데 254
뮤즐리 351, 362
뮬 프리트 133
므리둘라 발제카 56
미뇨네트 218
미르푸아 154
미리스티신 321, 324, 326
미브비 512
미셸 루 100, 494
미셸 브라 384
미셸 클뤼젤 20
미쉬미쉬야 69
미트볼 47, 40
밀렌 치즈 80

바그다드 요리책 69
바노피 파이 407
바닐린 510, 513, 514
바다 송어 362
바다 파브 302
바다빙어류 226
바닷가재 138, 143, 167, 186, 200, 203, 204, 207, 338, 436, 513
바닷가재 테르미도르 200
바렛 과일 샐러드 과자 496
바르셀로나 161, 303, 305
바바 가노시 115
바슈랭 글라세 21
바슈랭 치즈 82
바스크 지방 222, 264
바스티야 파이 353
바욘 햄 248
바이아 206

바치 21
바칼라오 296
바클라바 504
바타파 31, 206
바피 421
발로나 16, 80
발리 418
발사믹 식초 86, 265, 322, 374, 408, 474
발트해 국가 122, 223
밥보 레스토랑, 뉴욕 68
밥티스트 망고 363
방갈로르 358
방울양배추 168, 170, 221, 244, 324, 341
배 시드르 83
백조 37
버거 88, 93, 193
버드 아이 사 511
버블 앤 스퀵 171
버터밀크 494
버팔로 윙 136
버팔로, 뉴욕 66
벅스웰 치즈 90, 95
벌 399, 479
베네수엘라 515
베네치아 71, 133, 155, 416
베두인 25
베샤멜소스 59, 185, 236
베아트리체 A. 오하캉가스 230
베어네이즈 소스 69, 189, 264, 376
베이비 벨라 버섯 111
베이크웰 타르트 355, 496
벤딕스 초콜릿 487
벤엔제리 362
벤즈알데히드 353, 360, 361
벨기에 133, 475
벨라주 253
벨루가 캐비어 219

벨리니 칵테일 416
보나 513
보드카 107, 138, 265, 453, 497, 502
보르도 216
보르도 와인 130, 317
보르시치 122, 123, 149
보른홀름 섬 122
보리지 268, 384
보스턴 쿨러 454
보이젠베리 491
보졸레 와인 98
보주(쇼콜라티에) 256
보케로네스 230
보타르가 246
보포르 치즈 351
볶은 소고기 440
볼로냐 324
볼로네제 소스 324
볼로네제 스파게티 62
볼리비아 30
뵈르 누아르 352
뵈르 누아제트 350, 352
뵈르 블랑 513
부댕 누아르 51, 507
부댕 블랑 475
부라타 치즈 101
부르고뉴 와인 130, 351, 513
부르생 치즈 98
부리드 163
부리토 287
부비스, 트라이베카, 뉴욕 242
부이야베스 129, 209, 211
부케가르니 432
부활절 184, 275
불고기 61
불교 161
붉돔 210

뷰 블르뉴 치즈 82
브라만 문화 162
브라사타 디 코다 디 뷰 60
브라우니 21
브라질 31, 131, 201, 206, 389
브램리 사과 391
브레드 소스 156
브레사올라 326, 447
브레스산 닭 201
브로시우 101, 102
브로콜리 라베 46, 92, 180
브루스케타 154, 169, 170, 470
브루트쿠렌 브루어리 475
브뤼누아즈 341
브르타뉴 201, 354
브리 98, 99, 100, 101, 143, 383, 398
브리 드 모 100
브리야 사바랭 38, 165
브리야 사바랭 치즈 100, 383
브리오슈 506
블랑슈 당티니 414
블랙 포레스트 케이크 362
블러드 오렌지 156, 428, 433, 435
블러디 메리 138, 379
블로터 236
블뢰 드 타미뇽 85
블루 엘리펀트 레스토랑 65
블리니 219, 220, 237, 238
비네그레트 383
비르야니 259
비벤덤, 런던 288
비스코티 263, 265
비스테카 알라 피오렌티나 447
비스트로 모던, 뉴욕 164
비시 당근 333
비엔나 413
비엔나 슈니첼 194

비오니에 와인 394
비올레트 드 보르도 무화과 494
비콘 레스토랑, 뉴욕 337
비터 레몬 430, 443
비터 오렌지 428
비텔로 톤나토 60
비프 부르기뇽 62
비프 아 라 린드스트롬 145
비프 온 웩 샌드위치 66
비프 웰링턴 59, 111
비프 타르타르 60, 61
빅토리아 스펀지케이크 431
빅토리아 여왕 37, 360
빈 산토 368
빈리 블루 치즈 85, 89
뿔나팔버섯 108, 113
뿔닭 479

사과주 83, 336, 391
사그 고스트 283
사냥꾼의 스튜 39
사라 레이븐 489
사라 패스턴 윌리엄스 393
사라토가 클럽 하우스, 뉴욕 주 241
사막 쿠와마 224
사모사 420
사보이 양배추 71, 168, 169
사보이, 런던 236
사비치 41
사슴 간 57
사슴 고기 83, 110, 492
사시미 148, 226
사우어크라우트 168, 475
사워체리 72
사이러스 토디왈라 420
사이먼 홉킨슨 133, 288, 379, 396

사테이 30, 31, 301
산 다니엘레 햄 246, 249
산 마르자노 토마토 374
산 마테오 23
산 안토니오, 텍사스 60
산귀나치오 51
산시성 42
산토리니 379
산화트리메틸아민(TMAO) 208
살구 버섯 106, 108, 110, 112, 437
살기 222, 227
살레 치즈 93
살사 76, 210, 224, 282, 284, 287
살팀보카 62, 473
삶은 소고기와 당근 61
삼발 482
삼발 벨라스칸 201
삼부카 253, 263, 267, 409
삼피어 201, 226
상그리타 442
상세르 187
상하이 162
새눈고추 35
새우 31, 50, 112, 172, 200, 201, 204, 205, 207, 346, 425, 480
새우붙이 133
새조개 205
샘과 샘 클라크 53
생 마르서랭 치즈 100
생강 구이(쇼가야키) 453
생선 파이 207, 209, 236
샤나 달 118
샤랑테 멜론 408, 409
샤르도네 79, 236, 410, 416, 424
샤토 무통 로칠드 62
샤펜 버거 513
샥슈카 197

샤티바르시체이 123
샴페인 166, 241, 409
샹보르 496, 497
샹트렐 레스토랑, 뉴욕 188
샹티이 크림 511
서대기 113, 208, 450
서프 앤 터프 203
선녀낙엽 버섯(요정 고리 버섯) 113
설탕에 절인 체리 418, 420
세기아노 501
세라노 햄 222, 246, 249
세런뎅 31
세르블라 소시지 165
세미용 416
세브루가 캐비어 219, 234
세비체 146, 202, 441, 442
세빌 오렌지 428, 429, 430, 431, 435
세이지 더비 치즈 93
세인트 존 레스토랑, 런던 65
세파 398, 399
셀러리 소금 135, 193
셀러리 씨 47, 135, 137, 193
셀러리악 135, 137, 193, 212, 248, 330, 331
셈라 번 462
셜롯 111, 152, 218
셰 장, 파리 437
셰 파니스 471
셰에라자드 502
셰이크 섁, 뉴욕 365
셰일라 루킨스 237
셰퍼드 파이 131
셰퍼드 펄스 버팔로 치즈 88
소고기 렌당 65
소고기 페냥 65
소꼬리 60, 326
소시지 맥머핀 43
소카 467

소테른 351, 368
소파 드 리마 36
소프라노스 29, 138, 297
소프리토 281
소피 그릭슨 495
솔 벨로 59
솔 본 팜므 113
솔티 독 476
솜 땀 424
솜사탕 337
송아지 간 57, 58
송어 140, 143, 148, 222, 227, 237, 238, 250, 267, 362
송이버섯 465
쇼론 소스 376
쇼비뇽 블랑 187, 204, 306, 488
수이트 찜 푸딩 242
수퍼크레마 잔두야 20
숲속의 닭 37
숲속의 암탉 37
슈냅스 416
슈몰츠 195
슈크루트 가르니 237, 475
슈크루트 드 라 메르 207, 237
슈페트레제 와인 86
스니커즈 16
스리랑카 316
스머커스 488
스웨덴 122, 145, 223, 230, 263, 276, 462
스위스 38, 82
스카이 진젤 409
스카치 우드콕 194
스캄피 207
스코달리아 144, 163
스코빌 지수 302
스코치 보닛 고추 305
스코틀랜드 38, 69, 126, 173, 236, 238, 271,

스키아치아타 267
스테이크 오 로크포르 88
스테이크하우스 62
스트라스부르그 소시지 45
스트로가노프 62, 66, 110
스티브 존슨 465
스틸턴 치즈 66, 80, 85, 86, 88, 142, 368, 391
스팅킹 비숍 치즈 82, 83, 84, 120
스파게티 알레 봉골레 202
스파이스 아일랜드 로즈메리 464
스펙 249
스펜서 버지 62
스프랫 224
스피어민트 274, 482, 483
슬로 자두 264
시나 183
시나린 183, 186
시나본 315
시네올 468
시리아 98, 102, 408
시빌 카푸르 120, 237
시싱허스트 블루 로즈메리 464
시애틀 501
시에라네바다 216
시에라리온 451
시저 샐러드 231
시칠리아 209, 225, 365, 374
시트랄 118, 203, 419, 443
시트로넬랄 419
시트로넬레 라타피아 508
시트로넬롤 502
시트론 438
실비아 플라스 39
싱가포르 87, 200, 201, 451
쓰촨 지방 27, 114

아 라 뫼니에르 450
아가리쿠스 비스포루스 111
아귀 207, 208, 250
아귀 간 56
아나토 258
아네톨 261, 263, 264
아뇰로 알라 로마뇰라 72
아도보 44
아라크주 243, 261
아로즈 콘 코코 417
아롬 오 젠느 드 마르 치즈 101
아루바 64
아르메니아 119, 120
아르초파 243
아르헨티나 52, 278
아리스타 알 포르노 콘 파타테 464
아마노 마다가스카르 16
아마레토 356, 372, 382, 383
아마레티 쿠키 338
아메데이 초콜릿 21, 80
아메리칸 사이코 136
아목 422
아바치오 467
아베론 85
아베퀴나 올리브 248
아브골레 모노 47
아브로스식 훈제 해덕 238
아사푀티다 162
아스투리아스 88, 89
아시아고 치즈 471
아야드 소스 343
아이리스 머금 357
아이스와인 425
아이올리 158, 163
아이티 363
아일랜드 51, 95, 131, 171

아제르바이젠 68, 72
아즈텍 513
아칸소 주 개스턴 93
아티잔 뒤 쇼콜라 515
아틱 롤케이크 511
아포가토 513
아폴로 2호 389
아풀리아 101
아피키우스 162
아호 블랑코 160, 161
악어 203
안달루시아 94
안소니 플린 177
안초 고추 14, 60
안코나 248
안토니스, 리즈 177
안토니오 칼루치오 106
안토안느 레스토랑, 뉴올리언스 218
안톤 체호프 185
안티구아 48
알란 베넷 362
알랭 뒤카스 143
알랭 상드랑 203, 221, 513
알레그라 맥에브디 468
알렉산더 황제 1세 429
알렉산드라 왕비 414
알렉상드르 에티앙 쇼롱 376
알렉상드르 뒤마 15, 124, 339, 409
알루 고비 175
알루 마타르 133
알리니아 레스토랑, 시카고 373, 465
알리신 160, 161
알리오 올리오 에 페페론치노 302
알자스 120, 168
알제리아 25
알제리아 카페, 소호 25
알토 아디제 249

알폰소 망고 371
암쵸 423
압생트 261
앙고스투라 비터스 453
앙쇼아드 232
앙키모 56
앙티브 34, 211
애리 웨인즈웨이그 253
애프터 에잇 민트 487
애호박 70, 309, 310
앤 월란 259
앤드루 맥로레인 143
앤드루 펀 51, 454
앤드류 카멜리니 447
앨리스 안트 20
앨리스 워터스 354
앨프릭 388
야생 고기 474, 479, 490, 491
야크니트 자흐라 282
얀손의 유혹 230
양 간 56, 57, 58
양송이버섯 106, 109, 111
양젖 치즈 76, 78, 94, 95, 101, 254, 474, 479
양지머리 61, 171
어린 염소 64
얼러만의 셰프의 동반자 124
업사이드다운 케이크 388, 398
에그 베네딕트 241
에두아르 마네 416
에드 게인 391
에드먼드와 엘렌 딕슨 370
에드워드 리어 291
에드워드 번야드 339, 362, 500
에드워드 제임스 후퍼 387
에드워드 테리 389
에릭 로머르 368
에릭 리퍼트 499

에멘탈 치즈 240
에밀 졸라 83, 124, 414
에밀리아 로마냐 72
에바 가드너 219
에블린 로즈 115
에스타골 261
에스토니아 122
에스플레트 고추 92, 222
에이든 번 266
에콰도르 442
에티오피아 320
에틸렌 287
엑스트레마두라 301
엔다이브 베이컨 샐러드 241
엔돌핀 301
엔칠라다 76
엘 불리, 카탈로니아 177, 282
엘 푸에르토 데 산타 마리아 133
엘라이시 고트 462
엘리샤 자렛 루이스 322
엘리자 액턴 212
엘리자베스 1세 510
엘리자베스 2세 37
엘리자베스 개스켈 131
엘리자베스 루어드 166
엘비스 프레슬리 405
엠파나다 데 피피안 128
연어 102, 106, 143, 144, 145, 146, 147, 148, 157, 222, 223, 226, 227, 230, 236, 237, 238, 291
염화 암몬석 263
영계 165, 251, 293
예멘 23, 24
예토스트 80
오 샤르팡티에, 파리 393
오 야 레스토랑, 보스턴 364
오귀스트 에스코피에 183, 360, 414, 495

오드비 398, 447
오디세이 51
오레가노 481
오렌지 꽃물 25, 316, 399, 428, 433, 434, 468
오렌지 발삼 타임 479
오렌지 타임 477, 478, 479
오렌지꽃 468
오르자 358
오르조 레스토랑, 런던 78, 180
오리 41, 221, 397, 431, 436, 475, 492
오믈렛 192, 236, 261
오믈렛 로스차일드 412
오믈렛 아놀드 베넷 236
오소 부코 278
오스트리아 497
오시에트라 캐비어 219, 221, 351
오야코동 191
오이스터 록펠러 218, 261
오코노미야키 194
오크통 513, 514, 517
오토렝기 델리, 런던 345
오트밀 372
오향 가루 315
오히타시 샐러드 141
옥수수빵 303
옥스퍼드 영어사전 292
올스파이스 453
와규 소고기 62
와인 양조 514
와일리 뒤프렌 333
외프 아 라 네쥬 192
외프 페시카 188
요구르트 치즈 102
요정 고리 버섯 113
우스터소스 138, 230, 231
우에보스 란체로스 197
우에보스 멕시카노스 300

우에보스 콘 파타테 127
우오바 알 폴가토레 197
우유 459
우조 261
우크라이나 149
울프강 퍽 219, 238
워런 게라티 506
워킹 걸 25
원예사와 농촌 예술 및 농촌의 맛 일지 293
월도프 샐러드 136, 137, 345
웨스트, 벤쿠버 506
웨스트콤브 체다 치즈 91
웨일스 95
웬슬리데일 치즈 97
웰치스 포도주스 367
위스콘신 391
윌리엄 그랜트 앤 손 271
윌리엄 메이크피스 새커리 61
윌리엄 톰슨 366
윌리엄스 배 398
윌킨앤손스 496
유자 437
유제놀 236, 243, 311, 319, 320, 379, 404, 453, 514
유진 필드 391
유진 황후 414
유카탄 반도 36
유콘 골드 감자 128
육계 313, 316, 438
육회 61
음양 156
이네스 버튼 448
이맘 바일디 374
이비자 78
이산화황 411, 412
이소티오시아네이트 64

이스탄불 메제, 런던 278
이자벨라 비튼 170, 343, 457
이자벨라 포도 367
이집트 117, 508
이치로 마시타 226
이칸 빌리스 420
이케아 462
이탈리아 포도 369
이튼 메스 382, 385
인도 서부 요리 479
인살라타 판테스카 134
인스팅토 289
잉어 129
잉카 510
잎새버섯 36

자고새 36, 244
자메이카 451
자이나교 162
자크 프티오 138
자파 케이크스 18
자페라노, 런던 165
자허토르테 413
작은 케이퍼(프랑스산) 146
잔두야 20
잔지바르 319
잔파 152, 154, 162, 226
잘 지라 441
잠발라야 201
잣 51, 181, 312
장 조지 레스토랑, 뉴욕 437
장 조지 본저리튼 454
장 지오노 354
장 팅겔리 34
장 피에르 비바우 263
장봉 크뤼 248

장봉 페실 279
장어 43, 237, 238, 454
재거리 456
잭 펠라시오 364
저지 로열 감자 120
저크 돼지고기 48
적양배추 395
정어리 222, 224, 225, 279, 464
제나로 콘탈도 129
제니퍼 하비 랭 88
제도어리 454
제레미 라운드 369
제이미 올리버 405
제이슨 애서턴 454
제인 그릭슨 187, 207, 363, 389, 393, 501
제임스 비어드 241, 496
젤로 디 멜로네 365
조르지오 로카텔리 113, 130, 342, 377, 406, 498
조엘 로부숑 221, 234, 449, 511
조이 라크컴 180
조지 오웰 482
조지아 41, 342
존 F. 퍼너 93
존 라이트 113
존 버넷 371
존 샤펜버거 513
존 에블린 388
존 제라드 66
존 토비 331
존 팔리 205
존슨 박사 272
주니 카페, 샌프란시스코 247, 473, 494
주디 로저스 246, 247, 494
줄리 로소 237
줄리 크리스티 51
줄리아 차일드 423

줄리엣 하버트 448
줄스 알시아토레 218
중국 배추 118
중국식 만두 273, 274
중세 요리 38, 82, 205, 213
지니 조 리 424
지라 알루 117
지아코모 카스텔베트로 183
진 264, 271, 298, 299, 373, 474, 475, 476, 489, 490, 495
진저 민트 454
진저비어 453, 454, 476
진저에일 451, 453, 454
진판델 와인 276
짐짐 드 갈리나 201

차 카 라 봉, 하노이 209
차우더 133, 134, 236, 439, 480
차이 티 459
차이브 78, 96, 131, 146, 152, 261, 273
차지키 162, 270
차풀리네스 439
찰리 트로터 326
찰스 디킨슨 259
찰스 랜호퍼 17
찰스 캠피온 155
참치 60, 118, 144, 145, 148, 209, 222, 223, 224, 226, 258
참회의 화요일 462
챔프 51
처빌 261, 264
처트니 31, 44, 51, 52, 153, 210, 217, 302
천도복숭아 247, 414, 416
철갑상어 219, 238
철갑새우 108, 124, 202, 227
청두 72

청어 62, 122, 148, 222, 224, 236, 238
체다 치즈 90, 91, 209, 391, 398, 428, 429
체르케스식 닭고기 41
체리 주빌레 263
체리모야 387
체스트넛 버섯 111
첼로 케밥 68, 81
초리소 131, 141, 216, 301, 399
초산이소아밀 399
최음제 188
츠비킬리 149
치메스 61
치미추리 소스 66, 278
치어 224, 226
치와와 치즈 76
치즈버거 93
치즈케이크 99, 220, 316, 382, 383, 428
치커리 89, 231, 475
치킨 마렝고 201
치킨 카차토레 39
치폴레 고추 286
친기알레 비안코, 피렌체 464
칠리 앙노가다 343
칠리 콘 카르네 14, 20, 60, 379, 514
칠면조 34, 37, 38, 40, 66, 135, 168, 269, 339, 340, 473, 479

카나리아 제도 76
카네이션 433
카넬리니 콩 154, 405
카라풀크라 스튜 42
카르디날레 489
카르바크롤 481
카르보나라 스파게티 240
카르본 274
카르쵸피 알라 귀다 184

카르쵸피 알라 로마나 184
카르파치오 344
카를로스 레스토랑, 일리노이 110
카망 카카디(처트니) 31
카망베르 83, 98, 99, 100, 120, 167
카바나 초콜릿 바 420
카바용 멜론 409
카베르네 쇼비뇽 489
카보나드 드 뵈프 88
카볼로 네로 169
카브랄레스 치즈 85
카술레 478
카슈미르 461, 462
카스트라디나 71
카야 196
카오코 코코넛 밀크 417
카우사 258
카이로 119
카탈로니아 201, 375, 378
카트리나 마르코프 17
카트리스 크렘 27
카페 타스 517
카페오레 517
카펫백 스테이크 218
카포나타 374
카프론산 에틸 96
카프릴산 79
카피르 라임 419
칸투치니 비스킷 368
칼도 드 파파 280
칼도 베르데 132
칼라마타 올리브 253, 256
칼라민타 네페타 108
칼라브리아 180, 501
칼루아 22
칼바도스 83
칼비 64, 102

캄보디아 210, 422
캄파리 416, 436, 437
캉발루 동굴 85
캐러웨이 씨 84, 197
캐러웨이 타임 478
캐비어 카스피아, 파리 238
캐슈너트 28, 339
캔터루프 멜론 408
캘거리 455
캘리포니아 215, 216, 226, 263, 366, 368, 374, 491, 513
캘리포니아 롤 226
캡사이신 301, 304, 305
캬트르 에피스 169, 320
커넬 샌더스 318
커니 염소 치즈 80
커스터드 애플 387
커스터드 타르트 15, 83, 510
커피 하우스 23
컴멀웩 66
컵케이크 384, 418
케네파 353
케랄라 422
케밥 67, 68, 72, 119, 156, 272, 315, 482
케어필리 치즈 95
케이엔 페퍼 41, 127, 138, 231, 286, 318, 397, 508
케이준 요리 154
케이퍼 베리 144, 147
케일 131, 132, 170
케저리 236, 237, 420
켄 홈 162
켈틱 프로미스 치즈 82, 83
코끼리 마늘 158
코레쉬 137, 372
코로네이션 스트리트 131
코르니숑 146, 251, 268, 269

코르마 41
코르시카 64, 101, 339, 479
코르푸 323
코뮈나르 489
코블러 415
코울슬로 89, 178, 331, 395
코카리키 수프 38
코코아 버터 515
코크 다젠트, 런던 367
코트 뒤 론 와인 96
코트다쥐르 34
코티지 치즈 98
코티지 파이 130, 131, 148
콘디터 앤 쿡 399
콘비프 62, 171, 274
콘샐러드 351, 368
콘월 258
콘월 캐드귀스 만 202
콜라 438, 454
콜롬비아 128, 130, 280
콜린 맥피 418
콜미노 파티오 206
콜스턴 바셋 스틸턴 치즈 80
콜캐논 131
콩코드 포도 367, 488
콩테 치즈 34, 90, 91, 92, 96, 351
쿠르 부이용 213
쿠바 64, 417, 439
쿠스쿠스 40, 69, 221, 338, 349, 379, 398, 448, 484, 509
쿠앵트로 409, 412, 428
쿠페 비너스 414
쿠프 당티니 414
쿡스 일러스트레이티드 253, 510
쿨란트로 281
쿨리바캬 106
쿨리비악 106

쿨피 516
퀘사디야 76, 335
퀘소 데 카브랄레스 블루 치즈 88
퀘소 프레스코 치즈 76
퀴노아 345
퀴닌 430, 474
퀸스 389, 393, 428
큐라소 358, 428, 435
크라나칸 372
크래커 82, 84, 93, 97, 186
크랜베리 362, 388, 435, 465
크랜필드 대학 82
크렘 드 누아제트 348
크렘 드 멘테 482
크렘 드 샤테뉴 339
크렘 브륄레 192, 454
크렘 앙글레즈 192, 494
크렘 캐러멜 177, 192
크렘 파티시에르 353, 461, 513
크렘 프레시 119, 238, 333, 445
크로와상 23, 89, 395, 400
크루트 바롱 109
크리미니 버섯 111, 113
크리스마스 23, 37, 40, 66, 95, 135, 136, 137, 168, 190
크리스토퍼 몰티산티 29
크리스토퍼 탠 18
크림시클 512
큰다닥냉이 141
클라마토 378
클라우디아 로덴 72, 432
클라푸티 360, 398
클랩샷 131
클럽 샌드위치 241, 243, 390
클레망 푸제 340
클레멘타인 오렌지 435
클레브의 앤 468

클로드 보시 481, 514
클루아이 부앗 치 419
키 라임 438
키다리게 133
키르 489, 516
키르슈 360, 362, 406, 414
키마 난(플랫브레드) 282
키마 커리 72
키슈 로렌 240
키스 플로이드 145
키시카 51
키안티 와인 447
키위 408
키위 버거 193
키친 W8, 런던 108
키캅 마니스 266, 364
킨 체다 94
킷캣 317, 505
킹슬리 에이미스 476

타글리아타 142
타라고나 303
타라곤 69, 93, 107, 110, 111, 189, 204, 225, 261, 262, 264, 267, 291, 292, 294, 326
타라마살라타 220
타라토르 343, 349
타르타 드 아르멘드로스 데 산티아고 355
타르타르소스 146, 147, 272
타르트 타탱 386, 393, 398, 400
타르티플레트 130
타바스코 소스 216
타불레 278, 279
타이완 451
타이유방, 파리 222, 480
타이타닉 405

타진 69, 70, 119, 313, 315, 341, 372, 431, 434, 444, 448
타코스 알 파스토르 387
타클리아 508
타파스 230, 305
타프나드 254, 255
타히티산 바닐라 360, 510, 513
탄두리 닭 간 58
탄제린 161
탈리아텔레 92, 237
탈레조 치즈 83
택시 드라이버 391
터멀베리 491
터메릭 209, 210, 224, 236, 273, 275, 317, 422
터키시 딜라이트 24, 502, 503
터키식 커피 24
터틀 사탕과자 21
턴오버 485
테네리페 76
테드 휴스 470
테런스 스탬프 51
테렌스 콘랜 16
테루오 이마이즈미 226
테르피놀렌 326
테리 사의 초콜릿 오렌지 434
테이베리 491
텍사스 60
토끼 110, 123, 159
토끼 스튜 55
토니 힐 316
토닉 워터 430, 474, 476
토드 스위트 302
토르타 델라 논나 355
토르텔리 338
토르티야 36, 91, 127, 132, 258, 287, 305
토마스 그레이브스 411
토마스 켈러 22, 219, 480

토마토케첩 134, 148, 200, 213, 215, 288, 380
토블론 초콜릿 바 18
토스카나 42, 108, 154, 169, 249, 340, 368
토피 340, 342, 406, 407, 412
톰 얌 카 카이 206
톰 에이킨스 212
톰 콜린스 474
톰슨 앤 모건 168
톰얌쿵 112
통나무 위의 개미 136
투르느도 로시니 63, 164
투스칸 블루 로즈메리 464
트랜스 아네톨 263
트레 토리 223
트렌티노 110
트롱슈아 양배추 180
트립토판 301
트윈 픽스 24
티 앤 케이크 17
티라미수 24, 406
티몰 478, 479, 481
티아 마리아 22
틸라피아 209, 210
팀 쿠시먼 364
팁트리 잼 496
팃 허 코 티우 49

파 암 토마캇 161, 375
파나캄 456
파네토네 501, 512
파니르 치즈 81
파르마 햄 197, 240, 246, 247, 249
파르메산 치즈 89, 91, 92, 94, 96, 106, 164, 170, 180, 185, 186, 187, 200, 231, 291, 326
파르미지아노 레지아노 90, 240

파르시 요리 206
파리 90, 222, 238, 271, 291, 376, 393, 412
파리나타 467
파머스 마켓 카페, 서포크 129
파바다 45, 52
파베스 52
파블로바 22, 382
파스타 알 아마트리치아나 376
파스타 알라 노르마 374
파스타 잔두야 20
파스트라미 137, 171
파스티스 261, 263, 358, 489
파스티치오 59
파에야 201, 207, 259, 343, 446
파울러스 포레스트 데어리 93
파졸리 알 우첼레토('작은 새 콩 요리') 473
파키스탄 412, 459
파타타스 브라바스 305
파틀르찬 케밥 67
파틀리칸 비버 116
파티오13, 리스본 277
파파야 424
파프리카 41, 56, 91, 126, 146, 301, 304
판 데 이고 499
판나코타 510, 512
판자넬라 170
판체타 62, 72, 165, 181, 185, 244, 472
판텔렐리아 134
팔각 173, 174, 242, 261, 262, 263, 264, 266, 267, 310, 315
팔루와즈 소스 68
팟 누들 65
팟사랑 264
팟타이 300
패니 파머 278
패토그 레스토랑, 런던 81
패트리샤 미켈슨 342

패트리셔 웰스 24, 224
패티 크랩, 뉴욕 65, 364
패티그만 462
팬 해거티 132
팬케이크 51, 107, 163, 243, 350
팻 덕 레스토랑 431
팻과 해리 올리비에리 64
퍼 세 레스토랑, 뉴욕 480
퍼거스 헨더슨 57, 66, 193
퍼지 네이블 416
펀치 243
페가토 알라 베네치아나 58
페드로 히메네스 셰리 314
페란 아드리아 7, 282
페레로 로셰 21, 350
페로쉐 염소 치즈 77
페루 30, 42, 258, 442
페르난데스 데 오비에도 389
페르노 70, 204, 253, 266, 331, 489
페르시아 만 224
페르시아 호두 342, 344
페르시안 라임 438
페르시야드 278
페리 83
페리 페리 35
페스토 92, 106, 281, 309, 310, 311, 473
페체 아글롱 414
페코리노 로마노 치즈 76, 106
페코리노 지네프로 치즈 474
페코리노 치즈 90, 91, 106, 108
페타 치즈 72, 78, 79, 81, 200, 253, 254, 365, 479, 482, 498
페퍼민트 482, 487
펜스 인, 랭커셔 번리 62
펜실베이니아 242
펠레그리노 아르투시 123, 249, 294, 366, 473

포 보 233
포도무당버섯 112
포르치니 버섯 106, 107, 108, 113, 506
포르케타 465
포르타벨라 버섯 111, 112
포르토 에르콜레, 토스카나 202
포멜로 424, 436
포카치아 252
포케(생참치) 226
포토푀 320
포트와인 80, 368, 489, 506
포티마롱 336
포파덤 484
포파얀 128
포펜버거 38
폰티나 치즈 398
폴 A. 영 80
폴 르부 332
폴 시먼 191
폴 히스코트 16
폴라 울퍼트 373
폴란드 57, 273
폴로 톤나토 60
퐁레베크 치즈 82
표고버섯 106, 108
푸딩 스파이스 453
푸름 당베르 치즈 85, 87
푸아그라 51, 56, 63, 164, 165, 186, 266, 454, 498
푸아르 벨 엘렌 17
푸에르테벤투라 76
푸에블라 343
푸주 78
푸크시아 던롭 72, 154
풀 77
풀 버섯 112
풀 잉글리시 브렉퍼스트 45, 113

풀라 462
풀레 아 라 클라마트 291, 292
풀레 오 제크로비스 201
프라골라 우바 포도 367
프라이스 터키시 딜라이트 503
프랄뤼 20
프랑수아 벤지 221
프랑수아 샤르티에 478
프랑수아즈 파욜 165
프랑슈 콩테 82
프랑스 국왕 루이 14세 176
프랑젤리코 348, 350
프랑지판 350
프랑코 타르치오 379
프랑크푸르트 소시지 42, 45, 475, 507
프랭크 시나트라 219
프레데릭 윌리엄 버비지 87
프렌치 런드리, 나파 벨리 480
프로방스 56, 70, 158, 183, 232, 378, 384, 409, 479, 501
프로방스 허브 477
프로볼로네 치즈 64
프로세코 184, 367, 416
프루 리스 383
프리드리히 폰 홀스타인 194
프리모나타 64
프리부르 82
프리슬란트 95
프리제 나이젤카스 치즈 95
프리타타 194
프릭 남 플라 304
프탈리드 345
프티트 포 295
플라오 78
플라우맨스 런치 391
플라티나 343
플랑 417

플러퍼너터 샌드위치 29
플로랑틴 456
플로렌스 화이트 227
플뢰르 뒤 마키 치즈 479
플루로투스 유스무스 111
피나 콜라다 388, 421
피넛버터앤코 30
피노 누아 157, 489
피딴 452
피로시키 107
피리 피리 35
피멘톤 76, 301, 304
피살라디에르 234
피셴쥰 41
피스타치오 72, 292, 333, 365, 382, 503, 511
피스투 92
피시 소스 49, 50, 60, 65, 141, 200, 210, 233, 269, 285, 304, 305, 364, 389, 420, 424, 439, 440, 441
피시 앤 칩스 128, 208, 209, 296, 452
피시 케이크 143, 208, 213, 236, 272, 377
피에로기 107
피에르 가니에르 83
피에몬테 20, 21, 165, 232, 348, 350, 379, 380
피오나 베켓 432
피오리 디 시실리아 512
피자 78, 101, 144, 160, 234, 238, 285
피자 비앙카 128
피젯 파이 241
피치 멜바 495
피카다 348, 349, 354
피칸 346, 362
피터 고든 193, 483
피터 그레이엄 88, 398
피터 레빈 188
피터 코츠 222
피터셤 묘목장 409

피프라드 225
핀란드 18, 173, 275, 455, 462
핀제르브 261
필라델피아 64
필라프 69, 72, 336
필레 미뇽 스테이크 88
필리핀 44, 289
필립 설 266
필립 하워드 108
필버톤 348
핌스 270

하노이 209
하리사 117
하바네로 고추 301, 302, 305, 429
하비 로건 491
하비 월뱅어 265
하이난 451
하이난 치킨 라이스 451, 452
하인리히 하이네 389
하인즈 토마토케첩 134
한국 42, 61, 201, 304, 424
한나 글래스 68, 135, 212, 225, 226, 233
할라페뇨 고추 305, 306
할라페뇨 잭 치즈 91
할루미 치즈 76, 78, 498
함부르크 62
핫 토디 447
해기스 69, 131
해덕 209, 236, 237, 238, 239
해롤드 맥기 130, 150, 208, 219, 246, 263, 277, 283, 409, 508
해리 챔피언 61
해리스 바, 베네치아 416
해조류 202, 226, 364
행타운 튀김 216
허니듀 멜론 364, 408, 409

헝가리 316, 317
헤스턴 블루멘탈 7, 177, 221, 225, 251, 349, 374, 382, 431
헨드릭스 진 271
헨리 8세 468
헨리 제임스 197
헨리 필립스 213
헨리크 입센 292
헬렌 레니 465
호두 피클 66
호두나무 잎 379
호랑이의 눈물 60, 233, 440
호리노 메 셀리노 47
호박 파이 스파이스 453
호싱턴 205
호주 80, 130, 218, 266, 451, 470, 495
홀랜다이즈 소스 187, 226, 236, 241
홀리 바질 238, 311, 319
홀링워스 38
홍어 147, 208, 209, 352
홍콩 195
홍합 31, 112, 200, 201, 207, 446
홍화 258
황새치 222, 224, 225
황화물(DMS) 171
회향 48, 84, 93, 204, 225, 232, 251, 259, 261, 263, 265, 266, 267, 270, 291, 315, 346, 400, 409, 465, 474
회향 꽃가루 265
후안 아마도르 137
훈자 살구 412
휴 모건 510
휴 핀리 휘팅스톨 174, 194, 200, 213, 237, 243
휴스턴 트레일 엔드 카페, 유타 93
훈캬르 베엔디 67
흑사병 퇴치 기념 성모 축일, 베네치아 71
흰주름버섯 111
히비스커스, 런던 514
힐러리 맨틀 355
힘멜 운트 에르드 51

007 위기일발 156
A.A. 길 165
BLT 샌드위치 376
E.A.웨이스 80
H 포먼 앤 선 122, 236
KFC(켄터키 프라이드 치킨) 318
M.F.K. 피셔 216
M.뒤샤 343
wd~50, 뉴욕 333

Pairing Index
조합 인덱스

가지 114–116
고추 114
넛멕 115
마늘 115
생강 115
양고기 67
연질 치즈 116
토마토 374
프로슈토 246
피망 116
호두 342

감자 126–134
경질 치즈 90
고수 잎 280
고추 126
기름진 생선 222
넛멕 127
달걀 127
닭고기 34
돼지고기 42
딜 273
땅콩 128
레몬 443
로즈메리 128
마늘 128
물냉이 140
민트 482
버섯 129
베이컨 129
블랙 푸딩 51
비트 129

사프란 258
세척 외피 치즈 130
셀러리 135
소고기 130
송로 버섯 130
스웨덴 순무 131
아스파라거스 187
아티초크 183
안초비 230
양고기 131
양배추 131
양파 132
올리브 251
완두콩 132
조개 및 갑각류 133
캐비어 133
케이퍼 144
콜리플라워 175
쿠민 117
토마토 134
파스닙 325
파슬리 277
홀스래디시 148
훈제 생선 236
흰살 생선 208

경질 치즈 90–97
감자 90
고추 91
넛멕 321
닭고기 34
무화과 91

바나나 91
바질 92
배 398
버섯 106
베이컨 240
브로콜리 92
사과 391
살구 411
세이지 93
소고기 93
아니스 93
아몬드 94
아스파라거스 94
아티초크 94
안초비 231
양파 95
오렌지 428
완두콩 291
조개 및 갑각류 200
주니퍼 474
콜리플라워 176
클로브 95
토마토 95
파스닙 96
파인애플 96
포도 97
호두 342
흰살 생선 209

계피 313–318
당근 313
돼지고기 313

딸기 381
땅콩 27
땅콩호박 314
라임 438
무화과 314
민트 314
바나나 404
배 398
블루베리 505
사과 392
살구 315
생강 451
소고기 59
수박 363
아니스 315
아몬드 353
양고기 315
연질 치즈 315
오렌지 316
자몽 316
체리 316
초콜릿 317
카다멈 459
커피 22
코코넛 417
클로브 317
타임 318
토마토 318
파인애플 386
호두 342

고수 씨 507–509
고수 잎 507
돼지고기 507
레몬 508
마늘 508
블루베리 508
사과 509
염소 치즈 509
오렌지 429
올리브 251
카다멈 459
커피 509
쿠민 117

고수 잎 280–285
감자 280
고수 씨 507
고추 300
닭고기 35
돼지고기 42
땅콩 281
라임 281
레몬 443
마늘 281
망고 423
민트 482
수박 363
아보카도 282
양고기 282
염소 치즈 76
오렌지 283
조개 및 갑각류 200
코코넛 284
쿠민 284
토마토 284
파슬리 285
파인애플 386

흰살 생선 285

고추 300–306
가지 114
간 56
감자 126
경질 치즈 91
고수 잎 300
굴 215
기름진 생선 222
달걀 300
닭고기 35
돼지고기 301
땅콩 301
땅콩호박 335
라임 439
레몬 301
마늘 302
망고 423
민트 302
베이컨 303
브로콜리 180
생강 451
소고기 60
수박 363
아니스 303
아몬드 303
아보카도 286
안초비 304
양배추 304
염소 치즈 76
오렌지 429
올리브 304
조개 및 갑각류 200
초콜릿 14
코코넛 305
콜리플라워 176

토마토 305
파인애플 387
피망 305
호두 343

굴 215–218
고추 215
넛멕 321
달걀 216
닭고기 216
돼지고기 216
레몬 216
버섯 217
베이컨 217
셀러리 217
소고기 217
수박 364
아니스 261
아티초크 183
양파 218
캐비어 219
파슬리 218
홀스래디시 148

기름진 생선 222–227
간 56
감자 222
고추 222
달걀 223
돼지고기 43
딜 223
라임 224
레몬 224
로즈메리 464
루바브 370
마늘 224
물냉이 140

민트 225
버섯 106
비트 122
생강 452
소고기 60
아니스 225
아몬드 354
아보카도 226
아스파라거스 226
양파 226
오이 226
완두콩 291
조개 및 갑각류 227
케이퍼 144
쿠민 118
타임 227
파슬리 277
홀스래디시 148

넛멕 321–324
가지 115
감자 127
경질 치즈 321
굴 321
달걀 190
땅콩호박 322
바닐라 510
사과 322
사프란 258
셀러리 322
스웨덴 순무 173
아보카도 323
양고기 323
양배추 323
양파 152
조개 및 갑각류 324
초콜릿 15

콜리플라워 176
토마토 324
파스닙 324
호두 324

달걀 190–197
감자 127
고추 300
굴 216
기름진 생선 223
넛멕 190
닭고기 191
돼지고기 43
딜 191
레몬 191
물냉이 141
바나나 192
바닐라 192
바질 308
버섯 107
베이컨 240
블랙 푸딩 51
비트 193
생강 452
세이지 470
셀러리 193
소고기 60
송로 버섯 164
아니스 261
아스파라거스 194
안초비 194
양배추 194
양파 195
완두콩 195
조개 및 갑각류 195
캐비어 219
코코넛 196

쿠민 197
토마토 197
파슬리 278
프로슈토 197
피망 297
훈제 생선 236

닭고기 34–41
감자 34
경질 치즈 34
고수 잎 35
고추 35
굴 216
달걀 191
땅콩 27
라임 36
레몬 444
마늘 158
물냉이 141
바나나 404
바질 309
밤 339
배 36
버섯 37
베이컨 241
블루 치즈 85
사프란 259
세이지 37
셀러리 135
송로 버섯 165
아니스 261
아몬드 354
아보카도 38
양배추 168
양파 38
완두콩 291
장미 38

조개 및 갑각류 201
캐비어 39
코코넛 418
타임 39
토마토 39
파스닙 40
포도 366
피망 40
헤이즐넛 348
호두 41

당근 330–334
계피 313
땅콩 28
사과 330
셀러리 330
소고기 61
스웨덴 순무 173
아니스 331
양배추 331
양파 331
오렌지 268
오이 332
올리브 333
카다멈 333
코코넛 333
쿠민 333
파슬리 333
헤이즐넛 348
호두 334

돼지고기 42–50
감자 42
계피 313
고수 씨 507
고수 잎 42
고추 301

굴 216
기름진 생선 43
달걀 43
딜 273
땅콩 44
땅콩호박 335
로즈메리 464
루바브 44
마늘 44
물냉이 141
밤 339
배 399
버섯 107
베이컨 45
브로콜리 46
블랙 푸딩 52
비트 122
사과 392
살구 411
생강 453
세이지 471
셀러리 47
소고기 47
송로 버섯 165
수박 364
스웨덴 순무 47
아니스 47
아티초크 184
양배추 168
양파 152
오이 269
완두콩 292
자몽 48
조개 및 갑각류 201
주니퍼 474
코코넛 49
쿠민 49

클로브 319
타임 477
토마토 49
파스닙 325
파인애플 387
포도 366

딜 273–276
감자 273
기름진 생선 223
달걀 191
돼지고기 273
레몬 444
민트 274
버섯 107
비트 123
소고기 274
아보카도 275
양고기 275
오이 269
완두콩 275
조개 및 갑각류 276
코코넛 276
훈제 생선 237
흰살 생선 209

딸기 381–385
계피 381
라즈베리 381
루바브 370
멜론 408
민트 382
바닐라 382
복숭아 414
아니스 262
아몬드 382
아보카도 383

연질 치즈 383
오렌지 429
오이 384
초콜릿 15
코코넛 384
토마토 375
파인애플 387
포도 367
헤이즐넛 384
화이트 초콜릿 385

땅콩 27–32
감자 128
계피 27
고수 잎 281
고추 301
닭고기 27
당근 28
돼지고기 44
라임 29
민트 483
바나나 405
바닐라 29
브로콜리 29
블랙커런트 488
사과 29
셀러리 136
소고기 30
아스파라거스 187
양고기 30
오이 31
조개 및 갑각류 31
초콜릿 15
코코넛 31
토마토 32
포도 367

땅콩호박 335–338
계피 314
고추 335
넛멕 322
돼지고기 335
라임 439
로즈메리 336
밤 336
버섯 108
베이컨 337
블루 치즈 86
사과 337
생강 453
세이지 471
아몬드 338
염소 치즈 338
조개 및 갑각류 338

라임 438–442
계피 438
고수 잎 281
고추 439
기름진 생선 224
닭고기 36
땅콩 29
땅콩호박 439
레몬 445
망고 423
민트 439
바질 440
생강 453
소고기 440
수박 364
아보카도 287
안초비 440
오렌지 441
조개 및 갑각류 202

초콜릿 16
코코넛 441
쿠민 441
토마토 442
흰살 생선 442

라즈베리 494–497
딸기 381
무화과 494
민트 494
바닐라 511
바질 495
복숭아 495
블랙베리 491
살구 495
아몬드 496
염소 치즈 77
초콜릿 16
코코넛 418
파인애플 496
헤이즐넛 497
화이트 초콜릿 497

레몬 443–450
감자 443
고수 씨 508
고수 잎 443
고추 301
굴 216
기름진 생선 224
달걀 191
닭고기 444
딜 444
라임 445
로즈메리 445
민트 439
바질 445

브로콜리 180
블루베리 446
사프란 446
생강 446
소고기 447
아니스 263
아몬드 354
아스파라거스 447
아티초크 184
안초비 231
양고기 448
염소 치즈 448
오렌지 430
올리브 448
장미 502
조개 및 갑각류 202
주니퍼 474
초콜릿 449
캐비어 220
케이퍼 144
코코넛 419
쿠민 118
타임 449
토마토 375
파슬리 450
화이트 초콜릿 515
훈제 생선 237
흰살 생선 210

로즈메리 464–469
감자 128
기름진 생선 464
돼지고기 464
땅콩호박 336
레몬 445
루바브 465
마늘 159

밤 340
버섯 465
살구 465
수박 466
아몬드 355
안초비 231
양고기 467
양파 467
염소 치즈 77
오렌지 468
올리브 252
완두콩 292
초콜릿 468
포도 368
헤이즐넛 349

루바브 370–373
기름진 생선 370
돼지고기 44
딸기 370
로즈메리 465
망고 371
바닐라 371
블랙 푸딩 52
사프란 371
생강 454
아니스 263
아몬드 372
양고기 372
오렌지 430
오이 373
주니퍼 373

마늘 158–163
가지 115
간 56
감자 128

고수 씨 508
고수 잎 281
고추 302
기름진 생선 224
닭고기 158
돼지고기 44
로즈메리 159
민트 484
바질 159
버섯 108
브로콜리 180
생강 160
세척 외피 치즈 82
소고기 61
송로 버섯 165
아몬드 160
안초비 232
양고기 161
양배추 169
양파 161
연질 치즈 98
염소 치즈 78
오이 162
올리브 252
조개 및 갑각류 202
콜리플라워 176
타임 163
토마토 375
파슬리 278
헤이즐넛 349
호두 343
흰살 생선 163

망고 423–426
고수 잎 423
고추 423
라임 423

루바브 371
민트 484
복숭아 424
사과 424
살구 425
생강 454
아보카도 287
오렌지 425
조개 및 갑각류 425
카다멈 460
코코넛 425
쿠민 426
파인애플 426
흰살 생선 210

멜론 408–410
딸기 408
민트 408
생강 408
수박 364
아니스 409
아몬드 355
오렌지 409
오이 409
장미 409
포도 410
프로슈토 246

무화과 498–501
간 498
경질 치즈 91
계피 314
라즈베리 494
민트 498
바닐라 499
블루 치즈 86
아니스 499

아몬드 499
연질 치즈 98
염소 치즈 499
오렌지 500
초콜릿 501
프로슈토 247
헤이즐넛 350
호두 501

물냉이 140–143
감자 140
기름진 생선 140
달걀 141
닭고기 141
돼지고기 141
블루 치즈 142
비트 124
소고기 142
안초비 232
염소 치즈 142
오렌지 431
자몽 436
조개 및 갑각류 143
파스닙 325
호두 143
훈제 생선 143

민트 482–487
감자 482
계피 314
고수 잎 482
고추 302
기름진 생선 225
딜 274
딸기 382
땅콩 483
라임 439

라즈베리 494
레몬 483
마늘 484
망고 484
멜론 408
무화과 498
바질 309
버섯 108
블랙 푸딩 53
블랙커런트 485
생강 454
소고기 485
수박 485
아니스 263
아보카도 288
아스파라거스 188
아티초크 184
양고기 68
양파 153
염소 치즈 78
오렌지 486
오이 270
완두콩 486
초콜릿 486
쿠민 119
파슬리 278

바나나 404–407
경질 치즈 91
계피 404
달걀 192
닭고기 404
땅콩 405
바닐라 405
배 399
베이컨 405
아니스 406

아몬드 406
체리 406
초콜릿 406
카다멈 460
캐비어 220
커피 407
코코넛 419
파스닙 326
파인애플 387
헤이즐넛 350
호두 344

바닐라 510–514
넛멕 510
달걀 192
딸기 382
땅콩 29
라즈베리 511
루바브 371
무화과 499
바나나 405
밤 340
복숭아 414
블랙베리 511
블루베리 505
사과 512
살구 412
생강 454
아니스 264
오렌지 512
조개 및 갑각류 513
체리 360
초콜릿 513
카다멈 513
커피 513
코코넛 419
클로브 514

토마토 514
파인애플 388
헤이즐넛 350
호두 344

바질 308–312
경질 치즈 92
달걀 308
닭고기 309
라임 440
라즈베리 495
레몬 445
마늘 159
민트 309
아니스 310
연질 치즈 310
염소치즈 310
조개 및 갑각류 203
코코넛 311
클로브 311
토마토 312
호두 312

밤 339–341
닭고기 339
돼지고기 339
땅콩호박 336
로즈메리 340
바닐라 340
배 340
버섯 108
셀러리 341
양고기 341
양배추 341
초콜릿 17
프로슈토 247

배 398–401
경질 치즈 398
계피 398
닭고기 36
돼지고기 399
바나나 399
밤 340
블루 치즈 87
사과 393
세척 외피 치즈 83
소고기 61
아니스 400
아몬드 400
염소 치즈 79
초콜릿 17
카다멈 400
프로슈토 401
헤이즐넛 351
호두 401

버섯 106–113
감자 129
경질 치즈 106
굴 217
기름진 생선 106
달걀 107
닭고기 37
돼지고기 107
딜 107
땅콩호박 108
로즈메리 465
마늘 108
민트 108
밤 108
베이컨 109
블루 치즈 110
블루베리 506

살구 110
소고기 62
송로 버섯 110
아니스 110
아스파라거스 188
양파 111
연질 치즈 99
염소 치즈 111
조개 및 갑각류 112
타임 112
토마토 113
파슬리 113
호두 113
흰살 생선 113

베이컨 240–245
간 57
감자 129
경질 치즈 240
고추 303
굴 217
달걀 240
닭고기 241
돼지고기 45
땅콩호박 337
바나나 405
버섯 109
브로콜리 181
블랙 푸딩 53
블루 치즈 241
사과 241
세이지 471
세척 외피 치즈 83
소고기 62
송로 버섯 166
아니스 242
아보카도 288

아티초크 185
양배추 170
양파 242
오렌지 431
완두콩 242
조개 및 갑각류 243
초콜릿 17
카다멈 461
클로브 243
타임 244
토마토 376
파스닙 244
파슬리 279
파인애플 244
피망 298
홀스래디시 148
흰살 생선 211

복숭아 414–416
딸기 414
라즈베리 495
망고 424
바닐라 414
블랙베리 415
블루 치즈 87
블루베리 415
살구 412
아몬드 356
오렌지 416
체리 416
클로브 319
포도 416
프로슈토 247

브로콜리 180–182
경질 치즈 92
고추 180

돼지고기 46
땅콩 29
레몬 180
마늘 180
베이컨 181
블루 치즈 87
소고기 182
안초비 232
콜리플라워 182
호두 345

블랙 푸딩 51–55
간 51
감자 51
달걀 51
돼지고기 52
루바브 52
민트 53
베이컨 53
사과 393
양고기 53
양파 54
조개 및 갑각류 54
초콜릿 55

블랙베리 491–492
라즈베리 491
바닐라 511
복숭아 415
사과 394
소고기 492
아몬드 356
염소 치즈 79
화이트 초콜릿 492

블랙커런트 488–490
땅콩 488

민트 485
아니스 489
아몬드 489
연질 치즈 99
주니퍼 490
초콜릿 18
커피 22

블루 치즈 85–89
닭고기 85
땅콩호박 86
무화과 86
물냉이 142
배 87
버섯 110
베이컨 241
복숭아 87
브로콜리 87
블루베리 506
세이지 87
셀러리 136
소고기 88
송로 버섯 88
아보카도 88
양배추 89
자몽 89
파인애플 89
포도 368
호두 89

블루베리 505–506
계피 505
고수 씨 508
레몬 446
바닐라 505
버섯 506
복숭아 415

블루 치즈 506
사과 394
아몬드 356

비트 122–125
간 57
감자 129
기름진 생선 122
달걀 193
돼지고기 122
딜 123
물냉이 124
사과 395
소고기 62
안초비 124
양파 153
염소 치즈 124
오렌지 431
초콜릿 125
케이퍼 145
코코넛 420
쿠민 119
호두 345
홀스래디시 149

사과 391–397
간 57
경질 치즈 391
계피 392
고수 씨 509
넛멕 322
당근 330
돼지고기 392
땅콩 29
땅콩호박 337
망고 424
바닐라 512

배 393
베이컨 241
블랙 푸딩 393
블랙베리 394
블루베리 394
비트 395
세이지 472
세척 외피 치즈 83
셀러리 136
아니스 264
아몬드 395
양배추 395
연질 치즈 99
오렌지 395
장미 502
조개 및 갑각류 396
클로브 396
파인애플 388
헤이즐넛 396
호두 397
홀스래디시 397

사프란 258–260
감자 258
넛멕 258
닭고기 259
레몬 446
루바브 371
아니스 259
아몬드 259
양고기 68
오렌지 431
장미 503
조개 및 갑각류 260
카다멈 461
콜리플라워 260
화이트 초콜릿 515

흰살 생선 211

살구 411–413
경질 치즈 411
계피 315
돼지고기 411
라즈베리 495
로즈메리 465
망고 425
바닐라 412
버섯 110
복숭아 412
생강 412
아몬드 357
양고기 69
염소 치즈 79
오렌지 412
장미 413
초콜릿 413
카다멈 461
쿠민 119

생강 451–458
가지 115
계피 451
고추 451
기름진 생선 452
달걀 452
돼지고기 453
땅콩호박 453
라임 453
레몬 446
루바브 454
마늘 160
망고 454
멜론 408
민트 454

바닐라 454	아니스 84	돼지고기 47	호두 66
살구 412	쿠민 120	딜 274	홀스래디시 66
소고기 455	호두 84	땅콩 30	
아몬드 357		라임 440	**송로 버섯** 164–167
양배추 455	**셀러리** 135–138	레몬 447	간 164
양파 154	감자 135	마늘 61	감자 130
오렌지 455	굴 217	물냉이 142	달걀 164
초콜릿 456	넛멕 322	민트 485	닭고기 165
카다멈 456	달걀 193	배 61	돼지고기 165
커피 23	닭고기 135	버섯 62	마늘 165
클로브 320	당근 330	베이컨 62	버섯 110
토마토 457	돼지고기 47	브로콜리 182	베이컨 166
흰살 생선 458	땅콩 136	블랙베리 492	블루 치즈 88
	밤 341	블루 치즈 88	셀러리 166
세이지 470–473	블루 치즈 136	비트 62	소고기 63
간 470	사과 136	생강 455	아스파라거스 188
경질 치즈 93	소고기 137	셀러리 137	아티초크 185
달걀 470	송로 버섯 166	송로 버섯 63	양배추 167
닭고기 37	양고기 137	스웨덴 순무 63	연질 치즈 100
돼지고기 471	양파 154	아니스 264	조개 및 갑각류 167
땅콩호박 471	연질 치즈 100	안초비 233	콜리플라워 177
베이컨 471	조개 및 갑각류 138	양배추 171	
블루 치즈 87	프로슈토 248	양파 64	**수박** 363–365
사과 472	호두 345	오렌지 432	계피 363
안초비 233	홀스래디시 138	올리브 253	고수 잎 363
양파 154	흰살 생선 212	완두콩 293	고추 363
주니퍼 475		조개 및 갑각류 203	굴 364
토마토 473	**소고기** 59–66	주니퍼 64	돼지고기 364
파인애플 388	간 59	커피 23	라임 364
프로슈토 473	감자 130	케이퍼 64	로즈메리 466
	경질 치즈 93	코코넛 65	멜론 364
세척 외피 치즈 82–84	계피 59	클로브 320	민트 485
감자 130	고추 60	타임 478	염소 치즈 79
마늘 82	굴 217	토마토 65	오이 365
배 83	기름진 생선 60	파스닙 326	초콜릿 365
베이컨 83	달걀 60	파슬리 65	토마토 365
사과 83	당근 61	피망 298	

스웨덴 순무 173–174
감자 131
넛멕 173
당근 173
돼지고기 47
소고기 63
아니스 174
양고기 69

아니스 261–267
경질 치즈 93
계피 315
고추 303
굴 261
기름진 생선 225
달걀 261
닭고기 261
당근 331
돼지고기 47
딸기 262
레몬 263
루바브 263
멜론 409
무화과 499
민트 263
바나나 406
바닐라 264
바질 310
배 400
버섯 110
베이컨 242
블랙커런트 489
사과 264
사프란 259
세척 외피 치즈 84
소고기 264
스웨덴 순무 174

아몬드 265
아스파라거스 189
양고기 69
염소 치즈 265
오렌지 265
오이 270
올리브 253
완두콩 294
조개 및 갑각류 204
초콜릿 266
코코넛 266
토마토 376
파스닙 326
파인애플 266
포도 267
호두 346
흰살 생선 267

아몬드 353–358
경질 치즈 94
계피 353
고추 303
기름진 생선 354
닭고기 354
딸기 382
땅콩호박 338
라즈베리 496
레몬 354
로즈메리 355
루바브 372
마늘 160
멜론 355
무화과 499
바나나 406
배 400
복숭아 356
블랙베리 356

블랙커런트 489
블루베리 356
사과 395
사프란 259
살구 357
생강 357
아니스 265
아스파라거스 357
양고기 70
오렌지 432
올리브 253
장미 358
조개 및 갑각류 204
체리 361
초콜릿 18
카다멈 461
커피 23
코코넛 358
콜리플라워 177
포도 369
헤이즐넛 351
화이트 초콜릿 516

아보카도 286–290
고수 잎 282
고추 286
기름진 생선 226
넛멕 323
닭고기 38
딜 275
딸기 383
라임 287
망고 287
민트 288
베이컨 288
블루 치즈 88
연질 치즈 288

오이 288
자몽 436
조개 및 갑각류 288
초콜릿 289
커피 289
토마토 289
파인애플 389
포도 368
헤이즐넛 290

아스파라거스 187–189
감자 187
경질 치즈 94
기름진 생선 226
달걀 194
땅콩 187
레몬 447
민트 188
버섯 188
송로 버섯 188
아니스 189
아몬드 357
오렌지 433
완두콩 294
조개 및 갑각류 204
프로슈토 248
흰살 생선 212

아티초크 183–186
감자 183
경질 치즈 94
굴 183
돼지고기 184
레몬 184
민트 184
베이컨 185
송로 버섯 185

양고기 186
완두콩 294
조개 및 갑각류 186
프로슈토 248

안초비 230–235
감자 230
경질 치즈 231
고추 304
달걀 194
라임 440
레몬 231
로즈메리 231
마늘 232
물냉이 232
브로콜리 232
비트 124
세이지 233
소고기 233
양고기 71
양파 155
연질 치즈 100
올리브 234
케이퍼 145
코코넛 420
콜리플라워 234
토마토 234
파인애플 389
흰살 생선 212

양고기 67–73
가지 67
감자 131
계피 315
고수 잎 282
넛멕 323
딜 275

땅콩 30
레몬 448
로즈메리 467
루바브 372
마늘 161
민트 68
밤 341
블랙 푸딩 53
사프란 68
살구 69
셀러리 137
스웨덴 순무 69
아니스 69
아몬드 70
아티초크 186
안초비 71
양배추 71
양파 155
염소 치즈 71
완두콩 72
조개 및 갑각류 205
체리 72
카다멈 462
케이퍼 145
쿠민 72
타임 478
토마토 377

양배추 168–172
감자 131
고추 304
넛멕 323
달걀 194
닭고기 168
당근 331
돼지고기 168
마늘 169

밤 341
베이컨 170
블루 치즈 89
사과 395
생강 455
소고기 171
송로 버섯 167
양고기 71
양파 171
조개 및 갑각류 171
주니퍼 475
훈제 생선 237

양파 152–157
간 57
감자 132
경질 치즈 95
굴 218
기름진 생선 226
넛멕 152
달걀 195
닭고기 38
당근 331
돼지고기 152
로즈메리 467
마늘 161
민트 153
버섯 111
베이컨 242
블랙 푸딩 54
비트 153
생강 154
세이지 154
셀러리 154
소고기 64
안초비 155
양고기 155

양배추 171
오렌지 156
오이 156
완두콩 295
클로브 156
타임 478
토마토 377
피망 157
훈제 생선 157

연질 치즈 98–103
가지 116
계피 315
딸기 383
마늘 98
무화과 98
바질 310
버섯 99
블랙커런트 99
사과 99
셀러리 100
송로 버섯 100
아보카도 288
안초비 100
캐비어 220
케이퍼 146
토마토 101
포도 101
피망 101
호두 102
훈제 생선 102

염소 치즈 76–81
고수 씨 509
고수 잎 76
고추 76
땅콩호박 338

라즈베리 77
레몬 448
로즈메리 77
마늘 78
무화과 499
물냉이 142
민트 78
바질 310
배 79
버섯 111
블랙베리 79
비트 124
살구 79
수박 79
아니스 265
양고기 71
오이 271
올리브 253
체리 361
초콜릿 80
커피 80
케이퍼 80
타임 479
호두 81

오렌지 428–435
경질 치즈 428
계피 316
고수 씨 429
고수 잎 283
고추 429
당근 332
딸기 429
라임 441
레몬 430
로즈메리 468
루바브 430

망고 425
멜론 409
무화과 500
물냉이 431
민트 486
바닐라 512
베이컨 431
복숭아 416
비트 431
사과 395
사프란 431
살구 412
생강 455
소고기 432
아니스 265
아몬드 432
아스파라거스 433
양파 156
올리브 433
자몽 436
장미 433
주니퍼 475
초콜릿 434
커피 23
클로브 434
타임 479
파인애플 434
호두 435
흰살 생선 435

오이 268–272
기름진 생선 226
당근 268
돼지고기 269
딜 269
딸기 384
땅콩 31

루바브 373
마늘 162
멜론 409
민트 270
수박 365
아니스 270
아보카도 288
양파 156
염소 치즈 271
장미 271
조개 및 갑각류 271
케이퍼 146
쿠민 120
토마토 378
흰살 생선 272

올리브 251–256
감자 251
고수 씨 251
고추 304
당근 333
레몬 448
로즈메리 252
마늘 252
소고기 253
아니스 253
아몬드 253
안초비 234
염소 치즈 253
오렌지 433
조개 및 갑각류 254
주니퍼 476
케이퍼 254
타임 479
토마토 255
프로슈토 248
피망 298

화이트 초콜릿 256
흰살 생선 212

완두콩 291–296
감자 132
경질 치즈 291
기름진 생선 291
달걀 195
닭고기 291
돼지고기 292
딜 275
로즈메리 292
민트 486
베이컨 242
소고기 293
아니스 294
아스파라거스 294
아티초크 294
양고기 72
양파 295
조개 및 갑각류 205
파스닙 326
프로슈토 249
홀스래디시 296
훈제 생선 237
흰살 생선 296

자몽 436–437
계피 316
돼지고기 48
물냉이 436
블루 치즈 89
아보카도 436
오렌지 436
조개 및 갑각류 437
주니퍼 476
파인애플 389

장미 502–504
닭고기 38
레몬 502
멜론 409
사과 502
사프란 503
살구 413
아몬드 358
오렌지 433
오이 271
초콜릿 503
카다멈 504
커피 24

조개 및 갑각류 200–207
감자 133
경질 치즈 200
고수 잎 200
고추 200
기름진 생선 227
넛멕 324
달걀 195
닭고기 201
돼지고기 201
딜 276
땅콩 31
땅콩호박 338
라임 202
레몬 202
마늘 202
망고 425
물냉이 143
바닐라 513
바질 203
버섯 112
베이컨 243
블랙 푸딩 54

사과 396
사프란 260
셀러리 138
소고기 203
송로 버섯 167
아니스 204
아몬드 204
아보카도 288
아스파라거스 204
아티초크 186
양고기 205
양배추 171
오이 271
올리브 254
완두콩 205
자몽 437
케이퍼 146
코코넛 206
콜리플라워 177
쿠민 206
타임 479
토마토 378
파스닙 327
파슬리 206
파인애플 206
피망 207
호두 346
훈제 생선 207
흰살 생선 207

주니퍼 474–476
경질 치즈 474
돼지고기 474
레몬 474
루바브 373
블랙커런트 490
세이지 475

소고기 64
양배추 475
오렌지 475
올리브 476
자몽 476
프로슈토 249

체리 360–362
계피 316
바나나 406
바닐라 360
복숭아 416
아몬드 361
양고기 72
염소 치즈 361
초콜릿 362
커피 24
코코넛 420
헤이즐넛 362
호두 362
훈제 생선 362

초콜릿 14–21
계피 317
고추 14
넛멕 15
딸기 15
땅콩 15
라임 16
라즈베리 16
레몬 449
로즈메리 468
무화과 501
민트 486
바나나 406
바닐라 513
밤 17

배 17
베이컨 17
블랙 푸딩 55
블랙커런트 18
비트 125
살구 413
생강 456
수박 365
아니스 266
아몬드 18
아보카도 289
염소 치즈 80
오렌지 434
장미 503
체리 362
카다멈 19
커피 24
코코넛 19
콜리플라워 177
타임 480
토마토 20
파인애플 390
헤이즐넛 20
호두 21
화이트 초콜릿 516

카다멈 459–462
계피 459
고수 씨 459
당근 333
망고 460
바나나 460
바닐라 513
배 400
베이컨 461
사프란 461
살구 461

생강 456
아몬드 461
양고기 462
장미 504
초콜릿 19
커피 25
코코넛 421
화이트 초콜릿 516

캐비어 219–221
감자 133
굴 219
달걀 219
닭고기 39
레몬 220
바나나 220
연질 치즈 220
콜리플라워 221
헤이즐넛 351
화이트 초콜릿 221
훈제 생선 238

커피 22–26
계피 22
고수 씨 509
바나나 407
바닐라 513
블랙커런트 22
생강 23
소고기 23
아몬드 23
아보카도 289
염소 치즈 80
오렌지 23
장미 24
체리 24
초콜릿 24

카다멈 25
클로브 320
헤이즐넛 26
호두 26
화이트 초콜릿 517

케이퍼 144–147
감자 144
기름진 생선 144
레몬 144
비트 145
소고기 64
안초비 145
양고기 145
연질 치즈 146
염소 치즈 80
오이 146
올리브 254
조개 및 갑각류 146
콜리플라워 178
토마토 379
파슬리 279
훈제 생선 147
흰살 생선 147

코코넛 417–422
계피 417
고수 잎 284
고추 305
달걀 196
닭고기 418
당근 333
돼지고기 49
딜 276
딸기 384
땅콩 31
라임 441

라즈베리 418
레몬 419
망고 425
바나나 419
바닐라 419
바질 311
비트 420
소고기 65
아니스 266
아몬드 358
안초비 420
조개 및 갑각류 206
체리 420
초콜릿 19
카다멈 421
파인애플 421
화이트 초콜릿 517
훈제 생선 238
흰살 생선 422

콜리플라워 175–179
감자 175
경질 치즈 176
고추 176
넛멕 176
마늘 176
브로콜리 182
사프란 260
송로 버섯 177
아몬드 177
안초비 234
조개 및 갑각류 177
초콜릿 177
캐비어 221
케이퍼 178
쿠민 121
호두 178

쿠민 117–121
감자 117
고수 씨 117
고수 잎 284
기름진 생선 118
달걀 197
당근 333
돼지고기 49
라임 441
레몬 118
망고 426
민트 119
비트 119
살구 119
세척 외피 치즈 120
양고기 72
오이 120
조개 및 갑각류 206
콜리플라워 121

클로브 319–320
경질 치즈 95
계피 317
돼지고기 319
바닐라 514
바질 311
베이컨 243
복숭아 319
사과 396
생강 320
소고기 320
양파 156
오렌지 434
커피 320
토마토 379

타임 477–481

계피 318
기름진 생선 277
닭고기 39
돼지고기 477
레몬 449
마늘 163
버섯 112
베이컨 244
소고기 478
양고기 478
양파 478
염소 치즈 479
오렌지 479
올리브 479
조개 및 갑각류 479
초콜릿 480
토마토 481
흰살 생선 213

토마토 374–380
가지 374
감자 134
경질 치즈 95
계피 318
고수 잎 284
고추 305
넛멕 324
달걀 197
닭고기 39
돼지고기 49
딸기 375
땅콩 32
라임 442
레몬 375
마늘 375
바닐라 514
바질 312

버섯 113
베이컨 376
생강 457
세이지 473
소고기 65
수박 365
아니스 376
아보카도 289
안초비 234
양고기 377
양파 377
연질 치즈 101
오이 378
올리브 255
조개 및 갑각류 378
초콜릿 20
케이퍼 379
클로브 379
타임 481
프로슈토 249
피망 379
홀스래디시 380
흰살 생선 213

파스닙 325–327
감자 325
경질 치즈 96
넛멕 324
닭고기 40
돼지고기 325
물냉이 325
바나나 326
베이컨 244
소고기 326
아니스 326
완두콩 326
조개 및 갑각류 327

호두 346
흰살 생선 213

파슬리 277–279
감자 277
고수 잎 285
굴 218
기름진 생선 277
달걀 278
당근 333
레몬 450
마늘 278
민트 278
버섯 113
베이컨 279
소고기 65
조개 및 갑각류 206
케이퍼 279
호두 347
훈제 생선 238
흰살 생선 279

파인애플 386–390
경질 치즈 96
계피 386
고수 잎 386
고추 387
돼지고기 387
딸기 387
라즈베리 496
망고 426
바나나 387
바닐라 388
베이컨 245
블루 치즈 89
사과 388
세이지 388

아니스 266
아보카도 389
안초비 389
오렌지 434
자몽 389
조개 및 갑각류 206
초콜릿 390
코코넛 421
포도 369
프로슈토 249
화이트 초콜릿 517

포도 366–369
경질 치즈 97
닭고기 366
돼지고기 366
딸기 367
땅콩 367
로즈메리 368
멜론 410
복숭아 416
블루 치즈 368
아니스 267
아몬드 368
아보카도 368
연질 치즈 101
파인애플 369
호두 369
흰살 생선 213

프로슈토 246–250
가지 246
달걀 197
멜론 246
무화과 247
밤 247
배 401

복숭아 247
세이지 473
셀러리 248
아스파라거스 248
아티초크 248
올리브 248
완두콩 249
주니퍼 249
토마토 249
파인애플 249
흰살 생선 250

피망 297–299
가지 116
고추 305
달걀 297
닭고기 40
베이컨 298
소고기 298
양파 157
연질 치즈 101
올리브 298
조개 및 갑각류 207
토마토 379

헤이즐넛 348–352
닭고기 348
당근 348
딸기 384
라즈베리 497
로즈메리 349
마늘 349
무화과 350
바나나 350
바닐라 350
배 351
사과 396

아몬드 351
아보카도 290
체리 362
초콜릿 20
캐비어 351
커피 26
흰살 생선 352

호두 342–347
가지 342
경질 치즈 342
계피 342
고추 343
넛멕 324
닭고기 41
당근 334
마늘 343
무화과 501
물냉이 143
바나나 344
바닐라 344
바질 312
배 401
버섯 113
브로콜리 345
블루 치즈 89
비트 345
사과 397
세척 외피 치즈 84
셀러리 345
소고기 66
아니스 346
연질 치즈 102
염소 치즈 81
오렌지 435
조개 및 갑각류 346
체리 362

초콜릿 21
커피 26
콜리플라워 178
파스닙 346
파슬리 347
포도 369

홀스래디시 148–150
감자 148
굴 148
기름진 생선 148
베이컨 148
비트 149
사과 397
셀러리 138
소고기 66
완두콩 296
토마토 380
훈제 생선 239
흰살 생선 149

화이트 초콜릿 515–517
딸기 385
라즈베리 497
레몬 515
블랙베리 492
사프란 515
아몬드 516
올리브 256
초콜릿 516
카다멈 516
캐비어 221
커피 517
코코넛 517
파인애플 517

훈제 생선 236–239

감자 236
달걀 236
딜 237
레몬 237
물냉이 143
양배추 237
양파 157
연질 치즈 102
완두콩 237
조개 및 갑각류 207
체리 362
캐비어 238
케이퍼 147
코코넛 238
파슬리 238
홀스래디시 239

흰살 생선 208–214
감자 208
경질 치즈 209
고수 잎 285
딜 209
라임 442
레몬 210
마늘 163
망고 210
버섯 113
베이컨 211
사프란 211
생강 458
셀러리 212
아니스 267
아스파라거스 212
안초비 212
오렌지 435
오이 272
올리브 212

풍미사전

1판 1쇄 발행 2018년 8월 21일
1판 4쇄 발행 2024년 10월 11일

지은이 니키 세그니트
옮긴이 정연주
펴낸이 김기옥

실용본부장 박재성
편집 실용2팀 이나리, 장윤선
마케터 이지수

디자인 형태와내용사이
지원 고광현, 김형식
인쇄 민언프린텍
제본 우성제본

펴낸곳 컴인
주소 121-839 서울시 마포구 서교동 양화로 11길 13(서교동, 강원빌딩 5층)
전화 02-707-0337 **팩스** 02-707-0198
홈페이지 www.hansmedia.com

출판신고번호 제2017-000003호
신고일자 2017년 1월 2일
ISBN 979-11-960018-8-9 13590

컴인은 한스미디어의 라이프스타일 브랜드입니다.
책값은 뒤표지에 있습니다.
잘못 만들어진 책은 구입하신 서점에서 교환해 드립니다.

역자 후기

아는 게 많아서 먹고 싶은 것도 많겠다. 원고를 읽는 내내 머릿속에서 이런 생각이 떠나질 않는다. 일하면서 제일 무서운 순간은 책상머리에 붙어 앉아 꼼짝없이 작업해야 하는데 먹고 싶은 음식이 백만 가지 떠오를 때다. 몸은 앉아 있지만 정신은 어딘가 둘세 데 레체와 메이플 시럽이 흐르는 땅을 헤매고, 뭐라도 급히 껍질을 까서 입에 넣지 않으면 토라지는 뇌를 달랠 길이 없다. 그리고 단언컨대 『풍미 사전』은 지금까지 본 것 중 제일 경외로운 책이었다. 밥을 먹을 틈이 있고 없고를 떠나서, 멕시코의 구멍가게도 이탈리아 출신 논나도 없는 내가 당장 어딜 가서 급히 수박 사탕을 고추 셔벗에 찍어 먹고 레몬 잣 케이크의 향기를 맡을 수 있단 말인가!

논리적이면서 위트 있고, 과학적이면서 감상적이다. 이미 맛있기로 정평이 난 조합과 생각해보니 맛있을 법한 조합과 상상조차 하기 힘들어서 궁금해 안달이 나는 조합이 쉴 새 없이 번갈아 등장한다. 몇 세기 전의 기록을 발굴하면서 동시에 가장 현대적인 레스토랑에서 선보이는 메뉴를 소개한다. 저자도 인정하듯이 맛과 풍미는 어느 정도 주관적인 요소지만, 진술하게 털어놓는 짧고 굵은 맛있는 경험 이야기를 따라가다 보면 남의 추억을 내 기억 삼아 애틋한 침이 고인다.

나는 지금껏 무엇을 요리했던가. 괜히 요리 인생을 돌아보며 우물우물 변명하게 만든다. 익숙한 요리에 안주하고 있지 않았나? 맛과 맛 사이에 괜한 경계선을 그어두지는 않았나? 원인이야 무엇이 되었든, 저자도 친구의 놀라운 요리를 먹고 감명받은 일을 계기로 이 책의 집필 작업에 몰두하게 되었으니 지금부터라도 늦지 않다. 마음을 열고 나니 존재하는 풍미가 너무나 많아 고르는 것이 제일 난제다. 뭐, 어차피 머리는 복잡해도 입은 즐거울 일이다.

아는 만큼 보인다. 아는 만큼 들린다. 아는 만큼 향긋하다. 아는 만큼 맛있다. 아는 만큼 배고프다. 세상 모든 자극이 필요한 전문 요리사와 온갖 향신료를 찬장 속 애물단지로 끌어안고 있는 가정 요리사(나)에게 반드시 필요한 책이다.

정연주

Acknowledgments
감사의 말

바쁜 일을 제치고 집필에 도움을 준 남편 내트에게 감사의 말을 전한다.

글을 완성하고 책이 제대로 형태를 갖출 수 있도록 헤아릴 수 없는 도움을 준 편집자 리처드 앳킨슨에게도 깊은 감사를 보낸다. 또한 대단한 열정으로 이 작업을 꼼꼼하게 챙겨준 블룸스버리의 피터 도슨, 폴리 내퍼, 나탈리 헌트, 샤 쇼 스튜어트, 케이티 본드, 엠마 오브라이언, 페넬로프 비치, 데이비드 포이, 그 외에도 모든 사랑스러운 직원들에게 고맙다는 말을 전하고 싶다.

로저스, 콜리지앤화이트의 내 에이전트 조 왈디의 격려와 지지가 없었다면 이 책은 결코 발상 단계를 벗어나지 못했을 것이다.

또한 제임스 리버, 윌리엄 파인스, 조안나 뱀포드, 라 카브 아 프로마주의 토드 브리지, 이노센트 드링크의 루시 토마스, O.W. 로브 와인 회사의 니콜라 프랭클린, 국제 풍미 향료 주식회사의 캐롤 브라이스와 마리 라이트, 피트 브라운, 케이트 존스, 존 로우리, 그리고 지난 3년간 풍미 조합이라는 주제에 대해 지식과 의견을 나누어준 모든 친척, 친구, 셰프, 음식점 주인, 요리 마니아, 택시 운전사들에게 감사를 전한다.

니키 세그니트

완두콩 296
조개 및 갑각류 207
케이퍼 147
코코넛 422
타임 213
토마토 213
파스닙 213
파슬리 279
포도 213
프로슈토 250
헤이즐넛 352
홀스래디시 149

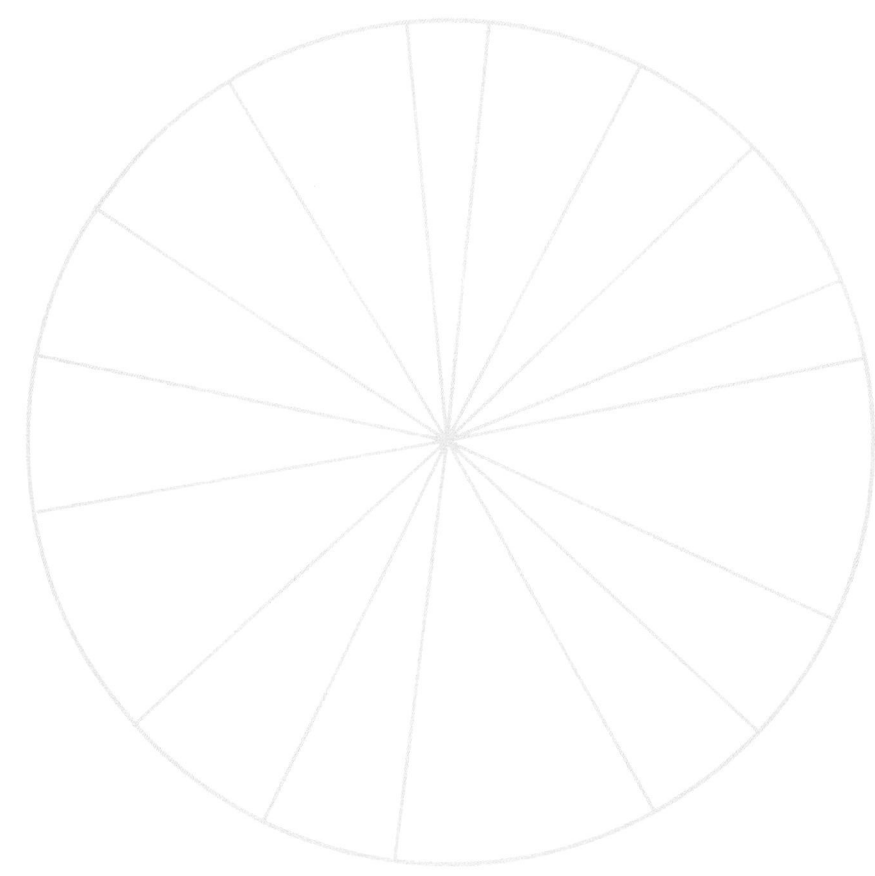

THE *flavour* THESAURUS